普通高等院校土建类专业"十四五"创新规划教材

结 构 力 学

主 编 张 宇

中国建材工业出版社

图书在版编目（CIP）数据

结构力学/张宇主编． --北京：中国建材工业出版社，2021.10

普通高等院校土建类专业"十四五"创新规划教材

ISBN 978-7-5160-3278-7

Ⅰ.①结… Ⅱ.①张… Ⅲ.①结构力学—高等学校—教材 Ⅳ.①O342

中国版本图书馆CIP数据核字（2021）第163990号

内 容 简 介

本书是依据教育部高等学校非力学专业基础课教学指导分委员会制定的《结构力学课程教学基本要求（A类）》、住房城乡建设部高等学校土木工程专业指导委员会制定的《结构力学课程教学大纲》等文件，结合作者在山东建筑大学土木工程学院教授"结构力学"二十多年的实践经验及感悟编写而成。

本书共12章，主要内容包括绪论、几何构成分析、静定结构内力分析、影响线、虚力原理和结构的位移计算、力法、位移法、力矩分配法、矩阵位移法、结构动力计算、结构弹性稳定计算和结构的极限荷载。

本书可作为土木工程、地下工程，以及交通、水利、道桥等专业"结构力学"课程学习和考研方面的教学参考书，对于专升本的学生也可以利用本书作为复习备考指导书，同时还可以作为"结构力学"授课教师和有关工程技术人员的参考书。

结构力学

Jiegou Lixue

主　编　张　宇

出版发行：中国建材工业出版社
地　　址：北京市海淀区三里河路1号
邮　　编：100044
经　　销：全国各地新华书店
印　　刷：北京鑫正大印刷有限公司
开　　本：787mm×1092mm　1/16
印　　张：23
字　　数：570千字
版　　次：2021年10月第1版
印　　次：2021年10月第1次
定　　价：**79.80元**

本社网址：www.jccbs.com，微信公众号：zgjcgycbs
请选用正版图书，采购、销售盗版图书属违法行为
版权专有，盗版必究。本社法律顾问：北京天驰君泰律师事务所，张杰律师
举报信箱：zhangjie@tiantailaw.com　　举报电话：（010）68343948
本书如有印装质量问题，由我社市场营销部负责调换，联系电话：（010）88386906

前 言

本书是依据教育部高等学校非力学专业基础课教学指导分委员会制定的《结构力学课程教学基本要求（A 类）》、住房城乡建设部高等学校土木工程专业指导委员会制定的《结构力学课程教学大纲》等文件，结合作者在山东建筑大学土木工程学院教授"结构力学"二十多年的实践经验及感悟编写而成。本书可作为土木工程、地下工程，以及交通、水利、道桥等专业"结构力学"课程学习和考研方面的教学参考书，对于专升本的学生也可以利用本书作为复习备考指导书，同时还可以作为"结构力学"授课教师和有关工程技术人员的参考书。

本书主要的创新点有如下三个：

一是在第八章中系统全面地提出了有侧移刚架的全新的直接力矩分配法。对于有侧移的剪力静不定刚架，无须求解联立方程，直接力矩分配法可以利用力矩的分配和传递直接得到刚架的弯矩图，就像传统力矩分配法可以直接得到无侧移刚架的弯矩图一样。或者说，直接力矩分配法把力矩分配法从无侧移刚架和无剪力分配法从剪力静定刚架推广至剪力静不定刚架。直接力矩分配法收敛速度很快，一般经过两三轮的循环就可以得到满足工程实际要求的解。利用直接力矩分配法大大简化了求解有侧移刚架弯矩图的过程。

二是在第四章中提出了针对一组等值移动荷载的全程影响线的概念。利用全程影响线，可以直接看到一组移动荷载在结构移动全过程某项内力或者反力的变化规律，不用先判断出临界位置，而是直接得出最不利荷载位置。全程影响线能帮助读者理解求临界荷载时所涉及的叠加原理。

三是在第七章中提出了关于附加刚臂的一种力学模型。附加刚臂是位移法中理解的关键点，模型能帮助读者认识到附加刚臂的受力特点和变形特点，从而灵活掌握其特性。

本书写作特点主要有如下几个方面：

本书写作特点之一是注重从整体上讲解和把握问题，体现在各章开头部分的概述和各章具体内容的选择上。首先是在每一章的开头，都有一个概述，介绍各章中出现的主要概念、方法，以及它们之间的关系。这些概述，强调重点各有不同：有的强调研究对象的不同，比如在稳定分析时，介绍结构力学稳定分析和材料力学稳定分析的不同之处；有的强调研究目的的不同，比如在力矩分配法中，介绍引入转动刚度、分配系数和传递系数的目的在于使得力矩分配法成为一种独立于位移法的新方法；有的强调研究方法的特点，比如在矩阵位移法中，介绍引入整体坐标系和局部坐标系两套坐标的原因在于整体坐标系的方向是与附加约束的方向对应，而局部坐标系的引入在于使得我们能用统一的公式获得各种杆件在整体坐标系中的单元的刚度矩阵。尽管各章概述侧重点各有不同，但总的目的在于希望能够从一开始，就帮助读者对各章建立起一个整体的概念。

其次，在各章内容的选择上也注重整体性。例如在结构稳定分析中，先通过一个完整的例子介绍稳定问题分析时的全部要点，包括建立新平衡位置处的平衡方程、求出所有可能的解、对各个解进行稳定性的判断，根据荷载和选定点位移之间的关系曲线给出两种稳定问题的曲线特征，然后提出判断临界荷载的静力和能量特征。这样安排使得读者能从整体上把握稳定问题的特点，最后来进行临界荷载的求解。

本书写作特点之二是把编者对一些问题的理解和感悟糅合进了书中，期望读者能加深对问题的理解。比如第二章中的铰接三角形规则，其实是一个几何事实，其中的三个点和三根杆件的地位相同。但在分析具体问题时，可以有不同的看法，比如一个点和一个刚片、两个刚片、三个刚片之间的连接方式。又比如提出了均布荷载、集中荷载和力偶矩作用下直杆段剪力图的简易画法，对于水平杆件，该法通过规定正号剪力图画在杆件上方和从左往右画剪力图，使得剪力图的走势和荷载的指向完全对应起来，很容易得到杆件的剪力图，还可以用来检验内力图的正误。再比如对材料的力学性能、静定结构受力性能和结构合理形式之间的关系进行了讨论，提出结构的合理形式是在满足功能、施工可行性等大的要求的前提条件下，对于选定的结构形式，通过受力性能的分析和调整杆件的相对位置或约束的位置，从而达到材尽其用的目的。结构的受力分析为手段，结构的合理形式才是结构分析的目的。只有意识到这一点，才能真正明白结构力学的作用。

其余方面，注意与材料力学相关内容的适当结合。如在分段叠加法作直杆段弯矩图前面先回顾简支梁的内力计算。再有就是适当区分内容，利用小标题把重点明确表示出来，有助于帮助读者把握重点，加深对重点内容的界定和理解。如在桁架的内力计算中把有关观点进行整合，使得脉络更加清晰。然后是在各章的结尾，都有编者精心选择的多个思考题，旨在帮助加深对这一章中基本概念的理解。每一章的习题都给出了答案，可供读者对照参考。

本书的内容包括绪论、几何构成分析、静定结构内力分析、影响线、虚力原理和结构的位移计算、力法、位移法、力矩分配法、矩阵位移法、结构动力计算、结构弹性稳定计算和结构的极限荷载。

本书内容的一些特色之处是编者在山东建筑大学结构力学教研室开展教研活动的时候，与教研室的多位教授、专家和老师一起进行过深刻交流的，并得到了大家的一致肯定，部分结果发表在《力学与实践》和《山东建筑大学学报》上。编者对教研室各位同事的帮助深表感谢！

由于编者水平所限，书中难免有不足之处，恳请读者多加指正！

编　者

2021 年 8 月

目 录

第一章　绪论 / 1

　　第一节　结构力学的研究对象和任务 / 1
　　第二节　结构的计算简图及六个简化要点 / 2
　　第三节　结构计算简图的分类 / 5
　　第四节　荷载的分类 / 6
　　思考题 / 6

第二章　几何构成分析 / 7

　　第一节　几何构成分析的几个概念 / 7
　　第二节　没有多余约束的几何不变体系的组成规则及举例 / 11
　　第三节　体系的计算自由度 / 17
　　思考题 / 20
　　习题 / 20
　　习题答案 / 22

第三章　静定结构内力分析 / 24

　　第一节　简支梁内力计算及分段叠加法作任意直杆段的弯矩图 / 24
　　第二节　静定多跨梁 / 33
　　第三节　静定刚架 / 37
　　第四节　静定桁架 / 44
　　第五节　静定组合结构 / 50
　　第六节　三铰拱 / 52
　　第七节　结构的受力性能和合理形式 / 59
　　思考题 / 68
　　习题 / 69
　　习题答案 / 71

第四章　影响线 / 73

第一节　无量纲的单位移动荷载及影响线的概念 / 73
第二节　静力法作梁的影响线 / 75
第三节　用静力法和叠加法作结点承载方式下主梁的影响线 / 79
第四节　静力法作平行弦桁架的影响线 / 82
第五节　机动法作静定结构的影响线 / 85
第六节　影响线的应用 / 90
思考题 / 99
习题 / 99
习题答案 / 102

第五章　虚力原理和结构的位移计算 / 103

第一节　虚力法求刚体体系的位移和支座移动时静定结构的
　　　　位移计算公式 / 104
第二节　结构位移计算的一般公式 / 107
第三节　荷载作用下各类静定结构的位移计算公式及举例 / 113
第四节　图乘法 / 117
第五节　温度变化引起的静定结构位移计算 / 126
第六节　线性弹性体系的四个互等定理 / 128
思考题 / 132
习题 / 132
习题答案 / 136

第六章　力法 / 138

第一节　超静定次数的确定 / 138
第二节　力法的思路过程及力法的典型方程 / 142
第三节　用力法计算超静定刚架和桁架 / 148
第四节　用力法计算排架和超静定组合结构 / 152
第五节　对称超静定结构力法的简化计算 / 154
第六节　支座移动和温度改变时超静定结构的计算 / 163
第七节　超静定结构的位移计算 / 168
第八节　超静定结构计算结果的校核 / 171
思考题 / 172
习题 / 172
习题答案 / 175

第七章 位移法 / 176

第一节 位移法的基本概念 / 177
第二节 位移法的转角位移方程和固端内力 / 179
第三节 位移法求连续梁和无侧移刚架 / 187
第四节 位移法求有侧移刚架 / 190
第五节 位移法的基本体系 / 197
思考题 / 206
习题 / 206
习题解答 / 209

第八章 力矩分配法 / 210

第一节 力矩分配法的基本概念 / 210
第二节 用力矩分配法计算多结点连续梁和刚架 / 215
第三节 无剪力分配法 / 220
第四节 有侧移刚架的直接力矩分配法 / 226
思考题 / 239
习题 / 240
习题答案 / 241

第九章 矩阵位移法 / 243

第一节 整体坐标系、结构离散化、局部坐标系及各自对应编码 / 243
第二节 局部坐标系中的单元刚度矩阵 / 246
第三节 整体坐标系中的单元刚度矩阵 / 250
第四节 单元集成法形成连续梁的整体刚度矩阵 / 253
第五节 单元集成法形成刚架的整体刚度矩阵 / 258
第六节 单元集成法形成等效结点荷载向量 / 262
第七节 矩阵位移法的计算步骤和算例 / 266
思考题 / 269
习题 / 269
习题答案 / 271

第十章 结构动力计算 / 273

第一节 动力荷载的类型和体系的振动自由度 / 274
第二节 单自由度体系的自由振动 / 277

第三节　单自由度体系的强迫振动 / 282
第四节　阻尼对振动的影响 / 290
第五节　两个自由度体系的自由振动 / 296
第六节　两个自由度体系在简谐荷载作用下的强迫振动 / 304
思考题 / 307
习题 / 308
习题答案 / 310

第十一章　结构弹性稳定计算 / 312

第一节　稳定分析的一个简例 / 313
第二节　两类稳定问题概述 / 318
第三节　有限自由度稳定问题临界荷载的两种求法 / 321
第四节　无限自由度稳定问题临界荷载的两种求法 / 327
第五节　能量法求无限自由度体系临界荷载的近似解及组合杆的临界荷载 / 331
思考题 / 340
习题 / 340
习题答案 / 342

第十二章　结构的极限荷载 / 343

第一节　理想弹塑性材料、极限弯矩、塑性铰和极限状态 / 343
第二节　超静定梁的极限荷载 / 348
第三节　比例加载时判断结构极限荷载的四个定理及相关方法 / 352
思考题 / 356
习题 / 356
习题答案 / 357

参考文献 / 359

第一章

绪 论

第一节 结构力学的研究对象和任务

结构是指建筑物和工程设施中承受、传递荷载而起骨架作用的部分，如房屋中的梁柱体系，水工建筑物中的闸门和水坝等。

根据几何特征区分，结构可以分为三类：①杆件结构，由多根杆件组成的结构，其中每根杆件的长度方向尺寸要比杆件横截面其他两个方向的尺寸大得多。②板壳结构或称薄壁结构，其厚度比长度和宽度小得多。③实体结构，其几何特征是结构的长、宽、厚三个尺度大致相仿。

根据空间特征区分，杆件结构可分为平面杆件结构和空间杆件结构。若组成结构的各杆的轴线和外力的作用线都位于同一平面内，则为平面杆件结构；否则，便是空间杆件结构。本书的研究对象只限于平面杆件结构。

结构力学的任务是根据力学原理研究各类结构在外力、温度变化和支座移动等外界因素作用下在结构中引起的内力图的各种计算方法及关注点的位移相关计算公式，并据此对结构进行强度、刚度和稳定性的检验。具体而言，包括以下几方面。

（1）讨论结构的组成规律，确保组成结构各部分之间不发生相对运动，从而可以承受荷载并保持平衡。

（2）讨论结构内力的计算方法，明确各类结构计算简图中各杆件的受力性能，从而选择结构的合理形式，并进行结构强度的计算。

（3）讨论结构变形的计算方法，进行结构刚度的验算，确保结构不致发生过大的位移。

（4）讨论结构临界荷载的计算方法，确保结构稳定性符合要求并使之符合经济的要求。

（5）讨论结构在动力荷载作用下的结构反应，从而将结构在静荷载作用下的分析方法推广至动力荷载。

结构力学与材料力学既有区别又有联系：两者的研究对象不同，材料力学的研究对象是单根杆件，而结构力学的研究对象是多根杆件组成的平面杆件体系。两者的研究方法相同，结构力学中也必须综合考虑静力学、几何学、物理学三方面条件才能完成研究任务。

第二节　结构的计算简图及六个简化要点

因实际结构过于复杂，完全按照结构的实际工作情况来进行力学分析是不可能的。为此，在对实际结构进行力学分析之前，需用一个既反映了实际结构主要受力和变形特点，同时又忽略了一些次要因素的简化的理想模型来代替实际结构。这种在结构计算中用以代替实际结构，并能反映结构主要受力和变形特点，同时又便于计算的理想模型，称为结构计算简图。

确定结构计算简图时通常包括以下六方面的简化。

一、空间结构简化为平面结构

一般结构都是空间的，各部分之间相互连接成为一个空间整体，以承受各个方向可能出现的荷载。但在多数情况下，考虑到结构的布置、荷载的分布之后，常可以忽略一些次要的空间约束而将结构分解为平面结构，使计算过程得到简化。本书只讨论平面结构的计算问题。

二、杆件简化为轴线

在平面杆件结构中，各杆件可能受弯、受剪、受拉或受压以及为这几种变形的组合。由于变形符合平面假设，横截面上的应力可以根据截面的内力来计算，故在结构计算简图中各杆件均用其轴线表示。

三、杆件间的连接区简化为铰结点或刚结点

杆件间的连接区在结构结算简图中用结点表示，任一杆件的杆长为该杆两端结点之间的距离。根据实际构造情况，结点通常简化为铰结点或者刚结点两种理想情形。

1. 铰结点

铰结点是指被连接的各杆端在连接处不能有相对移动，但可以有相对转动，如图 1.1 中所示。铰结点可以承受和传递力，但不能承受和传递力矩。实际结构中木屋架的结点可以视为铰结点。

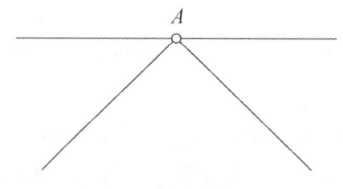

图 1.1　铰结点

2. 刚结点

刚结点是指被连接的各杆端在连接处既不能相对移动，又不能相对转动，计算简图如图 1.2 中所示。刚结点既可以承受和传递力，也可以承受和传递力矩。实际结构中的现浇钢筋混凝土结点通常属于这类情形。

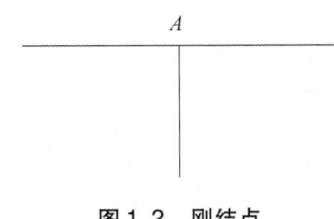

图 1.2　刚结点

四、结构与基础间的连接区简化为四种支座之一

结构与基础间的连接区称为支座。支座把结构固定于基础上，同时把结构上所受的荷载传递给基础。支座是结构的约束，因为支座限定了结构与支座连接点处的位移，支座施加给结构上的约束力称为支座反力。根据支座处施加的约束和支座反力的性质，支座可简化为以下四种情形之一。

1. 滚轴支座

被支承部分竖向线位移受到约束，为零；水平线位移和转角没有受到约束，可为任意值，如图 1.3（a）中所示。滚轴支座能沿位移受到约束的方向提供支座反力，即只能提供竖向的支座反力。在结构计算简图中用一根竖向支杆表示，如图 1.3（b）中所示。

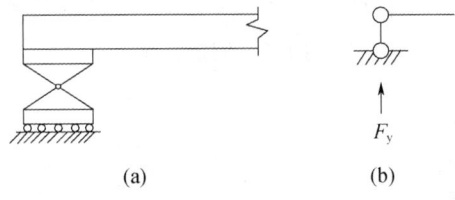

图 1.3　滚轴支座

2. 铰支座

被支承部分的水平线位移和竖向线位移受到约束，均为零；转角没有受到约束，可为任意值，如图 1.4（a）中所示。铰支座能提供水平方向和竖向的支座反力。在结构计算简图中用两根交于一点的支杆表示，如图 1.4（b）中所示。

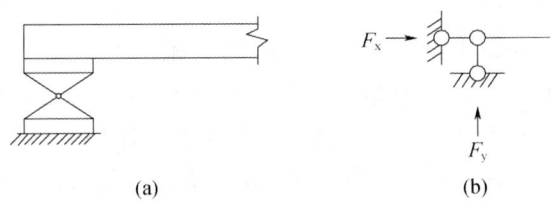

图 1.4　铰支座

3. 定向支座（又称滑动支座）

被支承部分的竖向线位移和转角受到约束，均为零；水平线位移没有受到约束，可为任意值，如图 1.5（a）中所示。定向支座能提供竖向支座反力和约束反力矩。在结构计算简图中用两根竖向平行支杆表示，如图 1.5（b）中所示。

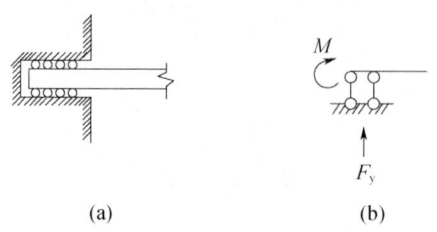

图 1.5　定向支座

4. 固定支座

被支承部分的水平线位移、竖向线位移和转角都受到约束，全部为零，如图 1.6（a）中所示。固定支座除了能提供水平方向和竖向的支座反力外，还可以提供约束反力矩，在结构计算简图中如图 1.6（b）中所示。

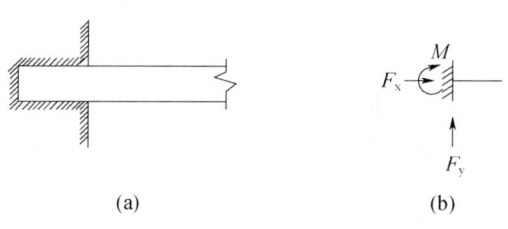

图 1.6　固定支座

五、材料性质的简化

实际结构所用的建筑材料通常为钢、混凝土、砖、石、木材等，这些材料的力学性质各不相同。在结构计算中，为了简化，假设组成结构的材料为连续的、均匀的、各向同性的、完全弹性或者完全弹塑性的。

六、荷载的简化

结构承受的荷载可分为体积力和表面力两类。体积力是分布在物体体积内的外力，如结构的自重和惯性力等；表面力是通过接触由其他物体传给结构上的外力，如土压力、车辆的轮压力等。因为杆件简化为轴线，故无论是体积力还是表面力都可以简化为作用在杆件轴线上的力。按照在结构上的分布情况，荷载可以简化为集中荷载和分布荷载。

第三节 结构计算简图的分类

杆件结构计算简图通常可分成以下五类:

一、梁

梁是一种受弯为主的构件,其轴线通常为直线,可以是单跨或多跨的,如图1.7(a)中所示。

二、刚架

刚架由直杆组成,其结点多为刚结点,如图1.7(b)中所示。

三、桁架

桁架也由直杆组成,所有结点全部为铰结点,如图1.7(c)中所示。

四、拱

拱是轴线为曲线,在竖向荷载作用下会产生水平推力的结构,如图1.7(d)中所示。

五、组合结构

组合结构中有两类杆件,一类是梁式杆,受弯为主;另一类是桁架杆,为二力杆,受拉或者受压,如图1.7(e)中所示。

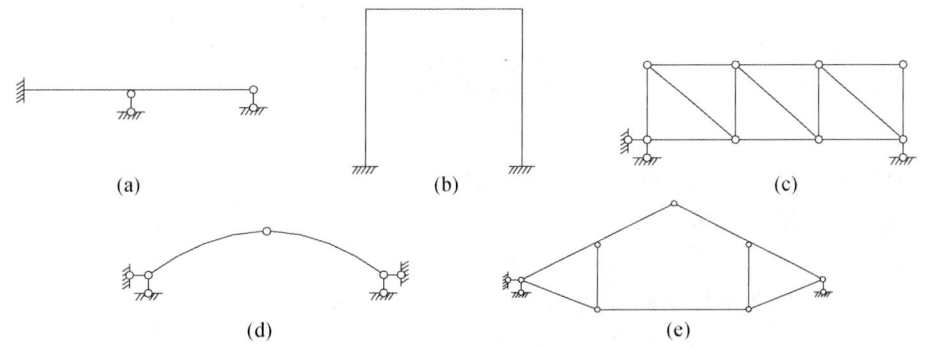

图1.7 五类杆件结构计算简图
(a)梁;(b)刚架;(c)桁架;(d)拱;(e)组合结构

第四节　荷载的分类

荷载是施加在结构上的外力，如结构的自重，作用于结构上的土压力和水压力等。除此之外，温度变化、基础沉陷、材料收缩等也会在结构中产生内力或者变形。这些因素也是广义上的荷载。荷载可以根据不同的特征分类如下：

（1）按照荷载作用时间的久暂，荷载可以分为恒载和活载。恒载是长期作用于结构上的不变荷载，如结构的自重、结构上的固定设备的重力等。活载是暂时作用于结构上的荷载，如结构上临时设备的重力、楼面荷载、屋面荷载、吊车荷载、雪荷载和风荷载等。

（2）按照荷载作用位置是否变动，荷载可以分为固定荷载和移动荷载。固定荷载在结构上的作用位置是不变的，如恒载和大部分活载（如雪荷载、风荷载）等。移动荷载在结构上的作用位置是变动的，如吊车梁上的吊车荷载、公路桥梁上的汽车荷载等活载。恒载是固定荷载，活载中大部分是固定荷载，另外一部分是移动荷载。

（3）按照荷载作用范围的大小，荷载可以分为分布荷载和集中荷载。分布荷载是指荷载连续分布在整个结构或者结构某一部分上，如分布在整个梁内梁的自重这类恒载、分布在半跨梁内的家具重力等活载。当实际结构的受载区域的面积远小于结构的面积时，为了计算简便，常将荷载简化为作用于一点的集中荷载，如次梁对主梁的压力、吊车轮传给吊车梁的压力等。

（4）按照荷载的作用性质，荷载可以分为静力荷载和动力荷载。静力荷载是指荷载逐渐增加，不会在结构中引起显著的冲击或振动，因而可以忽略惯性力影响的荷载。恒载和绝大部分活载都可以视为静力荷载。动力荷载是指随时间迅速变化，使结构产生显著的加速度，因而惯性力的影响必须考虑的一类荷载。如打夯机产生的冲击荷载，动力机器运转时产生的偏心力等。

荷载的确定是结构设计中极为关键的一步，如对荷载估计过大，则设计的结构必然笨重，造成不必要的浪费；如对荷载估计过低，则设计的结构安全性得不到保障。荷载的性质和大小的确定，应该按照荷载规范或者经过调查研究慎重决定。

思考题

1. 如何理解铰结点可以传递力但是不能传递力矩？
2. 铰结点与铰支座的区别是什么？
3. 如何理解梁是受弯为主的一类结构？
4. 举例说明什么是结构的合理形式？判断的依据是什么？
5. 结构力学中用到的力学原理有哪些？

第二章

几何构成分析

结构是由若干根杆件互相连接构成的平面杆件体系。该体系要能承受荷载，首先在几何上必须是稳定的，也就是说，必须保持位置和几何形状不变。所谓几何构成分析，是在不考虑由应变引起的各杆位移的前提下，单单从几何的角度来看体系的构成性质。这样，体系中每一根杆件在几何分析的时候都可以视为一个刚片，因为其形状保持不变。但是，组成体系的各杆件或各部分之间能否有相对位移从而导致体系形状改变，只有通过几何构成分析之后才能得知。

通过几何构成分析，可以清楚地知道，一个由铰接三角形规律构成的体系可以保持各部分之间无相对位移，能保持几何形状不变。

进行几何构成分析的目的：通过研究体系保持几何形状不变的规律，判别一个体系能否保持位置和几何形状不变，从而决定它能否作为结构；可用于区分静定结构与超静定结构以及对静定结构内力计算时选择合适隔离体的次序。

第一节 几何构成分析的几个概念

一、几何可变体系和几何不变体系

并非所有的体系都是几何上稳定的。我们先来看图 2.1（a）中所示的体系，由于体系在水平方向没有受到任何限制，故整体在水平方向可以有位移，从而是位置可变的。再来看图 2.1（b）中所示的体系，由于杆件 AB 可以绕 A 点转动，如图中虚线所示，其形状是可变的。

与此不同，图 2.2 中所示的体系是几何上稳定的。由此可知，杆件体系可以分为以下两类：

1. 几何可变体系（图 2.1）

一个体系在忽略由应变引起的位移的前提下，如果体系的位置和形状不能保持不变，该体系就是几何可变体系。

2. 几何不变体系（图2.2）

一个体系在忽略由应变引起的位移的前提下，如果体系的位置和形状可以保持不变，该体系就是几何不变体系。

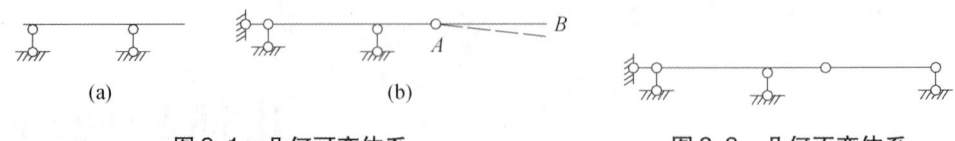

图2.1　几何可变体系　　　　图2.2　几何不变体系

结构必须是几何不变体系。自由度和约束这两个概念可以用来帮助我们判断一个体系是否是几何不变体系。

二、自由度和约束

1. 自由度

一个体系独立运动的方式就是体系的自由度。或者说，自由度是体系运动时，确定体系位置所必需的独立坐标的个数。

当体系是一个点时，如图2.3（a）中所示，当从 A 点运动到 A_1 点，有水平方向移动 Δx 和竖直方向移动 Δy 两种独立运动的方式。或者说，确定平面上 A 点的位置需要两个独立的坐标 x 和 y。故一个点的自由度是2个。

当体系是一个刚片时，如图2.3（b）中所示，当刚片从 AB 运动到 A_1B_1，有水平方向移动 Δx、竖直方向移动 Δy 和刚片转动 $\Delta \varphi$ 三种独立运动的方式。或者说，确定平面上刚片 AB 的位置需要三个独立的坐标 x、y 和 φ。故一个刚片的自由度是3个。

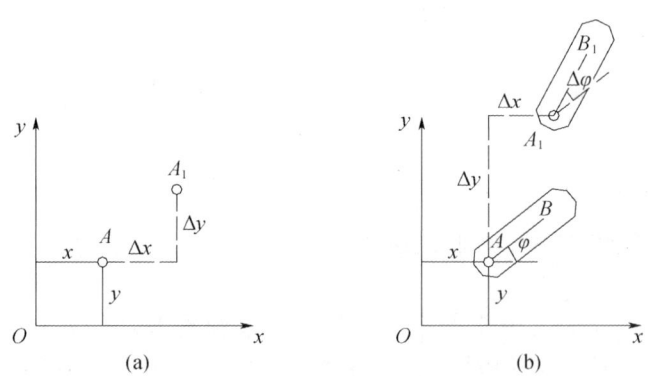

图2.3　一个点和刚片的自由度

几何可变体系，其自由度大于零。而一般工程结构都是几何不变体系，其自由度为零。

2. 约束

凡是能减少一个自由度的装置就是一个约束。

如图2.4（a）中所示，当用一根支杆把刚片 AB 与基础连接之后，由于刚片 A 点的竖向运动受到该支杆的约束，只能为零，不再是独立的运动方式，使得刚片 AB 的自由度从三个变为两个，故一根支杆相当于一个约束。

图 2.4（b），用一根链杆 AB 把两个刚片 Ⅰ 和 Ⅱ 连接。所谓链杆就是两端为铰的刚性杆件。连接之前，刚片 Ⅰ、Ⅱ 各有三个自由度。连接之后，刚片 Ⅰ 仍有三个自由度，链杆 AB 可绕 A 点转动，刚片 Ⅱ 可绕 B 点转动，共五个自由度。故一根连接两个刚片的链杆相当于一个约束。

如图 2.4（c）中所示，用一个铰结点 B 把刚片 AB 与刚片 BC 连接。连接之前，刚片 AB、刚片 BC 各有三个自由度。连接之后，刚片 AB 仍有三个自由度，但刚片 BC 只剩绕铰结点 B 转动这一个自由度，共 4 个自由度。故一个连接两个刚片的铰结点相当于两个约束。

如图 2.4（d）中所示，用一个刚结点 B 把刚片 AB 与刚片 BC 连接。连接之前，刚片 AB、刚片 BC 各有三个自由度。连接之后，刚片 AB 仍有三个自由度，但刚片 BC 相对于刚片 AB 没有任何独立运动方式，共 3 个自由度。故一个连接两个刚片的刚结点相当于三个约束。

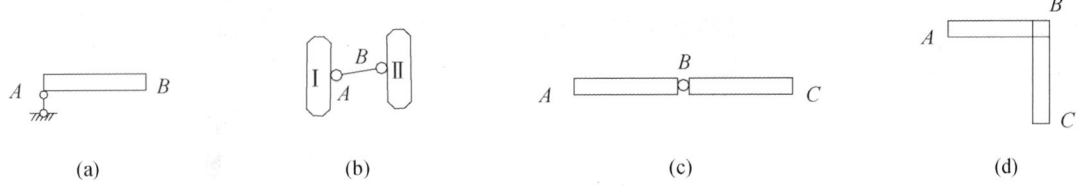

图 2.4 约束的四个例子

三、多余约束

如果一个约束，没有起到减少体系自由度的作用，该约束就称为多余约束。对多余约束的理解可以从两方面进行：一方面，如果在体系中增加一个约束，体系的自由度并不因此减少，则此约束就叫做多余约束。另一方面，如果在体系中减少一个约束，体系的自由度并不因此增多，则此约束就叫做多余约束。

图 2.5（a）中，点 A 用两根不共线的链杆 AB 和 AC 与基础相连。为了更加清楚地知道各链杆的约束作用，设想在点 A 把体系拆开如图 2.5（b）、（c）中所示。如果只有链杆 AB 的约束，则 A 点只能沿圆弧 Ⅰ—Ⅰ（以 B 点为圆心，以 AB 为半径）在 A 点的切线方向运动。也即 A 点的运动方向垂直于链杆 AB，以满足 AB 杆是刚性链杆其长度不变的约束条件，如图 2.5（b）中所示。同样，如果只有链杆 AC 的约束，则 A 点只能沿圆弧 Ⅱ—Ⅱ（以 C 点为圆心，以 AC 为半径）在 A 点的切线方向运动。也即 A 点的运动方向垂直于链杆 AC，如图 2.5（c）中所示。当链杆 AB 和 AC 同时存在时，A 点的运动完全被约束住了。这是因为圆弧 Ⅰ—Ⅰ 和圆弧 Ⅱ—Ⅱ 在 A 点的切线方向不同，没有公切线，如图 2.5（d）中所示。或者说，垂直于 AB 方向的可能位移必然引起链杆 AC 的长度变化，而这是刚性链杆 AC 的约束所不允许的，反之亦然。故图 2.5（a）中两根不共线的链杆 AB 和 AC 都起到了减少一个自由度的作用。

图 2.6（a）中，点 A 用三根不共线的链杆 AB、AC、AD 与基础相连，其自由度为零。如果我们去掉其中的任一根链杆，比如链杆 AD。剩下的为点 A 用两根不共线的链

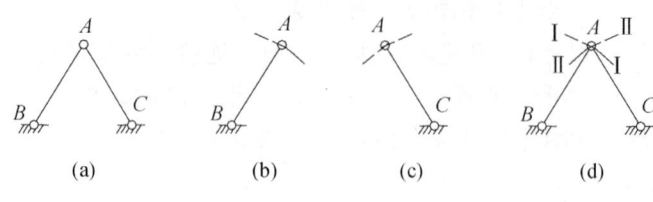

图2.5 非多余约束

杆AB、AC与基础相连,其自由度并没有增加,仍为零。链杆AD的减少没有起到增加体系自由度的作用,就是一个多余约束。

图2.6(b)中,点A用两根水平方向共线的链杆AB和AC与基础相连。其中是否有多余约束分析如下:点A原有两个自由度,当用链杆AB与点A相连,则点A只剩下竖直方向的一个自由度了。链杆AB起到减少一个自由度的作用,为非多余约束。此时,再增加链杆AC,由于链杆AB、AC布置在同一条水平直线上,圆弧Ⅰ—Ⅰ和圆弧Ⅱ—Ⅱ在A点有共同的公切线,如图2.6(c)中所示。A点竖向的独立运动并没有受到链杆AC的约束,点A仍然有竖直方向的一个自由度。链杆AC没有起到减少自由度的作用,就是一个多余约束。

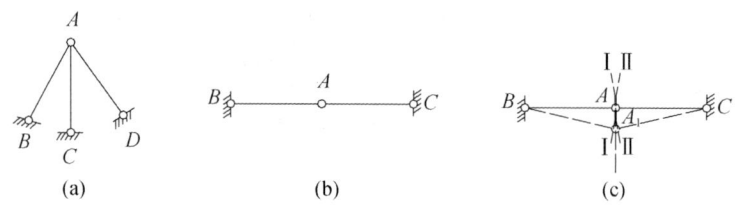

图2.6 多余约束

由此知道,当体系中存在多个约束时,首先必须弄明白,哪些约束是多余的。只有非多余约束才起到减少自由度的作用。

四、瞬变体系

图2.6(b)中所示的用两根共线链杆AB和AC与点A相连所得到的体系具有如下的特殊性:首先,从微小运动的角度看,该体系是几何可变体系。其次,当A点沿公切线方向产生微小位移之后,链杆AB和AC不再共线,体系就变成几何不变体系了,如图2.6(c)中所示。

这种原为几何可变体系,经微小位移后又变成几何不变体系的体系称为瞬变体系。瞬变体系中一定有多余约束。瞬变体系与常变体系都是几何可变体系。瞬变体系不能作为结构。

五、瞬铰

从约束等效的角度看,连接两个刚片之间的两根链杆的约束作用相当于链杆交点处的一个铰所起的约束作用。这个铰称为瞬铰。下面对此进行说明。

在图2.7中，刚片Ⅱ与基础刚片Ⅰ通过两根链杆1、2相连。A点为链杆1、2延长线的交点。由于链杆1的约束作用，刚片Ⅱ上的C点只能沿着图中垂直于AC的CC_1方向运动。由于链杆2的约束作用，刚片Ⅱ上的B点只能沿着图中垂直于AB的BB_1方向运动。根据刚体运动学的知识，可知A点为刚片Ⅱ的瞬心。

从约束等效的角度，链杆1、2的约束作用和一个位置在A点的铰的作用相同。为了清楚地表明这一点，可以如图2.8中所示，把链杆1和2去掉，然后把刚片Ⅱ扩大至A点，把基础刚片Ⅰ也扩大至A点，然后再把刚片Ⅱ和基础刚片Ⅰ在A点用铰连接起来。此时，由于铰A的约束作用，刚片Ⅱ上的C点只能沿着图中垂直于AC的CC_1方向运动；B点只能沿着图中垂直于AB的BB_1方向运动。与图2.7两根链杆的约束时刚片Ⅱ上的B、C两点的运动方向完全相同。这样就说明了图2.7中的两根链杆1、2的约束作用就和图2.8中的瞬铰A的作用是一样的。不过要注意到图2.8中的瞬铰A的位置是固定的，而图2.7中两根链杆1、2对应的瞬铰A的位置是不断变化的。

当图2.7中的刚片Ⅰ不是基础刚片，而是可动的刚片时，则得到如图2.9中所示的瞬铰的一般情形。假设刚片Ⅰ不动，则链杆1、2的约束作用与瞬铰A约束的等效性的说明完全同图2.7。

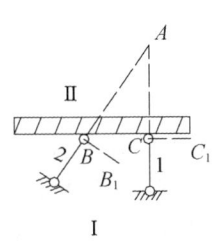

图2.7　瞬铰

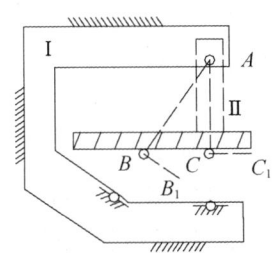

图2.8　瞬铰的等效约束

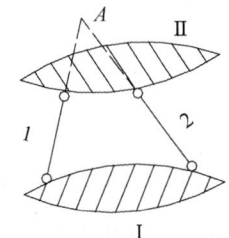

图2.9　瞬铰的一般情形

六、无穷远处的瞬铰

图2.7中，若两根链杆1、2互相平行，则瞬铰A在无穷远处。

在几何构成分析时，如果遇到有无穷远处瞬铰的情形，可以利用下列的射影几何中关于∞点和∞线的四点结论来帮助判断。

(1) 每个方向都有一个∞点（该方向各平行线的交点）。
(2) 不同方向有不同的∞点。
(3) 各∞点都在同一直线上，此直线称为∞线。
(4) 各有限点都不在∞线上。

第二节　没有多余约束的几何不变体系的组成规则及举例

由前面分析可知，图2.5（a）中用两根不共线的链杆AB、AC把点A连接在基础上得到的体系是一个没有多余约束的几何不变体系。链杆 AB、AC 都是必要约束，都起到减少一个自由度的作用，并且点 A 相对于基础不能动。我们可以把该图中的几何关系用来帮助判断一个点与一个刚片、两个刚片之间、三个刚片之间如何连接才能构成没有多余约束的几何不变体系。为了更方便比较，我们把图 2.5（a）中的基础换成一个刚片，则得到图 2.10 中所示的体系。显然 A 点相对于刚片 I 不能有运动，则该体系构成一个内部没有多余约束的大刚片。须注意的是，当刚片 I 非基础时，大刚片本身相对于基础还有三个自由度。

一、一个点和一个刚片之间的连接规则

由图 2.10，我们得到一个点和一个刚片之间的连接规则。

规则一：一个点与一个刚片通过两根不共线的链杆相连，构成内部几何不变且无多余约束的体系。

图 2.10 一个点和一个刚片的连接方式，也称为二元体。所谓二元体就是用两根不共线的链杆连接一个新结点的连接方式。显然，在几何构成分析中，先去掉二元体，可以简化分析过程，而对分析结果没有任何影响。

二、两个刚片之间的连接方式

当把图 2.10 中的链杆 AC 换成一个刚片 II，得到图 2.11 中所示的体系。在图 2.10 中强调链杆 AC 的约束作用，其本身没有自由度；而在图 2.11 中，强调杆件 AC 本身有三个自由度，不再起约束作用了。几何上显然两者的结论相同，故图 2.11 所示体系构成一个内部没有多余约束的刚片。由此我们得到两个刚片之间的连接规则。

规则二：两个刚片通过一根链杆和一个铰两两相连，并且三个铰不在同一根直线上，则得到没有多余约束的几何不变体系。

根据瞬铰的约束等效，可以把图 2.11 中的铰 C 换成两根链杆的约束，得到如图 2.12 中所示的两个刚片之间的第二种连接规则。

规则三：两个刚片通过三根链杆相连，三根链杆既不全互相平行也不交于同一点，则得到没有多余约束的几何不变体系。

须注意，如果三根链杆交于同一点，则两个刚片之间可以绕该点产生瞬时的转动，体系是几何可变的；同样，如果三根链杆全互相平行，则三根链杆交于该链杆方向的∞点，体系也是几何可变体系。

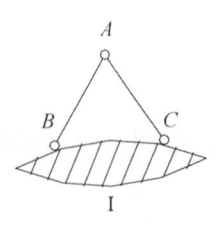
图 2.10 规则一

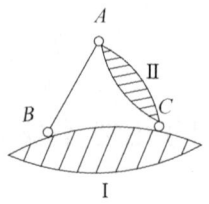
图 2.11 规则二

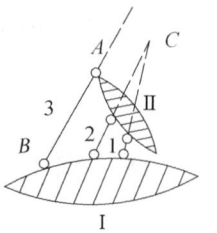
图 2.12 规则三

三、三个刚片之间的连接方式

当我们把图 2.11 中的链杆 AB 换成一个刚片Ⅲ，得到图 2.13 中所示的体系，构成一个内部没有多余约束的刚片。由此我们得到三个刚片之间的连接规则：

规则四：三个刚片通过三个铰两两相连，并且三个铰不在同一根直线上，则得到没有多余约束的几何不变体系。

尽管上述四条规则表述各不相同，但都基于一个相同的几何事实：一个铰接三角形是几何不变且没有多余约束的，如图 2.14 中所示。这个基本规则可称为铰接三角形规则。铰接三角形规则中三个点 A、B、C 地位相同，三根杆件 AB、AC、BC 地位也相同。而在几何构成分析时，可根据具体问题的需要有所区分，如规则一到规则四中所示。

根据瞬铰的约束等效，可以把图 2.13 中各铰都换成由两根链杆构成的瞬铰，则铰接三角形规则最多一次可以分析九根杆件，如图 2.15 中所示。

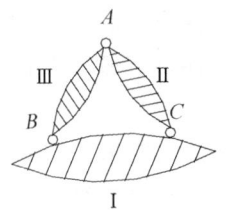 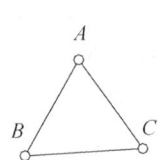 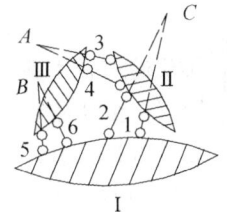

图 2.13　规则四　　　图 2.14　铰接三角形规则　　　图 2.15　一次可分析九根杆件

四、几何组成分析举例

[**例 2-1**] 试对图 2.16 所示各体系进行几何组成分析。

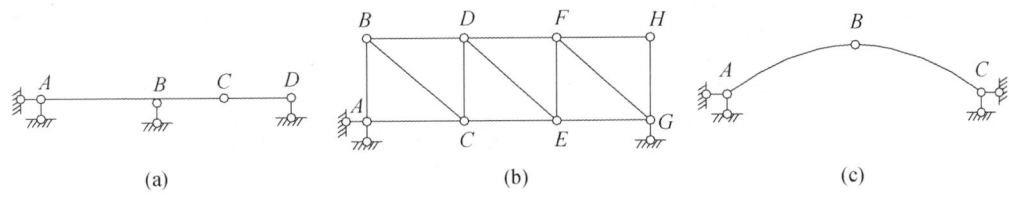

图 2.16

解：(1) 图 2.16 (a) 中，刚片 ABC 通过铰 A 和过 B 点的支杆与基础相连，三铰不在同一条直线上，故形成扩大的基础刚片。刚片 CD 通过铰 C 和过 D 点的支杆与扩大的基础刚片相连，三铰不在同一条直线上，因此整个体系为无多余约束的几何不变体系。

(2) 图 2.16 (b) 中，取铰接三角形 ABC 为最初刚片，通过二元体 C—D—B、C—E—D、E—F—D、E—G—F、G—H—F 分别固定 D、E、F、G、H 五个点，构成一个大刚片。再与基础通过铰 A 及过 G 点的支杆相连，因此整个体系为无多余约束的几何不变体系。

（3）图 2.16（c）中，三个刚片为 AB、BC、基础。刚片 AB、BC 通过铰 B 相连，刚片 AB、基础通过铰 A 相连，刚片 BC、基础通过铰 C 相连。三铰 A、B、C 不在同一条直线上，因此整个体系为无多余约束的几何不变体系。

[**例 2-2**] 试对图 2.17 所示各体系进行几何组成分析。

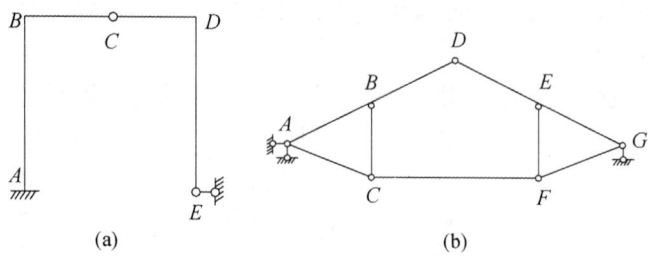

图 2.17

解：（1）图 2.17（a）中，刚片 ABC 通过固定端 A 与基础相连，形成扩大的基础刚片。刚片 CDE 通过铰 C 和过 E 点的支杆与扩大的基础刚片相连，三铰不在同一条直线上，因此整个体系为无多余约束的几何不变体系。

（2）图 2.17（b）中，取铰接三角形 ABCD 为刚片Ⅰ，铰接三角形 DEFG 为刚片Ⅱ，刚片Ⅰ、Ⅱ通过铰 D 和链杆 CF 相连，三铰 D、C、F 不在同一条直线上，故形成扩大的刚片。然后，再与基础通过铰 A 和过 G 点的支杆相连，三铰不在同一条直线上，因此整个体系为无多余约束的几何不变体系。

[**例 2-3**] 试对图 2.18（a）、（b）所示各体系进行几何组成分析。

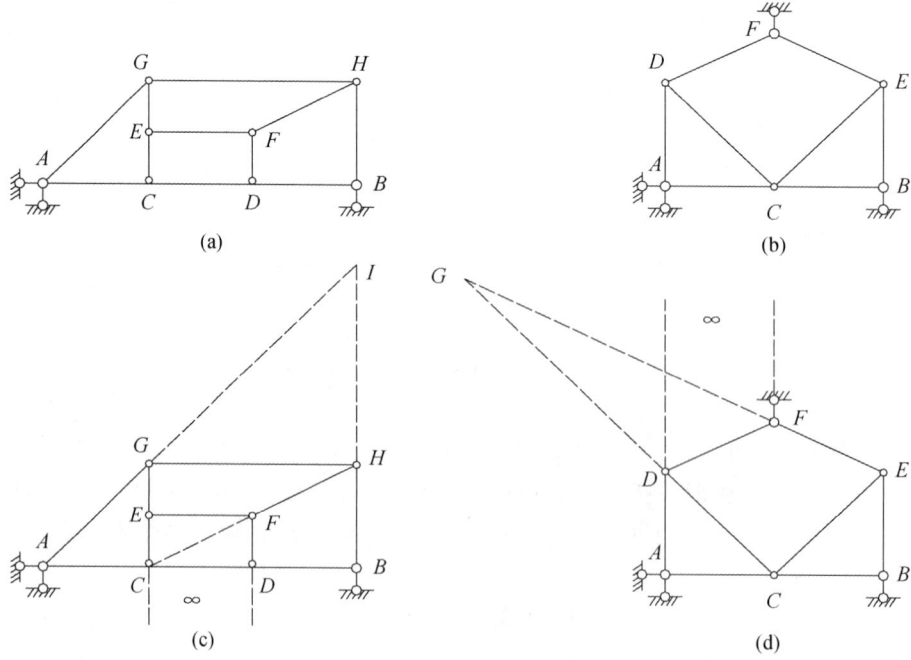

图 2.18

解：(1) 如图 2.18 (a)、(c) 中所示，刚片 ACB 通过铰 A 和过 B 点的支杆与基础相连，三铰不在同一条直线上，形成扩大的基础刚片。取刚片 Ⅰ、Ⅱ、Ⅲ 分别为 EF、GH、扩大的基础刚片。Ⅰ、Ⅲ 由链杆 EC 和 FD 构成的无穷远瞬铰相连，Ⅱ、Ⅲ 通过瞬铰 I 相连，Ⅰ、Ⅱ 通过瞬铰 C 相连，三铰不在同一条直线上。因此整个体系为无多余约束的几何不变体系。

(2) 如图 2.18 (b)、(d) 中所示，取刚片 Ⅰ、Ⅱ、Ⅲ 分别为 CBE、DF、基础。Ⅰ、Ⅱ 通过瞬铰 G 相连，Ⅱ、Ⅲ 通过由链杆 AD 和过 F 点的支杆构成的无穷远瞬铰相连，Ⅰ、Ⅲ 通过瞬铰 B 相连，三铰不在同一条直线上，因此整个体系为无多余约束的几何不变体系。

[**例 2-4**] 试对图 2.19 所示各体系进行几何组成分析。

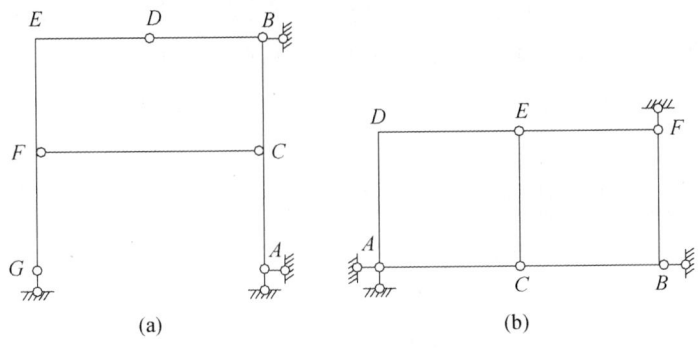

图 2.19

解：(1) 图 2.19 (a) 中，刚片 ACB 通过铰 A 和过 B 点的支杆与基础相连，三铰不在同一条直线上，故形成扩大的基础刚片。刚片 DEFG 通过链杆 DB、FC 以及过 G 点的支杆与扩大的基础刚片相连，三杆不交于一点，也不互相平行。因此整个体系为无多余约束的几何不变体系。

(2) 图 2.19 (b) 中，注意到折杆 ADE 与直杆 AE 约束等效，解释参见例 2-5 中折杆 ABC 与直杆 AC 等效的相关说明。取 CBF 为基本刚片，通过二元体 C—E—F、C—A—E 固定 E、A 二点，形成扩大的刚片 CBFEDA。该刚片再通过铰 A 及过 F、B 两点的支杆与基础相连。因此整个体系为有一个多余约束的几何不变体系。多余约束为过 B 点的支杆。

[**例 2-5**] 试对图 2.20 (a) 中所示体系进行几何组成分析。

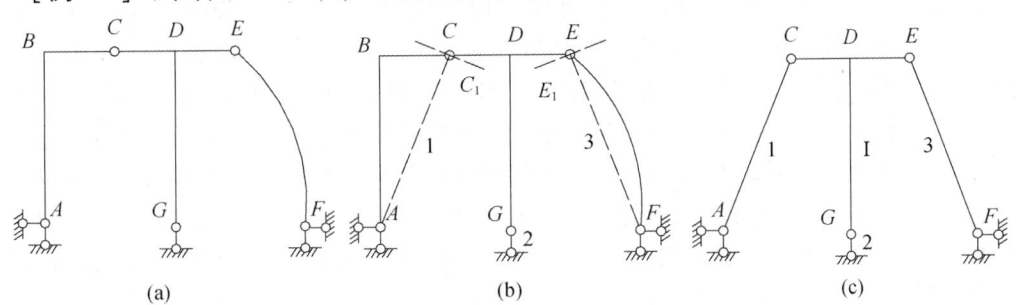

图 2.20

解：对于图 2.20（a）中所示的带折杆和曲杆的体系，不能直接利用铰接三角形规则进行几何构成分析，因为找不出合适的刚片和链杆、支杆。但是，注意到，图中的折杆 ABC 和曲杆 EF 都起一个约束的作用。由于折杆 ABC 的约束作用，C 点只能沿着垂直于 AC 连线的 CC_1 方向运动，如图 2.20（b）中所示。当把折杆 ABC 换成直杆 AC 后，C 点还是沿着垂直于 AC 的 CC_1 方向运动。故直杆 AC 的约束作用和折杆 ABC 的约束作用完全相同，两者约束等效。同理，当把曲杆 EF 换成直杆 EF 后，E 点的运动都是沿着垂直于 EF 连线的 EE_1 方向，两者约束等效。

当我们把折杆 ABC 和曲杆 EF 换成直杆 AC 和直杆 EF 后，得到的等效体系如图 2.20（c）中所示。对于该体系，我们很容易就分辨出来，CDEG 为刚片Ⅰ，其与基础刚片之间连接的三根支杆如图中 1、2、3 杆所示，当三杆不交于一点，为没有多余约束的几何不变体系；如果三杆交于一点，则为有多余约束的瞬变体系。

[**例 2-6**] 试对图 2.21（a）中所示体系进行几何组成分析。

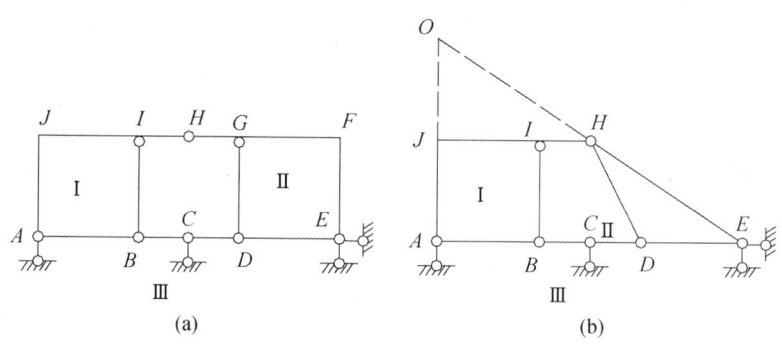

图 2.21

解：图示体系比较复杂，可试分析如下：AJIHB 和 EFGHD 由铰接三角形构成，可视为刚片Ⅰ和Ⅱ，基础视为刚片Ⅲ。来看如此选定的三刚片是否可以利用铰接三角形规则顺利地对体系的几何构成进行分析。刚片Ⅰ、Ⅱ之间通过铰 H 相连，刚片Ⅱ、Ⅲ之间通过铰 E 相连。关键就看能否找出刚片Ⅰ、Ⅲ之间的瞬铰了。遗憾的是，刚片Ⅰ和Ⅲ只有过 A 点的一根支杆相连。链杆 BC 尽管一端 B 在刚片Ⅰ上，但是另外一端 C 并不在刚片Ⅲ上。因为 C 点只有一根竖向支杆约束了其竖向的可能运动，但是其水平方向还可能存在运动。由此说明按照如此选定的三刚片分析就进行不下去了。选择其他的三刚片也会遇到同样的问题。

因为实在选不出三个刚片，我们可以考虑约束的等效替换，如图 2.21（b）中所示。我们把由铰接三角形构成的刚片 EFGHD 换成由三根杆件构成的刚片 DEH。注意，原刚片 EFGHD 与刚片 AJIHB 在 H 点相连，与刚片 CD 在 D 点相连，与基础刚片在 E 点相连，换成刚片 DEH 后与刚片 AJIHB、刚片 CD 和基础刚片的连接点完全一样，从而是等效约束。或者，从图 2.21（a）中可以看出，E 为不动的铰支座，由于 EFGHD 为刚片，故 H 点和 D 点运动方向只能绕 E 点产生转动。从图 2.21（b）中看出 H 点和 D 点也只能绕 E 点产生转动。由此知道，尽管刚片 EFGHD 与刚片 DEH 形状不同，但是两者对 H 点和 D 点的约束完全等效。进行了这个约束的等效变换之后，图 2.21（b）中的 AJIHB 和 CD 可以视为刚片Ⅰ和Ⅱ，基础视为刚片Ⅲ。刚片Ⅰ和Ⅱ通过链杆 BC 和 HD

相连，瞬铰为 D；刚片 Ⅰ 和 Ⅲ 通过链杆 HE 和过 A 点的一根支杆相连，瞬铰为 O；刚片 Ⅱ 和 Ⅲ 通过链杆 DE 和过 C 点的一根支杆相连，瞬铰为 C。由于三个瞬铰 D、O、C 不在同一条直线上，故体系为无多余约束的几何不变体系。

总结上面的几个例题可知，铰接三角形规则是几何构成分析时最一般的规则，应用该规则的关键在于找出合适的刚片和瞬铰。对于复杂的情况，可以考虑利用等效约束。原约束和等效约束对体系中有待几何构成分析部分的约束作用相同。采用等效约束的目的是简化几何构成分析的过程，方便我们采用铰接三角形规则对体系进行几何构成分析。常见的等效约束的形式有：用直杆代替原来的折杆或者曲杆、两根链杆的约束作用等效于瞬铰的约束作用、复杂的刚片可以用由链杆构成的简单的刚片来代替等。

第三节 体系的计算自由度

对于一些常见的体系，利用铰接三角形规则，通过几何构造分析，可得到体系的自由度的个数 S 和体系的多余约束数 n。但是，对于不是按照铰接三角形规则组成的比较复杂的体系，当我们引进计算自由度 W 的概念后，就可以根据 W 来得出关于体系的自由度 S 和体系的多余约束数 n 的一些定性的结论。

一、计算自由度 W 的定义

体系可视为由各部件加上约束构成的。这样，体系的自由度可用公式表示为：

$$S = a - c \tag{2.1}$$

式中，a 为各部件的自由度总和；c 为非多余约束数。

利用（2.1）式时，必须先知道哪些是体系中的非多余约束。体系构造越复杂，这个问题越困难。为了避开这个困难，引进体系的计算自由度 W 如下：

$$W = a - d \tag{2.2}$$

其中 a 为各部件的自由度总和；d 为全部约束数。

因全部约束数 d 减去非多余约束数 c 后为多余约束数，（2.1）式减去（2.2）式，得：

$$S - W = n \tag{2.3}$$

这就是体系的自由度的个数 S、体系的计算自由度 W 和体系的多余约束数 n 之间的关系。

由于 $S \geq 0$，$n \geq 0$，故由（2.3）式得，$S \geq W$，$n \geq -W$。

二、计算自由度 W 提供的定性的结论

计算自由度 W 是体系的自由度的个数 S 的下限：当体系中约束全部是必要约束时，S 等于 W；当体系中存在多余约束时，则有 S 大于 W。$-W$ 是体系的多余约束数 n 的下

限：当体系中约束全部是必要约束时，n 等于零；当计算自由度 W 小于零，也就是体系中的约束数比体系的全部自由度数多时，体系中一定存在多余约束，n 大于零。

根据计算自由度 W 计算结果是大于、等于或小于零，可得其提供的定性结论如下：

如果 $W>0$，由于 $S>W$，体系是几何可变体系。

如果 $W=0$，则 $S=n$，如无多余约束，则体系是几何不变体系；如有多余约束，则体系是几何可变体系。

如果 $W<0$，则 $n>0$，体系有多余约束。

三、计算自由度 W 的三个计算公式

1. 计算自由度 W 的第一个公式

在计算自由度 W 的第一个公式中，把体系视为由很多刚片加上约束构成，此时公式为

$$W = 3m - 3g - 2h - b \tag{2.4}$$

其中，m 是内部无多余约束的刚片数，g 是单刚结点数，h 是单铰结点数，b 是单链杆和支杆的根数。

2. 计算自由度 W 的第二个公式

在计算自由度 W 的第二个公式中，把体系视为由很多结点加上链杆构成，此时公式为

$$W = 2j - b \tag{2.5}$$

其中，j 是结点的个数，b 是单链杆和支杆的根数。

3. 计算自由度 W 的第三个公式

在 W 的第三个公式中，把体系视为由很多刚片和结点加上约束构成，此时公式为

$$W = (3m + 2j) - 3g - 2h - b \tag{2.6}$$

其中，m 是内部无多余约束的刚片数，j 是结点的个数，g 是单刚结点数，h 是单铰结点数，b 是链杆和支杆的根数。

4. 内部有多余约束的刚片和复约束的处理方法

要注意（2.4）式、（2.6）式中 m 是内部没有多余约束的刚片数。如图 2.22（a）中所示的刚片就是内部没有多余约束的刚片。而图 2.22（b）、(c)、(d) 所示的刚片内部分别有一根多余链杆、一个多余铰结点和一个多余刚结点。如果遇到内部有多余约束的刚片，只需把刚片中的多余约束计算在公式（2.4）、（2.6）中后面三项的相应项中。例如在图 2.22（b）中，需把一根多余链杆这个约束计算在链杆和支杆的根数 b 中，其余类推。

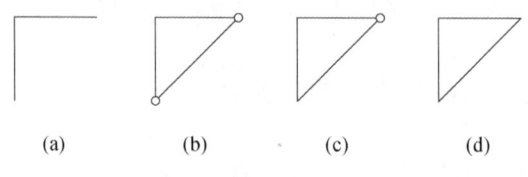

图 2.22

另外，注意公式（2.4）、(2.6) 中 g 是单刚结点数，h 是单铰结点数，b 是单链杆和支杆的根数。如图 2.23（a）、(c) 中所示的连接两个刚片的铰和刚结点就是单铰结点和单刚结点。而图 2.23（b）、(d) 所示的连接三个或以上刚片的铰结点和刚结点就是复铰结点和复刚结点。连接三个刚片的铰结点相当于两个单铰，连接 N 个刚片的铰结点相当于 $N-1$ 个单铰；连接三个刚片的刚结点相当于两个单刚结点，连接 N 个刚片的刚结点相当于 $N-1$ 个单刚结点。如果遇到复铰结点和复刚结点，只需把复铰结点和复刚结点对应的单铰结点数目和单刚结点数目代入公式（2.4）、(2.6) 中。

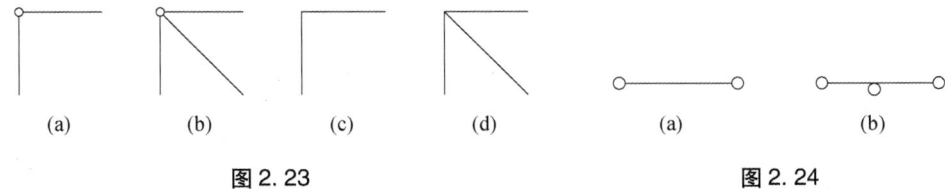

图 2.23　　　　　　　　　图 2.24

同样，要注意（2.5）式中 b 是单链杆和支杆的根数。如图 2.24（a）中所示的连接两个点的链杆就是单链杆。而图 2.24（b）所示的连接三点或以上的链杆就是复链杆。连接三点的链杆相当于 3 个单链杆，连接 N 个点的复链杆相当于 $(2N-3)$ 个单链杆。这是因为 N 个点用复链杆连接之前，有 $2N$ 个自由度，用复链杆连接之后，只有 3 个自由度。如果有复链杆，只需把复链杆对应的单链杆数目代入（2.5）式中。

四、计算自由度 W 的举例

[例 2-7] 试用计算自由度 W 的三个公式计算图 2.25（a）中所示体系的 W。

解：（1）按照（2.4）式计算。

如图 2.25（b）中所示，视杆件 ABC、CDE、AF、FB、FG、GD、GE 为刚片，则 $m=7$。单刚结点数 $g=0$。注意到 A、B、C、D、E 处的铰结点都是两个刚片的连接，是单铰结点；F、G 处的铰结点都是三个刚片的连接，是复铰结点，各相当于 2 个单铰结点，故单铰结点数 $h=9$。无链杆，支杆有 3 根，故 $b=3$。代入（2.4）式得

$$W = 3m - 3g - 2h - b = 3\times 7 - 2\times 9 - 3 = 0$$

（2）按照（2.5）式计算。

如图 2.25（c）中所示，结点为 A、B、C、D、E、F、G，则 $j=7$。杆件 AF、FB、FG、GD、GE 是连接两个点的单链杆。杆件 ABC、CDE 上各有 3 个点，为复链杆，各相当于 3 根单链杆，还有 3 根支杆，故 $b=11+3=14$。代入（2.5）式得

$$W = 2j - b = 2\times 7 - 14 = 0$$

（3）按照（2.6）式计算。

如图 2.25（d）中所示，视体系为刚片 ABC、CDE 和结点 F、G 通过约束组成，则 $m=2$，$j=2$。注意，此时，图中的 B 点不能再当作结点，因为当刚片 ABC 的位置确定之后，结点 B 点的位置也就相应确定了，故由刚片 ABC 的三个自由度就可以完全确定结点 B 的位置。同理，图中的 D 点也不能再当作结点。单刚结点数 $g=0$。只有两个刚片，故单铰结点数 $h=1$。AF、FB、FG、GD、GE 均为单链杆，支杆有三根，故

$b = 5 + 3 = 8$。代入 (2.6) 式得

$$W = (3m + 2j) - 3g - 2h - b = 3 \times 2 + 2 \times 2 - 1 \times 2 - 8 = 0$$

三种计算公式得到体系的 W 完全相同，故我们在计算 W 时可以选择任意一个合适的公式。

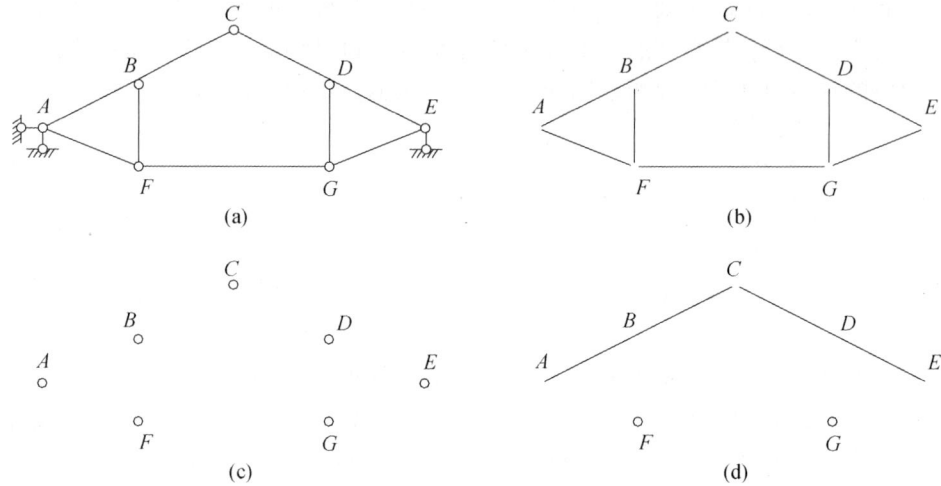

图 2.25

思考题

1. 一根杆件在几何构成分析中被视为一个刚片和一根链杆的区别是什么？
2. 瞬铰和实铰的区别是什么？
3. 几何可变体系有哪两类？
4. 一根杆件在几何构成分析中能出现多少次？
5. 为什么瞬变体系不能当作结构？
6. 为什么瞬变体系中一定有多余约束？
7. 对多余约束的"多余"如何理解？是否多余约束对结构的内力分布也完全没有作用？
8. 如何区分几何瞬变和几何常变两类体系？
9. 如何用运动分析的方法对体系进行几何构成分析？
10. 试举例说明：当计算自由度小于零时，体系是否一定几何不变？

习题

2.1～2.12 分析图示体系的几何组成。若为有多余约束的体系，须指出多余约束；若为几何可变体系，需进一步说明是瞬变体系还是常变体系。

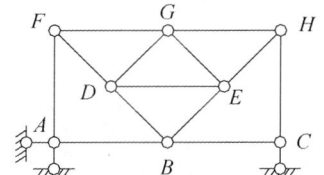 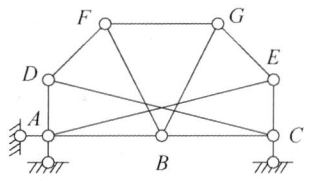

题2.1图 　　　　　　　　题2.2图

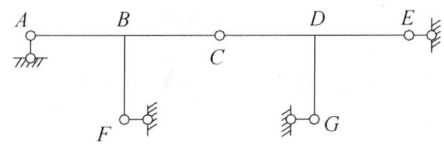 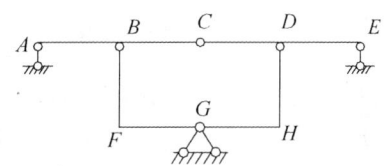

题2.3图 　　　　　　　　题2.4图

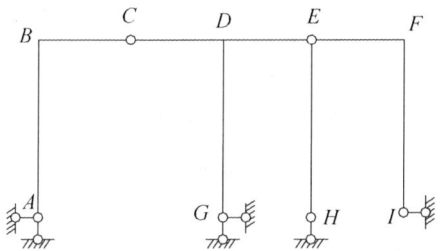 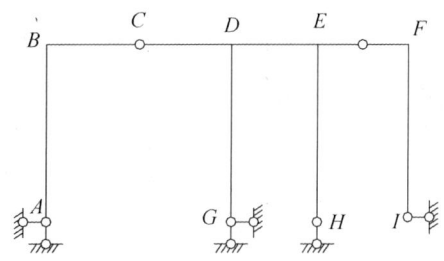

题2.5图 　　　　　　　　题2.6图

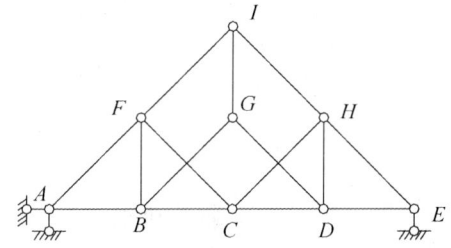 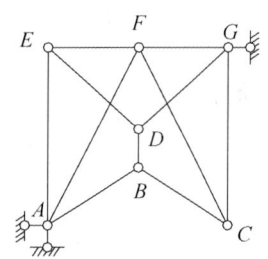

题2.7图 　　　　　　　　题2.8图

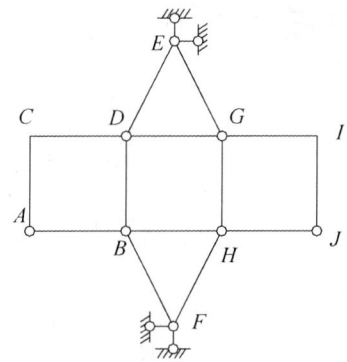 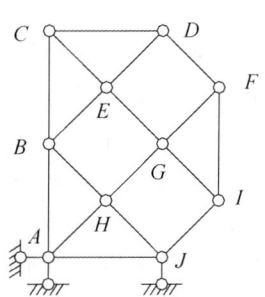

题2.9图 　　　　　　　　题2.10图

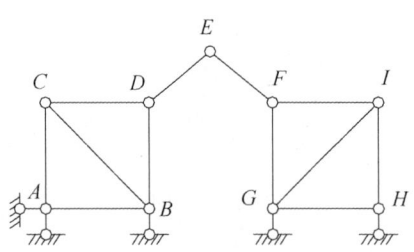
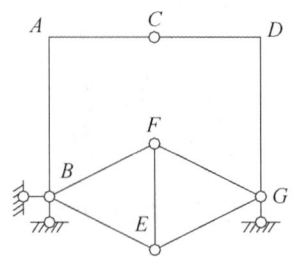

题 2.11 图　　　　　　　　　题 2.12 图

2.13～2.16　计算图示体系的计算自由度 W，并分析图示体系的几何组成。若为几何可变体系，需进一步说明是瞬变体系还是常变体系。

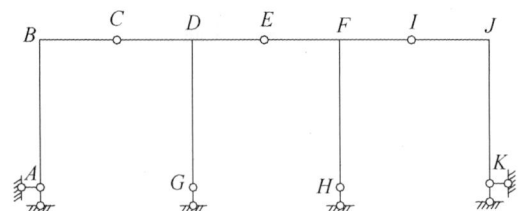
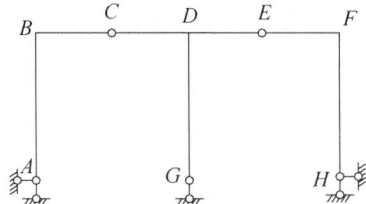

题 2.13 图　　　　　　　　　题 2.14 图

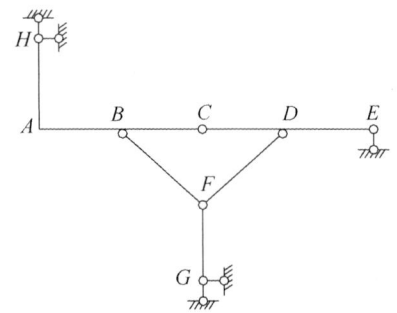
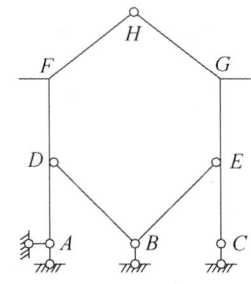

题 2.15 图　　　　　　　　　题 2.16 图

习题答案

2.1　无多余约束的几何不变体系。
2.2　无多余约束的几何不变体系。
2.3　无多余约束的几何不变体系。
2.4　无多余约束的几何不变体系。
2.5　瞬变体系。
2.6　有一个多余约束的几何不变体系。
2.7　无多余约束的几何不变体系。
2.8　无多余约束的几何不变体系。

2.9　瞬变体系。
2.10　无多余约束的几何不变体系。
2.11　有一个自由度的常变体系。
2.12　无多余约束的几何不变体系。
2.13　无多余约束的几何不变体系。
2.14　瞬变体系。
2.15　无多余约束的几何不变体系。
2.16　无多余约束的几何不变体系。

第三章

静定结构内力分析

　　静定结构从几何构成上看是没有多余约束的几何不变体系；从受力分析角度，静定结构的支座反力和各杆件的内力全部可以由静力平衡条件求得，无须考虑变形协调条件。梁（包括组合梁）、刚架、桁架、组合结构和三铰拱是工程中常用的五类静定结构。静定结构求内力的一般方法是截面法，需注意在截断的杆件截面处所施加的内力种类须与该杆件的受力性能一致：如梁式杆截面处一般须施加弯矩、剪力和轴力三个内力分量；桁架杆截面处只需施加轴力一个内力分量。静定结构内力分析的任务就是求五类结构在给定荷载作用下的内力图，是整个结构力学的基础。对于梁、刚架和组合结构，一般的求解步骤是先求支座反力，继而求得各控制截面的内力值，然后利用分段叠加法得出任一受弯直杆段的弯矩图；利用荷载和内力之间的平衡关系得出各杆的内力图，最后将各杆内力图合并在一起即为结构的内力图。对于桁架和三铰拱同样可以利用截面法求得结构的内力图。得出五类结构内力图后，就得到了五类结构的受力性能，包括各根杆件的受力性质和内力大小。在此基础之上，能够进一步考虑结构的合理形式。比如首先根据实际的功能要求，选择合适的结构形式；进而在结构形式选定的情况下，通过调整结构中各杆件的位置，使得结构中的内力分布最均匀或者使得结构材料最省等。结构受力性能是选择结构合理形式重要的基础和依据之一，求得结构的合理形式是静定结构内力分析的目的。

第一节　简支梁内力计算及分段叠加法作任意直杆段的弯矩图

　　梁是以弯曲变形为主要变形的一类结构。单跨静定梁，包括简支梁、悬臂梁和伸臂梁的受力性能在材料力学课程已经学过。在任意梁横截面上，一般存在正应力和剪应力，可以合成轴力、剪力和弯矩三种内力分量。

　　本节首先以简支梁为例说明单跨静定梁内力计算的一些一般性步骤：包括计算支座反力，用截面法求指定截面的内力，根据内力方程作内力图，利用叠加法作多种荷载作用下的弯矩图，利用荷载和内力之间的三种关系快速作出内力图的轮廓。然后通过把任意直杆段与在两种荷载作用下的相应简支梁进行对比，得出两者弯矩图完全一致，从而得到作任意直杆段弯矩图的分段叠加法，该法是作直杆段弯矩图的一般性方法。

一、横截面上三种内力的符号约定

在任意梁横截面上,一般有轴力 F_N、剪力 F_Q 和弯矩 M 三种内力分量。为了使得截面上的内力计算与隔离体取自截面左边或者右边无关,约定三种内力的符号为:

横截面上正应力的合力为轴力,轴力以拉力为正;横截面上的剪应力的合力为剪力,剪力使得微段隔离体顺时针转动为正;横截面上应力对截面形心的力矩称为弯矩。对水平杆件,使得杆件下部纤维受拉的弯矩为正。图 3.1 中所示的三种内力分量都为正。

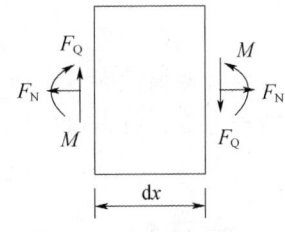

图 3.1 三种内力的符号约定

轴力图和剪力图可以画在杆件的任意侧,但是必须注明正负号。弯矩图纵坐标须画在杆件受拉的纤维一边,不注正负号。

二、截面法

求任意指定横截面内力的一般方法为截面法。所谓截面法就是用一个假想的截面沿指定截面将杆件截开,取截面左边或者右边为隔离体,利用隔离体的三个平衡方程,确定截面三个内力分量的方法。

画隔离体的受力图时,有以下几点须注意:

(1) 隔离体与其周围的约束必须全部截断,使隔离体成为平面上完全的自由体。

(2) 在截断的约束处须施加符合约束性质的约束力。如截断梁式杆,须施加轴力、剪力和弯矩;截断桁架杆,只须施加轴力;截断滚轴支座、铰支座和固定支座时,分别施加一个、两个、三个支座反力等。

(3) 不要遗漏力。隔离体一般有两类力:一类是外荷载,另一类是各截断约束处的约束力。

(4) 须注意隔离体上各力的方向。外荷载按照其实际方向和大小施加,待求未知约束力按照各自约定的正号方向施加,然后根据隔离体的受力,建立平衡方程求解。求得未知约束力为正号,表明其实际方向与约定的正方向相同;反之,与约定的正方向相反。如此,只需根据求得的约束力的正负号,就可以确定其实际方向。比如,求得某截面弯矩值为正,则表明该截面下边受拉,画弯矩图时直接画在下边,无须另外根据弯矩的转向再判断哪边受拉。

三、利用内力方程作简支梁在均布荷载作用下的弯矩图

为了得到整个梁各截面的内力值,也就是梁的内力图,必须先引入横坐标 x 表示截面位置,然后利用截面法得出该截面内力和横坐标 x 之间的关系式,也就是内力方程,据此就可以绘制梁在一般荷载作用下的内力图。

下面我们用内力方程方法来绘制图 3.2 (a) 中所示的简支梁在均布荷载作用下的

弯矩图。

我们建立一个坐标系如图 3.2（b）中所示，坐标的原点在 A 点。求出 A、B 处的支座反力为 $ql/2$。在 x 截面切开，取该截面的左边为隔离体，如图 3.2（c）中所示，利用对该截面形心力矩的代数和为零，可以得出该截面弯矩的表达式为

$$M(x) = \frac{1}{2}qlx - \frac{1}{2}qx^2$$

或者取该截面的右边为隔离体，如图 3.2（d）中所示，利用对该截面形心力矩的代数和为零，可以得出该截面弯矩的表达式为

$$M(x) = \frac{1}{2}ql(l-x) - \frac{1}{2}q(l-x)^2 = \frac{1}{2}qlx - \frac{1}{2}qx^2$$

由两个隔离体可以得到相同的 x 截面弯矩的函数表达式，但是显然取截面的左边为隔离体的计算要简单一些。

根据弯矩的表达式绘出简支梁在均布荷载作用下的弯矩图如图 3.2（e）中所示，跨中 C 截面的最大弯矩值为 $ql^2/8$。

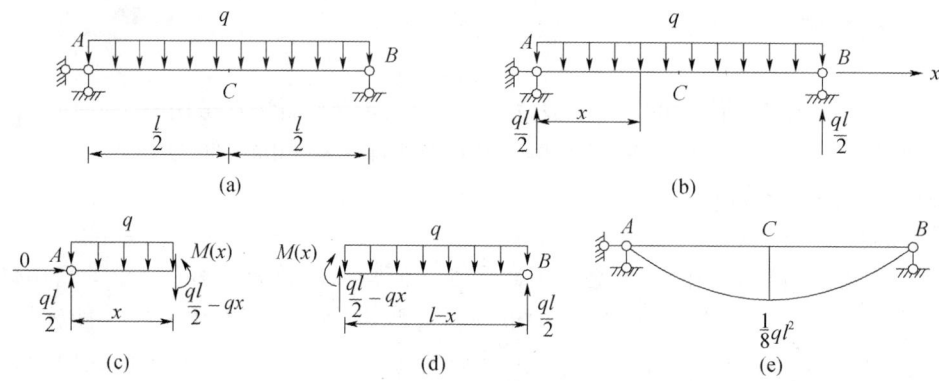

图 3.2　均布荷载作用下简支梁的弯矩图

四、利用荷载和内力的三种关系绘制内力图

采用列弯矩方程得出弯矩图可以精确知道每一个截面上的弯矩值，但是列出弯矩方程的过程相当烦琐。在今后绘制直杆段弯矩图时，我们并不是采用这种方法，而是可以利用荷载和内力的微分关系、增量关系和积分关系这三种关系来简化弯矩等内力图的绘制。其原因在于，一是实际结构中的荷载并不是任意分布的复杂荷载，而是一些最常见的简单荷载，比如集中荷载、均布荷载或者线性分布荷载等。另外，在实际设计时，对于等截面杆件，并不需要知道每一个截面的精确的弯矩值，而是只关心最大的弯矩值是多少。这样，在画弯矩图时，只需要知道大致的图形，只要我们能从图上得出最大的弯矩值来即可。显然，按照荷载和内力的三种关系绘制内力图可以比按照列出弯矩方程的方法作出内力图节省很多计算工作量。我们下面先来看荷载和内力的三种关系。

1. 荷载和内力的微分关系

从荷载连续分布的直杆上，取微段 dx，如图 3.3（a）中所示。水平坐标 x 向右为

正,竖向坐标 y 向下为正。q_x 为 x 方向的分布荷载集度,向右为正;q_y 为 y 方向的分布荷载集度,向下为正。左截面上有轴力 F_N、剪力 F_Q 和弯矩 M;右截面上由于 x 坐标有增量 $\mathrm{d}x$,三个内力变为 $F_N + \mathrm{d}F_N$、$F_Q + \mathrm{d}F_Q$ 和 $M + \mathrm{d}M$,各内力都沿规定的正方向。在图示的荷载和坐标设置的情况下,由平衡条件可以导出荷载和内力的微分关系如下

$$\left.\begin{array}{r} \dfrac{\mathrm{d}F_N}{\mathrm{d}x} = -q_x \\[2mm] \dfrac{\mathrm{d}F_Q}{\mathrm{d}x} = -q_y \\[2mm] \dfrac{\mathrm{d}M}{\mathrm{d}x} = F_Q \end{array}\right\} \tag{3.1}$$

2. 荷载和内力的增量关系

在集中荷载作用处,取微段 $\mathrm{d}x$,如图 3.3(b)中所示。F_x 为 x 方向的集中力,向右为正;F_y 为 y 方向的集中力,向下为正;M_0 为力偶矩,顺时针方向为正。左截面上有轴力 F_N、剪力 F_Q 和弯矩 M;右截面上由于集中荷载的作用,三个内力变为 $F_N + \Delta F_N$、$F_Q + \Delta F_Q$ 和 $M + \Delta M$,各内力都沿规定的正方向。在图示的荷载和坐标设置的情况下,由平衡条件可以导出荷载和内力的增量关系如下

$$\left.\begin{array}{r} \Delta F_N = -F_x \\ \Delta F_Q = -F_y \\ \Delta M = M_0 \end{array}\right\} \tag{3.2}$$

3. 荷载和内力的积分关系

从直杆上截取一段 AB,如图 3.3(c)中所示。q_x 为 x 方向的分布荷载,向右为正;q_y 为 y 方向的分布荷载,向下为正。A 截面上有轴力 F_{NA}、剪力 F_{QA} 和弯矩 M_A;B 截面上有轴力 F_{NB}、剪力 F_{QB} 和弯矩 M_B。在图示的荷载和坐标设置的情况下,由(3.1)式通过积分可得出荷载和内力的积分关系为

$$\left.\begin{array}{r} F_{NB} = F_{NA} - \displaystyle\int_{x_A}^{x_B} q_x \mathrm{d}x \\[2mm] F_{QB} = F_{QA} - \displaystyle\int_{x_A}^{x_B} q_y \mathrm{d}x \\[2mm] M_B = M_A + \displaystyle\int_{x_A}^{x_B} F_Q \mathrm{d}x \end{array}\right\} \tag{3.3}$$

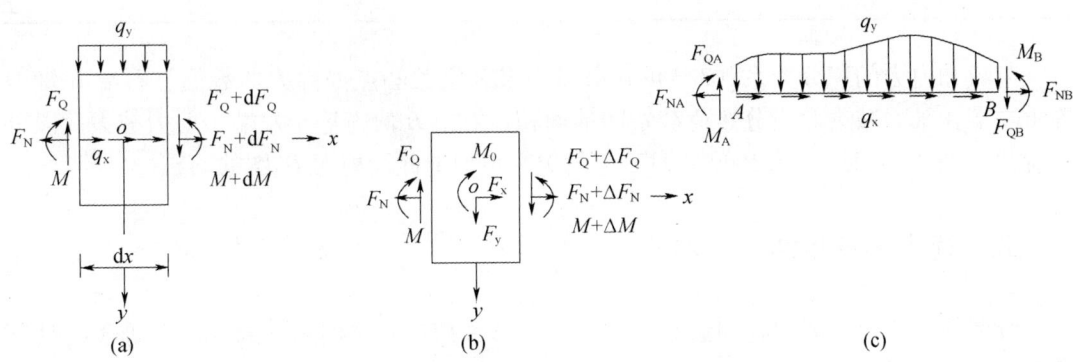

图 3.3　荷载和内力的微分、增量、积分关系

4. 荷载和内力的三种关系在绘制内力图时的作用

荷载和内力的三种关系对于绘制结构在常见荷载作用下的内力图非常有帮助。根据荷载和内力的微分关系、荷载和内力的增量关系可知内力图有如下特点：

在无均布荷载作用段，$q_y = 0$，由微分关系（3.1）第二式知 $dF_Q = 0$，即 $F_Q =$ 常数，故剪力图为水平直线，剪力 F_Q 可以大于零、小于零或者等于零。又由微分关系（3.1）第三式知，当 $F_Q = 0$ 时，M 图为水平直线；当 $F_Q \neq 0$ 时，M 图为斜直线。

在均布荷载作用段，$q_y =$ 常数，则由微分关系（3.1）第二式知剪力 F_Q 图为斜直线，又由微分关系（3.1）第三式知 M 图的阶次比 F_Q 图高一次，故 M 图为抛物线，且凸向与荷载指向相同。

由增量关系（3.2）式可以知道：（1）在水平集中力 F_x 作用点两侧截面 F_N 图有突变，其突变值等于 F_x。F_Q 图和 M 图不受影响。（2）在竖向集中力 F_y 作用点两侧截面 F_Q 图有突变，其突变值等于 F_y。M 图有折点，其折点的尖角与 F_y 方向相同。F_N 图不受影响。（3）在集中力偶矩 M_0 作用点两侧截面的 M 图有突变，其突变值等于 M_0。F_N 图和 F_Q 图不受影响。

将以上荷载和内力图的形状特点之间的关系总结如表 3-1 中所示，以供参考。

表 3-1　四种荷载和内力图的形状特点之间的关系

微段竖向荷载	无荷载	均布荷载 q	集中力 F_P	集中力偶 M
剪力图	水平直线，可为正、负或等于零	向下斜直线	有突变	无变化
弯矩图	一般为斜直线	下凸二次抛物线	有向下尖点	有突变

荷载和内力的积分关系（3.3）式可以用来确定关心点处内力的数值。右端 B 轴力等于左端 A 轴力减去此段分布荷载 q_x 图的面积；右端 B 剪力等于左端 A 剪力减去此段分布荷载 q_y 图的面积；右端 B 弯矩等于左端 A 弯矩加上此段剪力 F_Q 图的面积。

五、简支梁弯矩图的叠加法

所谓简支梁弯矩图的叠加法是指简支梁在两种荷载同时作用下的弯矩图等于两种荷载单独作用时引起的弯矩图的和。

图 3.4（a）中所示简支梁同时承受杆端力偶矩 M_A、M_B 和均布荷载 q，把它分解为两种单独的荷载的和，如图 3.4（b）、（c）中所示。图 3.4（b）所示的简支梁单独承受杆端力偶矩 M_A、M_B 荷载引起的弯矩图如图 3.5（b）中所示，x 截面的弯矩函数根据取隔离体的方法，可知为

$$M_1(x) = M_A + \frac{x}{l}(M_B - M_A)$$

图 3.4（c）中所示的简支梁单独承受均布荷载 q 引起的弯矩图如图 3.5（c）中所示，x 截面的弯矩函数为

$$M_2(x) = \frac{1}{2}qlx - \frac{1}{2}qx^2$$

图 3.5（a）中 x 截面的弯矩函数根据取隔离体的方法，为

$$M(x) = M_A + \frac{x}{l}(M_B - M_A) + \left(\frac{1}{2}qlx - \frac{1}{2}qx^2\right) = M_1(x) + M_2(x)$$

故图 3.4（a）中所示的两种荷载同时作用下的弯矩图等于这两种荷载单独作用下弯矩图的和，如图 3.5（a）中所示。需注意的是，弯矩图的叠加是指两个弯矩图纵坐标的叠加，即图 3.5（a）中 $M_2(x)$ 垂直于杆轴 AB，而非垂直于 M_A、M_B 的连线。绘制弯矩图时，只需要以 M_A、M_B 的连线为基线，再叠加上 q 作用下弯矩图的纵标值就得到两种荷载共同作用时的弯矩图。

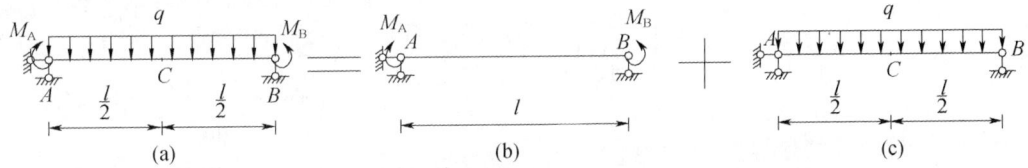

图 3.4 同时作用的两种荷载分解为两种单独作用荷载的和

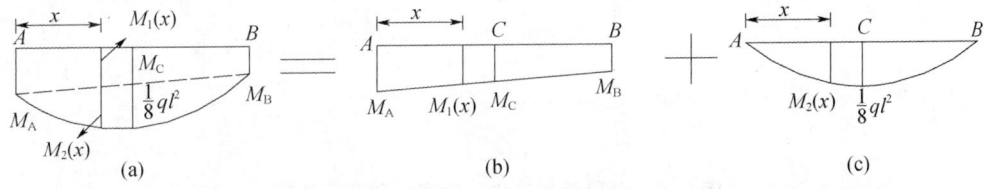

图 3.5 两种荷载同时作用下的弯矩图等于两种荷载单独作用时引起的弯矩图的和

六、分段叠加法作任意直杆段的弯矩图

结构中的任意直杆段，其弯矩图也可用叠加法做出。下面以图 3.6（a）中的直杆段 AB 为例对此进行说明。为了得到 AB 段的弯矩图，我们用假想的截面在截面 A 和 B 截断，取出直杆段 AB 为隔离体，如图 3.6（b）中所示，隔离体的长度为 l_{AB}，在 A、B 两端各有轴力 F_{NA}、F_{NB}，剪力 F_{QA}、F_{QB} 和弯矩 M_A、M_B，各杆端力都假设为正方向。

取图 3.6（b）中 x 截面左边为隔离体，对该截面形心取矩，可以得到该截面弯矩

（假设下端受拉）的函数式为

$$M_1(x) = F_{QA}x + M_A - \frac{1}{2}qx^2$$

我们现在把图 3.6（b）中的隔离体 AB 与图 3.6（c）中所示的同跨度、同竖向荷载 q，并且杆端外力偶矩 M_A、M_B 分别与图 3.6（b）中 A、B 两端杆端弯矩 M_A、M_B 相同的简支梁进行对比。图 3.6（b）对 B 端取矩可以得出 F_{QA} 的表达式，图 3.6（c）中取整体为隔离体，对 B 端取矩可以得出 F_{RA} 的表达式，两者完全一致，故有 $F_{QA} = F_{RA}$。

图 3.6（c）中取 x 截面左边为隔离体，对该截面形心取矩，可以得到该截面弯矩（假设下端受拉）的函数式为

$$M_2(x) = F_{RA}x + M_A - \frac{1}{2}qx^2 = M_1(x)$$

由此知道，图 3.6（b）和图 3.6（c）中相应截面弯矩方程完全相同，从而弯矩图也完全相同。于是知道，图 3.6（b）中任意直杆段 AB 的弯矩图也可以如图 3.6（c）中所示的同跨度、同荷载和同杆端外力偶矩的简支梁那样通过弯矩叠加法绘出。也就是说，结构中任意直杆段 AB 的弯矩图只需要直接以杆端弯矩 M_A、M_B 的连线为基线，再叠加上均布荷载 q 作用下弯矩图的纵标值就可得到。

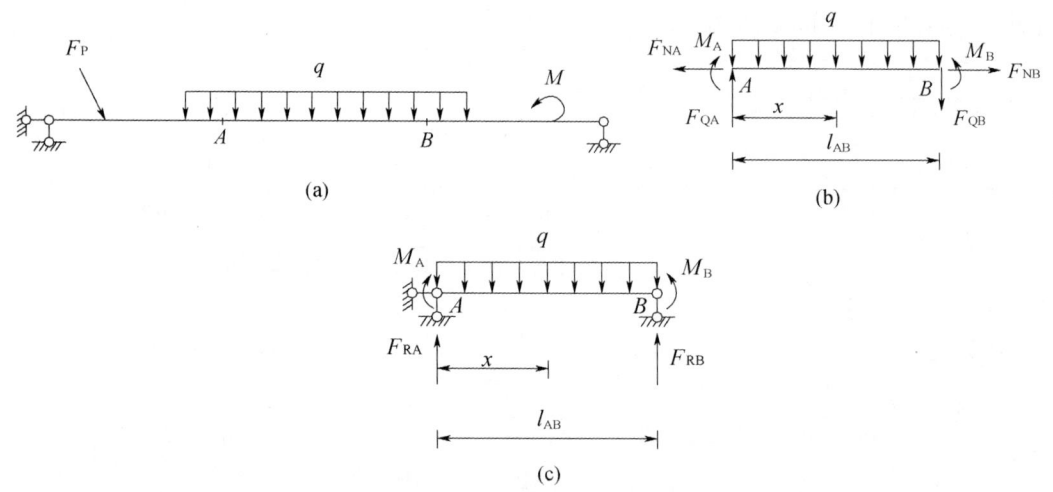

图 3.6 分段叠加法作任意直杆段的弯矩图

以上我们以均布荷载为例说明了任意直杆段弯矩图的叠加法。对于直杆段上承受其他的荷载，可以照样利用叠加得出其弯矩图来。

由以上分析可知，任意一段直杆段的弯矩图都和一个相应简支梁的弯矩图相同。对于荷载情况比较复杂的梁，如图 3.6（a）中的整个梁，为了简单起见，只需根据荷载的情况将整根梁视为不同的简支梁段，再将不同简支梁段的弯矩图相加就得到整根梁的弯矩图。这就是结构弯矩图的分段叠加法，该方法是作梁式直杆段弯矩图的一般方法。

用分段叠加法绘制弯矩图时包括两步：①选定外力的不连续点（集中力作用点、集中力偶作用点、分布荷载的始点和终点）为控制截面，首先计算出控制截面的弯矩值。

②分段求作弯矩图。当控制截面间无荷载时，弯矩图为连接控制截面弯矩值的直线；当控制截面间存在荷载时，弯矩图应在控制截面弯矩值作出的直线上再叠加上该荷载在该段简支梁作用时产生的弯矩值。

七、一个例题

[**例 3-1**] 作图 3.7（a）所示简支梁的内力图。图中 $F_P = 4\text{kN}$，$M = 16\text{kN} \cdot \text{m}$，$q = 4\text{kN/m}$，$a = 2\text{m}$。

解：（1）求支座反力。

假设支座 A、E 处的支座反力 F_{RA}、F_{RE} 的方向向上。取整体为隔离体，利用对 E 点的力矩的代数和为零得

$$F_{RA} \times 8 + 16 - 4 \times 6 - 4 \times 2 \times 1 = 0$$

求得 $F_{RA} = 2\text{kN}$（↑）。由整体竖向力的平衡条件，求得 $F_{RE} = 10\text{kN}$（↑）。

（2）简易法作剪力图。

对于水平杆件在常见的集中荷载、集中力偶矩和均匀分布荷载作用下的情况，如果我们规定正号的剪力绘在杆件上侧，负号的剪力绘在下侧，并且剪力图从杆件的左端开始往右端画，则剪力图的走向与荷载的走向完全一致。这就是所谓的剪力图绘制的简易法。采用该法能够更加高效简单地完成剪力图，减少绘制过程中可能出现的错误。简易法绘制水平杆件剪力图的基本原理可以从荷载和内力的微分关系和增量关系中推导出来。下面我们对此进行解释。

可以从微段上作用了均布荷载 q_y 和集中荷载 F_y 的两种情况进行说明。先看微段上作用了竖向均布荷载 q_y 的情形。此时从（3.1）式的第二式看出，当均布荷载向下时，此时 q_y 大于零，dx 也大于零，故 dx 微段右侧的剪力小于左侧的剪力。从而在剪力图上，从左往右画时，剪力图的走势是向下走，与荷载 q_y 的指向一致。再看微段上作用了竖向集中荷载 F_y 的情形。此时从（3.2）式第二式看出，当竖向集中荷载 F_y 向下时，此时 F_y 大于零，ΔF_Q 小于零，故集中荷载截面右侧的剪力小于左侧的剪力。从而在剪力图上，从左往右画时，剪力图的走势是向下走，与集中荷载 F_y 的指向一致。

简易法适合用来作出水平杆件在集中荷载、集中力偶矩和均布荷载作用下的剪力图。但是，如果水平杆件上存在非均布荷载的分布荷载，简易法作剪力图的便利性就不复存在，只能先求得控制截面的剪力值后，才能作出剪力图来。

根据用简易法得到的杆件的剪力图如图 3.7（b）中所示。首先，由荷载和内力的微分关系知，AB、BD 段上剪力为平直线，DE 段上剪力为斜直线。由于 $F_{RA} = 2\text{kN}$（↑），故剪力图在 A 截面向上突变 2kN。AB 段上剪力为 2kN 的平直线。在 B 截面，作用了向下的 $F_P = 4\text{kN}$，故 B 点右侧的剪力等于左侧的剪力向下突变 4kN，从而可以得出 B 点右侧的剪力为 -2kN。BCD 段剪力图为 -2kN 的平直线。DE 段作用了向下的均布荷载 $q = 4\text{kN/m}$，故剪力图在 DE 段亦向下倾斜，斜率为 4。最后，由于 $F_{RE} = 10\text{kN}$（↑），故剪力图在 E 点向上突变，回到水平杆件的右端，这就表明水平杆件 $ABCDE$ 上的力在竖直方向是满足平衡关系的。有一点必须注意到，集中荷载 F_P 作用点 B 截面上剪力值不确定。

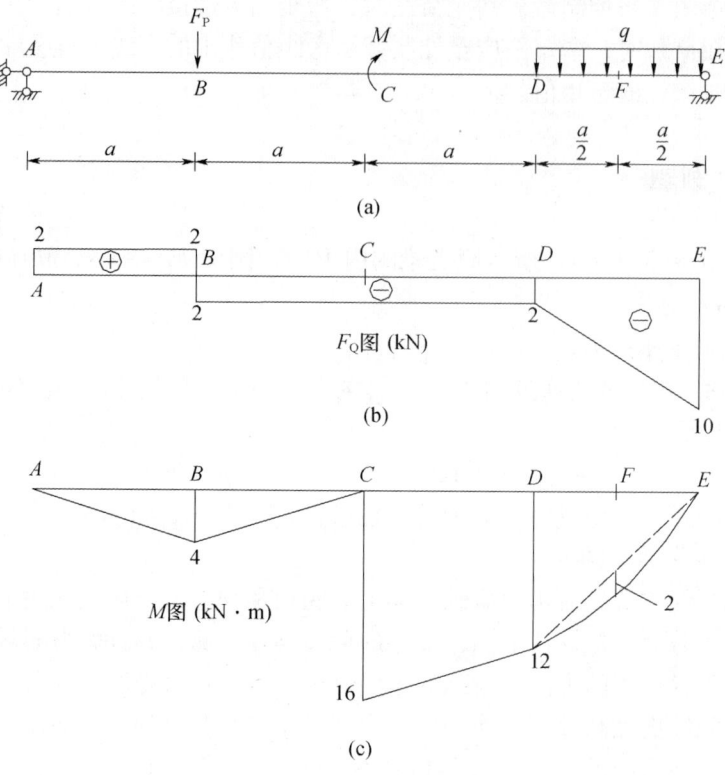

图 3.7 一个例题

利用简易法，当支座反力求出来后，就可以直接绘制杆件的剪力图，不用求控制截面的剪力值，如此就大大简化了剪力图的绘制过程。并且剪力图在杆件的左端离开基线，在杆件的右端又回到基线，确保了杆件竖向力的平衡。利用这一点也可以用来检验支座反力的计算结果正确与否。

（3）作弯矩图。

作弯矩图时分段的目的是使得计算尽可能简单。分段越少，则控制截面弯矩值的计算越少，但是简支梁在相应荷载作用下的叠加就越复杂。比如本例，如果只分 AE 一段，则控制截面弯矩值 M_A、M_E 都是零，无须计算，但是简支梁在多种荷载作用下弯矩叠加复杂，正是我们要求的。根据简单原则，分段时应该使得每一直杆段上荷载的情况越简单越好，把结构分成 AB、BC、CD、DE 四段，每一段上只有一种荷载或者没有荷载。

利用取隔离体的方法，求得其余控制截面的弯矩值为

$$M_B = 2\text{kN} \times 2\text{m} = 4\text{kN} \cdot \text{m}$$
$$M_C^L = 2\text{kN} \times 4\text{m} - 4\text{kN} \times 2\text{m} = 0$$
$$M_C^R = 2\text{kN} \times 4\text{m} - 4\text{kN} \times 2\text{m} + 16\text{kN} \cdot \text{m} = 16\text{kN} \cdot \text{m}$$
$$M_D = 2\text{kN} \times 6\text{m} - 4\text{kN} \times 4\text{m} + 16\text{kN} \cdot \text{m} = 12\text{kN} \cdot \text{m}$$

由荷载和内力的微分关系知，AB、BC、CD 三段上弯矩图为斜直线，连接各段上控制截面的弯矩值即可得到三段上的弯矩图。DE 段上还有均布荷载作用，故必须再叠加

上相应简支梁在均布荷载作用下的弯矩图。作出弯矩图如图 3.7（c）中所示，在 C 截面上弯矩有数值为 16kN·m 的突变值，符合荷载和内力的增量关系。

（4）校核计算结果。

下面利用荷载和内力的积分关系校核计算结果。已知 $M_A=0$，剪力图如图 3.7（b）中所示，由荷载和内力的积分关系（3.3）式的第三式得到 D 截面上弯矩为

$$M_D = M_A + \int_{x_A}^{x_D} F_Q dx = 0 + 2 \times 2 - 2 \times 4 = -4$$

与弯矩图中 D 截面上弯矩值不一样，哪里出了问题？

从数学上来讲，对于积分问题，存在一个积分的初值问题，初值不同，积分的结果不同。从力学方面来看，由增量关系（3.2）式可知，在集中力偶矩作用截面的左右两侧，弯矩图会有突变值，剪力图无变化。或者换一句话说，仅仅从剪力图上看不出何处作用了集中力偶矩。集中力偶矩就相当于积分的初值问题。对于有集中力偶矩作用的直杆端，必须把 D 截面以左的集中力偶矩的值当成相应的 F_Q 的面积算到积分过程中去。于是

$$M_D = M_A + M + \int_{x_A}^{x_D} F_Q dx = 0 + 16 + 2 \times 2 - 2 \times 4 = 12$$

这样就与弯矩图中 D 截面上弯矩值一样了。

第二节　静定多跨梁

简支梁、悬臂梁和伸臂梁是静定单跨梁的三种基本形式，在静定单跨梁中只有一根水平梁式杆件。

静定多跨梁是由多根水平梁式杆件通过适当的约束构成的一类静定结构。其组成方式有两种：一是由三类静定单跨梁组合得到，如图 3.8（a）中所示悬臂梁 AB 和伸臂梁 BD 的组合。二是由三类静定单跨梁之间通过短梁组合得到，如图 3.8（b）中所示悬臂梁 AB 和伸臂梁 CF 之间通过短梁 BC 的组合。静定多跨梁这种结构经常用在公路桥梁和屋架檩条中。

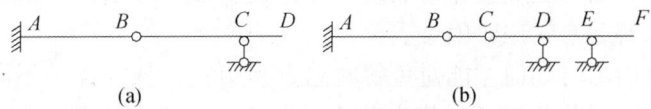

图 3.8　静定多跨梁的两种组成方式

一、静定多跨梁的基本部分和附属部分

从几何构成来看，静定多跨梁由多根杆件组成，可分成基本部分和附属部分。所谓基本部分就是依靠它本身与基础之间的约束就可以独立承载的部分；附属部分则必须依

赖基本部分提供的约束作用，才可以维持几何不变和抵抗荷载。

例如图 3.8（a）中，AB 梁通过固定支座 A 与基础连接，几何不变，为基本部分；BD 梁则必须依赖与 AB 梁之间的铰 B 的约束作用才能维持不变，故为附属部分。利用图 3.9（a）中所示的各梁之间的支撑关系图可以更加形象地看清静定多跨梁中的基本部分和附属部分。

图 3.8（b）中，AB 梁同样为基本部分。尽管 CF 梁从几何构成方面看需要 BC 杆件的约束作用才能维持几何不变，但是，如果整个静定多跨梁上只有竖向荷载作用，没有水平荷载作用，则 CF 梁本身也可以独立承载保持平衡，在支撑关系图中也把它视为基本部分。BC 梁则必须依赖与 AB、CF 梁之间的铰 B、C 的约束作用才能维持不变，故为附属部分。支撑关系图如图 3.9（b）中所示。

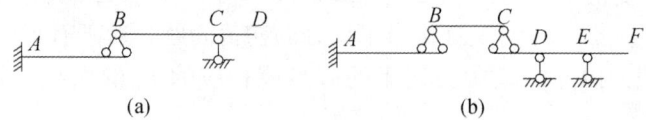

图 3.9　静定多跨梁基本部分和附属部分之间的支撑关系图

从支撑关系图中可以看到，几何构成分析时总是先固定基本部分，然后再固定附属部分。

二、静定多跨梁的静力分析特点

静定多跨梁的支座反力和内力都是静定的，因为静定多跨梁是没有多余约束的几何不变体系，组成体系的自由度数和约束数相等，针对每个自由度都可以建立一个独立的力的平衡方程。例如图 3.8（b）中所示的梁，在竖向荷载作用下，待求的支座反力共五个，分别为固定端 A 处的三个支座反力和支杆 D、E 处的两个支座反力。当取整体为隔离体时，独立的力的平衡方程的个数也是五个：整体有三个平衡方程；另外，利用铰 B 和铰 C 左边或者右边所有外力对铰的力矩之和为零，又增加了两个独立的平衡方程，故支座反力静定。一旦它们求出后，任意一个截面的三个内力可以通过在该截面切开，取截面左边或者右边为隔离体，然后，利用隔离体的三个平衡方程就可以得出，故内力也是静定的。如果采用以上取整体为隔离体计算支座反力的方法，势必得到一组联立的方程组，数学上求解起来就比较困难。

求静定多跨梁内力时如何才能避免解联立方程组呢？从支撑关系图 3.9（a）、（b）可看到基本部分和附属部分都是由静定单跨梁组成。当竖向荷载作用在基本部分上时，只会引起基本部分的内力，不会引起附属部分的内力；当荷载作用在附属部分的时候，除了在附属部分引起内力外，在基本部分也会有内力产生，该部分内力只需要把附属部分的支座反力反向加在基本部分上即可求得。故静定多跨梁内力计算时，只要先算附属部分，然后再算基本部分，就可以避免解联立方程，从而大大简化内力计算过程。或者说，只要截取杆件作为隔离体的次序和几何构成分析时固定杆件的次序相反，就可以避免解联立方程。

三、静定多跨梁的内力计算时的分析步骤

综上所述,静定多跨梁的内力计算时的分析步骤如下:
(1) 根据几何构成分析,得到静定多跨梁的支撑关系图。
(2) 先取最末级附属部分为隔离体,将支座反力先求出来后,然后反向加在次一级的附属部分上,作为其上的荷载。仿此进行,直至计算到基本部分为止。原静定多跨梁的计算就转化为几根静定单跨梁在已知荷载下的内力计算。依次计算绘制各静定单跨梁的内力图。
(3) 将各静定单跨梁的内力图合在一起,就为原静定多跨梁的内力图。

[例 3-2] 试作出图 3.10(a)中所示的静定多跨梁的内力图。

解:(1) 得到静定多跨梁的支撑关系图

根据几何组成,静定多跨梁的支撑关系图如图 3.10(b)中所示。

(2) 计算绘制各静定单跨梁的内力图

如图 3.10(c)中所示,先取附属部分杆件 BCD 为隔离体,可以求得其上的支座反力为 $F_{RC}=2kN(\uparrow)$, $F_{RB}=2kN(\downarrow)$。

将 F_{RB} 反向加在基本部分 AB 上,作为基本部分的荷载之一。取图 3.10(d)中所示的隔离体可以求出 A 端的支座反力。注意在 AB 上线性分布荷载可以用其合力来代替,于是求得 $F_{RA}=6kN(\uparrow)$, $M_A=(8/3)kN \cdot m$(上端受拉)。

这样,原静定多跨梁就转化为两个单独的伸臂梁 BCD 和悬臂梁 AB,只要把两个单独梁的内力作出来,合并在一个图上,就得到了原结构的内力图。

先作剪力图。杆件 BCD 上剪力图可以按照简易法作出,因为其上的荷载为集中力偶矩。但是,杆件 AB 上剪力图不能够按照简易法作出,因为其上的荷载为线性分布荷载。根据荷载和内力的微分关系式(3.1)式的第二式知道,此时剪力图为抛物线。故需要三个点才能把剪力图大致绘出。现在,已知 A 点的剪力为 $F_{RA}=6kN$,为正;B 点的剪力 $-2kN$。线性分布荷载方向向下,故在 A、B 两点之间有一个截面 E,其上剪力为零,设该截面位置距 A 点 x,如图 3.10(c)中所示。

取图 3.10(e)中所示的隔离体可求得截面 E 的 x 值:截面 E 的分布荷载集度为 $4-x$,考虑隔离体竖直方向的力的平衡条件有

$$\frac{1}{2}(4-x)^2 = 2$$

求得 $x=2m$。然后可以求得剪力图如图 3.10(f)中所示。

再来作弯矩图。根据荷载和内力的微分关系,杆件 BCD 上弯矩图可以直接绘出。但是,杆件 AB 上弯矩为 x 的三次函数,需要四个点才能把弯矩图大致绘出。现在,已知 B 点的弯矩为 $M_B=0$;A 点的弯矩为 $M_A=(8/3)kN \cdot m$(上端受拉)。从剪力图中知道,截面 E 的剪力为零,故其上的弯矩有极值。考虑图 3.10(e)所示隔离体对 E 截面的形心的力矩的代数和为零,可以求得 $M_E=(8/3)kN \cdot m$(下端受拉)。

故在 A、E 两点之间有一个截面 F,其上弯矩为零。设该截面位置距 A 点 x,取图 3.10(g)中所示的隔离体将截面 F 的 x 值求出。截面 F 的分布荷载集度为 $4-x$,考

虑隔离体对截面 F 的形心的力矩的代数和为零有

$$\frac{1}{2}(4-x)^2 \times \frac{(4-x)}{3} = 2 \times (4-x)$$

求得 $x = 4 - 2\sqrt{3} = 0.536$（m）。然后可以作出弯矩图如图 3.10（h）所示。

（3）作原静定多跨梁的内力图

将各静定单跨梁的内力图合在一起，就为原结构的内力图，如图 3.10（f）、（h）中所示。

（4）校核计算结果

对于静定结构，其内力值是唯一的，任意的隔离体都必须处于平衡状态。可以据此校核计算结果正确与否。如图 3.10（i）中所示，取隔离体 EBCD 校核计算结果。水平方向显然满足平衡。竖向的平衡条件也满足。考虑隔离体对截面 E 的形心的力矩的代数和得

$$\frac{8}{3} + 4 + \frac{1}{2} \times 2 \times 2 \times \frac{2}{3} - 2 \times 4 = 0$$

也满足对截面 E 形心的力矩的代数和为零的条件，故计算无误。

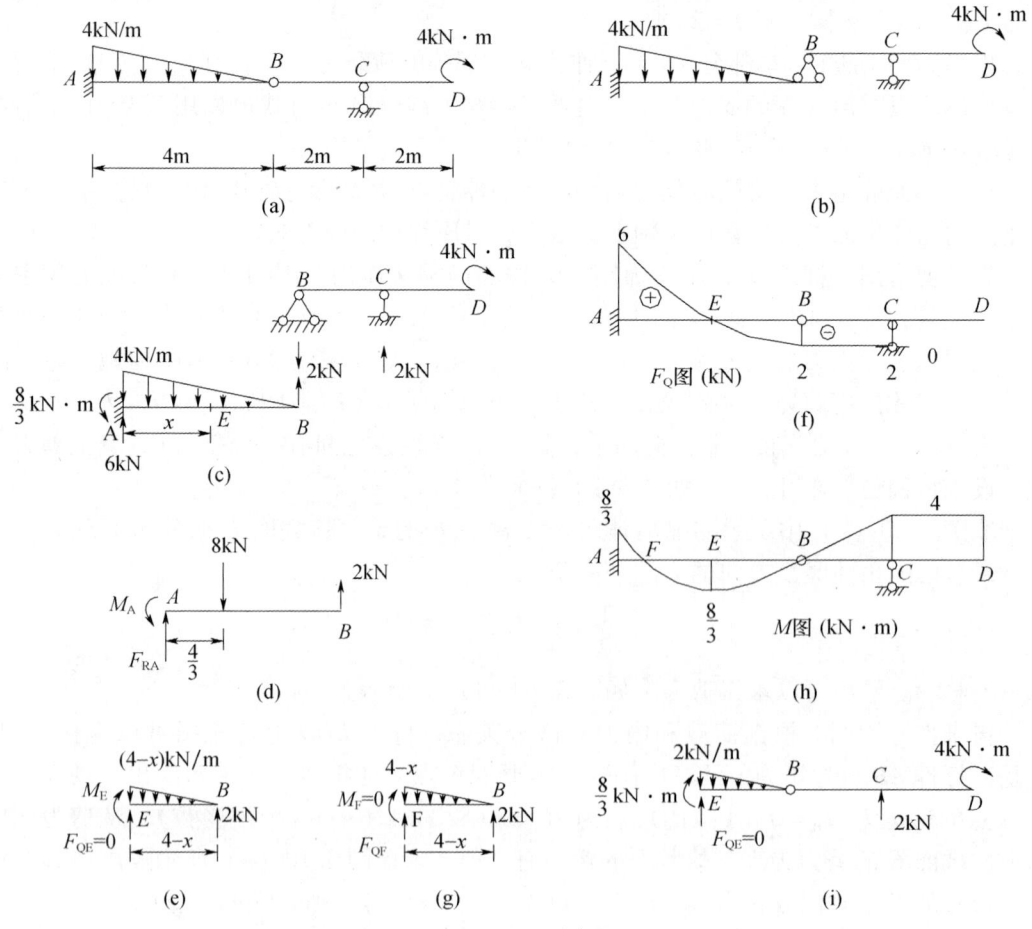

图 3.10 静定多跨梁内力计算举例

第三节 静定刚架

一、刚架的特点及其类型

刚架是由梁和柱组成并且具有刚结点的结构。由于被刚结点连接的各杆杆端既不能发生相对移动，也不能有相对转动，故刚结点不仅可以承受和传递力，也可以承受和传递力矩。如图 3.11（a）中所示的刚架，在荷载 F_P 的作用下，梁 B 端有轴力 F_{NBD}、剪力 F_{QBD} 和弯矩 M_{BD}，如图 3.11（b）中所示，梁 B 端这三个内力分量表明刚结点 B 可以承受力和力矩。再考虑到刚结点 B 力的平衡，可知在结点 B 的下端截面处有 F_{NBA}、剪力 F_{QBA} 和弯矩 M_{BA}，如图 3.11（c）中所示；这三个力和力矩实际上是柱 B 端的三个内力分量，如图 3.11（d）中所示，柱 B 端这三个内力分量表明刚结点 B 可以传递力和力矩。不过要注意的是，弯矩直接由梁端传到柱端，但是，梁端的剪力是以轴力的形式传给柱端，梁端的轴力却是以柱端剪力的形式传给柱。

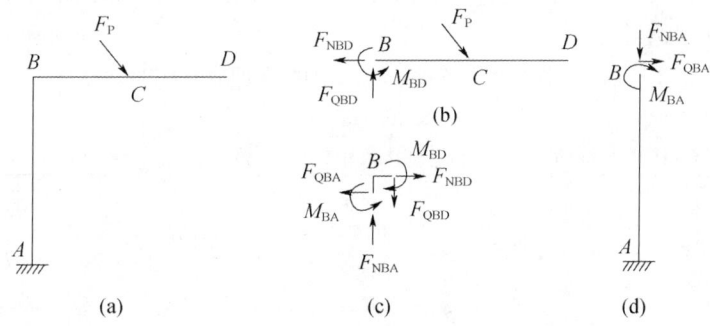

图 3.11 刚结点承受和传递力和力矩

刚架中的刚结点将梁柱形成一个刚性整体，使结构具有较大的刚度，内力分布也比较均匀合理，便于形成大空间。刚架在土木工程中得到了广泛的运用。工程中常见的静定刚架形式有悬臂刚架、简支刚架、三铰刚架和主从刚架，分别如图 3.12（a）、（b）、（c）、（d）中所示。

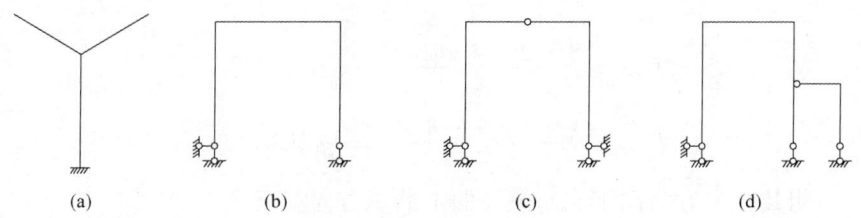

图 3.12 常见的四种静定刚架形式

与梁一样，刚架也是以弯曲变形为主要变形的一类结构，各杆件一般均为梁式杆。在刚架的任一横截面上，一般存在轴力、剪力和弯矩三种内力分量。根据直杆段弯矩图的分段叠加法，可知刚架中梁和柱的弯矩图和剪力图都和相应的简支梁相同。与梁在垂直于杆轴的竖向荷载作用下，轴力为零不同，刚架中各杆件的轴力一般不为零。

下面介绍刚架内力计算的一般性步骤：包括计算支座反力、用截面法求控制截面的内力、利用荷载和内力之间的三种关系以及分段叠加法作各直杆的内力图，将各杆内力图合并即为刚架的内力图。

二、支座反力的计算

作静定刚架的内力图时，一般需要先把支座反力计算出来。计算悬臂刚架和简支刚架的三个未知支座反力时，只需要取整体为隔离体，利用隔离体的三个独立的平衡方程，就可以计算得出。计算三铰刚架的四个支座反力时，取整体为隔离体可以得到三个独立的平衡方程，再利用中间铰左边或者右边各力对中间铰力矩的代数和为零，可以得到第四个方程，然后可以计算出支座反力。计算主从刚架的支座反力时，采取和计算静定多跨梁支座反力时一样的次序，先从附属刚架算起，把附属刚架的支座反力反其向加在基本刚架上，最后计算基本刚架，就可以顺利求出所有的支座反力。在计算各类静定刚架支座反力时，要注意选择合适的平衡方程，争取用一个方程求解一个支座反力，尽量避免解联立方程组。

现在结合图 3.13（a）中所示三铰刚架，说明支座反力的求法。

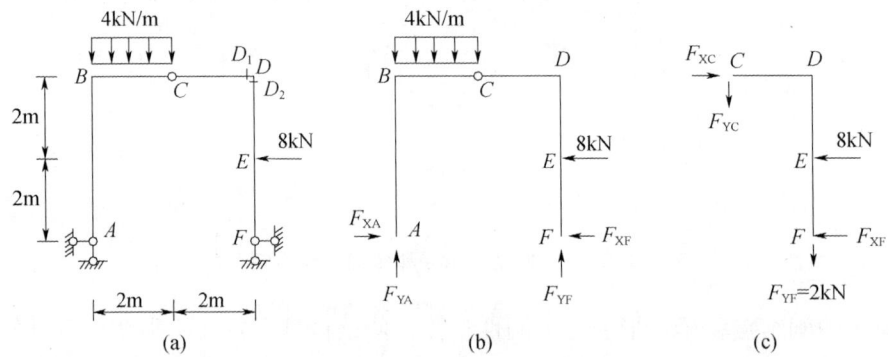

图 3.13 支座反力的计算

首先取整体为隔离体，如图 3.13（b）中所示，由对 F、A 两点力矩的代数和为零，得

$$F_{YA} = \frac{8 \times 2 + 4 \times 2 \times 3}{4} = 10 \text{kN}(\uparrow)$$

$$F_{YF} = \frac{4 \times 2 \times 1 - 8 \times 2}{4} = -2 \text{kN}(\downarrow)$$

F_{YF} 为负，说明其真实方向向下，与假设向上的正方向相反。

然后取铰 C 右侧 $CDEF$ 为隔离体，如图 3.13（c）中所示，注意 F_{YF} 按照实际方向施加，利用对 C 点力矩的代数和为零，得

$$F_{XF} = \frac{-2 \times 2 - 8 \times 2}{4} = -5\text{kN}(\rightarrow)$$

再由整体隔离体水平方向力的平衡条件，可以求得

$$F_{XA} = 8 - 5 = 3\text{kN}(\rightarrow)$$

整体隔离体竖直方向力的平衡条件和铰 C 左侧 ABC 隔离体对 C 点力矩的代数和为零都能满足，读者可自行检验，说明计算结果正确。

三、控制截面内力的计算

刚架中的梁和柱都是直杆，只要求得直杆两端的内力值，该直杆的内力图就可以作出。比如弯矩图可以由分段叠加法作出，剪力图和轴力图可以由荷载和内力的三种关系和平衡的考虑作出。一般任一杆件两端为控制截面；如果某杆上荷载情况特别复杂，也可以根据荷载分布情况将该杆分成多段，每一段两端都为控制截面。求控制截面内力值的方法为截面法。

下面结合图 3.13（a）中所示刚架说明用截面法求控制截面内力值时要注意的几个问题：

（1）要注意刚架的内力正负号的规定。刚架截面的剪力和轴力的正负号规定与梁中完全相同；但由于刚架中不再只有水平梁，还有柱，故不再规定截面弯矩的正方向，但弯矩图仍然必须画在杆件受拉纤维一侧。

（2）要注意刚结点处不同杆端截面内力的符号表示法。注意到在图 3.13（a）中结点 D 处有梁端和柱端两个不同的截面 D_1 和 D_2，为了避免发生混淆，不用下标数字来表示不同杆端截面，而是引入两个下标，两个下标一起首先表明是哪一根杆件，然后第一个下标表示截面的位置，第二个下标表示杆件的远端。按此规定，截面 D_1 处的三个内力分量为 F_{NDC}、剪力 F_{QDC} 和弯矩 M_{DC}，表示 DC 杆件 D 端的内力分量；截面 D_2 处的三个内力分量为 F_{NDF}、剪力 F_{QDF} 和弯矩 M_{DF}，表示 DF 杆件 D 端的内力分量。

（3）要注意控制截面的确定。一般情形下，只需取各杆的两端为控制截面；如果杆件上荷载复杂，可根据荷载分布情况再分成不同的杆段，每段两端也都为控制截面。

（4）要注意选择正确的隔离体计算各控制截面的内力值。刚结点处有几根杆件相汇，就有几个控制截面，必须取几个不同的隔离体计算。如图 3.13（a）中结点 D 处有两根杆件相汇，杆端截面 D_1 和 D_2 都为控制截面，故必须用两个不同的隔离体计算，如图 3.14（a）、（b）中所示。截面的轴力、剪力按照约定的正方向施加，弯矩按照任意的方向画出。

根据图 3.14（a）、（b）中所示两个隔离体的平衡条件求得：

$F_{NDF} = 2\text{kN}$、$F_{QDF} = 3\text{kN}$、$M_{DF} = 4\text{kN} \cdot \text{m}$，左端受拉；

$F_{NDC} = -3\text{kN}$（压力）、$F_{QDC} = 2\text{kN}$、$M_{DC} = 4\text{kN} \cdot \text{m}$，下端受拉。

（5）要注意每个刚结点处共有三个独立的平衡条件。刚结点处的平衡条件可以用来校核控制截面的内力计算是否正确，图 3.14（c）中所示结点 D 处三个平衡条件都满足，说明以上计算正确。另外，刚结点处的三个平衡条件也可以用来计算控制截面的内力。当根据图 3.14（a）得到杆端截面 D_2 三个内力值后，只需根据图 3.14（c）就可以

直接得到杆端截面 D_1 三个内力值。

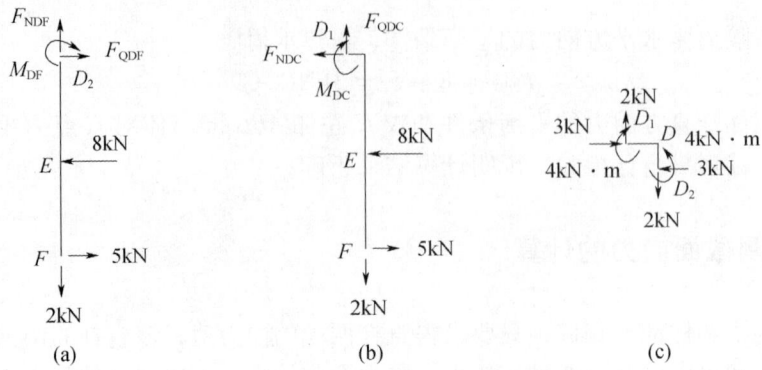

图 3.14 一个隔离体计算一个截面的内力值

四、刚架内力图的绘制

绘制刚架内力图的基本方法是通过把刚架拆分为单独的杆件来完成。得到各控制截面内力值后，利用分段叠加法就可以作出各杆的弯矩图。各杆的轴力图和剪力图可以根据作静定单跨梁轴力图和剪力图的同样方法得到。最后将各杆内力图合并在一起即为刚架的内力图。

下面仍然结合图 3.13（a）中所示三铰刚架说明绘制刚架内力图的过程。图 3.15（a）为计算三铰刚架中梁 BC 杆件的弯矩图所对应的简支梁，图 3.15（b）中利用叠加法

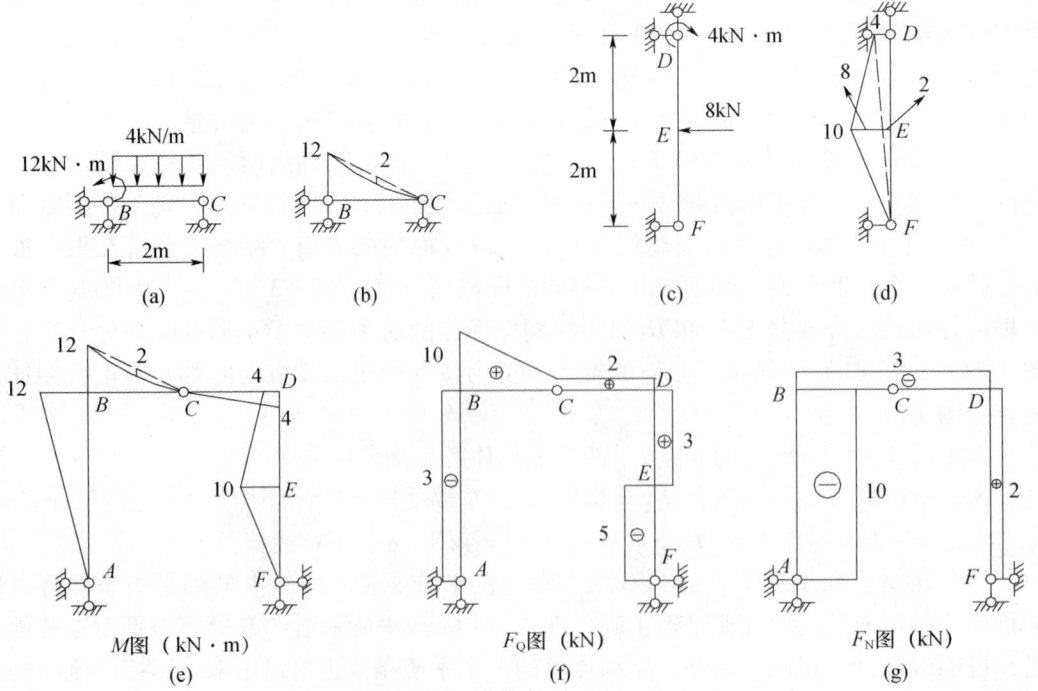

图 3.15 作刚架的内力图

得到了其弯矩图。图 3.15（c）为计算刚架中柱 DF 杆件的弯矩图所对应的简支梁，图 3.15（d）利用叠加法得到了其弯矩图。同样，可以得到 BA 杆件、CD 杆件的弯矩图。将四根杆件的弯矩图合并在一起，得到刚架的弯矩图如图 3.15（e）中所示。

根据分段叠加法知道，各杆的剪力图和相应简支梁的剪力图完全一样。如三铰刚架中 BC 杆件的剪力图与图 3.15（a）所示的对应的简支梁 BC 的剪力图完全一样。将四根杆件的剪力图合并在一起，得到刚架的剪力图如图 3.15（f）中所示。

利用杆端的轴力值，根据荷载和内力的三种关系，很容易就得到各杆件的轴力图，最后将各杆轴力图合并在一起即为刚架的轴力图，如图 3.15（g）中所示。

五、刚架内力图的绘制举例

[**例 3-3**] 作图 3.16（a）所示刚架的内力图。

解：（1）求支座反力。

图示刚架为主从刚架，ABCDF 为基本部分，GHI 为附属部分。在求支座反力的时候，先取附属部分为隔离体，求出铰 G 的约束力。注意到，铰 G 上作用了 4kN 的集中荷载，当取铰 G 的右边为附属部分隔离体时，该集中荷载算在基本部分上，如图 3.16（b）中所示；当取铰 G 的左边为附属部分隔离体时，该集中荷载算在附属部分上，如图 3.16（c）中所示。无论取哪种附属部分对 G 点的力矩的代数和为零，得

$$F_{RI} \times 2 - 8 = 0$$

都求得同样的 $F_{RI} = 4\text{kN}$（↑）。根据附属部分水平和竖直方向力的平衡条件，可以求出铰 G 右边或者左边的约束力。再反向施加在基本部分上，如图 3.16（b）、（c）中所示，根据相应的平衡方程求得基本部分的支座反力为 $F_{XA} = 2\text{kN}$（←），$F_{YA} = 5\text{kN}$（↑），$F_{RF} = 3\text{kN}$（↑）。

（2）利用分段叠加法作各杆的弯矩图。

利用截面法，求得各杆两端控制截面的弯矩值为：$M_{HI} = M_{IH} = 0$；$M_{DG} = M_{GD} = 0$；$M_{GH} = 0$，$M_{HG} = 8\text{kN} \cdot \text{m}$（上端受拉）；$M_{FE} = M_{EF} = 0$，$M_{DE} = 4\text{kN} \cdot \text{m}$（左端受拉）；$M_{AB} = 0$，$M_{BA} = 4\text{kN} \cdot \text{m}$（右端受拉）；$M_{DC} = 4\text{kN} \cdot \text{m}$（下端受拉），$M_{CD} = 10\text{kN} \cdot \text{m}$（下端受拉）；$M_{BC} = 4\text{kN} \cdot \text{m}$（内侧受拉），$M_{CB} = 10\text{kN} \cdot \text{m}$（内侧受拉）。

对于杆件 BC，还需叠加上均布荷载引起的弯矩图，跨中截面的弯矩值为

$$\frac{1}{8}ql^2 = \frac{1}{8} \times 4 \times 2^2 = 2(\text{kN} \cdot \text{m})$$

然后，可以得到弯矩图如图 3.16（d）中所示。

（3）利用简易法绘制刚架的剪力图。

①对于水平和竖向杆件，利用截面法求各杆控制截面的剪力值。

对于水平或者竖直的杆件，可以在控制截面切开，利用截面左侧或右侧，或者上侧与下侧的力的平衡条件，可以用一个方程求得控制截面的剪力值，如 $F_{QCD} = -3\text{kN}$，$F_{QDC} = -3\text{kN}$。

②对于斜向杆件，通过取该杆件为隔离体，利用力矩平衡条件求控制截面的剪力值。

对于斜杆 BC，如果还采用上面①方法来求的话，就必须把支座反力和荷载沿着杆件剪力的方向投影，这样求解起来就很麻烦。可以用更加简练的方法来求，取该杆件为隔离体，利用对杆件一端截面形心的力矩的代数和为零，就可以求得杆端剪力。具体过程如下：

如图 3.16（e）中所示，取 BC 为隔离体，假设两端剪力为正，利用对 B 端的力矩代数和为零，得

$$F_{QCB} \times 2\sqrt{2} + 4 - 10 + 4 \times 2 \times 1 = 0$$

求得 $F_{QCB} = -0.707 \text{kN}$。同理，利用对 C 端的力矩代数和为零，得

$$F_{QBC} \times 2\sqrt{2} + 4 - 10 - 4 \times 2 \times 1 = 0$$

求得 $F_{QBC} = 4.949 \text{kN}$。

③利用简易法绘制刚架的剪力图。

简易法绘制梁剪力图可以直接推广到刚架的剪力图的绘制上。只要把图 3.16（f）中所示绘制水平杆件剪力图时采用的正号的剪力画在基线上方和从左端开始往右端画这两点约定直接应用到刚架的水平杆件；对于刚架中的竖向杆和斜杆可以把图 3.16（f）中直杆通过顺时针或者逆时针方向转动到刚架中的各杆处，就可以得出图 3.16（g）中所示的刚架简易法作剪力图时各杆剪力图的约定：箭头表示绘制剪力图的方向，正号一边表示剪力大于零部分所在的那侧。根据简易法作出的刚架中各根直杆段的剪力图就和各直杆段荷载的走向完全一致，能帮助我们迅速完成剪力图的绘制。

利用简易法得到刚架的剪力图如图 3.16（h）中所示。

（4）绘制刚架的轴力图。

在求控制截面的轴力时，可以取两根杆件相连的结点为隔离体，利用已经求出来的剪力值，通过考虑结点两个方向力的平衡条件，就可以求得轴力值。以图 3.16（i）所取的结点 B 为例说明。两个剪力 F_{QBA}、F_{QBC} 已求得，考虑结点 B 水平方向力的平衡条件得到

$$F_{QBA} = F_{QBC} \times \frac{\sqrt{2}}{2} + F_{NBC} \times \frac{\sqrt{2}}{2}$$

求得 $F_{NBC} = -2.121 \text{kN}$（压力）。再考虑结点 B 竖直方向力的平衡，可得

$$F_{NBA} + F_{QBC} \times \frac{\sqrt{2}}{2} = F_{NBC} \times \frac{\sqrt{2}}{2}$$

求得 $F_{NBA} = -5 \text{kN}$（压力）。与取杆件 BA 当隔离体得到的结果一致，说明 F_{NBC} 计算无误。

同样，如图 3.16（j）中所示，通过考虑结点 C 竖直方向力的平衡条件，可得

$$3 = 0.707 \times \frac{\sqrt{2}}{2} + F_{NCB} \times \frac{\sqrt{2}}{2}$$

可以求得 $F_{NCB} = 3.535 \text{kN}$。

得到各控制截面的轴力后，可以绘出刚架的轴力图如图 3.16（k）中所示。

（5）校核计算结果。

可以取刚架中的任意部分作为隔离体来校核计算结果是否正确。但是，需注意不要用前面计算过程中用过的平衡方程。比如，我们仍然取图 3.16（j）的结点 C 为隔离体，但考虑水平方向是否满足平衡条件，可列出

$$F_{\text{NCD}} - F_{\text{NCB}} \times \frac{\sqrt{2}}{2} + 0.707 \times \frac{\sqrt{2}}{2} = 2 - 3.535 \times \frac{\sqrt{2}}{2} + 0.707 \times \frac{\sqrt{2}}{2} = 0$$

满足,说明计算无误。

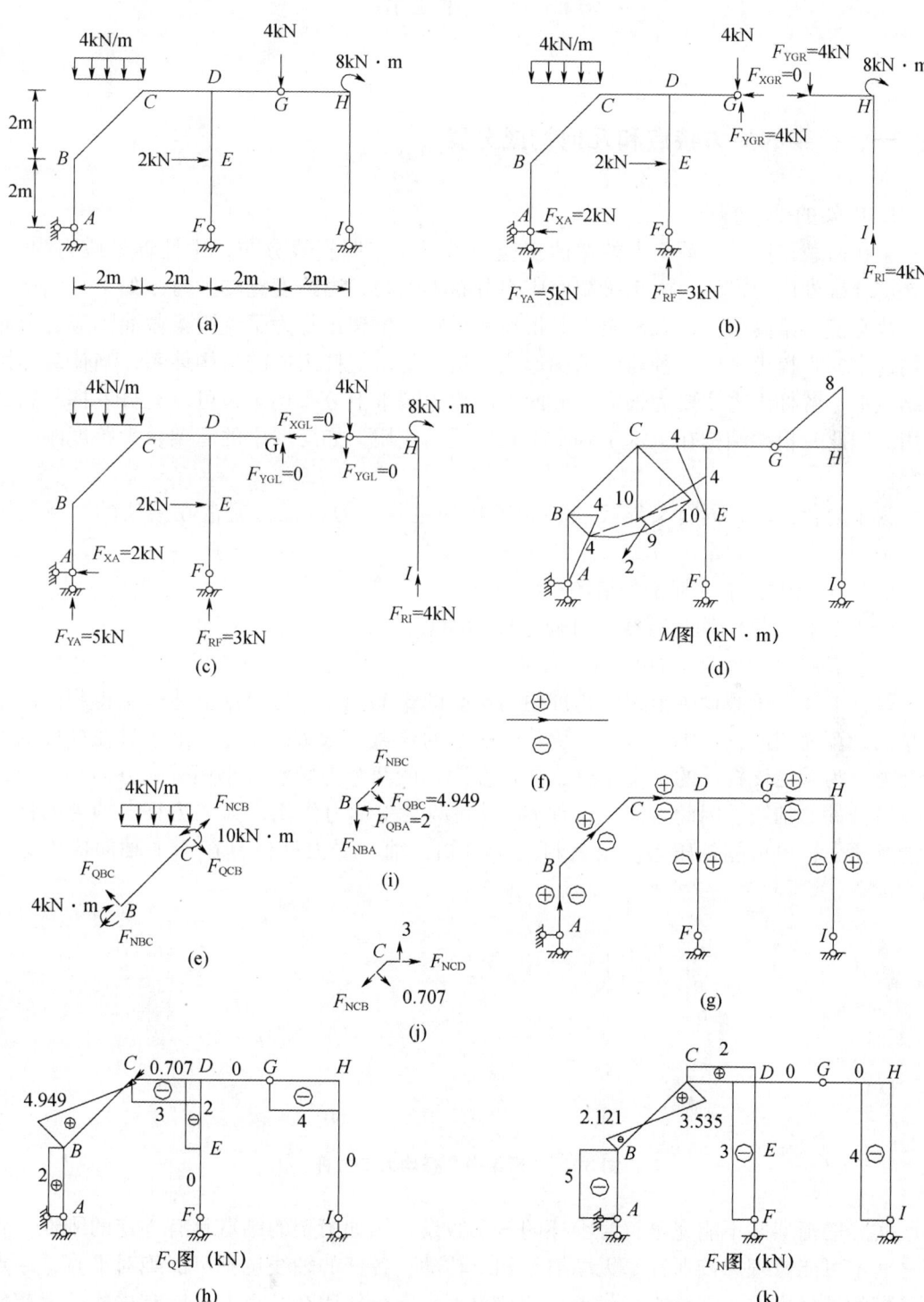

图 3.16 作图示刚架的内力图

第四节　静定桁架

一、桁架的受力特点和几何构成分类

1. 桁架的受力特点

梁在荷载作用下，截面上的弯曲正应力沿梁高按照直线分布，中性轴处应力为零，最外层纤维处应力最大。由于梁截面应力分布不均匀，当跨度比较大时，如果采用梁结构，势必使得梁高很大，既不美观又很浪费材料。桁架正是为了克服梁截面上应力分布不均这个弱点提出来的一种新的结构形式。桁架是由直杆组成的格构体系，当荷载作用在结点上，各杆内力主要为轴力，截面上的应力基本上分布均匀，可以充分发挥材料的作用。因此，桁架结构在土木工程中得到广泛的应用，如房屋中的屋架、大跨度刚桁架桥等。

为了简化计算，同时又能反映桁架结构的主要受力特征，通常在桁架的计算简图中，采用如下三条假定：

（1）桁架中各结点都是光滑的铰结点；
（2）各杆的轴线均为直线，且通过铰的中心；
（3）荷载和支座反力都作用在结点上。

符合上述三条假设的桁架就是理想桁架。图 3.17（a）为根据上述假定得到的一个桁架的计算简图。图 3.17（b）为从其中取出的任意一根 CF 杆件，由于只在杆件的两端受力，为满足该杆件的平衡条件，作用在两端的两个力必然大小相等、方向相反、作用线沿杆件的轴线。因此可知，杆件 CF 只在两端受轴力作用，为二力杆。轴力的性质可能是拉力，也可能是压力。由材料力学可知，轴心受力杆件其截面上轴向应力分布均匀。

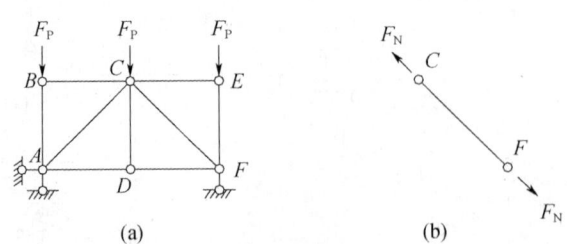

图 3.17　桁架中各杆均为二力杆

实际的桁架并不能完全符合上述的三条假设。例如桁架的结点具有一定的刚性，各杆之间不可能像理想铰那样毫无摩擦地相对转动；各杆的轴线也不可能绝对平直，结点上各杆的轴线也不一定全交于一点；荷载也不一定全作用在结点上。所有这些因素都使得桁架中杆件受弯导致截面上的不均匀的应力分布。通常把按照理想桁架计算出来的内力称为主内力，由于实际情况和理想情况不同导致的内力称为次内力。本书中，只限于讨论桁架主内力的计算。

2. 桁架的几何构成分类

根据几何构造的特点，桁架可分为如下三类：

（1）简单桁架：由基础或者一个基本铰接三角形开始，每次用两根不共线的链杆连接一个新结点的方式构成，如图 3.18（a）中所示。

（2）联合桁架：由几个简单桁架按照铰接三角形规则得到的没有多余约束的几何不变铰接体系，如图 3.18（b）中所示。

（3）复杂桁架：凡不属于前两类的桁架，或者说不是按照铰接三角形规则构成的没有多余约束的几何不变铰接体系，如图 3.18（c）中所示。

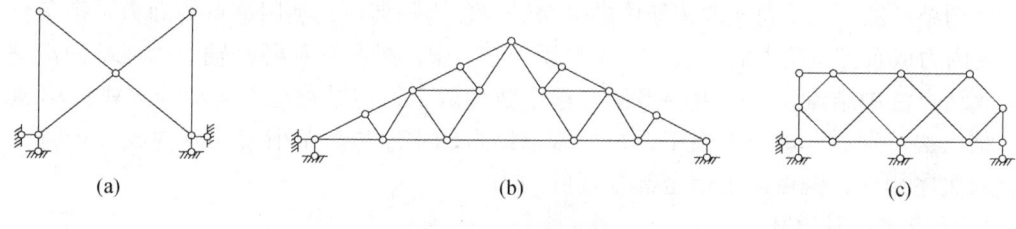

图 3.18　三类桁架

二、符号约定和斜杆轴力及其分量与杆件长度及其投影长度之间的比例关系

1. 桁架杆件轴力的正负号规定

规定各杆的轴力以拉力为正，压力为负。通常假设待求杆的轴力为拉力。并据此建立隔离体的平衡方程，最后求得杆件的轴力为正号的，则表明该杆的轴力为拉力；为负号的，则表明该杆的轴力为压力。如此处理使得各杆轴力性质的判断变得非常简单，不易出错。

2. 斜杆轴力及其分量与斜杆长度及其投影长度之间的比例关系

当有斜杆时，在建立平衡方程时，常常需要把斜杆的轴力 F_N 分解为水平分力 F_x 和竖向分力 F_y。在图 3.19（a）中，斜杆 AB 长 l、其水平投影长 l_x 和竖向投影长度 l_y 组成一个三角形。在图 3.19（b）中，斜杆 AB 的轴力 F_N、其水平分量 F_x 和竖向分量 F_y 也组成一个三角形。两个三角形各边相互平行，为相似三角形，故有

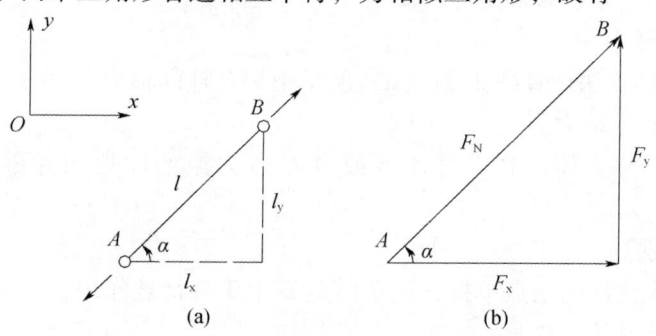

图 3.19　斜杆轴力与斜杆长度之间的比例关系

$$\frac{F_N}{l} = \frac{F_x}{l_x} = \frac{F_y}{l_y} \tag{3.4}$$

对于斜杆内力的计算，经常可以用一个方程求得 F_x 或 F_y。利用这个比例关系，就可以由 F_x 来推算 F_N 和 F_y；也可以由 F_y 来推算 F_N 和 F_x。

下面考虑利用取隔离体的方法来求得桁架各杆的轴力。根据隔离体的不同取法，桁架内力计算分为结点法、截面法、截面法和结点法的联合应用共三种方法。

三、结点法计算桁架内力

1. 结点法定义

所谓结点法，就是每次取桁架中的一个结点作为隔离体，利用结点的静力平衡条件求杆件的内力或者支座反力的方法。由于作用于结点上的外荷载和各杆轴力构成平面汇交力系，故结点法中结点独立的力的平衡方程个数为两个，与结点独立运动的方式数相等。

结点法特别适合解简单桁架，只要截取结点的次序与简单桁架几何构成分析时添加结点的次序相反，就可以求得全部杆件的内力。

2. 结点单杆及零杆

所谓结点单杆就是根据该结点的平衡条件可以求出内力的那根杆件。结点单杆分两种情况：一是结点上只有两根不共线的杆件与之相连，则两根杆件都是该结点的单杆，如图 3.20（a）中杆 AB、AC 都是结点 A 单杆。二是结点上有三根杆件与之相连，两根杆件共线，不共线的那根杆件就是该结点的单杆，如图 3.20（b）中杆 AB。

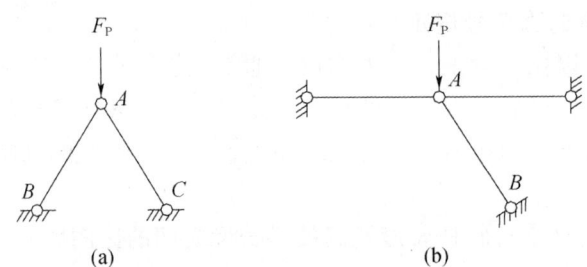

图 3.20 结点单杆的两种情形

结点单杆可以用来帮助快速判断出桁架中的零杆。如果一个结点上没有外荷载作用，则该结点的结点单杆必然是零杆。

3. 结点法举例

[例 3-4] 用结点法计算图 3.21（a）所示桁架各杆的轴力。

解：（1）求支座反力。

取整个桁架为隔离体，利用对 A 点或者 C 点力矩的代数和为零，得 $F_{yA} = F_{yC} = 5kN$（↑）。

（2）零杆识别。

杆件 BD 为结点 D 的结点单杆，由于结点 D 上无外荷载作用，为零杆，故 $F_{NBD} = 0$。零杆识别可以减少计算工作量。

(3) 取结点 C 为隔离体。

图 3.21（a）中所示桁架为简单桁架，铰接三角形 △ABD 可视为基本刚片，然后用二元体方式增加结点 C。对简单桁架须从几何构成分析的最后一个结点开始，故先取结点 C 为隔离体，如图 3.21（b）中所示。未知轴力 F_{NBC}、F_{NDC} 假设为拉力，在隔离体中远离结点 C，并将斜杆轴力 F_{NBC} 分解为水平力 F_{xBC} 和竖向力 F_{yBC}。由 $\sum F_y = 0$ 得 $F_{YBC} = -5\text{kN}$。

根据比例关系有

$$F_{xBC} = -5\text{kN} \times \frac{2\text{m}}{1\text{m}} = -10\text{kN}$$

$$F_{NBC} = -5\text{kN} \times \sqrt{5} = -11.18\text{kN}$$

负号说明轴力 F_{NBC} 实际为压力。再由 $\sum F_x = 0$ 得

$$F_{NDC} = 10\text{kN}$$

正值说明轴力 F_{NDC} 实际为拉力。

(4) 取结点 B 为隔离体。

再取结点 B 为隔离体，如图 3.21（c）中所示。未知轴力 F_{NAB} 仍假设为拉力，但已经求出的轴力 F_{NBC} 按照实际方向施加。由水平方向力的平衡条件，求得

$$F_{xBA} = -10\text{kN}$$

根据比例关系有

$$F_{NBA} = -11.18\text{kN}$$

(5) 取结点 D 为隔离体。

最后取结点 D 为隔离体，如图 3.21（d）中所示。由水平方向力的平衡条件，求得

$$F_{NAD} = 10\text{kN}$$

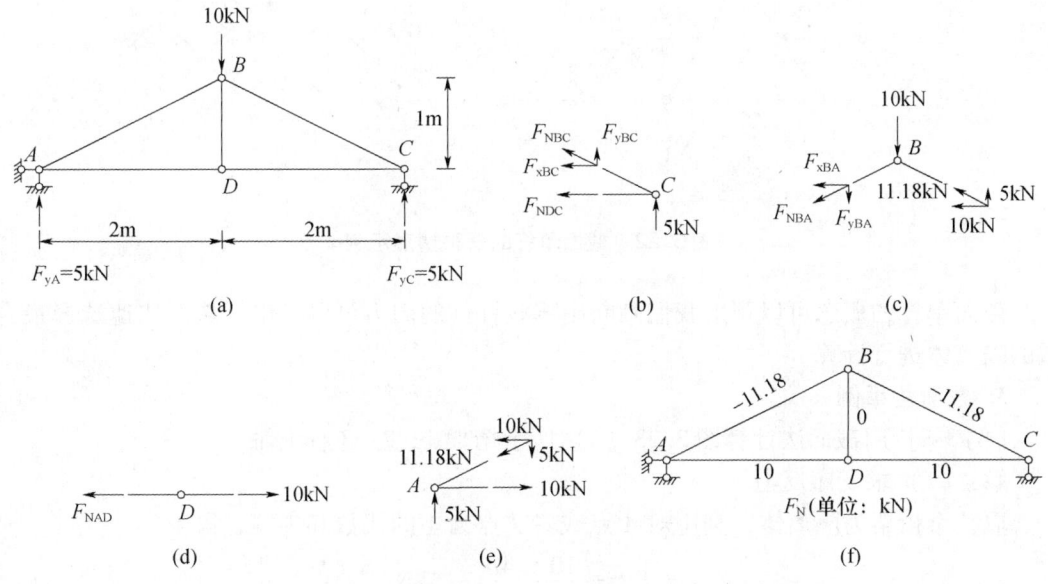

图 3.21 结点法举例

(6)校核。

至此已求得全部杆件的内力。可以利用简单桁架的第一个结点 A 处的平衡来校核计算结果。如图3.21（e）中所示，满足 $\sum F_x = 0$ 和 $\sum F_y = 0$ 的平衡条件，说明以上计算正确。桁架的内力图如图3.21（f）所示。

四、截面法计算桁架内力

1. 截面法定义

所谓截面法，就是用一假想的截面，从桁架中截取包含两个及以上结点部分作为隔离体，利用隔离体的静力平衡条件求杆件的内力或者支座反力的方法。由于作用于隔离体上的力系为平面一般力系，故截面法中独立的力的平衡方程个数为三个。

截面法特别适合于解联合桁架或者简单桁架中只需求少数几根杆件的轴力的情形。

2. 截面单杆

所谓截面单杆就是根据该截面的平衡条件可以求出内力的那根杆件。截面单杆分三种情况：一是截面上只截断了三根杆件，三根杆件既不互相平行也不交于一点，这三根杆件都是这个截面的单杆，如图3.22（a）中杆1、2、3都是截面Ⅰ—Ⅰ单杆。二是截面上截断了三根以上的杆件，除某一根杆件外，其余的杆件都平行，不平行的那根杆件就是该截面的单杆，如图3.22（b）中杆 BC 是截面Ⅰ—Ⅰ单杆。三是截面上截断了三根以上的杆件，除某一根杆件外，其余的杆件都交于一点，不交于一点的那根杆件就是该截面的单杆，如图3.22（b）中杆 HE 是截面Ⅱ—Ⅱ单杆。

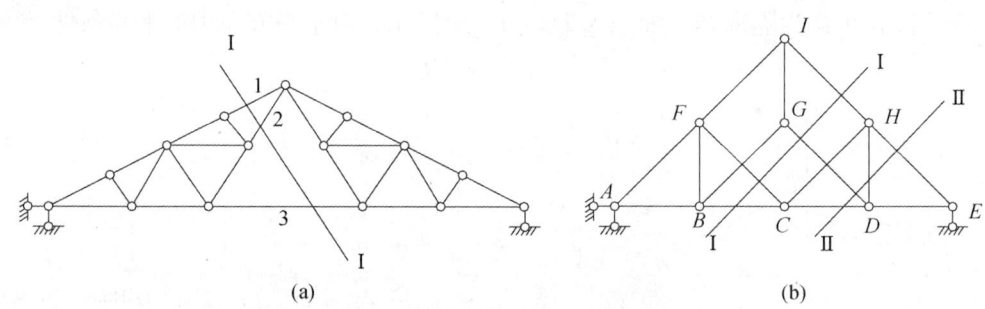

图3.22　截面单杆的三种情形示例

截面单杆的概念可以帮助我们判断出哪些杆件的内力可以求出，从而快速选择最合适的隔离体进行计算。

3. 截面法举例

[例3-5]用截面法计算图3.23（a）所示桁架1、2、3杆的轴力。

解：（1）求支座反力。

取整个桁架为隔离体，利用对 A 点或者 J 点力矩的代数和为零，得

$$F_{yA} = F_{yJ} = \frac{10 \times 4a}{8a} = 5\text{kN}(\uparrow)$$

（2）作截面Ⅰ—Ⅰ，利用截面单杆求1、2、3杆的轴力。

由于1、2、3杆既不互相平行也不交于一点，都是截面Ⅰ—Ⅰ的单杆，可以根据截面一侧力的平衡条件求出。取Ⅰ—Ⅰ截面右侧为隔离体，如图3.23（b）中所示。在求解过程中要尽量避免解联立方程。例如，在求F_{N1}时，可取2、3杆的交点F为力矩中心，列出力矩平衡方程，可以直接如下求出：

$$F_{N1} \times 2a + 5 \times 4a = 0$$

解得

$$F_{N1} = -10\text{kN}$$

同理，对1、2杆的交点G为力矩中心，列出力矩平衡方程，可以直接求出F_{N3}为：

$$F_{N3} = 5\text{kN}$$

再利用隔离体水平方向力的平衡条件，可求得

$$F_{x2} = 5\text{kN}$$

最后根据比例关系，可求得F_{N2}为：

$$F_{N2} = 5\sqrt{2} = 7.07\text{kN}$$

（3）校核。

可以利用隔离体竖直方向力的平衡条件来校核计算结果。如图3.23（b）中所示，满足$\sum F_y = 0$的平衡条件，说明以上计算正确。

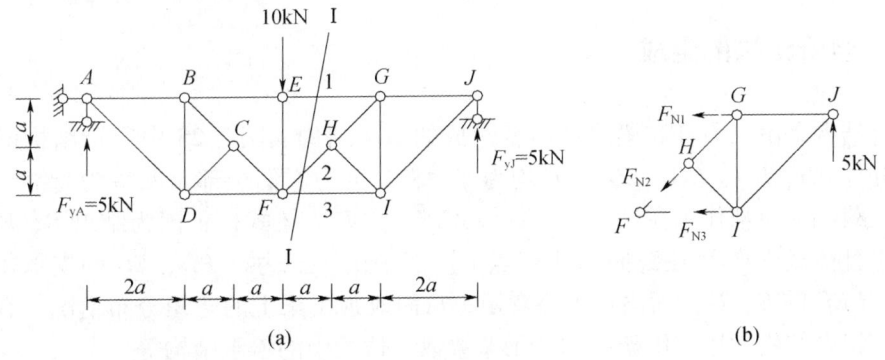

图3.23 截面法举例

五、结点法和截面法联合应用计算桁架内力

结点法和截面法是桁架内力计算的两种基本方法。在许多情况下，联合应用这两种方法可以使桁架内力计算更简捷。现举例如下。

[**例3-6**] 用结点法和截面法的联合应用计算图3.24（a）所示桁架4、5杆的轴力。

解：（1）求支座反力，同例3-5中支座反力。

（2）杆件CD为结点C的结点单杆，其上无荷载作用，故$F_{NCD} = 0$。

（3）作截面Ⅰ—Ⅰ，取截面左边为隔离体，如图3.24（b）中所示。由$\sum F_y = 0$得，$F_{N4} = -5\text{kN}$。

（4）取结点B为隔离体，如图3.24（c）中所示。由$\sum F_y = 0$得，$F_{y5} = 5\text{kN}$。再

根据比例关系,得

$$F_{N5} = \sqrt{2} F_{y5} = 5\sqrt{2}\,\text{kN}$$

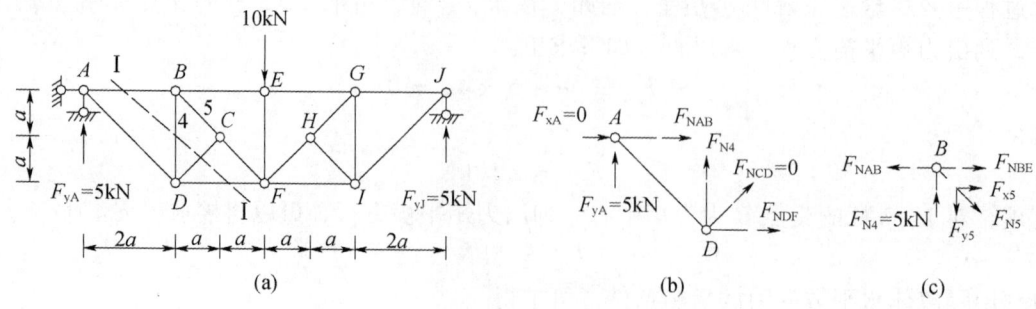

图 3.24 结点法和截面法的联合应用举例

第五节 静定组合结构

一、组合结构的组成

组合结构是由二力杆和梁式杆组合而成的一类结构。图 3.25 中所示结构即为组合结构:杆件 AD、BD、DG、EG、GF 均为二力杆,因为它们全部是两端为光滑铰结点的直杆且荷载和反力都作用在结点上;杆件 ABC、CEF 为梁式杆,因为结点 B、E 为不完全铰结点且荷载 F_P 作用在跨间而非结点上。图中由于二力杆 BD、EG 的支承作用,在梁 ABC、CEF 的 B、E 截面出现了负弯矩,从而改善了梁上的弯矩分布情况,有利于梁的抗弯。组合结构常用于屋架结构、吊车梁以及桥梁中的承重结构等。

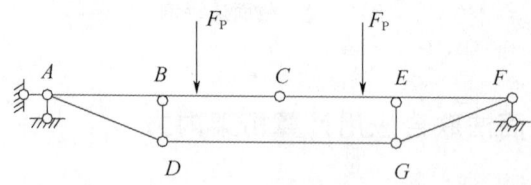

图 3.25 组合结构

二、组合结构的内力计算

计算静定组合结构内力的一般方法仍然是截面法,要注意被截断杆件是二力杆还是梁式杆:如果是二力杆,只需在截面上施加一个轴力;如果截断的是梁式杆,在截面上要施加轴力、剪力和弯矩三个内力分量。计算时,一般是先求出支座反力,然后求各二力杆轴力,最后根据荷载、支座反力和二力杆轴力作梁式杆的内力图。

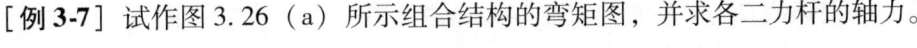

[**例 3-7**] 试作图 3.26（a）所示组合结构的弯矩图，并求各二力杆的轴力。

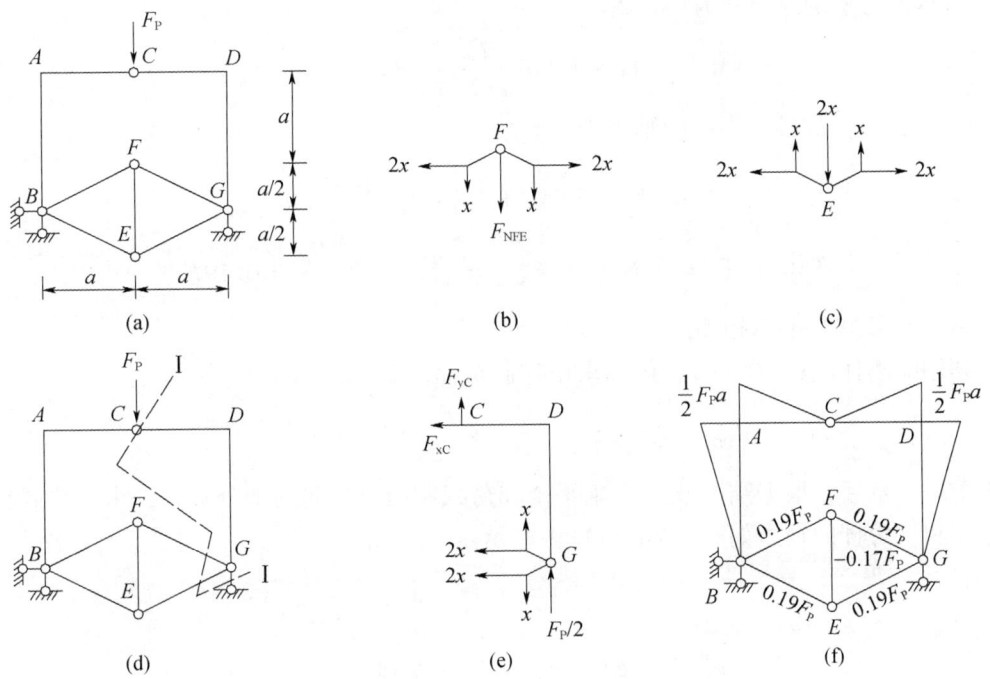

图 3.26 作 *M* 图，并求二力杆的轴力

解：（1）确定梁式杆和二力杆。

杆件 *ABC* 和 *CDG* 是梁式杆，截面上有轴力、剪力和弯矩三种内力分量。因为它们是折杆，不符合二力杆中的杆件是直线的条件。杆件 *BF*、*GF*、*BE*、*GE*、*EF* 都是二力杆。

（2）求出支座反力。

先求支座反力，取整体为隔离体，利用水平方向的平衡条件，可知过 *B* 点的水平支杆的反力是零。根据对称性，可知过 *B*、*G* 两点的竖向支杆的反力都是 $F_P/2$，方向向上。

（3）计算二力杆的轴力。

由于对称，杆件 *BF* 和 *FG* 的轴力相等，杆件 *BE* 和 *EG* 的轴力相等。先取图 3.26（b）所示的结点 *F* 为隔离体，设杆件 *BF* 和 *FG* 的轴力的竖向分量为 x，根据比例关系，可知杆件 *BF* 和 *FG* 的轴力的水平分量为 $2x$。考虑 *F* 点竖向力的平衡条件，可以求出

$$F_{NEF} = -2x$$

再取图 3.26（c）所示的结点 *E* 为隔离体，考虑结点 *E* 竖向力的平衡条件，可以求出杆件 *BE*、*EG* 中的轴力的竖向分量为 x。根据比例关系，可知杆件 *BE*、*EG* 的水平分量为 $2x$。

因为四根二力杆 *BF*、*GF*、*BE*、*GE* 的水平分量都是 $2x$，竖向分量都是 x，且受力性质相同，故它们的轴力是相等的，为 $\sqrt{5}x$。

然后取图 3.26（d）中所示的虚线 Ⅰ—Ⅰ 右边的 *CDG* 部分为隔离体，如图 3.26

(e) 中所示。把杆件 GF、GE 的轴力在 G 点合并,则合力为水平方向的 $4x$。然后,利用对 C 点的力矩的代数和为零,得

$$4x \times 1.5a - \frac{F_P}{2} \times a = 0$$

求得 $x = F_P/12$。故各二力杆的轴力为

$$F_{NEF} = -2x = -2 \times \frac{F_P}{12} = -0.17 F_P$$

$$F_{NBF} = F_{NGF} = F_{NBE} = F_{NGE} = \sqrt{5} x = \sqrt{5} \frac{F_P}{12} = 0.19 F_P$$

(4) 作梁式杆的弯矩图。

利用隔离体图 3.26 (e),可以求出控制截面 M_{DG} 为

$$M_{DG} = 4x \times 1.5a = 4 \times \frac{F_P}{12} \times 1.5a = \frac{F_P a}{2}$$

右边受拉。然后,根据结点 D 的力矩平衡和荷载和内力之间的微分关系,求得梁式杆的弯矩图和二力杆的轴力如图 3.26 (f) 中所示。

第六节 三铰拱

一、三铰拱的部位名称及特点

拱是指杆件轴线为曲线,且在竖向荷载作用下会在结构中产生水平推力的结构。工程中常用的单跨拱有无铰拱、两铰拱和三铰拱,如图 3.27 中 (a)、(b)、(c) 所示。无铰拱和两铰拱为超静定结构,三铰拱为静定结构。

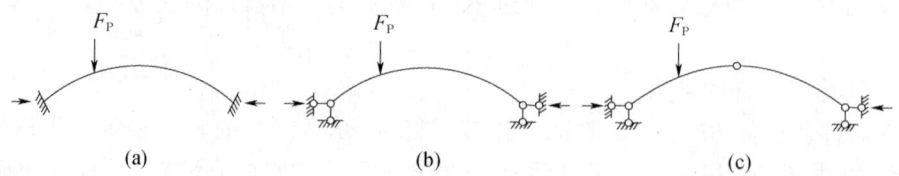

图 3.27 单跨拱的三种形式

三铰拱各部分的名称如图 3.28 中所示:拱身各截面形心的连线称为拱轴线;拱轴线的最高点称为拱顶,三铰拱的中间铰常常安置在该处,拱两端铰支座称为拱趾;两拱趾的连线称为起拱线,起拱线为水平线的拱称为平拱,起拱线为斜线的拱称为斜拱;两拱趾间的水平距离 l 称为跨度;拱顶至起拱线的垂直距离 f 称为拱高;拱高与跨度之比 f/l 称为高跨比,是控制拱受力的主要参数,在工程结构中这个值在 0.1~1 之间。

三铰拱的特点是在竖向荷载作用下会在拱趾中产生水平推力。由于水平推力,使得拱截面的弯矩比同跨度同竖向荷载的简支梁相应截面上的弯矩值小很多,并且主要是承

受压力,各截面上的应力分布比较均匀。因此可节省材料,取得更大的跨度,且可用抗压强度高而抗拉强度较低的砖、石、混凝土等建筑材料来建造。三铰拱在桥梁和屋盖中都有广泛的应用。

三铰拱中向内的水平推力是靠拱趾处基础提供,与此同时,基础本身受到向外的水平推力的反作用力,因此,对拱趾处基础抗推力的要求较高,这是三铰拱不利的一面。屋架中,有时为了消除水平推力对支撑的墙、柱的影响,常采用带拉杆的三铰拱,如图 3.29 中所示。

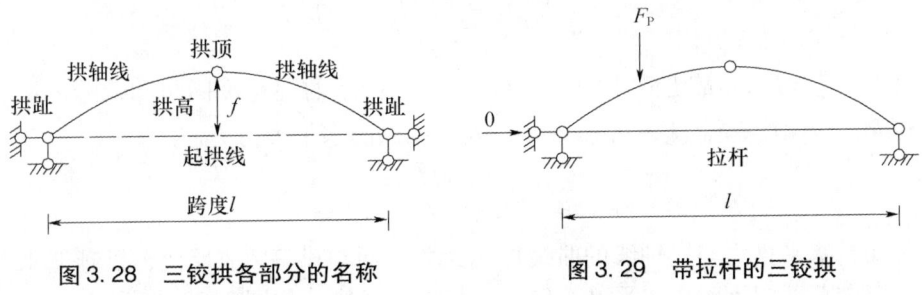

图 3.28 三铰拱各部分的名称   图 3.29 带拉杆的三铰拱

二、竖向荷载作用下三铰拱支座反力的计算公式

三铰拱的全部支座反力和内力都可以由静力平衡条件求得。下面以图 3.30 所示的竖向荷载作用下的平拱为例,说明三铰拱内力图绘制的一般步骤,并且导出相关的支座反力和内力的计算公式;并通过与图 3.31 中所示的同跨度同竖向荷载作用下的相应简支梁的支座反力和内力的对比,加深对三铰拱内力特性的理解。

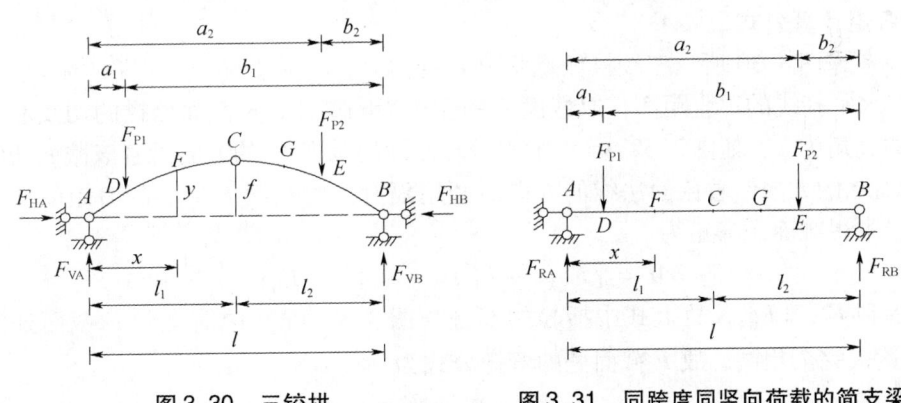

图 3.30 三铰拱   图 3.31 同跨度同竖向荷载的简支梁

三铰拱共有 F_{VA}、F_{HA}、F_{VB}、F_{HB} 四个支座反力,取整体为隔离体,有三个独立的平衡方程,再利用拱顶铰 C 处弯矩为零,又增加一个独立的平衡方程,故三铰拱是静定结构。取整体为隔离体,利用对 B、A 两点的力矩代数和为零可以求得

$$F_{VA} = \frac{F_{P1}b_1 + F_{P2}b_2}{l} \tag{a}$$

$$F_{VB} = \frac{F_{P1}a_1 + F_{P2}a_2}{l} \tag{b}$$

与图 3.31 相应简支梁对比有

$$F_{VA} = F_{RA} \tag{3.5}$$
$$F_{VB} = F_{RB} \tag{3.6}$$

故图 3.30 中的三铰拱和图 3.31 相应简支梁竖向支座反力完全相同。

由整体水平方向力的平衡条件知道，$F_{HA} = F_{HB} = F_H$，也即两铰 A、B 处的水平反力方向相反，大小相等，以 F_H 表示推力的数量。

在 C 点把三铰拱切开，取左边为隔离体，利用对 C 点的力矩代数和为零可以求得

$$F_H = \frac{F_{VA}l_1 - F_{P1}(l_1 - a_1)}{f}$$

考虑到 $F_{VA} = F_{RA}$，故上式中的分子与图 3.31 所示的同跨度同竖向荷载的简支梁 C 点的力矩 $M_C^0 = F_{RA}l_1 - F_{P1}(l_1 - a_1)$ 相等，故三铰拱的水平推力 F_H 为

$$F_H = \frac{M_C^0}{f} \tag{3.7}$$

由此式可知，水平推力与拱轴线的曲线形式无关，而与拱高 f 成反比，拱越低水平推力越大；当竖向荷载向下时，水平推力向内，指向三铰拱，如图 3.30 中所示。

三、竖向荷载作用下三铰拱的内力计算公式

三铰拱截面上的内力一般有轴力、剪力和弯矩，内力正负号的规定与梁相同。求三铰拱指定截面内力的方法仍然是截面法。但是由于拱轴线为曲线，各截面处拱的切线和水平基线之间的夹角都不相同，直杆段弯矩图和剪力图的分段叠加法不再成立，我们必须先推导出截面内力计算一般公式。

1. 弯矩计算公式

现在考虑图 3.30 所示三铰拱任意截面 F 的内力，其横坐标为 x，纵坐标为 y，表示 F 截面到水平基线的垂直距离。取截面 F 的左边为隔离体，F 截面处拱的切线和水平基线之间的夹角为 φ，如图 3.32（a）中所示。截面的轴力 F_N 的方向沿着该截面切线的方向，剪力 F_Q 的方向沿着截面法线的方向。利用隔离体对截面 F 形心的力矩的代数和为零，可以求得截面的弯矩为

$$M = [F_{VA}x - F_{P1}(x - a_1)] - F_H y \tag{c}$$

考虑到 $F_{VA} = F_{RA}$，故上式中括号的部分与图 3.32（c）中简支梁 F 截面处的弯矩 M^0 的表达式完全相同，故 F 截面处的弯矩公式为

$$M = M^0 - F_H y \tag{3.8}$$

这就是三铰拱任意截面弯矩的计算公式，以拱的内面产生拉应力为正。M^0 为简支梁相应截面处的弯矩，y 表示该截面到水平基线的垂直距离。

2. 剪力和轴力的计算公式

下面来求 F 截面的剪力和轴力。如果直接采用图 3.32（a）求，必须把支座反力和荷载先分别沿着剪力和轴力的方向投影，这样比较麻烦，而且所得公式没有通用性。改为先求 F 截面的竖向分量和水平分量，如图 3.32（b）中所示。水平分量由平衡知道就是三铰拱的水平推力 F_H，再注意到 F 截面的竖向分量 F_Q^0 就是相应简支梁 F 截面的剪

力,如图 3.32（c）中所示。然后,再把 F_Q^0 和 F_H 分别向剪力和轴力的方向投影,如图 3.32（d）中所示,投影相加得:

$$F_Q = F_Q^0 \cos\varphi - F_H \sin\varphi \tag{3.9}$$

$$F_N = -F_Q^0 \sin\varphi - F_H \cos\varphi \tag{3.10}$$

这就是三铰拱任意截面剪力和轴力的计算公式。不过要注意,当截面在顶铰 C 的右边时,公式中的 φ 必须取负号。下面我们以图 3.30 中的 G 截面为例对此进行说明。

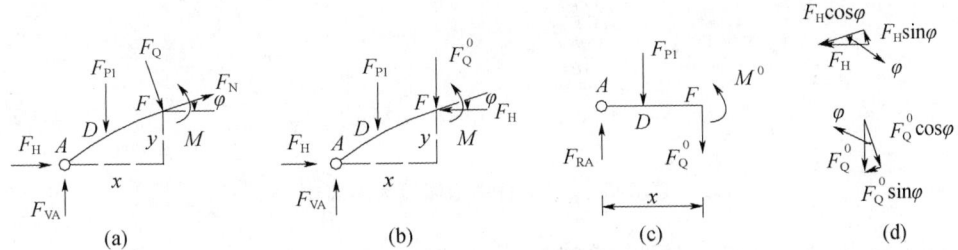

图 3.32　截面 F 的内力计算公式的说明

取截面 G 的左边为隔离体,G 截面处拱的切线和水平基线之间的夹角为 φ,G 截面的竖向分量和水平分量仍然分别为 F_Q^0 和 F_H,如图 3.33（a）中所示。再把 F_Q^0 和 F_H 分别向截面剪力和轴力的方向投影,如图 3.33（b）、（c）中所示。然后将两个方向投影相加得到截面 G 的轴力和剪力为

$$F_Q = F_Q^0 \cos\varphi + F_H \sin\varphi \tag{d}$$

$$F_N = F_Q^0 \sin\varphi - F_H \cos\varphi \tag{e}$$

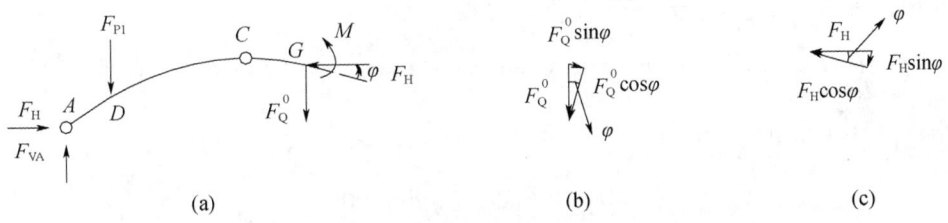

图 3.33　截面 G 的剪力和轴力计算公式的说明

猛一看,似乎和前面截面的剪力和轴力计算（3.9）式、（3.10）式两式不一样。但是,只要我们在（3.9）式、（3.10）式中 φ 取负号,则与现在的两个公式完全相同。故我们可以只用统一的（3.9）式、（3.10）式来计算剪力和轴力,当截面在顶铰 C 的右边时,φ 取负号即可。

四、三铰拱中荷载和内力的微分关系

由于三铰拱的拱肋为曲线,故前面直杆中荷载和内力的微分关系（3.1）式不再成立。下面我们来推导曲杆中荷载和内力的微分关系。从曲杆中任取一微段为隔离体,如图 3.34 中所示。s 和 r 分别为杆轴的切线和法线方向,q_s、q_r 分别为沿着 s 和 r 方向的荷载集度。R 为杆轴微段的曲率半径,微段轴线的长度为 $ds = Rd\varphi$。

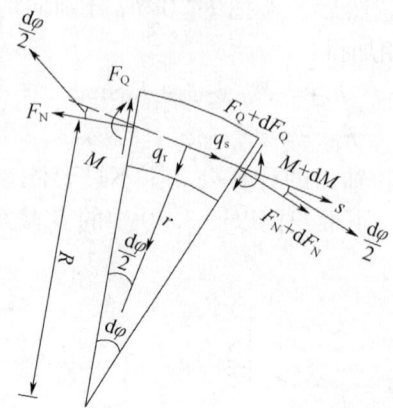

图 3.34　从曲杆中取微段为隔离体

考虑 s 方向的力的平衡条件，得到

$$(F_N + dF_N)\cos\frac{d\varphi}{2} - F_N\cos\frac{d\varphi}{2} - (F_Q + dF_Q)\sin\frac{d\varphi}{2} - F_Q\sin\frac{d\varphi}{2} + q_s ds = 0$$

因 $d\varphi$ 很小，可令 $\cos\dfrac{d\varphi}{2} = 1$、$\sin\dfrac{d\varphi}{2} = \dfrac{d\varphi}{2}$，且忽略高阶小量 $dF_Q\dfrac{d\varphi}{2}$，得

$$dF_N - F_Q d\varphi + q_s ds = 0$$

两边除以 ds，得

$$\frac{dF_N}{ds} = \frac{F_Q}{R} - q_s \tag{f}$$

同理，考虑 r 方向的力的平衡条件，得到

$$(F_Q + dF_Q)\cos\frac{d\varphi}{2} + (F_N + dF_N)\sin\frac{d\varphi}{2} - F_Q\cos\frac{d\varphi}{2} + F_N\sin\frac{d\varphi}{2} + q_r ds = 0$$

展开忽略高阶小量 $dF_N\dfrac{d\varphi}{2}$，得

$$dF_Q + F_N d\varphi + q_r ds = 0$$

两边除以 ds，得

$$\frac{dF_Q}{ds} = -\frac{F_N}{R} - q_r \tag{g}$$

然后考虑对 q_s、q_r 交点的力矩等于零的平衡条件，得到

$$dM - (F_Q + dF_Q)\cos\frac{d\varphi}{2}\cdot\frac{ds}{2} - F_Q\cos\frac{d\varphi}{2}\cdot\frac{ds}{2} -$$

$$(F_N + dF_N)\sin\frac{d\varphi}{2}\cdot\frac{ds}{2} + F_N\sin\frac{d\varphi}{2}\cdot\frac{ds}{2} = 0$$

展开忽略高阶小量 $dF_Q\dfrac{ds}{2}$、$dF_N\dfrac{d\varphi}{2}\dfrac{ds}{2}$，得

$$dM - F_Q ds = 0$$

两边除以 ds，得

$$\frac{dM}{ds} = F_Q \tag{h}$$

综合（f）、(g)、(h) 三式，得

$$\left.\begin{aligned} \frac{dF_N}{ds} &= \frac{F_Q}{R} - q_s \\ \frac{dF_Q}{ds} &= -\frac{F_N}{R} - q_r \\ \frac{dM}{ds} &= F_Q \end{aligned}\right\} \quad (3.11)$$

这就是曲杆中荷载和内力的微分关系。当曲率半径 $R\to\infty$ 时，(3.11) 式就变为直杆的荷载和内力的微分关系 (3.1) 式。

五、分成均分段绘制三铰拱的内力图

由 (3.11) 式知，由于荷载和内力之间的微分关系还与截面的曲率半径有关，故在三铰拱的内力图绘制时不能像在梁或者刚架等直杆段中那样，只求每根杆件两端控制截面的内力值，然后，利用荷载和内力之间的三类关系就可以作出内力图来。而是，必须将拱沿跨度方向划分为若干等份，例如 8、12、16 等份，分段越多，得到的拱的内力图越精确，把每一个均分点都当成控制截面，利用三铰拱的内力计算公式，求出每一个均分点的内力值，然后在各均分点之间连成曲线就可以近似得出三铰拱的内力图。下面通过一个例题来说明三铰拱内力计算的具体过程。

[**例 3-8**] 三铰拱及其所受荷载如图 3.35 中所示，拱轴线方程为：$y = \dfrac{4f}{l^2} x(l-x)$，$l = 16\text{m}$。求支座反力并绘制内力图。

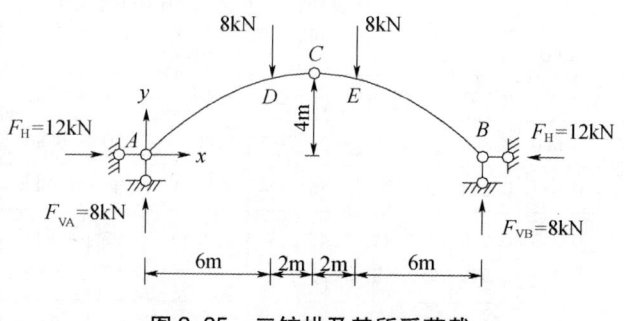

图 3.35　三铰拱及其所受荷载

解：(1) 求支座反力。
取整体为隔离体，利用对 B、A 两点的力矩的和为零求得

$$F_{VA} = \frac{8 \times 10 + 8 \times 6}{16} = 8(\text{kN})(\uparrow)$$

$$F_{VB} = F_{VA} = 8\text{kN}(\uparrow)$$

由 (3.7) 式得

$$F_H = \frac{M_C^0}{f} = \frac{8 \times 8 - 8 \times 2}{4} = 12(\text{kN})$$

(2) 内力计算。

将拱沿着跨度方向分成 8 等份，根据内力计算公式求得各等份截面上的内力值。现以截面 D 为例来说明计算步骤。

①截面 D 的几何参数。

由拱轴方程得

$$y = \frac{4f}{l^2}x(l-x) = \frac{4 \times 4}{16^2} \times 6 \times (16-6) = 3.75(\text{m})$$

$$\tan\varphi = \frac{\mathrm{d}y}{\mathrm{d}x}\bigg|_{x=6} = \frac{4f}{l^2}(l-2x) = \frac{4 \times 4}{16^2} \times (16-12) = 0.25$$

查表得

$$\varphi = 14°2', \quad \sin\varphi = 0.243, \quad \cos\varphi = 0.970$$

②截面 D 的内力值。

由 (3.8) 式得

$$M = M^0 - F_H y = 6 \times 8 - 12 \times 3.75 = 3(\text{kN·m})$$

由于截面 D 上有集中荷载，F_Q^0 有突变，根据 (3.9) 式、(3.10) 式计算截面 D 的剪力和轴力值也有突变，因此要分别计算截面 D 左右两边的剪力和轴力值。

$$F_{QL} = F_{QL}^0 \cos\varphi - F_H \sin\varphi = 8 \times 0.970 - 12 \times 0.243 = 4.84(\text{kN})$$

$$F_{NL} = -F_{QL}^0 \sin\varphi - F_H \cos\varphi = -8 \times 0.243 - 12 \times 0.970 = -13.58(\text{kN})$$

$$F_{QR} = F_{QR}^0 \cos\varphi - F_H \sin\varphi = 0 \times 0.970 - 12 \times 0.243 = -2.92(\text{kN})$$

$$F_{NR} = -F_{QR}^0 \sin\varphi - F_H \cos\varphi = -0 \times 0.243 - 12 \times 0.970 = -11.64(\text{kN})$$

各截面内力可如表 3-2 中所示求出。

表 3-2 三铰拱内力计算过程

截面几何参数						F_Q^0	弯矩计算			剪力计算			轴力计算		
x	y	$\tan\varphi$	φ	$\sin\varphi$	$\cos\varphi$		M^0	$-F_H y$	M	$F_Q^0 \cos\varphi$	$-F_H \sin\varphi$	F_Q	$-F_Q^0 \sin\varphi$	$-F_H \cos\varphi$	F_N
0	0	1	45°	0.707	0.707	8	0	0	0	5.66	-8.48	-2.82	-5.66	-8.48	-14.14
2	1.75	0.75	36°52′	0.600	0.800	8	16	-21	-5	6.40	-7.20	-0.80	-4.80	-9.60	-14.40
4	3.00	0.50	26°34′	0.447	0.894	8	32	-36	-4	7.15	-5.36	1.79	-3.58	-10.73	-14.31
6	3.75	0.25	14°2′	0.243	0.970	8	48	-45	3	7.76	-2.92	4.84	-1.94	-11.64	-13.58
6	3.75	0.25	14°2′	0.243	0.970	0	48	-45	3	0	-2.92	-2.92	0	-11.64	-11.64
8	4.00	0	0°	0	1	0	48	-48	0	0	0	0	0	-12	-12
10	3.75	-0.25	-14°2′	-0.243	0.970	0	48	-45	3	0	2.92	2.92	0	-11.64	-11.64
10	3.75	-0.25	-14°2′	-0.243	0.970	-8	48	-45	3	-7.76	2.92	-4.84	-1.94	-11.64	-13.58
12	3.00	-0.50	-26°34′	-0.447	0.894	-8	32	-36	-4	-7.15	5.36	-1.79	-3.58	-10.73	-14.31
14	1.75	-0.75	-36°52′	-0.600	0.800	-8	16	-21	-5	-6.40	7.20	0.80	-4.80	-9.60	-14.40
16	0	-1	-45°	-0.707	0.707	-8	0	0	0	-5.66	8.48	2.82	-5.66	-8.48	-14.14

(3) 绘制内力图。

根据表 3-2 中各截面的内力值，可以绘出三铰拱的内力图如图 3.36 中所示，各内力都垂直于拱轴线。

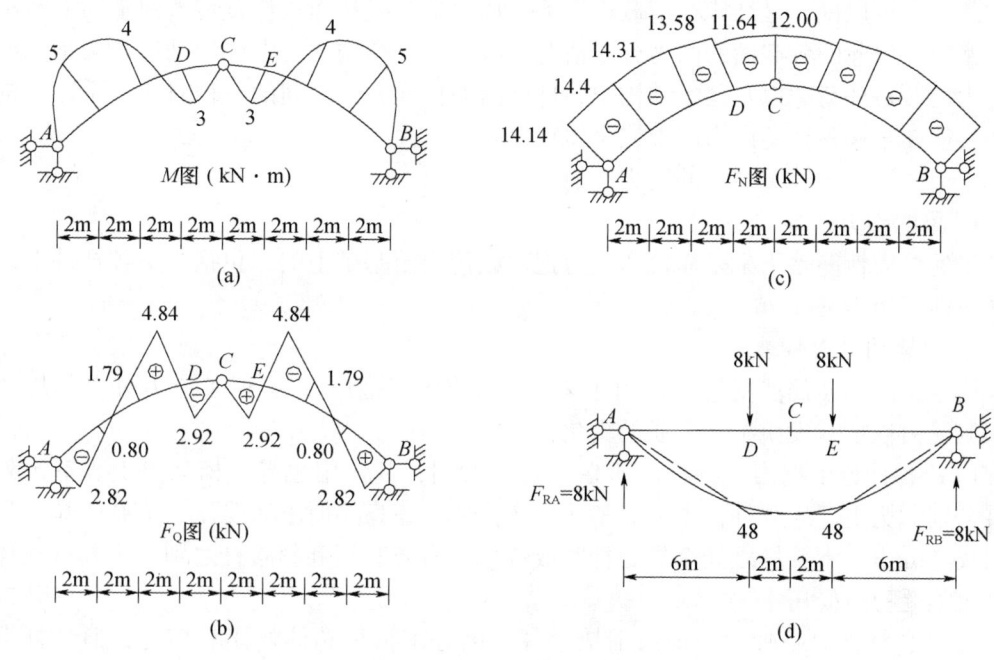

图 3.36 三铰拱内力图

在图 3.36（d）中用实线画出了三铰拱的 $F_H y$ 曲线，用虚线画出了同跨度同荷载简支梁的弯矩图，两者之差即为三铰拱的弯矩图。简支梁中弯矩的最大值为 48，而三铰拱中弯矩的最大值仅为 5，三铰拱中弯矩减小的原因完全是水平推力的作用。在竖向荷载作用下存在水平推力，是拱式结构的基本特点，因此，拱式结构也称为推力结构。

第七节 结构的受力性能和合理形式

一、材料的力学性能

材料的力学性能是指在外力作用下材料变形与所受外力之间的关系，以及材料抵抗变形与破坏的能力。通过常温、静载单向拉伸试验，材料的力学性能在试验得到的应力-应变关系图中反映出来。材料力学性能的指标包括弹性变形和塑性变形两方面的指标，如弹性常数 E、泊松比、弹性极限应力、破坏极限应力、断后伸长率、断面收缩率等。

二、各类结构的受力性能

结构的受力性能是指结构本身具有的一种抵抗外荷载作用的能力。借助于静定结构内力分析得到的结构内力图，可以看到，结构中的各杆件是如何参与到结构抵抗荷载过程中的。也可以说，是结构在荷载作用下，如何把荷载从作用位置传递到基础上经历的全部路径和引起的各截面的内力分布情况。简言之，结构的力学性能是指结构是如何承荷传力的，是外荷载以及其在结构中各杆件间的传递方式之间的一种对应关系，结构的受力性能在结构各杆的内力图上完全体现出来。

下面总结一下五类结构的受力性能。

1. 梁的受力性能

梁的受力性能是指梁是靠抗弯、剪把荷载传递至基础上的，包括梁中各杆件上的内力图，即弯矩 M 图、剪力 F_Q 图。

2. 桁架的受力性能

桁架梁的总体仍然受弯，但由于采用了格构体系型式，去掉了应力分布不均的弱点，其受力性能就发生了如下质的变化：

（1）各杆分工抗力。各杆因所在位置的不同，其作用也异。桁架梁上、下边外围杆件分别称为上、下弦杆，主要起整体抗弯作用，正弯矩时上弦受压、下弦受拉，负弯矩时反之。上、下弦杆之间全靠腹杆联成一体，有竖腹杆和斜腹杆之别，主要抗整体剪力，可能受拉或受压。

（2）各杆件只受轴力。理想桁架中各杆虽分工抵抗总体弯矩和剪力，但各杆自身却只承受轴向拉力或压力，而无弯矩和剪力。各杆轴力沿杆长为常量，与截面无关，且各截面正应力分布均匀。完全摆脱了梁内力与应力分布不均的两大弱点。通过合理设计，能够充分发挥材料的力学性能，做到材尽其用。

（3）适用中、大跨度。由于应力分布的特点，使桁架比梁能跨越更大的跨度；另外，上、下弦之间拉开距离越大，越适应大跨度，而自重增加不多。因此，桁架一般适用于中、大跨度，成为一种重要的结构型式。与跨度相比，构成桁架的各杆件长度都是小尺寸，便于施工。

3. 刚架的受力性能

刚架是由梁、柱和基础三部分构成，结构中有刚结点。刚架的受力性能指刚架中是靠抗弯为主把荷载传递至基础上，包括刚架中各杆件的内力图。

4. 组合结构的受力性能

组合结构是由梁式杆和二力杆两类杆件组成的结构。组合结构的受力性能是指各梁式杆通过抗弯为主和各二力杆通过抗拉、压的方式把荷载传递至基础上，包括各杆件的内力图。

5. 三铰拱的受力性能

三铰拱的受力性能是在竖向荷载作用下，会产生水平推力，由此使得三铰拱中弯矩值大大减小，变成受压为主的一类结构。当选择三铰拱拱肋为合理轴线之后，在各截面上只有正应力，分布均匀，有利于发挥材料抵抗荷载的性能。

三、桁架的整体抗弯的说明

尽管桁架每根杆件都是二力杆，但是作为整体，它主要还是起抗弯的作用。下面，我们通过对比图 3.37（a）、（b）中所示的同跨度、承受同跨中集中荷载 F_P 的简支梁和平行弦桁架的任意截面 K 的弯矩、剪力表达式完全相等来对此进行说明。

在图 3.37（a）中的距离 A 点 x 的任意截面 K 上，其剪力和弯矩表达式分别为

$$F_Q(x) = \frac{1}{2}F_P \tag{a}$$

$$M(x) = \frac{1}{2}F_P x \tag{b}$$

如图 3.37（c）、（e）中所示。要注意的是，简支梁截面 K 上剪力和弯矩是由该截面不均匀的正应力和剪应力合成的。

下面来求平行弦桁架距离 A 点 x 的相应 K 截面弯矩、剪力表达式。平行弦桁架的高度为 H，各截面的形心可以认为在高度为 $H/2$ 处，如图 3.37（b）中横虚线所示。注意图中 K 点为形心轴和垂直于 x 的竖虚线的交点。取过 x 的垂直截面的左边为隔离体，如图 3.37（d）中所示。注意到截面一共截断了三根杆件，截面和斜向杆件 CF 的交点为 L。根据隔离体竖向力的平衡可知，腹杆 CF 中的竖向分量为 $F_P/2$ 的拉力，与简支梁截面 K 上剪力（a）式完全相同。根据比例关系，求得腹杆 CF 中的水平分量为 $F_P a/(2H)$ 的拉力；利用对 C 点力矩的代数和为零，求得下弦杆 DF 中的轴力为 $F_P a/(2H)$ 的拉力；利用对 F 点力矩的代数和为零，求得上弦杆 CE 中的轴力为 $F_P a/H$ 的压力。

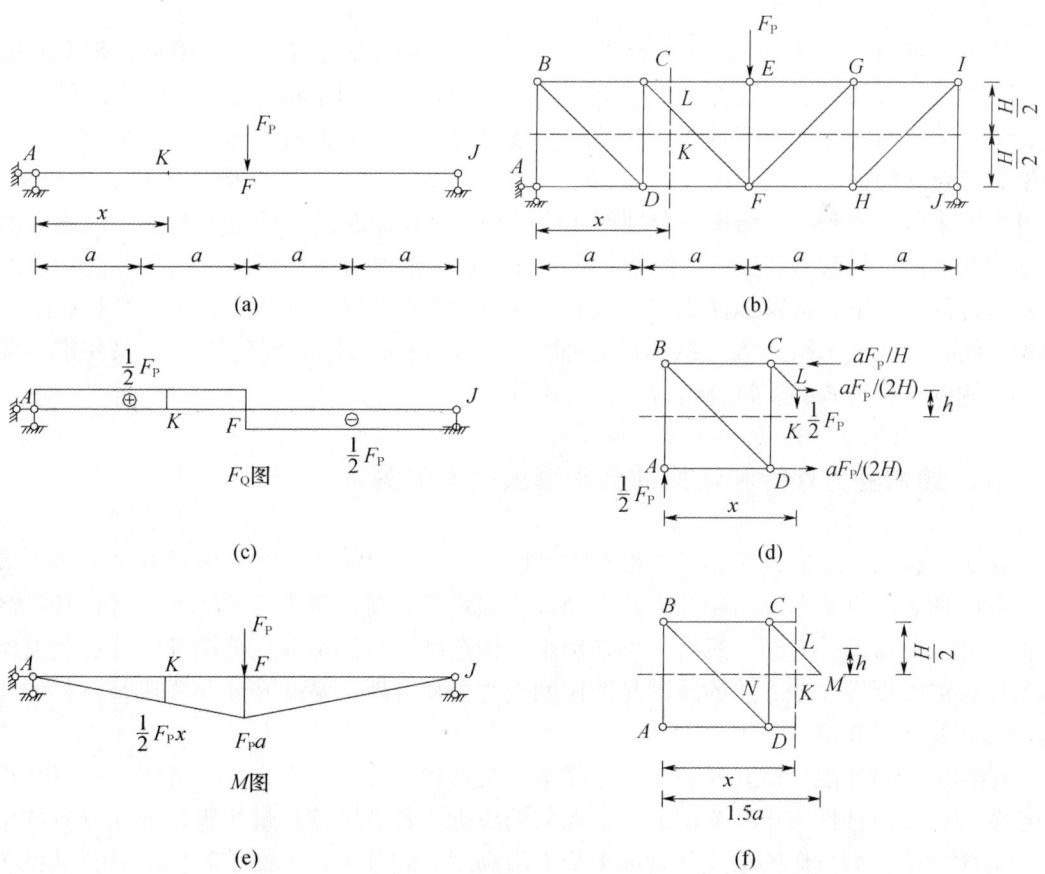

图 3.37　简支梁和平行弦桁架相应 K 截面弯矩和剪力对比

从图 3.37（f）中，根据 △KLM 和 △NCM 相似，可得比例关系

$$\frac{h}{H/2} = \frac{1.5a - x}{a/2} \tag{c}$$

求得

$$h = \frac{3}{2}H - \frac{x}{a}H \tag{d}$$

于是，图 3.37（d）中 K 截面上三根杆件轴力对截面形心 K 点的力矩 $M(x)$ 为

$$M(x) = \frac{aF_P}{H} \times \frac{1}{2}H + \frac{aF_P}{2H} \times \frac{1}{2}H - \frac{aF_P}{2H} \times h = \frac{3aF_P}{4} - \frac{3aF_P}{4} + \frac{xF_P}{2} = \frac{xF_P}{2}$$

与简支梁截面 K 上弯矩（b）式完全相同。要注意的是，平行弦桁架截面 K 上剪力和弯矩是由三根杆件 CE、CF、DF 的轴力提供的，各根杆件截面上的正应力都是均匀的。

由此我们看到，桁架中任意截面的弯矩值与简支梁相应截面的弯矩值表达式完全相同，故桁架作为一个整体，主要还是抗弯为主的结构。

四、结构的合理形式

确定建筑结构的合理形式是一件综合性、技术性很强的工作。影响结构合理形式的各种主要因素大致如下：首先是要满足功能方面的要求，例如跨度、高层、抗震、防火、防水等方面的要求。注意到，五类结构适用的跨度各不相同，梁适合小跨度，三铰刚架和组合结构适合中、小跨度，桁架梁适合中、大跨度，三铰拱既适合中、大跨度，也可以用于很小的跨度。结构的合理形式第二还要考虑施工技术的生产水平，以确保所选结构在实践中能够顺利实施。结构的合理形式第三必须考虑到经济性，在满足功能及技术可行的条件下，再来选择成本最低的，这就涉及建筑材料的选择，是钢结构、钢筋混凝土结构，还是木结构等。结构的合理形式第四还必须考虑到建筑的形象要求。此外，结构的合理形式必须符合结构设计理论等。

五、结构受力性能和结构的合理形式之间的关系

确定结构的合理形式时必须先根据大的原则，试选出结构方案，一般有多种结构形式。此时的着眼点是在于功能等大的方面，比如建筑的高度和跨度，结构的材料和经济方面，施工的可能性方面。然后，再来确定结构选型，也就是确定结构各杆件的截面形式和杆件的长度等尺寸。总的原则是结构的受力必须合理，要能充分发挥建筑材料的功能，也就是材尽其用。

结构的受力性能，结合材料力学中受弯、受剪和受拉压的应力分布规律，可以知道轴心受力的二力杆件由于其截面上都是均匀的应力，各纤维伸长量相等，能充分发挥材料的力学性能，而抗弯的梁式杆截面上应力沿高度直线分布，中性轴附件的材料其抵抗荷载的能力基本没有发挥，不利于材尽其用。

我们下面单单从材尽其用的角度来看结构的合理形式。

六、从材尽其用的角度来看结构的合理形式

结构的合理性可以从结构内力分布的均匀性方面得到解释。所谓结构的合理性是指在同样的荷载作用下,对于选定的结构形式,通过调整结构参数,对于每种参数,采用内力分析的方法得出其内力图,使得内力分布最均匀的结构外形就是合理结构。我们下面对于五种不同的基本结构说明如何选择得出其合理形式的思路。

1. 利用伸臂梁和多跨静定梁减少梁中弯矩的峰值

梁是受弯为主的一类结构,截面上的弯矩分布不均匀,设计梁时是按照截面弯矩的最大值进行设计,所以如果能把弯矩的峰值降低,就可以节省材料。可以利用伸臂梁和多跨静定梁来减小弯矩的峰值。

如图 3.38(a)、(b)、(c)中分别为简支梁、伸臂梁和多跨静定梁,图 3.38(d)、(e)、(f)给出了各自的弯矩图。当采用图 3.38(a)中所示的简支梁结构时,只有跨中一个截面处弯矩值最大,为 $ql^2/8$。采用图 3.38(b)中所示的伸臂梁,并且伸臂的长度为 $0.207l$ 时,此时有三个截面的弯矩同时达到峰值,正负弯矩的峰值相等,为 $ql^2/48$。采用图 3.38(c)中所示的多跨静定梁,通过在梁中设铰,也可以达成减少弯矩峰值和使弯矩分布比较均匀的目的。当铰 D 距 B 点的长度为 $0.172l$ 时,此时静定多跨梁中有三个截面的弯矩同时达到峰值,正负弯矩的峰值相等,且最大的弯矩峰值只有 $0.086ql^2$。由于伸臂梁和静定多跨梁都使得结构中多个截面出现同样的弯矩峰值,且比简支梁的跨中截面的弯矩值大大降低,故它们的使用效率就比图 3.38(a)中所示的简支梁要高。

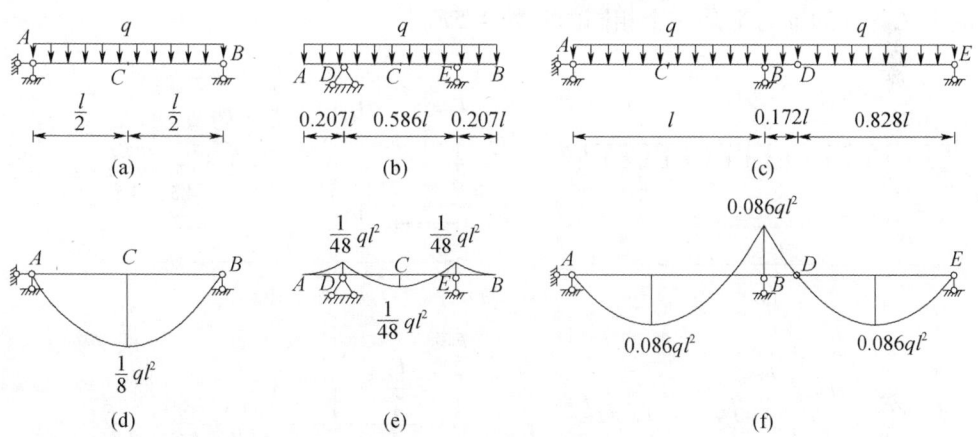

图 3.38 利用伸臂梁和多跨静定梁减小弯矩的峰值

2. 均布荷载作用下桁架的合理形式

桁架是直杆铰接体系,当荷载和跨度确定后,杆件铰接联系起来的方式可以有无穷多种。那么如何判断这些形式各不相同的桁架的合理与否呢?单从受力的角度来看,桁架的合理形式就是使得在给定荷载作用下各杆的内力分布最均匀的那种形式。因为这样对于由等截面杆件构成的桁架,可以充分发挥各杆的承载能力。下面我们先作出抛物线

形桁架、三角形桁架和平行弦桁架在均布荷载作用下的轴力图,通过比较就可以得知何种形式的桁架是比较合理的。

图 3.39 (a) 中所示的简支梁,任意 x 截面弯矩的表达式为

$$M(x) = \frac{1}{2}qx(l-x) \tag{e}$$

下面来求图 3.39 (b) 中所示的抛物线形桁架各杆的内力值。注意到此时荷载为简支梁上均布荷载的等效结点荷载,故 $F_P = qd$。假设桁架上弦各结点是按照抛物线 $y(x) = Ax(l-x)$ 确定的,由 C 点对应的上弦杆件的高度为 d,求得 $A = 4d/l^2$,故有

$$y(x) = \frac{4d}{l^2}x(l-x) \tag{f}$$

由于桁架整体受弯,故在向下的荷载作用下上弦受压,下弦受拉。先以下弦杆 DE 为例,取图 3.39 (b) 中 I—I 截面左边为隔离体,利用对 F 点的力矩的代数和为零,可以求得内力值

$$F_{NDE} = \frac{2.5F_P \times d}{DF} = \frac{M_D^0}{DF} \tag{g}$$

其中 M_D^0 为图 3.39 (a) 中与竖杆 DF 相应的 D 截面的弯矩值。再把 (e)、(f) 两式代入得到

$$F_{NDE} = \frac{M_D^0}{DF} = \frac{\frac{1}{2}qx(l-x)}{\frac{4d}{l^2}x(l-x)} = \frac{ql^2}{8d} = \frac{36qd}{8} = 4.5F_P$$

可以看到,由于抛物线形桁架高度的变化规律和简支梁弯矩图的变化规律完全相同,故下弦各杆的轴力都是一个相同的常数 $4.5F_P$。

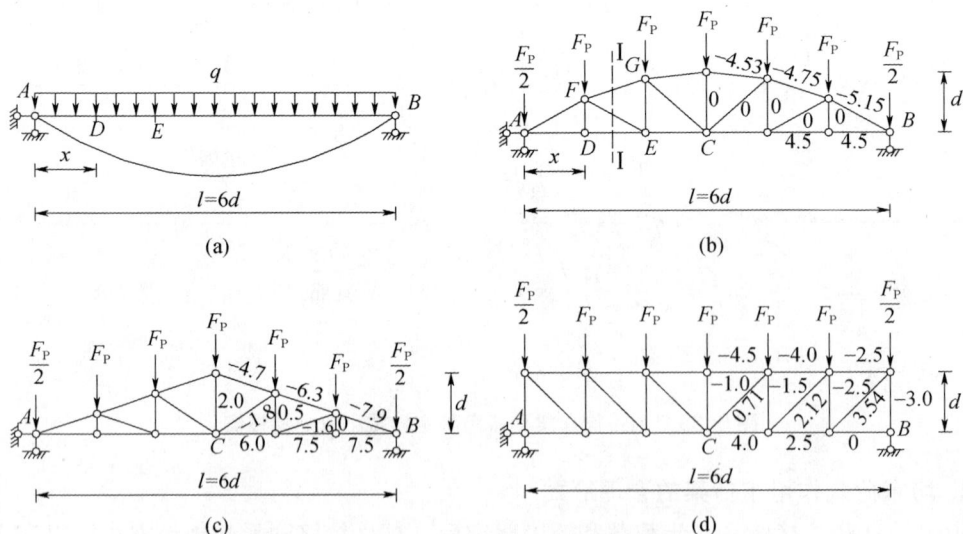

图 3.39 抛物线形、三角形和平行弦桁架在均布荷载作用下受力性能对比

上弦各杆的水平分量也可以根据截面法求出。以上弦杆 FG 为例,取图 3.39 (b) 中 I—I 截面右边为隔离体,利用对 E 点的力矩的代数和为零,并且注意到竖向的荷载

和支座反力对 E 点的力矩的代数和等于图 3.39（a）中 E 点的弯矩 M_E^0，于是可以求得 FG 的水平分量为

$$F_{\text{NFGX}} = -\frac{M_E^0}{GE} = -\frac{ql^2}{8d} = -\frac{36qd}{8} = -4.5F_P$$

可以看到，由于抛物线形桁架高度的变化规律和简支梁弯矩图的变化规律完全相同，故上弦各杆的轴力的水平分量都是一个相同的常数 $-4.5F_P$。

然后可以得出抛物线形桁架的轴力图如图 3.39（b）中所示，由于对称，只在右半桁架中标出，另外，为了图形清晰，省略了各杆上的 F_P。根据同样的思路，可以求得三角形桁架和平行弦桁架的轴力图如图 3.39（c）和图 3.39（d）中所示。

比较三个轴力图可以看出，三角形桁架和平行弦桁架上、下弦的内力值相差很大，而抛物线形桁架的上、下弦杆的内力基本相等。以上的分析表明，抛物线形桁架各杆的内力之所以能如此分布的关键在于上、下弦之间的距离是按照抛物线形分布的，和简支梁在均布荷载作用下的弯矩图的抛物线形分布是一致的。由此知道，桁架的合理形式的关键在于使得上、下弦之间的距离与简支梁在相应荷载作用下弯矩图的形状一致。

3. 静定刚架的合理形式

静定刚架和梁都是受弯为主的结构。梁在竖向荷载作用下，截面内力仅有弯矩和剪力，刚架截面上还有轴力。由于刚架中存在刚结点，可以把梁端的弯矩传递到柱上，故刚架中抵抗弯矩的部分比简支梁中要多，从而使得刚架的弯矩的分布的情况比梁中要均匀一些，故刚架比梁能跨越更大的跨度。

由于功能方面的限制，楼盖必须水平，墙柱必须铅直，以形成方框空间，故刚架一般采用水平梁和竖直柱这种刚架形式。但是作为屋盖的刚架，只要条件许可，可以采用拱式刚架，即梁往上拱，柱往内倾，这样可以大大减小刚架中的弯矩，其中的道理在下面三铰拱的合理轴线中得到解释。

4. 组合结构的合理形式

组合结构中存在两类杆件，以受弯为主的梁式杆，和只受轴力的二力杆。下面通过图 3.40（a）中所示的一个下撑式的五角形屋架为例说明其合理形式。那种使得二力杆的轴力变化不大，但能使得梁式杆中的弯矩分布比较均匀的形式就是其合理形式。

如图 3.40（a）中所示的下撑式五角形屋架，下弦杆 CF 的轴力取决于从 D 点到 CF 的垂直高度 f。该高度可以分解为 AG 基线以上的部分 f_1 和以下的部分 f_2 的和。在 $f = 1.2\text{m}$ 保持不变的前提下，通过调整 f_1 和 f_2 的比值，可以得到各种形状不同的组合结构。

图 3.40（b）中给出了 $f_1 = 0$ 和 $f_2 = 1.2\text{m}$ 的下撑式平行弦组合结构的弯矩图和轴力图；图 3.40（c）中给出了 $f_1 = 0.5\text{m}$ 和 $f_2 = 0.7\text{m}$ 的下撑式组合结构的弯矩图和轴力图；图 3.40（d）中给出了 $f_1 = 1.2\text{m}$ 和 $f_2 = 0$ 的三铰拱式屋架的弯矩图和轴力图。

通过对比，可知三种情形下弦各杆的轴力的数值相差不大，但是上弦梁式杆 ABD 的弯矩相差很大。在图 3.40（b）中，梁杆 ABD 的弯矩全部为负弯矩，如同支撑在 A 点和 B 点的伸臂梁。在图 3.40（d）中，梁式杆 ABD 的弯矩全部为正弯矩，如同支撑在 A 点和 D 点的简支梁。而在图 3.40（c）中，ABD 梁式杆 B 点的负弯矩和两个节间的最大的正弯矩基本相等，且比前两种极限的情形要小得多。

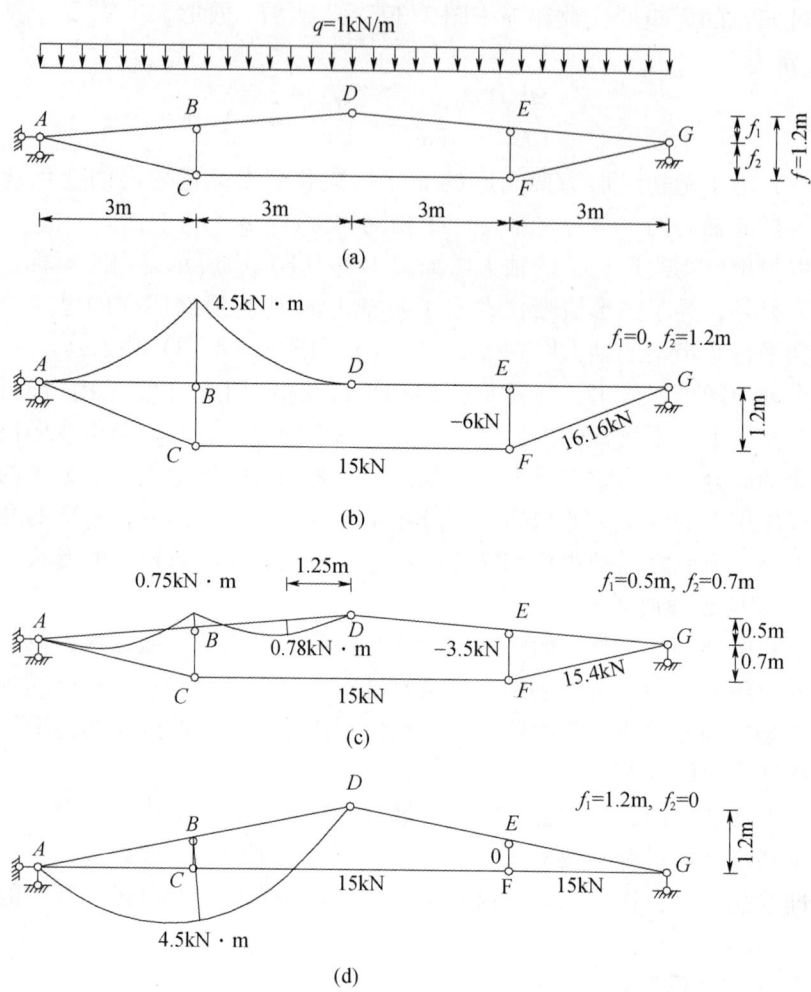

图 3.40 组合屋架三种情形下的受力性能对比

5. 三铰拱的合理形式

（1）三铰拱的合理轴线。

三铰拱是拱肋为曲线，且在水平荷载作用下会在结构中产生水平推力的结构。由于有水平推力，使得拱截面的弯矩比同跨度同竖向荷载简支梁的相应截面弯矩小很多，拱变为受压为主的一类结构。对于固定的荷载，还可以进一步通过选择拱肋的形式，使得三铰拱各截面弯矩和剪力都为零，只有轴力不为零，此时的三铰拱的形状就是拱的合理轴线。当采用合理轴线的三铰拱时，截面上的应力分布均匀，能充分发挥材料的抵抗荷载的性能。

下面以图 3.41（a）中所示竖向均布荷载 q 作用下的三铰拱为例，说明合理轴线的求法。因合理轴线上各截面的弯矩为零，于是由三铰拱截面的弯矩公式（3.8）知合理轴线为

$$y = \frac{M^0}{F_H}$$

（g）

M^0 为图 3.41（b）中所示的同跨度同荷载简支梁 x 截面的弯矩，为

$$M^0 = \frac{q}{2}x(l-x)$$

三铰拱的水平推力为

$$F_H = \frac{M_C^0}{f} = \frac{ql^2}{8f}$$

代入（g）式，得到

$$y = \frac{4f}{l^2}x(l-x)$$

故在沿水平线均匀分布的竖向荷载作用下，三铰拱的合理轴线为一抛物线。

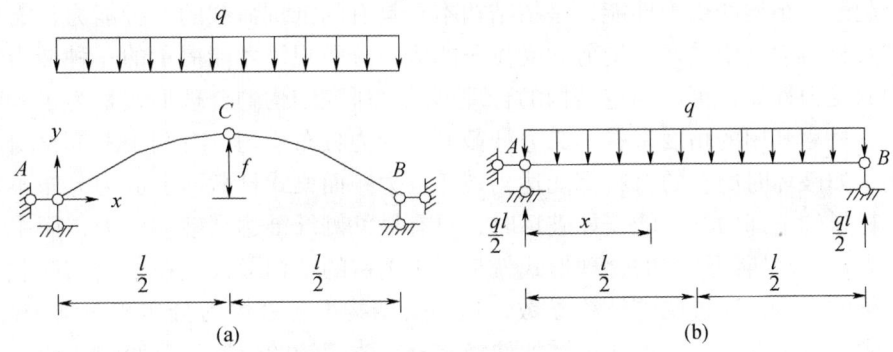

图 3.41　竖向均布荷载作用下三铰拱的合理轴线

（2）从合理轴线的角度比较梁、刚架和拱内力分布的均匀性。

如图 3.42 中所示，在沿水平线均匀分布的竖向荷载作用下，三铰拱的合理轴线为一抛物线，此时拱截面上只有轴力，应力分布最均匀。梁离合理轴线的偏差最大，梁截面中的弯矩最大，应力分布的情况最不均匀。平梁竖柱的刚架比梁更接近于合理轴线，其上的应力分布情况比梁上要均匀一些，但是仍不理想。采用梁往上拱、柱往内倾的拱式刚架，由于外形更加接近于合理轴线，使得弯矩峰值大大减小，应力分布更趋均匀。

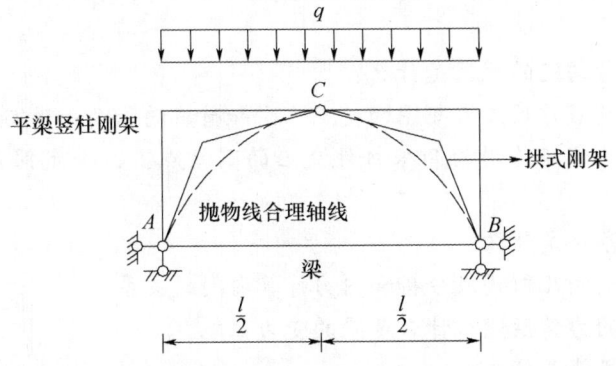

图 3.42　利用合理轴线比较梁，刚架和拱的内力分布

6. 综合利用各类结构的受力性能得到结构的合理形式

当考虑到结构的功能时，也可以综合利用各类结构的受力性能来得到结构的合理形

式。例如，接近于合理轴线的三铰拱其弯矩很小，但是需要提供水平推力，当采用拉杆提供水平推力时，减少了结构的使用空间。可以如图3.43（a）、（b）中所示，考虑采用刚架和三铰拱组合的结构形式，三铰拱需要的水平推力改由刚架来提供。

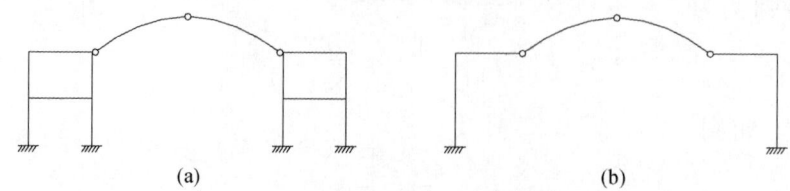

图3.43 综合利用各类结构的受力性能得到结构的合理形式

综合起来，结构的受力性能，是指结构本身具有的抵抗荷载的一种能力，需要根据内力计算及材料力学中受弯、受剪和受拉压的应力分布规律才能揭示的一种能力。通过对比结构的受力性能，可以确定结构的合理形式。研究结构的合理形式是为了有效地利用材料。从材尽其用的角度来看，二力杆截面上应力分布均匀，有利于发挥材料的全部力学性能，如破坏时所有的材料都能达到破坏应力；而梁式杆截面上应力分布不均，不利于发挥材料的全部力学性能，如破坏时，只有最外侧纤维达到破坏应力，而中性轴附件材料应力很小。所谓结构的合理形式就是对于选定的结构形式，在给定的荷载下，采用内力分析的手段，通过调整结构参数，达到使结构中各杆内力分布相对均匀的目的。对于梁、刚架或组合结构，可通过增加伸臂部分、改变铰的位置、改变刚架或者组合结构的外形等，达到使结构中各梁式杆的弯矩分布相对均匀的目的，也就是杆件的正负弯矩的极值基本相等的目的。对于桁架结构，可通过调整桁架的外形，达到使桁架中各杆件的内力基本相等的目的。对于三铰拱，通过采用合理轴线达到使得各截面上只有轴力，没有弯矩和剪力的目的。当考虑到结构的功能时，也可以采用综合利用各类结构的受力性能得到结构的合理形式。

思考题

1. 引入内力符号约定的原因是什么？
2. 为什么集中荷载作用点弯矩图的尖点方向和荷载的指向一致？
3. 为什么在无力偶矩作用的两根杆件交汇的刚结点上，一定同是外侧或同是内侧受拉？
4. 理想桁架的条件是什么？
5. 试举一例，说明几何构成分析和内力计算之间的关系。
6. 什么是材料的力学性能？什么是梁的受力性能？
7. 桁架的受力性能是什么？
8. 结构的合理形式从哪几个方面判断？单从受力角度，如何判断结构的合理形式？
9. 三铰拱的受力性能是什么？和其余几类结构的受力性能有何区别？
10. 各类结构中减小弯矩峰值的措施有哪些？

习题

3.1 已知简支梁的剪力图如图所示。试作梁的荷载图和弯矩图，梁上无集中力偶矩作用。

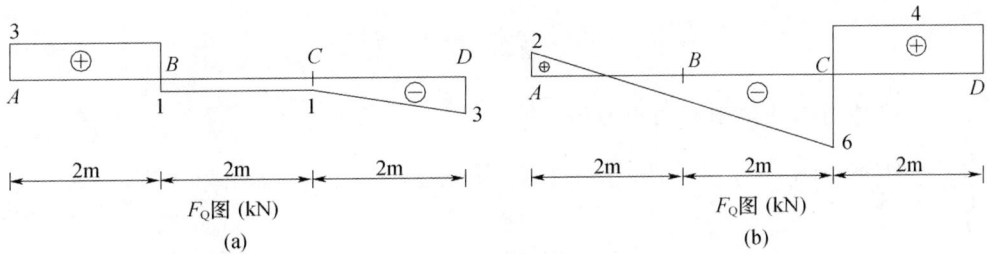

题 3.1 图

3.2 已知简支梁的弯矩图如图所示。试作梁的荷载图和剪力图。

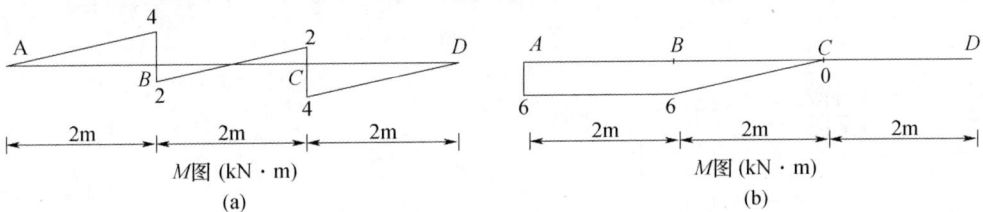

题 3.2 图

3.3 试作图示梁的剪力图和弯矩图。

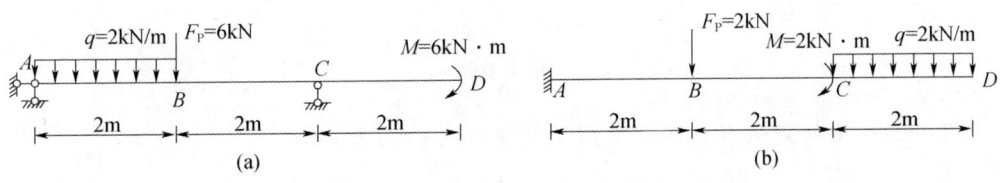

题 3.3 图

3.4 不计算支座反力，直接根据结构受力特点和荷载与内力之间的微分关系、增量关系作图示结构弯矩图。

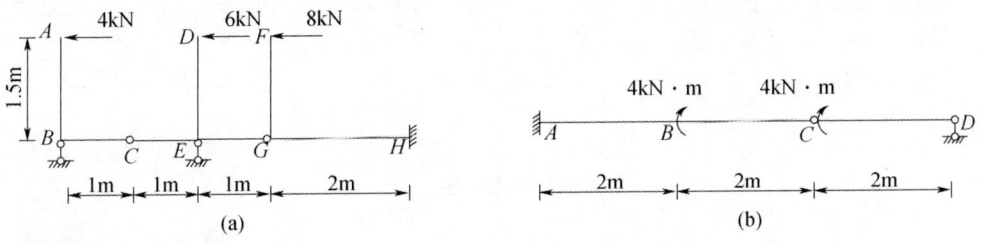

题 3.4 图

3.5 试作图示静定多跨梁的内力图。

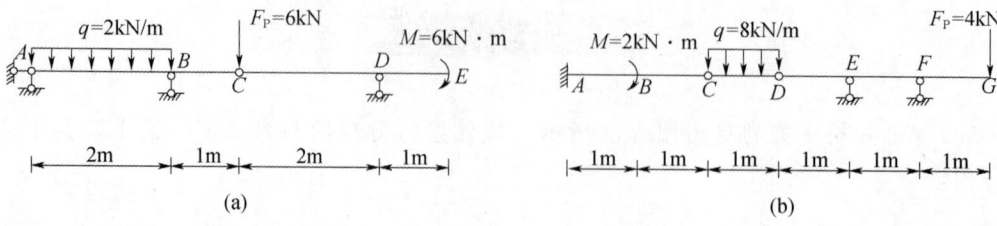

题 3.5 图

3.6 试作图示静定刚架的内力图。

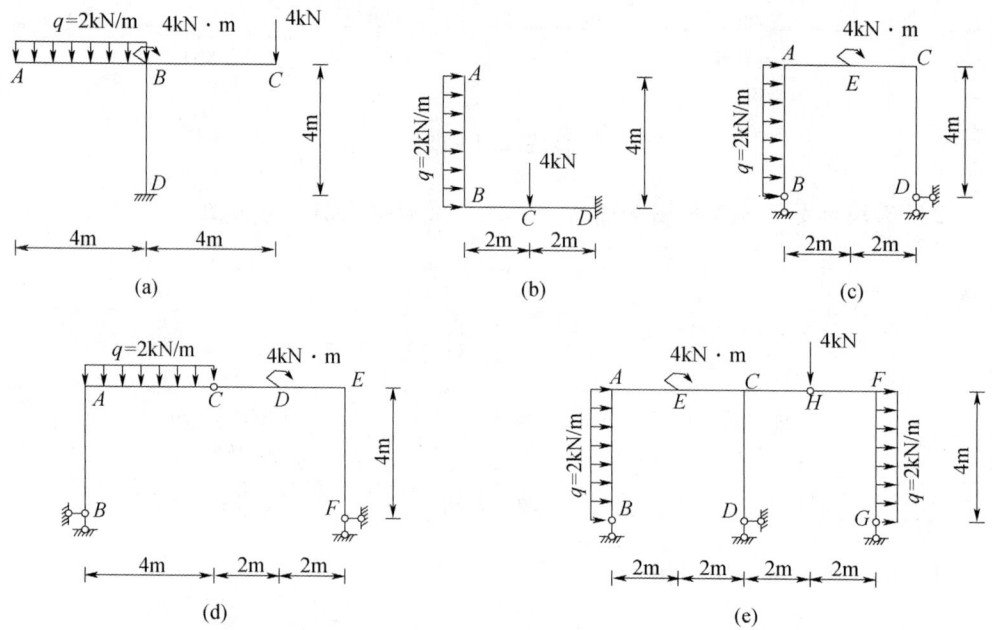

题 3.6 图

3.7 试利用结点法或截面法求图示桁架各杆的轴力。

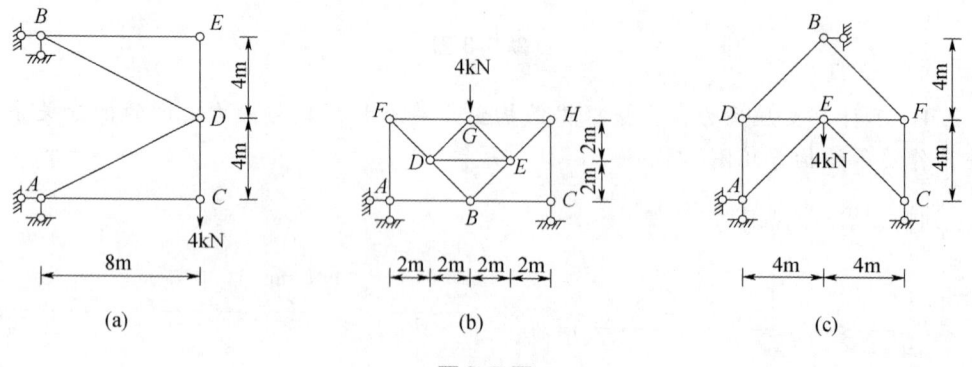

题 3.7 图

3.8 试求图示各桁架中指定 a、b 杆件的轴力。

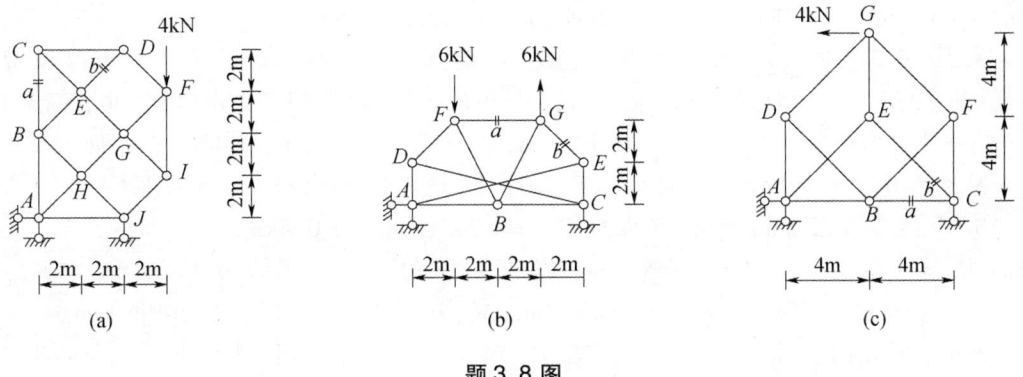

题 3.8 图

3.9 试作图示各静定组合结构的内力图。

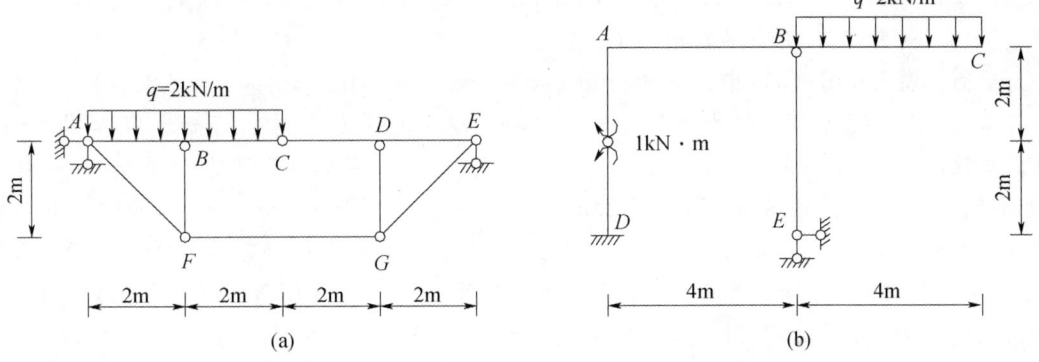

题 3.9 图

3.10 抛物线三铰拱如图所示,试求:(a) 支座反力。(b) 截面 D、E 的内力。

3.11 三铰拱的拱趾和拱顶的位置如图中所示,拱趾 B 距拱趾 A 和拱顶 C 的竖直距离各为 a。试求均布荷载作用下的合理轴线方程。

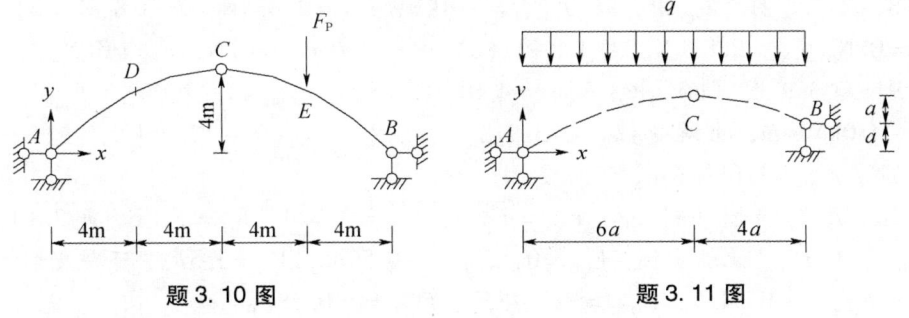

题 3.10 图　　　　　　　　　　题 3.11 图

习题答案

3.1 题 3.1 图 (a) 中,荷载为:B 点向下集中力 $F_P = 4$ kN 和 CD 段之间向下均布荷

载 $q=1$kN/m。弯矩 $M_B=6$kN·m。题3.1图（b）中，荷载为：C 点向上集中力 $F_P=10$kN 和 AC 段之间向下均布荷载 $q=2$kN/m。弯矩 $M_C=-8$kN·m。

3.2 题3.2图（a）中，荷载为：B、C 两点各有一个顺时针的集中力偶矩 $M=6$kN·m。AB、BC、CD 三段上各截面剪力均为 $F_Q=-2$kN。题3.2图（b）中，荷载为：A 点有一个顺时针的集中力偶矩 $M=6$kN·m，B 点向下集中力 $F_P=3$kN，C 点向上集中力 $F_P=3$kN。AB、CD 两段各截面剪力为 $F_Q=0$；BC 段各截面剪力为 $F_Q=-3$kN。

3.3 题3.3图（a）中，剪力为 $F_{QA}=4.5$kN，$F_{QBL}=0.5$kN，$F_{QBR}=-5.5$kN；弯矩为 $M_C=-6$kN·m，$M_B=5$kN·m。题3.3图（b）中，剪力为 $F_{QA}=6$kN，$F_{QBL}=6$kN，$F_{QBR}=4$kN；弯矩为 $M_A=-26$kN·m，$M_{CL}=-6$kN·m，$M_{CR}=-4$kN·m。

3.4 题3.4图（a）中，弯矩为 $M_H=-6$kN·m。题3.3图（b）中，$M_A=4$kN·m，$M_{BR}=4$kN·m，$M_{CR}=4$kN·m。

3.5 题3.5图（a）中，剪力为 $F_{QCL}=3$kN，$F_{QCR}=-3$kN，$F_{QBL}=-3.5$kN，$F_{QBR}=3$kN；弯矩为 $M_B=-3$kN·m。题3.5图（b）中，剪力为 $F_{QD}=-4$kN，$F_{QEL}=-4$kN，$F_{QER}=0$kN；弯矩为 $M_A=-10$kN·m。

3.6 题3.6图（a）中，弯矩为 $M_{BA}=-16$kN·m，$M_{BD}=4$kN·m（左拉）；剪力为 $F_{QBA}=-8$kN，$F_{QBD}=0$；轴力为 $F_{NBD}=-12$kN。题3.6图（b）中，弯矩为 $M_D=8$kN·m，$M_{BA}=16$kN·m（左拉）；剪力为 $F_{QBA}=8$kN，$F_{QDC}=-4$kN；轴力为 $F_{NBD}=-8$kN。题3.6图（c）中，弯矩为 $M_{EL}=-26$kN·m，$M_{ER}=-22$kN·m，$M_{CD}=32$kN·m（右拉）；剪力为 $F_{QAB}=-8$kN，$F_{QAC}=-5$kN；轴力为 $F_{NAB}=5$kN，$F_{NCD}=-5$kN。题3.6图（d）中，弯矩为 $M_{DL}=-5$kN·m，$M_{DR}=-1$kN·m，$M_{AB}=6$kN·m（左拉）；剪力为 $F_{QAC}=5.5$kN，$F_{QAB}=-1.5$kN；轴力为 $F_{NAB}=-5.5$kN。题3.6图（e）中，弯矩为 $M_{EL}=-54$kN·m，$M_{ER}=-50$kN·m，$M_{CA}=-88$kN·m，$M_{CD}=64$kN·m（右拉）；剪力为 $F_{QAB}=-8$kN，$F_{QAC}=-19$kN；轴力为 $F_{NAB}=19$kN，$F_{NGF}=8$kN。

3.7 题3.7图（a）中，轴力 $F_{NBD}=4.47$kN，$F_{NAD}=-4.47$kN。题3.7图（b）中，轴力 $F_{NDE}=4$kN，$F_{NDB}=0$kN，$F_{NFD}=2.83$kN。题3.7图（c）中，轴力 $F_{NEA}=-5.66$kN，$F_{NEC}=0$kN，$F_{NDA}=-2$kN，$F_{NBF}=2.83$kN，$F_{NBD}=-2.83$kN。

3.8 题3.8图（a）中，轴力 $F_{Na}=-4$kN，$F_{Nb}=2.83$kN。题3.8图（b）中，轴力 $F_{Na}=0$kN，$F_{Nb}=2.83$kN。题3.8图（c）中，轴力 $F_{Na}=0$kN，$F_{Nb}=0$kN。

3.9 题3.9图（a）中，$F_{NFG}=4.0$kN，受拉；$F_{QBL}=-2.0$kN，$F_{QBR}=2.0$kN；$M_{DE}=-4.0$kN·m，上端受拉。题3.9图（b）中，$F_{NBE}=-12.25$kN，受压；$F_{QBA}=-4.25$kN；$M_{AB}=1.0$kN·m，下端受拉。

3.10 题3.10图（a）中，$F_{VA}=F_P/4$，$F_{VB}=3F_P/4$，$F_H=F_P/2$。题3.10图（b）中，$M_D=-0.5F_P$，上端受拉，$F_{QD}=0$，$F_{ND}=-0.56F_P$；$M_E=1.5F_P$，下端受拉，$F_{QEL}=0.45F_P$，$F_{NEL}=-0.34F_P$，$F_{QER}=-0.45F_P$，$F_{NER}=-0.78F_P$。

3.11 题3.11中，合理轴线方程为 $y=41x/60-7x^2/120a$。

第四章

影响线

前面一章中作用在各类结构上的荷载都是固定荷载，荷载的大小和作用点的位置都是固定不变的，因而结构的支座反力和各截面的内力也是固定不变的。实际结构有时还会承受移动荷载的作用。所谓移动荷载是指荷载的大小不变但荷载的作用点在结构上是移动的这类荷载。例如在桥梁上行驶的汽车和列车，在工业厂房的吊车梁上行驶的吊车等都是移动荷载。

在移动荷载作用下，一般结构的各支座反力和各截面的各内力分量都随荷载的移动在改变。对于其中的每一项，比如某个截面的弯矩，当移动荷载移动到某个位置时使之达到最大，该位置称为该项的最不利荷载位置。利用影响线，可以确定荷载的最不利位置。影响线有两种作法：静力法和机动法。

第一节 无量纲的单位移动荷载及影响线的概念

实际工程中作用在结构上的移动荷载是多种多样的，通常是由一组大小及间距均保持不变的竖向荷载构成。只要先分析出无量纲的单位移动荷载 $F_P=1$ 对某量的影响，根据叠加原理，就可以得到任意一组移动荷载作用下某量的变化情况，进而确定该量的最不利荷载位置。

表示无量纲的单位移动荷载 $F_P=1$ 作用下某量的变化规律的图形，称为该量的影响线。

下面提供一个简例说明无量纲的单位移动荷载 $F_P=1$ 及影响线的概念。画图 4.1（a）中所示的悬臂梁固定端 A 处约束力矩 M_A 的影响线。

建立坐标系如图 4.1（b）中所示，A 端为坐标原点，x 表示荷载作用点的横坐标；为了方便理解，本图中先规定荷载 $F_P=1$ 是带量纲的 1N 的移动荷载。

取整体为隔离体如图 4.1（c）中所示。注意，在画支座反力的影响线时，正号的支座反力方向可以人为规定，此处，我们规定逆时针的 M_A 为正，如图中所示。但是在画截面内力的影响线时，各项内力的符号约定与固定荷载作用时所采用的符号约定完全相同，如在画某截面弯矩影响线时，该截面弯矩使得下端纤维受拉为正。由图 4.1（c）中利用对 A 端的力矩之和为零，得到

$$M_A(\text{N·m}) = F_P(\text{N}) \cdot x(\text{m}) \quad (0 \leqslant x \leqslant l) \quad \text{(a)}$$

把各项的量纲放在紧邻的圆括号内。M_A 与 F_P 成比例，比例系数称为 M_A 的影响系数，用 $\overline{M}_A$ 表示，则有

$$\overline{M}_A = \frac{M_A(\text{N·m})}{F_P(\text{N})} = x(\text{m}) \quad (0 \leqslant x \leqslant l) \quad \text{(b)}$$

显然，$\overline{M}_A$ 数值上等于 $F_P=1$ 作用下引起的 M_A，量纲上与 M_A 相差一个力的量纲，即为 m。故 $\overline{M}_A$ 可以理解为由无量纲的单位移动荷载 $F_P=1$ [图 4.1（d）] 引起的 A 端的约束力矩。只需要在整体隔离体中，采用无量纲的单位移动荷载 $F_P=1$，则根据平衡得到的 A 端的约束力矩就是 $\overline{M}_A$，如图 4.1（e）中所示。

M_A 的影响线实际上是 $\overline{M}_A$ 和横坐标 x 之间的关系图形，纵坐标表示无量纲的单位移动荷载 $F_P=1$ 移动到 x 时引起的影响系数 $\overline{M}_A$ 值。根据影响系数 $\overline{M}_A$ 的表达式（b），可得 M_A 的影响线如图 4.1（f）中所示。从图中可知：$F_P=1$ 在 A 端时，M_A 最小为零；$F_P=1$ 移动到 B 端时，M_A 最大为 l，此位置亦为单个移动荷载作用下，M_A 的最不利位置；$F_P=1$ 在 A、B 之间移动时，M_A 按照直线变化。

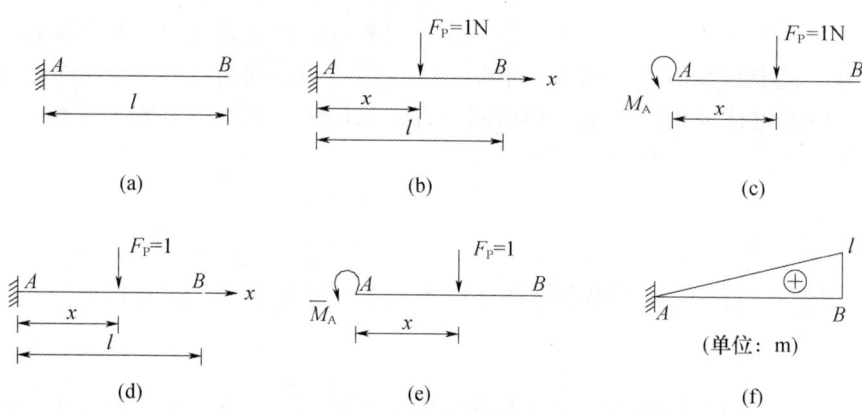

图 4.1 悬臂梁固定端 A 处约束力矩的影响线

由以上可知：

（1）作影响线时作用在结构上的荷载是无量纲的单位移动荷载 $F_P=1$。引入坐标系后，其作用位置用横坐标 x 表示。

（2）影响线实际上反映了某量影响系数和横坐标 x 之间的关系；某量影响系数在数值和量纲上都与无量纲的单位移动荷载 $F_P=1$ 引起的某量相等；只需要在隔离体中采用无量纲的单位移动荷载 $F_P=1$，根据平衡方程得到的某量即为某量影响系数，如图 4.1（e）所示。

（3）绘制影响线时，正值的画在基线上方，并注明正号；负值的画在基线下方，并注明负号。在画截面内力的影响线时，各项内力的符号约定与固定荷载作用时所采用的符号约定完全相同；在画支座反力的影响线时，正号的支座反力方向可以人为规定。

（4）影响线反映了 $F_P=1$ 移动时某量的变化范围和变化规律。

（5）影响线是求得最不利荷载位置的必要工具。

第二节 静力法作梁的影响线

静定结构内力和支座反力的影响线有两种基本作法：静力法和机动法。所谓静力法是通过取隔离体，利用静力平衡方程，找到某量的影响系数和无量纲的单位移动荷载 $F_P=1$ 位置坐标 x 之间的关系，然后绘制影响线。本节以静定梁为例对静力法进行说明。

一、简支梁的影响线

下面首先来看如何利用静力法求图 4.2（a）中所示的简支梁的支座反力和截面 C 的剪力和弯矩的影响线。

建立坐标系如图 4.2（a）中所示，A 端为坐标原点，x 表示荷载作用点的横坐标。

1. 简支梁支座反力的影响线（规定支座反力向上为正）

取整体为隔离体，如图 4.2（b）中所示，由于 $F_P=1$ 是无量纲的单位移动荷载，故杆件两端的支座反力为影响系数 $\overline{F}_{RA}$ 和 $\overline{F}_{RB}$。利用对 A 端的力矩和为零，可直接得到 $\overline{F}_{RB}$ 为

$$\overline{F}_{RB} = \frac{x}{l} \quad (0 \leqslant x \leqslant l) \tag{a}$$

这是一条直线，只需要两点的纵坐标值就可以得出。$F_P=1$ 在左端 $x=0$ 处时，$\overline{F}_{RB}=0$；$F_P=1$ 移动到右端 $x=l$ 处时，$\overline{F}_{RB}=1$，连线绘得 $\overline{F}_{RB}$ 的影响线如图 4.2（c）中所示。

同理，利用对 B 端的力矩和为零，可直接得到 $\overline{F}_{RA}$ 为

$$\overline{F}_{RA} = \frac{l-x}{l} \quad (0 \leqslant x \leqslant l) \tag{b}$$

绘得 $\overline{F}_{RA}$ 的影响线如图 4.2（d）中所示。

2. 截面 C 剪力 F_{QC} 的影响线

（1）当 $F_P=1$ 在 C 截面以左时，为了得到 F_{QC} 和 x 的关系，似乎必须取 C 截面以左为隔离体，如图 4.2（e）中所示，因为 x 出现在该隔离体中。F_{QC} 使得隔离体顺时针转动为正，由于 $F_P=1$ 无量纲，故 C 截面剪力为影响系数 $\overline{F}_{QC}$。利用隔离体竖向力的平衡条件，得 $\overline{F}_{QC}$ 为

$$\overline{F}_{QC} = \overline{F}_{RA} - 1 \quad (0 \leqslant x < a) \tag{c}$$

将 $\overline{F}_{RA}$ 的表达式（b）式代入，得到

$$\overline{F}_{QC} = \frac{l-x}{l} - 1 = \frac{-x}{l} \quad (0 \leqslant x < a) \tag{d}$$

以上过程很烦琐，因为 C 截面以左隔离体上有 $F_P=1$ 作用，荷载情况比较复杂。注意到各支座反力的影响系数中实际上已经包含了 x，只要找到 F_{QC} 与支座反力影响系数的关系，就得到了 F_{QC} 与 x 的关系。故可以直接利用 C 截面以右为隔离体，如图 4.2

(f)中所示,利用隔离体竖向力的平衡条件,可直接得到$\overline{F}_{QC}$为

$$\overline{F}_{QC} = -\overline{F}_{RB} = -\frac{x}{l} \quad (0 \leqslant x < a) \tag{e}$$

与(d)式完全相同,但过程简单多了,因为C截面以右隔离体上无$F_P=1$作用。

(2)当$F_P=1$在C截面以右时,只需取C截面以左为隔离体,如图4.2(g)中所示。利用隔离体竖向力的平衡条件,得$\overline{F}_{QC}$为

$$\overline{F}_{QC} = \overline{F}_{RA} = \frac{l-x}{l} \quad (a < x \leqslant l) \tag{f}$$

根据(e)式和(f)式,可以绘得F_{QC}的影响线如图4.2(h)中所示。$F_P=1$在C截面以左时,只需将F_{RB}的影响线反号,保留其中的AC段;$F_P=1$在C截面以右时,保留F_{RA}影响线的CB段;$F_P=1$移动到C截面处时,因剪力发生突变,$\overline{F}_{QC}$的数值不唯一,此处F_{QC}的影响系数没有意义,故(e)式和(f)式的成立区间均不包括$x=a$的C截面。

3. 截面C弯矩M_C的影响线

(1)当$F_P=1$在C截面以左时,只需取C截面以右为隔离体,如图4.2(f)中所示,M_C按照符号约定的正方向施加,即使得C截面下端纤维受拉。同样由于$F_P=1$是无量纲的单位移动荷载,故C截面弯矩为影响系数$\overline{M}_C$。利用隔离体对C点的力矩之和为零,得$\overline{M}_C$为

$$\overline{M}_C = \overline{F}_{RB} \cdot b = \frac{x}{l} \cdot b \quad (0 \leqslant x \leqslant a) \tag{g}$$

(2)当$F_P=1$在C截面以右时,只需取C截面以左为隔离体,如图4.2(g)中所示。利用隔离体对C点的力矩之和为零,得$\overline{M}_C$为

$$\overline{M}_C = \overline{F}_{RA} \cdot a = \frac{l-x}{l} \cdot a \quad (a \leqslant x \leqslant l) \tag{h}$$

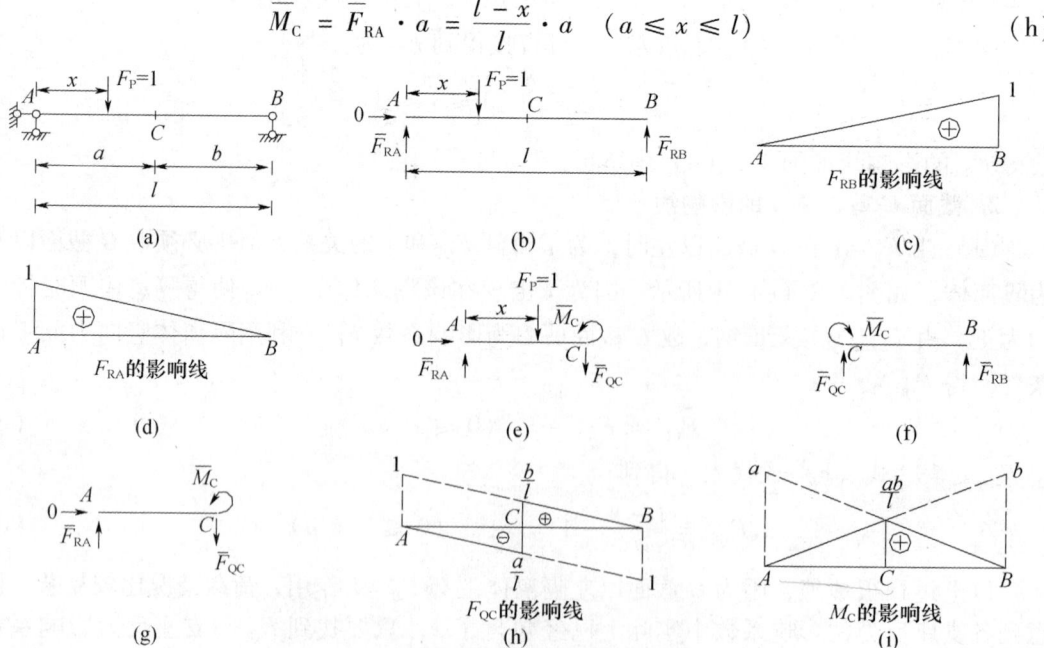

图4.2 求简支梁的支座反力和内力的影响线

根据（g）式和（h）式，可以绘得 M_C 的影响线如图 4.2（i）中所示。$F_P=1$ 在 C 截面以左时，只需将 F_{RB} 的影响线放大 b 倍，保留其中的 AC 段；$F_P=1$ 在 C 截面以右时，只需将 F_{RA} 的影响线放大 a 倍，保留其中的 CB 段；$F_P=1$ 移动到 C 截面处时，$\overline{M_C}=\dfrac{ab}{l}$，数值唯一，故（g）式和（h）式的成立区间均包括 $x=a$ 的 C 截面。

二、静定多跨梁的影响线

下面再来看如何利用静力法求图 4.3（a）中所示的静定多跨梁的支座反力 F_{RD} 和截面弯矩 M_C 的影响线。

1. 支座反力 F_{RD} 的影响线（规定 F_{RD} 向上为正）

（1）横坐标 x 是用来表示无量纲的单位移动荷载 $F_P=1$ 的作用位置，不像简支梁中只有一个坐标系，在静定多跨梁中，为了方便起见，我们分段建立坐标系，如图 4.3（a）中所示，BCD 段的原点在 B 点，EF 段的原点在 E 点等。只要求得每一段上 F_{RD} 的影响线，合在一起就是静定多跨梁 F_{RD} 的影响线。

（2）根据图 4.4（b）的支撑关系图，可以知道，在 $F_P=1$ 作用下，AB 和 $FGHI$ 部分为基本部分，BCD 部分为一级附属部分，EF 部分为二级附属部分。当 $F_P=1$ 在基本部分 AB 和 $FGHI$ 部分移动时，F_{RD} 为零。因为作用在基本部分的荷载，不会引起附属部分的支座反力。

（3）当 $F_P=1$ 在 BDE 段移动时，此时 F_{RD} 与 $F_P=1$ 在相同段。只需取 BDE 整体为隔离体，如图 4.3（c）中所示，利用对 B 点的力矩的代数和为零，得到 F_{RD} 的影响系数为

$$\overline{F}_{RD}=\dfrac{x}{4a}\quad(0\leqslant x\leqslant 5a) \tag{i}$$

从而，作出 BDE 段上 F_{RD} 的影响线如图 4.3（d）中所示。

（4）当 $F_P=1$ 在 EF 段移动时，此时 F_{RD} 与 $F_P=1$ 在不同段。可以把寻找 F_{RD} 和 EF 段的横坐标 x 之间的关系变换为寻找 F_{RD} 和 EF 段铰 E 的竖向约束力 F_{RE} 之间的关系，如图 4.3（e）中所示。因为，当 $F_P=1$ 在 EF 部分移动时，铰 E 的约束力 F_{RE} 也是不断改变的，它是 x 的函数。只要找到 F_{RD} 和 F_{RE} 之间的关系，就等于找到了 F_{RD} 和 x 之间的关系。

当 $F_P=1$ 在 EF 段移动时，如图 4.3（e）中上部分所示，F_{RE} 的影响系数可以利用对 F 点力矩和为零得到为：

$$\overline{F}_{RE}=\dfrac{4a-x}{4a}\quad(0\leqslant x\leqslant 4a) \tag{j}$$

从而 EF 段 F_{RE} 的影响线如图 4.3（f）中所示，规定 F_{RE} 的方向向上为正。

然后，通过取 BDE 部分为隔离体，如图 4.3（e）中下部分所示。注意此时 BDE 隔离体加在 E 点的约束力与 EF 隔离体加在 E 点的 F_{RE} 为一对作用力和反作用力，故 F_{RE} 须反向加在 BDE 部分的 E 端。利用对 B 点的力矩的代数和为零，得到

$$\overline{F}_{RD}=\dfrac{5}{4}\overline{F}_{RE} \tag{k}$$

从而，作出 EF 段上 F_{RD} 的影响线如图 4.3（g）中所示，只需要把 EF 段 F_{RE} 的影响线纵坐标值放大 1.25 倍即可。

最后，把 AB 段、BDE 段、EF 段和 $FGHI$ 段四段 F_{RD} 的影响线合在一起就得到了整个梁上 F_{RD} 的影响线，如图 4.3（h）所示。

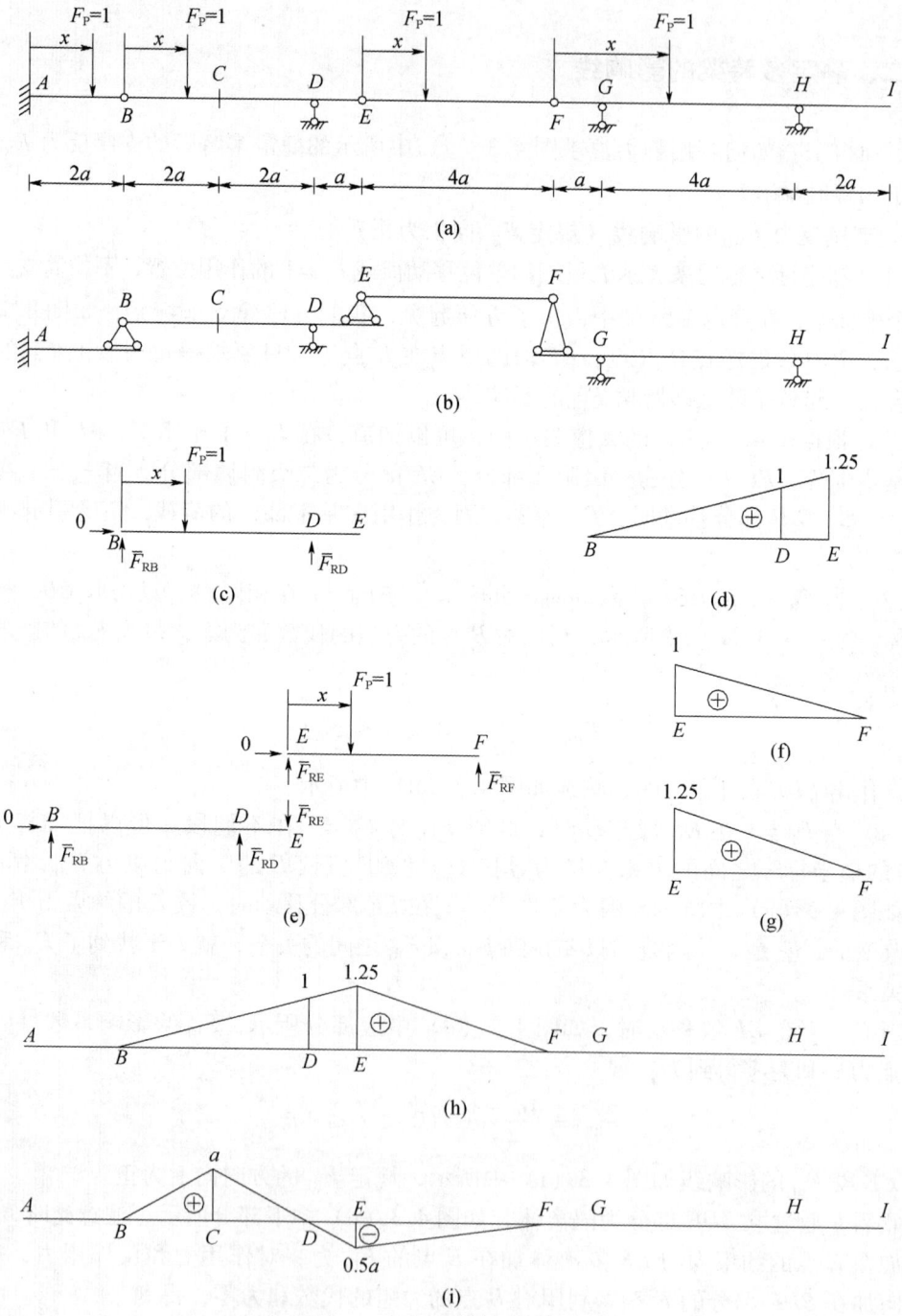

图 4.3 求 F_{RD} 和 M_C 的影响线

2. 截面弯矩 M_C 的影响线

仿照上面支座反力 F_{RD} 的作法，可以得出截面弯矩 M_C 的影响线如图 4.3（i）中所示，具体过程略。

静力法总结如下：

（1）横坐标 x 是表示 $F_P=1$ 的移动位置，可以分段建立不同坐标系。

（2）只要在隔离体中采用的是无量纲的单位移动荷载 $F_P=1$，根据平衡方程得到的各量均为影响系数，例如图 4.3（e）中所示铰 E 的约束力 $\overline{F}_{RE}$。

（3）当要求影响线的某量与 $F_P=1$ 在静定多跨梁的相同段时，可以取该段为隔离体，通过静力平衡方程找出某量影响系数与 $F_P=1$ 的移动位置 x 的关系，从而绘出该段某量的影响线。

（4）当要求影响线的某量与 $F_P=1$ 在静定多跨梁的不同段时，可以把寻找某量影响系数与 x 的关系问题转化为求某量影响系数和 $F_P=1$ 作用段某个支座反力之间的关系问题。

（5）将各段的影响线合并在一起，就是要求的某量在全梁上的影响线。

最后指出，静定多跨梁影响线的最方便的作法是机动法，在学习机动法作影响线时可以看到这一点。

第三节　用静力法和叠加法作结点承载方式下主梁的影响线

前一节静力法中的 $F_P=1$ 直接在梁上移动，这是一种直接承载方式。除此之外，有些实际结构承受的是由结点传递下来的结点荷载，例如图 4.4（a）中所示的桥梁结构中主梁所受的荷载。荷载 $F_P=1$ 直接在纵梁上移动，纵梁是简支梁，其两端简支于横梁，横梁又由主梁支承。荷载 $F_P=1$ 是通过横梁传递给主梁的，主梁只在各横梁支承处（即结点处）承受集中力的作用，即主梁上所受的荷载就是结点荷载，主梁这种承载方式也叫结点承载方式。

一、结点承载方式传递到主梁的结点荷载

下面来确定当 $F_P=1$ 移动到纵梁的任一结间 x 处时〔以图 4.4（a）所示的 cd 结间为例。注意为方便起见，坐标原点取在结间的起点 c 处〕，传递给主梁上的结点荷载。

如图 4.4（b）中所示，因纵梁 cd 是简支梁，主梁 C、D 两点通过横梁传递下来的结点荷载值分别为 $\dfrac{d-x}{d}$ 和 $\dfrac{x}{d}$。

注意主梁两种承载方式的不同：直接承载方式时只有一个大小不变的 $F_P=1$ 在主梁 CD 上移动；而结点承载方式时主梁 C、D 两结点处各有一个结点荷载，两个结点荷载的作用位置保持不变，但是其大小在变。

二、结点承载方式下主梁的影响线

1. 支座反力的影响线

在结点承载方式下（$F_P=1$ 直接在纵梁上移动）梁支座反力的影响线和直接荷载作用下（$F_P=1$ 直接在主梁上移动）完全相同。其原因如下：如图 4.4（c）中所示，当 $F_P=1$ 移动到纵梁的 x 处时（为方便起见，坐标原点取在第一个结间的起点处），只需取整体为隔离体，无须再考虑 $F_P=1$ 在纵梁的每一个结间移动时传给主梁的结点荷载，就可以得到支座反力影响系数 $\overline{F}_{RA}$ 和 $\overline{F}_{RE}$ 的表达式。它们和如图 4.4（d）中所示的直接荷载 $F_P=1$ 移动到主梁的 x 处时，引起的主梁的支座反力影响系数 $\overline{F}_{RA}$ 和 $\overline{F}_{RE}$ 的表达式完全相同，故结点承载方式下梁两个支座反力的影响线和直接荷载作用下支座反力的影响线完全相同，在图 4.4 中没画出。

2. 主梁上各结点处弯矩的影响线

主梁上各结点处弯矩的影响线也和直接荷载作用下完全相同，以主梁结点 C 处 M_C 的影响线为例说明原因如下：

采用静力法，当 $F_P=1$ 在纵梁 c 点以左时，比如 bc 结间，如图 4.4（e）中上部分所示，只要取 C 截面以右为隔离体，利用对 C 点的力矩和为零，如图 4.4（e）中下部分所示，就可以得到弯矩影响系数 $\overline{M}_C = \overline{F}_{RE} \cdot 2d$。尽管此时有结点荷载作用在 c 点，但不会出现在力矩方程中，故弯矩影响系数 $\overline{M}_C$ 和直接荷载作用下完全相同。同样，当 $F_P=1$ 在纵梁 c 点以右时，弯矩影响系数为 $\overline{M}_C = \overline{F}_{RA} \cdot 2d$，也和直接荷载作用下完全相同。故结点承载方式下 M_C 的影响线与直接荷载作用下 M_C 的影响线完全相同，如图 4.4（f）中所示。

3. 主梁上非结点处内力的影响线

对于主梁上非结点处的内力影响线，结点承载方式和直接承载方式两种情形是不同的。下面以主梁 F 处截面弯矩 M_F 的影响线为例进行说明。

首先注意到，如果直接采用静力法，即在 F 截面截开取左边或者右边作为隔离体，利用静力平衡条件获得 M_F 的影响系数的方法的话，将很不方便。要分成 $F_P=1$ 在纵梁 c 点以左、$F_P=1$ 在纵梁 d 点以右、$F_P=1$ 在纵梁 cd 结间三段来分别得到 M_F 的影响系数。尤其是 $F_P=1$ 在纵梁 cd 结间移动时要得到 M_F 的影响系数更是甚为烦琐。

下面换一种思路：当 $F_P=1$ 在纵梁的任一结间移动时，比如图 4.4（a）中所示的 cd 结间，可以根据结点荷载的特点和叠加原理来获得 M_F 的影响系数。

此时作用在主梁上的结点荷载如图 4.4（b）中所示：主梁 C 点的结点荷载值为 $\dfrac{d-x}{d}$，D 点的结点荷载值为 $\dfrac{x}{d}$。记 y_C 为 $F_P=1$ 移动到主梁 C 点时 M_F 的影响系数，y_D 为 $F_P=1$ 移动到主梁 D 点时 M_F 的影响系数。只要作出直接荷载作用下 M_F 的影响线，如图 4.4（g）中虚线所示，则根据比例关系可以求得 $y_C = 3d/4$，$y_D = 5d/8$。再根据叠加原理，在结点荷载作用下 M_F 的影响系数为

$$\overline{M}_F = \frac{d-x}{d}y_C + \frac{x}{d}y_D \tag{a}$$

这是 x 的一次式，且有 $x=0$ 时，$\overline{M}_F = y_C$；$x=d$ 时，$\overline{M}_F = y_D$。故只需把 y_C、y_D 连线，如图 4.4（g）中实线所示，就是 $F_P = 1$ 在纵梁的 cd 结间移动时，主梁 M_F 的影响线，为一直线。

4. 结点承载方式时主梁上任一项影响线的一般作法

结合图 4.4（b），给出结点承载方式时，主梁上任一项（包括结点和非结点处的内力和支座反力）影响线的一般作法如下：

（1）当 $F_P = 1$ 在纵梁的任一结间 cd 移动时，主梁此时承受的作用在 C、D 两点的结点荷载，为一对作用位置不变但大小在变的集中荷载。

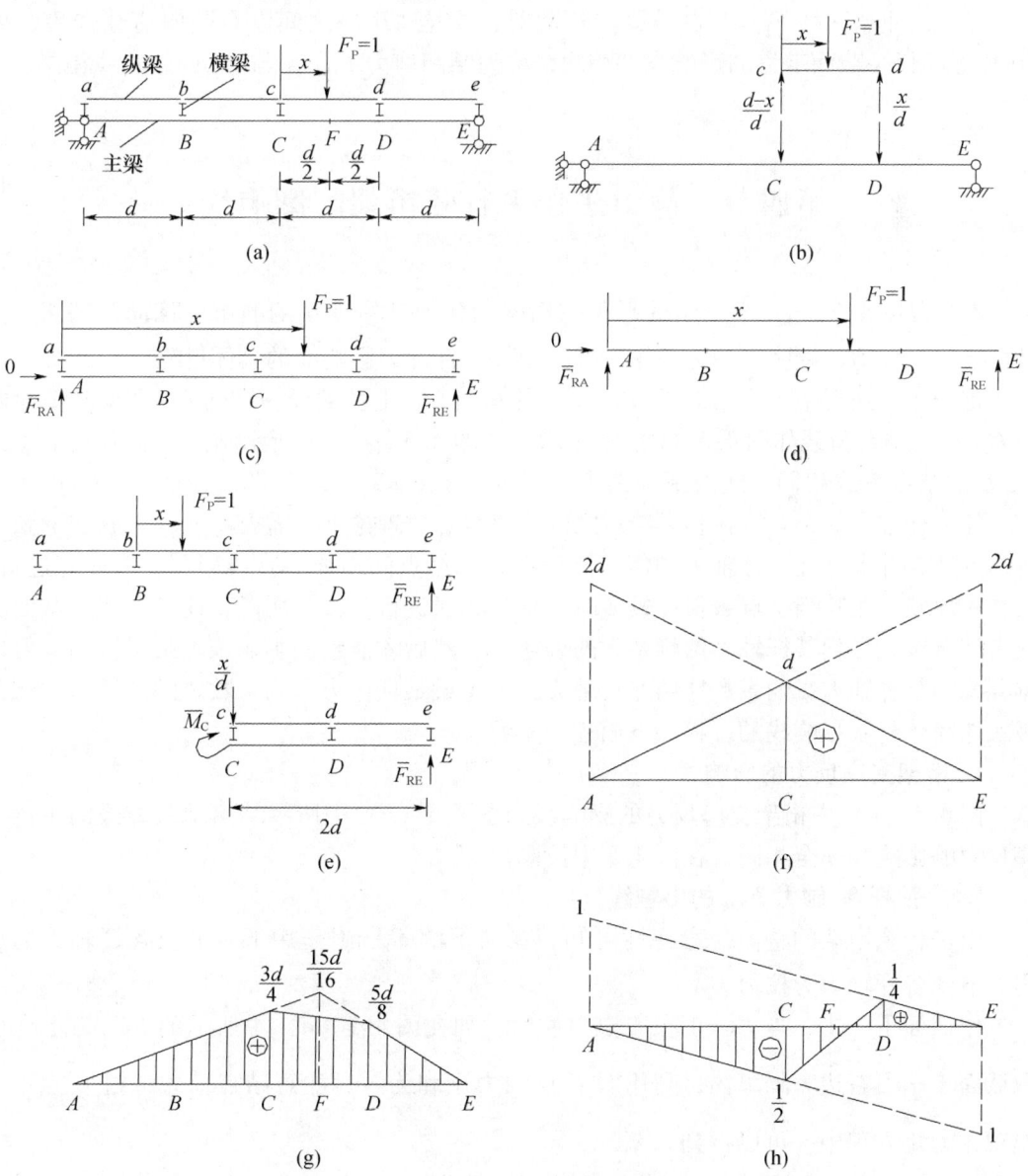

图 4.4 结点荷载作用下梁的影响线

（2）仿照（a）式可知，主梁上任一项影响线在该段为一直线。只需要把主梁在直接荷载作用下，该项影响线先作出来，根据比例关系，求得左、右两个结点 C、D 处影响线的纵坐标值，连成一直线就为结点荷载作用下 CD 段的该项影响线。

（3）结点承载方式时主梁上任一项影响线的绘制方法：先用静力法作出主梁在直接承载方式下该项影响线；再根据叠加法，在与纵梁每一个结间相对应的主梁相邻结点间连成直线即可。据此可以得到主梁 M_F 的影响线如图 4.4（g）中所示。

5. 主梁 F 处剪力 F_{QF} 和结间剪力 F_{QCD} 的影响线

根据以上作法，可以得到主梁 F 处剪力 F_{QF} 的影响线，如图 4.4（h）中所示。

另外，注意到当 $F_P = 1$ 在纵梁上移动时，主梁 CD 段之间没有竖向荷载作用，故 CD 段之间任一截面剪力的影响线都相同，称为结间剪力 F_{QCD}，与 F_{QF} 的影响线相同。

第四节 静力法作平行弦桁架的影响线

本节以图 4.5（a）中所示的平行弦桁架为例，其中无量纲的单位移动荷载 $F_P = 1$ 沿桁架下弦移动，说明用静力法作平行弦桁架各杆轴力影响线的具体过程。

首先注意到桁架中为结点承载方式，当 $F_P = 1$ 在下弦的任一结间 CD 移动时传给两端 C、D 的结点荷载如图 4.5（b）中所示，与图 4.5（c）中所示结点承载方式下主梁 C、D 的结点荷载相同。还有下面两方面需要注意：第一方面，仿照前一节（a）式可知，任一杆轴力的影响线在相邻结点之间为直线。故理论上只需要将 $F_P = 1$ 放在下弦的各结点处，并求得任一杆轴力的值，然后在相邻结点间连成一直线即可。但如此进行，实在太烦琐，尤其当结点数目比较多时，更是无法进行下去。所以，还是必须用截面法或者结点法先得到某杆轴力影响系数的表达式，然后才能绘制影响线。第二方面，可以据此找到某杆轴力影响系数和结点承载方式下主梁某项内力影响系数之间的关系，从而极大地简化绘制影响线的过程。下面逐一来看。

1. 桁架支座反力的影响线

图 4.5（a）中桁架支座反力的影响线与图 4.5（c）中所示结点承载方式的主梁支座反力的影响线完全相同，在图 4.5 中没画出。

2. 上弦杆 bc 轴力 F_{Nbc} 的影响线

由平行弦桁架的整体受弯特性可知，在向下的 $F_P = 1$ 作用下，上弦各杆轴力为压力，下弦各杆轴力为拉力。

作截面 I—I，当 $F_P = 1$ 在 C 点以左时，如在图 4.5（d）中所示的 BC 节间 x 处，取截面 I—I 右边为隔离体，利用对 C 点的力矩和为零，注意结点荷载 $\dfrac{x}{d}$ 过 C 点不会出现在力矩方程中，可以得到

$$\overline{F}_{Nbc} \times h + \overline{F}_{RE} \times 2d = 0 \tag{a}$$

（a）式中可分成两部分：第一项来源于水平轴力，第二项来源于竖向荷载和支座反力对 C 点的力矩。

利用图 4.5（e）所示的与图 4.5（d）对应的隔离体，可以找出 F_{Nbc} 的影响系数和结点承载方式下主梁某项内力影响系数之间的关系。只要注意到两个隔离体中竖向荷载和支座反力完全相同这一特点，从而可知：(a) 式中的第二项与图 4.5（e）中竖向荷载和支座反力对 C 点的力矩相同，也即有

$$\overline{F}_{RE} \times 2d = \overline{M}_C^0 \tag{b}$$

$\overline{M}_C^0$ 为结点承载方式下主梁 C 截面弯矩的影响系数，从而（a）式可以改写为

$$\overline{F}_{Nbc} = -\frac{\overline{M}_C^0}{h} \tag{c}$$

当 $F_P = 1$ 在 C 点以右时，取截面 I—I 左边为隔离体。按照与以上完全相同的思路，可以看到（c）式仍然成立。

于是，绘制上弦杆 bc 轴力 F_{Nbc} 的影响线可以根据结点承载方式下主梁 $\overline{M}_C^0$ 的影响线，除以 h，然后反号即可得到，如图 4.5（f）中所示，顶点 C 点影响线的纵坐标为：

$$-\frac{ab}{lh} = -\frac{2d \times 2d}{4dh} = -\frac{d}{h}$$

3. 下弦杆 BC 轴力 F_{NBC} 的影响线

按照相同的思路，可以得到下弦杆 BC 轴力 F_{NBC} 的影响系数为：

$$\overline{F}_{NBC} = \frac{\overline{M}_B^0}{h} \tag{d}$$

于是，利用主梁 $\overline{M}_B^0$ 的影响线，除以 h，即得到 F_{NBC} 的影响线，如图 4.5（g）中所示。

4. 斜腹杆 bC 轴力竖向力分量 F_{YbC} 的影响线

作截面 I—I，当 $F_P = 1$ 在 B 点以左时，取截面 I—I 右边为隔离体，如图 4.5（h）中所示。利用竖向力的平衡条件得到

$$\overline{F}_{YbC} + \overline{F}_{RE} = 0 \tag{e}$$

式中各项都来源于竖向荷载和支座反力。

利用图 4.5（i）所示的与图 4.5（h）对应的隔离体，根据竖向力的平衡条件得到

$$\overline{F}_{QBC}^0 + \overline{F}_{RE} = 0 \tag{f}$$

$\overline{F}_{QBC}^0$ 为结点承载方式下主梁 BC 结间剪力的影响系数，从而（e）式可以改写为

$$\overline{F}_{YbC} = \overline{F}_{QBC}^0 \tag{g}$$

当 $F_P = 1$ 在 C 点以右及 B、C 之间移动时，按照相同的思路，可以看到（g）式仍然成立。

于是，F_{YbC} 的影响线与主梁 $\overline{F}_{QBC}^0$ 相同，如图 4.5（j）中所示。

5. 竖腹杆 cC 轴力 F_{NcC} 的影响线

取结点 c 为隔离体。由于 $F_P = 1$ 沿桁架下弦移动，故竖腹杆 cC 为结点 c 的结点单杆，且其上无荷载作用，为零杆，从而 $F_{NcC} = 0$。F_{NcC} 的影响线与基线重合，如图 4.5（k）中上部基线所示。

以上讨论的是 $F_P = 1$ 沿桁架下弦移动（下承桁架）时杆件轴力影响线的作法。对于 $F_P = 1$ 沿桁架上弦移动（上承桁架）时的情形，其处理思路完全相同。不过，要注意的是，对于上弦杆 bc、下弦杆 BC、斜腹杆 bC 的影响线，无论下承桁架还是上承桁架，其影响线都相同；但是对于竖腹杆 cC，上承时其影响线不再是基线，而是如图 4.5（k）

中下部非基线所示。因为 $F_P=1$ 在上弦 ab、de 结间时，竖腹杆 cC 仍为结点 c 的结点单杆，且其上无荷载作用，$F_{NcC}=0$ 为零杆；$F_P=1$ 移动到 c 点时，$F_{NcC}=-1$ 为压力；$F_P=1$ 在上弦 bc、cd 结间时，F_{NcC} 影响线为直线。

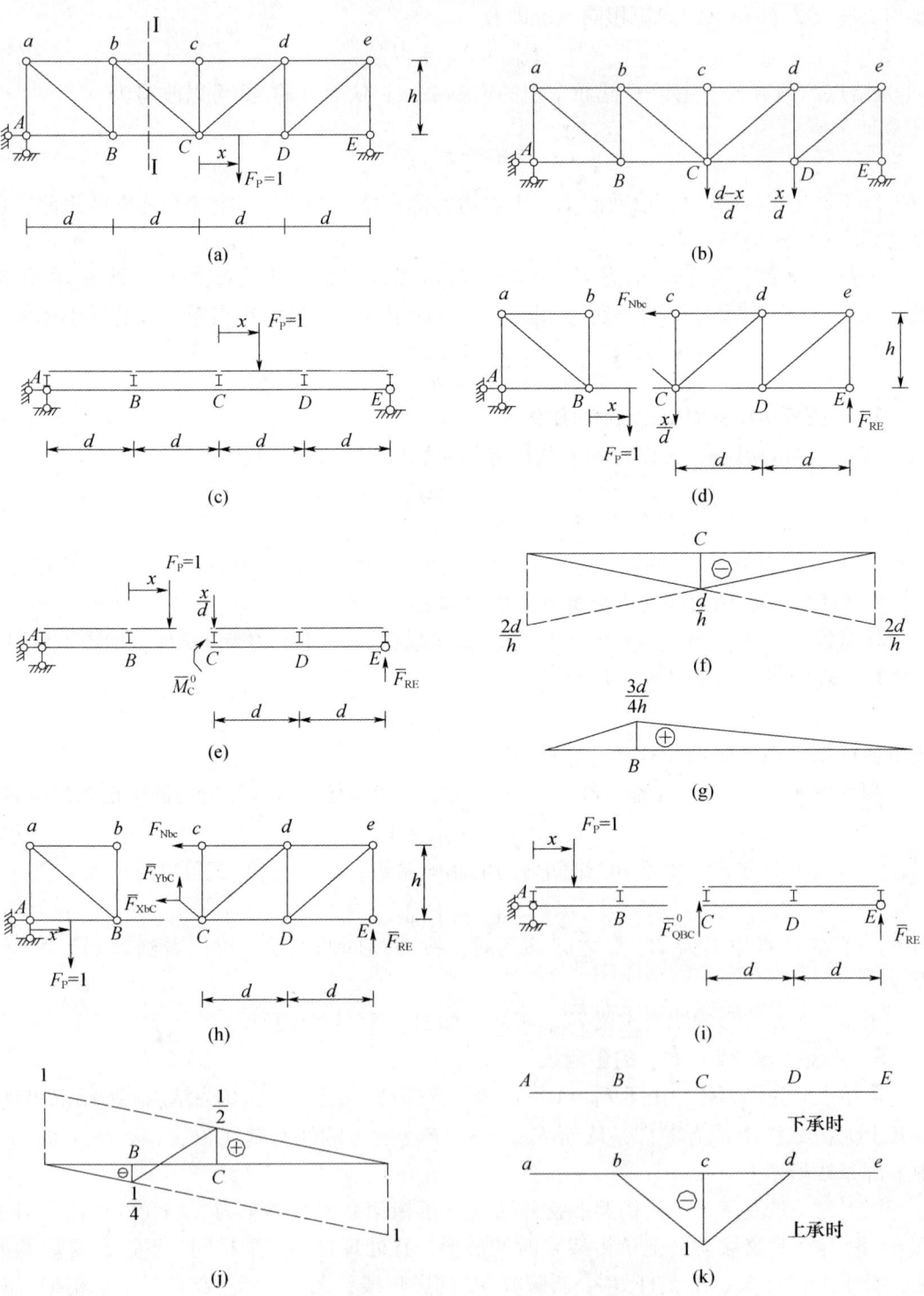

图 4.5 用静力法作平行弦桁架轴力影响线

所以在用静力法作平行弦桁架轴力影响线时，还要注意区分析架是下承桁架还是上承桁架。

第五节　机动法作静定结构的影响线

除了前述的静力法外，还可以利用机动法作静定结构的影响线。通过具有理想约束的刚体体系的虚功原理，机动法把求某项内力或者支座反力影响系数的静力平衡关系问题转化为作刚体体系的虚位移图的几何问题。

机动法的优点首先是无须具体计算就可以直接得到影响线的轮廓，而静力法中必须先逐段建立影响系数的方程，绘出影响线后才能得知影响线的轮廓；另外，机动法只需令某项内力或者支座反力其对应点的虚位移值为1，就可以快速得出关键点的影响线的纵坐标值来，极大地减少了计算工作量，在静定多跨梁这类结构影响线的绘制时，可以清楚看到这一点。

下面先来看具有理想约束的刚体体系的虚功原理。

一、具有理想约束的刚体体系的虚功原理

具有理想约束的刚体体系的虚功原理是指：设体系上作用任意的平衡力系，又设体系发生任意的符合约束条件的无限小的刚体体系位移，则主动力在位移上所作的虚功的总和恒等于零。

虚功原理中的理想约束是指在虚位移的过程中，约束位置可以改变并且在任意虚位移过程中，由主动力引起其上的约束力所作虚功恒为零的这一类约束。有两类可动理想约束，分别是光滑铰结点［如图4.7（c）中所示的结点C］和刚性链杆［如图4.7（g）中所示］。

虚功方程中的平衡力系和符合约束条件的无限小的刚体体系位移是两个彼此无关的状态，在实用中，根据虚设对象的不同，虚功原理有两种具体的应用方式。如果无限小的刚体体系位移是真实的，平衡力系是虚设的，则叫做刚体体系的虚力原理；如果平衡力系是真实的，无限小的刚体体系位移是虚设的，则叫做刚体体系的虚位移原理。

通过刚体体系的虚位移原理可以把一个平衡问题转化为寻找刚体体系的主动力的作用点对应的虚位移之间的几何关系的问题。

二、机动法作某量Z影响线的步骤

利用虚位移原理可以把求某项内力或者反力影响系数的平衡问题转化为作刚体体系的虚位移图的几何问题。我们下面以图4.6（a）中所示伸臂梁支杆C处支座反力F_{RC}的影响线为例对此进行阐述。为一般性起见，用Z表示F_{RC}，向上为正。

为了能用虚位移原理，首先解除图4.6（a）中C处的支杆，把影响系数$\overline{Z}$当成主

动力施加在原支杆 C 处，如图 4.6（b）中所示。这个受力状态不仅与图 4.6（a）所示真实的受力状态完全相同，而且变成了有一个自由度的机构的平衡问题，整个体系可以产生约束许可的虚位移。

然后让体系沿 $\bar{Z}$ 做正功的方向产生约束许可的虚位移，如图 4.6（c）中所示。$\bar{Z}$ 对应的虚位移为 δ_Z，$F_P=1$ 作用点对应的虚位移纵标为 δ_P，根据虚位移原理有：

$$\bar{Z} \times \delta_Z + F_P \times \delta_P(x) = 0 \tag{4.1}$$

把 $F_P=1$ 代入，从上式解得

$$\bar{Z} = -\frac{\delta_P(x)}{\delta_Z} \tag{4.2}$$

这就是用机动法绘制某量 Z 影响线的基本公式。

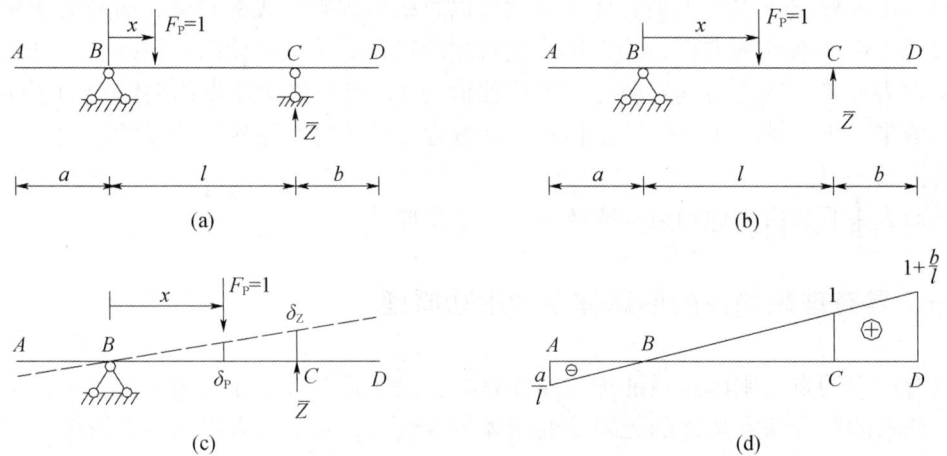

图 4.6 用机动法作某量 Z 影响线

关于（4.1）式和（4.2）式，有以下几点需要特别注意：

(1) δ_Z 是一个常量，与 x 无关；δ_P 为 x 的函数。

从图 4.6（c）中可以看到，δ_Z 为 Z 作用点对应的虚位移，其为常量，与 x 无关；δ_P 为 $F_P=1$ 作用点对应的虚位移纵坐标值，x 不同时，其值不相同。

也可以利用解析方法更加清楚地看到这一点，在图 4.6（c）中，如果以 δ_Z 为参变量，可以得到 δ_P 与 x 的函数关系为：

$$\delta_P(x) = \frac{x}{l}\delta_Z \tag{a}$$

由此式知，一旦 δ_Z 给定，其为常数不再变化，但 δ_P 却随 x 的不同而改变；还可看出，尽管对于不同的 δ_Z，$\delta_P(x)$ 的图形都不相同，但是各图中 $\delta_P(x)/\delta_Z$ 与 x 的关系都是相同的。

(2) 只要虚位移图一旦作出，则 δ_P 随 δ_Z、x 变化的规律在图中自动反映出来。例如图 4.6（c）中 δ_P 随 δ_Z、x 变化的规律就是按照（a）式变化的，因（a）式本就是根据图 4.6（c）推出来的。

本来函数作图时，一般要先写出函数的表达式才能绘出图形，比如在静力法作影响线时就是如此。但在机动法中，只要绘出机构虚位移图，由于该图中包含 $\delta_P(x)/\delta_Z$ 的变化规律，由公式（4.2）知，机构虚位移图就表示了某量影响系数 $\overline{Z}$ 的变化规律。或者说，机动法无需先得到某量 Z 影响系数的解析表达式，却直接绘出了某量 Z 的影响线。

（3）机动法绘制影响线时分两步走：第一步定出影响线的轮廓，也即机构沿 Z 方向发生任意 δ_Z 得到的虚位移图。机动法中无须具体计算就可以直接得到影响线的轮廓，例如从图 4.6（c）所示的虚位移中，就能知道，支座反力 Z 的影响线在整个伸臂梁 AD 上为直线分布；如果我们采用静力法，则须先分成 AB、BC、CD 三段得到影响系数 $\overline{Z}$ 的方程，绘出影响线后才能得到支座反力 Z 的影响线的轮廓，相当烦琐。

（4）第二步确定影响线控制点的纵坐标值。静定结构某量 Z 影响线的轮廓为直线段构成，如果能再确定影响线上 Z 作用点的纵坐标值，就完全确定了某量 Z 的影响线。从公式（4.1）知，只要令 $\delta_Z=1$，式中第一项就是某量影响系数 $\overline{Z}$；又从公式（4.2）知，$\overline{Z}=-\delta_P(x)$。也就是，某量 Z 的影响线与 $\delta_Z=1$ 时的虚位移图相同，影响线其他控制点的纵坐标值可以根据比例关系得出，如图 4.6（d）中所示。

（5）最后确定影响线纵坐标值的正负号。因 $F_P=1$ 以向下为正，故 $\delta_P(x)$ 也以向下为正；由于 $\overline{Z}=-\delta_P(x)$，故 $\overline{Z}$ 与 $\delta_P(x)$ 正负号相反。基线上方的图形，$\overline{Z}$ 为正；基线下方的图形，$\overline{Z}$ 为负。

综上所述，利用机动法求某量 Z 影响线的步骤如下：

（1）去掉与 Z 相应的某项约束，并将 Z 当成主动力施加在刚体体系上。

（2）让刚体体系沿 Z 做正功的方向发生约束许可的虚位移 δ_Z［有些情况下还需要经过计算才知道 $\delta_Z=1$ 的影响线纵坐标值，如图 4.7（d）中所示］，作出 $F_P=1$ 作用点对应的竖向虚位移图，即 $\delta_P(x)$ 图，该图定出了 Z 影响线的轮廓。

（3）根据 $\delta_Z=1$，可确定影响线控制点的纵坐标值。

（4）基线上方的图形，影响系数 $\overline{Z}$ 为正号；基线下方的图形，影响系数 $\overline{Z}$ 为负号。

三、利用机动法求简支梁内力的影响线

下面再利用机动法求图 4.7（a）中所示的简支梁 C 截面弯矩 M_C 和剪力 F_{QC} 的影响线。

1. 简支梁 C 截面弯矩 M_C 的影响线

（1）去掉和 C 截面弯矩相应的约束。因为在静力分析和影响线的绘制时，都是把杆件和隔离体当成刚体处理的。结合 C 截面存在三种约束和三个内力分量的特点，故可以认为图 4.7（a）中 C 截面左右两侧是由图 4.7（b）中所示 C 截面的三根刚性链杆连接：与杆轴平行的链杆 1、2 约束截面两侧的相对轴向移动和转动，提供 C 截面的轴力和弯矩；竖向的链杆 3 约束截面两侧的相对竖向移动，提供 C 截面的剪力。于是，去掉和 C 截面弯矩相应的约束，就是把与杆轴平行的链杆 1、2 中的任意一根截断，此时 C 截面左右两侧不能有相对移动，但可以有相对转动，故可以用图 4.7（c）中所示的光滑铰结点 C 表示，并把一对弯矩影响系数 $\overline{M}_C$ 加在铰 C 两侧。于是，求图 4.7（a）中 C 截面弯矩的影响线问题就转化为图 4.7（c）中所示的机构的平衡问题。

（2）确定影响线控制点纵坐标值的方法 1。让刚体体系沿 M_C 做正功的方向发生约束许可的虚位移，如图 4.7（d）中所示：AC 绕 A 点转动 α 角，BC 绕 B 点转动 β 角，C

点运动到 C_1 点。延长 AC_1 与过 B 点的垂线交于 B_1 点，过 C_1 点作基线的平行线交 BB_1 于 B_2 点。根据虚位移原理有：

$$\overline{M}_C \times (\alpha + \beta) + F_P \times \delta_P(x) = 0 \tag{b}$$

故与 $\overline{M}_C$ 相对应的虚位移为 $\delta_Z = \alpha + \beta$，如图4.7（d）中所示。

因 α、β 均为微小角度，故可以得到 B_1B_2 长度为 αb，BB_2 长度为 βb，从而 BB_1 长度为 $\delta_Z b$。然后根据比例关系，可知 CC_1 长度为 $\dfrac{ab}{l}\delta_Z$。最后令 $\delta_Z = 1$，可以得到 M_C 的影响线如图4.7（f）中所示，基线上方的图形为正号。

（3）确定影响线控制点纵标值的方法2。以上确定影响线 C 点纵坐标值的方法几何方面比较复杂，还可以采用另外一种方法直接获得 C 点影响线的纵坐标值。

取约束许可的虚位移如图4.7（e）中所示，则有：

$$\alpha = \delta/a, \quad \beta = \delta/b$$

则 $\overline{M}_C$ 所做的虚功为：

$$\overline{M}_C \times (\alpha + \beta) = \overline{M}_C \times \left(\dfrac{\delta}{a} + \dfrac{\delta}{b}\right) = \overline{M}_C \times \dfrac{a+b}{ab}\delta = \overline{M}_C \times \dfrac{l}{ab}\delta \tag{c}$$

根据虚位移原理有：

$$\overline{M}_C \times \dfrac{l}{ab}\delta + F_P \times \delta_P(x) = 0 \tag{d}$$

再令 $\dfrac{l}{ab}\delta = 1$，确保上式中第一项就是影响系数 $\overline{M}_C$，从而有 $\delta = \dfrac{ab}{l}$，同样可得 M_C 的影响线如图4.7（f）中所示。

2. 简支梁 C 截面剪力的影响线

去掉和 C 截面剪力相应的约束，并把一对 $\overline{F}_{QC}$ 当成主动力施加后得到的机构如图4.7（g）中所示。然后，让机构产生图中虚线所示的约束许可的虚位移：C 截面左右两侧不能有轴向相对移动和相对转动，但可以有竖向相对移动。

根据虚位移原理，可知 C 截面左右两侧竖向相对移动即为 δ_Z。然后令 $\delta_Z = 1$，可以得到 F_{QC} 的影响线如图4.7（h）所示，基线上方的图形为正号。

3. 对光滑铰结点 C 和施加在 C 截面的一对平行的刚性链杆是理想约束的说明

图4.7（c）中所示的光滑铰结点 C 是理想约束，说明如下。本来，在图中的主动力 $F_P = 1$、$\overline{M}_C$ 作用下，铰 C 上会产生非零的竖向约束力。但在图4.7（d）或图4.7（e）中所示任意约束许可的虚位移上，该约束力所做虚功一定是零，故不会在虚功方程中出现，我们在图4.7（c）中也不需要根据平衡先求得该竖向约束力。

同样，图4.7（g）中所示的施加在 C 截面的一对与杆轴平行的刚性链杆也是理想约束。

理想约束的特点是在任意约束许可的虚位移上理想约束上的约束力所做虚功为零。理想约束由两类约束构成，一类是光滑铰结点，另一类是刚性链杆。

当然，图4.7（c）中铰支座 A 和过 B 点的支杆也是理想约束，因为在约束许可的虚位移上，其许可位移都为零，其上的支座反力所做虚功都为零。

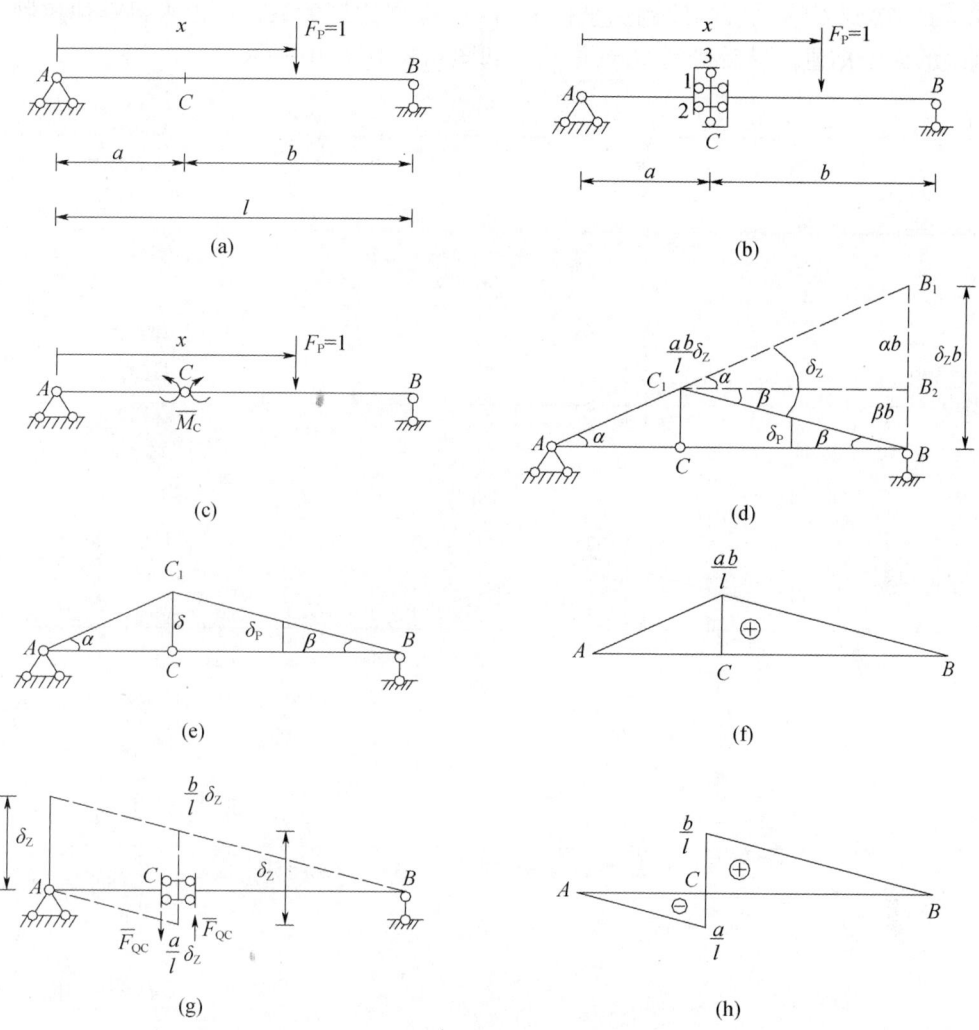

图4.7 用机动法作简支梁内力的影响线

四、机动法其他应用举例

最后，再用机动法求图4.8（a）中所示的静定多跨梁的支座反力 F_{RD} 和截面弯矩 M_C 的影响线。

1. 支座反力 F_{RD} 的影响线

去掉和 F_{RD} 相应的约束，并把 $\overline{F}_{RD}$ 当成主动力施加后得到的机构如图4.8（b）中所示。然后，让机构产生图中虚线所示的约束许可的虚位移。最后令 $\delta_Z = 1$，得到 F_{RD} 的影响线如图4.8（c）所示，基线上方的图形为正号。

2. 截面弯矩 M_C 的影响线

去掉和 M_C 相应的约束，并把一对弯矩影响系数 $\overline{M}_C$ 当成主动力施加在铰 C 两侧后得到的机构如图4.8（d）中所示。然后，让机构产生图中所示的约束许可的虚位移，

令 $\delta_Z = 1$,得到 C 点的影响线的纵坐标值为 a。根据比例关系,可以求得其他控制点的影响线的纵坐标值,最后得到 M_C 的影响线如图 4.8(e)中所示。

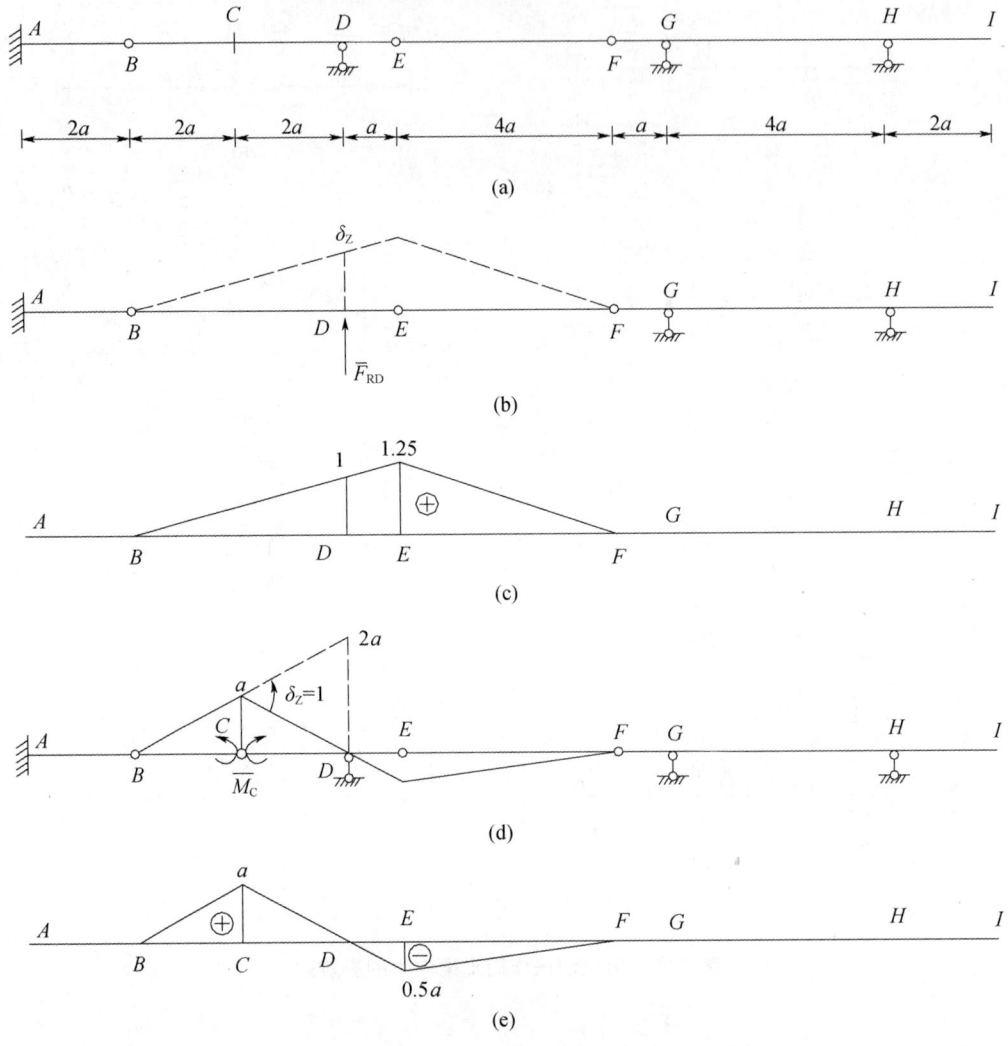

图 4.8 用机动法求 F_{RD} 和 M_C 的影响线

这个问题,我们在本章第二节中用静力法求过,两相对比,可以看到用机动法求多跨静定梁的影响线是何等方便,极大地减少了计算工作量,静定多跨梁跨数越多,效果越显著。

第六节 影响线的应用

影响线反映了无量纲的单位荷载 $F_P = 1$ 移动时某量 Z 的变化范围和变化规律,实际工程中作用在结构上的移动荷载是多种多样的:既可以是单个集中荷载,也可以是一组集中荷载,或者是均布荷载。当移动荷载移动到某个位置时使某量 Z 达到最大,该位置称为某量 Z 的最不利荷载位置。利用影响线,一方面可以求各种固定荷载作用下某量 Z 的数值;另一方面可以用来确定某量 Z 的最不利荷载位置。

一、利用影响线求各种固定荷载作用下某量 Z 的数值

在各种固定荷载作用下,根据叠加原理,利用影响线可以求得某量 Z 的数值。

1. 一组集中荷载作用时

设有两个位置固定的集中荷载 F_{P1}、F_{P2} 加在简支梁上,如图 4.9(a)中所示。简支梁 C 截面弯矩 M_C 的影响线如图 4.9(b)中所示,与 F_{P1}、F_{P2} 对应点影响线的纵坐标值分别为 y_1、y_2。则由 F_{P1} 产生的 M_C 为 $F_{P1}y_1$,由 F_{P2} 产生的 M_C 为 $F_{P2}y_2$。根据叠加原理,F_{P1}、F_{P2} 共同作用下 M_C 为:

$$M_C = F_{P1}y_1 + F_{P2}y_2 \tag{a}$$

同样,如果是一组位置固定的集中荷载 F_{P1},F_{P2},$\cdots$,F_{Pn} 加在结构上,结构某量 Z 影响线图中与荷载 F_{P1},F_{P2},$\cdots$,F_{Pn} 对应点影响线的纵坐标值分别为 y_1,y_2,$\cdots$,y_n,则

$$Z = F_{P1}y_1 + F_{P2}y_2 + \cdots + F_{Pn}y_n = \sum_{i=1}^{n} F_{Pi}y_i \tag{4.3}$$

2. 均布荷载 q 作用时

设有均布荷载 q 加在简支梁 AB 段上,如图 4.9(c)中所示;M_C 的影响线如图 4.9(d)所示。将图 4.9(c)中 dx 微段上的均布荷载视为一个集中荷载 qdx,其对应的影响线的纵坐标值为 y,则由 qdx 产生的 M_C 为 $y \cdot qdx$。根据叠加原理,AB 段上均布荷载 q 作用下 M_C 为:

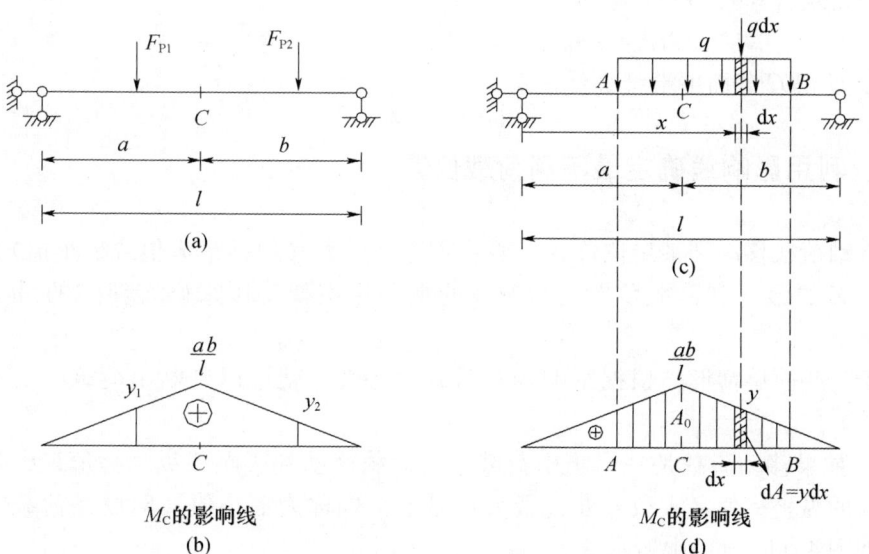

图 4.9 利用影响线求各种固定荷载作用下某量 Z 的数值

$$M_C = \int_A^B yq\,dx = q\int_A^B y\,dx = qA_0 \qquad (b)$$

这里 A_0 为均布荷载 q 作用在 AB 段上 M_C 影响线与基线所夹的面积，如图 4.9（d）中所示。

一般地，利用影响线求均布荷载 q 作用下结构某量 Z 值的计算公式为：

$$Z = qA_0 \qquad (4.4)$$

这里 A_0 为均布荷载 q 作用段上 Z 影响线与基线所夹的面积。

[**例 4-1**] 利用 M_C 的影响线，求图 4.10 上面图形中所示的简支梁在均布荷载 $q = 10\text{kN/m}$ 作用下的 M_C 值。

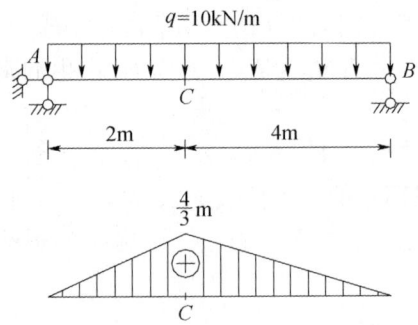

图 4.10 利用影响线求 M_C 值

解： 作出 M_C 的影响线，如图 4.10 下面图形所示。

$$A_0 = \frac{1}{2}\left(2\text{m} \times \frac{4}{3}\text{m} + 4\text{m} \times \frac{4}{3}\text{m}\right) = 4\text{m}^2$$

A_0 为全梁上 M_C 影响线与基线所夹的面积，因在基线上方，故取正号。

利用公式（4.4）得：

$$M_C = qA_0 = 10\text{kN/m} \times 4\text{m}^2 = 40\text{kN} \cdot \text{m}$$

M_C 为正，使得 C 截面下端纤维受拉。

二、利用影响线确定最不利荷载位置

当移动荷载移动到某个位置时使某量 Z 达到最大（包括最大值或最小值），该位置称为某量 Z 的最不利荷载位置。影响线的重要作用就是用来确定荷载的最不利荷载位置。

对于一些简单情形，根据影响线和荷载的特性，就可以判断出荷载的最不利荷载位置：

（1）如果移动荷载是一个集中荷载，当荷载移动到影响线纵坐标值最大处；或者在影响线的纵坐标值最大负号处（最大负号值，也称为最小值）时就是荷载的最不利位置，如图 4.11（a）中所示。

（2）如果移动荷载是可动均布荷载，如人群、货物等，由于它在结构上可以任意布置，则其最不利荷载位置是在影响线的正号部分布满荷载（最大正号值）；或者在影响线的负号部分布满荷载（最大负号值，也称为最小值），如图 4.11（b）中所示。

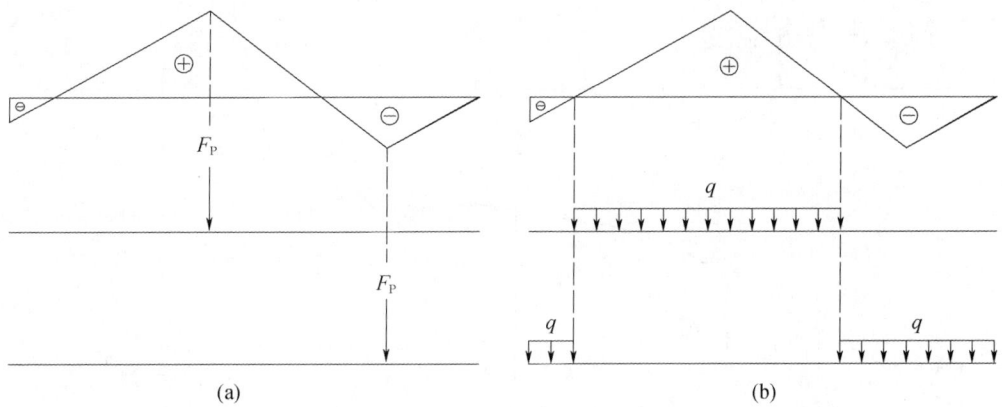

图 4.11 简单情形时的最不利荷载位置

如果移动荷载是一组集中荷载，则在荷载的最不利位置，必有一个集中荷载作用在影响线的顶点上。其原因可通过下面的临界荷载位置得到解释。

三、影响线为多边形时一组移动荷载的临界位置的判断

在一组集中移动荷载作用下，求荷载的最不利位置通常需要先求出所有的荷载临界位置，然后从各临界位置中选出荷载的最不利位置。

1. 荷载的临界位置

所谓荷载的临界位置就是移动荷载达到该位置时，使得某量 Z 达到极值。如果为极大值位置，则某量 Z 比临近位置都要大；如果为极小值位置，则某量 Z 比临近位置都要小。

2. 影响线为多边形时荷载的临界位置的判断

图 4.12（a）为一组移动荷载，在移动过程中，各荷载其大小和间距保持不变。图 4.12（b）为某量 Z 的影响线，为多边形，各边的倾角为 α_i（$i=1, 3$），各边区间内荷载的合力为 F_{Ri}（$i=1, 3$）。注意到各边区间内由各荷载引起的某量 Z 等于其合力引起的某量 Z，我们以第一段为例对此进行说明。

根据叠加原理，可知第一段内各荷载引起的某量 Z 为

$$Z = F_{P1}y_1 + F_{P2}y_2 \tag{c}$$

注意到 $y_1 = x_1\tan\alpha_1$，$y_2 = x_2\tan\alpha_1$，（c）式可以写为

$$Z = F_{P1}x_1\tan\alpha_1 + F_{P2}x_2\tan\alpha_1 = \tan\alpha_1(F_{P1}x_1 + F_{P2}x_2) \tag{d}$$

注意到括号中为第一段内各荷载对 A 点的力矩的代数和，根据合力之矩定理，等于第一段内各荷载合力 F_{R1} 对同一点 A 的力矩，则（d）式又可以写为

$$Z = \tan\alpha_1(F_{P1}x_1 + F_{P2}x_2) = \tan\alpha_1 F_{R1}x = F_{R1}\tan\alpha_1 x = F_{R1}\bar{y}_1$$

其中 $\bar{y}_1$ 为第一段内合力 F_{R1} 对应的影响系数。

同样在第二、第三段内各荷载引起的某量 Z 也等于其合力引起的某量 Z，则在图 4.12（a）所示的荷载作用下，引起的某量 Z 为

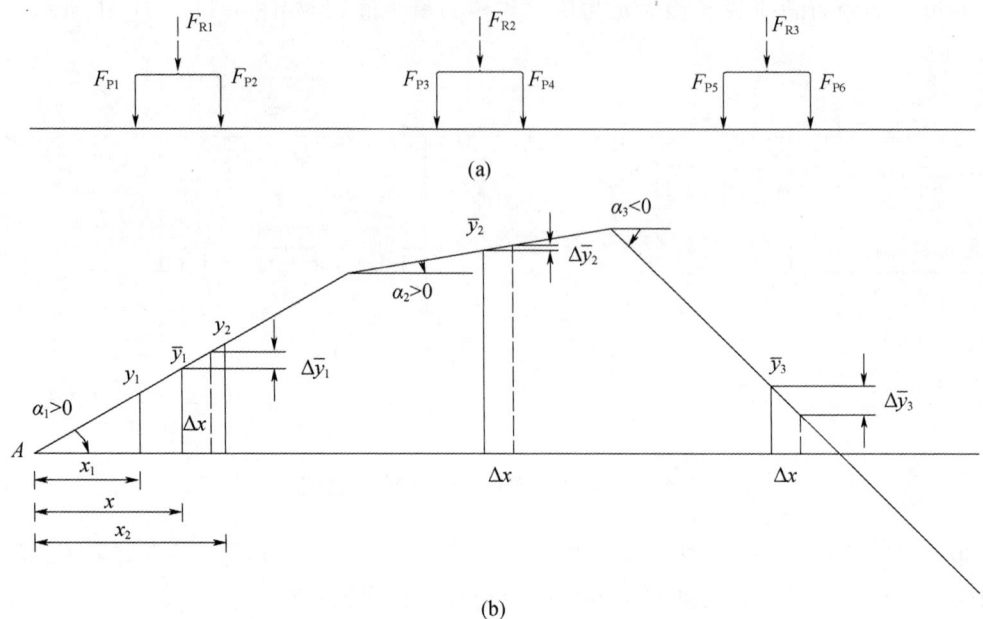

图 4.12 影响线为多边形时荷载的临界位置的判断

$$Z = F_{R1}\bar{y}_1 + F_{R2}\bar{y}_2 + F_{R3}\bar{y}_3 = \sum_{i=1}^{3} F_{Ri}\bar{y}_i \tag{e}$$

其中 $\bar{y}_2$、$\bar{y}_3$ 为第二、三段内合力 F_{R2}、F_{R3} 对应的影响系数。

设荷载移动 Δx（向右为正）来到临近位置，各段内合力作用点对应的影响系数增量为

$$\Delta \bar{y}_i = \Delta x \cdot \tan\alpha_i$$

某量 Z 的增量 ΔZ 为

$$\Delta Z = \Delta x \cdot \sum_{i=1}^{3} F_{Ri}\tan\alpha_i$$

（1）某量 Z 为极大临界位置的条件。某量 Z 比其附近位置某量 Z 都要大，无论左移 $\Delta x<0$ 或者右移 $\Delta x>0$，某量 Z 的增量 ΔZ 都小于等于零，即

$$\Delta x \cdot \sum_{i=1}^{3} F_{Ri}\tan\alpha_i \leqslant 0$$

可再细分为

$$\left.\begin{array}{ll} \Delta x > 0 & \sum F_{Ri}\tan\alpha_i \leqslant 0 \\ \Delta x < 0 & \sum F_{Ri}\tan\alpha_i \geqslant 0 \end{array}\right\} \tag{4.5a}$$

（2）某量 Z 为极小临界位置的条件。某量 Z 比其附近位置某量 Z 都要小，无论左移 $\Delta x<0$ 或者右移 $\Delta x>0$，某量 Z 的增量 ΔZ 都大于等于零，即

$$\left.\begin{array}{ll} \Delta x > 0 & \sum F_{Ri}\tan\alpha_i \geqslant 0 \\ \Delta x < 0 & \sum F_{Ri}\tan\alpha_i \leqslant 0 \end{array}\right\} \tag{4.5b}$$

下面只讨论 $\sum F_{Ri}\tan\alpha_i \neq 0$ 的情形。式（4.5）说明：如果某量 Z 为极大或极小临

界位置，则荷载稍向左、右移动时，$\sum F_{Ri}\tan\alpha_i$ 必须变号。

(3) $\sum F_{Ri}\tan\alpha_i$ 变号的必要条件。因为各段的斜率 $\tan\alpha_i$ 都是常量，保持不变，要满足荷载稍向左、右移动时，$\sum F_{Ri}\tan\alpha_i$ 变号，唯有改变各段上的合力才有可能。显然，只有当一个集中荷载恰好作用在影响线的顶点时，才有可能使得 $\sum F_{Ri}\tan\alpha_i$ 变号。

当然，有一个集中荷载作用在影响线的顶点，只是 $\sum F_{Ri}\tan\alpha_i$ 变号的必要条件，因为这个条件是根据 $\sum F_{Ri}\tan\alpha_i$ 变号推导出来的。但是，这个条件并不是充分条件，因为并不是任意一个集中荷载作用在影响线的顶点时，都使得 $\sum F_{Ri}\tan\alpha_i$ 变号。

如果某个集中荷载 F_{Pcr} 作用在影响线的顶点时，满足荷载稍向左、右移动时，$\sum F_{Ri}\tan\alpha_i$ 变号，则此荷载位置称为临界位置，而荷载 F_{Pcr} 称为临界荷载。

四、影响线为三角形时临界位置和临界荷载 F_{Pcr} 的判断

当影响线为三角形时，可以将临界位置的特点用更简单的形式表示出来。设图 4.13（a）为某量 Z 一极大临界位置，F_{Pcr} 作用在影响线的顶点为临界荷载，Z 的影响线为三角形，如图 4.13（b）所示。以 F_{RL} 表示 F_{Pcr} 的左段荷载的合力，以 F_{RR} 表示 F_{Pcr} 的右段荷载的合力，根据（4.5a）式，则有

$$\left.\begin{array}{ll}\Delta x > 0 & F_{RL}\tan\alpha - (F_{Pcr} + F_{RR})\tan\beta \leqslant 0 \\ \Delta x < 0 & (F_{RL} + F_{Pcr})\tan\alpha - F_{RR}\tan\beta \geqslant 0\end{array}\right\}$$

代入 $\tan\alpha = c/a$，$\tan\beta = c/b$，得

$$\left.\begin{array}{l}\dfrac{F_{RL}}{a} \leqslant \dfrac{F_{Pcr} + F_{RR}}{b} \\ \dfrac{F_{RL} + F_{Pcr}}{a} \geqslant \dfrac{F_{RR}}{b}\end{array}\right\} \tag{4.6}$$

(4.6) 式表明，三角形影响线荷载临界位置的特点是：有一个集中荷载 F_{Pcr} 作用在影响线的顶点，将它计入哪一边（左边或者右边），则哪一边的荷载平均集度大。

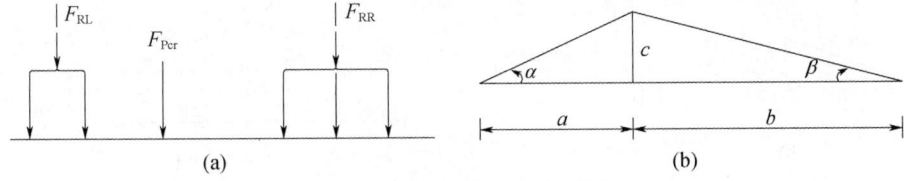

图 4.13 影响线为三角形时临界位置的判断

五、确定荷载最不利位置的一般步骤

总结起来，确定某量 Z 荷载最不利位置的步骤如下：

(1) 从荷载中选定一个集中力 F_{Pcr}，使它位于影响线的一个顶点上。

(2) 当 F_{Pcr} 在该顶点稍向左、右移动时,分别求出 $\sum F_{Ri}\tan\alpha_i$ 的数值。若 $\sum F_{Ri}\tan\alpha_i$ 变号,则此荷载位置为临界位置;若 $\sum F_{Ri}\tan\alpha_i$ 不变号,则此荷载位置不是临界位置。

(3) 对每个临界位置可求得某量 Z 的一个极值,然后,从各极值中挑选出最大值或最小值,即为某量 Z 的荷载最不利位置。

六、针对一组等值移动荷载的全程影响线的概念

如果移动荷载是一组等值的移动荷载,利用已经作出的某量 Z 的影响线,再考虑到荷载在移动过程中各荷载的大小和间距保持不变的特点,根据叠加原理,可以作出从第一个荷载到达结构上到最后一个荷载离开结构整个过程某量 Z 的影响线。从全程影响线可以直接得到荷载的最不利位置,也可以利用全程影响线的思路来帮助判断出荷载的最不利位置。

[**例 4-2**] 简支梁及其上的移动荷载如图 4.14 (a) 中所示,求 C 截面弯矩 M_C 的最大值。

解:(1) 利用荷载临界位置相关公式计算。

作出 M_C 的影响线如图 4.14 (b) 中所示。把第一个集中力放在影响线的顶点,如图 4.14 (c) 中所示。考虑该位置是否为临界荷载位置。当荷载稍向左移动时,有 $30/3 > 0/3$,左边的荷载平均集度大;当荷载稍向右移动时,有 $30/3 = 30/3$,左、右两边的荷载平均集度一样大。故根据 (4.6) 式,可知该位置为临界荷载位置,对应的 C 截面弯矩 M_C 的值为

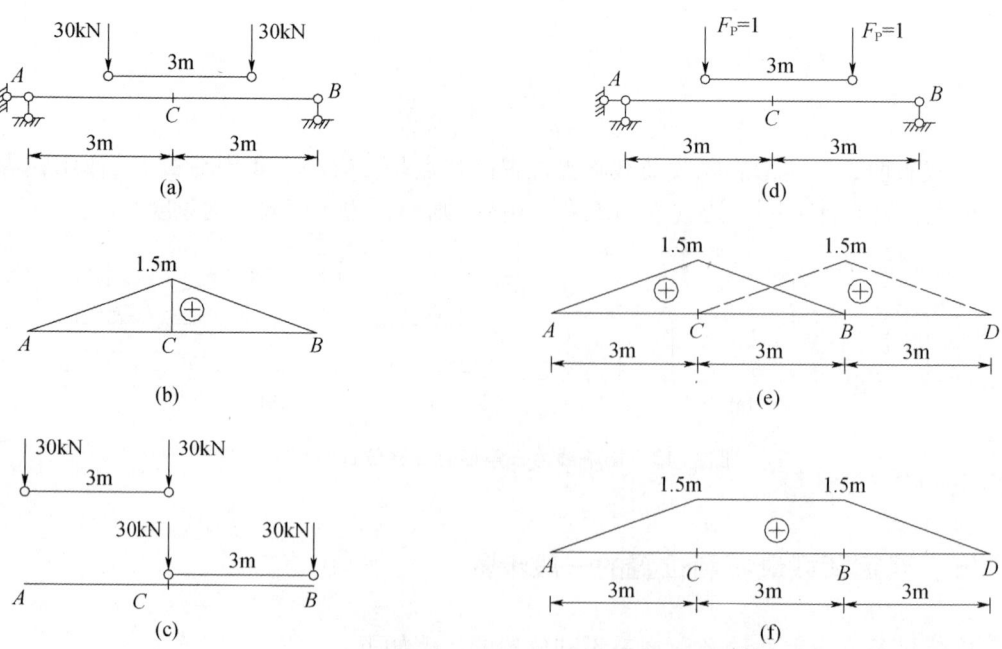

图 4.14 利用荷载临界位置相关公式和全程影响线求 M_C 的最大值

$$M_C = 30\text{kN} \times 1.5\text{m} = 45\text{kN} \cdot \text{m}$$

再把第二个集中力放在影响线的顶点。当荷载稍向左移动时，有 30/3 = 30/3，左、右两边的荷载平均集度一样大；当荷载稍向右移动时，有 0/3 < 30/3，右边的荷载平均集度大。该位置为临界荷载位置，对应的 C 截面弯矩 M_C 的值为 $M_C = 30\text{kN} \times 1.5\text{m} = 45\text{kN} \cdot \text{m}$。

综合两种情况，故 C 截面弯矩 M_C 的最大值为 45kN·m。

（2）直接利用全程影响线。

考虑到图 4.14（a）中两个集中移动荷载都是 30kN，可以考虑如图 4.14（d）中所示的一对无量纲的单位荷载移动时所引起的 M_C 的全程影响线。前一个单位荷载引起的 M_C 的影响线如图 4.14（e）中实线所示；后一个单位荷载引起的 M_C 的影响线如图 4.14（e）中虚线所示。当前一个单位荷载移动到 C 截面时，后一个单位荷载开始进入简支梁。根据叠加原理，两个单位荷载同时引起的 M_C 的影响系数为图中 CB 段实线和虚线对应的纵坐标的和。最后得到一对无量纲的单位荷载移动时所引起的 M_C 的全程影响线如图 4.14（f）中所示。

从全程影响线，可以知道，C 截面弯矩 M_C 的最大值为 30kN × 1.5m = 45kN·m。另外，还知道，两个集中荷载共存的那一段，引起的 C 截面弯矩 M_C 的值都为最大值 45kN·m。

[**例 4-3**] 简支梁及其上的移动荷载如图 4.15（a）中所示，求 C 截面弯矩 M_C 的最大值。已知 $F_{P1} = F_{P2} = F_{P3} = F_{P4} = 82\text{kN}$。

解：（1）利用全程影响线概念协作判断荷载最不利位置。

作出 M_C 的影响线如图 4.15（b）中所示。考虑到集中移动荷载都是 82kN，在作 M_C 的全程影响线时取 $F_{P1} = F_{P2} = F_{P3} = F_{P4} = 1$，作 M_C 的全程影响线过程如图 4.15（c）中所示：在 3.5m 处出现 F_{P2} 引起的影响线；在 5m 处出现 F_{P3} 引起的影响线；在 8.5m 处出现 F_{P4} 引起的影响线。理论上只需将各段进行叠加，就可以得出 M_C 的全程影响线，但现在无须这样做。

我们下面利用 M_C 的全程影响线考虑 M_C 最大的荷载最不利位置。最不利荷载时，必有一个集中荷载出现在影响线的顶点，故只需考虑 C、D、E、F 四个点。从图中知道：

①C 点时只有 F_{P1}、F_{P2} 引起的影响线纵坐标相加，M_C 最小。

②F 点时只有 F_{P4}、F_{P3}、F_{P2} 引起的影响线纵坐标相加，M_C 次小。

③D 点时有 F_{P2}、F_{P1}、F_{P3} 引起的影响线纵坐标相加，但注意到 D 点右侧附近，由 F_{P3} 引起的影响线纵坐标增加大于 F_{P1} 和 F_{P2} 引起的影响线纵坐标减小的和，这是由于 F_{P3} 引起的影响线纵坐标增加的斜率为 2.52/3.6；而 F_{P1} 和 F_{P2} 引起的影响线减小的斜率都为 2.52/8.4。也就是说，D 点右侧附近 M_C 的值大于 D 点，故 D 点不是极大临界点。

④由此可知，荷载最不利位置就是 E 点，即集中荷载 F_{P3} 移动到简支梁 C 截面上，如图 4.15（c）中从上面数下来第二种情形所示。

（2）利用荷载临界位置相关公式计算。

把第二个集中力 F_{P2} 放在影响线的顶点，当荷载稍向左移动时，有 82 × 2/3.6 > 82/8.4，左边的荷载平均集度大；当荷载稍向右移动时，有 82/3.6 > 82 × 2/8.4，仍然是左边的荷载平均集度大，故该位置为非临界荷载位置。

把第三个集中力 F_{P3} 放在影响线的顶点，当荷载稍向左移动时，有 $82×2/3.6 > 82×2/8.4$，左边的荷载平均集度大；当荷载稍向右移动时，有 $82/3.6 < 82×3/8.4$，右边的荷载平均集度大，故该位置为临界荷载位置且为荷载的最不利位置。此时各集中荷载对应的影响线的纵坐标值如图 4.15（d）中所示，求得 C 截面弯矩 M_C 的最大值为

$$M_{C\max} = 82\text{kN} \times (0.07 + 2.52 + 2.07 + 1.02)\text{m} = 465.76\text{kN} \cdot \text{m} \tag{f}$$

从本例可以看到：全程影响线中的叠加，例如图 4.15（c）中 E 点，是由四个无量纲单位荷载 F_{P1}、F_{P2}、F_{P3}、F_{P4} 各自引起的四根影响线在同一个 x 值处纵坐标的叠加；而临界位置中的叠加，例如（f）式，是由单个无量纲单位荷载 F_P 引起的一根影响线在四个不同 x 值处纵坐标的叠加。两者叠加的意义完全相同。尽管前者具体，便于理解，但是所需图形复杂，移动荷载数多时更是如此；后者简洁，只需用同一根影响线便可考虑各种移动荷载的叠加。

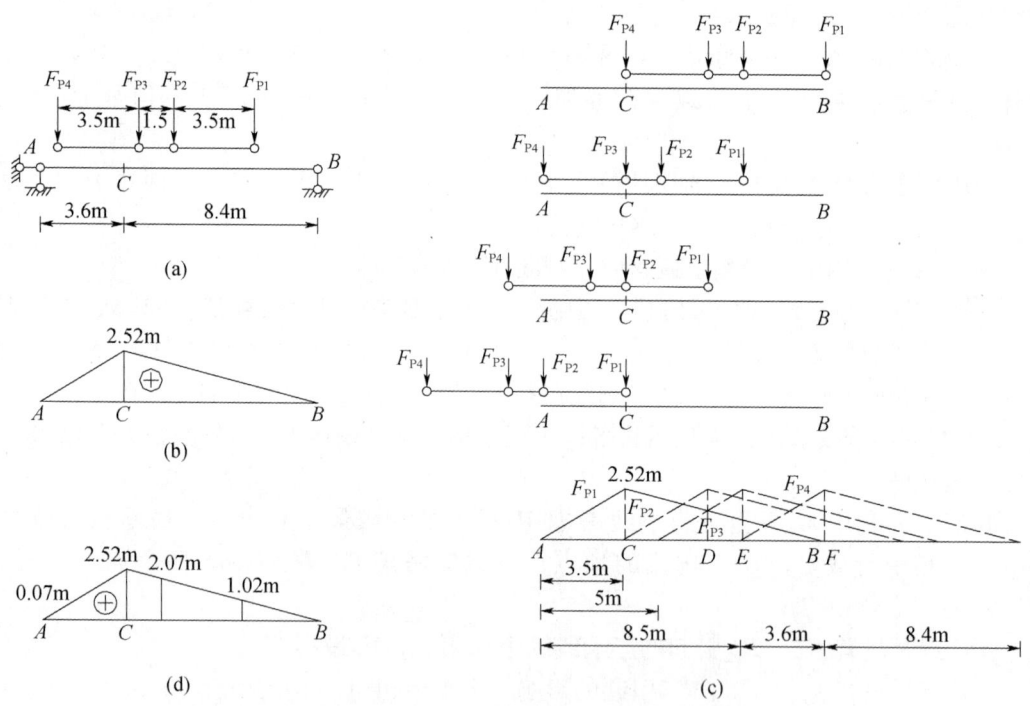

图 4.15 利用全程影响线和荷载临界位置相关公式求 M_C 的最大值

全程影响线一是可以用来理解荷载临界位置稍向左、右移动时 $\sum F_{Ri}\tan\alpha_i = 0$ 的情形，如例 4-2 中所示；二是可以用来加深对关注荷载位置稍向左、右移动时 $\sum F_{Ri}\tan\alpha_i$ 变号或不变号所表示物理意义的理解，如例 4-3 中的 D 点所示；三是在判断最不利荷载位置时用来快速去掉一些不必考虑的情形，如例 4-3 中的 C、F 点对应的荷载位置。也就是说，判断最不利荷载位置时的一般原则是，应当把数量大、排列密的荷载放在影响线竖据较大的部位。

思考题

1. 常见的移动荷载有哪几类？举例说明。
2. 内力、支座反力作影响线时的符号约定是怎样的？静力法和前一章隔离体方法求内力的区别是什么？
3. 内力、支座反力影响系数的量纲是什么？注意内力有轴力、剪力和弯矩。
4. 为什么平行弦桁架杆件轴力的影响线能利用结点荷载下主梁某些截面内力的影响线作出？
5. 为什么光滑的铰结点和刚性链杆是理想约束？
6. 什么是临界荷载位置？什么是临界荷载？
7. 为什么机动法中不用某量影响系数的方程就可以直接绘出某量的影响线？如何解释机动法不用计算就可以获得影响线的轮廓？静力法中如何才能得知影响线的轮廓？
8. 机动法中影响线纵坐标的确定有几种方法？
9. 如何对用静力法获得的影响线结果进行检验？
10. 什么是全程影响线？

习题

4.1 试用静力法作图中 F_{RB}、M_C、F_{QC}、F_{NC} 的影响线。

4.2 试用静力法作图中 F_{RB}、M_C、F_{QC}、F_{NC} 的影响线。

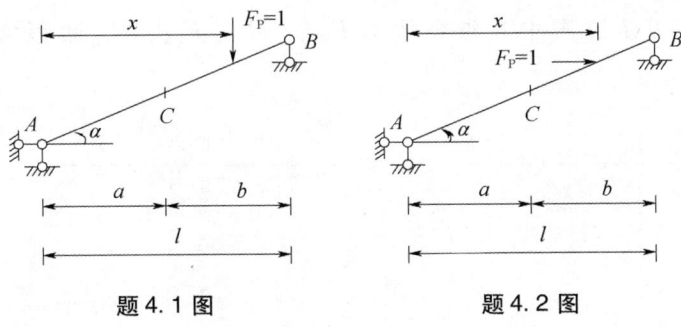

题4.1图　　　　　　题4.2图

4.3 试用静力法作图中 M_B、M_C、F_{QC} 的影响线。

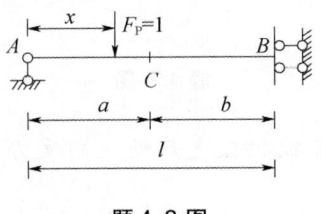

题4.3图

4.4 试用静力法作图中各刚架 M_E、F_{QE}、F_{NE} 的影响线。单位荷载 $F_P=1$ 沿 AD 移动。

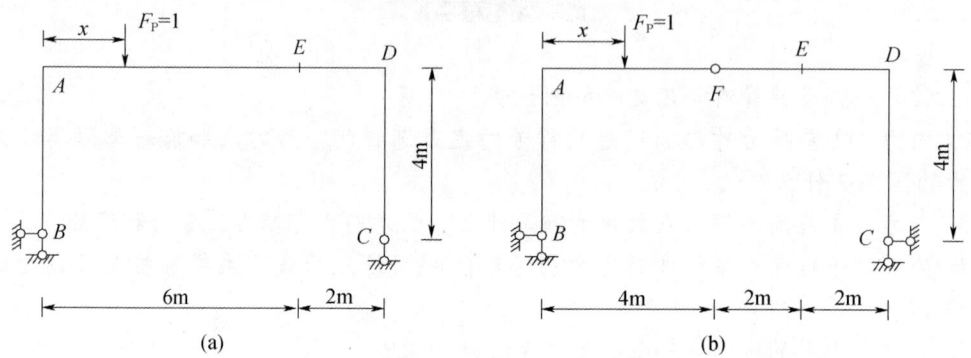

题 4.4 图

4.5 试用静力法作图中各桁架 1、2、3 杆轴力的影响线。单位荷载 $F_P=1$ 沿下弦移动。

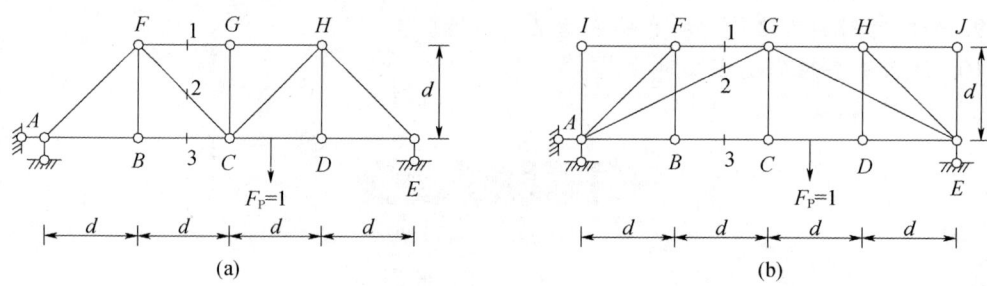

题 4.5 图

4.6 试用静力法作图中各组合结构 F_{NCD}、M_B、F_{QB}、F_{NB} 的影响线。单位荷载 $F_P=1$ 沿 AE 移动。

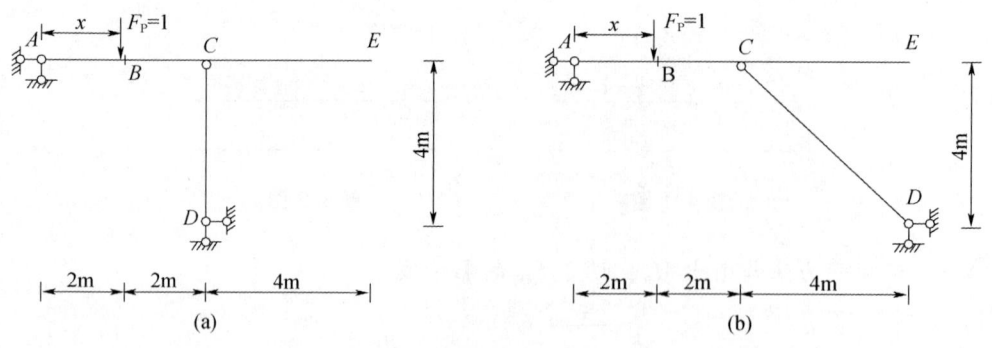

题 4.6 图

4.7 试用静力法作图中三铰拱铰支座处竖向反力 F_{VB}、水平反力 F_H 和 M_D 的影响线。

4.8 试用静力法作图示结点荷载作用下主梁 M_F、F_{QF} 的影响线。

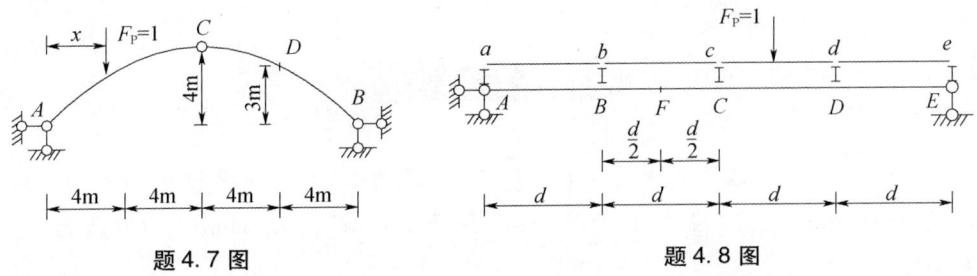

题 4.7 图　　　　　　　　　　　题 4.8 图

4.9　试用机动法作题 4.1、4.2 中 F_{RB}、M_C、F_{QC} 的影响线和题 4.3 中 M_B、M_C、F_{QC} 的影响线。

4.10　试用机动法作图中静定多跨梁 M_B、M_C、F_{QCL}、F_{QCR} 的影响线。

4.11　试用机动法作图示静定多跨梁 M_B、M_D、F_{QDL}、F_{QDR} 的影响线。

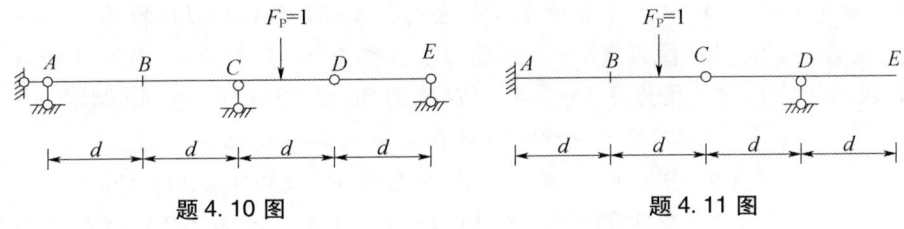

题 4.10 图　　　　　　　　　　　题 4.11 图

4.12　试利用影响线求图中各梁在给定荷载作用下引起的 B 截面弯矩 M_B 和 C 截面剪力 F_{QC} 的值。

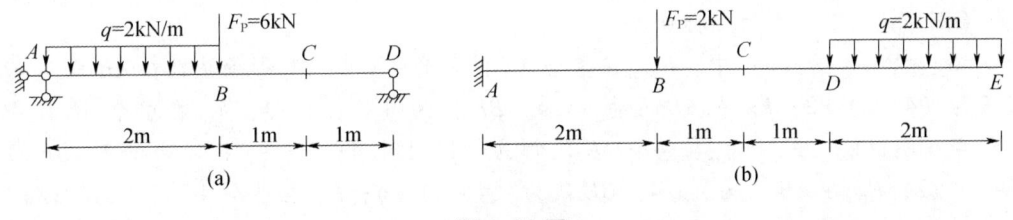

题 4.12 图

4.13　两台吊车荷载如图所示，试确定简支梁 C 截面弯矩 M_C 和剪力 F_{QC} 的最不利荷载位置，并求得 M_C、F_{QC} 的最大值以及 F_{QC} 的最小值。

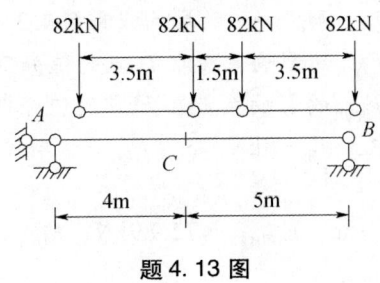

题 4.13 图

习题答案

4.1 F_{RB}影响系数表达式等于x/l；M_C在AC段为bx/l，CB段为$a(l-x)/l$；F_{QC}在AC段为$-x\cos\alpha/l$，CB段为$(l-x)\cos\alpha/l$；F_{NC}在AC段为$x\sin\alpha/l$，CB段为$-(l-x)\sin\alpha/l$。

4.2 F_{RB}影响系数表达式等于$x\tan\alpha/l$；M_C在AC段为$bx\tan\alpha/l$，CB段为$a(l-x)\tan\alpha/l$；F_{QC}在AC段为$-x\sin\alpha/l$，CB段为$(l-x)\sin\alpha/l$；F_{NC}在AC段为$x\tan\alpha\sin\alpha/l$，CB段为$\cos\alpha+x\tan\alpha\sin\alpha/l$。

4.3 M_B影响系数表达式等于x；M_C在AC段为x，CB段为a；F_{QC}在AC段为0，CB段为1。

4.4 题4.4图(a)中，M_E影响系数表达式在AE段为$x/4$，ED段为$3(8-x)/4$；F_{QE}在AE段为$-x/8$，ED段为$(8-x)/8$；F_{NE}在整个AD段都为0。题4.4图(b)中，M_E在AF段为$-x/4$，FE段为$0.75x-4$，ED段为$2-0.25x$；F_{QE}在AE段为$-x/8$，ED段为$(8-x)/8$；F_{NE}在AF段为$-x/8$，FD段为$-(8-x)/8$。

4.5 题4.5图(a)中，F_{N1}影响系数表达式在AC段为$-x/2d$，CE段为$-(4d-x)/2d$；F_{N2}在AB段为$-0.3535x/d$，在BC段为$1.414(3x/4d-1)$，CE段为$0.3535(4d-x)/d$；F_{N3}在AB段为$0.75x/d$，BE段为$(4d-x)/4d$。A为坐标原点。题4.5图(b)中，F_{N1}在AB段为$-x/d$，BC段为$x/d-2$，CE段为0；F_{N2}在AB段为$0.559x/d$，BC段为$2.236(1-3x/4d)$，CE段为$-0.559(4d-x)/d$；F_{N3}在AC段为$0.5x/d$，CE段为$(4d-x)/2d$。A为坐标原点。

4.6 题4.6图(a)中，F_{NCD}在整个AE段都为$-x/4$；M_B影响系数在AB段为$x/2$，BE段为$(4-x)/2$；F_{QB}在AB段为$-x/4$，BE段为$(4-x)/4$；F_{NB}在整个AE段都为0。题4.6图(b)中，F_{NCD}在整个AE段都为$-1.414x/4$；M_B在AB段为$x/2$，BE段为$(4-x)/2$；F_{QB}在AB段为$-x/4$，BE段为$(4-x)/4$；F_{NB}在整个AE段都为$-x/4$。

4.7 F_{VB}影响系数表达式等于$x/16$；F_H在AC段为$x/8$，CB段等于$(16-x)/8$；M_D在AC段为$-0.125x$，CD段为$0.625x-6$，DB段为$6-0.375x$。

4.8 M_F影响系数表达式在AB段为$5x/8$，BC段为$x/8+4d/8$，CE段为$1.5d-3x/8$；F_{QF}在AB段为$-x/4d$，BC段为$3x/4d-1$，CE段为$(4d-x)/4d$。A为坐标原点。

4.9 同题4.1、4.2中F_{RB}、M_C、F_{QC}的影响线和题4.3中M_B、M_C、F_{QC}的影响线。

4.10 M_B、M_C、F_{QCL}、F_{QCR}的影响系数在D点的值分别为$-d/2$、$-d$、$-1/2$、1。

4.11 M_B、M_D、F_{QDL}、F_{QDR}的影响系数在E点的值分别为d、$-d$、-1、1。

4.12 题4.12图(a)中，$M_B=8\text{kN}\cdot\text{m}$，$F_{QC}=-4\text{kN}$。题4.12图(b)中，$M_B=-12\text{kN}\cdot\text{m}$，$F_{QC}=4\text{kN}$。

4.13 $M_{CMAX}=350.78\text{kN}\cdot\text{m}$；$F_{QCMAX}=72.89\text{kN}$；$F_{QCMIN}=-45.56\text{kN}$。

第五章

虚力原理和结构的位移计算

前面讨论了静定结构的内力计算。内力计算的一般方法为截面法，利用该法可求得各类结构的内力图和影响线。然后，通过与各类实际材料的力学性能指标进行比较，就可以对结构的强度进行判断，这一部分内容在各类结构设计原理的书籍中都有介绍。

在实际工程结构设计时，除了验算结构的强度外，还需要验算结构的刚度，即验算结构中的最大位移是否在规定的允许值范围之内（例如吊车梁的挠度允许值为梁跨度的 1/600）。为了进行刚度验算，首先必须先有各类结构的位移计算公式。

材料力学中是通过几何的方法获得单根杆件在基本变形下的位移公式。比如轴向拉压时，先得出应变的表达式，然后根据应变的定义，就可以得到杆件在两端不变的轴向集中荷载作用下相对伸长的公式；又比如在平面弯曲时，根据变形平面假设，得出曲率表达式，再通过积分，就可以得到挠度和转角的公式等。注意对于不同的基本变形情形，有不同的位移计算公式。

在结构力学中不再采用几何方法，而是通过采用刚体体系的虚力原理，并结合叠加原理，推导得出了结构位移计算的一般公式[（5.8）式]。该公式的一般性体现在以下四个方面：（1）适用于拉伸变形、剪切变形和弯曲变形等各种基本变形；（2）可以用它来计算结构在荷载、温度改变和支座移动等不同变形因素下引起的位移；（3）适用于梁、刚架、桁架、组合结构和拱等各类形式的结构，不仅对静定结构适用，对超静定结构也适用；（4）既适用于弹性材料，也适用于非弹性材料。

结构位移计算的一般公式[（5.8）式]也可以利用变形体虚功原理直接给出，两种方法对比，可以加深对公式的理解和把握。静定结构的位移计算除了验算结构刚度这个目的之外，也是为超静定结构内力分析打下基础，因为解决超静定结构的补充方程是变形的协调方程。

第一节 虚力法求刚体体系的位移和支座移动时静定结构的位移计算公式

一、静定结构支座移动时引起的位移是刚体位移

结构中位移产生的原因有支座移动、荷载作用和温度改变等几种主要因素。本节首先来考虑静定结构在支座移动这个因素作用下引起的位移计算公式。注意到，静定结构当支座移动时会在结构中引起位移，但是不会在结构内部各微段上引起应变，也就是结构的位移是刚体位移。比如图 5.1（a）中的静定结构，当支杆 B 向上移动一个已知距离 c_1，引起结构的位移如图 5.1（a）中的虚线所示。该位移可视为先把原结构中支杆 B 拿走，让原结构变为如图 5.1（b）中所示一个机构，然后让机构产生约束许可的位移到达虚线所示的位移处，最后再把支杆 B 加上所致。因为两图中虚线完全一样，故知图 5.1（a）中虚线所示的位移和图 5.1（b）中虚线所示的位移一样是刚体位移，各微段的应变全为零。

明确了静定结构支座移动只会在结构中引起刚体位移后，下面来求关心点的位移，比如结构中 E 点的竖向位移 Δ。虽然此处利用几何关系容易求得已知的支座移动距离 c_1 和要求的位移 Δ 之间的关系，但是几何方法并不能给出 Δ 和 c_1 之间比例系数的一般的物理意义。还有考虑到后面结构位移计算的一般公式的推导思路就是通过把刚体体系的虚力原理推广到变形体中，再结合叠加原理推得的，故这里采用虚功原理中的虚力原理来进行求解。

二、虚力法求刚体体系的位移——单位荷载法

图 5.1（a）中 Δ 和 c_1 之间的几何关系是我们要求得的，它等同于图 5.1（b）中所示的机构的 Δ 和 c_1 之间的关系。根据刚体体系的虚功原理，可以把寻找图 5.1（b）中 Δ 和 c_1 之间的几何关系转化为图 5.1（c）中所示机构的平衡问题。而图 5.1（c）中所示机构的平衡问题与图 5.1（d）中所示的静定结构支座反力的平衡问题相同。一般为简便起见，只需在图 5.1（a）、（d）两图中直接利用虚功原理即可。

为了求得图 5.1（a）中真实位移状态的 Δ，在图 5.1（d）或者（c）中沿 E 点 Δ 方向虚设单位荷载 1。这样设的意图在于：虚设单位荷载 1 在真实位移上所做的虚功恰好为要求的 Δ，且 Δ 为虚功方程中唯一的未知位移。注意图 5.1（c）中单位荷载 1 带量纲，而图 5.1（d）单位荷载 1 无量纲，其原因随后解释。根据静力平衡方程求得在图 5.1（c）中支座反力 F_{RB}，然后根据主动力的虚功总和为零，得到

$$1(\text{N}) \times \Delta(\text{m}) + F_{RB}(\text{N}) \times c_1(\text{m}) = 0 \tag{a}$$

把各项的量纲放在紧邻的圆括号内，求得 Δ 的表达式为

$$\Delta(\text{m}) = -\frac{F_{RB}(\text{N})}{1(\text{N})} \times c_1(\text{m}) = -\bar{F}_{RB} \times c_1(\text{m}) \tag{b}$$

其中，新引入的符号 $\overline{F}_{RB}$ 为

$$\overline{F}_{RB} = \frac{F_{RB}(N)}{1(N)} \tag{c}$$

显然，$\overline{F}_{RB}$ 数值上等于单位荷载 1 作用下引起的 F_{RB}，量纲上与 F_{RB} 相差一个力的量纲，即为无量纲的。

对 $\overline{F}_{RB}$ 的理解和把握可从下面两方面进行：一是 $\overline{F}_{RB}$ 的几何意义，从式（b）知，$\overline{F}_{RB}$ 是一个比例系数，反映了图 5.1（a）中 Δ 和 c_1 之间的比例关系。因 Δ 和 c_1 的量纲相同，故可知 $\overline{F}_{RB}$ 只是一个无量纲的比例系数。二是 $\overline{F}_{RB}$ 的具体求法，从式（c）知，$\overline{F}_{RB}$ 可以直接理解为图 5.1（d）中由无量纲的单位荷载 1 引起的支杆 B 的支座反力。这一点和影响线中影响系数的求法一样。故这里采用和影响系数同样的符号记法，即用上横线表示该力是由无量纲的单位荷载 1 引起的。

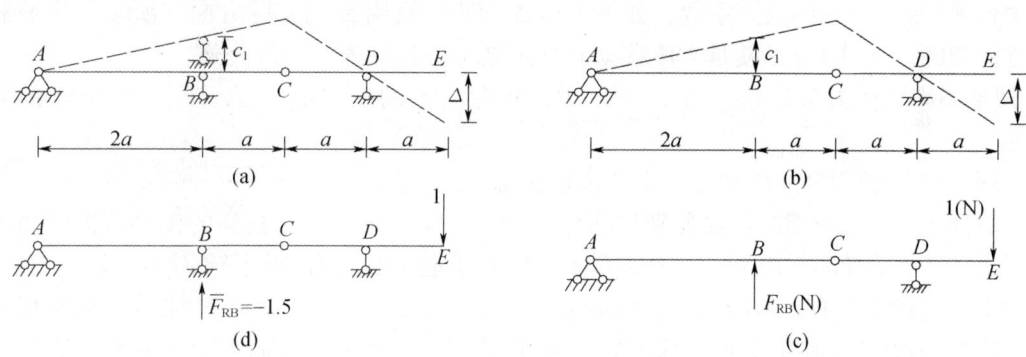

图 5.1　静定结构支座移动引起刚体位移及虚力法求刚体体系的位移

假设支杆 B 的支座反力向上为正，图 5.1（d）中根据静力平衡方程求得 $\overline{F}_{RB} = -1.5$，然后代入公式（b）知

$$\Delta = 1.5 c_1 \tag{d}$$

所得结果为正，说明 Δ 的实际方向和虚设单位荷载的方向相同，向下。以上就是虚力法求未知位移 Δ 的过程。从中可以归纳几点如下：

（1）图 5.1（a）中位移状态是真实的，图 5.1（d）的力状态是虚设的，故以上为利用虚力原理求位移。

（2）基本方程（a）形式上是虚力方程，实际上是未知位移 Δ 和已知位移 c_1 之间的几何方程。

（3）关键在于沿着要求位移方向虚设无量纲的单位荷载，并根据平衡条件求得与已知位移 c_1 对应的支座反力 $\overline{F}_{RB}$，它是位移的放大系数。因此，此解法命名为单位荷载法，其特点是利用静力平衡方法来解几何问题。

三、支座移动时静定结构位移计算的一般公式

以上用静定结构只有一处支座位移的最简单情形说明了单位荷载法的原理和过程。对于静定结构中有多处支座移动 c_k（$k=1, 2, \cdots, n$）的一般情形，显然，同样可以利

用单位荷载求得拟求位移 Δ，其步骤如下：

（1）沿着要求位移 Δ 方向虚设无量纲的单位荷载，并根据平衡条件求得与已知位移 c_k 对应的支座反力 $\overline{F}_{Rk}$。

（2）令虚设单位力状态在实际位移状态作虚功，写出虚力方程为：

$$1 \cdot \Delta + \sum_{k=1}^{n} \overline{F}_{Rk} c_k = 0 \tag{5.1}$$

式中 $\overline{F}_{Rk} c_k$（$k = 1, 2, \cdots, n$）是各支座反力 $\overline{F}_{Rk}$ 在相应位移 c_k 上做的虚功，当两者方向相同时，乘积为正。

（3）由虚力方程，求得拟求位移 Δ 的一般公式为

$$\Delta = -\sum_{k=1}^{n} \overline{F}_{Rk} c_k \tag{5.2}$$

式中各 $\overline{F}_{Rk}$ 都是位移的放大系数，如果求得 Δ 为正，说明 Δ 的实际方向和所设单位荷载的方向相同。式（5.2）就是支座移动时静定结构位移计算的一般公式。

[例 5-1] 在图 5.2（a）中，支杆 B、D 有向上的位移 c_1、c_2，求杆件 CDE 的转角 θ。

解：（1）利用叠加法确定真实的位移状态。

单独由 c_1、c_2 引起的位移分别如图 5.2（b）、（c）中所示，真实的位移状态可由叠加得出如图 5.2（d）中所示：$ABCDE$ 先发生 c_1 引起的位移移动到 $AB_1C_1DE_1$ 处，然后，再发生 c_2 引起的位移，$AB_1C_1DE_1$ 移动到 $AB_1C_1D_2E_2$ 处。注意，此处叠加是指纵坐标相加，比如 D_2 点的位移是垂直于原 CDE，而非垂直于 C_1DE_1。从以上分析看出，真实位移状态是刚体位移状态。

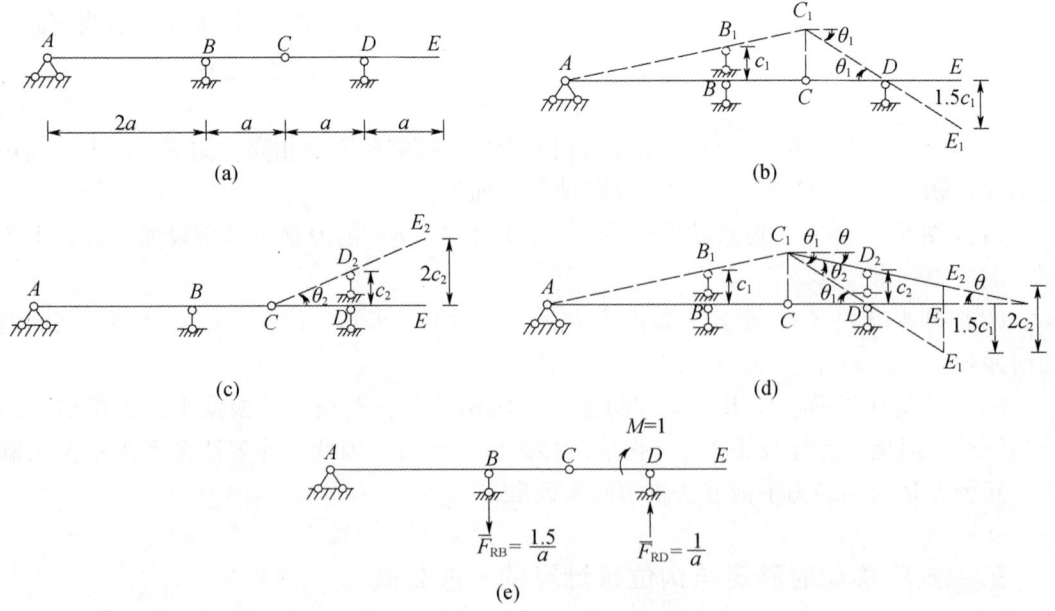

图 5.2　求静定结构支座移动引起的位移

(2) 虚设单位力状态。

因要求杆件 CDE 的转角，故我们在杆件 CDE 的任意一个截面上虚设一个无量纲的单位力偶矩 $M=1$，它与要求的 CDE 的转角的乘积构成一个虚功。无量纲的单位力偶矩 $M=1$ 作用下支杆 B、D 处的支座反力［其量纲类似上面式（b）分析过程知为长度的负一次方］可以根据平衡条件求出，如图 5.2（e）中所示。

(3) 利用虚力原理求杆件 CDE 的转角。

图 5.2（e）中的虚设单位力状态在图 5.2（d）中所示真实位移状态上的虚功方程为：

$$1 \times \theta + \overline{F}_{RB} \times c_1 + \overline{F}_{RD} \times c_2 = 0 \tag{e}$$

由此得出

$$\theta = -\overline{F}_{RB} \times c_1 - \overline{F}_{RD} \times c_2 = \frac{1.5 c_1}{a} - \frac{c_2}{a}$$

实际上，以上公式就是叠加，分别表示给定的位移 c_1、c_2 对要求的转角 θ 的贡献和，其几何解释如图 5.2（d）中所示。c_1 单独引起杆件 CDE 的转角为顺时针的 θ_1；c_2 单独引起杆件 CDE 的转角为逆时针的转角 θ_2，CDE 的转角 θ 是转角 θ_1 与 θ_2 的差。

要注意到以上叠加原理中的两种不同意义：从真实位移状态可知，结构中每一点的位移都可由给定的支座位移 c_1、c_2 引起的各自位移图的纵坐标叠加得出，一次同时关心结构中所有点。而在位移计算一般公式中的叠加指的是结构中某一点的特定位移，分别来源于两个给定的支座位移 c_1、c_2 对该位移的贡献和，一次只关心结构中某一点的特定位移。

从以上的过程可以看出，静定结构支座移动时一般公式中叠加原理成立的条件是小变形条件。反映在虚设单位力状态中，就是用结构变形前的位置和尺寸来计算求出支座反力；反映在真实位移状态中，就是只产生约束许可的微小位移，结构中每一点的位移都可由给定的支座位移 c_1、c_2 引起的各自位移图的纵坐标叠加得出。

第二节　结构位移计算的一般公式

前一节用刚体体系的虚功原理推导了静定结构支座移动时的位移计算公式，那里真实位移状态中只有刚体位移，各微段的应变均为零。本节来讨论结构中更常见的变形体的位移计算问题，真实位移状态中各微段有非零的应变，结构中的位移不再是刚体位移。

变形体可视为由无穷多个微段构成。各微段上一般有非零的轴向应变、平均剪切应变和曲率。相应地，各微段两端就有相对的轴向移动、相对的垂直于杆轴的位移和相对转动共三种相对位移。当微段的长度趋近于零时，由每一个微段的每一种相对位移引起的结构的位移就可以视为是刚体位移。于是，可以利用刚体体系的虚力原理得到微段每一种相对位移对拟求位移的贡献，再通过叠加原理，就得到了变形体位移计算的一般公式。

下面我们利用刚体体系的虚力原理和叠加原理来推导出变形体位移计算的一般公

式。首先解释下为什么叠加原理在变形体中也能成立。

一、变形体时叠加原理成立的简单解释

从例 5-1 中知道，静定结构支座移动时叠加原理成立的条件是小变形条件。只要各支座移动时引起的位移是微小的刚体位移，那么真实位移状态就能够通过将各支座移动引起的微小刚体位移的纵坐标相加得到。变形体中各微段每种相对位移引起的结构位移显然也是一种刚体位移。例如图 5.3（a）中简支梁在所示荷载作用下，包含 D 截面的微段 ds 上有正应变 ε、平均切应变 γ_0 和曲率 κ。当 ds 长度趋近于零时，截面 D 左右两侧相对转动 $d\theta = \kappa ds$ 引起结构的位移如图 5.3（b）中所示，截面 D 左右两侧垂直于杆轴的相对位移 $d\eta = \gamma_0 ds$ 引起的结构的位移如图 5.3（c）中所示，截面 D 左右两侧相对轴向移动 $d\lambda = \varepsilon ds$ 引起结构的位移如图 5.3（d）中所示。它们都是由截面 D 去掉某一个约束得到的机构发生约束许可的刚体位移后得出的（位移都放大了以便看得清楚）。于是，变形体时各微段的相对位移引起的整体的位移也符合微小的刚体位移的条件，也就是叠加原理在变形体中也能直接运用。

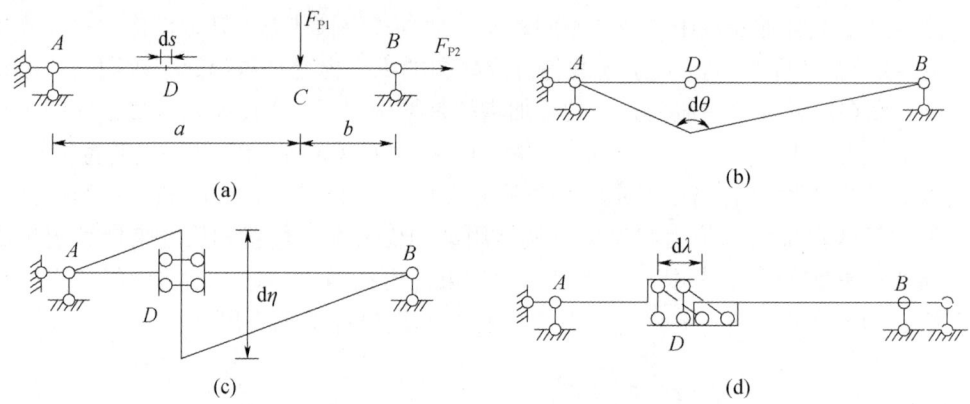

图 5.3 微段三种相对位移引起结构刚体位移的示意图

二、单位荷载法求一个微段三种相对位移对拟求位移的贡献公式

下面利用刚体体系的虚力原理来求得任意截面左右两侧三种相对位移对拟求位移 Δ 的贡献。仍然以图 5.3（a）中简支梁 D 截面为例进行说明。不过要注意，图 5.3（a）中 D 截面左右两侧的三种相对位移都是由荷载引起的，现在 D 截面左右两侧的三种相对位移还可以由变温等其他因素引起。

现在的问题变为：已知图 5.4（a）中简支梁 D 截面存在三种相对位移 $d\theta$、$d\eta$ 和 $d\lambda$，求图中 E 点沿着 i—i 方向的位移 $d\Delta$。

1. $d\theta$ 对拟求位移 $d\Delta$ 的贡献

由 $d\theta$ 引起的结构刚体位移及 $d\Delta$ 如图 5.4（b）中所示。沿拟求位移 $d\Delta$ 方向虚设一个无量纲的单位力状态如图 5.4（c）所示，根据静力平衡条件，求得需在机构铰 D 两侧施加的力偶矩（注意该力偶矩与简支梁在单位荷载作用下引起的 D 截面弯矩值相

同）为

$$\overline{M} = 1 \cdot \frac{d}{l}\sin\varphi(l-d-c)$$

图 5.4（c）中的虚设单位力状态在图 5.4（b）中所示真实位移状态上的虚功方程为：

$$1 \times d\Delta - \overline{M} \times d\theta = 0$$

由此得出

$$d\Delta = \overline{M} \times d\theta \tag{5.3}$$

如同在支座移动中一样，$d\Delta$ 与 $d\theta$ 成正比例，比例系数 $\overline{M}$ 就是无量纲的单位荷载作用下引起的 D 截面弯矩值。

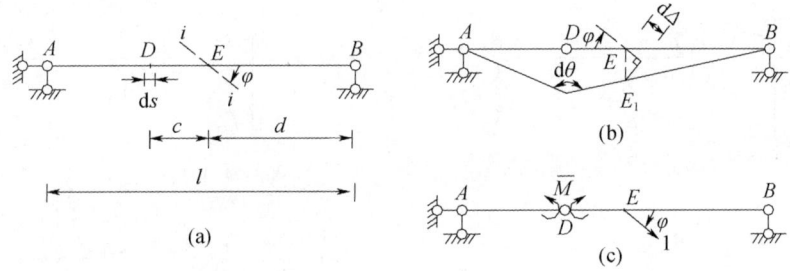

图 5.4 微段 $d\theta$ 对拟求位移 $d\Delta$ 的贡献

2. $\overline{M} \times d\theta$ 的物理意义及正负号的规定

当把图 5.4 中只用轴线表示的简支梁、真实位移状态和虚设单位力状态换成图 5.5（a）、（b）和（c）中所示的具有截面高度的真实梁、真实位移状态和虚设单位力状态后，就能弄清 $\overline{M} \times d\theta$ 的物理意义及正负号的规定。为看清楚，ds 段也进行了放大。

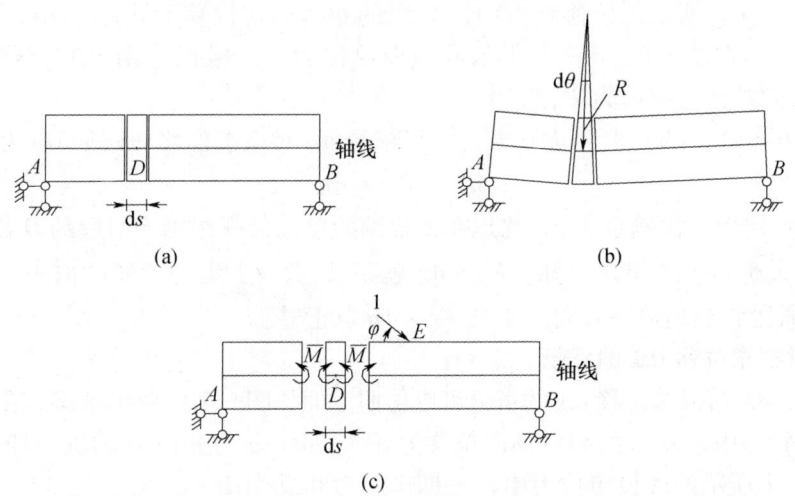

图 5.5 $\overline{M} \times d\theta$ 的物理意义及正负号的规定

在图 5.5（b）所示的位移状态中，ds 段的相对转角 $d\theta = \kappa ds$，$\kappa = 1/R$ 为曲率，R 为曲率半径。由于相对转角 $d\theta$，使得 ds 段发生了图示的变形，轴线上方的纤维受压缩短,下方的纤维受拉伸长。在图 5.5(c)中所示的虚设单位力中,根据作用力和反作用力关系,可知在 ds 段两端也会有弯矩 $\overline{M}$ 作用。于是,$\overline{M} \times d\theta$ 就是图 5.5(c)中 ds 微段上的弯矩 $\overline{M}$ 在图 5.5(b)所示的 ds 微段相对转角 $d\theta$ 上所做的内力虚功。当 $\overline{M}$ 和 $d\theta$ 使得同侧纤维受拉时,虚功 $\overline{M} \times d\theta$ 取正号。

3. dη 对拟求位移 dΔ 的贡献

dη 对拟求位移 dΔ 的贡献可以仿照上面 dθ 对 dΔ 的求解过程得出,如图 5.6 中所示。用轴线表示的真实位移状态和虚设单位力状态如图 5.6(a)、(b)中所示,具有截面高度梁的真实位移状态和虚设单位力如图 5.6(c)、(d)所示。注意,图 5.6(a)、(c)中的 dη 本应相等,但图 5.6(a)中若不把 dη 放大,则看不清楚各点位移情况;而图 5.6(c)中的 dη 必须尽量小,才能符合小变形的特点。

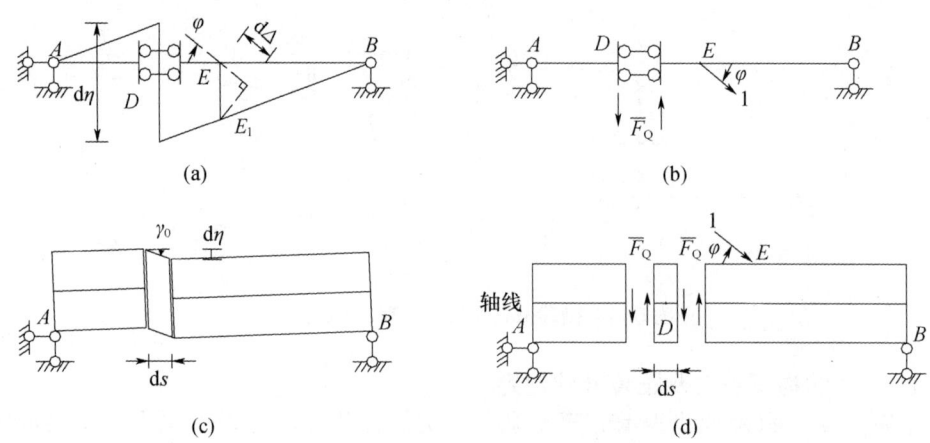

图 5.6 微段 dη 对拟求位移 dΔ 的贡献

在图 5.6(c)所示的位移状态中,ds 段的相对剪切位移为 $d\eta = \gamma_0 ds$,γ_0 为截面 D 的平均切应变。在图 5.6(d)中所示的虚设单位力中,根据作用力和反作用力关系,可知在 ds 段两端也会有剪力 $\overline{F}_Q$ 作用。

对图 5.6(a)、(b)利用虚功方程,可求得 dη 对拟求位移 dΔ 的贡献为:

$$d\Delta = \overline{F}_Q \times d\eta \tag{5.4}$$

dΔ 与 dη 成正比例,比例系数 $\overline{F}_Q$ 就是在无量纲的单位荷载作用下引起的 D 截面剪力值。

根据图 5.6(c)、(d)可知,$\overline{F}_Q \times d\eta$ 就是 ds 微段上剪力所做的内虚功,当 $\overline{F}_Q$ 和 dη 使得 ds 微段转动趋势一致时,虚功 $\overline{F}_Q \times d\eta$ 取正号。

4. dλ 对拟求位移 dΔ 的贡献

类似地,dλ 对拟求位移 dΔ 的贡献可以仿照上面如图 5.7 中所示求得。在图 5.7(c)所示的位移状态中,ds 段的相对轴向位移为 $d\lambda = \varepsilon ds$,$\varepsilon$ 为截面 D 的轴线伸长应变。在图 5.7(d)中所示的虚设单位力中,根据作用力和反作用力关系,可知在 ds 段两端也会有轴力 $\overline{F}_N$ 作用。

对图 5.7(a)、(b)利用虚功方程,可求得 dλ 对拟求位移 dΔ 的贡献为:

$$d\Delta = \overline{F}_N \times d\lambda \tag{5.5}$$

dΔ 与 dλ 成正比例,比例系数 $\overline{F}_N$ 就是在无量纲的单位荷载作用下引起的 D 截面轴力值。

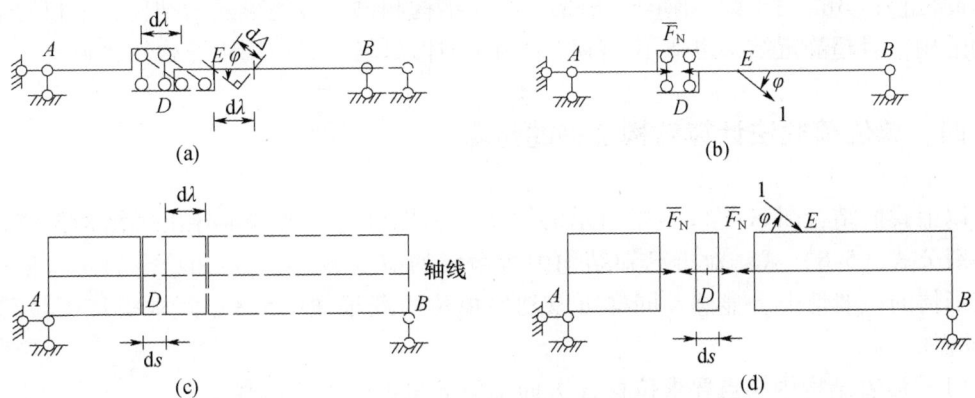

图 5.7 微段 dλ 对拟求位移 dΔ 的贡献

根据图 5.7（c）、（d）可知，$\overline{F}_N \times d\lambda$ 就是 ds 微段上轴力所做的内虚功，当 $\overline{F}_N$ 和 dλ 使得 ds 微段伸缩一致时，虚功 $\overline{F}_N \times d\lambda$ 取正号。

5. 三种相对位移 dθ、dη 和 dλ 同时存在时对拟求位移 dΔ 的贡献

根据叠加原理，将（5.3）式、（5.4）式和（5.5）式相加，就得到图 5.4（a）中 D 截面同时存在三种相对位移 dθ、dη 和 dλ 时，所引起的图中 E 点沿着 i—i 方向的位移 dΔ 为：

$$d\Delta = \overline{M} \times d\theta + \overline{F}_Q \times d\eta + \overline{F}_N \times d\lambda \tag{5.6a}$$

或

$$d\Delta = (\overline{M}\kappa + \overline{F}_Q\gamma_0 + \overline{F}_N\varepsilon)ds \tag{5.6b}$$

三、变形体位移计算的一般公式

一般情况下，图 5.4（a）中其他无穷多个 ds 微段上也存在三种相对位移 dθ、dη 和 dλ，根据叠加原理，整个结构全部微段三种相对位移所引起的图中 E 点沿着 i—i 方向的位移 Δ 为：

$$\Delta = \int d\Delta = \int (\overline{M}\kappa + \overline{F}_Q\gamma_0 + \overline{F}_N\varepsilon)ds \tag{5.7a}$$

如果结构中有多根杆件，则上式可写为

$$\Delta = \sum \int (\overline{M}\kappa + \overline{F}_Q\gamma_0 + \overline{F}_N\varepsilon)ds \tag{5.7b}$$

积分号表示沿每根杆件长度积分，总和号表示对结构中全部杆件相加。

如果除了结构中各微段有变形外，支座处还有给定位移 c_k，则根据叠加原理，将上式和（5.2）式相加，得到：

$$\Delta = \sum \int (\overline{M}\kappa + \overline{F}_Q\gamma_0 + \overline{F}_N\varepsilon)ds - \sum_{k=1}^{n} \overline{F}_{Rk}c_k \tag{5.8}$$

这就是结构位移计算的一般公式。

该公式的一般性体现在以下四个方面：①适用于拉伸变形、剪切变形和弯曲变形等各种基本变形；②可以用它来计算结构在荷载、温度改变和支座移动等不同变形因素下引起的位移；③适用于梁、刚架、桁架、组合结构和拱等各类形式的结构，不仅对静定结构适用，对超静定结构也适用；④既适用于弹性材料，又适用于非弹性材料。

四、单位荷载法计算结构位移的步骤

以上我们结合图 5.4（a）中所示的简支梁利用单位荷载法推导出了结构位移计算的一般公式（5.8）式。对于已知结构中各微段的应变 ε、γ_0、κ 和给定的支座移动 c_k 的变形体的一般情形，显然，同样可以利用单位荷载根据（5.8）式求得拟求位移 Δ，其步骤如下：

（1）沿着结构中某点要求位移 Δ 方向虚设无量纲的单位荷载。

（2）根据平衡条件求得虚设无量纲的单位荷载作用下结构的内力 $\overline{M}$、$\overline{F}_Q$、$\overline{F}_N$ 和支座反力 $\overline{F}_{Rk}$。

（3）最后根据（5.8）式可求得位移 Δ。

式中右边有四个乘积：$\overline{M}\kappa ds$、$\overline{F}_Q\gamma_0 ds$、$\overline{F}_N\varepsilon ds$ 和 $\overline{F}_{Rk}c_k$，当力与变形的方向一致时，乘积为正。求得 Δ 为正，说明 Δ 的实际方向和所设单位荷载的方向相同；反之，则相反。

五、利用广义单位力求广义位移

当利用位移计算的一般公式（5.8）式来求结构中某点的线位移时，比如某点的挠度和水平方向的线位移，只需要沿着要求位移方向施加一个单位荷载；当求梁或者刚架某点的转角时，只需要沿着要求位移方向施加一个单位的力偶矩。由此可知，虚设的单位力是根据要求的位移来确定的，使得要求的位移和虚设的单位力乘积构成外力虚功。

还可以用位移计算的一般公式（5.8）式来求广义位移。所谓广义位移，就是相对位移，比如两个点水平方向的相对位移，是从一个点看另一个点的相对运动情况。这样，两个点之间，只有两种相对运动情形，一是相对靠近，二是相对远离。根据要求的水平相对位移，可以在两个点沿着水平方向施加一对指向相反的单位力，如图 5.8（a）中所示。利用图 5.8（b）所示的广义单位力，可求得铰 C 左右两侧的相对转角；利用图 5.8（c）所示的广义单位力，可求得 C 截面左右两侧的相对竖向位移；利用图 5.8（d）所示的广义单位力，可求得桁架 AB 杆件的转角。

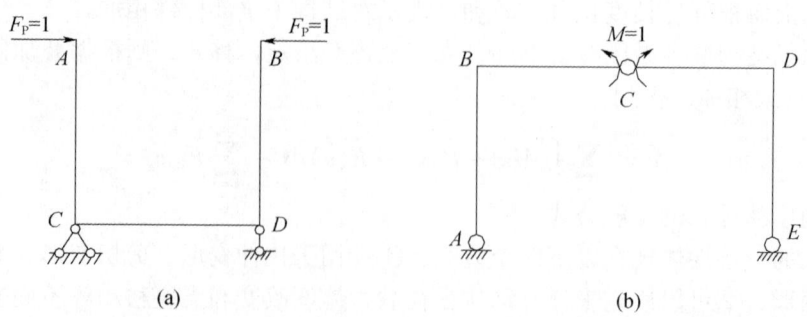

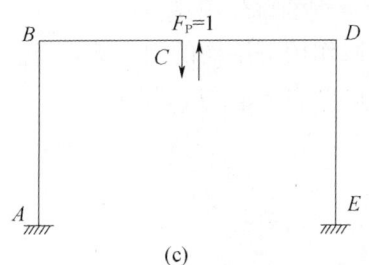 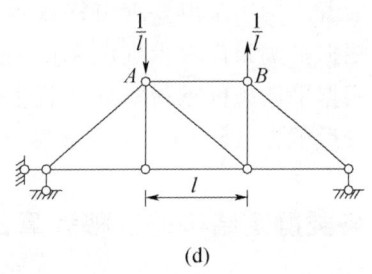

图 5.8 几种广义单位力的施加

总之,为求广义位移,须先施加广义单位力,由一对指向相反的单位力构成,不再只是一个单位力。当然,广义单位力还是根据要求的广义位移虚设的,它们的乘积构成外力虚功。

第三节 荷载作用下各类静定结构的位移计算公式及举例

一、荷载作用下静定结构弹性位移计算的一般公式和计算步骤

当利用结构位移计算的一般公式(5.8)式求荷载作用下某个拟求位移 Δ 时,只需注意到结构中各微段上的轴向应变 ε、平均切应变 γ_0、曲率 κ 是由荷载引起的。当材料处于弹性阶段,根据材料力学相关公式,可知应变和截面轴力 F_{NP}、剪力 F_{QP} 和弯矩 M_P 之间的关系为

$$\varepsilon = \frac{F_{NP}}{EA} \tag{5.9a}$$

$$\gamma_0 = k\frac{F_{QP}}{GA} \tag{5.9b}$$

$$\kappa = \frac{M_P}{EI} \tag{5.9c}$$

式中 EA、GA、EI 分别为杆件截面的抗拉、抗剪和抗弯刚度;k 为截面的形状系数,当截面为矩形时,$k=1.2$;截面为圆形时,$k=10/9$;截面为工字形或箱形时,$k=A/A_1$,A_1 为腹板面积。

把公式(5.9)式代入(5.8)式,得到荷载作用下静定结构弹性位移计算的一般公式为:

$$\Delta = \sum\int\frac{\overline{F}_N F_{NP}}{EA}\mathrm{d}s + \sum\int\frac{k\overline{F}_Q F_{QP}}{GA}\mathrm{d}s + \sum\int\frac{\overline{M}M_P}{EI}\mathrm{d}s \tag{5.10}$$

式中 F_{NP}、F_{QP} 和 M_P 为实际荷载引起的截面内力;$\overline{F}_N$、$\overline{F}_Q$、$\overline{M}$ 为虚设无量纲的单位荷载作用下截面内力。当两者符号一致时,乘积为正。

利用公式(5.10)式求荷载作用下结构中某个拟求位移 Δ 时的计算步骤如下:

(1) 沿着结构中某点要求位移 Δ 方向虚设无量纲的单位荷载。

(2) 根据平衡条件求得虚设无量纲的单位荷载作用下结构的内力 $\overline{F}_N$、$\overline{F}_Q$、$\overline{M}$。

(3) 根据平衡条件求得实际荷载作用下结构的内力 F_{NP}、F_{QP} 和 M_P。

(4) 最后根据（5.10）式可求得位移 Δ。

二、各类静定结构的位移计算公式

（5.10）式为荷载作用下静定结构弹性位移计算的一般公式。公式右边第一项为轴向变形的影响，第二项为剪切变形的影响，第三项为弯曲变形的影响。各类不同的结构形式，受力特点不同，这三种影响在位移中所占的比率也不相同。根据保留主要影响，忽略次要影响的计算原则，可得到各类结构的简化位移计算公式如下。

1. 梁和刚架

在梁和刚架中，轴向变形和剪切变形的影响甚小，可以略去，其位移的计算只考虑弯曲变形一项已经足够精确，因此位移公式（5.10）式可简化为：

$$\Delta = \sum \int \frac{\overline{M} M_P}{EI} ds \tag{5.11}$$

2. 桁架

桁架中，各杆均为二力杆，只有轴向变形，且一般各杆 EA、$\overline{F}_N$、F_{NP} 沿杆长都为常量，因此位移公式（5.10）式可简化为：

$$\Delta = \sum \int \frac{\overline{F}_N F_{NP}}{EA} ds = \sum \frac{\overline{F}_N F_{NP} l}{EA} \tag{5.12}$$

3. 组合结构

组合结构中，一些杆件主要受弯曲变形，另外一些杆件只有轴向变形，因此位移公式（5.10）式可简化为：

$$\Delta = \sum \int \frac{\overline{M} M_P}{EI} ds + \sum \frac{\overline{F}_N F_{NP} l}{EA} \tag{5.13}$$

4. 拱

拱结构中，通常可略去剪切变形和轴向变形的影响，只考虑弯曲变形，如公式（5.11）式所示计算。

仅在当拱的压力线和拱的轴线相近（即两者的距离与杆件的截面高度为同量级）时，还应考虑轴向变形的影响，即：

$$\Delta = \sum \int \frac{\overline{M} M_P}{EI} ds + \sum \int \frac{\overline{F}_N F_{NP}}{EA} ds \tag{5.14}$$

三、举例

[例 5-2] 试计算图 5.9（a）中所示桁架 B、C、D 三点的水平和竖向位移值，并绘制桁架的变形草图。各杆截面抗拉刚度为 EA。

解：因为桁架中各杆只有轴向应变，各点位移公式由（5.12）式给出。

(1) 计算荷载作用下的 F_{NP} 图。

利用结点法，可以求得荷载作用下的 F_{NP} 图如图 5.9（b）中所示。

(2) 求 D 点的水平位移 Δ_{D1} 值。

在 D 点沿着水平方向施加无量纲的单位荷载 1，利用结点法得到 $\overline{F}_N$ 图如图 5.9（c）中所示。D 点的水平位移 Δ_{D1} 值由（5.12）式为

$$\Delta_{D1} = \frac{1}{EA}[1 \times F_P \times l + (-\sqrt{2}F_P) \times (-\sqrt{2}) \times \sqrt{2}l] = \frac{F_P l}{EA}(1 + 2\sqrt{2}) = 3.828\frac{F_P l}{EA}(\rightarrow)$$

(3) 求 B 点的水平位移 Δ_{B1} 值。

在 B 点沿着水平方向施加无量纲的单位荷载，$\overline{F}_N$ 图如图 5.9（d）中所示，Δ_{B1} 为

$$\Delta_{B1} = \frac{1}{EA}[1 \times F_P \times l + (-\sqrt{2}F_P) \times (-\sqrt{2}) \times \sqrt{2}l] = 3.828\frac{F_P l}{EA}(\rightarrow) = \Delta_{D1}$$

(4) 求 D 点的竖向位移 Δ_{D2} 值。

在 D 点沿着竖向施加无量纲的单位荷载，$\overline{F}_N$ 图如图 5.9（e）中所示，Δ_{D2} 为

$$\Delta_{D2} = \frac{1}{EA}[(-\sqrt{2}F_P) \times (-\sqrt{2}) \times \sqrt{2}l] = \frac{F_P l}{EA}(2\sqrt{2}) = 2.828\frac{F_P l}{EA}(\downarrow)$$

(5) 求 B 点的竖向位移 Δ_{B2} 值。

在 B 点沿着竖向施加无量纲的单位荷载，$\overline{F}_N$ 图如图 5.9（f）中所示，Δ_{B2} 为零。

(6) 求 C 点的水平位移 Δ_{C1} 值。

在 C 点沿着水平方向施加无量纲的单位荷载，$\overline{F}_N$ 图如图 5.9（g）中所示，Δ_{C1} 为

$$\Delta_{C1} = \frac{1}{EA}(1 \times F_P \times l) = \frac{F_P l}{EA}(\rightarrow)$$

由于 C 点有竖向支杆，故 C 点的竖向位移 Δ_{C2} 值为零。

(7) 桁架变形草图。

根据以上 B、C、D 三点的水平和竖向位移值，绘得桁架的变形草图如图 5.9（h）中所示。注意各杆在变形后仍然为直线。

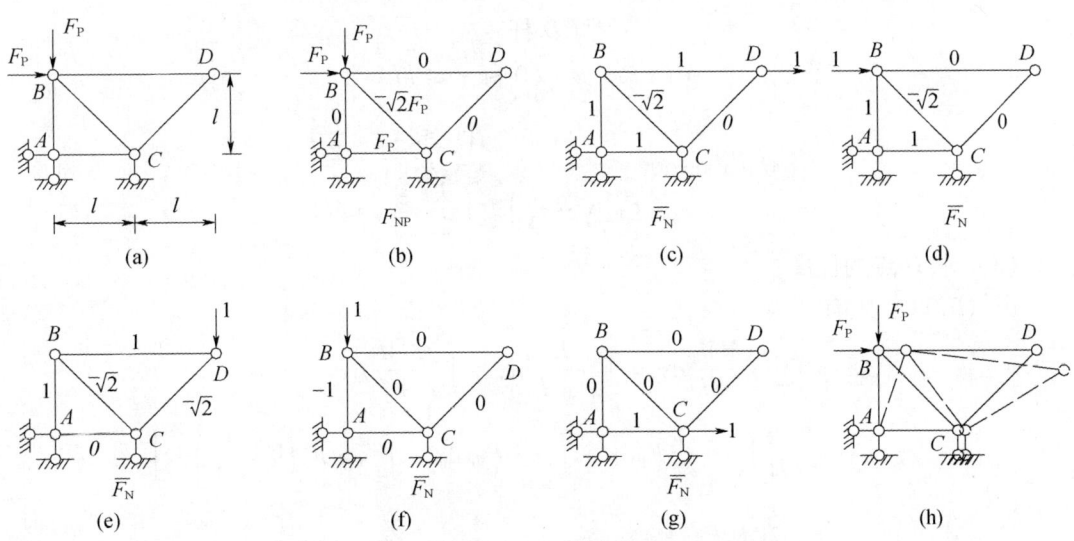

图 5.9　求桁架指定点的位移和绘制变形草图

[**例 5-3**] 试计算图 5.10（a）中所示刚架 D 点的挠度。各杆截面抗弯刚度为 EI。

解：刚架中，略去轴向变形和剪切变形的影响，D 点的挠度由（5.11）式给出。

(1) 计算荷载和虚设单位荷载作用下的 M_P、$\overline{M}$ 图。

作出荷载作用下的 M_P 图如图 5.10（b）中所示。在 D 点虚设向下的单位荷载，作出 $\overline{M}$ 图如图 5.10（c）中所示。

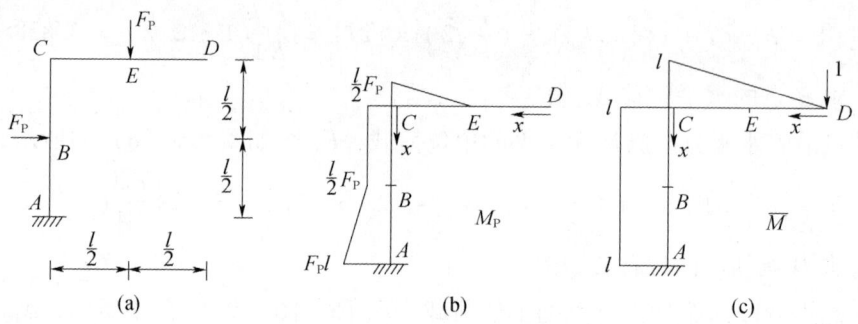

图 5.10　计算刚架 D 点的挠度

(2) 写出 M_P、$\overline{M}$ 图的弯矩表达式。

在写各杆的 M_P、$\overline{M}$ 图的弯矩表达式时，坐标原点可以选在杆件的任意一端，不过两者要一致。观察 M_P、$\overline{M}$ 图，对于 CD 杆，取 D 点为坐标原点，对于 CA 杆，取 C 点为坐标原点，如图 5.10（b）、（c）中所示，规定 CD 杆上端受拉为正，CA 杆左端受拉为正，则有

CA 杆

$$\overline{M}(x) = l \quad (0 \leq x \leq l)$$

$$M_P(x) = \begin{cases} \dfrac{l}{2}F_P & \left(0 \leq x \leq \dfrac{l}{2}\right) \\ F_P x & \left(\dfrac{l}{2} \leq x \leq l\right) \end{cases}$$

CD 杆

$$\overline{M}(x) = x \quad (0 \leq x \leq l)$$

$$M_P(x) = \begin{cases} 0 & \left(0 \leq x \leq \dfrac{l}{2}\right) \\ F_P\left(x - \dfrac{l}{2}\right) & \left(\dfrac{l}{2} \leq x \leq l\right) \end{cases}$$

(3) 求 D 点的挠度。

由（5.11）式有

$$\Delta_D = \sum \int \frac{\overline{M} M_P}{EI} ds = \int_{CA} \frac{\overline{M} M_P}{EI} dx + \int_{CD} \frac{\overline{M} M_P}{EI} dx$$

$$= \frac{1}{EI}\left[\int_0^{\frac{l}{2}} l \cdot \frac{l}{2} F_P dx + \int_{\frac{l}{2}}^{l} l \cdot F_P x dx + \int_{\frac{l}{2}}^{l} x \cdot F_P\left(x - \frac{l}{2}\right) dx\right]$$

$$= \frac{35}{48 EI} F_P l^3 \; (\downarrow)$$

计算结果为正,说明 D 点的挠度实际方向与虚设的单位力方向一致,向下。

第四节　图乘法

由上节可知,对于荷载作用下的梁和刚架,其位移公式为:

$$\Delta = \sum \int \frac{\overline{M} M_P}{EI} ds \tag{5.15}$$

利用(5.15)式时,必须先写出 M_P 和 $\overline{M}$ 的表达式,再相乘,然后积分,计算过程相当烦琐。好在对于等截面直杆,且当 M_P 和 $\overline{M}$ 至少有一个是直线时,可以把位移的计算简化为两个图形的相乘,大大简化计算过程。下面对此进行说明。

一、图乘法的计算公式和应用条件

图 5.11 中直线弯矩图为 $\overline{M}$ 图,曲线弯矩图为 M_P 图。因为 DE 段内杆件为等截面直杆,故 EI 为常数,且有 $ds = dx$,从而其位移计算公式为

$$\Delta = \int_D^E \frac{\overline{M} M_P}{EI} ds = \frac{1}{EI} \int_D^E \overline{M} M_P dx$$

对于图 5.11 中所示的坐标有 $\overline{M} = x \tan\alpha$,代入上式得

$$\Delta = \frac{1}{EI} \int_D^E \overline{M} M_P dx = \frac{1}{EI} \int_D^E x \tan\alpha M_P dx = \frac{\tan\alpha}{EI} \int_D^E x M_P dx$$

当我们把图 5.11 中的曲线 M_P 图当成相对密度为 1 的等单位厚度的均质板时,上式中的 $M_P dx$ 可以解释为图中微分段 dx 对应的重力,$x M_P dx$ 为微分重力对 O 点的力矩。根据合力之矩定理可知,所有这些微分小段对 O 点的力矩等于其合力对 O 点的力矩。合力为等单位厚度的均质板的面积 A,以 x_0 表示均质板的形心 C 到 O 点的距离,于是有

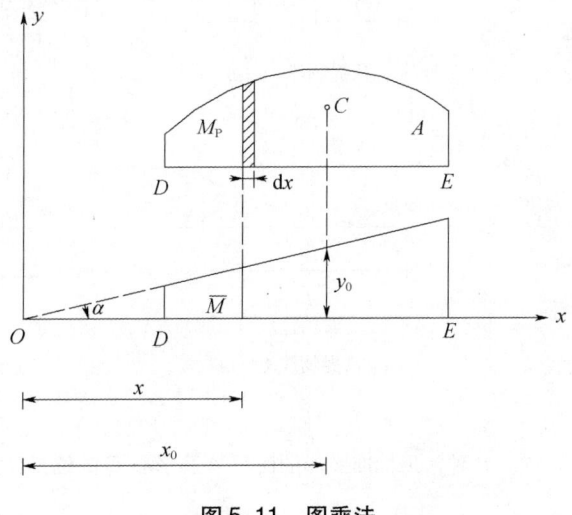

图 5.11　图乘法

$$\Delta = \frac{\tan\alpha}{EI}\int_D^E xM_P dx = \frac{\tan\alpha}{EI}Ax_0 = \frac{1}{EI}Ax_0\tan\alpha$$

根据 $\overline{M}$ 图，有 $y_0 = x_0\tan\alpha$，y_0 是 $\overline{M}$ 图与 M_P 图形心 C 对应处的纵坐标，代入上式得

$$\Delta = \frac{1}{EI}Ay_0 \tag{5.16}$$

这就是图乘公式，它把（5.15）式所示的积分运算问题转化为求面积 A、形心 C 的位置以及纵坐标 y_0 及相乘的问题。

应用图乘法时要注意以下两点：

（1）应用条件：杆段必须是等截面直杆段，EI 为常数；M_P 和 $\overline{M}$ 图中至少有一个在图乘的全杆段是直线图形；纵坐标 y_0 必须取自直线图中。

（2）正负号规则：面积 A 与纵坐标 y_0 在杆的同一边时，乘积 Ay_0 取正号；面积 A 与纵坐标 y_0 在杆的不同边时，乘积 Ay_0 取负号。

二、几种常见标准弯矩图形的面积 A 及形心 C 的位置公式

对于常见荷载作用下的标准弯矩图形，因为其面积 A 及形心 C 的位置都有现成的公式可以直接查用，并不用针对每一个问题专门求出，故采用图乘法就大大简化了计算过程。几种常见标准弯矩图形的面积 A 及形心 C 的位置公式如图 5.12 中所示。需注意其中各次抛物线的顶点处的切线都是与基线平行的，或者根据荷载与内力的微分关系 $\frac{dM}{dx} = F_Q$，可知各顶点处的剪力 $F_Q = 0$。

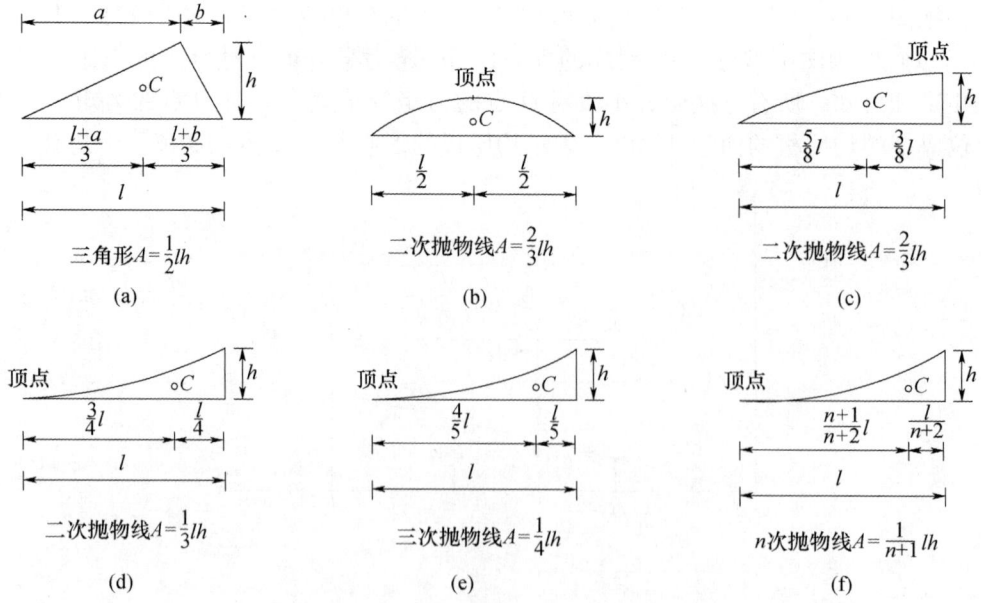

图 5.12　几种常见标准图形的面积 A 及形心 C 的位置公式

三、几种非标准图形的处理

当然，如果荷载作用下的弯矩图形为非标准图形，也就是其面积 A 及形心 C 的位置没有现成的公式可以直接查用，那么，为了能够利用图乘法，就必须把非标准的弯矩图形分解为标准的弯矩图形的和，再分别图乘得出结果。我们下面分三个方面对此进行说明。

(1) 直线形与直线形图乘时的一般公式。

图 5.13 (a) 上、下所示为两个直线形的弯矩图。注意到，当两个弯矩图在全杆段都为直线形时，纵坐标 y_0 可以取自其中的任意一个图形。为了反映这一点，我们将两个弯矩图改为以 M_i 和 M_K 图表示，不再用 $\overline{M}$ 和 M_P 图表示。首先注意到两个直线形的 M_i 和 M_K 弯矩图都不是标准图形，尽管我们知道其面积的公式，但是形心的位置并不知道。

为了利用图乘法，如图 5.13 (b) 所示，把 M_K 分解为 M_{K1} 和 M_{K2} 的和，由位移公式有

$$\frac{1}{EI}\int_A^B M_i M_K \mathrm{d}x = \frac{1}{EI}\int_A^B M_i (M_{K1} + M_{K2}) \mathrm{d}x = \frac{1}{EI}\int_A^B M_i M_{K1} \mathrm{d}x + \frac{1}{EI}\int_A^B M_i M_{K2} \mathrm{d}x \qquad (a)$$

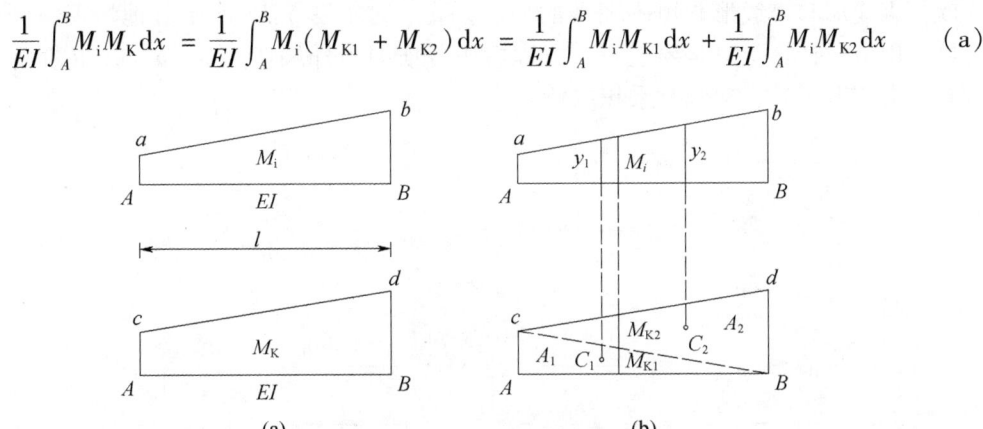

图 5.13 直线形与直线形图乘

从该式可以知道，图乘法能否顺利进行的关键在于图 5.13 (b) 中 M_{K1} 和 M_{K2} 图是否为标准图形。M_{K1} 图为直角三角形，显然为标准图形。M_{K2} 图似乎不太像标准图形，但是我们注意到，图 5.13 (b) 中 M_K 图和图 5.14 (a) 所示的简支梁在两端力偶矩 c、d 作用下的弯矩图完全相同。又根据叠加原理，图 5.14 (a) 可以视为由图 5.14 (b)、(c) 中所示在一端作用单个力偶矩 c 或 d 引起的弯矩图的和。于是，图 5.13 (b) 中 M_{K2} 图和图 5.14 (c) 中标准的 M_{K2} 图完全相同。故我们可以把图 5.14 (c) 中 M_{K2} 图的面积和形心公式直接应用到图 5.13 (b) 中 M_{K2} 图中。

和图 5.14 所示情形类似，也可以把 M_i 图分解为两个标准的直角三角形的和，从而可以得出 $y_1 = \frac{2}{3}a + \frac{1}{3}b$，$y_2 = \frac{1}{3}a + \frac{2}{3}b$。把它们和面积 $A_1 = \frac{cl}{2}$，$A_2 = \frac{dl}{2}$ 代入到 (a) 式得到

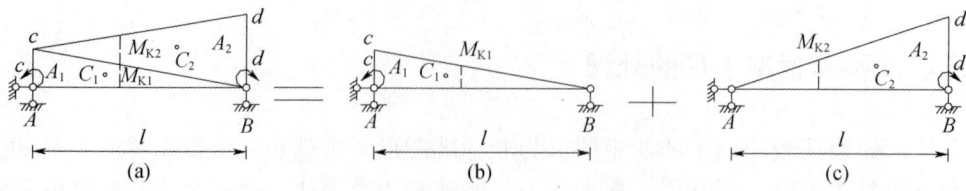

图 5.14 M_{K1} 和 M_{K2} 图都为标准图形

$$\frac{1}{EI}\int_A^B M_i M_K dx = \frac{1}{EI}\int_A^B M_i M_{K1} dx + \frac{1}{EI}\int_A^B M_i M_{K2} dx = \frac{1}{EI}(A_1 y_1 + A_2 y_2)$$

$$= \frac{1}{EI}\left[\frac{1}{2}cl\left(\frac{2}{3}a + \frac{1}{3}b\right) + \frac{1}{2}dl\left(\frac{1}{3}a + \frac{2}{3}b\right)\right] \quad (b)$$

$$= \frac{l}{6EI}(2ac + 2bd + bc + ad)$$

去掉中间过程,并把方程左边改为位移记号 Δ,得

$$\Delta = \frac{l}{6EI}(2ac + 2bd + bc + ad) \tag{5.17}$$

这就是直线形与直线形弯矩图图乘的一般公式。对于图 5.15 所示其他情形,同样可以直接利用该式计算。只是要注意,方程右边各项中当杆端弯矩 a、b、c、d 在杆件的同侧时,乘积取正号,异侧时乘积取负号。

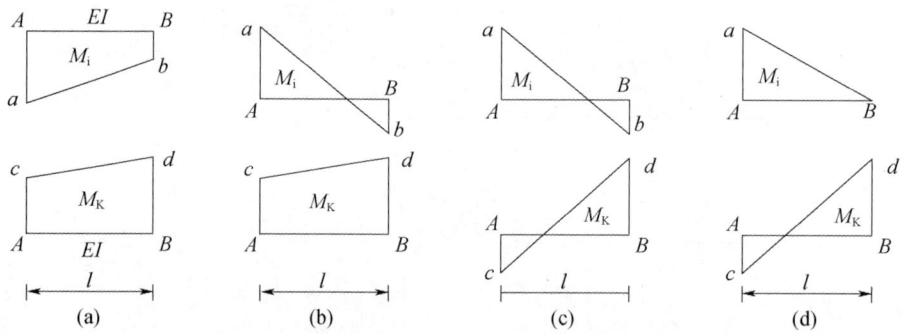

图 5.15 直线形与直线形图乘时的几种情形

(2) 将均布荷载作用的直杆段 M_P 图分解为直线形和标准二次抛物线的和。

设结构中作用均布荷载的直杆段 AB 的 M_P 图如图 5.16(a)中所示,此时,M_P 图为非标准图形。但是,根据分段叠加法,可以把 M_P 图视为由图 5.16(b)中所示的由两端的 M_A、M_B 杆端弯矩作用引起的 M_{P1} 图,再叠加图 5.16(c)中所示的由均布荷载作用引起的 M_{P2} 图的和。类似上面公式(a)的推导,利用公式(5.16),可知图乘法可以顺利进行。

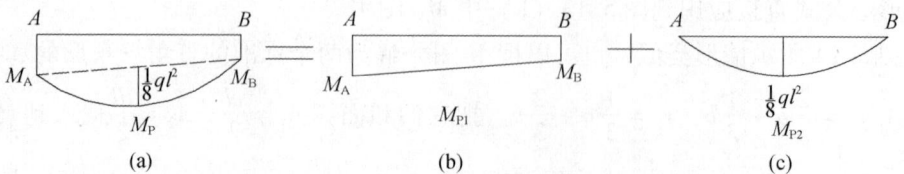

图 5.16 均布荷载作用的直杆段 M_P 图分解为直线形和标准二次抛物线的和

(3) 若 M_P 图为曲线，而 $\overline{M}$ 图为由几段直线构成的折线，则需分段进行图乘。对于图 5.17 中所示情形，由于 $\overline{M}$ 图分为三段，则有

$$\int \overline{M} M_P dx = A_1 y_1 + A_2 y_2 + A_3 y_3$$

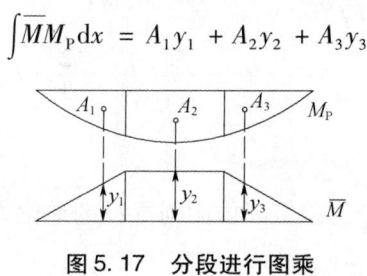

图 5.17　分段进行图乘

四、图乘法举例

[**例 5-4**] 利用图乘法重新计算例题 5-3 中刚架 D 点的挠度，各杆截面抗弯刚度为 EI。

解：为方便起见，在图 5.18 中重新绘出了刚架、M_P 和 $\overline{M}$ 图。对于 CD 杆，面积 A_1 取自 CE 段，由于 M_P 为折线段，故纵坐标 y_1 必须取自直线段 CD；CB 段的面积 A_2、y_2 和 BA 段的面积 A_3、y_3 的取法如图中所示。则 D 点的挠度由图乘为

$$\Delta_D = \sum \int \frac{\overline{M} M_P}{EI} ds = \frac{1}{EI}(A_1 y_1 + A_2 y_2 + A_3 y_3)$$

$$= \frac{1}{EI}\left(\frac{1}{2} \cdot \frac{lF_P}{2} \cdot \frac{l}{2} \cdot \frac{5}{6}l + \frac{lF_P}{2} \cdot \frac{l}{2} \cdot l + \frac{3lF_P}{4} \cdot \frac{l}{2} \cdot l\right)$$

$$= \frac{35}{48EI} F_P l^3 (\downarrow)$$

计算结果与例题 5-3 中完全相同。通过与例题 5-3 对比，可以看到采用图乘法极大地减少了求梁和刚架中位移的计算工作量。

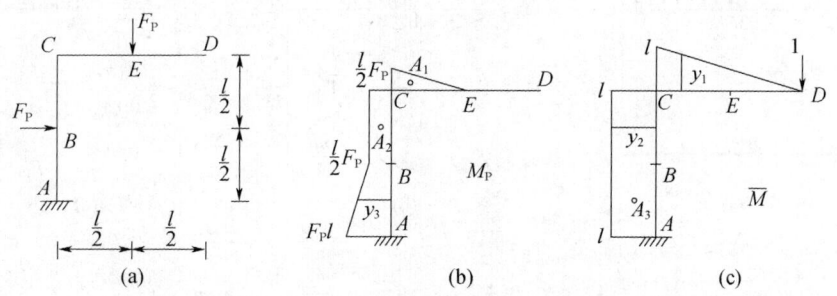

图 5.18　利用图乘法重新计算刚架 D 点的挠度

[**例 5-5**] 刚架及其所受荷载如图 5.19（a）中所示。试计算：（1）D 点的水平位移 Δ_D；（2）B 点的转角 θ_B；（3）D 点的转角 θ_D；（4）B、D 两点的相对转角 θ_{BD}。

解：（1）D 点的水平位移。

荷载作用下的 M_P 图，虚设作用在 D 点水平向左的单位力作用下的 $\overline{M}$ 图分别如图 5.19（b）、（c）中所示。面积 A_1、A_2、A_3 及纵坐标 y_1、y_2、y_3 的取法如图中所示，

则 D 点的水平位移为

$$\Delta_D = \sum \int \frac{\overline{M}M_P}{2EI}ds = \frac{1}{2EI}(A_1y_1 + A_2y_2 + A_3y_3)$$

$$= \frac{-1}{2EI}\left[\frac{1}{2} \cdot l \cdot \frac{ql^2}{4} \cdot \frac{2}{3} \cdot \frac{l}{2} + \frac{1}{2} \cdot l \cdot \frac{ql^2}{4} \cdot \frac{2}{3} \cdot l + \frac{2}{3} \cdot l \cdot \frac{ql^2}{8} \cdot \frac{1}{2}\left(l + \frac{l}{2}\right)\right]$$

$$= -\frac{3}{32EI}ql^4 (\rightarrow)$$

计算结果为负,说明 D 点水平位移实际方向与虚设的单位力方向相反,为向右。

(2) B 点的转角 θ_B。

M_P 图,虚设作用在 B 点顺时针的单位力偶矩作用下的 $\overline{M}_1$(为方便第四步的表述,将 $\overline{M}$ 图改用 $\overline{M}_1$ 图表示)图分别如图 5.19(b)、(d)中所示。面积 A_1、A_2、A_3 及纵坐标 y_1、y_2、y_3 的取法如图中所示,则 B 点的转角 θ_B 为

$$\theta_B = \sum \int \frac{\overline{M}_1 M_P}{2EI}ds = \frac{1}{2EI}(A_1y_1 + A_2y_2 + A_3y_3)$$

$$= \frac{1}{2EI}\left[\frac{1}{2} \cdot l \cdot \frac{ql^2}{4} \cdot \left(-\frac{2}{3} \cdot \frac{1}{2}\right) + \frac{1}{2} \cdot l \cdot \frac{ql^2}{4} \cdot \frac{2}{3} \cdot \frac{1}{2} + \frac{2}{3} \cdot l \cdot \frac{ql^2}{8} \cdot \frac{1}{4}\right]$$

$$= \frac{ql^3}{96EI}(\circlearrowright)$$

计算结果为正,说明 B 点的转角实际方向与虚设的单位力偶矩转向相同,为顺时针转向。

(3) D 点的转角 θ_D。

M_P 图,虚设作用在 D 点逆时针的单位力偶矩作用下的 $\overline{M}_2$(为方便第四步的表述,将 $\overline{M}$ 图改用 $\overline{M}_2$ 图表示)图分别如图 5.19(b)、(e)中所示。面积 A_1、A_2、A_3 及纵坐标 y_1、y_2、y_3 的取法如图中所示,则 D 点的转角 θ_D 为

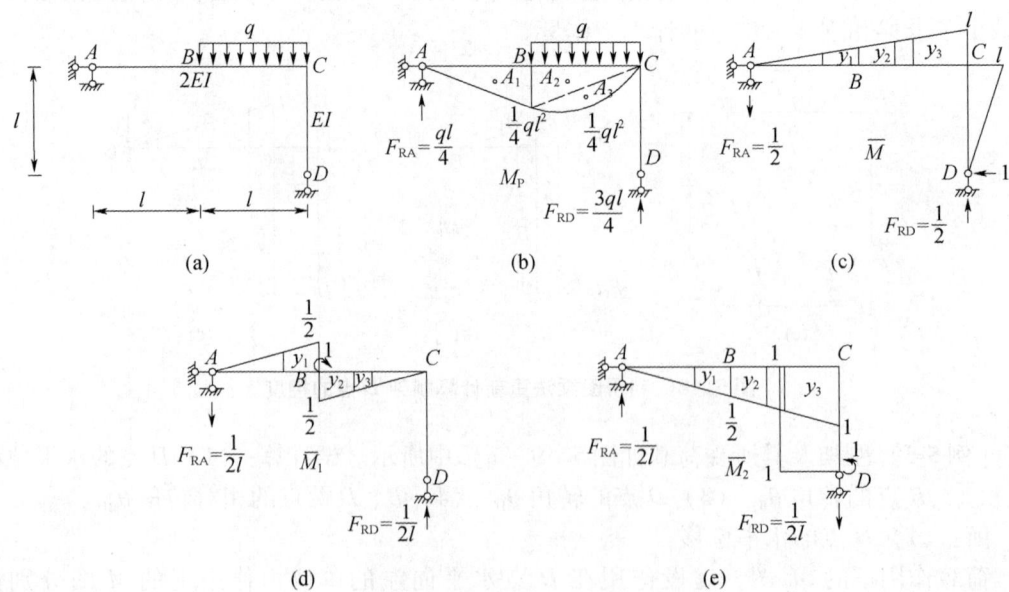

图 5.19 刚架各点位移计算

$$\theta_D = \sum \int \frac{\overline{M}_2 M_P}{2EI} ds = \frac{1}{2EI}(A_1 y_1 + A_2 y_2 + A_3 y_3)$$

$$= \frac{1}{2EI}\left[\frac{1}{2} \cdot l \cdot \frac{ql^2}{4} \cdot \frac{2}{3} \cdot \frac{1}{2} + \frac{1}{2} \cdot l \cdot \frac{ql^2}{4} \cdot \frac{2}{3} \cdot 1 + \frac{2}{3} \cdot l \cdot \frac{ql^2}{8} \cdot \frac{1}{2}\left(1 + \frac{1}{2}\right)\right]$$

$$= \frac{3ql^3}{32EI}(\circlearrowleft)$$

计算结果为正，说明 D 点的转角实际方向与虚设的单位力偶矩转向相同，为逆时针转向。

（4） B、D 两点的相对转角 θ_{BD}。

刚架的整体位移情况如图 5.20（a）中虚线所示：B 点有顺时针的转角 θ_B；从图 5.19（b）的 M_P 图知道，CD 杆件上无弯矩，故 C 点转角和 D 点转角相等，都为逆时针的 θ_D，CD 杆件变形后到达 CD_2 位置处。

为了求得 B、D 两点的相对转角 θ_{BD}，我们首先来看 B、D 两点的相对转角 θ_{BD} 的几何意义。B、D 两点的相对转角就是从一个点（例如 B 点，假设该点不动）看另一个点（例如 D 点）的转动角度。直接从 B 点看 D 点的转动角度还是比较难把握。因为 θ_B 是过 B 点的水平微段 dx（取 B 点以左的部分，因为 D 点在 B 点以右）绕 B 点产生的转动，而 θ_D 是过 D 点的竖向微段 dy（取 D 点以下的部分，因为 D 点在 B 点以下）绕 D 点产生的转动，如图 5.20（b）中所示。不过，只要如图中所示，把微段 dx、dy 延长，得到图中虚线所示的虚拟的刚片 BCD。引入该虚拟刚片 BCD 之后，就可以把相对转角 θ_{BD} 转化为只与 dy 微段有关的相对转角。注意到，当图 5.20（c）中实线所示 $ABCD$（原结构去掉支座后得到的自由刚体，等于虚拟刚片 BCD）绕 B 点产生顺时针的转角 θ_B 后，B、

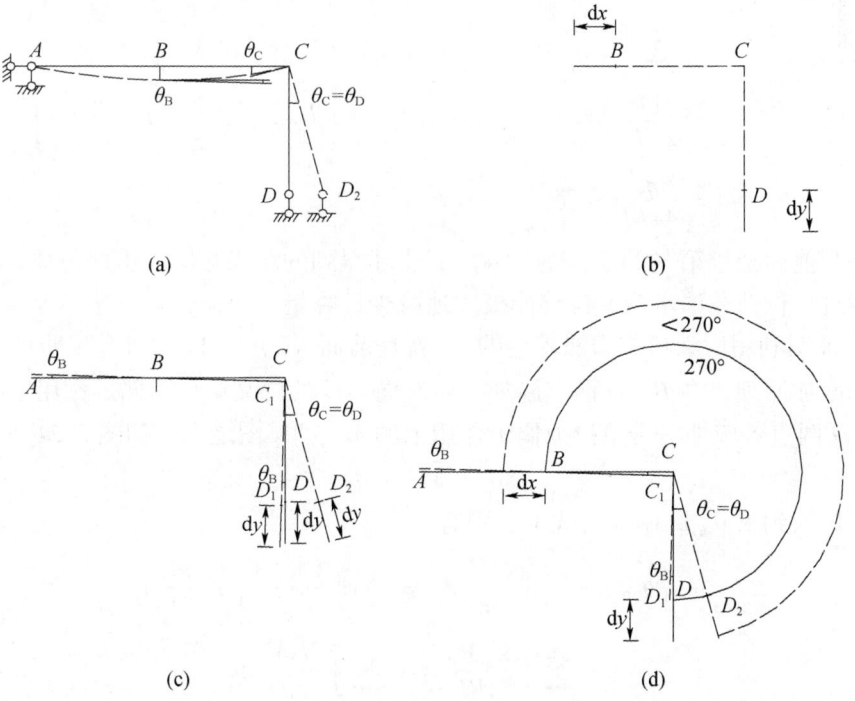

图 5.20　B、D 两点的相对转角 θ_{BD} 的几何意义

D 两点的相对转角为零（因为刚体的特性就是任意两个点之间不能有任何相对运动）。此时 C 点到达 C_1 位置处，D 点到达 D_1 位置处。θ_{BD} 原来是从 B 点看 D 点的转动角度，现在就等于从 D_1 点看 D 点的转动角度：过 D_1 点的 dy 微段首先逆时针转动转角 θ_B 到过 D 点的 dy 微段处；然后再逆时针转动转角 θ_D 到达 CD_2 位置处，也就是 B、D 两点的相对转角 θ_{BD} 为 B 点转角 θ_B 和 D 点转角 θ_D 之和，从而有

$$\theta_{BD} = \theta_B + \theta_D = \frac{ql^3}{96EI} + \frac{3ql^3}{32EI} = \frac{5ql^3}{48EI}(\circlearrowleft)$$

计算结果 $\circlearrowleft$ 表示 B、D 两点之间是互相靠近了，如图 5.20（d）中所示。转角发生之前，从 B 点顺时针转到 D 点要转 270°；转角发生之后，只要转不到 270°就行，分别如图中实、虚圆弧线所示。

（5）利用广义单位力法直接求 B、D 两点的相对转角 θ_{BD}。

从上面解释知道，相对转角就是两个点转角的和，当两个点的转向相反时，相对转角为两点转角的和，如图 5.20（c）中所示；显然，当两个点的转向相同时，相对转角为两点转角的差。

当我们理解了相对转角的物理意义，结合叠加原理和单位荷载法，可以得到一步求得相对转角的方法：只需要在要求相对转角的两个点施加一对转向相反的单位力偶矩，然后让虚设的广义单位力状态在真实位移状态做虚功，所得的就是要求的相对转角。

下面我们按照施加广义单位力的方式，再来求 B、D 两点的相对转角 θ_{BD}。在 B、D 两点施加一对转向相反的单位力偶矩，并作出其 $\overline{M}$ 图，如图 5.21（a）中所示，M_P 图仍然如图 5.19（b）所示。面积 A_1、A_2、A_3 及纵坐标 y_1、y_2、y_3 的取法如各自图中所示，则 θ_{BD} 为

$$\theta_{BD} = \sum \int \frac{\overline{M}M_P}{2EI} ds = \frac{1}{2EI}(A_1 y_1 + A_2 y_2 + A_3 y_3)$$
$$= \frac{1}{2EI}\left[\frac{1}{2} \cdot l \cdot \frac{ql^2}{4} \cdot 0 + \frac{1}{2} \cdot l \cdot \frac{ql^2}{4} \cdot 1 + \frac{2}{3} \cdot l \cdot \frac{ql^2}{8} \cdot 1\right]$$
$$= \frac{5ql^3}{48EI}(\circlearrowleft)$$

计算结果与前面经过第（2）、（3）、（4）三步才得到的结果相同，由此可见，采用广义单位力通过单位荷载法求广义位移能极大地减少计算量。

（6）证明利用广义单位力法求得的 θ_{BD} 就是前面（2）、（3）、（4）三步的和。

根据叠加原理，在 B、D 两点施加一对转向相反的广义单位力偶矩作用下的 $\overline{M}$ 图等于在 B、D 两点各施加一个单位力偶矩作用下的 $\overline{M}_1$、$\overline{M}_2$ 图之和，如图 5.21 所示，即有

$$\overline{M} = \overline{M}_1 + \overline{M}_2 \qquad (c)$$

将此公式代入到求 θ_{BD} 的图乘公式中，则有

$$\theta_{BD} = \sum \int \frac{\overline{M}M_P}{2EI} ds = \sum \int \frac{(\overline{M}_1 + \overline{M}_2)M_P}{2EI} ds$$
$$= \sum \int \frac{\overline{M}_1 M_P}{2EI} ds + \sum \int \frac{\overline{M}_2 M_P}{2EI} ds$$
$$= \theta_B + \theta_D$$

证毕。

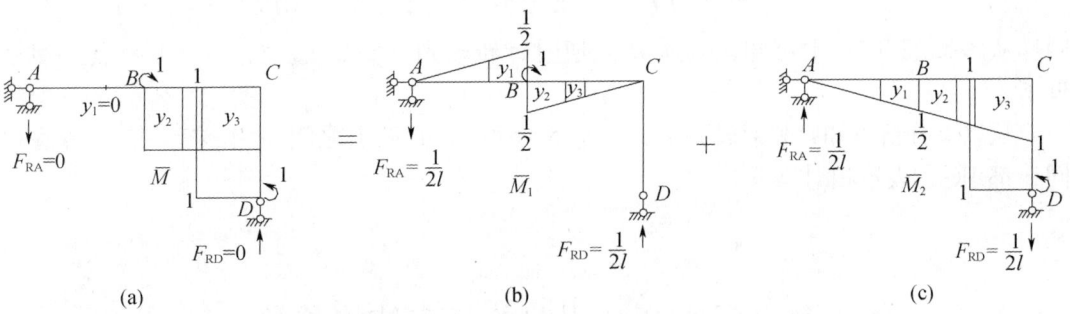

图 5.21 B、D 两点的相对转角 θ_{BD} 的广义单位力求法

[**例 5-6**] 简支梁在跨中承受集中荷载 F_P，如图 5.22（a）所示。试计算：（1）A、B 两点的相对转角 θ_{AB}；（2）B、A 两点的相对转角 θ_{BA}。

解：（1）A、B 两点的相对转角 θ_{AB}。

作出 M_P 图如图 5.22（b）所示。简支梁的变形如图 5.22（a）中虚线所示，θ_A 为顺时针，θ_B 为逆时针，按照 A、B 两点实际转角的方向虚设一对转向相反的广义单位力偶矩并作出其弯矩图 $\overline{M}$ 图如图 5.22（c）所示。根据图乘，则 A、B 两点的相对转角 θ_{AB} 为

$$\theta_{AB} = \sum \int \frac{\overline{M} M_P}{EI} ds = \frac{1}{EI}\left(\frac{1}{2} \cdot l \cdot \frac{F_P l}{4} \cdot 1\right) = \frac{F_P l^2}{8EI}(\circlearrowright\circlearrowleft)$$

计算结果 $\circlearrowright\circlearrowleft$ 表示 A、B 两点互相靠近了。

为了弄清楚 θ_{AB} 的几何意义，可以如图 5.22（d）所示，过 A 点的水平微段 dx_1，过 B 点的水平微段 dx_2，把微段 dx_1、dx_2 延长，可以交于 AB 段内的任意一点。为方便起见，取交于中点 C。转角 θ_A、θ_B 都可以视为绕 C 点转动得到。然后如图 5.22（e）中所示：转角 θ_A、θ_B 发生之前，从 A 点顺时针转到 B 点要转 180°；转角发生之后，只要转不到 180°就行，故 θ_{AB} 使 A、B 两点互相靠近了。

（2）B、A 两点的相对转角 θ_{BA}。

从图 5.22（f）中可知，$\theta_{BA} = \theta_{AB}$，故有：

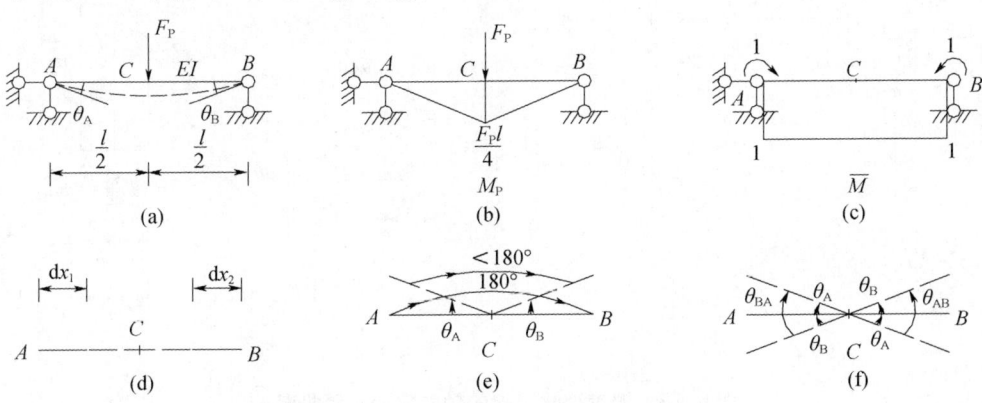

图 5.22 A、B 两点的相对转角 θ_{AB} 和 θ_{BA}

$$\theta_{BA} = \theta_{AB} = \sum \int \frac{\overline{M}M_P}{EI}ds = \frac{1}{EI}\left(\frac{1}{2} \cdot l \cdot \frac{F_P l}{4} \cdot 1\right) = \frac{F_P l^2}{8EI}(\curvearrowleft\curvearrowright)$$

同样从图 5.22（f）中可知，当从 B 点逆时针转动到 A 点，θ_{BA} 也使 B、A 两点互相靠近了。

从以上分析可知，相对转角 θ_{AB} 与 θ_{BA} 都使得 A、B 两点之间互相靠近，表示方法相同，都用 ⌒⌒ 表示相对靠近。

第五节 温度变化引起的静定结构位移计算

温度变化时，静定结构中并不会引起内力。但由于结构材料可以自由膨胀、收缩，从而使得各微段上出现轴向应变 ε 和曲率 κ，并由此引起结构的位移。

一、温度变化引起的轴向应变 ε 和曲率 κ 的表达式

如图 5.23（a）中所示静定刚架，BC 杆的上边缘温度上升 t_1，下边缘温度上升 t_2。设温度变化沿着截面厚度呈线性变化，则 BC 杆上任意微段 ds 上的变形如图 5.23（b）中所示。杆件的轴线变温 t_0 和上、下边缘温差 Δt 为：

$$t_0 = \frac{h_2 t_1 + h_1 t_2}{h} \qquad \Delta t = t_2 - t_1$$

式中，h 为杆件截面厚度，h_1 和 h_2 分别为轴线至上、下边缘的距离。若截面为矩形、工字形等具有双对称轴截面时，则 $h_1 = h_2 = h/2$，轴线变温 $t_0 = (t_1 + t_2)/2$。

设 α 为材料的线膨胀系数，表示温度每升高 1℃时，所引起单位长度杆件的伸长量。则图 5.23（b）中上、下边缘和轴线处纤维的伸长量分别为 $\alpha t_1 ds$、$\alpha t_2 ds$ 和 $\alpha t_0 ds$。由于上边缘和厚度所夹的直角在变温伸长中并无改变，故微段 ds 上无剪应变，即有

$$\gamma_0 = 0 \tag{5.18}$$

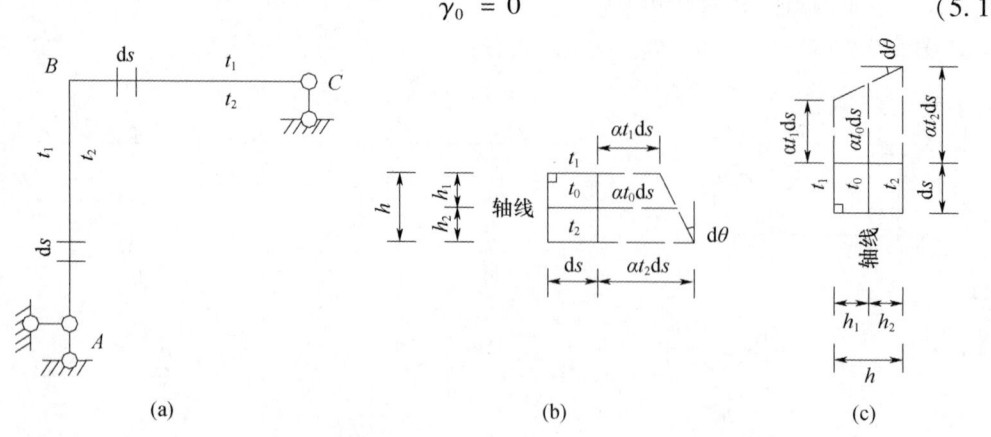

图 5.23 温度变化引起的轴向应变 ε 和曲率 κ

微段 ds 上的轴向应变 ε 为

$$\varepsilon = \frac{\alpha t_0 \mathrm{d}s}{\mathrm{d}s} = \alpha t_0 \tag{5.19}$$

微段 ds 上的曲率 κ 为

$$\kappa = \frac{\mathrm{d}\theta}{\mathrm{d}s} = \frac{\alpha(t_2 - t_1)\mathrm{d}s}{h \cdot \mathrm{d}s} = \frac{\alpha(t_2 - t_1)}{h} = \frac{\alpha \Delta t}{h} \tag{5.20}$$

以上我们以横梁上的 ds 微段为例，推出了三种应变的表达式。这些式子不仅对水平梁各 ds 微段成立，对于竖柱或者斜柱的各 ds 微段也是成立的。例如在考虑变温引起的图 5.23（a）中柱 AB 上 ds 微段的应变表达式时，只需要将图 5.23（b）旋转 90°即可，如图 5.23（c）中所示，则显然可以把应变公式直接套用过来。

二、温度变化时静定结构的位移计算公式

把上面得到的 ε、γ_0 和 κ 公式代入到结构位移计算公式（5.7b）式中，则有

$$\Delta = \sum \int \overline{F}_N \alpha t_0 \mathrm{d}s + \sum \int \overline{M} \frac{\alpha \Delta t}{h} \mathrm{d}s \tag{5.21a}$$

如果各杆 t_0、Δt 和 h 沿杆长不变，为常数，则有

$$\Delta = \sum \alpha t_0 \int \overline{F}_N \mathrm{d}s + \sum \frac{\alpha \Delta t}{h} \int \overline{M} \mathrm{d}s \tag{5.21b}$$

这就是温度变化时结构位移的计算公式。$\int \overline{F}_N \mathrm{d}s$ 和 $\int \overline{M} \mathrm{d}s$ 分别表示各杆 $\overline{F}_N$ 图和 $\overline{M}$ 图与基线之间所夹的面积；总和号表示对结构中所有的杆件求和。公式中各项正负号规定如下：t_0 以温度升高为正，$\overline{F}_N$ 以拉力为正；当 Δt 和 $\overline{M}$ 使得杆件的同一侧受拉时，其乘积规定为正。

三、举例

[例 5-7] 刚架及变温如图 5.24（a）所示，试求 B 点的水平位移。各杆截面为矩形，抗弯刚度为 EI，截面高度为 h，材料的线膨胀系数为 α。

解：（1）沿 B 点水平方向施加单位荷载，作出 $\overline{M}$ 图和 $\overline{F}_N$ 图，如图 5.24（b）、（c）所示。

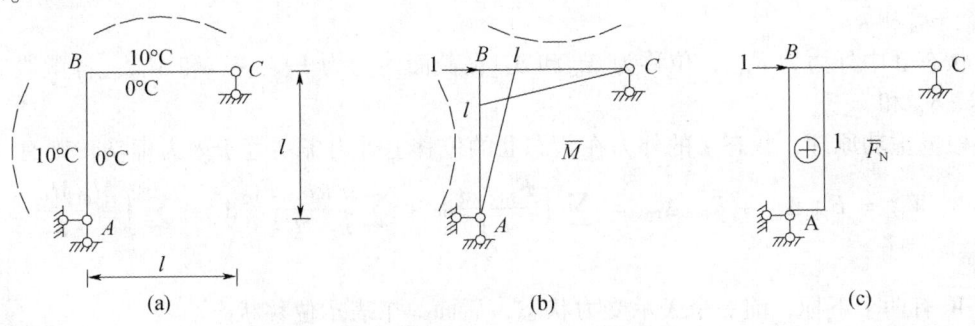

图 5.24　求变温引起刚架 D 点的挠度

(2) 求杆件的轴线变温 t_0 和上、下边缘温差 Δt

$$t_0 = \frac{10℃ + 0℃}{2} = 5℃ \qquad \Delta t = 10℃ - 0℃ = 10℃$$

(3) 代入（5.20b）式求 B 点的水平位移 Δ

$$\Delta = \sum \alpha t_0 \int \overline{F_N} ds + \sum \frac{\alpha \Delta t}{h} \int \overline{M} ds = 5\alpha \cdot 1 \cdot l - \frac{10\alpha}{h} 2 \cdot \frac{1}{2} l^2 = 5\alpha l - \frac{10\alpha}{h} l^2$$

注意 Δt 和 $\overline{M}$ 使得杆件的不同侧受拉，如图 5.24（a）、（b）中虚线所示，故其乘积为负。若计算结果为正，说明 Δ 真实方向向右；为负，则向左。

第六节 线性弹性体系的四个互等定理

本节讨论四个互等定理，即功的互等定理、位移互等定理、反力互等定理和位移反力互等定理。在以后超静定结构的计算中，会经常用到这些定理。其中，功的互等定理是基本定理，由它可推出其他三个互等定理。四个互等定理仅适用于线性变形体系，即

(1) 材料处于弹性阶段，应力和应变之间呈线性关系。
(2) 结构的变形很小，不影响力的作用。

一、功的互等定理

下面用图 5.25（a）、（b）所示同一个线性变形体系的两种状态 I 和 II 来说明功的互等定理。

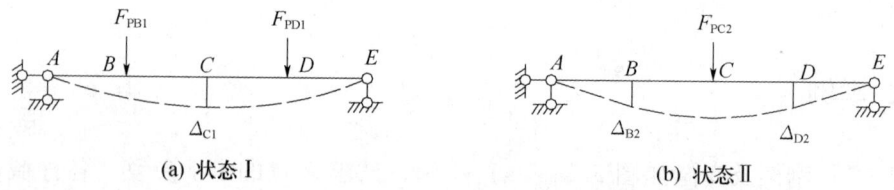

(a) 状态 I (b) 状态 II

图 5.25 同一个线性变形体系的两种状态 I、II 和功的互等定理

状态 I 中外力为 F_{PB1} 和 F_{PD1}，位移为 Δ_{C1}；截面内力为 F_{N1}、F_{Q1} 和 M_{P1}，各微段应变为 ε_1、γ_{01} 和 κ_1。

状态 II 中外力为 F_{PC2}，位移为 Δ_{B2} 和 Δ_{D2}；截面内力为 F_{N2}、F_{Q2} 和 M_{P2}，各微段应变为 ε_2、γ_{02} 和 κ_2。

根据虚功原理，状态 I 的外力在状态 II 的位移上外力虚功等于内力虚功，则有

$$W_{12} = F_{PB1}\Delta_{B2} + F_{PD1}\Delta_{D2} = \sum \int \frac{F_{N1}F_{N2}}{EA} ds + \sum \int \frac{\kappa F_{Q1}F_{Q2}}{GA} ds + \sum \int \frac{M_{P1}M_{P2}}{EI} ds$$

(a)

注意 W 有两个下标，前一个表示受力状态，后面一个表示位移状态。

同样，状态 II 的外力在状态 I 的位移上外力虚功等于内力虚功，则有

$$W_{21} = F_{PC2}\Delta_{C1} = \sum\int\frac{F_{N2}F_{N1}}{EA}\mathrm{d}s + \sum\int\frac{\kappa F_{Q2}F_{Q1}}{GA}\mathrm{d}s + \sum\int\frac{M_{P2}M_{P1}}{EI}\mathrm{d}s \quad (b)$$

注意（a）、（b）两式右边的内虚功相等，从而左边的外虚功也必然相等，则有

$$W_{12} = W_{21} \quad (5.22)$$

这就是功的互等定理：在任一线性变形体系中，状态Ⅰ的外力在状态Ⅱ的位移上所做的虚功 W_{12} 等于状态Ⅱ的外力在状态Ⅰ的位移所做的虚功 W_{21}。

二、位移互等定理

位移互等定理是将功的互等定理直接应用到同一个线性变形体系两种状态Ⅰ、Ⅱ中都只有单个外荷载作用这样一种特殊情况所得到的结果。下面用图 5.26（a）、（b）所示的情形对此进行说明。图中单个荷载的作用点分别为 1 和 2；状态Ⅰ中作用在 1 点外力为 F_{P1}，2 点位移为 Δ_{21}；状态Ⅱ中作用在 2 点外力为 F_{P2}，1 点位移为 Δ_{12}。注意到 1、2 点处位移用两个下标表示，其中第一个下标表示位移的方向，第二个下标表示位移产生的原因。如 Δ_{12} 就表示由作用在 2 点的荷载 F_{P2} 引起的 1 点的挠度。

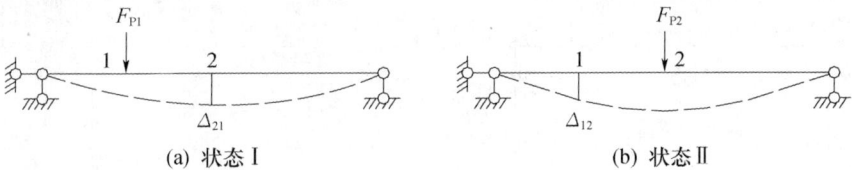

(a) 状态Ⅰ　　　　　　　　　　(b) 状态Ⅱ

图 5.26　位移互等定理

由功的互等定理，有

$$F_{P1}\Delta_{12} = F_{P2}\Delta_{21} \quad (c)$$

由于是线性变形体系，状态Ⅰ中 2 点的位移 Δ_{21} 和 1 点的外力 F_{P1} 之间的比例是一个常数，记为

$$\delta_{21} = \frac{\Delta_{21}}{F_{P1}} \quad (d)$$

δ_{21} 称为位移影响系数，表示状态Ⅰ中由单位 F_{P1} 引起的 2 点的挠度。

同样，状态Ⅱ中 1 点的位移 Δ_{12} 和 2 点的外力 F_{P2} 之间的比例是一个常数，记为

$$\delta_{12} = \frac{\Delta_{12}}{F_{P2}} \quad (e)$$

δ_{12} 也为位移影响系数，表示状态Ⅱ中由单位 F_{P2} 引起的 1 点的挠度。

将（d）、（e）两式代入（c）式，则有

$$F_{P1}F_{P2}\delta_{12} = F_{P2}F_{P1}\delta_{21} \quad (f)$$

由此得

$$\delta_{12} = \delta_{21} \quad (5.23)$$

这就是位移互等定理：在任一线性变形体系中，状态Ⅰ中作用在 1 点的单位力引起的 2 点的位移影响系数 δ_{21} 等于状态Ⅱ中作用在 2 点的单位力引起的 1 点的位移影响系数 δ_{12}。

从（f）式可以看到，δ_{12}、δ_{21} 不仅数值相等，量纲也相同。由于（f）式左右两边

都是功的量纲，记为 W，故图 5.26 中 δ_{12}、δ_{21} 量纲为 $\dfrac{W}{F_{P1}F_{P2}}$ 的量纲。

须注意，若状态 Ⅰ、Ⅱ 中的单个荷载换成是广义荷载，此时位移互等定理仍然成立，只不过状态 Ⅰ、Ⅱ 中的位移也要换成相应的广义位移而已。

三、反力互等定理

反力互等定理是将功的互等定理直接应用到同一个超静定结构（为线性变形体系）两种状态 Ⅰ、Ⅱ 中都只有单个支座移动这样一种特殊情况所得到的结果。下面用图 5.27（a）、(b) 所示的情形对此进行说明。状态 Ⅰ 中支杆 1 处发生了位移 c_1，在支杆 1、2 中引起的支座反力分别为 F_{R11}、F_{R21}；状态 Ⅱ 中支杆 2 处发生了位移 c_2，在支杆 1、2 中引起的反力分别为 F_{R12}、F_{R22}。注意到支杆 1、2 处各反力表达式中有两个下标，其中第一个下标表示反力的方向，第二个下标表示反力产生的原因，如 F_{R21} 就表示由 c_1 引起的支杆 2 处的反力。

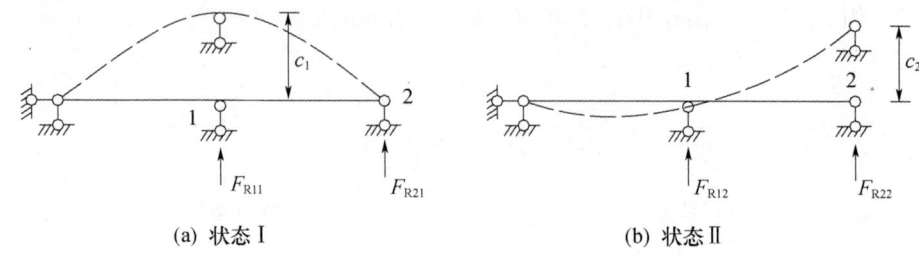

(a) 状态 Ⅰ (b) 状态 Ⅱ

图 5.27　反力互等定理

由功的互等定理，有
$$F_{R11} \times 0 + F_{R21} \times c_2 = F_{R12} \times c_1 + F_{R22} \times 0$$
即
$$F_{R21} \times c_2 = F_{R12} \times c_1 \tag{g}$$

状态 Ⅰ 中 2 点的支座反力 F_{R21} 和 1 点的位移 c_1 之间的比例是一个常数，记为
$$r_{21} = \frac{F_{R21}}{c_1} \tag{h}$$

r_{21} 称为反力影响系数，表示状态 Ⅰ 中由单位位移 c_1 引起的 2 点的支座反力。

同样，状态 Ⅱ 中 1 点的支座反力 F_{R12} 和 2 点的位移 c_2 之间的比例是一个常数，记为
$$r_{12} = \frac{F_{R12}}{c_2} \tag{i}$$

r_{12} 也称为反力影响系数，表示状态 Ⅱ 中由单位位移 c_2 引起的 1 点的支座反力。

将 (h)、(i) 两式代入 (g) 式，则有
$$c_1 r_{21} c_2 = c_2 r_{12} c_1 \tag{j}$$

由此得
$$r_{21} = r_{12} \tag{5.24}$$

这就是反力互等定理：在任一线性变形体系中，状态 I 中由支座 1 处的单位位移引起的支座 2 处的反力影响系数 r_{21} 等于状态 II 中由支座 2 处的单位位移引起的支座 1 处的反力影响系数 r_{12}。

由于（j）式左右两边都是功的量纲，故图 5.27 中 r_{12}、r_{21} 量纲为 $\dfrac{W}{c_1 c_2}$ 的量纲；其值可为正或负。

四、位移反力互等定理

位移反力互等定理是将功的互等定理直接应用到同一个线性变形体系两种状态 I、II 中分别有单个荷载作用和单个支座移动这样一种特殊情况所得到的结果。下面用图 5.28（a）、（b）所示的情形对此进行说明。状态 I 中作用在 1 点外力为 F_{P1}，支座 2 处的反力为 M_{21}；状态 II 中支座 2 处的转角为 θ_2，1 点位移为 Δ_{12}。M_{21} 和 Δ_{12} 中两个下标，其中第一个下标表示反力或位移的方向，第二个下标表示反力或位移产生的原因。

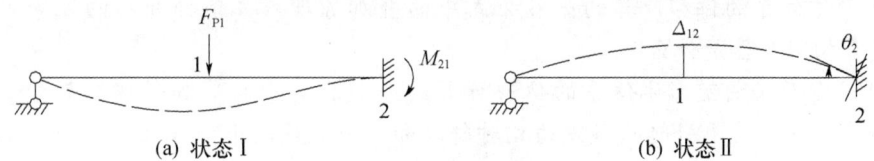

图 5.28　位移反力互等定理

由功的互等定理，有

$$F_{P1} \times \Delta_{12} + M_{21} \times \theta_2 = 0 \quad (k)$$

状态 I 中 2 点的支座反力 M_{21} 和 1 点的外力 F_{P1} 之间的比例是一个常数，记为

$$r'_{21} = \frac{M_{21}}{F_{P1}} \quad (l)$$

r'_{21} 称为反力影响系数，表示状态 I 中由单位荷载 F_{P1} 引起的 2 点的支座反力。注意 r'_{21} 与（h）式中 r_{21} 的不同，r_{21} 表示状态 I 中由单位位移 c_1 引起的 2 点的支座反力。

同样，状态 II 中 1 点位移 Δ_{12} 和 2 点的转角 θ_2 之间的比例是一个常数，记为

$$\delta'_{12} = \frac{\Delta_{12}}{\theta_2} \quad (m)$$

δ'_{12} 为位移影响系数，表示状态 II 中由单位转角 θ_2 引起的 1 点的挠度。注意 δ'_{12} 与（e）式中 δ_{12} 的不同，δ_{12} 表示状态 II 中由单位 F_{P2} 引起的 1 点的挠度。

将（l）、（m）两式代入（k）式，则有

$$F_{P1} \delta'_{12} \theta_2 + r'_{21} F_{P1} \theta_2 = 0 \quad (n)$$

由此得

$$\delta'_{12} = -r'_{21} \quad (5.25)$$

这就是位移反力互等定理：在任一线性变形体系中，状态 I 中由作用在 1 处的单位荷载引起的支座 2 处的反力影响系数 r'_{21} 等于状态 II 中由支座 2 处的单位位移引起 1 处的位移影响系数 δ'_{12}，但两者相差一个负号。从（n）式可知，若 r'_{21} 做正虚功，则 δ'_{12} 必做

负虚功，反之亦然。

由于（n）式中两项都是功的量纲，故图 5.28 中 r'_{21}、δ'_{12} 量纲为 $\dfrac{W}{F_{P1}\theta_2}$ 的量纲。显然，位移反力互等定理对于静定结构也是成立的。

思考题

1. 刚体体系的虚力法中叠加原理是否成立？条件是什么？
2. 静定结构内力计算时，叠加原理是否成立？条件是什么？
3. 简支梁在多种荷载作用下，能用叠加原理求挠度，其成立条件是什么？对弹塑性阶段是否成立？
4. 如何理解推导变形体体系的位移计算的一般公式中的叠加原理？
5. 刚体体系的虚力法是如何能用来推导变形体体系的位移计算的一般公式的？
6. 变形体体系的位移计算的一般公式中的叠加原理成立条件和功的互等定理的成立条件是否相同？各是什么？
7. 试用图示说明变形体体系的位移计算的一般公式中的叠加原理，如伸臂梁有一个支座移动、一个曲率引起的微段的相对转动和一个微段的平均剪切应变引起的垂直杆轴的相对移动这三种情形时是如何能够叠加的？
8. 静定结构在温度变化时，一定会引起支座处的位移。为什么在计算温度变化引起的位移时，不用考虑该支座位移的影响？
9. 如果要求桁架中两根杆件的相对转角，广义单位荷载该如何施加？
10. 图示结构，B 点有顺时针的转角 θ_B，D 点有逆时针的转角 θ_D，试用图形表示 B、D 两点的相对转角 θ_{BD}。

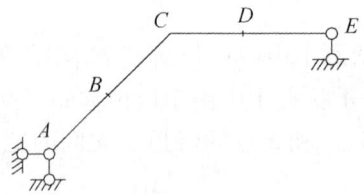

思考题 10 图

习题

5.1 设图示支座 B 有给定水平位移 Δ_H，试求铰 E 两侧和铰 H 两侧的相对转角。

5.2 设图示三铰拱支座 B 向下移动单位距离，试求 C 点的水平、竖向位移和铰 C 两侧的相对转角。

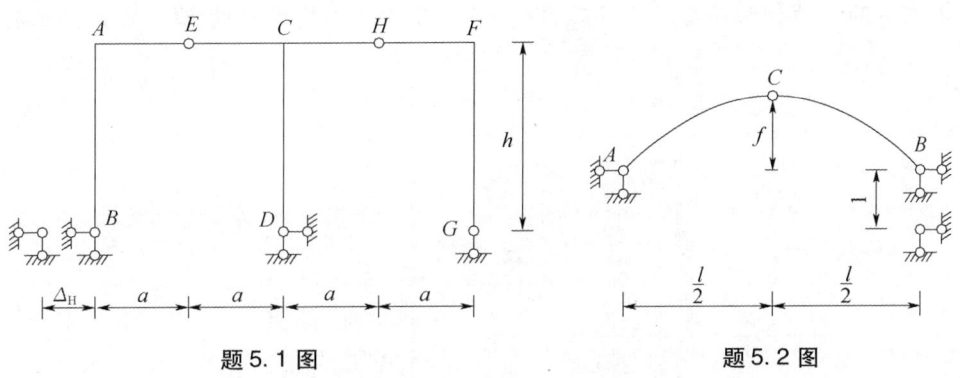

题5.1图　　　　　　　　题5.2图

5.3　试用积分法求题5.3图中所示各结构A点的挠度，忽略剪切变形的影响，杆件抗弯刚度为EI。

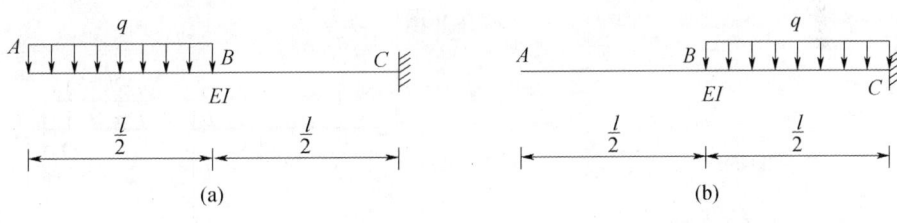

题5.3图

5.4　试用图乘法重新计算题5.3。

5.5　试用图乘法计算题5.5图中所示各刚架刚结点B的转角和水平位移。

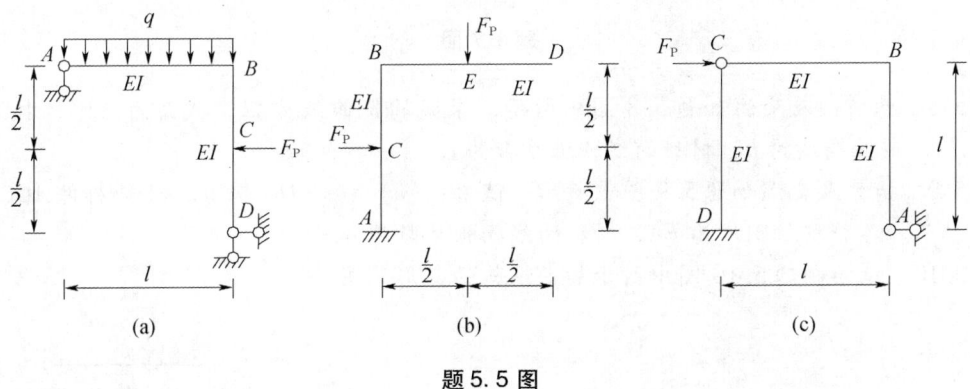

题5.5图

5.6　题5.6图中所示各桁架EA=常数，试求：（1）图（a）中结点D处挠度。（2）图（b）中结点B、F沿BF连线方向的相对位移和结点D、F沿DF连线方向的相对位移。

5.7　题5.7图中所示为组合结构，试求：（1）图（a）中铰C左右两侧的相对转角，已知各二力杆EA=常数，横梁的EI=常数，且有$\dfrac{I}{A}=\dfrac{1}{3(1+\sqrt{2})}\mathrm{m}^2$。（2）图（b）

中铰 A 左右两侧的相对转角，已知二力杆 EA = 常数，各梁式杆的 EI = 常数，且有 $\dfrac{I}{A} = \dfrac{64}{147} \text{m}^2$。

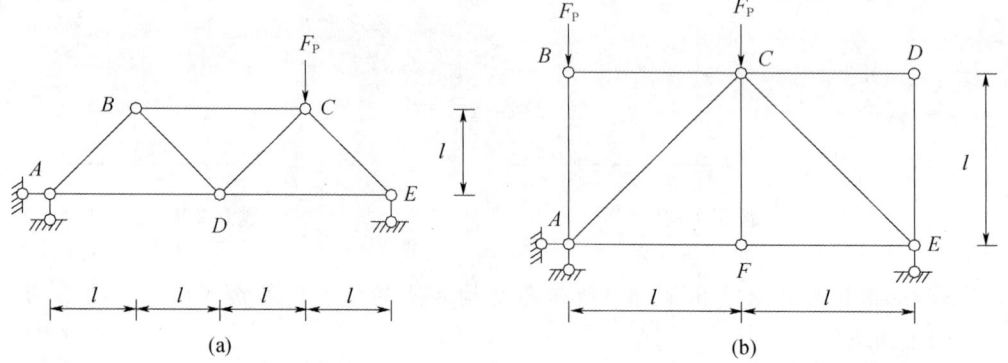

题 5.6 图

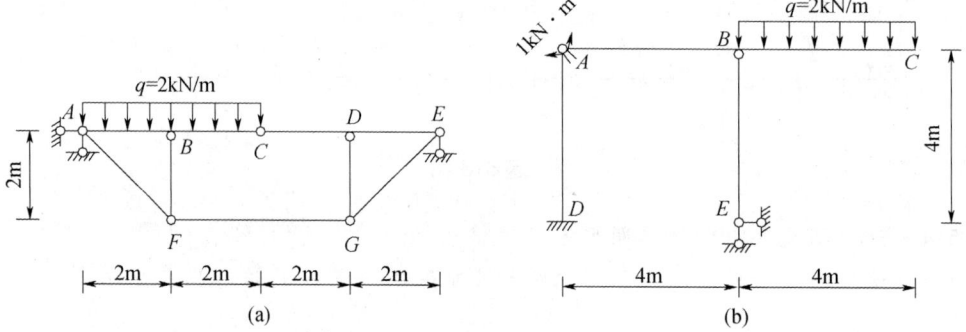

题 5.7 图

5.8　悬臂梁及变温如题 5.8 图中所示，求梁的挠曲线方程。截面为矩形，抗弯刚度为 EI，截面高度为 h，材料的线膨胀系数为 α。

5.9　桁架及变温如题 5.9 图中所示，试求：(a) 杆件 DE 转角。(b) 杆件 AC、DE 相对转角。各杆抗拉刚度为 EA，材料的线膨胀系数为 α。

5.10　试绘制题 5.10 图中所示静定结构的变形草图。

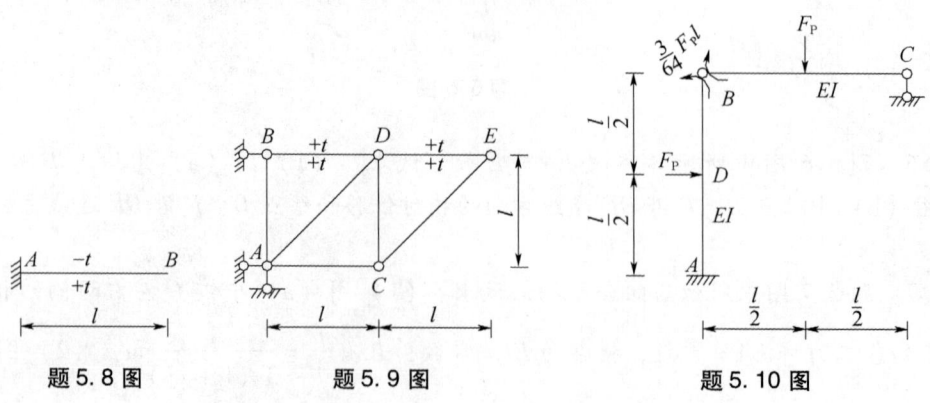

题 5.8 图　　　题 5.9 图　　　题 5.10 图

5.11 题 5.11 图中所示两个桁架的跨度、高度和荷载都相同，各杆 EA = 常数，试求：(a) 两图中结点 C 处挠度。(b) 比较两种情形刚度的大小，并给出解释。

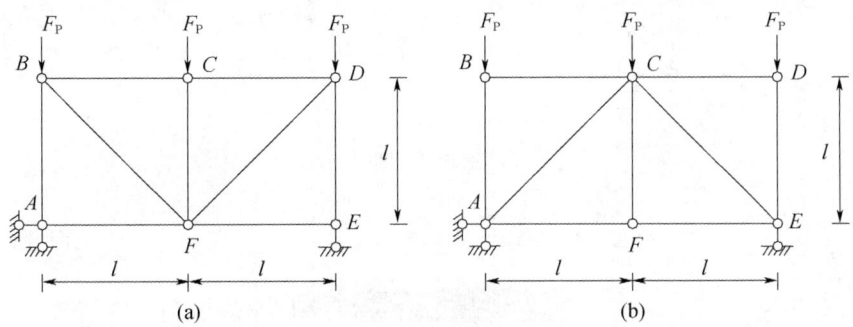

题 5.11 图

5.12 题 5.12 图中所示三个刚架的跨度、高度和荷载都相同，各杆 EI = 常数，试求：(a) 三图中 C 点处挠度。(b) 比较三种情形刚度的大小，并给出解释。

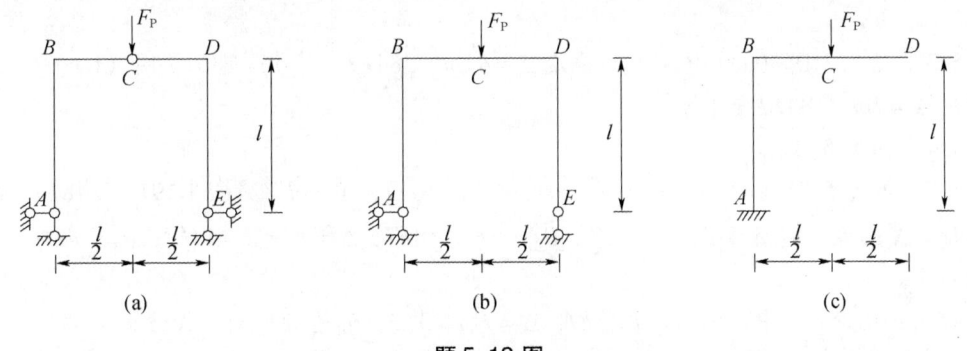

题 5.12 图

5.13 题 5.13 图中所示三个刚架的跨度、高度和荷载都相同，各杆 EI = 常数，试求：(a) 三图中 C 点处水平位移。(b) 比较三种情形刚度的大小，并给出解释。

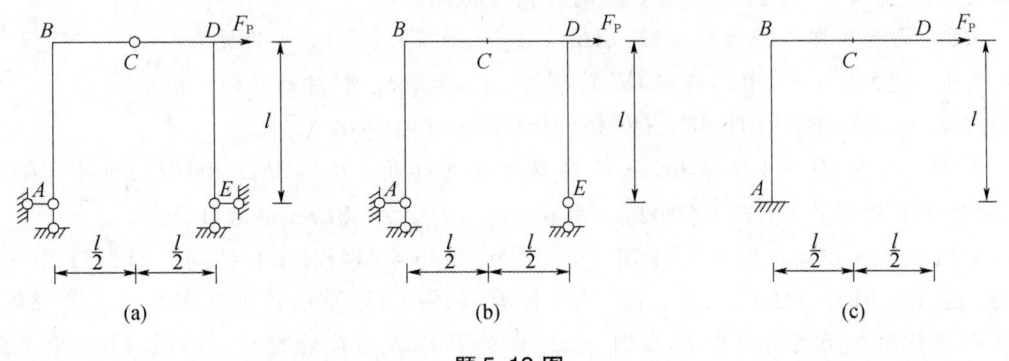

题 5.13 图

5.14 对于题 5.14（a）图中所示的静定多跨梁，各杆 EI = 常数，试求：(1) 图 (a) 中静定多跨梁的挠曲线。(2) 根据功的互等定理，计算题 5.14（b）图所示荷载作用下引起的 B 截面左边的转角。

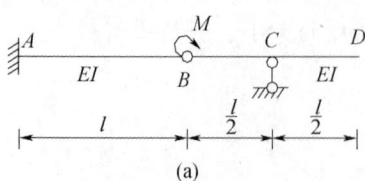
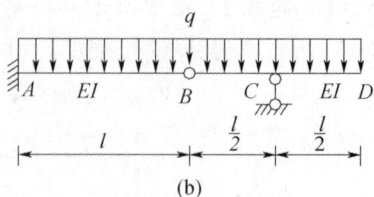

题 5.14 图

习题答案

5.1 铰 E 两侧的相对转角 $\Delta_1 = \Delta_H/h$ (↻↻); 铰 H 两侧的相对转角 $\Delta_2 = \Delta_H/h$ (↻↻).

5.2 C 点水平位移 $\Delta_1 = f/l$ (→); 竖向位移 $\Delta_2 = 1/2$ (↓); 铰 C 两侧相对转角 Δ_3 为 0。

5.3 题 5.3 图 (a) 中 A 点的挠度 $\Delta = 41ql^4/384EI$ (↓); 题 5.3 图 (b) 中, A 点的挠度 $\Delta = 7ql^4/384EI$ (↓).

5.4 同题 5.3。

5.5 题 5.5 图 (a) 中 $\theta_B = ql^3/24EI + F_P l^2/6EI$, $\Delta = ql^4/24EI + 19F_P l^3/48EI$, θ_B 为逆时针, Δ 向左。题 5.5 图 (b) 中, $\theta_B = 5F_P l^2/8EI$, $\Delta = 17F_P l^3/48EI$, θ_B 为顺时针, Δ 方向向右。

题 5.5 图 (c) 中, $\theta_B = F_P l^2/3EI$, $\Delta = F_P l^3/3EI$, θ_B 为顺时针, Δ 方向向右。

5.6 题 5.6 图 (a) 中, $\Delta_D = 3.414 F_P l/EA$ (↓).

题 5.6 图 (b) 中, $\Delta_{BF} = 0.647 F_P l/EA$, $\Delta_{DF} = 1.354 F_P l/EA$, 均为互相远离。

5.7 题 5.7 图 (a) 中, 铰 C 左右两侧的相对转角为 $10/EI$ (↻↻).

题 5.7 图 (b) 中, 铰 A 左右两侧的相对转角为 0。

5.8 题 5.8 图, 挠曲线方程: AB 段 $\Delta_X = \alpha t x^2/h$ (↑)、A 为原点。

5.9 题 5.9 (a) 中, 杆件 DE 转角为: $\theta_{DE} = 2\alpha t$, 顺时针转向。

题 5.9 (b) 中, 杆件 AC、DE 相对转角为: $\theta_{ACDE} = \alpha t$ (↻↻).

5.10 题 5.10 中, BA、BC 杆件 B 端无相对转角, $\theta_B = 5F_P l^2/64EI$, 顺时针转向; BC 杆件水平侧移 $\Delta = 31F_P l^3/384EI$, 向右; $\theta_C = 9F_P l^2/128EI$, 逆时针转向。

5.11 结点 C 处挠度题 5.11 图 (a) 中为: $\Delta_1 = 4.414 F_P l/EA$ (↓); 题 5.11 图 (b) 中为: $\Delta_2 = 1.914 F_P l/EA$ (↓)。图 (b) 刚度是图 (a) 中刚度的 2.306 倍。其原因有二: 一是作用在两侧的两个 F_P 在图 (a) 中会引起结点 C 处挠度, 而图 (b) 中不会; 二是作用在中间的 F_P 在图 (a) 中引起结点 C 处挠度也大于图 (b) 中结点 C 处挠度, 这是由于两者传递荷载的途径不同导致的。

5.12 题 5.12 图 (a) 中, C 点处挠度为: $\Delta_1 = 3F_P l^3/48EI$ (↓); 题 5.12 图 (b) 中, C 点处挠度为: $\Delta_2 = F_P l^3/48EI$ (↓); 题 5.12 图 (c) 中, C 点处挠度为: $\Delta_3 = $

$7F_\mathrm{p}l^3/24EI$ ($\downarrow$)。

题 5.12 (b) 中:图 (b) 刚度是图 (a) 刚度的 3 倍,是图 (c) 刚度的 14 倍。其原因在于图 (b) 中荷载 F_p 在两柱 BA、DE 中是以等值压力形式传递至基础;而图 (a) 中荷载 F_p 在两柱中是以弯矩逐渐减小的压弯形式传递至基础;而图 (c) 中荷载 F_p 在柱 BA 中是以最大等弯矩抗弯方式传递至基础。

5.13 题 5.13 图 (a) 中,C 点处水平位移为:$\Delta_1 = F_\mathrm{p}l^3/4EI$ ($\rightarrow$);题 5.13 图 (b) 中,C 点处水平位移为:$\Delta_2 = 2F_\mathrm{p}l^3/3EI$ ($\rightarrow$);题 5.13 图 (c) 中,C 点处水平位移为:$\Delta_3 = F_\mathrm{p}l^3/3EI$ ($\rightarrow$)。

题 5.13 (b) 中:图 (a) 刚度是图 (b) 刚度的 2.67 倍,是图 (c) 刚度的 1.33 倍。其原因在于图 (a) 中设置了两处铰支座共同抵抗水平荷载 F_p,其水平支座反力最小,从而弯矩分布相对最均匀。

5.14 题 5.14 图 (a) 中,挠曲线方程:AB 段 $\Delta_\mathrm{X} = Mx^2/2EI$ ($\downarrow$)、A 为原点;BCD 段 $\Delta_\mathrm{X} = Mlx/EI$、$C$ 为原点。题 5.14 图 (b) 中,B 截面左边的转角为:$\theta_\mathrm{BL} = ql^3/6EI$,顺时针。

第六章 力法

前面讨论了静定结构的内力和位移的计算。从几何构成方面看,静定结构是没有多余约束的几何不变体系;从静力分析方面看,静定结构的支座反力和内力只考虑静力平衡条件就可以全部求得。实际结构中,除了静定结构外,超静定结构得到了更广泛的应用。从几何构成方面看,超静定结构是有多余约束的几何不变体系;从静力分析方面看,只考虑静力平衡条件不足以求得结构的支座反力和内力,或者说,独立的力的平衡方程个数少于要求的结构的支座反力或内力的个数。

求解超静定结构必须综合考虑平衡、几何和物理三方面的条件。力法是求解超静定结构的一类最基本解法。其思路如下:通过把原结构中的多余约束去掉,把多余力当成主动力施加在基本结构上,取多余力当成力法的基本未知量;通过取静定的基本体系作为中间的桥梁,一方面,基本体系是静定结构,可以采用静定结构内力和位移计算的全部方法,另一方面,在一定条件下,基本体系又反映了原结构的受力和变形;通过考虑这些条件,找出力法的基本方程,从而求得多余力出来。原超静定结构的内力等于静定的基本体系的内力计算。

根据力法的思路,可以计算超静定刚架、超静定桁架、排架和组合结构等。也可以计算超静定结构在温度改变和支座移动时引起的自内力。对于对称超静定结构,当取对称结构作为基本体系,并取对称或者反对称的未知力作为基本未知量,可使力法的基本方程得到简化。由于原超静定结构的内力和位移计算等于静定的基本体系的内力和位移,从而超静定结构的位移就等于对应的基本体系的位移的计算。利用原超静定结构已知的位移条件,可对力法的计算结果进行校核。

第一节 超静定次数的确定

在对一个超静定结构进行内力计算时,首先要确定结构的超静定的次数。对超静定结构的次数的理解可以从静力平衡和几何构成两方面来进行。

一、超静定结构的静力平衡特征和几何构造特征

图 6.1（a）中所示的结构为静定结构，支座反力和内力可以根据静力平衡方程全部求得，结构中无多余约束。当在 B 端增加一根支杆后，则结构如图 6.1（b）中所示。该结构不再是静定结构，而是超静定结构。因为一方面当取整体为隔离体时，独立的力的平衡方程个数为 3 个，而待求的支座反力共有 4 个，缺少一个求得 F_{RB} 的独立力的平衡方程。另一方面，从几何构成方面看，B 端新增加的支杆没有起到减少自由度的作用，为一个多余约束。

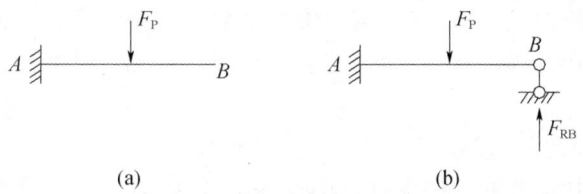

图 6.1　静定与超静定结构对比

综合起来，支座反力或者内力是超静定的，约束有多余的，就是超静定结构区别于静定结构的静力平衡特征和几何构造特征。

二、超静定次数的确定

超静定次数等于缺少的独立的力的平衡方程个数，也等于超静定结构中多余约束的个数。其实，有一个约束就对应一个约束反力。所谓约束是强调某个装置起到的减少自由度的作用，是从几何构成方面来考虑问题；所谓约束反力，是把约束截断后，施加在约束截断面上的约束力，是从平衡的角度考虑问题。故从几何上得出的多余约束的数目，一定等于从平衡的角度缺少的独立的力的平衡方程的个数。相应地，可以从静力平衡和几何构成两方面来判断超静定次数。

1. 从静力平衡方面判断超静定次数

超静定次数和缺少的独立的力的平衡方程个数相等，缺少几个，超静定次数就是几次。

如用静力法判断图 6.2（a）中所示的封闭框的超静定次数。显然支座反力是静定的，因为所有的支座反力可以根据平衡条件求出。但是内力是否静定呢？比如，我们用截面法来求任意一个截面 E 的内力，当我们用图 6.2（b）所示的可能的隔离体 EF 时，每个截面 E、F 上各有 3 个，共有 6 个未知的内力，而隔离体 EF 上独立的力的平衡方程的个数只有 3 个，一共缺少了 3 个独立的力的平衡方程，故本问题的超静定的次数是 3 次。

2. 从几何构成方面判断超静定次数

从几何构成方面看，超静定次数是指超静定结构中多余约束的个数。如果从原结构中去掉 n 个约束，结构就成为静定的，则原结构即为 n 次超静定结构。

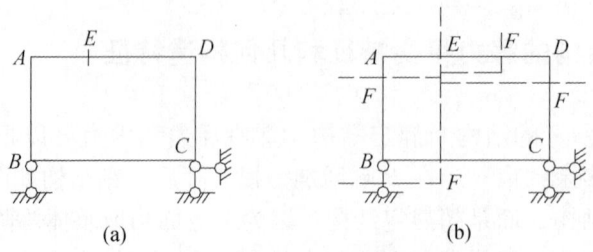

图6.2 从静力方面判断超静定次数

对于常见的超静定结构,多余约束既可能存在于各类支座处,当撤掉某个多余支座时,撤掉的多余约束数等于该支座约束的位移个数;多余约束也可能存在于杆件的某个或者某些截面,当切断该截面时,撤掉的多余约束数还和该截面的受力性质有关。下面对此进行详细说明。

(1)各类支座处的多余约束。

如图6.3(a)中B端的一根支杆、图6.3(c)中B端的一个铰支座或图6.3(e)中D端的一个固定支座。支杆、铰支座或固定支座的几何约束作用是一目了然的。如图6.3(a)中由于B端的支杆约束作用,B端的竖向不能动,故B端的支杆起到了使得B端的竖向位移等于零的作用。同样图6.3(c)中的B端的铰支座使得B端的水平位移和竖向位移都等于零,图6.3(e)中D端的固定支座使得D端的水平位移、竖向位移和转角都等于零。去掉它们分别对应去掉一个、两个和三个多余约束,如图6.3(b)、图6.3(d)和图6.3(f)中所示。

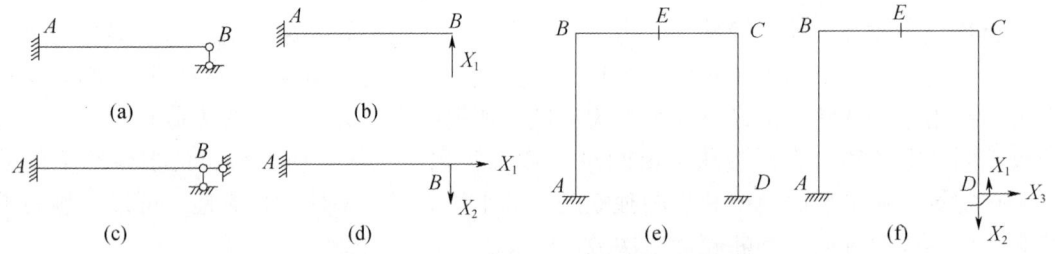

图6.3 上部结构和基础之间的多余约束

(2)杆件截面处的多余约束。

当多余约束在杆件截面处时,切断该截面时,撤掉的多余约束数还和该截面的受力性质有关。截面是梁式杆、单铰或者二力杆时,切断该截面所提供的多余约束数分别为3、2和1个。

①切断一个梁式截面等于去掉三个多余约束

我们仍然以图6.3(e)中的刚架为例来对此进行说明。除了如图6.3(f)中所示去掉固定支座D处三个多余约束后得到没有多余约束的几何不变体系之外,我们也可以认为多余约束在如图6.3(e)中所示的任意梁式截面E处。如图6.4(a)中所示切断梁式截面E,也可以得到没有多余约束的几何不变体系,故超静定次数也为3次。

所谓梁式截面,是指该截面上存在轴力、剪力和弯矩。根据变形的连续性和光滑性的要求，变形后的曲线在杆件的任意梁式截面处必须是连续的，否则在该梁式截面出现断裂，也不能在该梁式截面处出现尖角，否则在该梁式截面处变形不光滑。梁式截面变形的连续性和光滑性的原因是该截面所有纤维整体变形的结果。但是，在实际的应用中，我们可以把图 6.3（e）中梁式截面 E 换成图 6.4（b）中所示等效约束表示：由其上的一根水平链杆提供轴力并且约束 E 截面左右两侧水平方向的相对位移，也就是 E 截面左右两侧水平方向的位移相等；由其上的两根与杆轴垂直方向的链杆提供剪力和弯矩，并且约束 E 截面左右两侧垂直于杆轴的相对位移和相对转角，也就是 E 截面左右两侧竖向的位移相等和 E 截面左右两侧转角相等。

尽管图 6.3（e）和图 6.4（b）外形不完全相同，但是梁式截面 E 能提供三个内力分量和约束截面 E 左右两端三种相对位移的本质是一样的。采用图 6.4（b）中的表示法，使得我们非常清楚地看到，切开一个梁式截面 E 就是切断了截面 E 上的三根链杆。一根链杆提供一个约束，故切断一个梁式截面 E 就是等于撤掉三个多余约束。

当然，有时候根据实际的需要，我们也可以把图 6.3（e）中梁式截面 E 换成图 6.4（c）中所示的第二种等效约束表示。由其上的一根与杆轴垂直方向的链杆提供剪力并且使得 E 截面左右两侧竖向的位移相等；由其上的两根水平方向的链杆提供轴力和弯矩，并且使得 E 截面左右两侧水平方向的位移和转角相等。

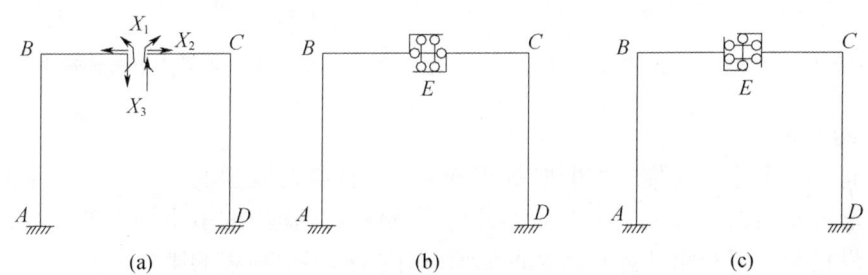

图 6.4　切断一个梁式截面等于去掉三个多余约束

②撤去一个单铰等于去掉两个多余约束

如图 6.5（a）中所示超静定结构，其截面 E 处为单铰，其上可以有轴力和剪力，但弯矩为零；铰 E 左右两端的相对轴向位移和垂直于杆轴的相对位移为零，但可以有相对转角。故可将单铰 E 等效替换为如图 6.5（b）中所示两根链杆。撤去单铰 E，相当于拆除 2 个多余约束，如图 6.5（c）中所示。

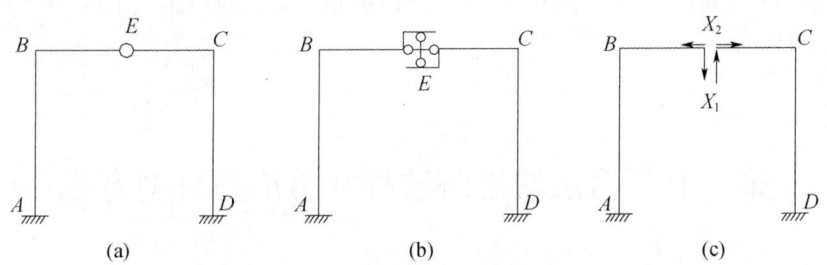

图 6.5　撤去一个单铰等于去掉两个多余约束

③将梁式截面换成一个单铰或者切断一个链杆截面等于去掉一个多余约束

如图6.6（a）中所示超静定结构，其截面 E 处为梁式截面，其上可以有轴力、剪力和弯矩；截面 E 左右两端的三种相对位移都为零。当把梁式截面 E 换成单铰后，单铰 E 左右两端的两种相对线位移仍然为零，但可以有相对转角。故将一个梁式截面换成一个单铰，相当于拆除1个多余约束，如图6.6（b）中所示。

如图6.6（c）中所示超静定结构，其截面 E 处为链杆截面，其上只有待求轴力，剪力和弯矩都已知为零；截面 E 左右两端的三种相对位移都为零。切断一个链杆截面 E，是指只切断截面 E 和轴力相应的水平链杆，竖向的两根链杆不截断[图6.4（b）]，还是保留，因为它们是体系几何不变必不可少的。当把链杆截面 E 切断后，截面 E 左右两端的相对剪切位移和相对转角仍然为零，但可以有相对轴向位移。故将一个链杆截面切断，相当于拆除1个多余约束，如图6.6（d）所示。

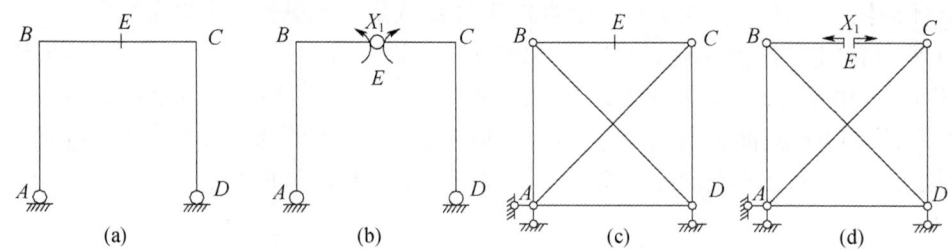

图6.6 将梁式截面换成一个单铰、切断一个链杆截面等于去掉一个多余约束

3. 总结

综合起来，超静定次数的判断既等于静力平衡计算时缺少的独立的力的平衡方程个数，也等于将原结构变为无多余约束的几何不变体系时撤掉的多余约束的个数，两方面得到的结果相同。但判断超静定次数时常常采用撤掉多余约束的第二种方法，因为利用力法计算时，不仅需要知道超静定的次数，还需要知道多余力作用在基本体系的位置。在计算拆除多余约束的数目时，综合图6.3到图6.6，有下面的拆除1个、2个、3个多余约束的几种不同情形：

（1）去掉一根支杆[图6.3（b）]或切断一根链杆[图6.6（d）]相当于去掉1个约束；将梁式截面换成一个单铰[图6.6（b）]，相当于拆除1个约束。

（2）去掉一个铰支座[图6.3（d）]或撤去一个单铰[图6.5（c）]，相当于拆除2个约束。

（3）去掉一个固定支座[图6.3（f）]或切断一个梁式截面[图6.4（a）]，相当于拆除3个约束。

第二节 力法的思路过程及力法的典型方程

超静定结构由于可用的独立的力的平衡方程个数比要求的支座反力或者内力的个数少，必须从变形协调方面提供补充方程才可以求解。理论上，可以直接从原结构出发，根据整个结构上位移方程的表达式，然后利用特定的边界条件，就可以求解。然而，当结构中的荷载比较复杂，或者结构中的杆件根数比较多时，这种方法行不通，因为很难求得整个结构上位移方程的表达式。

力法通过取多余力当成基本未知量；利用变形协调条件：多余力处的位移条件与原结构中对应的多余约束处的位移条件相同就可以建立力法的基本方程，求出多余力。由于在力法中无须先得到整个结构位移的表达式，因而大大简化了超静定结构的求解过程。

下面以图6.7（a）中所示的荷载作用下的一次超静定结构为例说明力法的基本思路。然后，再把力法的思路直接推广应用到二次和多次（三次及以上）的超静定结构中，得出力法的典型方程。

一、超静定结构解的唯一性说明及从原结构直接求解

图6.7（a）中所示的荷载作用下的超静定结构问题，由于是小变形和线弹性问题，故对应每一个荷载 F_P 值只有唯一的一组内力与之对应。取整体 AB 为隔离体，其受力情况如图6.7（b）中所示。A 端的三个约束反力 F_{NA}、F_{QA}、M_A 和 B 端的一个约束反力 F_{RB} 全部都是被动力，是由荷载 F_P 的作用才产生的，其值唯一，大小待求。如果约定取 F_{RB} 为基本未知量，利用平衡条件，可以求得任意 x 处弯矩 $M(x)$ 表达式。

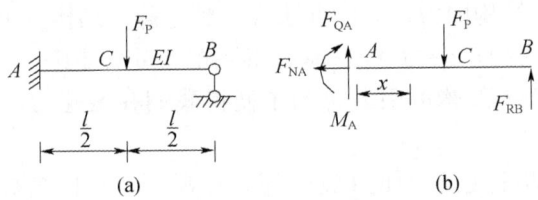

图6.7 一次超静定结构

从材料力学中知道，利用 $EIw'' = -M(x)$，积分两次求得杆件 AB 的挠度表达式为

$$EIw = -\int\left[\int M(x)\,dx\right]dx + C_1 x + C_2$$

从原结构看，此时一共有三个待求量：$M(x)$ 表达式中的一个待求 F_{RB}、两个积分常数 C_1、C_2。须满足的边界条件共有三个：A 端的挠度、转角为零和 B 端的挠度为零。注意 B 端的曲率为零这个边界条件已经得到满足，因为 B 端的弯矩为零。从须满足的三个边界条件就可以求得唯一的一组三个待求量，由此知道，原结构的挠度表达式是唯一确定的。

由以上可知，理论上可以根据原结构求解超静定结构，只要先写出整个结构上位移方程的表达式，然后利用特定的边界条件，就可以求解。但是即使对于图6.7（a）中最简单的单个集中荷载情形，要得出整个结构上挠度的表达式也不容易，对于复杂荷载和多根杆件构成的结构，就更难照此法求解。

由于超静定结构内力和位移的唯一性，只要我们能找到一组解，满足其内力和位移

的要求，则这组解就是超静定结构的解。力法正是提供了这样的一种解法，并且在求解过程中无须先得到整个结构上位移方程的表达式，大大简化了超静定结构的求解过程。

二、力法的思路过程

力法的基本未知量、基本体系和基本结构。

1. 取多余力作为力法的基本未知量

力法中，取多余约束处对应的多余力作为基本未知量。如图6.8（a），我们不把四个未知的支座反力 F_{NA}、F_{QA}、M_A 和 F_{RB} 同样对待，而是把 B 端支杆视为多余约束，其上的约束反力 F_{RB} 作为力法的基本未知量。因为数学上一般用 X 表示未知量，我们在下面力法的基本体系中改用符号 X_1 表示 F_{RB}。只要我们能够想办法先求出这个基本未知量来，再利用图6.7（b）中隔离体 AB 的平衡条件，就可以得到原超静定结构的内力图。

2. 力法的基本体系和基本结构

把原结构中多余约束去掉，加上相应的多余力 X_1 后得到的静定结构叫做原结构的基本体系，如图6.8（b）中所示。

一方面，基本体系是一个静定结构，对于任意给定的多余力 X_1，其内力和位移的计算都是我们已知的；另外一方面，在恰当的条件下，基本体系又反映了原超静定结构的受力情况。基本体系好比在静定结构和超静定结构内力计算中架起的一座桥梁，通过它，我们就可以把静定结构内力计算的办法推广到超静定结构内力的计算中去。

把基本体系中荷载和多余力 X_1 去掉后得到的静定结构叫做力法的基本结构，如图6.8（c）中所示。基本结构的引入是为了使得我们在表述力法基本方程的柔度系数和自由项时方便。

基本体系隔离体 AB 上受的力如图6.8（d）中所示。对比图6.8（d）和图6.7（b）可知，原结构的受力图是基本体系的受力图之一。现在的问题是如何才能在图6.8（d）无穷多个 X_1 可能的取值中，找出图6.7（b）中唯一的 B 端的约束力 F_{RB} 来？

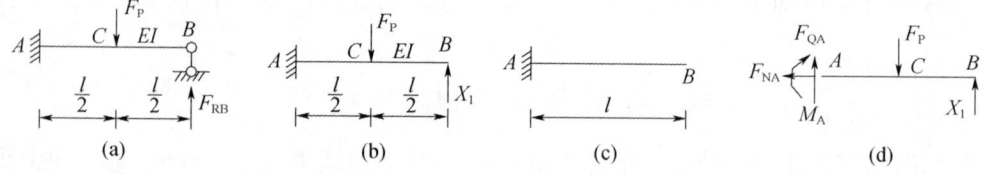

图6.8 力法的基本未知量、基本体系和基本结构

3. 力法的基本方程

仔细对比图6.8（a）和图6.8（b）可以看出：一方面，图6.8（a）中 B 端的约束反力 F_{RB} 是被动力，是由荷载的作用才产生的，其值是唯一的；另外一方面，由于该多余约束的作用，会使得原结构 B 点的竖向位移为零。而在图6.8（b）中，一方面 B 端的多余力 X_1 是主动力，其大小未知，或者说，多余力 X_1 可能的取值有无穷多个。另外一方面，在原荷载和不同的多余力 X_1 的作用下，B 点的位移可以有无穷多个。当多余力 X_1 太小时，B 端位移向下；当多余力 X_1 太大时，B 端位移向上；只有当基本

体系图 6.8（b）中的多余力 X_1 恰好和图 6.8（a）中的 B 端的约束力相等的情况下，基本体系 B 端的位移条件才会和原结构 B 端多余约束处的位移相等，即：

$$\Delta_1 = 0 \tag{6.1}$$

这个转化条件是变形协调条件，能确保基本体系 B 端的位移条件能和原结构 B 端的位移条件相同。下面再把方程展开成含有多余力 X_1 的显式形式。

方程（6.1）的左边 Δ_1 表示基本体系在荷载 F_P 和多余力 X_1 的共同作用下沿多余力 X_1 方向的位移，如图 6.9（a）中所示。对于线弹性体系，由于叠加原理成立，Δ_1 等于在荷载 F_P［图 6.9（b）］、多余力 X_1［图 6.9（c）］单独作用下引起的沿多余力 X_1 方向的位移之和，如图 6.9 中所示，即：

$$\Delta_1 = \Delta_{1P} + \Delta_{11} = 0 \tag{6.2}$$

其中 Δ_{1P} 为自由项，表示基本结构在荷载 F_P 作用下 B 端沿着多余力 X_1 方向的位移。同样由于叠加原理成立，Δ_{11} 与多余力 X_1 之间的关系为

$$\Delta_{11} = \delta_{11} X_1 \tag{6.3}$$

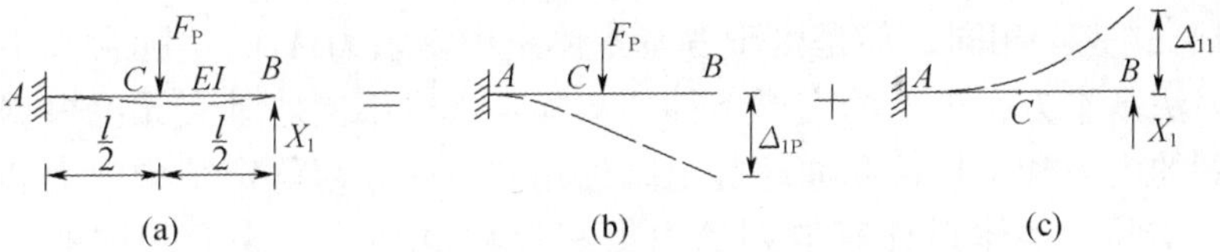

图 6.9 基本体系中沿着多余力 X_1 方向位移的叠加

其中 δ_{11} 为柔度系数，表示基本结构在单位多余力 $X_1 = 1$ 作用下引起的 B 端沿着多余力 X_1 方向的位移，如图 6.10（a）中所示。将（6.3）式代入（6.2）式得

$$\delta_{11} X_1 + \Delta_{1P} = 0 \tag{6.4}$$

这就是求得多余力 X_1 的补充方程，是一次超静定结构力法的基本方程。

δ_{11} 和 Δ_{1P} 都是基本结构（静定结构）在荷载作用下的位移，可利用梁和刚架的位移计算公式（5.11）式得出。

作出 $\overline{M}_1$ 和 M_P 图，如图 6.10（b）、（c）中所示。利用图乘，可以求出系数为

$$\delta_{11} = \frac{1}{EI} \times \frac{1}{2} \times l^2 \times \frac{2}{3} \times l = \frac{l^3}{3EI}$$

$$\Delta_{1P} = -\frac{1}{EI} \times \frac{1}{2} \times \frac{l}{2} \times \frac{l}{2} F_P \times \frac{5}{6} l = -\frac{5l^3 F_P}{48EI}$$

代入公式（6.4），得出

$$X_1 = \frac{5F_P}{16}(\uparrow)$$

计算结果为正，表明多余力 X_1 的方向与假设的方向相同，向上。

多余力 X_1 的值求出来之后，可以用两种方法求得原结构的弯矩图：

第一种方法是利用静力平衡条件，可以利用图 6.7（b）中所示原结构中整体 AB 为隔离体，或者利用图 6.8（d）所示的基本体系 AB 为隔离体，因为原结构的内力图和基本体系的内力图完全相同，可以得到原结构的弯矩图如图 6.10（d）中所示。

第二种方法，根据叠加原理，基本体系的弯矩图为

$$M = \overline{M}_1 X_1 + M_P \tag{6.5}$$

$\overline{M}_1$ 和 M_P 图是基本结构在 $X_1 = 1$ 和荷载 F_P 作用下的弯矩图,如图 6.10(b)、(c)中所示。同样得到原结构的弯矩图如图 6.10(d)中所示。

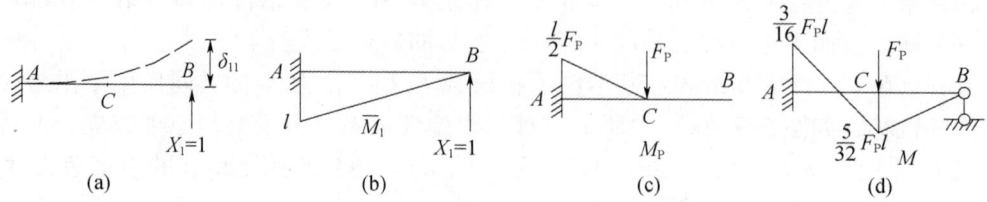

图 6.10 δ_{11} 的解释及 $\overline{M}_1$、M_P 和 M 图

4. 取不同的基本体系进行计算

除了取图 6.8(b)中的基本体系外,还可以取不同的基本体系来计算,比如图 6.11(a)、(b)、(c)所示的其他三种基本体系。这时,尽管力法基本方程的形式仍然和(6.4)式完全相同,但是由于各基本体系中多余力 X_1 的实际含义不同,因而各基本体系中力法基本方程表示的变形条件的实际含义也不同。其实无论根据哪一个基本体系计算得到的内力和位移都和原超静定结构相同,由原超静定结构内力和位移的唯一性,可知根据不同基本体系计算得到的内力和位移也必然是完全相同的。另外,要注意,基本体系必须是没有多余约束的几何不变体系,图 6.11(d)中所示的常变体系或者其他瞬变体系不能取作原结构的基本体系。

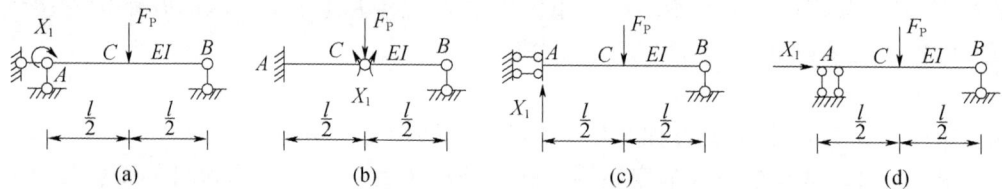

图 6.11 取不同的基本体系

三、两次超静定结构的力法分析

可以将上述处理一次超静定结构的力法思路直接推广应用到二次超静定结构的计算上去,并无任何困难。只是注意到二次超静定结构必须提供两个补充方程,并且每一个力法的基本方程由三项构成,因为基本体系中除了荷载以外,还有两个多余力 X_1 和 X_2。下面我们以图 6.12(a)中所示两次超静定桁架来对此进行说明。

取 D 点的两根支杆为多余约束,则基本体系和基本结构分别如图 6.12(b)、(c)所示。

根据基本体系 D 点沿着多余力 X_1、X_2 方向的位移与原结构 D 点多余约束处的位移相同,可以建立力法的基本方程

$$\left.\begin{array}{l} \Delta_1 = 0 \\ \Delta_2 = 0 \end{array}\right\} \tag{6.6}$$

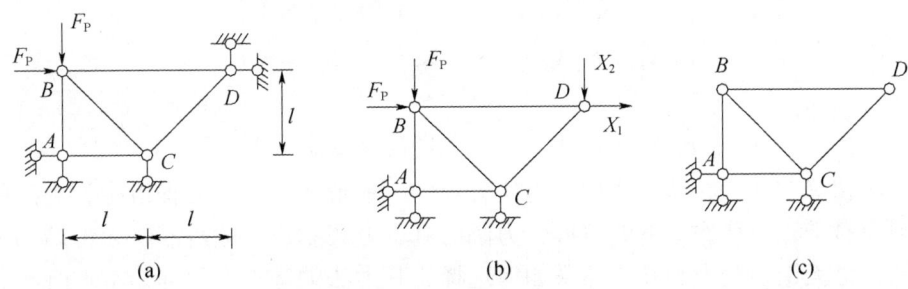

图6.12 两次超静定结构的力法分析

下面再把方程（6.6）展开成含有多余力 X_1、X_2 的显式形式。方程（6.6）的左边 Δ_1、Δ_2 表示基本体系在荷载和多余力 X_1、X_2 三个因素共同作用下引起的 D 点沿多余力 X_1、X_2 方向的位移。由荷载、单位多余力 $X_1=1$、单位多余力 $X_2=1$ 单独作用在基本结构上引起的 Δ_1、Δ_2 分别如图6.13（a）、（b）、（c）中所示。对于线弹性体系，由于叠加原理成立，故可以把方程（6.6）展开为：

$$\left.\begin{array}{l}\delta_{11}X_1 + \delta_{12}X_2 + \Delta_{1P} = 0 \\ \delta_{21}X_1 + \delta_{22}X_2 + \Delta_{2P} = 0\end{array}\right\} \quad (6.7)$$

这就是求得多余力 X_1、X_2 的补充方程，是二次超静定结构力法的基本方程。其中 Δ_{1P}、Δ_{2P} 为自由项，δ_{11}、δ_{12}、δ_{21}、δ_{22} 为柔度系数，如图6.13中所示，都是基本结构（静定结构）在荷载作用下的位移，可利用桁架位移公式（5.12）式计算得出。

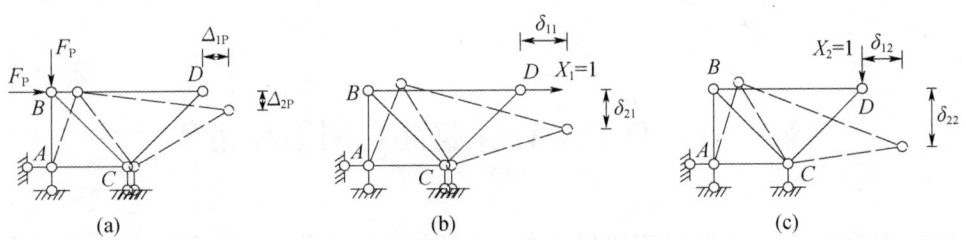

图6.13 两次超静定结构的自由项和柔度系数

多余力 X_1、X_2 求出后，根据叠加原理，原结构（或者基本体系）的轴力图 F_N 为

$$F_N = \overline{F}_{N1}X_1 + \overline{F}_{N2}X_2 + F_{NP} \quad (6.8)$$

$\overline{F}_{N1}$、$\overline{F}_{N2}$ 和 F_{NP} 分别是基本结构在单位多余力 $X_1=1$、$X_2=1$ 和荷载作用下的轴力图。

四、多次超静定结构的力法分析及力法的典型方程

下面讨论超静定次数为 n（$n \geqslant 3$）的一般情形。此时力法的基本未知量为 n 个多余力 X_1、X_2、…、X_n；力法的基本体系为从原结构中去掉 n 个多余约束，而代之以相应的 n 个多余力后得到的静定结构；力法的基本方程为基本体系沿着 n 个多余力方向的位移 Δ_1、Δ_2、…、Δ_n 应与原结构在 n 个多余约束处的位移相等。在线性变形体系中，根据叠加原理，可以把 n 个力法基本方程展开为

$$\left.\begin{array}{c}\delta_{11}X_1 + \delta_{12}X_2 + \cdots + \delta_{1n}X_n + \Delta_{1P} = 0\\ \delta_{21}X_1 + \delta_{22}X_2 + \cdots + \delta_{2n}X_n + \Delta_{2P} = 0\\ \cdots\cdots\\ \delta_{n1}X_1 + \delta_{n2}X_2 + \cdots + \delta_{nn}X_n + \Delta_{nP} = 0\end{array}\right\} \quad (6.9)$$

这就是 n 次超静定结构在荷载作用下力法方程的一般形式，这个方程组称为力法的典型方程。因为对于在荷载作用下的情形，力法的基本方程右边一般是零，无论结构的具体形式如何，也无论多余力和基本体系如何选择，其力法的基本方程都如本式所示。

(6.9) 式中，自由项 Δ_{iP} 和柔度系数 δ_{ij} 都是基本结构（静定结构）在荷载作用下的位移，可利用静定结构位移计算的相关公式得出。位移符号中的两个下标，第一个表示位移的方向，第二个表示位移产生的原因，例如：自由项 Δ_{iP} 表示基本结构中由荷载单独作用产生的沿多余力 X_i 方向的位移；柔度系数 δ_{ij} 表示基本结构中由单位多余力 $X_j = 1$ 单独作用产生的沿多余力 X_i 方向的位移。根据位移互等定理，$\delta_{ij} = \delta_{ji}$。

多余力 X_1、X_2、$\cdots$、X_n 求出后，根据叠加原理，可得原结构（或者基本体系）内力为

$$\left.\begin{array}{l}M = \overline{M}_1 X_1 + \overline{M}_2 X_2 + \cdots + \overline{M}_n X_n + M_P\\ F_Q = \overline{F}_{Q1} X_1 + \overline{F}_{Q2} X_2 + \cdots + \overline{F}_{Qn} X_n + F_{QP}\\ F_N = \overline{F}_{N1} X_1 + \overline{F}_{N2} X_2 + \cdots + \overline{F}_{Nn} X_n + F_{NP}\end{array}\right\} \quad (6.10)$$

$\overline{F}_{Ni}$、$\overline{F}_{Qi}$ 和 $\overline{M}_i$ 是基本结构在单位多余力 $X_i = 1$ 作用下的内力图；F_{NP}、F_{QP} 和 M_P 是基本结构在荷载作用下的内力图。

第三节　用力法计算超静定刚架和桁架

本节利用力法计算超静定刚架和桁架。在计算刚架的柔度系数和自由项时，通常忽略轴力和剪力的影响，只考虑弯矩的影响，从而简化计算过程。在计算超静定桁架的柔度系数和自由项时，由于各杆截面上剪力和弯矩都为零，只需考虑轴力的影响。下面分别用例题进行说明。

一、超静定刚架的计算

[例 6-1] 刚架及所受荷载如图 6.14（a）所示，梁的抗弯刚度为 EI_1，柱的抗弯刚度为 EI_2。试用力法计算（1）$EI_1 : EI_2 = \infty$、（2）$EI_2 : EI_1 = \infty$、（3）$EI_1 : EI_2 = 1$ 三种情形下的弯矩图。

解： 为了用统一的公式考虑三种情形下的弯矩图，令 $EI_1 : EI_2 = k$。
（1）选取基本体系。
该刚架超静定次数为一次。撤去 C 点水平支杆，施加多余力 X_1，得到基本体系如图 6.14（b）中所示。

（2）列出力法的基本方程。
$$\delta_{11}X_1 + \Delta_{1P} = 0 \tag{a}$$
（3）求柔度系数 δ_{11} 和自由项 Δ_{1P}。

作出基本结构在荷载和单位 X_1 作用下的 M_P 和 $\overline{M}_1$ 图如图 6.14（c）、（d）中所示，利用图乘，可以求出系数 Δ_{1P} 和 δ_{11} 为

$$\Delta_{1P} = \frac{1}{EI_1} \times \frac{1}{2} \times l \times M \times \frac{2}{3}l = \frac{Ml^2}{3EI_1}$$

$$\delta_{11} = \frac{1}{EI_1} \times \frac{1}{2} \times l^2 \times \frac{2}{3} \times l + \frac{1}{EI_2} \times \frac{1}{2} \times l^2 \times \frac{2}{3} \times l = \frac{l^3}{3EI_1} + \frac{l^3}{3EI_2}$$

（4）求多余力 X_1 的统一表达式。

将 δ_{11} 和 Δ_{1P} 代入（a）式，并注意到 $EI_1:EI_2 = k$，可以得到 X_1 为

$$X_1 = -\frac{M}{l(1+k)} \tag{b}$$

负号表示 X_1 的方向与假设的方向相反。

（5）作三种情形下的弯矩图。

根据叠加原理，三种情形下的弯矩图可由 $M = \overline{M}_1 X_1 + M_P$ 得出。以 M_{BC} 为例，有

$$M_{BC} = M - \frac{M}{(1+k)} \tag{c}$$

从而可以得出三种情形下的弯矩图如图 6.14（e）、（f）、（g）中所示。

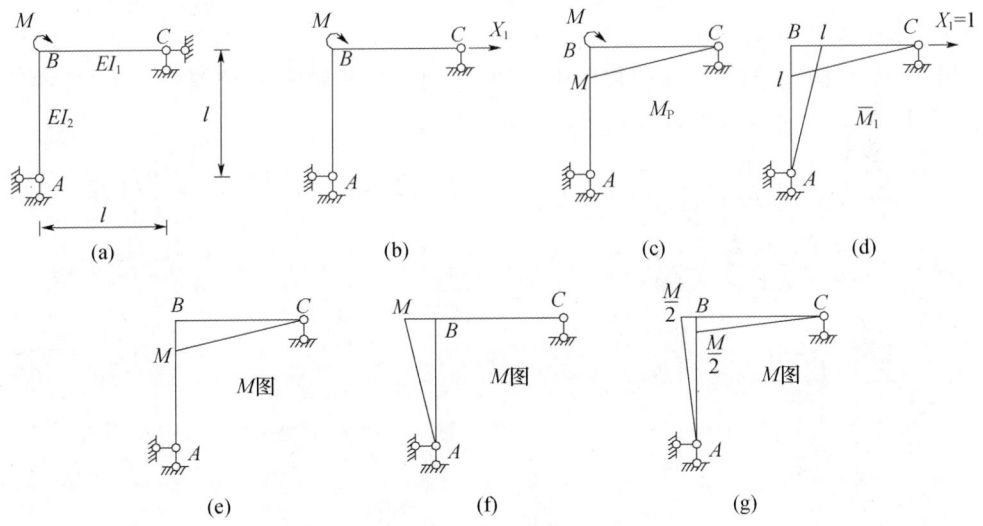

图 6.14 超静定刚架的计算

（6）几点注意。

①静定结构的内力只需按照静力平衡条件即可确定，与各杆件的抗弯刚度 EI 无关，从作 M_P 图就可以看到这一点。而超静定刚架的内力与各杆件的抗弯刚度 EI 的相对值 k 有关，从（c）式可以看到这一点。由此可知，计算超静定刚架在荷载作用下的内力时，只需要知道各杆件 EI 的相对值即可，无须知道各杆 EI 的绝对值。

②当 $EI_1:EI_2 = \infty$ 时，梁端弯矩 M_{BC} 最大为 M，柱端弯矩 M_{BA} 最小为零；当 EI_2：

$EI_1 = \infty$ 时，梁端弯矩 M_{BC} 最小为零，柱端弯矩 M_{BA} 最大为 M；当 $EI_1 : EI_2$ 为中间值时，梁端弯矩 M_{BC}、柱端弯矩 M_{BA} 介于这两种极限情形之间。由此可知，可以通过调整各杆件抗弯刚度 EI 之间的相对比值的方法，达到合理调整刚架内力的目的。

③在设计超静定结构时，需要根据各截面的内力才能进行设计，而要求得截面内力，又必须先给定结构中各杆件的抗弯刚度 EI，而这正是设计要确定的。故在设计超静定结构时，需根据经验或参考同类结构的有关资料预先假设截面尺寸，定出各杆刚度比值，才能进行内力计算。然后，再按计算的内力重新选择截面尺寸。如果算得的截面与假设的截面尺寸相差悬殊，则应调整假设截面尺寸再行计算，直到符合要求。

二、超静定桁架的计算

[**例 6-2**] 试用力法计算图 6.15（a）中所示超静定桁架内力图，各杆抗拉刚度为 EA。

解：（1）选取基本体系。

该桁架超静定次数为一次。切断链杆 BC，施加上一对广义多余力 X_1，得到基本体系如图 6.15（b）中所示。

（2）列出力法的基本方程。

$$\delta_{11} X_1 + \Delta_{1P} = 0 \tag{d}$$

该方程表示切口处两端相对轴向位移等于零。

（3）求柔度系数 δ_{11} 和自由项 Δ_{1P}。

作出基本结构在单位 X_1 和荷载作用下的 $\overline{F}_{N1}$ 和 F_{NP} 图如图 6.15（c）、（d）中所示，利用（5.12）式，可以求出系数 δ_{11} 和 Δ_{1P} 为

$$\delta_{11} = \sum \frac{\overline{F}_{N1}^2 l}{EA} = \frac{1}{EA}[(-\sqrt{2})\cdot(-\sqrt{2})\cdot\sqrt{2}l\cdot 2 + 1\cdot 1\cdot l\cdot 4] = \frac{4l}{EA}(\sqrt{2}+1)$$

$$\Delta_{1P} = \sum \frac{\overline{F}_{N1} F_{NP} l}{EA} = \frac{-1}{EA}(\sqrt{2}\cdot\sqrt{2}F_P\cdot\sqrt{2}l + 1\cdot F_P\cdot l) = \frac{-F_P l}{EA}(2\sqrt{2}+1)$$

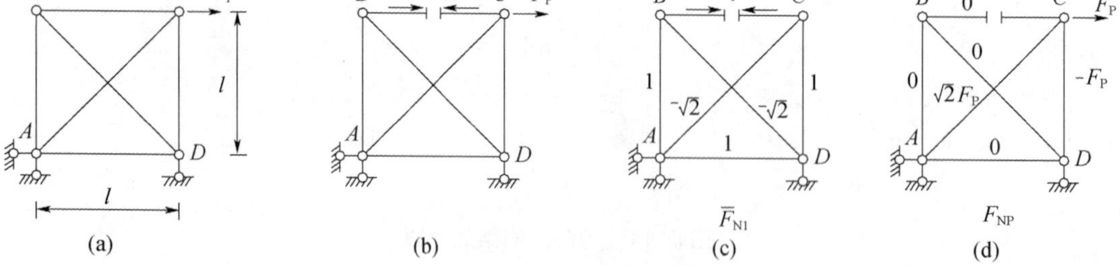

图 6.15 超静定桁架的计算

（4）求多余力 X_1。

将 δ_{11} 和 Δ_{1P} 代入（d）式，得 X_1 为

$$X_1 = 0.4 F_P \tag{e}$$

（5）作桁架的内力图。

根据叠加原理，桁架的轴力图可由 $F_N = \overline{F}_{N1} X_1 + F_{NP}$ 得出，如图 6.16 中所示。

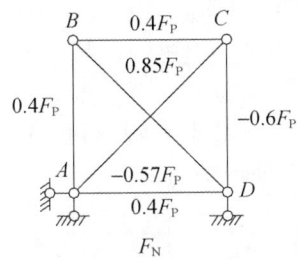

图 6.16 轴力图

[**例 6-3**] 试用拆去杆件 BC 的方法重新计算图 6.15（a）中所示超静定桁架内力图。

解：（1）选取基本体系。

拆去杆件 BC，施加上一对广义多余力 X_1，得到基本体系如图 6.17（a）中所示。

（2）列出力法的基本方程。

$$\delta_{11}X_1 + \Delta_{1P} = \frac{-X_1 l}{EA} \quad \text{(f)}$$

该方程左边表示基本体系 B、C 两点沿着轴向的相对位移，假设所求多余力 X_1 为正，则正号的位移表示该位移使得 B、C 两点互相靠近。方程右边表示原结构沿着多余约束处的位移条件。注意到多余约束，也就是杆件 BC，并非刚性杆，因其抗拉刚度为 EA，不是无穷大，故多余约束杆件 BC 两端会有轴向的相对位移。再注意原结构中 BC 杆件的受力如图 6.17（b）中所示，当多余力 X_1 为正时，会在杆件 BC 中引起拉应力 $\sigma = X_1/A$，应变为 $\varepsilon = X_1/(EA)$，使得 B、C 两点沿着轴向相对远离为 $\Delta l = X_1 l/(EA)$，故该项前面有负号。注意在超静定次数的判断时，杆件 BC 当成链杆，即刚性杆件，但在桁架内力计算时，由于该杆件有长度 l，故在轴力 X_1 作用下，该杆件两端会有相对长度变化。

（3）求柔度系数 δ_{11} 和自由项 Δ_{1P}。

作出基本结构在单位 X_1 和荷载作用下的 $\overline{F}_{N1}$ 和 F_{NP} 图如图 6.17（c）、（d）中所示，利用（5.12）式，可以求出系数 δ_{11} 和 Δ_{1P} 为

$$\delta_{11} = \sum \frac{\overline{F}_{N1}^2 l}{EA} = \frac{1}{EA}[(-\sqrt{2}) \cdot (-\sqrt{2}) \cdot \sqrt{2}l \cdot 2 + 1 \cdot 1 \cdot l \cdot 3] = \frac{l}{EA}(4\sqrt{2} + 3)$$

$$\Delta_{1P} = \sum \frac{\overline{F}_{N1} F_{NP} l}{EA} = \frac{-1}{EA}(\sqrt{2} \cdot \sqrt{2} F_P \cdot \sqrt{2}l + 1 \cdot F_P \cdot l) = \frac{-F_P l}{EA}(2\sqrt{2} + 1)$$

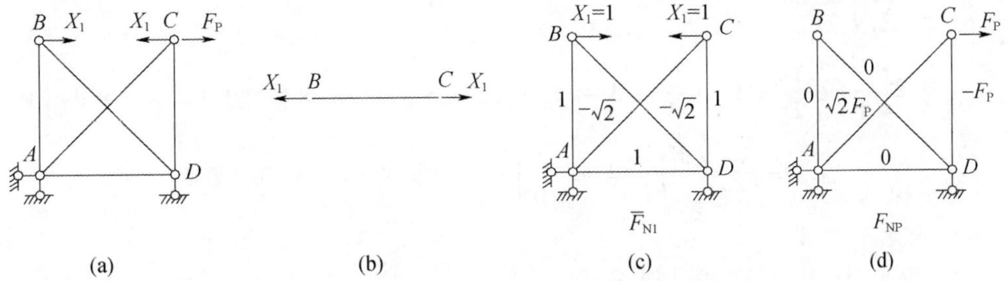

图 6.17 超静定桁架的计算

(4) 求多余力 X_1 和作桁架的内力图。

将 δ_{11}、Δ_{1P} 代入 (f) 式，可得 $X_1 = 0.4F_P$，与 (e) 式相同，轴力图同样如图 6.16 中所示。

注意到，此时在荷载作用下力法基本方程 (f) 式右边并不为零，这里的情况可以当作力法典型方程 (6.9) 式的一种特殊情形。

第四节　用力法计算排架和超静定组合结构

本节利用力法计算排架和超静定组合结构。排架是装配式工业厂房中常用的一种结构形式，它由屋架（或屋面大梁）、柱和基础组成。当屋架沿着水平方向的刚度比较大时，为简化计算，一般常把屋架当成轴向刚度 $EA \to \infty$ 的链杆处理。由于要搁置吊车梁，柱是阶梯形变截面的杆件；预制柱嵌固在单独基础杯口内，形成固定支座；排架的横梁和立柱采用铰接连接，横梁简支在柱顶。在计算排架的柔度系数和自由项时，通常忽略横梁中的轴力的影响，只考虑柱中弯矩的影响。在计算组合结构的柔度系数和自由项时，对于二力杆，要考虑轴力的影响，对于梁式杆，一般只考虑弯矩的影响。下面通过例题来进行说明。

一、排架的计算

[例 6-4] 试用力法计算图 6.18 (a) 中所示排架的弯矩图。已知 $EI_2 : EI_1 = 6$。

解：采用相对刚度计算，令 $EI_1 = 1$。

(1) 选取基本体系。

切断链杆 BC，施加上一对广义多余力 X_1，得到基本体系如图 6.18 (b) 中所示。

(2) 列出力法的基本方程。

$$\delta_{11}X_1 + \Delta_{1P} = 0 \quad (a)$$

该方程表示切口处两端相对轴向位移等于零。

(3) 求柔度系数 δ_{11} 和自由项 Δ_{1P}。

作出基本结构在单位 X_1 和荷载作用下的 $\overline{M}_1$ 和 M_P 图如图 6.18 (c)、(d) 中所示，利用图乘，可以求出系数 δ_{11} 和 Δ_{1P} 为

$$\delta_{11} = \sum \int \frac{\overline{M}_1^2 \mathrm{d}s}{EI}$$

$$= 2\left[\frac{1}{1} \times \frac{1}{2} \times 3^2 \times \frac{2}{3} \times 3 + \frac{6}{6 \times 6}(2 \times 3 \times 3 + 2 \times 9 \times 9 + 2 \times 3 \times 9)\right] = 96$$

$$\Delta_{1P} = \sum \int \frac{\overline{M}_1 M_P}{EI} \mathrm{d}s = \frac{1}{6}\left[6 \times M \times \frac{1}{2}(3 + 9)\right] = 6M$$

(4) 求多余力 X_1。

将 δ_{11} 和 Δ_{1P} 代入 (a) 式，得 X_1 为

$$X_1 = -0.0625M$$

负号表示 X_1 的方向与假设的方向相反，为压力。

(5) 作弯矩图。

根据叠加原理，弯矩图可由 $M = \overline{M}_1 X_1 + M_P$ 得出，如图6.18（e）中所示。

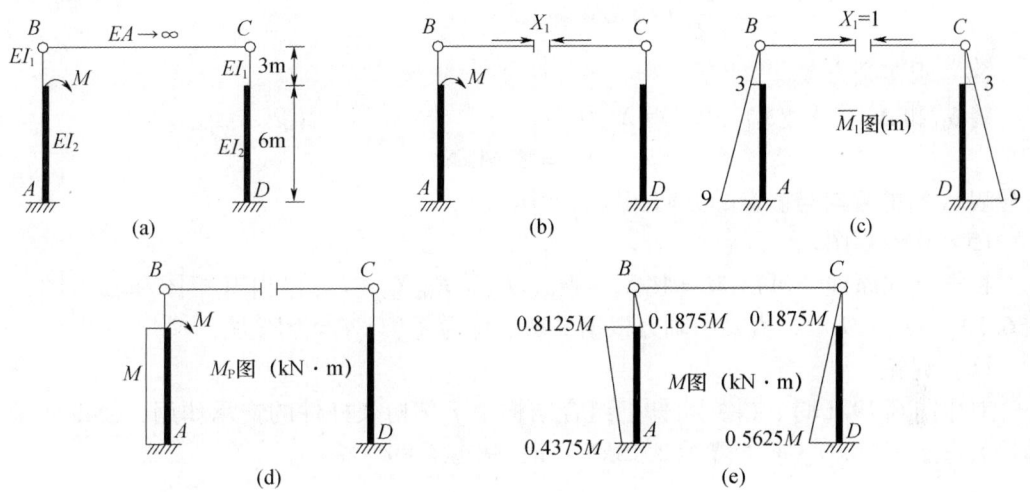

图6.18 排架的计算

二、超静定组合结构的计算

[**例6-5**] 试用力法计算图6.19（a）中所示超静定组合结构内力图，横梁 $I = 1 \times 10^{-4} \mathrm{m}^4$，链杆 $A = 1 \times 10^{-3} \mathrm{m}^2$，$E$ 为常数。

解：(1) 选取基本体系。

该组合结构超静定次数为一次。切断链杆 BC，施加上一对广义多余力 X_1，得到基本体系如图6.19（b）中所示。

(2) 列出力法的基本方程。

$$\delta_{11} X_1 + \Delta_{1P} = 0 \tag{b}$$

该方程表示切口处两端相对轴向位移等于零。

(3) 求柔度系数 δ_{11} 和自由项 Δ_{1P}。

作出基本结构在单位 X_1 和荷载作用下的 $\overline{M}_1$、$\overline{F}_{N1}$ 和 M_P、F_{NP} 图如图6.19（c）、（d）中所示，利用（5.13）式，可以求出系数 δ_{11} 和 Δ_{1P} 为

$$\delta_{11} = \sum \int \frac{\overline{M}_1^2 \mathrm{d}s}{EI} + \sum \frac{\overline{F}_{N1}^2 l}{EA}$$

$$= \frac{1}{E \times 1 \times 10^{-4}} \times 2 \times \frac{1}{2} \times 2 \times 4 \times \frac{2}{3} \times 2 +$$

$$\frac{1}{E \times 1 \times 10^{-3}} \left[1^2 \times 2 + 2 \times \left(\frac{\sqrt{5}}{2} \right)^2 \times 2\sqrt{5} \right]$$

$$= \frac{1}{E}(1.197 \times 10^5)$$

$$\Delta_{1P} = \sum \int \frac{\overline{M}_1 M_P \mathrm{d}s}{EI} + \sum \frac{\overline{F}_{N1} F_{NP} l}{EA}$$

$$= \frac{-1}{E \times 1 \times 10^{-4}} \times 2 \times \frac{1}{2} \times 2 \times 4 \times \frac{2}{3} \times 20 + 0$$

$$= \frac{-1}{E}(10.667 \times 10^5)$$

(4) 求多余力 X_1。

将 δ_{11} 和 Δ_{1P} 代入（b）式，得 X_1 为

$$X_1 = 8.91 \mathrm{kN}$$

正号表示 X_1 的方向与假设的方向相同，为压力。

(5) 作弯矩图。

根据叠加原理，可由 $M = \overline{M}_1 X_1 + M_P$、$F_N = \overline{F}_{N1} X_1 + F_{NP}$ 得出弯矩图和轴力图，如图 6.19（e）中所示，横梁中轴力根据平衡条件为 8.91kN，为压力。

(6) 讨论。

对比图 6.19（d）、(e) 可知，组合结构中下部桁架杆件的支承作用，使得横梁中的最大弯矩由 20kN·m 下降为 2.18kN·m，减小了 89.1%。

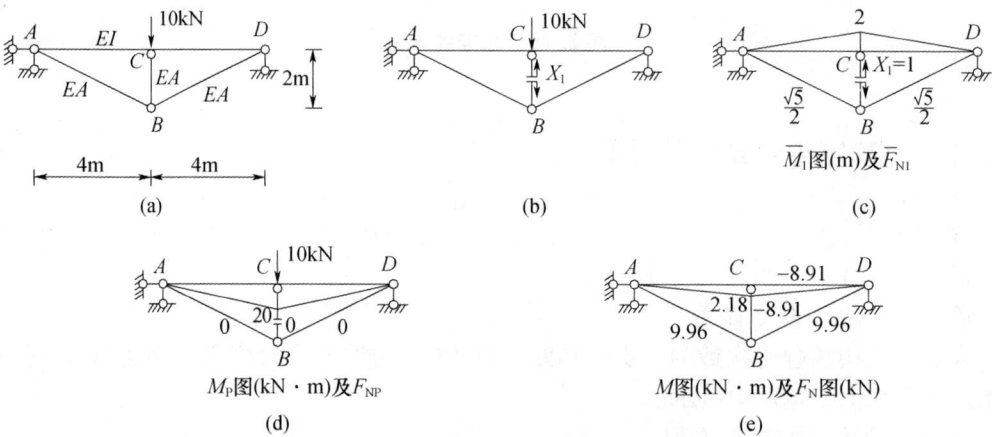

图 6.19 超静定组合结构的计算

组合结构的内力分布与横梁和桁架杆件的相对刚度有关。如果桁架杆件的截面很小，$A \to 0$，则横梁的弯矩图接近简支梁的弯矩图。如果桁架杆件的截面很大，$A \to \infty$，则杆件 BC 相当于一刚性支杆，C 点相当于一固定端，从而使得横梁 C 点的弯矩趋近于零。

第五节 对称超静定结构力法的简化计算

从力法典型方程（6.9）式知，一般情况下，n 次超静定结构中的 n 个多余力在力法基本方程中是互相耦合的，n 越大，求解力法基本方程越困难。但在 n 次对称超静定

结构中，只要通过取对称的体系当作基本体系，就可以将基本方程分开为两组，一组中只含有正对称的未知量，另外一组只含有反对称的未知量，使得 n 个多余力在力法基本方程中得到部分解耦，从而简化了力法的计算过程。下面对此进行说明。

一、对称结构、对称荷载和反对称荷载的定义

所谓对称结构，是指结构中存在至少一根对称轴，使得结构的几何形状、支承情况、杆件的截面尺寸和材料性质均对称于该对称轴。或者说，将对称轴一边绕对称轴旋转180°后，和对称轴另一边完全一致。图6.20（a）、（b）中所示对称结构分别有一根、两根对称轴。

所谓对称荷载，是指作用在对称结构上关于对称轴对称的一组荷载。或者说，将对称轴左边荷载绕对称轴旋转180°后，与对称轴右边相应荷载作用点、数值大小和荷载指向都完全相同，如图6.20（c）中所示。

所谓反对称荷载，是指作用在对称结构上关于对称轴反对称的一组荷载。或者说，将对称轴左边荷载绕对称轴旋转180°后，与对称轴右边相应荷载作用点和数值大小相同，但是荷载指向相反，如图6.20（d）中所示。

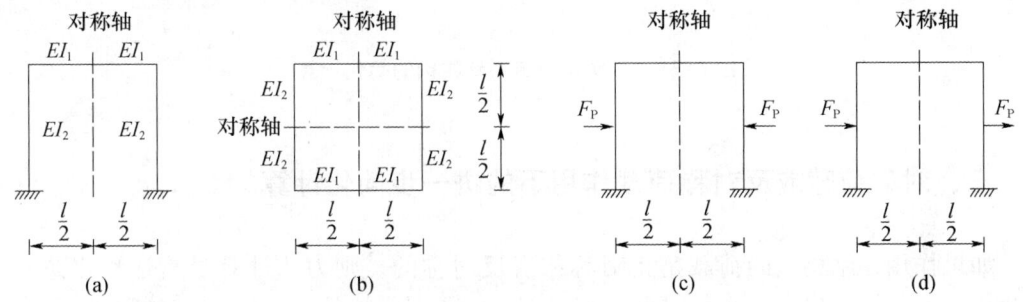

图6.20 对称结构、对称荷载和反对称荷载

二、取对称基本体系简化计算

对于对称结构，只需要取对称的体系当作基本体系，就可以达到简化计算的目的。下面以图6.21（a）中所示的两次超静定对称结构进行说明，设各杆 EI 为常数。

去掉中间铰结点，加上两对多余力 X_1 和 X_2，得到基本体系如图6.21（b）中所示。根据基本体系沿着多余力 X_1、X_2 方向的位移与原结构多余约束处的位移相同，可以建立力法的基本方程

$$\left. \begin{array}{l} \delta_{11}X_1 + \delta_{12}X_2 + \Delta_{1P} = 0 \\ \delta_{21}X_1 + \delta_{22}X_2 + \Delta_{2P} = 0 \end{array} \right\} \tag{a}$$

一般情况下（力法的基本体系为非对称体系），上式关于多余力 X_1、X_2 是互相耦合的，也即每一个基本方程中同时有多余力 X_1、X_2，这是由于副系数 δ_{12}、δ_{21} 一般情况下不为零。

但只要力法的基本体系为对称体系，则由正对称多余力 X_1 和反对称多余力 X_2 组成的副系数 $\delta_{12}=\delta_{21}$ 一定是零。如图 6.21（c）、（d）中所示分别为正对称的 $\overline{M}_1$ 图和反对称的 $\overline{M}_2$ 图，则有

$$\delta_{12} = \delta_{21} = \sum \int \frac{\overline{M}_1 \overline{M}_2}{EI} \mathrm{d}s = 0 \tag{b}$$

这样，力法基本方程（a）式简化为

$$\left.\begin{aligned}\delta_{11}X_1 + \Delta_{1P} &= 0\\ \delta_{22}X_2 + \Delta_{2P} &= 0\end{aligned}\right\} \tag{c}$$

可以看到，力法基本方程已分开为两组：一组中只含有正对称的未知量，另外一组只含有反对称的未知量，从而简化了力法的计算过程。

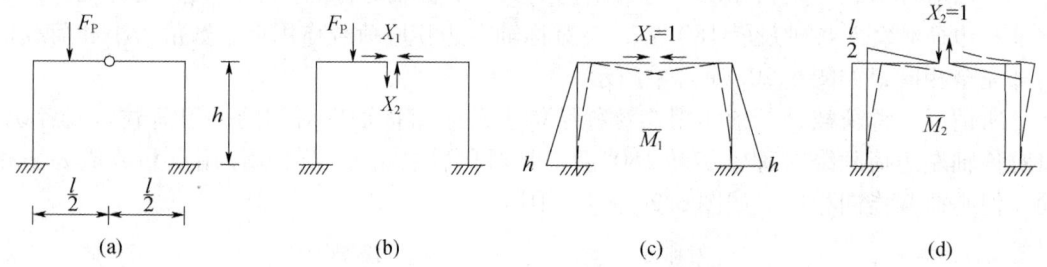

图 6.21　两次超静定对称结构的简化计算

三、对称荷载或反对称荷载作用下的进一步简化计算

如果作用在结构上的荷载是正对称或者反对称的，则力法计算过程还可以进一步简化。

1. 正对称荷载作用下的进一步简化

下面以图 6.22（a）中所示的对称荷载作用下的两次超静定结构进行说明，设各杆 EI 为常数。此时，力法的基本体系如图 6.22（b）中所示，对称截面上只有正对称的多余未知力 X_1 待求，反对称的多余力 $X_2=0$。因为此时对称荷载作用下的弯矩图 M_P 图是对称的，如图 6.22（c）中所示。利用 M_P 图和图 6.21（d）中所示反对称的 $\overline{M}_2$ 图，通过图乘，则有自由项 Δ_{2P} 为

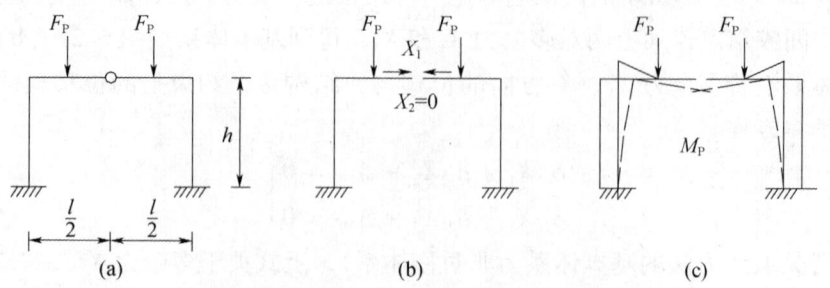

图 6.22　对称荷载作用下的进一步简化

$$\Delta_{2P} = \sum \int \frac{\overline{M}_2 M_P}{EI} ds = 0 \tag{d}$$

从力法基本方程（c）式第二式，得到

$$X_2 = 0 \tag{e}$$

求得多余力 X_1 后，图 6.22（a）的弯矩图和变形图可以根据叠加原理得出。例如弯矩图可由 $M = \overline{M}_1 X_1 + M_P$ 得出。从图 6.21（c）、图 6.22（c）中知道，由于 $\overline{M}_1$、M_P 图及其变形图都是对称的，故图 6.22（a）的弯矩图和变形图亦为关于对称轴对称的。

2. 反对称荷载作用下的进一步简化

下面以图 6.23（a）中所示的反对称荷载作用下的两次超静定结构进行说明，设各杆 EI 为常数。此时，力法的基本体系如图 6.23（b）中所示，对称截面上只有反对称的多余未知力 X_2 待求，正对称的多余力 $X_1 = 0$。因为此时反对称荷载作用下的弯矩图 M_P 图是反对称的，如图 6.23（c）中所示。利用 M_P 图和图 6.21（c）中所示正对称的 $\overline{M}_1$ 图，通过图乘，则有自由项 Δ_{1P} 为

$$\Delta_{1P} = \sum \int \frac{\overline{M}_1 M_P}{EI} ds = 0 \tag{f}$$

从力法基本方程（c）式第一式，得到

$$X_1 = 0 \tag{g}$$

求得多余力 X_2 后，图 6.23（a）的弯矩图和变形图可以根据叠加原理得出。例如弯矩图可由 $M = \overline{M}_2 X_2 + M_P$ 得出。从图 6.21（d）、图 6.23（c）中知道，由于 $\overline{M}_2$、M_P 图及其变形图都是反对称的，故图 6.23（a）的弯矩图和变形图亦为关于对称轴反对称的。

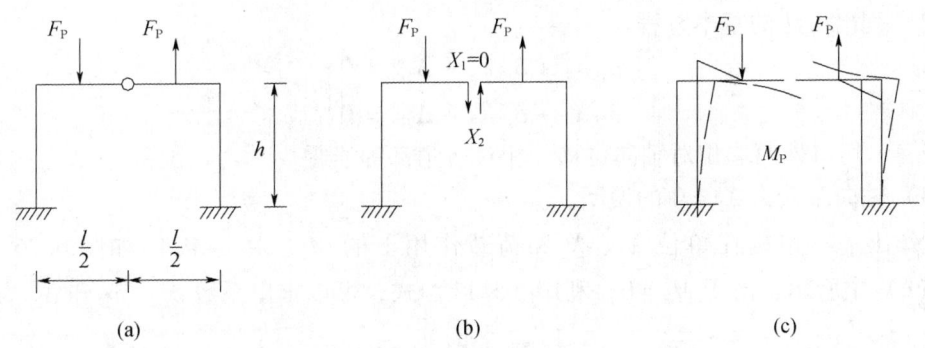

图 6.23 反对称荷载作用下的进一步简化

四、作用在对称结构上的非对称荷载可以分解为对称荷载和反对称荷载的和

如果作用在对称结构上的荷载是非对称荷载，可将荷载分解为正对称荷载和反对称荷载两组的和，如图 6.24 中所示。对正对称荷载和反对称荷载可以利用上述的简化方法计算，将两者结果叠加，就得到原荷载作用下的内力图。

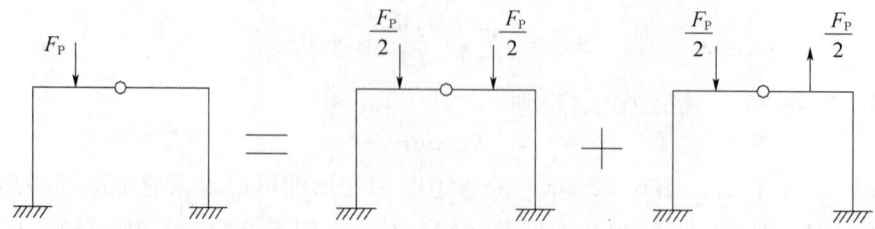

图 6.24　将任一荷载分解为正对称和反对称荷载的和

[例 6-6] 试用力法计算图 6.25（a）中所示对称结构在跨中 F_P 作用下的弯矩图。杆件的抗弯刚度为 EI，抗拉刚度 EA 为有限值。

解：（1）选取对称基本体系。

该结构为对称结构，可将作用在跨中的集中荷载 F_P 视为由两个对称的 $F_P/2$ 的和，故荷载也是对称的，从而在对称截面上只有正对称的未知力 X_1 和 X_2，反对称的多余力 $X_3 = 0$，基本体系如图 6.25（b）中所示。

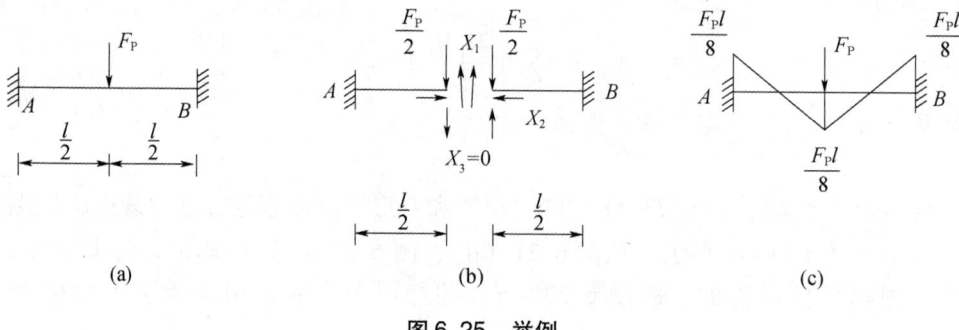

图 6.25　举例

（2）列出力法的基本方程。

$$\left.\begin{aligned}\delta_{11}X_1 + \delta_{12}X_2 + \Delta_{1P} = 0\\ \delta_{21}X_1 + \delta_{22}X_2 + \Delta_{2P} = 0\end{aligned}\right\} \quad \text{(h)}$$

该方程表示切口处两端相对轴向位移、相对转角都等于零。

（3）轴向多余力 $X_2 = 0$ 的说明。

①作出基本结构在单位 X_1、X_2 和荷载作用下的 $\overline{M}_1$、$\overline{M}_2$、M_P 图如图 6.26（a）、(b)、(c) 中所示，由于 $\overline{M}_2 = 0$，利用（5.11）式，可以求出系数 δ_{21}、δ_{22} 和 Δ_{2P} 为

$$\delta_{21} = \sum \int \frac{\overline{M}_1 \overline{M}_2}{EI} ds = 0$$

$$\delta_{22} = \sum \int \frac{\overline{M}_2 \overline{M}_2}{EI} ds = 0$$

$$\Delta_{2P} = \sum \int \frac{\overline{M}_2 M_P}{EI} ds = 0$$

代入力法基本方程（h）式第二式，得到轴向多余力 X_2 可为任意值。只有当杆件抗拉刚度 $EA \to \infty$ 时，此结论才成立。当抗拉刚度 EA 为有限值时，多余力 $X_2 = 0$，解释如下。

②作出基本结构在单位 X_1、X_2 和荷载作用下的剪力图 $\overline{F}_{Q1}$、$\overline{F}_{Q2}$ 和 F_{QP} 如图 6.26

(d)、(e)、(f) 中所示，轴力图 $\overline{F}_{N1}$、$\overline{F}_{N2}$ 和 F_{NP} 如图 6.26（g）、(h)、(i) 中所示，利用 (5.10) 式，可以求出系数 δ_{21}、δ_{22} 和 Δ_{2P} 为

$$\delta_{21} = \sum \int \frac{\overline{F}_{N1}\overline{F}_{N2}}{EA}ds + \sum \int \frac{\overline{M}_1\overline{M}_2}{EI}ds + \sum \int k\frac{\overline{F}_{Q1}\overline{F}_{Q2}}{GA}ds = 0$$

$$\Delta_{2P} = \sum \int \frac{\overline{F}_{N2}F_{NP}}{EA}ds + \sum \int \frac{\overline{M}_2 M_P}{EI}ds + \sum \int k\frac{\overline{F}_{Q2}F_{QP}}{GA}ds = 0$$

$$\delta_{22} = \sum \int \frac{\overline{F}_{N2}\overline{F}_{N2}}{EA}ds + \sum \int \frac{\overline{M}_2\overline{M}_2}{EI}ds + \sum \int k\frac{\overline{F}_{Q2}\overline{F}_{Q2}}{GA}ds = \frac{l}{EA}$$

代入力法基本方程（h）式第二式，得到轴向多余力 $X_2 = 0$。

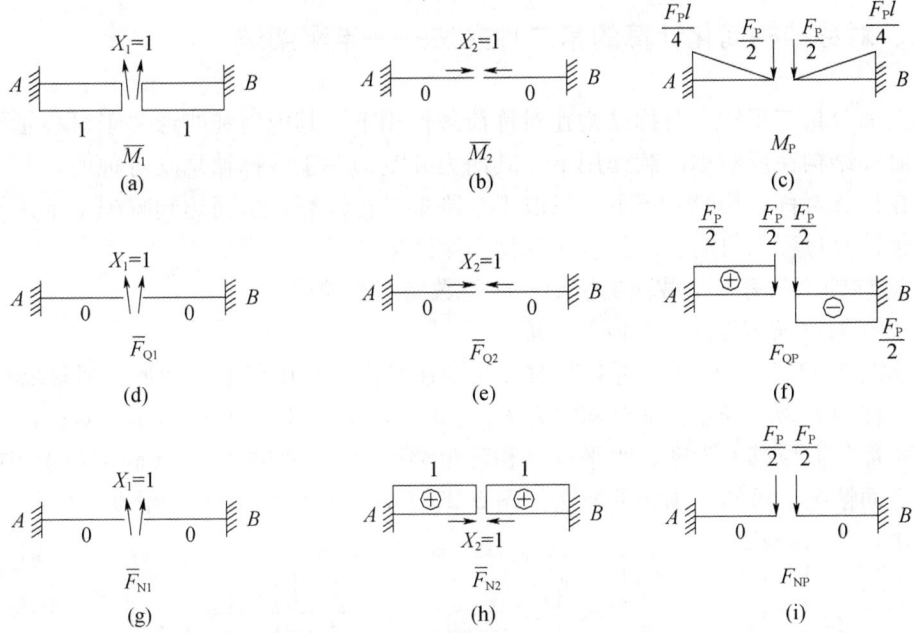

图 6.26 单位 X_1、X_2 和荷载作用下的内力图

由以上可以看出，考虑轴向应变、剪切应变引起的位移之后，只对系数 δ_{22} 有影响，使其不再为零，对其他系数没有影响，从而得到 $X_2 = 0$。

采用上面类似的分析可知，对于抗拉刚度 EA 为有限值的各类单跨超静定梁（不一定对称，比如一端固支，另一端铰支；或者一端固支，另一端滑动支承）在各种竖向荷载（不一定为对称荷载，只要没有水平力分量）作用下，杆件中各截面的轴力一定是零。今后在碰到单跨超静定梁在竖向荷载作用下，就可以不用考虑多余的轴力，或者说，轴力恒为零，从而可以减少一次超静定的次数，使得计算的过程变得简洁，并且对于简化后力法基本方程系数的计算只需考虑由曲率引起的位移。

(4) 求柔度系数 δ_{11} 和自由项 Δ_{1P}。

由此可知，基本体系中只有多余力 X_1 待求。根据图 6.26（a）、(c) 中 $\overline{M}_1$ 和 M_P，利用图乘，可以求出系数 δ_{11} 和 Δ_{1P} 为

$$\delta_{11} = \sum \int \frac{\overline{M}_1^2 ds}{EI} = \frac{1 \times l \times 1}{EI} = \frac{l}{EI}$$

$$\Delta_{1P} = \sum \int \frac{\overline{M}_1 M_P}{EI} ds = \frac{-1}{EI} \times 2 \times \frac{1}{2} \times \frac{l}{2} \times \frac{F_P l}{4} \times 1 = -\frac{F_P l^2}{8EI}$$

（5）求多余力 X_1。

将 δ_{11} 和 Δ_{1P} 代入（h）式，得 X_1 为

$$X_1 = \frac{F_P l}{8}$$

X_1 的方向与假设的方向相同，使跨中截面下端受拉。

（6）作弯矩图。

根据叠加原理，弯矩图可由 $M = \overline{M}_1 X_1 + M_P$ 得出，如图 6.25（c）中所示。

五、对称结构简化计算的第二种方法——半刚架法

从上面分析三得知：对称结构在对称荷载作用下，其内力和变形关于对称轴是正对称的；对称结构在反对称荷载作用下，其内力和变形关于对称轴是反对称的。利用这一特点，在计算对称结构时，还可以只取半个刚架进行计算，从而达到减少基本未知量个数，简化计算过程的目的。这种方法就称为半刚架法。

1. 对称轴上只有一个截面的情形——奇数跨对称结构

（1）正对称荷载作用下半刚架的取法。

考虑图 6.27（a）中所示奇数跨对称结构在对称荷载作用下的情形，对称截面 C 上只有正对称内力 M_C、F_{NC}，反对称内力 $F_{QC}=0$，如图 6.27（b）中所示；对称截面 C 上只有正对称竖向位移不为零，水平位移和转角都等于零，如图 6.27（a）、（c）中所示。综合两方面情况，可知半刚架的取法如图 6.27（d）中所示，C 端为滑动支座。

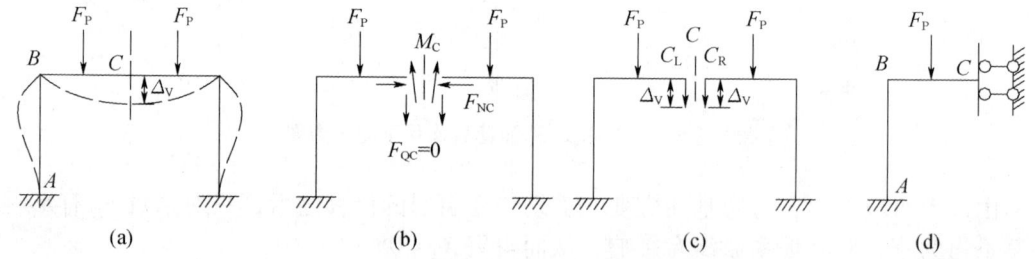

图 6.27 奇数跨对称荷载作用下半刚架的取法

对称截面 C 上只有竖向位移不为零，水平位移和转角都等于零，可以解释如下：对称截面 C 上的非零的位移必须同时满足连续性要求和对称性要求。图 6.27（c）中的 C、C 截面右端 C_R 及对称的 C 截面左端 C_L 为无限靠近的三个点，为了清晰起见，三点之间的间距放大到如图中所示。先来看对称截面 C 上只有竖向位移不为零的解释：当 C_R 存在向下的竖向位移 Δ_V 时，由于位移的连续性要求，故 C_L 的竖向位移也必须为向下的 Δ_V，这样 C 截面左右才能在竖向位移发生的过程中不产生断裂；这样的位移同时也是对称位移，故对称截面 C 上的竖向位移为非零位移。再来看对称截面 C 上水平位移等于零的解释：若 C_R 存在向右的非零的水平位移，由位移的连续性要求，故 C_L 的水平位移也为等值的向右的非零位移，满足位移连续性的水平位移是反对称的；为了同时满足

水平位移必须是对称位移的要求，只能是对称截面 C 上水平位移为零。同理，可以知道，对称截面 C 上转角为零。

（2）反对称荷载作用下半刚架的取法。

考虑图 6.28（a）中所示奇数跨对称结构在反对称荷载作用下的情形，对称截面 C 上只有反对称内力 F_{QC}，对称内力 $M_C = 0$、$F_{NC} = 0$；对称截面 C 上正对称竖向位移为零，反对称水平位移和转角都不等于零，如图 6.28（a）、（b）、（c）中所示。综合两方面情况，可知半刚架的取法如图 6.28（d）中所示，C 端为滚轴支座。

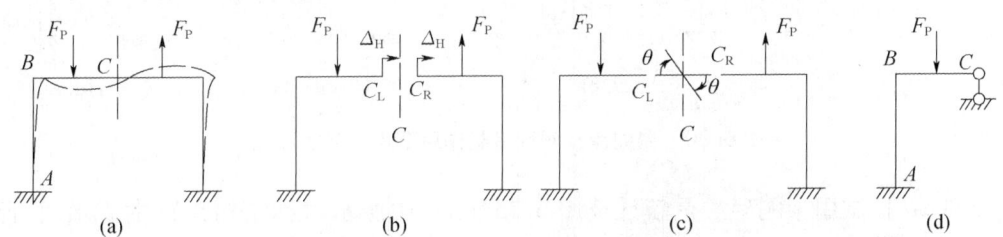

图 6.28 奇数跨反对称荷载作用下半刚架的取法

2. 对称轴上有无穷多个截面的情形——偶数跨对称结构

（1）正对称荷载作用下半刚架的取法。

考虑图 6.29（a）中所示偶数跨对称结构在对称荷载作用下的情形，抗弯刚度为 EI 的中间柱 CD 位于对称轴上。把该柱视为由对称的抗弯刚度为 $EI/2$ 的两根半柱 $C_L D_L$ 和 $C_R D_R$ 组成，两半柱之间的跨度为零，如图 6.29（b）中所示，从而把偶数跨对称轴上有无穷多个截面的情形转化为奇数跨对称轴上只有一个截面的情形。根据两半柱内力的对称性，可知中间柱 CD 各截面上只有轴力不为零，剪力和弯矩都等于零，如图 6.29（b）中所示。再根据奇数跨对称结构在正对称荷载作用下半刚架的取法，可知半刚架如图 6.29（c）中所示。考虑到对称截面 C 上水平位移和转角都等于零，又由于忽略中间柱 $C_L D_L$ 轴向应变引起的位移，故对称截面 C 亦无竖向位移，从而在计算结构的弯矩图时可以把对称截面 C 进一步简化成固定端。半刚架如图 6.29（d）中所示，C 端为固定端。

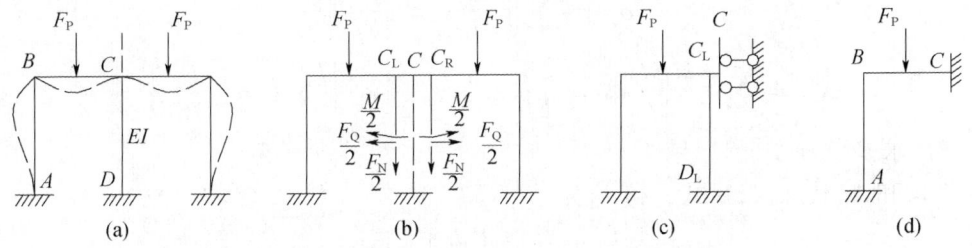

图 6.29 偶数跨对称荷载作用下半刚架的取法

（2）反对称荷载作用下半刚架的取法。

考虑图 6.30（a）中所示偶数跨对称结构在反对称荷载作用下的情形，同样如图 6.30（b）中所示引入 $C_L C_R$ 跨之后，从而原对称问题转化为只有一个对称截面的奇数跨情形。根据两半柱内力的反对称性，可知中间柱 CD 各截面上只有轴力等于零，剪力和弯矩都不等于零。再根据奇数跨对称结构在反对称荷载作用下半刚架的取法，可知半刚架如图 6.30（c）中所示。考虑到 C、C_L 无限靠近，作用在 C 处支杆上的支座反力

可视为沿着半柱 C_LD_L 的轴线方向，在忽略轴向应变引起的位移时，只会引起半柱的轴力，不会引起结构中的弯矩。故在计算结构的弯矩图时，可以进一步把该支杆去掉，半刚架如图 6.30（d）中所示。

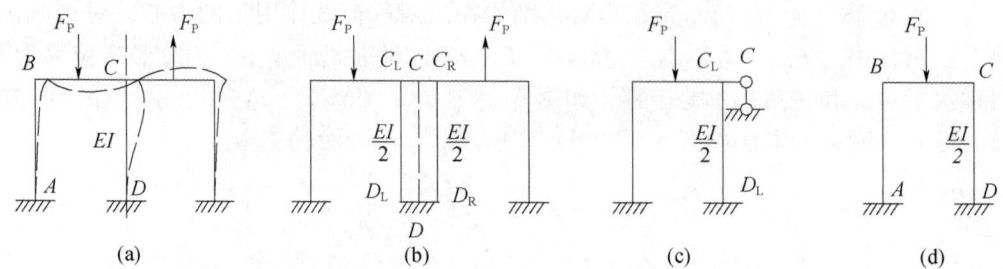

图 6.30 偶数跨反对称荷载作用下半刚架的取法

[**例 6-7**] 试用半刚架法重新计算图 6.25（a）中所示对称结构在跨中 F_P 作用下的弯矩图。

解：（1）选取半边结构。

该结构为单跨对称结构对称荷载，故半边结构的取法如图 6.31（b）中所示。

（2）选取半边结构的基本体系。

半边结构是两次超静定结构，考虑到轴向多余力 $X_2=0$，故超静定次数为一次，基本体系如图 6.31（c）中所示。

（3）列出力法的基本方程。

$$\delta_{11}X_1 + \Delta_{1P} = 0 \qquad (i)$$

该方程表示基本体系 C 端的转角为零。

（4）求柔度系数 δ_{11} 和自由项 Δ_{1P}。

作出 $\overline{M}_1$ 和 M_P 图如图 6.31（d）、（e）中所示，利用图乘，可以求出系数 δ_{11} 和 Δ_{1P} 为

$$\delta_{11} = \sum \int \frac{\overline{M}_1^2 \mathrm{d}s}{EI} = \frac{l}{2EI}$$

$$\Delta_{1P} = \sum \int \frac{\overline{M}_1 M_P}{EI} \mathrm{d}s = \frac{-1}{EI} \times \frac{1}{2} \times \frac{l}{2} \times \frac{F_P l}{4} \times 1 = -\frac{F_P l^2}{16EI}$$

（5）求多余力 X_1。

将 δ_{11} 和 Δ_{1P} 代入（i）式，得 X_1 为

$$X_1 = F_P l/8$$

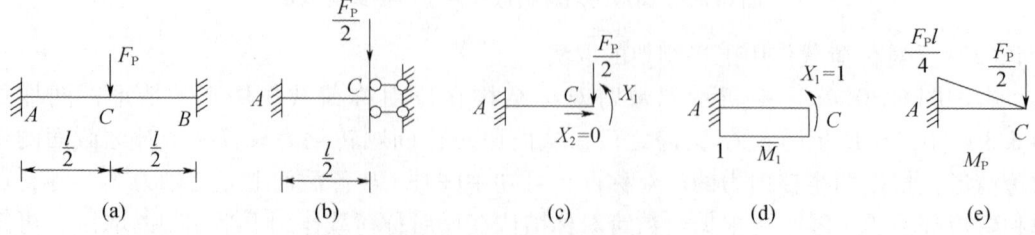

图 6.31 半刚架法举例

（6）作弯矩图。

左半边结构 AC 弯矩图可由 $M = \overline{M}_1 X_1 + M_P$ 得出，右半边结构 CB 弯矩图可以根据对称获得，结构的弯矩图如图6.25（c）中所示。

第六节　支座移动和温度改变时超静定结构的计算

与静定结构在支座移动、温度改变等非荷载因素作用下不会在结构中引起内力不同，超静定结构中由于多余约束的限制作用，在支座移动、温度改变时都会在结构中引起内力，称为自内力。利用力法计算自内力时，其基本思路和荷载作用时相同，只需注意到此时力法的自由项分别是基本结构在支座移动或者变温作用下引起的位移。下面通过例题进行说明。

一、温度改变时超静定结构的计算

[**例6-8**]　计算图6.32（a）中梁由于图示变温引起的内力图。梁为矩形截面，抗弯、抗拉刚度分别为 EI、EA，截面高度为 h，材料的线膨胀系数为 α，$t_1 > t_2 > 0°$。

解：（1）选取基本体系。

去掉 B 端的两个多余约束，加上多余力 X_1、X_2 得到基本体系如图6.32（b）中所示。

（2）列出力法的基本方程。

$$\left.\begin{array}{l}\delta_{11} X_1 + \delta_{12} X_2 + \Delta_{1t} = 0 \\ \delta_{21} X_1 + \delta_{22} X_2 + \Delta_{2t} = 0\end{array}\right\} \quad (a)$$

该方程表示基本体系 B 端的转角、水平位移在多余力 X_1、X_2 和变温作用下都为零，其中 Δ_{1t}、Δ_{2t} 为自由项，表示基本结构由于变温引起 B 端的转角、水平位移。

（3）求柔度系数 δ_{ij} 和自由项 Δ_{1t}、Δ_{2t}。

① 柔度系数 δ_{ij} 表示基本结构在单位多余力 X_1、X_2 作用下引起的位移，一般情况下对于梁只需要计算由曲率引起的部分，而忽略轴向应变引起的位移。但在图6.32（a）中显然轴力不为零，因为变温时，杆件水平方向的自由伸长受到滑动支座的约束，会引起非零的水平约束反力。为了得到该水平力，故在计算 δ_{ij} 时采用同时考虑曲率和轴向应变的位移计算公式。作出 $\overline{M}_1$ 和 $\overline{F}_{N1}$、$\overline{M}_2$ 和 $\overline{F}_{N2}$ 图如图6.32（c）、（d）中所示，求得柔度系数 δ_{ij} 为

$$\delta_{11} = \sum \int \frac{\overline{M}_1^2 \mathrm{d}s}{EI} + \sum \int \frac{\overline{F}_{N1}^2 \mathrm{d}s}{EA} = \frac{l}{EI}$$

$$\delta_{12} = \delta_{21} = \sum \int \frac{\overline{F}_{N1} \overline{F}_{N2}}{EA} \mathrm{d}s + \sum \int \frac{\overline{M}_1 \overline{M}_2}{EI} \mathrm{d}s = 0$$

$$\delta_{22} = \sum \int \frac{\overline{M}_2^2 \mathrm{d}s}{EI} + \sum \int \frac{\overline{F}_{N2}^2 \mathrm{d}s}{EA} = \frac{l}{EA}$$

②自由项 Δ_{1t}、Δ_{2t} 的计算。杆件的轴线变温 t_0 和上、下边缘温差 Δt 为

$$t_0 = \frac{t_1 + t_2}{2} \qquad \Delta t = t_1 - t_2$$

利用 (5.21b) 式求得自由项 Δ_{1t}、Δ_{2t} 为

$$\Delta_{1t} = \sum \alpha t_0 \int \overline{F}_{N1} ds + \sum \frac{\alpha \Delta t}{h} \int \overline{M}_1 ds = -\frac{\alpha \Delta t l}{h}$$

$$\Delta_{2t} = \sum \alpha t_0 \int \overline{F}_{N2} ds + \sum \frac{\alpha \Delta t}{h} \int \overline{M}_2 ds = \alpha t_0 l$$

注意 Δt 和 $\overline{M}_1$ 使得梁的不同侧受拉,故自由项 Δ_{1t} 为负。

(4) 求多余力 X_1、X_2。

将 δ_{ij} 和 Δ_{1t}、Δ_{2t} 代入 (a) 式,得 X_1、X_2 为

$$X_1 = \frac{EI\alpha \Delta t}{h} \qquad X_2 = -EA\alpha t_0$$

(5) 作内力图。

弯矩图由 $M = \overline{M}_1 X_1 + \overline{M}_2 X_2$ 得出,轴力图由 $F_N = \overline{F}_{N1} X_1 + \overline{F}_{N2} X_2$ 得出,梁的内力图如图 6.32 (e)、(f)、(g) 中所示。

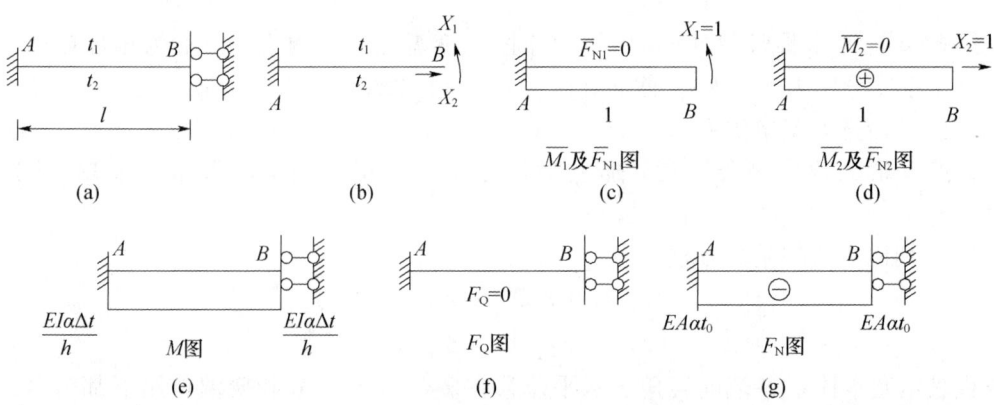

图 6.32 变温时自内力的计算举例

从弯矩图可以看到:超静定结构由于变温引起的弯矩图与杆件抗弯刚度 EI 的绝对值成正比,这是与荷载作用下的情况不同的;弯矩图出现在相对变温低的一侧。

二、支座移动时超静定结构的计算

[例 6-9] 图 6.33 (a) 中所示的超静定结构左端 A 有转角 θ,试作结构的弯矩图。

解:(1) 超静定结构支座移动时产生自内力的说明。为了清楚地理解超静定结构由左端 A 转角 θ 引起的变形和受力的特点,我们把固定端 A 换成等效的约束,由两根平行于杆轴的链杆和一根垂直于杆轴的链杆构成,如图 6.33 (b) 中所示,其中带阴影部分表示基础。当左端 A 发生转角 θ 就是基础部分发生了转角 θ,由于固定端 A 左右两部分之间不能有相对转角,故杆端 A 必然也产生相同的转角 θ。如果结构是静定的,则右端 B 处有向下的刚体位移 Δ,静定结构中有位移但无内力,如图 6.33 (c) 中所示。但

是，由于原超静定结构在右端 B 处有多余支杆，B 端向下的位移受到该支杆的约束，从而会在该支杆引起约束反力，进而在结构中产生自内力，杆件 AB 的变形情况如图 6.33（d）中所示，与图 6.33（a）中完全相同。从图 6.33（d）可以看到，尽管 A 端有转角 θ，A 端还是可以提供约束力矩的。

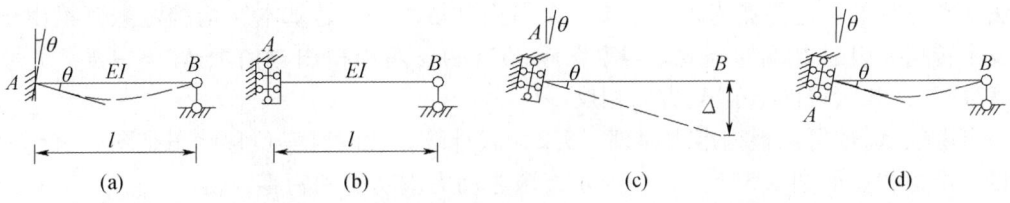

图 6.33　超静定结构支座移动时的自内力计算

（2）用力法计算自内力。原结构图 6.33（a）是一次超静定的，取基本体系如图 6.34（a）中所示。利用基本体系在 A 端沿着多余力 X_1 方向的位移条件与原结构 A 端的多余约束处的位移条件完全一致，可以得到力法的基本方程如下

$$\Delta_1 = \theta \tag{b}$$

注意力法基本方程的右边不再为零，而是原结构 A 端的转角 θ 值。把上式左边展开，则有

$$\delta_{11} X_1 = \theta \tag{c}$$

利用图 6.34（b）中所示 $\overline{M}_1$ 图，通过图乘，可求得柔度系数 δ_{11} 为

$$\delta_{11} = \frac{1}{2EI} \times l \times 1 \times \frac{2}{3} \times 1 = \frac{l}{3EI}$$

代入公式（c），求得

$$X_1 = \frac{3EI\theta}{l}$$

利用 $M = \overline{M}_1 X_1$，可得弯矩图如图 6.34（c）中所示。可见，与荷载作用时超静定结构弯矩图由荷载和多余力两部分共同引起，且内力图只与各杆件 EI 的相对值有关不同，支座移动时超静定结构的弯矩图全部是由多余力引起的，且自内力的大小与杆件 EI 的绝对值有关，EI 越大，自内力越大。

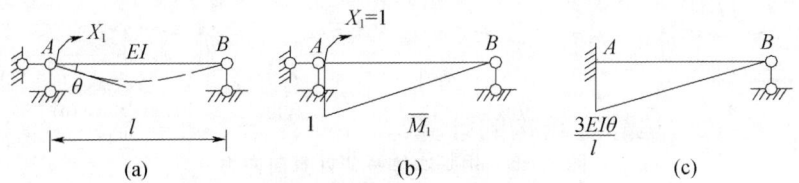

图 6.34　用基本体系 1 计算自内力

（3）取不同的基本体系进行计算。也可以取如图 6.35（a）中所示的体系作为基本体系进行计算。注意到无论怎样调整多余力 X_2（为方便下面第四点的比较，一次超静定的多余力改用 X_2 表示）的值，A 端的转角都是零，与原结构 A 端的转角为 θ 不同。故为满足基本体系 2 的变形条件能与原结构相同，必须要增加 A 端发生转角 θ 这个因素。利用基本体系 2 沿着多余力 X_2 方向的位移条件与原结构 B 端的位移条件相同，可以得

到如下的力法的基本方程：

$$\Delta_2 = 0 \tag{d}$$

把上式左边展开，则有

$$\delta_{22}X_2 + \Delta_{2c} = 0 \tag{e}$$

力法基本方程的右边仍然为零，左边出来自由项 Δ_{2c}，Δ_{2c} 是基本结构静定悬臂梁由于 A 端发生转角 θ 引起 B 端的挠度。观察图 6.35（c），可以得出自由项 $\Delta_{2c} = -\theta l$，负号表示 Δ_{2c} 向下，与假设向上的 X_2 方向相反。

自由项 Δ_{2c} 也可以根据虚力原理（5.2）式计算，此时真实位移状态是图 6.35（c），虚设单位力状态如图 6.35（b）中所示，由主动力虚功的和为零，得

$$1 \times \Delta_{2c} + \theta \times l = 0 \tag{f}$$

也得出自由项 $\Delta_{2c} = -\theta l$。

利用图 6.35（b）中所示 $\overline{M}_1$ 图，通过图乘，可求得柔度系数 δ_{22} 为

$$\delta_{22} = \frac{1}{2EI} \times l \times l \times \frac{2}{3} \times l = \frac{l^3}{3EI}$$

将 Δ_{2c}、δ_{22} 代入公式（e），求得

$$X_2 = \frac{3EI\theta}{l^2}$$

利用 $M = \overline{M}_2 X_2$，可得弯矩图仍然如图 6.34（c）中所示。

（4）不同的基本体系计算结果一致性的必然性说明。以上基本体系 1 和 2 计算得到的弯矩图完全相同，这是必然的，下面对此进行简要说明。无论基本体系 1 或者 2，通过取杆件 AB 为隔离体，对 A 点取矩，如图 6.35（d）中所示，可以得到 X_1、X_2 之间的关系都为

$$X_1 = X_2 l \tag{g}$$

只不过，在基本体系 1 中，基本未知量取为 X_1，求得 X_1 后，再通过上式可求得 X_2；而在基本体系 2 中，基本未知量取为 X_2，求得 X_2 后，再通过上式可求得 X_1。故基本体系 1、2 的受力情况完全相同，二者的弯矩表达式 $M(x)$ 也完全相同，$M(x)$ 有一个待求多余力 X_1 或者 X_2。

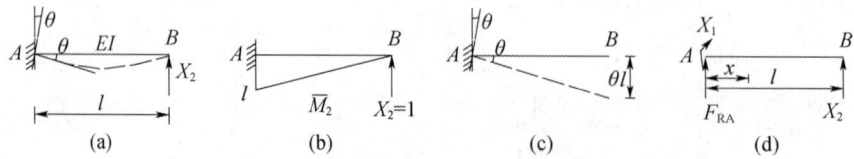

图 6.35 用基本体系 2 计算自内力

又从材料力学中知道，可以利用下式求杆件 AB 的挠度表达式

$$EIw'' = -M(x) \tag{h}$$

积分两次得

$$EIw = -\int\left[\int M(x)\,\mathrm{d}x\right]\mathrm{d}x + C_1 x + C_2 \tag{i}$$

从原结构看，此时一共有三个待求量：$M(x)$ 表达式中的一个待求多余力 X_1 或者 X_2、

两个积分常数 C_1、C_2。须满足的边界条件共有三个：A 端的挠度为零、转角为 θ 和 B 端的挠度为零。注意 B 端的曲率为零这个边界条件已经得到满足，因为 B 端的弯矩为零。从须满足的三个边界条件就可以求得唯一的一组三个待求量来，由此知道，原结构的挠度表达式是唯一确定的。

在力法中，我们并不需要求得挠度的表达式，而是关心如何求得多余力 X_1 或者 X_2。在基本体系 1 中 A、B 两端的挠度为零已经得到满足，通过调整多余力 X_1 使得 A 端转角为 θ 这个边界条件也得到满足，由此确定多余力 X_1 的值。在基本体系 2 中 A 端的挠度为零、转角为 θ 已经得到满足，通过调整多余力 X_2 使得 B 端挠度为零，由此确定多余力 X_2 的值。基本体系 1、2 尽管求得多余力 X_1 或者 X_2 的过程略有不同，但是杆件的受力与变形都与原结构相同，故根据不同的基本体系最终得到的内力图和变形图都是相同的。

三、支座移动和荷载共同作用下超静定结构内力和位移计算的叠加原理

从上面知道，对于超静定结构，当仅存在支座移动时，会在结构中引起自内力。如果超静定结构上同时存在支座移动和外荷载作用，则超静定结构的内力和位移可以通过叠加原理得出，即原结构的内力和位移等于各支座位移和荷载单独作用引起的内力和位移的和。我们通过下面的例题 6-10 来对此进行说明。

[**例 6-10**] 图 6.36（a）中所示的超静定结构左端 A 有转角 θ，右端 B 处有下沉 Δ，跨中 C 处作用有集中荷载 F_P，试说明此时叠加原理成立，即原超静定结构的内力和位移等于单个支座移动 θ、Δ，以及荷载 F_P 单独作用引起的内力和位移的和，并解释叠加原理成立的原因。

解：（1）叠加原理的图示。超静定结构单独由右端 B 处下沉 Δ 引起的挠度示意图如图 6.36（b）中所示，单独由左端 A 转角 θ 引起的挠度示意图如图 6.36（c）中所示，单独由集中荷载 F_P 引起的挠度示意图如图 6.36（d）中所示，注意荷载单独作用时，支座位移全部为零。根据叠加原理，原结构的内力和位移等于单个支座移动 θ、Δ，以及荷载 F_P 单独作用引起的内力和位移的和，原结构任意一点的挠度，比如跨中 C 点，其挠度值等于单个因素作用下引起的跨中 C 点挠度的纵坐标相加，如图 6.36（a）中所示。

（2）叠加原理成立的解释。对于图 6.36（b）、（c）、（d）分别由单个支座移动 θ、Δ，以及荷载 F_P 单独作用引起的受力和位移可以通过如图 6.37（b）、（c）、（d）中对应的基本体系计算得到，为了方便解释，三种情形中的基本结构都取相同的简支梁来进行说明。图 6.37（b）为简支梁在杆端 A 外力矩 $X_{1\Delta}$ 和支杆 B 处下沉 Δ 共同作用下引起的受力和位移图；图 6.37（c）为简支梁在杆端 A 外力矩 $X_{1\theta}$ 单独作用下引起的受力和位移图；图 6.37（d）为简支梁在杆端 A 外力矩 X_{1P} 和荷载 F_P 共同作用下引起的受力和位移图。对于静定简支梁，其在各种外荷载和支座移动时共同引起的内力和位移可以通过叠加原理得到，故可以将图 6.37（b）、（c）、（d）进行叠加，其结果如图 6.37（a）中所示。而图 6.37（a）正是我们要求的图 6.36（a）的原超静定结构。由此说明，超静定结构在荷载和支座移动同时存在时，叠加原理也是成立的，即原超静定结构的内力和位移等于单个支座移动 θ、Δ，以及荷载 F_P 单独作用引起的内力和位移的和。

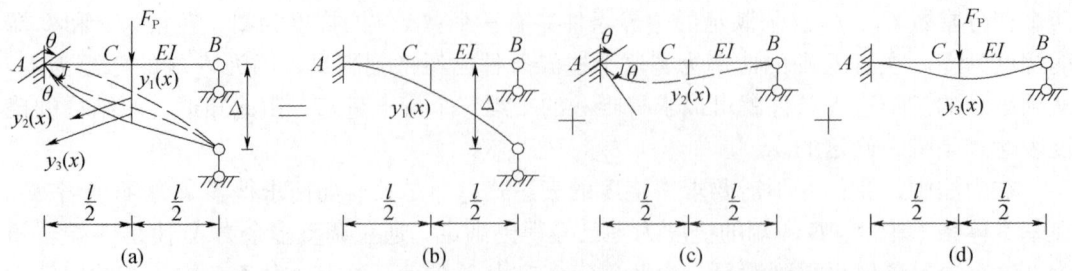

图6.36 超静定结构在支座移动和荷载共同作用下的叠加原理

(3) 叠加原理成立的原因。尽管支座发生了位移，但在建立平衡方程时还是用变形前的位置和尺寸进行计算，比如在求图6.37（a）、（b）、（c）、（d）各基本体系的柔度系数和自由项时，各弯矩图均在简支梁未产生支座位移处建立。小变形条件和线弹性物理关系，就是此处叠加原理之所以成立的原因。

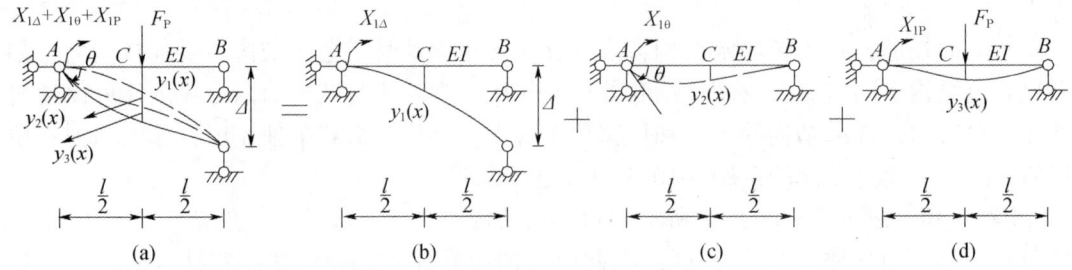

图6.37 超静定结构在支座移动和荷载共同作用下的叠加原理成立的解释

(4) 叠加原理在位移法中的应用。此处叠加原理的思路可以推广到结构中任意的直杆段中去。任意直杆段的弯矩图等于两端的杆端位移引起的弯矩图再加上荷载单独作用下引起的弯矩图。位移法中就是根据这一点得到各杆端的弯矩表达式的，在位移法中能明确看到这一点。

第七节　超静定结构的位移计算

从上节［例6-9］的分析知道：超静定结构的受力和变形与力法各基本体系的受力和变形情况完全相同。于是求原超静定结构的位移就归结为求基本体系这个静定结构的位移问题。这样，就可以直接用静定结构位移计算的一般公式（5.8）式计算得到要求的位移；虚设单位力可以施加在任意一个基本结构上。

一、四种不同情况下超静定结构的位移计算公式

利用变形体位移计算的一般公式（5.8）式，结合超静定结构各微段应变的表达式，可以得到在荷载、支座移动、温度变化和综合影响四种情形下超静定结构的位移计算公式。

1. 荷载作用下超静定结构位移计算公式

设 F_N、F_Q 和 M 为超静定结构在荷载作用下的截面内力，结构各微段应变的表达式为

$$\varepsilon = \frac{F_N}{EA} \qquad \gamma_0 = k\frac{F_Q}{GA} \qquad \kappa = \frac{M}{EI}$$

代入（5.8）式，得位移计算公式为

$$\Delta = \sum \int \frac{\overline{F}_N F_N}{EA} ds + \sum \int \frac{k\overline{F}_Q F_Q}{GA} ds + \sum \int \frac{\overline{M}M}{EI} ds \tag{6.11}$$

式中 $\overline{F}_N$、$\overline{F}_Q$、$\overline{M}$ 为虚设单位力在任意基本结构上引起的内力。

2. 支座移动作用下超静定结构位移计算公式

设 F_N、F_Q 和 M 为超静定结构在支座移动时截面的自内力，结构各微段应变的表达式为

$$\varepsilon = \frac{F_N}{EA} \qquad \gamma_0 = k\frac{F_Q}{GA} \qquad \kappa = \frac{M}{EI}$$

代入（5.8）式，得位移计算公式为

$$\Delta = \sum \int \frac{\overline{F}_N F_N}{EA} ds + \sum \int \frac{k\overline{F}_Q F_Q}{GA} ds + \sum \int \frac{\overline{M}M}{EI} ds - \sum \overline{F}_{Rk} c_k \tag{6.12}$$

式中 c_k 取决于基本体系的取法。

3. 温度变化作用下超静定结构位移计算公式

设 F_N、F_Q 和 M 为超静定结构在温度变化时截面的自内力，结构各微段应变的表达式为

$$\varepsilon = \frac{F_N}{EA} + \alpha t_0 \qquad \gamma_0 = k\frac{F_Q}{GA} \qquad \kappa = \frac{M}{EI} + \frac{\alpha \Delta t}{h}$$

代入（5.8）式，得位移计算公式为

$$\begin{aligned}\Delta = &\sum \int \frac{\overline{F}_N F_N}{EA} ds + \sum \int \frac{k\overline{F}_Q F_Q}{GA} ds + \sum \int \frac{\overline{M}M}{EI} ds + \\ &\sum \int \overline{F}_N \alpha t_0 ds + \sum \int \overline{M} \frac{\alpha \Delta t}{h} ds \end{aligned} \tag{6.13}$$

4. 综合影响下超静定结构位移计算公式

如果超静定结构上同时作用有荷载、支座移动、温度变化，则位移公式为

$$\begin{aligned}\Delta = &\sum \int \frac{\overline{F}_N F_N}{EA} ds + \sum \int \frac{k\overline{F}_Q F_Q}{GA} ds + \sum \int \frac{\overline{M}M}{EI} ds + \\ &\sum \int \overline{F}_N \alpha t_0 ds + \sum \int \overline{M} \frac{\alpha \Delta t}{h} ds - \sum \overline{F}_{Rk} c_k \end{aligned} \tag{6.14}$$

式中 F_N、F_Q 和 M 为超静定结构在全部因素影响下的截面内力，$\overline{F}_N$、$\overline{F}_Q$、$\overline{M}$ 和 $\overline{F}_{RK}$ 为虚设单位力在基本结构上引起的内力和支座反力。

二、举例

［例 6-11］ 试求例 6-9 中所示的超静定梁由于左端 A 有转角 θ 引起的跨中 C 点的挠度。

解：注意到超静定结构各点的位移与各基本体系对应点的位移完全相同，如图 6.38 中所示，图中用到了两种不同的基本体系 1、2 表示这一点，从而求原超静定梁跨中 C 点的挠度就等于求基本体系 1 或 2 跨中 C 点的挠度。下面分别根据基本体系 1、2 来计算。

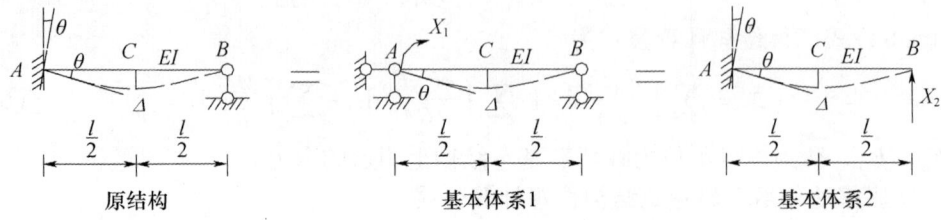

图 6.38　超静定结构的位移等于各基本体系的位移

(1) 采用基本结构 1 计算。

原结构、基本体系 1 和基本体系 2 的弯矩图如图 6.39（a）中所示。计算基本体系 1 跨中 C 点的挠度时，虚设单位力施加在基本结构 1——简支梁的跨中 C 点，并作出其弯矩图如图 6.39（b）中所示。利用（6.12）式，只考虑弯曲变形，得

$$\Delta = \sum \int \frac{\overline{M}M}{EI} ds = \frac{1}{EI}\left(\frac{1}{2} \times l \times \frac{l}{4}\right) \times \frac{3EI\theta}{2l} = \frac{3}{16}\theta l$$

跨中 C 点的挠度向下。

(2) 采用基本结构 2 计算。

计算基本体系 2 跨中 C 点的挠度时，虚设单位力施加在基本结构 2——悬臂梁的跨中 C 点，并作出其弯矩图和支座反力如图 6.39（c）中所示。利用（6.12）式，只考虑弯曲变形，得

$$\Delta = \sum \int \frac{\overline{M}M}{EI} ds - \sum \overline{F}_{Rk} c_k$$

$$= \frac{-1}{EI}\left(\frac{1}{2} \times \frac{l}{2} \times \frac{l}{2}\right) \times \frac{5}{6} \times \frac{3EI\theta}{l} - \frac{l}{2} \times (-\theta)$$

$$= \frac{3}{16}\theta l$$

跨中 C 点的挠度大小和方向都与基本体系 1 中相同。

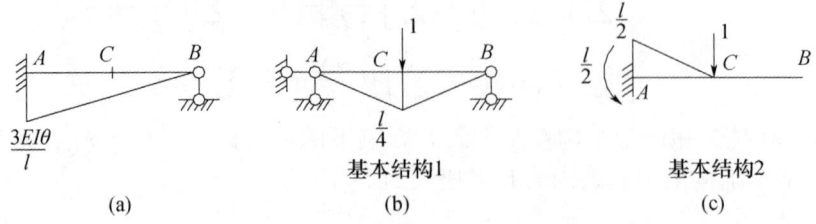

图 6.39　根据基本结构 1、2 计算

由此可知，根据不同基本体系计算超静定结构位移时，计算公式形式上可能很不相同，但最终的计算结果都是相同的。

第八节 超静定结构计算结果的校核

超静定结构的计算比较复杂,中间过程多,计算中容易出现错误。为了确保用力法计算得到的超静定结构内力的正确性,必须对最后的计算结果进行校核。校核内容包括两个方面:一是平衡条件的校核;二是位移条件的校核。

一、平衡条件的校核

平衡条件的校核是指从超静定结构中取任意部分当作隔离体,该部分在载荷、截面内力或支座反力共同作用下必须能满足平衡条件。如不能满足,则说明计算结果有误。

二、位移条件的校核

满足平衡条件只是超静定结构计算正确的必要条件。从力法的基本体系中知道,任意给定一组多余力的值,都可以得到满足平衡条件的内力值来。而只有满足沿着多余力方向的位移条件与原结构多余约束处位移条件相同的那一组多余力对应的内力才是原结构真实的内力值。故位移条件的校核是力法校核的更关键方面。

根据原结构的内力和变形都与基本体系的内力和变形相同,故在位移校核时,可以根据原结构中已知的位移:可以是支座处的给定位移或者根据位移连续性要求已知的位移,比如梁式杆任意截面两端的相对转角必须为零等,校核基本体系是否满足这些位移条件。如不能满足,则说明计算结果有误。

三、举例

[**例 6-12**] 试对例 6-8 的计算结果进行校核。

解:我们先校核平衡方面,然后校核位移条件。

(1) 平衡条件的校核。

取整体 AB 作隔离体,把各杆端内力加上,得到隔离体图如图 6.40(a)中所示,满足平衡条件。

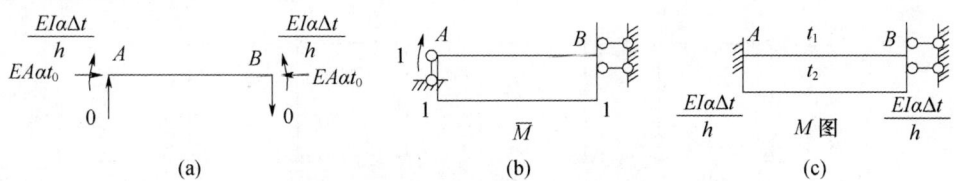

图 6.40 对例 6-8 的计算结果进行校核

(2) 位移条件的校核。

校核 A 端的转角是否等于零。为此,取基本体系如图 6.40(b)中所示,在 A 端施加单位力偶矩,得到 $\overline{M}$ 图如图中所示。原结构在变温作用下引起的弯矩图如图 6.40(c)中所示。由超静定结构位移计算公式(6.13)式,只考虑弯曲变形,得

$$\theta_A = \sum \int \frac{\overline{M}M}{EI} \mathrm{d}s + \sum \int \overline{M} \frac{\alpha \Delta t}{h} \mathrm{d}s = \frac{1}{EI} \frac{EI\alpha \Delta t}{h} l - \frac{\alpha \Delta t}{h} l = 0$$

平衡条件和位移条件都满足,说明计算正确。

思考题

1. 为什么超静定次数的判断一般从几何构成方面进行,而不从缺少的独立的力的平衡方程个数方面进行?
2. 如何理解多余力?是否完全多余,没有任何作用?
3. 如何理解基本体系是连接静定结构和超静定结构之间的桥梁?
4. 荷载作用下力法的典型方程的右边是否一定等于零?如果不是,试举一例。
5. 为什么荷载作用下超静定刚架内力大小只取决于各杆 EI 的相对大小,而非各杆 EI 的绝对值?
6. 为什么对称结构在对称荷载作用下,其剪力图是反对称的?
7. 对称偶数跨刚架在反对称荷载作用下,半刚架法时,为什么中间支杆可以去掉?
8. 计算在荷载作用下和支座移动时的超静定问题时,有何异同?
9. 为什么支座移动时,可以出现非零自由项,如何进行判断?
10. 超静定结构位移计算时,为什么单位荷载可以施加在任一基本结构上?

习题

6.1 试确定题 6.1 图中所示各结构的超静定次数,并对每个超静定结构取三种不同的基本体系。

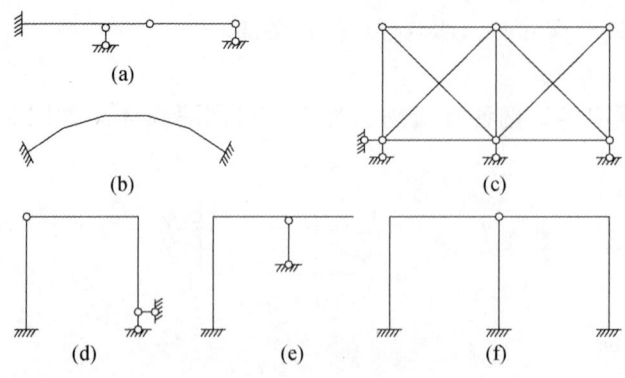

题 6.1 图

6.2 用力法作题6.2图中所示各单跨超静定梁的弯矩图，杆件 EI = 常数。

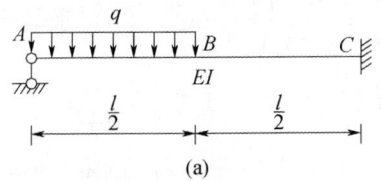
(a)

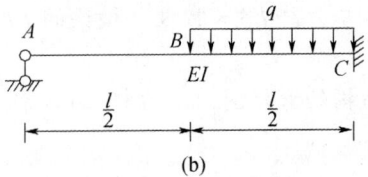
(b)

题6.2图

6.3 用力法作题6.3图中所示各刚架的弯矩图，各杆 EI = 常数。

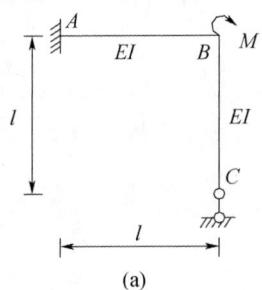
(a)

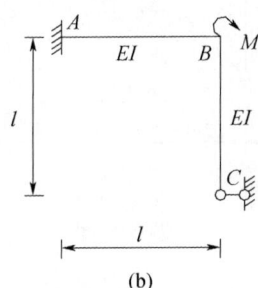
(b)

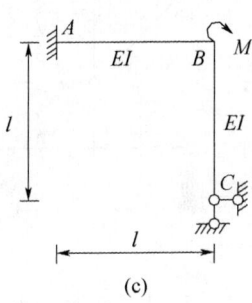
(c)

题6.3图

6.4 用力法作题6.4图中所示各桁架的轴力图，各杆 EA = 常数。

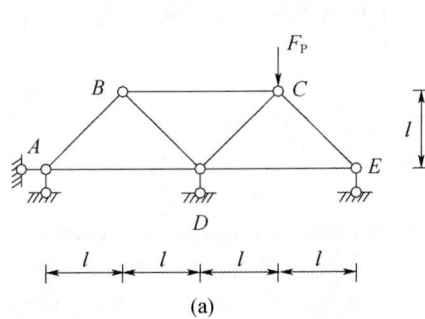
(a)

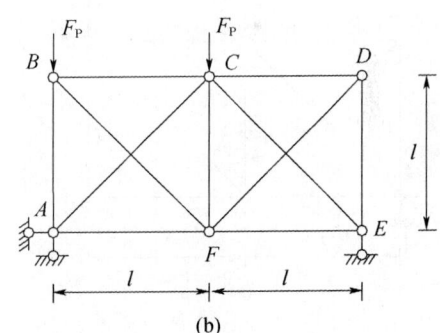
(b)

题6.4图

6.5 用力法计算题6.5图中所示各排架，作弯矩图。

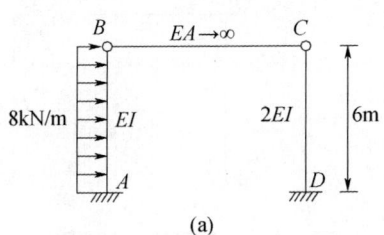
(a)

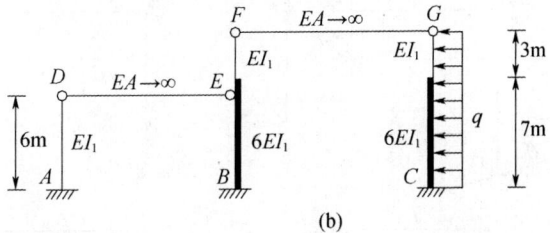
(b)

题6.5图

6.6 用力法求解题 6.6 图中所示各组合结构：(a) 求各二力杆轴力和横梁的弯矩图，各二力杆 EA = 常数，横梁的 EI = 常数，且有 $\dfrac{I}{A} = \dfrac{1}{3(1+\sqrt{2})} \text{m}^2$。(b) 求二力杆轴力和结构的弯矩图，二力杆 EA = 常数，各梁式杆的 EI = 常数，且有 $\dfrac{I}{A} = \dfrac{64}{147} \text{m}^2$。

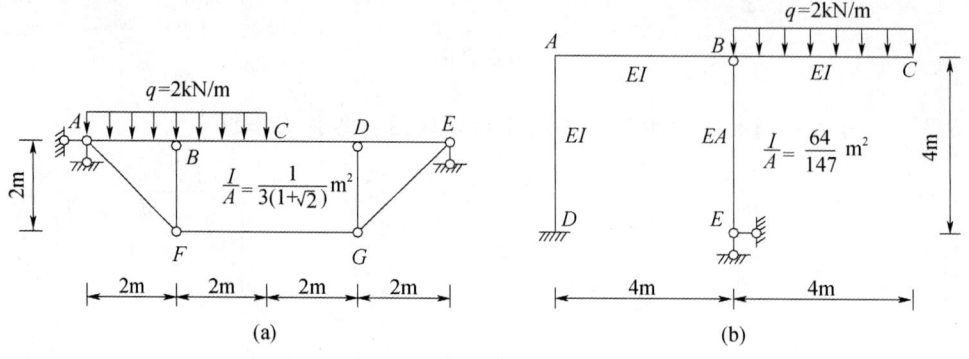

题 6.6 图

6.7 利用对称性分析题 6.7 图中所示各结构，试用力法求：(1) 图 (a) 中杆件 BF、DF 的轴力，各杆 EA = 常数。(2) 图 (b) 中结构的弯矩图，各杆 EI = 常数。

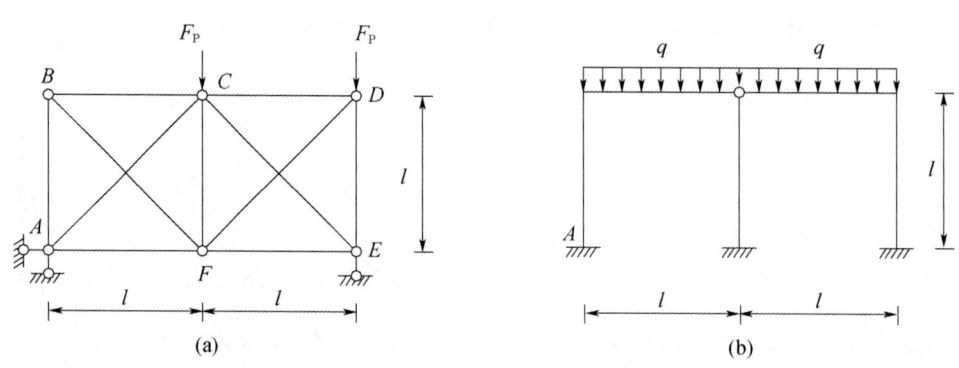

题 6.7 图

6.8 用力法作题 6.8 图中所示各刚架的弯矩图，各杆 EI = 常数。

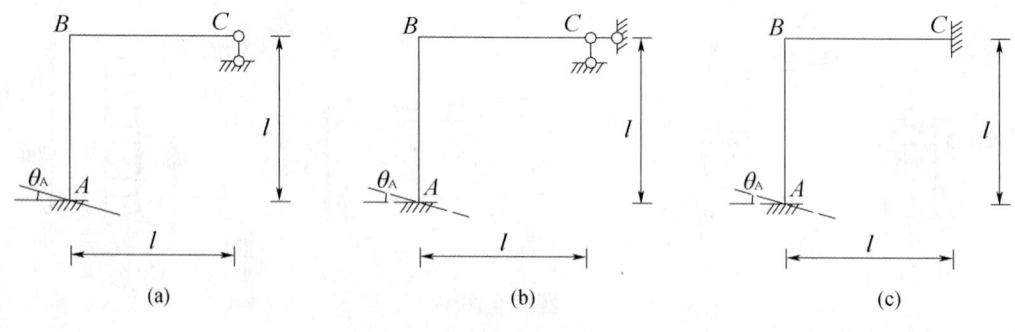

题 6.8 图

6.9 刚架及所受荷载如图所示。(a) 试用力法计算并作弯矩图。(b) 试求转角 θ_D。

6.10 图示刚架已知转角为 θ_D，与习题 6.9 中的 θ_D 相同。试证明此刚架的弯矩图和习题 6.9 中的刚架完全相同。

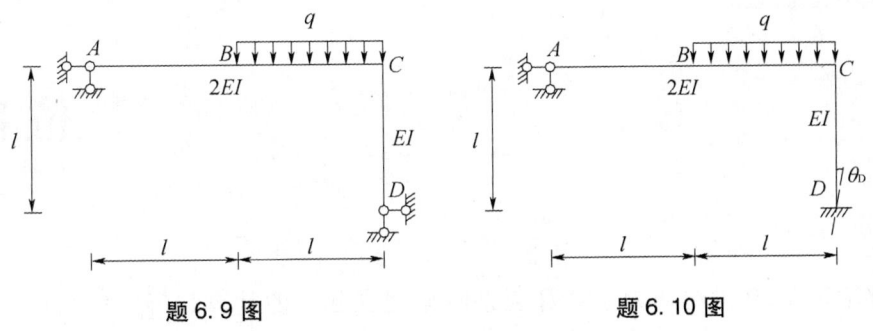

题 6.9 图　　　　　　　题 6.10 图

6.11 试对习题 6.5 中各排架的计算结果进行校核。

习题答案

6.1 题 6.1 图 (a) 一次；题 6.1 图 (b) 三次；题 6.1 图 (c) 三次；题 6.1 图 (d) 一次；题 6.1 图 (e) 一次；题 6.1 图 (f) 四次超静定。

6.2 题 6.2 图 (a) 中，$M_{CA}=7/128 \cdot ql^2$，上端受拉。题 6.2 图 (b) 中，$M_{CA}=9/128 \cdot ql^2$，上端受拉。

6.3 题 6.3 图 (a) 中，$M_{BA}=M$，上端受拉；$M_{BC}=0$；题 6.3 图 (b) 中，$M_{BA}=0.25M$，上端受拉；$M_{BC}=0.75M$，左端受拉；题 6.3 图 (c) 中，$M_{BA}=4M/7$，上端受拉；$M_{BC}=3M/7$，左端受拉。

6.4 题 6.4 图 (a) 中 $F_{RD}=0.586F_P$，方向向上；题 6.4 图 (b) 中，$F_{NBF}=0.106F_P$，受拉；$F_{NDF}=0.269F_P$，受拉。

6.5 题 6.5 图 (a) 中，$M_{AB}=72.0\text{kN}\cdot\text{m}$，左端受拉；题 6.5 图 (b) 中，$M_{CG}=31.82q$，右端受拉。

6.6 题 6.6 图 (a) 中，$F_{NFG}=3.17\text{kN}$，受拉；$M_{BA}=1.67\text{kN}\cdot\text{m}$，下端受拉；题 6.6 图 (b) 中，$F_{NBE}=-12.25\text{kN}$，受压；$M_{AB}=1.0\text{kN}\cdot\text{m}$，下端受拉。

6.7 题 6.7 图 (a) 中，$F_{NBF}=0.269F_P$，受拉；$F_{NDF}=0.106F_P$，受拉；题 6.7 图 (b) 中，图中固定端 A 端弯矩为 $M_A=ql^2/28$，右端受拉。

6.8 题 6.8 图 (a) 中，$M_{BA}=0.75EI\theta_A/l$，右端受拉；$M_{AB}=0.75EI\theta_A/l$，右端受拉；$M_{BC}=0.75EI\theta_A/l$，下端受拉；题 6.8 图 (b) 中，$M_{BA}=6EI\theta_A/7l$，左端受拉；$M_{AB}=24EI\theta_A/7l$，右端受拉；$M_{BC}=6EI\theta_A/7l$，上拉；题 6.8 图 (c) 中，$M_{BA}=EI\theta_A/l$，左端受拉；$M_{AB}=3.5EI\theta_A/l$，右端受拉；$M_{BC}=EI\theta_A/l$，上拉。

6.9 (a) 中，$M_{CD}=9ql^2/64$，右端受拉；(b) 中，$\theta_D=3ql^3/128EI$，顺时针转向。

6.10 可以证明 6.10 中 D 端的多余弯矩为零，从而两种情形弯矩图完全相同。

6.11 可以利用原结构固端转角等于零检验计算结果的对错。

第七章

位移法

位移法是在20世纪初为了计算复杂刚架建立起来的计算超静定结构的一个基本方法。

与力法采用把原结构拆成静定结构，再由静定结构过渡到超静定结构的分析思路不同，位移法是通过把结构拆成杆件，再由杆件过渡到结构的分析思路。用位移法求解超静定结构必须综合考虑平衡、几何和物理三方面的条件，具体如下：位移法中取结点的角位移和独立的结点线位移当作位移法的基本未知量；先把原结构在各结点处拆开为不同的单跨超静定梁，利用力法分析得到杆端位移、荷载和杆端力之间的关系；然后，再把单跨超静定梁拼合为原结构。在此过程中，必须满足两方面的条件：一是变形的协调条件，也就是各个杆端位移与作为基本未知量的各结点位移之间的关系。二是平衡关系，沿着各结点位移方向，必须满足各刚结点上的力矩平衡和独立的结点线位移方向的力的平衡条件，从而得到用结点位移表示的平衡方程，这就是位移法的基本方程。这样建立平衡方程的方法称为直接平衡法。

位移法中，引入关于杆端弯矩和杆端位移正负号新的约定后，在建立各角位移处的力矩平衡方程的时候，各杆端弯矩只需都按照逆时针方向施加，简化了建立平衡方程的过程。通过忽略轴向应变引起的位移，大大减少了独立结点线位移的数目，从而极大地减少了位移法的计算工作量。

除了上面所述的利用直接平衡法建立位移法的基本方程外，还可以通过位移法的基本体系的方法建立位移法的基本方程。直接平衡法直观，方便我们理解位移法的思路，但是照此法得到的基本方程各项的物理意义不甚明确。基本体系方法中通过在各结点角位移处施加附加刚臂和在各独立结点线位移方向施加附加支杆的方式，得到原结构的基本体系，在基本体系中各结点位移量变为了人为可控的主动量；当荷载作用时，让各附加约束起作用，使得各结点位移均为零，从而把原结构分解为结点处为固定端的单跨超静定梁的组合，在各附加刚臂和附加支杆上会引起约束力矩和约束力；然后放松各结点，各附加约束可以产生任意的结点位移均满足变形的协调条件，所给结点位移值不同，在附加约束上引起的约束力矩和约束力就不同。但是唯有当各结点位移的值和原结构中各结点位移值相等时，才能使得各附加约束在荷载和各结点位移作用下总的约束力矩和约束力为零，据此可以建立位移法的基本方程，为位移法的典型方程。基本体系方法中由于一次只考虑一个结点位移或者荷载的影响，从而使得位移法基本方程中各系数获得了明确的物理意义。

通过两种方法的对比，可以看到，所谓直接平衡法，就是不通过附加刚臂和附加支杆，直接建立各刚结点处的力矩平衡方程和独立结点线位移方向的力的平衡方程；而基本体系的方法，通过施加附加约束，从而把各刚结点处力矩的平衡和各独立结点线位移方向力的平衡分解为荷载和各结点位移几种因素各自作用下的叠加。位移法不仅适用于超静定结构的计算，也适用于静定结构的计算。

下面我们先通过图7.1（a）所示刚架的简例来具体说明位移法的基本思路。

第一节 位移法的基本概念

以下按照直接平衡法的思路介绍位移法的基本概念。

1. 位移法取结点位移 θ_B 当作基本未知量

与力法中取多余力当作基本未知量不同，位移法中取结点位移当作基本未知量。图7.1（a）所示刚架，在给定荷载 F_P 作用下，在忽略杆件轴向应变引起的位移的条件下，结点 B 发生图中虚线所示的转角 θ_B。在位移法中，把此转角 θ_B 选作基本未知量。这是因为，如果能设法把转角 θ_B 求出来，由于原结构中各杆件 AB 和 BD 的 B 端的转角与结点位移 θ_B 相等，再根据由力法推得的杆端力和杆端位移之间的转角位移方程，从而各杆的内力就可求出，整个问题也就迎刃而解了。由此看出，转角 θ_B 是一个关键的未知量。

位移法中通过先拆后搭的方式求得基本未知量 θ_B，具体如下：

2. 把原结构在各结点位移处拆开为单跨超静定梁

为了求得基本未知量 θ_B，位移法中先在结点 B 处把原结构拆开为图7.1（b）、（c）所示的两根单跨超静定梁 AB 和 BD。其中 AB 为两端固定，B 端发生转角 θ_{B1}；BD 为固定端 B 端发生转角 θ_{B2}，D 端铰支，且在跨中 C 点承受集中荷载 F_P 的作用。

必须注意的是，在原结构中结点转角 θ_B 为被动量，其数值为唯一，是由于荷载 F_P 的作用才产生的。但在两根单跨超静定梁 AB 和 BD 中，杆端的转角 θ_{B1}、θ_{B2} 是由于支座 B 的转动导致的，已变为了主动量，其数值可以任意给定。给定不同的 θ_{B1}、θ_{B2}，就有不同的杆端弯矩 M_{BA} 和 M_{BD}。

根据超静定结构在支座移动时的计算，可以求得杆端弯矩 M_{BA} 和结点转角 θ_{B1} 的关系为

$$M_{BA} = 4\frac{EI}{l}\theta_{B1} \tag{a}$$

杆端弯矩 M_{BD} 和结点转角 θ_{B2} 及荷载 F_P 之间的关系为

$$M_{BD} = 3\frac{EI}{l}\theta_{B2} - \frac{3}{16}F_P l \tag{b}$$

显然，拆开这一步就是要得到各杆端力和杆端位移及荷载之间的关系，如上面（a）、（b）两式中所示，是位移法的关键性步骤。在下一节中，我们还要专门介绍对于平面杆件最一般的杆端位移情形——同时具有两个给定的杆端转角和垂直于杆轴的相对

线位移，如何从杆端位移求得相应的杆端力的转角位移方程，以及三类单跨超静定梁在各种常见因素作用下引起的固端弯矩和固端剪力的表达式。

3. 把各杆件综合为原结构

观察图 7.1（a）中的变形可知，由于刚结点 B 处各杆件之间不能有相对转动，故梁 AB 的 B 端和柱 BD 的 B 端产生同样的转角 θ_B。当我们把图 7.1（b）、（c）所示的两根单跨超静定梁 AB 和 BD 综合为原结构，首先必须满足原结构结点 B 处的变形条件：AB 杆 B 端的转角 θ_{B1} 必须和 BD 杆 B 端的转角 θ_{B2} 相等，即

$$\theta_{B1} = \theta_{B2} \tag{c}$$

此为满足变形协调条件要求的。

满足上式可能的转角有无穷多个值，而原结构结点 B 处的转角 θ_B 值是唯一的。如何才能从无穷多个可能的转角中找出真实的转角呢？

首先注意到，当图 7.1（b）、（c）中 AB、BD 杆 B 端的转角 θ_B 与原结构结点 B 处的真实的转角 θ_B 值相等时，原结构中 AB 杆件的受力和变形情况与图 7.1（b）中 AB 单跨超静定梁的受力和变形情况完全相同；原结构中 BD 杆件的受力和变形情况与图 7.1（c）中 BD 单跨超静定梁的受力和变形情况完全相同。这里是位移法理解的最关键一点，关于这一点的一般性说明，参见本章第五节的相关部分。

显然，原结构中结点 B 处的力矩必须满足平衡条件，当我们把两根单跨超静定梁 AB 和 BD 综合为原结构时，也必须满足如图 7.1（d）中所示的相同的力矩平衡条件，即

$$\sum M_B = 0 \qquad M_{BA} + M_{BD} = 0 \tag{d}$$

代入上面（a）、（b）两式，并取 $\theta_{B1} = \theta_{B2} = \theta_B$，得

$$4\frac{EI}{l}\theta_B + 3\frac{EI}{l}\theta_B - \frac{3}{16}F_P l = 0 \tag{e}$$

这是用结点位移表示的平衡方程，就是位移法的基本方程。

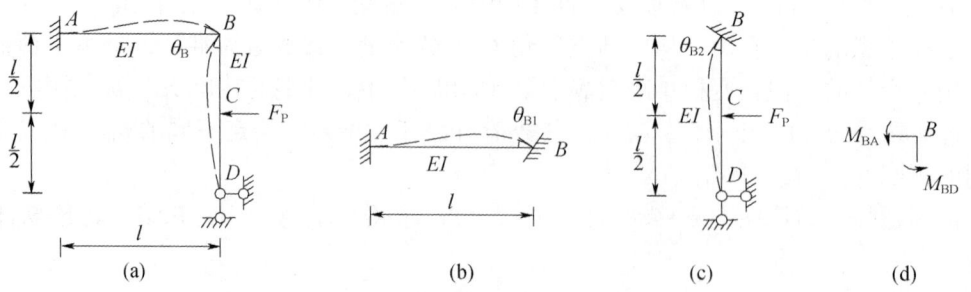

图 7.1 位移法的基本概念

由此可以求出基本未知量 θ_B，代入上面（a）、（b）两式即可求得原结构控制截面的杆端弯矩，再利用分段叠加法就可以得到原结构的弯矩图。

要特别注意到，如果在图 7.1（a）中，把 A 端的固定端改为竖向支杆，如题 7.1 图中所示，这时结构是静定的。显然，同样可以用上述方法计算。由此可见，用位移法计算时，计算方法并不因结构的静定或超静定而有所不同。

4. 总结

由上面的简例，可以归纳出位移法的要点如下：

(1) 位移法的基本未知量是独立的结点位移。

(2) 位移法的基本方程是用结点位移表示的平衡方程。

(3) 建立基本方程分两步：

第一步，把结构拆成杆件，进行杆件分析，得出杆端力和杆端位移之间、固端力和各类荷载之间的关系，包括杆件的刚度方程和三类单跨超静定梁在各种常见因素作用下的固端力的表达式。

第二步，再把杆件综合成原结构，进行整体分析，得出基本方程。在此过程中，必须满足两方面的条件：一是变形的协调条件，也就是各个杆端位移与作为基本未知量的各结点位移之间的关系。二是平衡关系，沿着各结点位移方向，必须满足各刚结点上的力矩平衡和独立的结点线位移方向的力的平衡条件，从而得到用结点位移表示的平衡方程，这就是位移法的基本方程。

这个过程是一拆一搭、拆了再搭的过程。它把原结构复杂的计算问题转变为拆开的各单跨超静定梁的分析和综合的简单问题。这就是位移法的基本思路。

(4) 杆件分析是结构分析的基础，杆件的刚度方程是位移法基本方程的基础。因此，位移法也称为刚度法。

第二节 位移法的转角位移方程和固端内力

从前面我们知道，用位移法计算刚架时，取独立结点位移作为基本未知量，采用拆了再搭的基本思路。拆开是把刚架拆成等截面杆件，进行杆件分析，包括两部分内容：一是在已知杆端位移下求杆端力；二是在已知荷载作用下求固端力。

一、由杆端位移求杆端力

图 7.2 (a) 中所示的两端固定的等截面单跨超静定梁 AB，其抗弯刚度为 EI，具有平面杆件最一般的杆端位移情形——同时有两个给定的杆端转角 θ_A、θ_B 和垂直于杆轴的相对线位移 Δ。由 Δ 引起杆件的弦转角 $\varphi = \Delta/l$ 如图 7.2 (b) 中所示。现在拟求杆端力 M_{AB}、M_{BA}、F_{QAB} 和 F_{QBA} 和已知的杆端位移 θ_A、θ_B 和 Δ 之间的关系。

1. 位移法中关于杆端位移 θ_A、θ_B、Δ 和杆端力 M_{AB}、M_{BA} 的符号约定

实际中，杆端转角 θ_A、θ_B 可能为顺时针或者逆时针，相对线位移 Δ 可能向上或者向下。为了一次性地考虑所有不同杆端位移的可能组合，并且为了建立平衡方程时的简便和减少出错的概率，在位移法中引入了关于杆端位移和杆端力的符号约定如下：

(1) 结点转角 θ_A、θ_B、弦转角 φ 全部以顺时针转向为正；杆端弯矩 M_{AB}、M_{BA} 对杆端全部以顺时针转向为正，对结点或者支座以逆时针转向为正。

(2) 杆端剪力 F_{QAB} 和 F_{QBA} 仍然以使得微段顺时针转者为正。

显然，图7.2（a）、(c) 中所示的杆端位移 θ_A、θ_B、Δ 和杆端弯矩 M_{AB}、M_{BA} 全部为正。

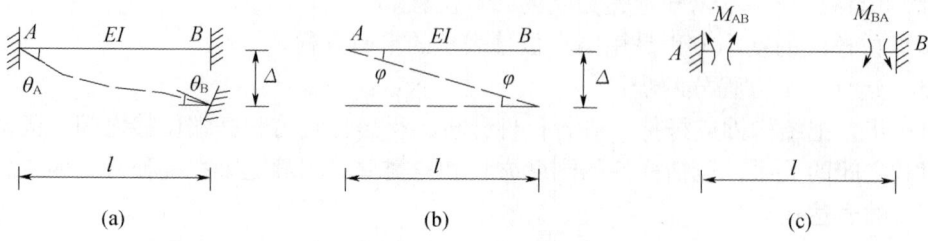

图7.2　由杆端位移求杆端力

在建立位移法的平衡方程时，本来可以预先任意假设结点位移的方向。引入符号约定后，总是尽量先假设各结点位移的方向为正方向。也就是，对于结点转角，总是假设其方向为顺时针的；对于有垂直于杆轴方向的线位移的情况，也是尽可能先假设由其引起的杆件的弦转角为顺时针的。当然，如果不能满足所用的杆件的弦转角都为顺时针的情形下，对于由线位移 Δ 引起逆时针弦转角的杆件，在其转角位移方程中，Δ 必须代入负值，参见本章例7-4。

符号约定的引入是为了方便建立各刚结点处的力矩平衡方程，各个杆端弯矩的转向只需按照统一的正方向来施加，不要再考虑各个杆端弯矩的方向，使得建立平衡方程的过程变成了简单的代数相加。这样，建立平衡方程的过程就清晰，不容易出错。

引入符号约定后，最后还使得结点位移方向的判断变得很容易。计算结果的正号就表明结点位移与假设的方向一致，负号就表明结点位移与假设的方向相反，从而极大地简化了建立平衡方程及求解的过程。

有一点要注意，符号约定是为了方便建立各刚结点的力矩平衡方程引入的，在作结构的弯矩图时，还是必须画在杆件受拉的一侧。

下面我们根据正号的杆端位移和杆端力，采用力法进行推导，得出转角位移方程。

2. 等截面杆件的转角位移方程和刚度方程

取力法的基本体系如图7.3（a）所示，顺时针方向的多余力 X_1 为杆端弯矩 M_{AB}，顺时针方向的多余力 X_2 为杆端弯矩 M_{BA}。

根据基本体系沿着多余力 X_1、X_2 方向的转角与原结构在多余约束 A、B 两处的已知的转角相等，可以建立起力法的基本方程如下

$$\left.\begin{aligned}\Delta_1 &= \theta_A \\ \Delta_2 &= \theta_B\end{aligned}\right\} \tag{7.1}$$

其中 Δ_1、Δ_2 分别表示基本体系沿着多余力 X_1、X_2 方向的转角。

把上式左边展开，则有

$$\left.\begin{aligned}\delta_{11}X_1 + \delta_{12}X_2 + \Delta_{1C} &= \theta_A \\ \delta_{21}X_1 + \delta_{22}X_2 + \Delta_{2C} &= \theta_B\end{aligned}\right\} \tag{7.2}$$

根据图7.3（b）、(c) 所示的 $\overline{M}_1$ 图、$\overline{M}_2$ 图，利用图乘，可以求出柔度系数为

$$\delta_{11} = \delta_{22} = \frac{1}{3i} \quad \delta_{12} = \delta_{21} = -\frac{1}{6i}$$

其中 $i = \dfrac{EI}{l}$ 为杆件的线刚度。

从图 7.3（d）可以看出，由线位移 Δ 引起的杆件沿着多余力 X_1、X_2 方向的转角为

$$\Delta_{1C} = \Delta_{2C} = \dfrac{\Delta}{l}$$

其中 Δ_{1C}、Δ_{2C} 为自由项。

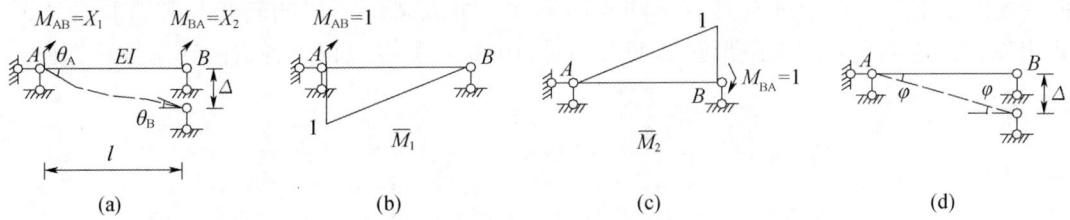

图 7.3　用力法求杆端力和杆端位移之间的关系

然后，把柔度系数 δ_{ij} 和自由项 Δ_{iC} 代入（7.2）式中，可以用结点位移表示出多余力 X_1、X_2，并且注意到有 $X_1 = M_{AB}$、$X_2 = M_{BA}$，从而可得

$$\left. \begin{array}{l} M_{AB} = 4i\theta_A + 2i\theta_B - 6i\dfrac{\Delta}{l} \\ M_{BA} = 2i\theta_A + 4i\theta_B - 6i\dfrac{\Delta}{l} \end{array} \right\} \tag{7.3}$$

这就是由杆端位移 θ_A、θ_B、Δ 求杆端弯矩 M_{AB}、M_{BA} 的公式，常称为转角位移方程。

此外，取整根杆件 AB 为隔离体，利用对 A 或 B 端的力矩的代数和为零，可以得到

$$F_{QAB} = F_{QBA} = -\dfrac{M_{AB} + M_{BA}}{l}$$

将（7.3）式代入，得杆端剪力 F_{QAB}、F_{QBA} 和杆端位移 θ_A、θ_B 和 Δ 之间的关系为

$$F_{QAB} = F_{QBA} = -\dfrac{6i}{l}\theta_A - \dfrac{6i}{l}\theta_B + \dfrac{12i}{l^2}\Delta \tag{7.4}$$

也可以将（7.3）式和（7.4）式写成如下紧凑的矩阵形式：

$$\begin{bmatrix} M_{AB} \\ M_{BA} \\ F_{QAB} \end{bmatrix} = \begin{bmatrix} 4i & 2i & -\dfrac{6i}{l} \\ 2i & 4i & -\dfrac{6i}{l} \\ -\dfrac{6i}{l} & -\dfrac{6i}{l} & \dfrac{12i}{l^2} \end{bmatrix} \begin{bmatrix} \theta_A \\ \theta_B \\ \Delta \end{bmatrix} \tag{7.5}$$

称为弯曲杆件的刚度方程。式中的

$$\begin{bmatrix} 4i & 2i & -\dfrac{6i}{l} \\ 2i & 4i & -\dfrac{6i}{l} \\ -\dfrac{6i}{l} & -\dfrac{6i}{l} & \dfrac{12i}{l^2} \end{bmatrix} \tag{7.5a}$$

称为弯曲杆件的刚度矩阵，其中的各系数称为刚度系数。刚度系数是只与杆件的长度 l、截面尺寸 I 和材料性质 E 有关的常数，所以又称为形常数。

3. 远端具有不同支座形式时的转角位移方程

以上的转角位移方程（7.3）式适合两端有三种杆端位移的最一般情形，比如图 7.4 中的 BD 杆。但是，结构中的杆件一端还可能是其他的支座形式，比如图 7.4 中的 AB 杆，A 端为固支；比如图 7.4 中的 FH 杆，H 端为铰支；比如图 7.4 中的 DE 杆，E 端为滑动支座。对于远端具有不同支座形式，可以从最一般的转角位移方程（7.3）式出发，通过考虑不同支座形式的变形和受力的特点就可以得出各自的转角位移方程。

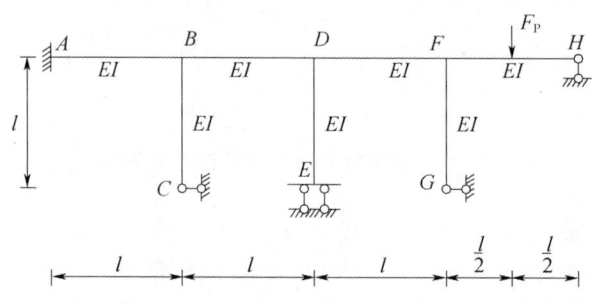

图 7.4　一端为不同支座形式示例

以下推导时，都把不同支座放在杆件的右端 B 端，并且取杆端位移为符号约定的正值。

（1）B 端为固定支座［图 7.5（a）］。

在（7.3）式中令 $\theta_B = 0$，得

$$\left. \begin{aligned} M_{AB} &= 4i\theta_A - 6i\frac{\Delta}{l} \\ M_{BA} &= 2i\theta_A - 6i\frac{\Delta}{l} \end{aligned} \right\} \tag{7.6}$$

（2）B 端为铰支座［图 7.5（b）］。

注意到此时有 $M_{BA}=0$，（7.3）式第一式乘以 2，减去第二式，得

$$M_{AB} = 3i\theta_A - 3i\frac{\Delta}{l} \tag{7.7}$$

由此可知，铰支座处的转角不当作位移法的基本未知量，因为不需要它，就可以得到杆端弯矩的表达式。

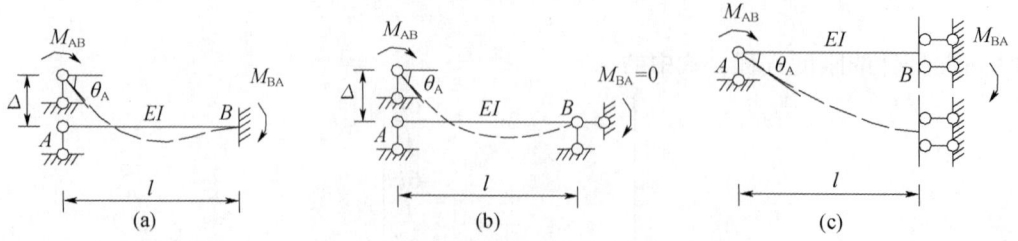

图 7.5　三种支座的转角位移方程

(3) B 端为滑动支座 [图 7.5 (c)]。

在 (7.4) 式中令 $\theta_B = 0$ 和 $F_{QAB} = F_{QBA} = 0$，得

$$\frac{\Delta}{l} = \frac{1}{2}\theta_A$$

代入 (7.3) 式，得

$$\left.\begin{array}{l} M_{AB} = i\theta_A \\ M_{BA} = -i\theta_A \end{array}\right\} \quad (7.8)$$

由此可知，滑动支座处的线位移 Δ 不当作位移法的基本未知量，因为不需要它就可以得到杆端弯矩的表达式。

二、由荷载单独作用引起的固端内力

对于由荷载单独作用引起的各杆端力，由于此时对应的原结构中各独立结点位移量都为零，故把此种情形下的杆端力称为固端内力。因为它们是只与荷载形式有关的常数，所以又称为载常数。

例如，图 7.6 (a) 中所示的 A 端为固定支座、B 端为铰支座，在跨中承受集中荷载 F_P 的单跨超静定梁，与图 7.4 中所示的 FH 杆相同。我们在前一章图 6.10 (d) 中已经求得其弯矩图如图 7.6 (b) 中所示，其固端弯矩为

$$M_{AB}^F = -\frac{3}{16}F_P l$$

其中上标 F 表示为固端弯矩。

其变形情况如图 7.6 (c) 中所示，B 端有非零转角 θ_B，并非完全的固端。但是，正如我们在 (7.7) 式中指出的那样：铰支座处的转角不当作位移法的基本未知量。在位移法中，真正与计算过程有关的是独立的结点位移量，各支座处的位移都不会在位移法中出现，不影响计算结果。

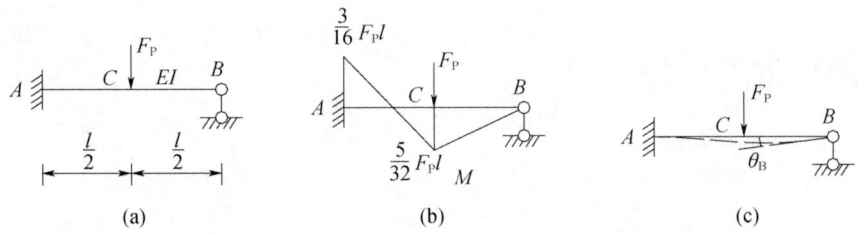

图 7.6　固端内力是指结点处位移为零，支座处位移可非零

对于两端固定、一端固定另一端铰支和一端固定另一端滑动支座三种单跨超静定梁，表 7-1 中给出了常见荷载作用下固端弯矩和固端剪力的表达式。

表 7-1 等截面杆件的固端弯矩和剪力

	编号	简图	固端弯矩（顺时针为正）	固端剪力
两端固定	1	均布荷载 q，长度 l	$M_{AB}^F = -\dfrac{1}{12}ql^2$ $M_{BA}^F = \dfrac{1}{12}ql^2$	$F_{QAB}^F = \dfrac{1}{2}ql$ $F_{QBA}^F = -\dfrac{1}{2}ql$
	2	三角形分布荷载，最大 q	$M_{AB}^F = -\dfrac{1}{30}ql^2$ $M_{BA}^F = \dfrac{1}{20}ql^2$	$F_{QAB}^F = \dfrac{3}{20}ql$ $F_{QBA}^F = -\dfrac{7}{20}ql$
	3	集中力 F_P，距 A 为 a，距 B 为 b	$M_{AB}^F = -\dfrac{F_P ab^2}{l^2}$ $M_{BA}^F = \dfrac{F_P a^2 b}{l^2}$	$F_{QAB}^F = \dfrac{F_P b^2}{l^2}\left(1+\dfrac{2a}{l}\right)$ $F_{QBA}^F = -\dfrac{F_P a^2}{l^2}\left(1+\dfrac{2b}{l}\right)$
	4	集中力 F_P 作用于跨中	$M_{AB}^F = -\dfrac{F_P l}{8}$ $M_{BA}^F = \dfrac{F_P l}{8}$	$F_{QAB}^F = \dfrac{F_P}{2}$ $F_{QBA}^F = -\dfrac{F_P}{2}$
	5	温差 $\Delta t=t_1-t_2$	$M_{AB}^F = \dfrac{EI\alpha\Delta t}{h}$ $M_{BA}^F = -\dfrac{EI\alpha\Delta t}{h}$	$F_{QAB}^F = 0$ $F_{QBA}^F = 0$

续表

编号	简图	固端弯矩（顺时针为正）	固端剪力
6	均布荷载 q，A 固定 B 铰支，跨度 l	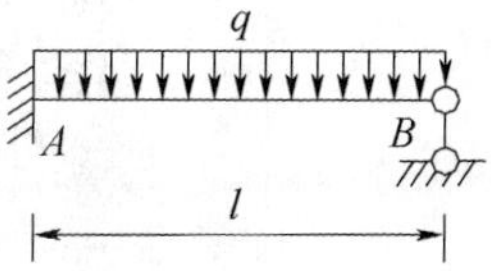 $M_{AB}^F = -\dfrac{1}{8}ql^2$	$F_{QAB}^F = \dfrac{5}{8}ql$ $F_{QBA}^F = -\dfrac{3}{8}ql$
7	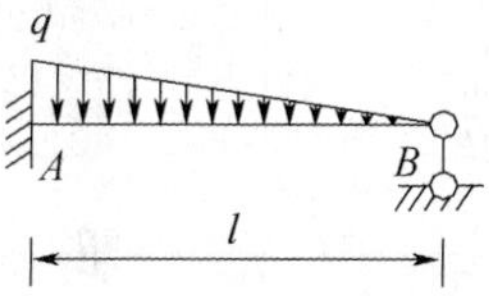 三角形分布荷载（A 端最大 q），A 固定 B 铰支，跨度 l	$M_{AB}^F = -\dfrac{1}{15}ql^2$	$F_{QAB}^F = \dfrac{2}{5}ql$ $F_{QBA}^F = -\dfrac{1}{10}ql$
8	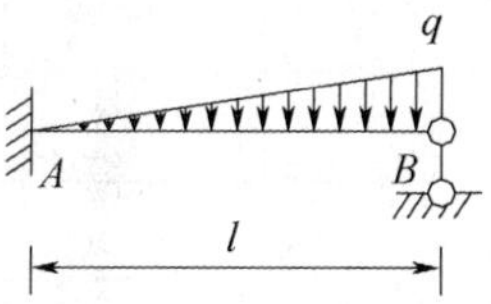 三角形分布荷载（B 端最大 q），A 固定 B 铰支，跨度 l	$M_{AB}^F = -\dfrac{7}{120}ql^2$	$F_{QAB}^F = \dfrac{9}{40}ql$ $F_{QBA}^F = -\dfrac{11}{40}ql$
9	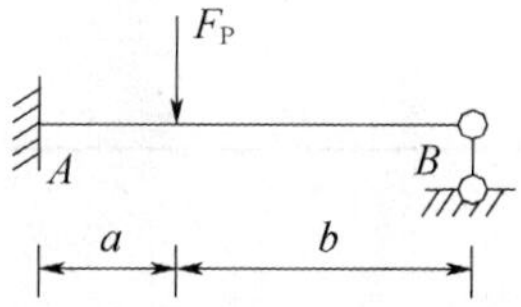 集中力 F_P，距 A 为 a，距 B 为 b	$M_{AB}^F = -\dfrac{F_P b(l^2 - b^2)}{2l^2}$	$F_{QAB}^F = \dfrac{F_P b(3l^2 - b^2)}{2l^3}$ $F_{QBA}^F = -\dfrac{F_P a^2(3l - a)}{2l^3}$
10	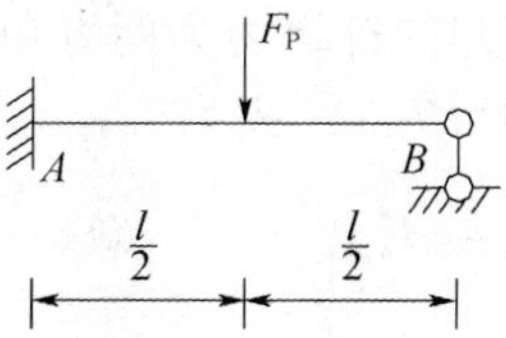 集中力 F_P 作用于跨中	$M_{AB}^F = -\dfrac{3F_P l}{16}$	$F_{QAB}^F = \dfrac{11F_P}{16}$ $F_{QBA}^F = -\dfrac{5F_P}{16}$
11	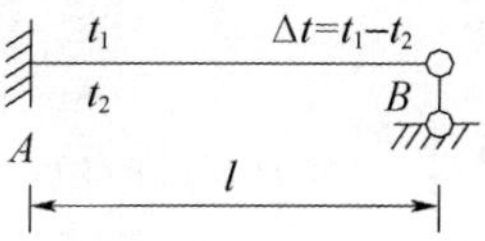 温差 $\Delta t = t_1 - t_2$，截面高 h	$M_{AB}^F = \dfrac{3EI\alpha\Delta t}{2h}$	$F_{QAB}^F = F_{QBA}^F = -\dfrac{3EI\alpha\Delta t}{2hl}$

一端固定另一端铰支

续表

	编号	简图	固端弯矩（顺时针为正）	固端剪力
一端固定另一端滑动支承	12		$M_{AB}^F = -\dfrac{1}{3}ql^2$ $M_{BA}^F = -\dfrac{1}{6}ql^2$	$F_{QAB}^F = ql$ $F_{QBA}^F = 0$
	13		$M_{AB}^F = -\dfrac{F_P a}{2l}(2l - a)$ $M_{BA}^F = -\dfrac{F_P a^2}{2l}$	$F_{QAB}^F = F_P$ $F_{QBA}^F = 0$
	14		$M_{AB}^F = M_{BA}^F = -\dfrac{F_P l}{2}$	$F_{QAB}^F = F_P$ $F_{QB}^L = F_P$ $F_{QB}^R = 0$
	15		$M_{AB}^F = \dfrac{EI\alpha\Delta t}{h}$ $M_{BA}^F = -\dfrac{EI\alpha\Delta t}{h}$	$F_{QAB}^F = 0$ $F_{QBA}^F = 0$

三、由杆端位移和荷载共同引起的杆端力

根据叠加原理，由杆端位移和荷载共同作用下引起的杆端力为两者单独作用下引起的杆端力的和。于是有杆端弯矩的一般公式为［对照（7.3）式］

$$\left.\begin{array}{l} M_{AB} = 4i\theta_A + 2i\theta_B - 6i\dfrac{\Delta}{l} + M_{AB}^F \\ M_{BA} = 2i\theta_A + 4i\theta_B - 6i\dfrac{\Delta}{l} + M_{BA}^F \end{array}\right\} \quad (7.9)$$

其中 M_{AB}^F、M_{BA}^F 为荷载引起的固端弯矩。

杆端剪力的一般公式为［对照（7.4）式］

$$\left.\begin{array}{l} F_{QAB} = -\dfrac{6i}{l}\theta_A - \dfrac{6i}{l}\theta_B + \dfrac{12i}{l^2}\Delta + F_{QAB}^F \\ F_{QBA} = -\dfrac{6i}{l}\theta_A - \dfrac{6i}{l}\theta_B + \dfrac{12i}{l^2}\Delta + F_{QBA}^F \end{array}\right\} \quad (7.10)$$

其中 F_{QAB}^F、F_{QBA}^F 为荷载引起的固端剪力。

第三节 位移法求连续梁和无侧移刚架

本节讨论用位移法求解只有结点角位移，没有独立结点线位移的情形，包括连续梁和无侧移刚架。

[例7-1] 试用位移法计算图7.7（a）中所示连续梁的弯矩图，各杆 EI = 常数。

解：（1）基本未知量的确定。

连续梁大致的变形图如图7.7（a）中虚线所示，结点 B 只有角位移 θ_B，没有线位移。此角位移 θ_B 就是位移法的基本未知量。竖向支杆 D 处的转角不用当作位移法的基本未知量。尽管对于本处的简单荷载情形，可以提前判断出来 θ_B 的实际转向为逆时针，但下面我们还是按照假设 θ_B 的转向为顺时针来列杆端弯矩表达式，由最后的求解的结果的正负就可以直接给出 θ_B 的实际转向了。从这里也可以看到关于杆端位移和杆端弯矩符号约定的简便之处：无须预判结点位移的方向，只根据最后计算结果的正负就可以得到实际转角的转向。

（2）拆开得到各杆端弯矩表达式。

把原结构在结点 B 处拆开为图7.7（b）、（c）中所示的两个单跨超静定梁，假设两梁 B 端发生相同的顺时针的转角 θ_B。令 $i = EI/l$，为杆件的线刚度，则各杆端弯矩为

$$M_{AB} = 2i\theta_B + M_{AB}^F = 2i\theta_B - \frac{1}{8}F_P l$$

$$M_{BA} = 4i\theta_B + M_{BA}^F = 4i\theta_B + \frac{1}{8}F_P l$$

$$M_{BD} = 3i\theta_B$$

（3）位移法方程。

把拆开的两根杆件拼合为原结构时，除了满足两梁 B 端发生相同的转角 θ_B 外，还需满足如图7.7（d）中所示的原结构结点 B 处的力矩平衡条件，由此得

$$\sum M_B = 0 \quad M_{BA} + M_{BD} = 0$$

将 M_{BA}、M_{BD} 表达式代入，得

$$7i\theta_B + \frac{1}{8}F_P l = 0$$

（4）求出基本未知量 θ_B。

从上式解得

$$\theta_B = -\frac{1}{56i}F_P l$$

（5）求各杆端弯矩值。

将求出的 θ_B 值代入杆端弯矩 M_{AB}、M_{BA}、M_{BD} 的表达式，得

$$M_{AB} = 2i\theta_B - \frac{1}{8}F_P l = -\frac{2i}{56i}F_P l - \frac{1}{8}F_P l = -\frac{9F_P l}{56}$$

$$M_{BA} = 4i\theta_B + \frac{1}{8}F_P l = -\frac{4i}{56i}F_P l + \frac{1}{8}F_P l = \frac{3F_P l}{56}$$

$$M_{BD} = 3i\theta_B = -\frac{3i}{56i}F_P l = -\frac{3F_P l}{56}$$

（6）作 M 图。

根据分段叠加法，可以得到 M 图如图 7.7（e）中所示，注意弯矩图必须画在杆件受拉一侧。

（7）作 F_Q 图。

分别取杆件 AB、BD 为隔离体，利用对一端的力矩代数和为零，可以求出各杆端剪力，如图 7.7（f）、（g）中所示。然后作出 F_Q 图如图 7.7（h）中所示。

（8）校核。

①结点 B 处满足力矩平衡条件，

$$\sum M_B = 0 \quad \frac{3F_P l}{56} - \frac{3F_P l}{56} = 0$$

②连续梁整体满足竖向力的平衡条件，如图 7.7（i）中所示

$$\sum F_Y = 0 \quad \frac{34F_P}{56} - F_P + \frac{25F_P}{56} - \frac{3F_P}{56} = 0$$

结点 B 处满足力矩平衡条件，说明位移法部分计算正确；连续梁整体满足竖向力的平衡条件，说明后续的静力计算部分正确。

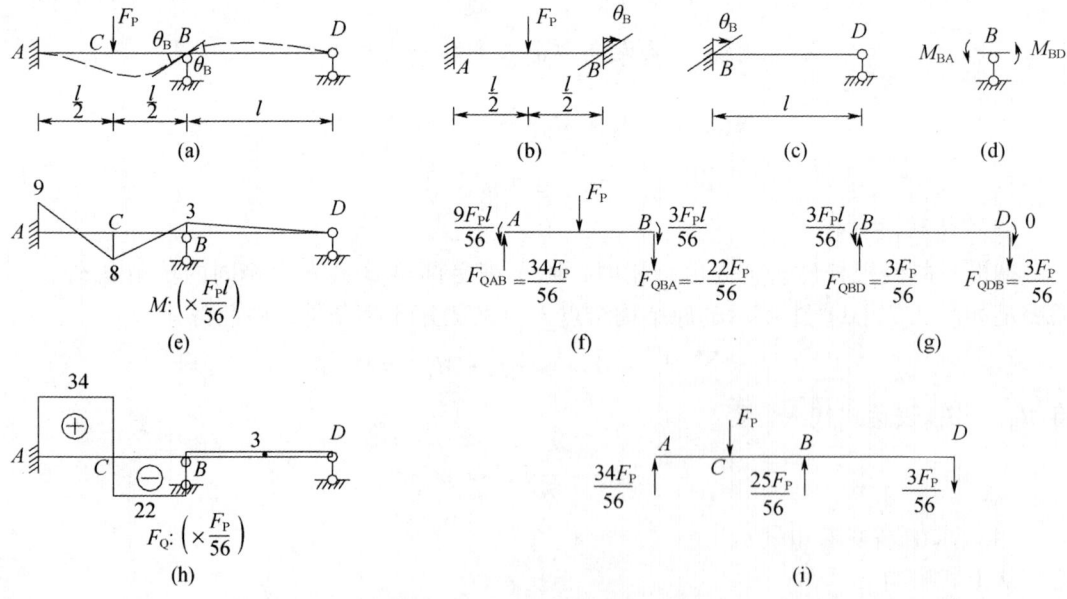

图 7.7 位移法计算连续梁

[例 7-2] 试用位移法计算图 7.8（a）中所示无侧移刚架的弯矩图，各杆 EI 如图所示。

解：（1）基本未知量的确定。

由于 C 处水平支杆的约束，和忽略轴向应变引起的位移，刚结点 B、C 处都没有线

位移,只有各自处的角位移 θ_B 和 θ_C,这两个转角就是位移法的基本未知量。

(2) 拆开得到各杆端弯矩表达式。

把原结构在结点 B、C 处拆开为三个单跨超静定梁 AB、BC 和 CD,写出各杆端弯矩为

$$M_{AB} = 2i_{AB}\theta_B = 2\frac{EI}{4}\theta_B = 0.5EI\theta_B$$

$$M_{BA} = 4i_{AB}\theta_B = 4\frac{EI}{4}\theta_B = EI\theta_B$$

$$M_{BC} = 4i_{BC}\theta_B + 2i_{BC}\theta_C + M_{BC}^F = 4\frac{3EI}{6}\theta_B + 2\frac{3EI}{6}\theta_C - \frac{1}{12}ql^2 = 2EI\theta_B + EI\theta_C - 30$$

$$M_{CB} = 2i_{BC}\theta_B + 4i_{BC}\theta_C + M_{CB}^F = 2\frac{3EI}{6}\theta_B + 4\frac{3EI}{6}\theta_C + \frac{1}{12}ql^2 = EI\theta_B + 2EI\theta_C + 30$$

$$M_{CD} = 3i_{CD}\theta_C = 3\frac{2EI}{4}\theta_C = 1.5EI\theta_C$$

(3) 位移法方程。

根据如图 7.8(b)、(c) 中所示的结点 B、C 处的力矩平衡条件,得位移法方程为

$$\left.\begin{array}{l}\sum M_B = 0 \quad M_{BA} + M_{BC} = 0 \\ \sum M_C = 0 \quad M_{CB} + M_{CD} = 0\end{array}\right\} \tag{a}$$

将各杆端弯矩 M_{BA}、M_{BC}、M_{CB}、M_{CD} 表达式代入,得

$$\left.\begin{array}{l}3EI\theta_B + EI\theta_C - 30 = 0 \\ EI\theta_B + 3.5EI\theta_C + 30 = 0\end{array}\right\} \tag{b}$$

(4) 求基本未知量。

从上式解得

$$EI\theta_B = 14.21\text{kN} \cdot \text{m} \quad EI\theta_C = -12.63\text{kN} \cdot \text{m}$$

(5) 求各杆端弯矩值。

将求出的 $EI\theta_B$、$EI\theta_C$ 值代入杆端弯矩 M_{AB}、M_{BA}、M_{BC}、M_{CB}、M_{CD} 的表达式,得

$$M_{AB} = 0.5EI\theta_B = 7.1\text{kN} \cdot \text{m}$$

$$M_{BA} = EI\theta_B = 14.21\text{kN} \cdot \text{m}$$

$$M_{BC} = 2EI\theta_B + EI\theta_C - 30 = 2 \times 14.21 - 12.63 - 30 = -14.21\text{kN} \cdot \text{m}$$

$$M_{CB} = EI\theta_B + 2EI\theta_C + 30 = 14.21 - 2 \times 12.63 + 30 = 18.95\text{kN} \cdot \text{m}$$

$$M_{CD} = 1.5EI\theta_C = 1.5 \times (-12.63) = -18.95\text{kN} \cdot \text{m}$$

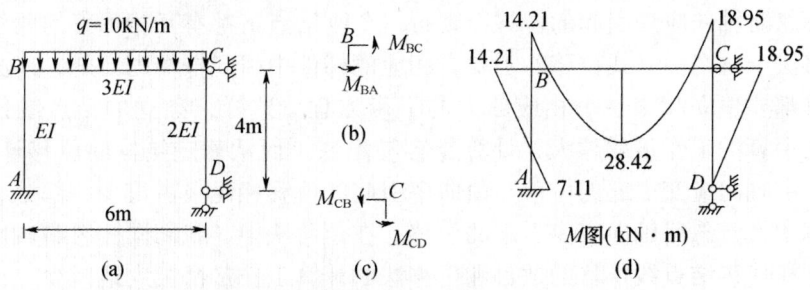

图 7.8 位移法计算无侧移刚架

（6）作 M 图。

根据分段叠加法，可以得到 M 图如图 7.8（d）中所示，注意弯矩图必须画在杆件受拉一侧。

要注意，如果一开始就取各杆的相对抗弯刚度计算，也就是在以上步骤中令 $EI=1$，所得的各杆杆端弯矩值和弯矩图与以上计算结果值完全相同。这与力法中已知的超静定结构在给定荷载作用下，内力图只与各杆的相对抗弯刚度有关的结论是吻合的。

如果只需要求结构的内力图，在位移法中可以采用从一开始就采用相对抗弯刚度计算以简化内力的计算过程。如果还要求得结点位移的真值，则 EI 必须取真值。

本题中之所以没有一开始就令 $EI=1$ 以简化计算，只不过是为了使得大家能容易通过比较看清楚各杆 EI 取真值和取相对刚度值计算的结果完全相同这一点。

第四节 位移法求有侧移刚架

本节讨论用位移法求解具有独立结点线位移的刚架情形，此种刚架称为有侧移刚架。

用位移法计算有侧移刚架的思路与处理无侧移刚架时相同，都是采用先拆后搭的处理方法。但在具体作法上，要注意有下面三方面的不同：

（1）基本未知量除了刚结点角位移外，还包括独立的结点线位移；

（2）在写杆端弯矩时，对于那些两端有垂直于杆轴的相对线位移的杆件，必须还要包括线位移的影响；

（3）在建立位移法基本方程时，对应于每个独立的结点线位移，都有一个沿着该位移方向的独立的力的平衡方程。

下面先来看独立的结点线位移的数目如何确定。

一、独立结点线位移数目的确定方法

有侧移刚架其基本未知量一般既包括刚结点角位移，同时还包括独立的结点线位移。一般对于每一个刚结点，都有一个独立的结点角位移。困难在于如何确定结点线位移。

如果不忽略轴向应变引起的位移，则每一个刚结点上都有互相垂直的两个独立的线位移。位移法中每个独立线位移除了要在相应的杆件中引起杆端内力外，还必须针对每一个线位移都要建立起来一个相应的力的平衡方程。这样，独立的结点线位移数目越多，位移法手算的工作量就越大，计算越容易出错。而从静定结构的位移计算中知道，对于刚架，由轴向应变引起的位移与由曲率引起的位移相比只占很少一部分，故我们在位移的计算中常常忽略轴向应变引起的位移。在位移法中，我们同样忽略轴向应变引起的位移，这样使得结点线位移的数目和位移法的计算工作量都极大地减少，而这样简化后得到的位移法计算的结果仍然能满足工程实际的需求。

1. 位移法中减少独立结点线位移数目的变形假设和几何解释

为了减少独立结点线位移的数目，我们在位移法中引入与实际相符的两个假设：（1）忽略轴向力产生的轴向变形；（2）结点转角和各杆弦转角都很微小。

下面以图 7.9（a）中所示的有侧移刚架的 AB 杆件为例对上面的两个变形假设的几何意义进行说明。考虑杆件上的任一 EF 微分段 dx，其在变形后的位置为 E_1F_1，将 EF 微段的变形情况放大如图 7.9（b）中所示。根据假设（1），可知轴向应变为零。从轴向应变的定义可知，微分段 dx 变形后的曲线长度 E_1F_1 与变形前的长度 EF 相等。根据假设（2），可知 E_1、F_1 两点的转角及垂直于杆轴的相对位移都为小量，故 E_1F_1 的曲线长度与弦线长度相等。从而可知，任一 EF 微分段 dx，其变形前的直线长度与变形后的弦线长度相等。把该结论应用至 AB 杆件上所有的微段，可知变形前的 AB 直杆长度与变形后的 AB 弦线长度相等。

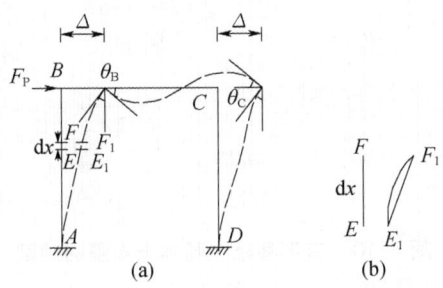

图 7.9　有侧移刚架中的两条变形假设

上面的分析过程对刚架中的任意杆件全都成立。于是可知：任意杆件弯曲变形前后，其两端连线的直线距离保持不变。

利用该条件，可以大大减少独立的结点线位移的数目。如图 7.9（a）中，不引入变形假设，本来结点 B、C 各有两个，共有四个独立的结点线位移。引入变形假设后，由于杆件 AB 长度不变，A 点为固定端，故 B 点只能水平方向移动 Δ。同样，由于杆件 CD 长度不变，D 点为固定端，C 点也只能水平方向移动。再由于杆件 BC 的长度不变，故 C 点的水平线位移不再是独立的结点线位移，而是与 B 点的水平线位移 Δ 相等。由此可知，图 7.9（a）中所示刚架，基本未知量共有三个，分别是 B、C 结点的转角 θ_B、θ_C 和 B、C 两点的水平线位移 Δ。

2. 位移法中确定体系独立线位移数目的一般性的几何方法

由以上分析知道，引入两个变形假设后，等于提供了一个杆件长度不变的约束条件。于是，结构中的任意直杆都可以视为是一根刚性链杆，从而可以得到确定体系独立线位移数目的一个一般性的几何构造分析方法如下：

将结构中所有刚结点和固定支座，代之以铰结点和铰支座，分析新体系的几何构造性质，若为几何可变体系，则通过增加链杆或者支杆使其变为几何不变体系，所需增加的最少的链杆或者支杆数，即为原结构用位移法计算时的独立线位移数目。

[例 7-3] 试确定图 7.10（a）中所示有侧移刚架的基本未知量，各杆 EI = 常数。

解：（1）结点角位移。

共有五个刚结点 B、C、E、F、G，每个刚结点的转角 θ_B、θ_C、θ_E、θ_F、θ_G 都是基

本未知量。不要漏掉结点转角 θ_F，因为把汇交于 F 点的三根杆件 FE、FG、FH 拆开为三个单跨超静定梁时，需要用到 θ_F 才能得到各杆端弯矩的表达式。

（2）独立结点线位移。

将结构中所有刚结点和固定支座，代之以铰结点和铰支座得到的铰接体系如图 7.10（b）中所示，当增加图中虚线所示的两根链杆 1、2 之后，体系变为几何不变体系，故原结构的独立结点线位移数目为 2。

也可以如图 7.10（c）中所示，在结点 B、F 处各增加一根支杆 1、2，使得原体系变为几何不变体系，故原结构的独立结点线位移数目也为 2。后面会看到，在位移法基本体系方法中，都是采用沿着独立结点线位移方向增设附加支杆的方式把结点位移从被动量变为主动量。

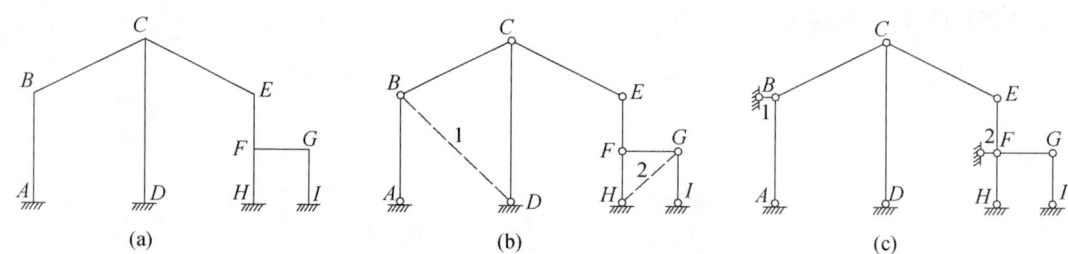

图 7.10 有侧移刚架基本未知量的确定

二、有侧移杆端弯矩表达式和基本方程的建立

当用位移法计算有侧移刚架时，还需注意在写杆端弯矩时，对于有侧移的杆件，必须采用包括线位移的转角位移方程；在列位移法基本方程时，沿着每个独立的结点线位移方向都有一个对应的独立的力的平衡方程。下面通过例 7-4 对此进行说明。

[**例 7-4**] 试列出图 7.11（a）中所示刚架的位移法基本方程并求得基本未知量，各杆线刚度如图中所示。

解：（1）确定位移法的基本未知量。

基本未知量为刚结点 B 的转角 θ_B 和杆件 BD 的水平位移 Δ，如图 7.11（b）中所示，θ_B 假设为顺时针的，Δ 假设为向右的。

注意，在求解之前，如果不能确定 θ_B 转向，一般先假设为顺时针，如图中所示；如果不能确定水平位移 Δ 的方向，一般总是先假设其方向为使得各杆的弦转角为顺时针方向。但是，对于图 7.11（a）中所示情况，由于杆件 AB、BC 由 Δ 引起的弦转角的方向相反，不可能同时为顺时针。这种情况的话，Δ 的方向可以任意假设。

其实，θ_B 和 Δ 的可能组合有多种，比如图 7.11（b）中所示顺时针的 θ_B 和向右的 Δ；也可以是预先假设为顺时针的 θ_B 和向左的 Δ；或者是逆时针的 θ_B 和向右的 Δ 等其他几种组合。无论哪种组合，都满足了汇交于刚结点 B 的 BA、BC 和 BD 三根杆件 B 端的转角彼此相等，又保证了 BA、BC 和 BD 三根杆件杆端距离保持不变，都是可能的位移。在下面拆了再搭的过程中，能够保证各杆位移的彼此协调，因而能够满足变形连续条件。

在确定位移法的基本未知量这一步中，可以任意规定 θ_B 和 Δ 的方向。不过，为了列杆端力表达式时能尽可能直接套用转角位移方程，不再考虑 θ_B 和 Δ 的正负，我们总是采用假设结点转角 θ_B 为顺时针的，线位移 Δ 使尽可能多的杆件的弦转角为顺时针的。一旦 θ_B 和 Δ 的方向设定之后，下面在列各杆端弯矩的表达式时，就要按照设定的正方向来列。

（2）利用有侧移的转角位移公式得到各杆端弯矩表达式。

把原结构在结点 B 处拆开为三个单跨超静定梁 BA、BC 和 BD。其中杆件 BA、BC 为有侧移的情形，须采用有侧移的转角位移公式。首先写出 BA、BD 各杆端弯矩为

$$M_{BA} = 4i_{BA}\theta_B - 6i_{BA}\frac{\Delta}{l} + M_{BA}^F = 4i\theta_B - 6i\frac{\Delta}{l} + \frac{1}{8}F_P l$$

$$M_{AB} = 2i_{BA}\theta_B - 6i_{BA}\frac{\Delta}{l} + M_{AB}^F = 2i\theta_B - 6i\frac{\Delta}{l} - \frac{1}{8}F_P l$$

$$M_{BD} = 3i_{BD}\theta_B + M_{BD}^F = 3i\theta_B - \frac{1}{8}ql^2 \qquad M_{DB} = 0$$

注意，假设向右的 Δ 使得杆件 BC 的弦转角为逆时针方向，故代入转角位移方程时 Δ 为负的，于是，可以得到杆件 BC 的各杆端弯矩为

$$M_{BC} = 4i_{BC}\theta_B - 6i_{BC}\frac{(-\Delta)}{l} + M_{BC}^F = 8i\theta_B + 12i\frac{\Delta}{l} - \frac{1}{8}F_P l$$

$$M_{CB} = 2i_{BC}\theta_B - 6i_{BC}\frac{(-\Delta)}{l} + M_{CB}^F = 4i\theta_B + 12i\frac{\Delta}{l} + \frac{1}{8}F_P l$$

还需注意到，与无侧移刚架求解时无须用到杆端剪力的表达式不同，在拆开这一步中，我们还需要得到杆端剪力 F_{QBA}、F_{QBC} 和基本未知量 θ_B、Δ 以及荷载之间的关系。其原因在于下一步建立沿着 Δ 方向的力的平衡式时要用到它们。

可以根据杆端剪力的一般公式（7.10）来列出杆端剪力表达式；也可以利用取隔离体的方法，根据已有的杆端弯矩表达式来获得杆端剪力的表达式。这里我们采用第二种方法。取杆件 BC 为隔离体，如图 7.11（c）中所示，利用对 C 端力矩的代数和为零，得到：

$$\sum M_C = 0 \qquad F_{QBC} = -\frac{1}{l}(M_{CB} + M_{BC}) + \frac{1}{2}F_P$$

将杆端弯矩 M_{BC}、M_{CB} 表达式代入，得

$$F_{QBC} = -\frac{12}{l}i\theta_B - \frac{24i\Delta}{l^2} + \frac{1}{2}F_P$$

F_{QBC} 前两项与杆端位移有关，第三项为固端剪力，与根据杆端剪力的一般公式（7.10）得到的杆端剪力表达式完全一致。

同样，取杆件 BA 为隔离体，如图 7.11（d）中所示，利用对 A 端力矩的代数和为零，并将杆端弯矩 M_{BA}、M_{AB} 表达式代入，得到杆端剪力 F_{QBA} 为：

$$F_{QBA} = -\frac{6}{l}i\theta_B + \frac{12i\Delta}{l^2} - \frac{1}{2}F_P$$

（3）建立位移法基本方程。

与结点转角 θ_B 相对应，三根杆件拼合起来时，首先要满足如图 7.11（e）中所示结点 B 处的力矩平衡条件，得

$$\sum M_B = 0 \qquad M_{BA} + M_{BC} + M_{BD} = 0$$

将各杆端弯矩 M_{BA}、M_{BC}、M_{BD} 表达式代入，得

$$15i\theta_B + 6i\frac{\Delta}{l} - \frac{1}{8}ql^2 = 0 \tag{a}$$

与水平位移 Δ 相对应，三根杆件拼合起来时，还需要满足如图 7.11（f）中所示 BD 隔离体水平方向力的平衡，得

$$\sum F_x = 0 \qquad F_{QBA} + (-F_{QBC}) = 0$$

将杆端剪力表达式 F_{QBA}、F_{QBC} 表达式代入，得

$$\frac{6i}{l}\theta_B + \frac{36i\Delta}{l^2} - F_P = 0 \tag{b}$$

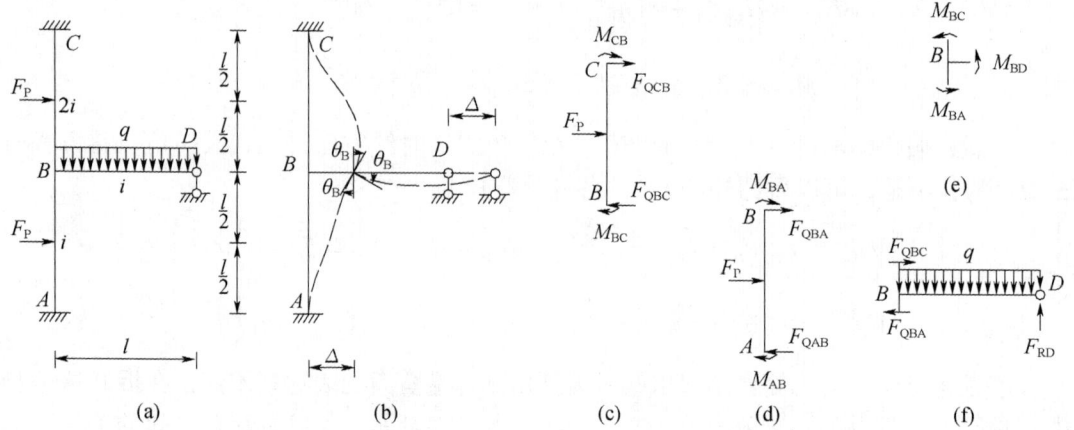

图 7.11 有侧移刚架杆端弯矩表达式和基本方程建立举例

（4）求基本未知量 θ_B 和 Δ。

从上面位移法基本方程（a）、（b）两式解得

$$\theta_B = \frac{1}{84i}\left(\frac{3}{4}ql^2 - F_P l\right) \qquad \Delta = \frac{1}{84i}\left(2.5F_P l^2 - \frac{1}{8}ql^3\right)$$

将 θ_B 和 Δ 值代入各杆端弯矩的表达式，可得到各杆端弯矩的值，进而可以作出原结构的内力图。

（5）讨论。

从 θ_B 和 Δ 的表达式可以看到，均布荷载 q 引起顺时针的 θ_B 和向左的水平位移 Δ；而集中荷载 F_P 引起逆时针的 θ_B 和向右的水平位移 Δ。

当 $F_P \leqslant \dfrac{ql}{20}$ 时，θ_B 为顺时针，Δ 向左；当 $F_P \geqslant \dfrac{3ql}{4}$ 时，θ_B 为逆时针，Δ 向右；当 $\dfrac{ql}{20} \leqslant F_P \leqslant \dfrac{3ql}{4}$ 时，θ_B 为顺时针，Δ 向右，才与图 7.11（b）中所示变形情况吻合。

[例 7-5] 试用位移法计算图 7.12（a）中所示有侧移刚架的弯矩图，各杆 $EI =$ 常数。

解：（1）基本未知量的确定。

结点角位移为 θ_C、θ_D。为了判断独立结点线位移情况，将结构中所有刚结点和固

定支座，代之以铰结点和铰支座得到的铰接体系如图 7.12（b）中所示，当增加 D 点的水平支杆 1、F 点的竖向支杆 2 后，体系变为几何不变体系，故独立结点线位移数目为 2。

刚架的大致的变形图如图 7.12（c）中虚线所示，基本角位移 θ_C、θ_D 都假设为顺时针转向；CD 杆件的水平位移假设水平向右，用符号 Δ_1 表示；DF 杆件的竖向位移向下，用符号 Δ_2 表示。后面在列杆端力的时候，就按此假设正方向来列。最终求得结果为正，说明结点位移实际方向与假设正方向一致；结果为负，说明结点位移实际方向与假设正方向相反。

（2）拆开得到各杆端弯矩和杆端剪力表达式。

把原结构在结点 C、D 处拆开为图 7.12（d）、（e）、（f）中所示的三个单跨超静定梁 AC、CD 和 DF，令 $i = EI/l$ 为各杆线刚度，可以写出各杆端弯矩为

$$M_{AC} = 2i_{AC}\theta_C - 6i_{AC}\frac{\Delta_1}{l} + M_{AC}^F = 2i\theta_C - 6i\frac{\Delta_1}{l} - \frac{1}{8}F_P l$$

$$M_{CA} = 4i_{AC}\theta_C - 6i_{AC}\frac{\Delta_1}{l} + M_{CA}^F = 4i\theta_C - 6i\frac{\Delta_1}{l} + \frac{1}{8}F_P l$$

$$M_{CD} = 4i_{CD}\theta_C + 2i_{CD}\theta_D - 6i_{CD}\frac{\Delta_2}{l} + M_{CD}^F = 4i\theta_C + 2i\theta_D - 6i\frac{\Delta_2}{l} - \frac{1}{8}F_P l$$

$$M_{DC} = 4i_{CD}\theta_D + 2i_{CD}\theta_C - 6i_{CD}\frac{\Delta_2}{l} + M_{DC}^F = 4i\theta_D + 2i\theta_C - 6i\frac{\Delta_2}{l} + \frac{1}{8}F_P l$$

$$M_{DF} = 3i_{DF}\theta_D - 3i_{DF}\frac{\Delta_1}{l} = 3i\theta_D - 3i\frac{\Delta_1}{l} \quad M_{FD} = 0$$

注意，杆件 CD 两端平移 Δ_1 时不会引起该杆的杆端弯矩；杆件 DF 两端向下整体移动 Δ_2 时也不会引起该杆的杆端弯矩。

因为是有侧移刚架，还需得到杆端剪力 F_{QCA}、F_{QDF}、F_{QDC} 和基本未知量 θ_C、θ_D、Δ_1、Δ_2 以及荷载之间的关系，各杆端剪力均假设为顺时针方向。

首先，取杆件 AC 为隔离体，利用对 A 端力矩的代数和为零，得到：

$$\sum M_A = 0 \quad F_{QCA} = -\frac{1}{l}(M_{CA} + M_{AC}) - \frac{1}{2}F_P$$

将杆端弯矩 M_{AC}、M_{CA} 表达式代入，得到杆端剪力 F_{QCA} 为：

$$F_{QCA} = -\frac{6i}{l}\theta_C + \frac{12i\Delta_1}{l^2} - \frac{1}{2}F_P$$

其次，取杆件 DF 为隔离体，利用对 F 端力矩的代数和为零，并将杆端弯矩 M_{DF}、M_{FD} 表达式代入，得到杆端剪力 F_{QDF} 为：

$$F_{QDF} = -\frac{3i}{l}\theta_D + \frac{3i\Delta_1}{l^2}$$

最后，取杆件 CD 为隔离体，利用对 C 端力矩的代数和为零，并将杆端弯矩 M_{CD}、M_{DC} 表达式代入，得到杆端剪力 F_{QDC} 为：

$$F_{QDC} = -\frac{6i}{l}\theta_C - \frac{6i}{l}\theta_D + \frac{12i\Delta_2}{l^2} - \frac{1}{2}F_P$$

（3）建立位移法基本方程。

与结点转角 θ_C 相对应，三根杆件 AC、CD 和 DF 拼合起来时，首先要满足如图 7.12（g）中所示结点 C 处的力矩平衡条件，得

$$\sum M_C = 0 \qquad M_{CA} + M_{CD} = 0$$

将杆端弯矩 M_{CA}、M_{CD} 表达式代入，得

$$8i\theta_C + 2i\theta_D - 6i\frac{\Delta_1}{l} - 6i\frac{\Delta_2}{l} = 0 \qquad (c)$$

同样，与结点转角 θ_D 相对应，要满足如图 7.12（h）中所示结点 D 处的力矩平衡条件，将杆端弯矩 M_{DC}、M_{DF} 表达式代入，得

$$2i\theta_C + 7i\theta_D - 3i\frac{\Delta_1}{l} - 6i\frac{\Delta_2}{l} + \frac{1}{8}F_P l = 0 \qquad (d)$$

与水平位移 Δ_1 相对应，三根杆件拼合起来时，还需要满足如图 7.12（i）中所示柱顶 CD 隔离体水平方向力的平衡，得

$$\sum F_x = 0 \qquad F_{QCA} + F_{QDF} = 0$$

将杆端剪力表达式 F_{QCA}、F_{QDF} 表达式代入，得

$$-\frac{6i}{l}\theta_C - \frac{3i}{l}\theta_D + \frac{15i\Delta_1}{l^2} - \frac{1}{2}F_P = 0 \qquad (e)$$

与竖向位移 Δ_2 相对应，还需要满足如图 7.12（j）中所示 DF 隔离体竖向力的平衡，得

$$\sum F_y = 0 \qquad F_{QDC} = 0$$

将杆端剪力表达式 F_{QDC} 表达式代入，得

$$-\frac{6i}{l}\theta_C - \frac{6i}{l}\theta_D + \frac{12i\Delta_2}{l^2} - \frac{1}{2}F_P = 0 \qquad (f)$$

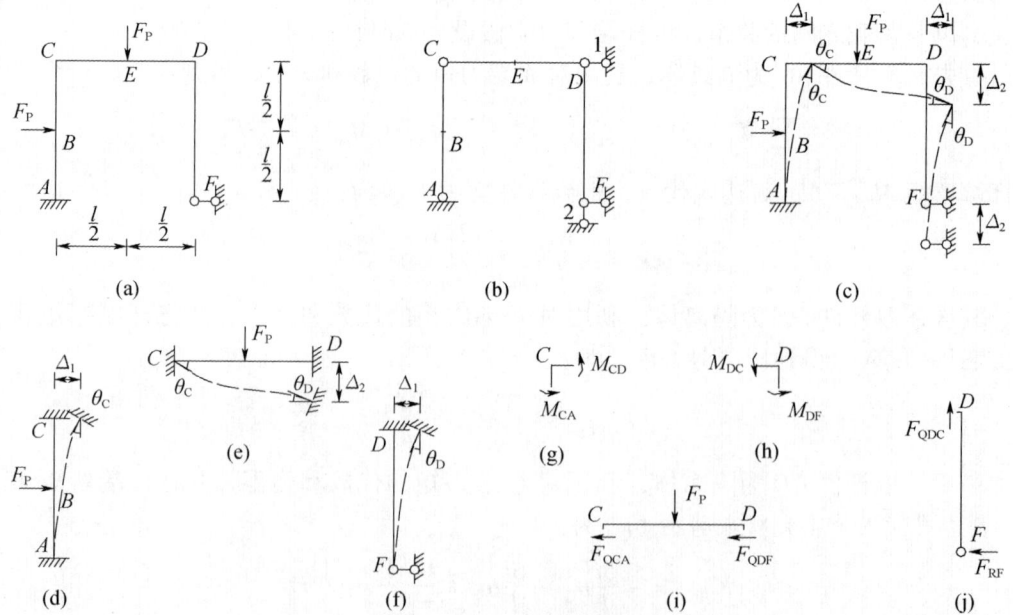

图 7.12　位移法计算有侧移刚架

(4) 求基本未知量 θ_C、θ_D、Δ_1 和 Δ_2。

联立求解上面（c）、（d）、（e）、（f）四式，得

$$\theta_C = \frac{81 F_P l}{160 i} \quad \theta_D = \frac{63 F_P l}{160 i} \quad \Delta_1 = \frac{151 F_P l^2}{480 i} \quad \Delta_2 = \frac{236 F_P l^2}{480 i}$$

所得结果为正，表明 θ_C、θ_D、Δ_1 和 Δ_2 的真实方向与图 7.12（c）中所假设的结点位移正方向一致。即 θ_C、θ_D 为顺时针转向，Δ_1 向右，Δ_2 向下。

(5) 求各杆端弯矩值。

将求出的 θ_C、θ_D、Δ_1 和 Δ_2 值代入杆端弯矩 M_{AC}、M_{CA}、M_{CD}、M_{DC}、M_{DF} 的表达式，得

$$M_{AC} = 2i\theta_C - 6i\frac{\Delta_1}{l} - \frac{1}{8}F_P l = \frac{F_P l}{480 i}(6 \times 81 - 6 \times 151 - 60) = -F_P l$$

$$M_{CA} = 4i\theta_C - 6i\frac{\Delta_1}{l} + \frac{1}{8}F_P l = \frac{F_P l}{480 i}(12 \times 81 - 6 \times 151 + 60) = \frac{42 F_P l}{160 i}$$

$$M_{CD} = 4i\theta_C + 2i\theta_D - 6i\frac{\Delta_2}{l} - \frac{1}{8}F_P l = \frac{F_P l}{480 i}(12 \times 81 + 6 \times 63 - 6 \times 236 - 60) = -\frac{42 F_P l}{160 i}$$

$$M_{DC} = 4i\theta_D + 2i\theta_C - 6i\frac{\Delta_2}{l} + \frac{1}{8}F_P l = \frac{F_P l}{480 i}(6 \times 81 + 12 \times 63 - 6 \times 236 + 60) = -\frac{38 F_P l}{160 i}$$

$$M_{DF} = 3i\theta_D - 3i\frac{\Delta_1}{l} = \frac{F_P l}{480 i}(9 \times 63 - 3 \times 151) = \frac{38 F_P l}{160 i}$$

(6) 作 M 图。

根据分段叠加法，可以得到 M 图如图 7.13 中所示。

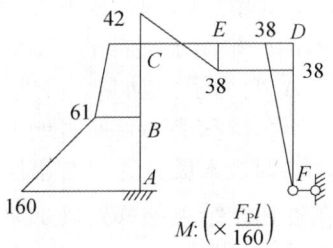

图 7.13 M 图

第五节 位移法的基本体系

前面几节中，我们用直接平衡法讨论了如何求得无侧移刚架和有侧移刚架的内力。直接平衡法直观，方便我们理解位移法的思路，但是由于照此法时需要将原结构在各独立结点位移处拆开为单跨的超静定梁，并且一次性考虑各单跨的超静定梁在杆端位移和荷载共同作用下引起的杆端力，再在各结点处通过考虑变形协调条件和平衡条件才能拼合成原结构。由于一次性地考虑了引起杆端力的全部因素，使得基本方程各项的物理意义不甚明确。当结构中杆件的根数越多，有荷载作用的杆件越多，按照直接平衡法求解

越容易出错，而且检查起来需要从头到尾重新计算一遍。

从第六章力法知道：当引入多余力为基本未知量、静定结构作为基本结构和基本结构在荷载和多余力共同作用下的体系为基本体系后，获得的力法的典型方程中每一项系数都有明确的物理意义。各柔度系数均为单一因素（某个单位多余力）作用下引起的基本结构沿着不同多余力方向的位移；自由项均为单一因素（荷载）作用下引起的基本结构沿着不同多余力方向的位移。

同样，除了利用直接平衡法建立位移法的基本方程外，还可以通过基本体系的方法建立位移法的基本方程。当引入位移法的基本未知量、基本结构和基本体系后，同样可以获得位移法的典型方程，其中每一项系数都有明确的物理意义，能够用统一的方法求出各系数来。正是基于此，在矩阵位移法中我们也是采用基本体系的方法求得结构的整体刚度矩阵。下面结合图 7.14（a）所示的刚架（同例 7-5 中刚架）说明如何获得基本体系和建立典型方程。

一、位移法基本体系的思路过程

1. 位移法的基本未知量、基本体系和基本结构

图 7.14（a）所示刚架的基本未知量为刚结点 C、D 的转角 θ_C、θ_D、CD 杆件的水平位移 $\Delta_水$ 和 DF 杆件的竖向位移 $\Delta_竖$。在基本体系方法中，改用统一的符号 Δ_1、Δ_2、Δ_3、Δ_4 表示，如图 7.14（b）所示。

为了把基本未知量 Δ_1、Δ_2、Δ_3、Δ_4 由原结构中的被动量变为基本体系中的主动量，在基本体系中采用了在基本未知量处增加附加约束的办法：在刚结点 C、D 处增加附加刚臂和沿着 Δ_3、Δ_4 位移方向各增加一根附加支杆的方式，如图 7.14（b）所示。增加这些约束后，就使得 Δ_1、Δ_2、Δ_3、Δ_4 变为了主动量。在力法中是通过拆除多余约束，加上多余力的方式得到基本体系；而在位移法中是通过增加附加约束，并使得结点位移变为人为可控的主动位移量的方式得到基本体系。尽管措施相反，效果却是相同。

原结构中去掉荷载，并且在各独立结点位移处施加附加约束后得到的超静定结构称为原结构的基本结构，如图 7.14（c）所示。

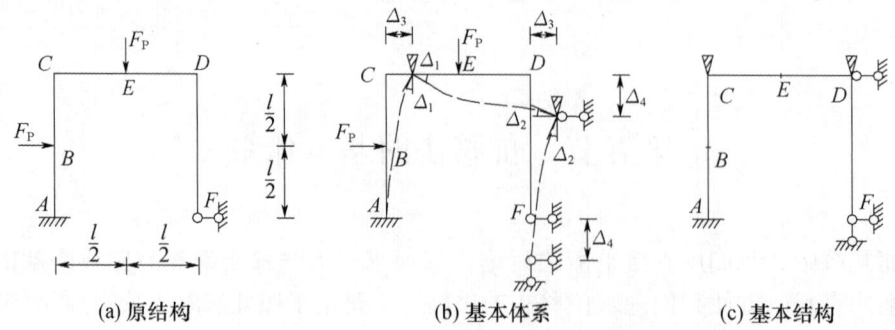

图 7.14 位移法的基本未知量、基本体系和基本结构

一方面，由于在基本未知量处施加了附加刚臂和附加支杆，基本体系将原结构的整体计算问题转化为一组杆件［图 7.14（b）中为 3 根］在荷载和各结点位移单独作用下

的简单计算问题；另外一方面，在恰当的条件下，基本体系又反映了原结构的受力情况。基本体系好比在这两者中架起的一座桥梁，通过它，我们就可以把一组杆件在荷载和各结点位移单独作用下的简单计算问题推广到原结构的内力计算中去。

2. 对附加刚臂的解释

某些特殊情形下，附加刚臂可以等效于滑动支座。例如图 7.15（a）所示梁，若在 C 端施加一个附加刚臂，如图 7.15（b）所示。由于梁中忽略轴向应变引起的位移，故 C 点水平方向的线位移本来为零，现在又加上附加刚臂使得 C 端转角为零，故附加刚臂等效于图 7.15（c）中所示滑动支座。

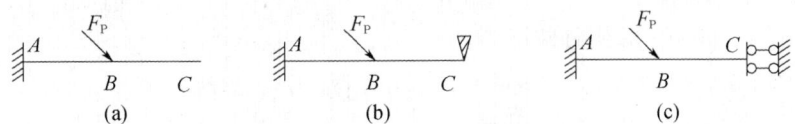

图 7.15 附加刚臂可以等效于滑动支座

但是当考虑轴向应变引起的位移时，也就是图 7.15（a）中 C 点有水平位移时，显然，附加刚臂不能等效于滑动支座。因为滑动支座使得 C 点水平位移为零。此时，可以如图 7.16（a）中所示，认为在 C 端有 $EI \to \infty$ 且长度趋于零的刚片通过图中所示装置与基础相连，平行刚性链杆 1、2 对称布置在刚片的两侧。该装置对 C 点两个方向的线位移没有约束，但由于刚片右端的转角为零，故 C 点转角为零。

过 C 点刚片右端的受力情况如图 7.16（b）中所示，当 C 点有转动趋势时，在对称布置的平行刚性链杆 1、2 中引起的轴力大小相等，方向相反，构成一对力偶。这对力偶合成为作用在 C 右端的约束力矩，如图 7.16（c）中所示。从所受的约束力矩和对位移的约束情况看，图 7.16（a）中所示的附加刚臂装置与图 7.16（d）中所示附加刚臂完全相同。今后都用图 7.16（d）所示的形式表示附加刚臂，此时作用在其上的力矩为约束力矩，是阻止 C 点产生转角的。

由此可知，附加刚臂可视为一种只约束转角的特殊支座，其形式与固定端、铰支座、滑动支座和滚轴支座都不相同。当支座转动任意的 θ 时，杆端 C 会产生相同的转角 θ，如图 7.16（e）中所示。也可以用图 7.16（d）所示的形式表示附加刚臂产生任意的转角，不过此时作用在其上的力矩为促进力矩，是使得 C 点产生转角的。

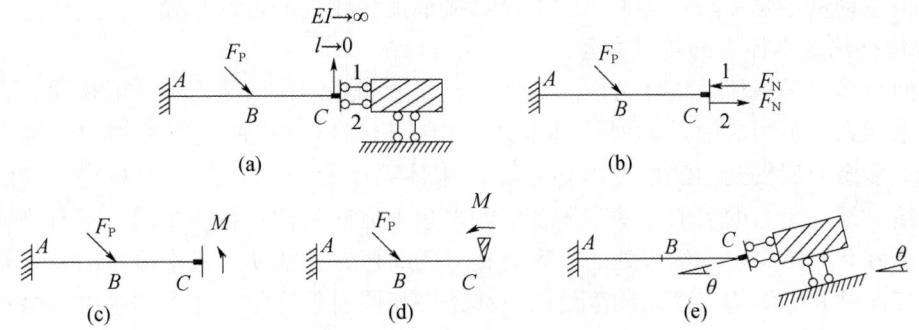

图 7.16 附加刚臂一般情形

3. 任意直杆段，无论其杆端位移是被动位移量还是主动位移量，只要数值相等，该杆件的内力图和挠度表达式就一定相同的解释

下面以 CD 杆件为例进行说明。在图 7.14（a）中，各结点位移 Δ_1、Δ_2、Δ_4 是被动量，不仅与作用在 CD 杆件上的荷载有关，还与作用在整个结构上的全部荷载有关；而在图 7.14（b）基本体系中，各结点位移 Δ_1、Δ_2、Δ_4 是主动量，其值可以任意给定。只要两图中的 Δ_1、Δ_2、Δ_4 相等，则两图内力和挠度表达式就一定相同。

下面给出解释。取图 7.14（a）中 CD 杆件为隔离体，其受力情况如图 7.17（a）中所示，轴力不会引起弯矩，那么实际上该杆件是两次超静定的，比如取 F_{QDC}、M_{DC} 为基本未知量，则可以求得任意 x 处弯矩 $M(x)$ 表达式，其中含有 F_{QDC}、M_{DC}。

利用 $EIw'' = -M(x)$ 积分两次得

$$EIw = -\int\left[\int M(x)\mathrm{d}x\right]\mathrm{d}x + C_1 x + C_2$$

须满足的边界条件共有四个：C 端的挠度、转角分别为零和 Δ_1；D 端的挠度、转角分别为 Δ_4 和 Δ_2。从四个边界条件就可以求得唯一的一组四个待求量 F_{QDC}、M_{DC}、C_1、C_2 来。

图 7.14（b）基本体系中的 CD 杆件，其受力和挠度与图 7.17（b）所示的单跨超静定梁在荷载和杆端位移作用下的受力和挠度相同。当取图 7.17（b）中 CD 杆件为隔离体时，其受力情况与图 7.17（a）中完全相同。又图 7.17（b）中的边界条件与图 7.14（a）中 CD 杆件完全相同，仿照上面的解释，可以知道，图 7.17（b）中 CD 杆件的受力和挠度与图 7.14（a）中 CD 杆件完全相同，也就是图 7.14（a）、（b）中 CD 杆件的受力和挠度完全相同。

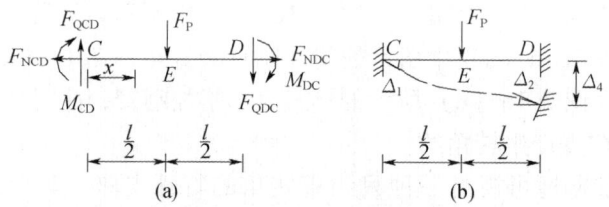

图 7.17 直杆段弯矩与结点位移是否主动无关

由此可知，任意直杆段其内力和挠度取决于其上的荷载和两端的边界条件，而与边界条件是主动量还是被动量无关。这也是直接平衡法成立的理论基础。

4. 位移法基本体系的基本方程

下面来考虑基本体系在什么样的条件下，才能和原结构的受力和变形相同。

先来回顾一下力法中是如何从基本体系中找出基本方程的：原结构中去掉多余约束，加上多余力后得到力法的基本体系。基本体系中有荷载和多余力两类大的因素作用，任给一组多余力的数值，基本体系沿着多余力方向的位移各不相同。唯有当多余力的数值恰好和原结构多余约束处的约束力相等的时候，才能使得基本体系沿着多余力方向的位移条件和原结构在多余约束处的位移条件相同，就好像在基本体系中多余约束并没有去掉一样。据此可以建立力法的基本方程。

几乎可以把以上过程平移到位移法基本方程中来：原结构中通过在基本未知量处施

加附加约束得到位移法的基本体系。在基本体系中，同样有荷载和结点位移两类大的因素作用，任给一组结点位移值，基本体系中在附加约束中引起的约束力矩和约束力各不相同。唯有当所给结点位移数值恰好和原结构真实的结点位移数值相等的时候，才能使得基本体系中各附加约束上总的约束力矩和约束力都为零，就好像在基本体系中附加约束根本不存在一样。据此可以建立位移法的基本方程，此时基本体系的受力和变形就与原结构完全相同，因原结构中并无附加约束。

以上是建立基本方程总的思路，在具体运用时，可利用基本结构通过两步来实现。下面我们结合图7.14（a）所示刚架进行说明。

第一步：荷载单独作用在基本结构上时，控制各附加约束，使得各结点位移 Δ_1、Δ_2、Δ_3、Δ_4 都是零，这样，在各附加刚臂和附加支杆上会引起约束力矩和约束力 F_{1P}、F_{2P}、F_{3P} 和 F_{4P}，如图 7.18（a）中所示。这些约束力矩和约束力在原结构中是没有的。

第二步：放松约束，使得基本结构中发生任意的结点位移 Δ_1、Δ_2、Δ_3、Δ_4 值，此时各结点位移都为主动量。所给结点位移值不同，在附加约束上引起的约束力矩和约束力就不同，如图 7.18（b）、（c）、（d）、（e）中所示。附加约束上总的约束力矩和约束力等于第一步和第二步的和，一般情形下都不为零。唯有当放松结点位移恰好和原结构的结点位移值相等时，附加约束上总的约束力矩和约束力等于零。即：

$$\left.\begin{array}{l} F_1 = 0 \\ F_2 = 0 \\ F_3 = 0 \\ F_4 = 0 \end{array}\right\} \tag{7.11}$$

这就是基本体系转化为原结构的条件。

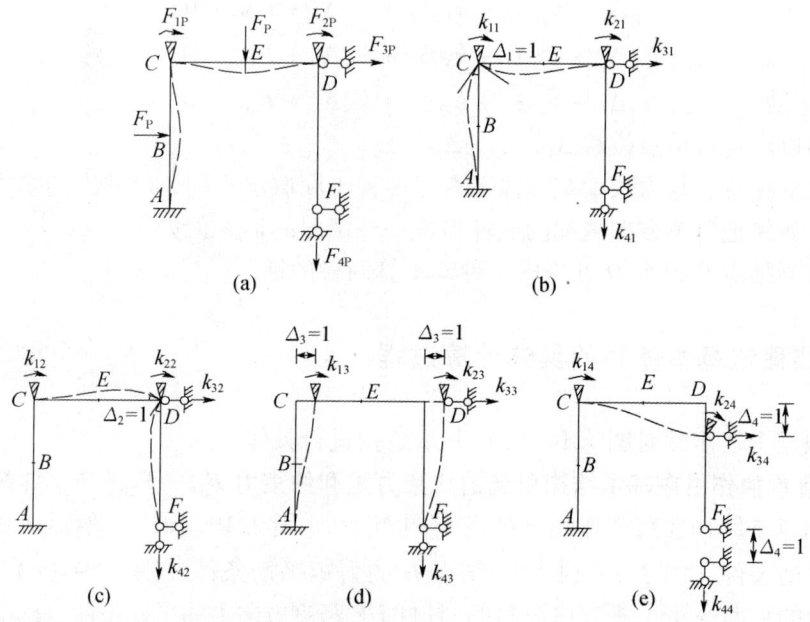

图 7.18　荷载和结点位移在附加约束上引起的约束力矩和约束力

有一点要注意，原结构图 7.14（a）中荷载和结点位移是同时的，两者之间是因果关系，荷载作用是因，结点位移是果，是被动量。位移法基本体系方法中结点位移为主动量，荷载和结点位移之间不再是因果关系，而是转化为各附加约束总的约束力等于零的平衡关系来等效处理。

利用叠加原理，把（7.11）式展开为含有结点位移 Δ_1、Δ_2、Δ_3、Δ_4 的显式形式：

（1）荷载单独作用，各附加约束上约束力为 F_{1P}、F_{2P}、F_{3P} 和 F_{4P}，如图 7.18（a）中所示。

（2）$\Delta_1 = 1$ 单独作用，各附加约束上约束力为 k_{11}、k_{21}、k_{31} 和 k_{41}，如图 7.18（b）中所示。

（3）$\Delta_2 = 1$ 单独作用，各附加约束上约束力为 k_{12}、k_{22}、k_{32} 和 k_{42}，如图 7.18（c）中所示。

（4）$\Delta_3 = 1$ 单独作用，各附加约束上约束力为 k_{13}、k_{23}、k_{33} 和 k_{43}，如图 7.18（d）中所示。

（5）$\Delta_4 = 1$ 单独作用，各附加约束上约束力为 k_{14}、k_{24}、k_{34} 和 k_{44}，如图 7.18（e）中所示。

叠加以上五项，则各附加约束上总的约束力为

$$\left.\begin{aligned}
F_1 &= k_{11}\Delta_1 + k_{12}\Delta_2 + k_{13}\Delta_3 + k_{14}\Delta_4 + F_{1P} \\
F_2 &= k_{21}\Delta_1 + k_{22}\Delta_2 + k_{23}\Delta_3 + k_{24}\Delta_4 + F_{2P} \\
F_3 &= k_{31}\Delta_1 + k_{32}\Delta_2 + k_{33}\Delta_3 + k_{34}\Delta_4 + F_{3P} \\
F_4 &= k_{41}\Delta_1 + k_{42}\Delta_2 + k_{43}\Delta_3 + k_{44}\Delta_4 + F_{4P}
\end{aligned}\right\} \quad (7.12)$$

代入（7.11）式中，则位移法基本方程为

$$\left.\begin{aligned}
k_{11}\Delta_1 + k_{12}\Delta_2 + k_{13}\Delta_3 + k_{14}\Delta_4 + F_{1P} &= 0 \\
k_{21}\Delta_1 + k_{22}\Delta_2 + k_{23}\Delta_3 + k_{24}\Delta_4 + F_{2P} &= 0 \\
k_{31}\Delta_1 + k_{32}\Delta_2 + k_{33}\Delta_3 + k_{34}\Delta_4 + F_{3P} &= 0 \\
k_{41}\Delta_1 + k_{42}\Delta_2 + k_{43}\Delta_3 + k_{44}\Delta_4 + F_{4P} &= 0
\end{aligned}\right\} \quad (7.13)$$

由此方程可以求得各结点位移 Δ_1、Δ_2、Δ_3、Δ_4。

有一点要注意，与力法中基本体系有很多种不同取法不同，位移法的基本体系只有一种取法，如果把每个方向施加的支杆当成一种情况的话。例如图 7.14（b）中附加水平支杆加在刚结点 C 或者 D 处当成一种，不算两种的话。

二、位移法基本体系的具体计算过程

下面根据上述步骤对图 7.14（a）所示结构进行具体计算。

1. 荷载单独作用在基本结构引起的约束力矩和约束力 F_{1P}、F_{2P}、F_{3P} 和 F_{4P} 的计算

先作出基本结构在荷载作用下的弯矩图 M_P 图 [图 7.19（a）]，然后分别利用结点 C 的力矩平衡条件 [图 7.19（b）]、结点 D 的力矩平衡条件 [图 7.19（c）]、杆件 CD 水平方向力的平衡条件 [图 7.19（d）]、杆件 DF 竖直方向力的平衡条件 [图 7.19（e）]，可以求得各自由项为

$$F_{1P} = 0 \quad F_{2P} = \frac{F_P l}{8} \quad F_{3P} = -\frac{F_P}{2} \quad F_{4P} = -\frac{F_P}{2}$$

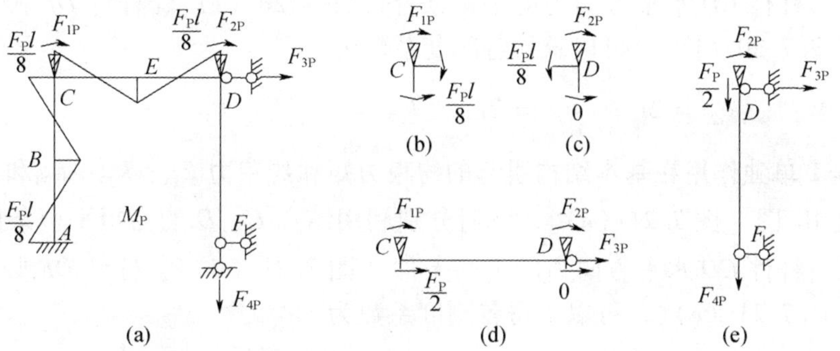

图 7.19 荷载引起的 F_{1P}、F_{2P}、F_{3P} 和 F_{4P} 的计算

2. $\Delta_1 = 1$ 单独作用在基本结构引起的约束力矩和约束力 k_{11}、k_{21}、k_{31} 和 k_{41} 的计算

先作出基本结构在 $\Delta_1 = 1$ 作用下的弯矩图 $\overline{M}_1$ 图 [图 7.20（a）]，然后分别利用结点 C 的力矩平衡条件 [图 7.20（b）]、结点 D 的力矩平衡条件 [图 7.20（c）]、杆件 CD 水平方向力的平衡条件 [图 7.20（d）]、杆件 DF 竖直方向力的平衡条件 [图 7.20（e）]，令 $i = EI/l$ 为各杆线刚度，可以求得各刚度系数为

$$k_{11} = 8i \quad k_{21} = 2i \quad k_{31} = -\frac{6i}{l} \quad k_{41} = -\frac{6i}{l}$$

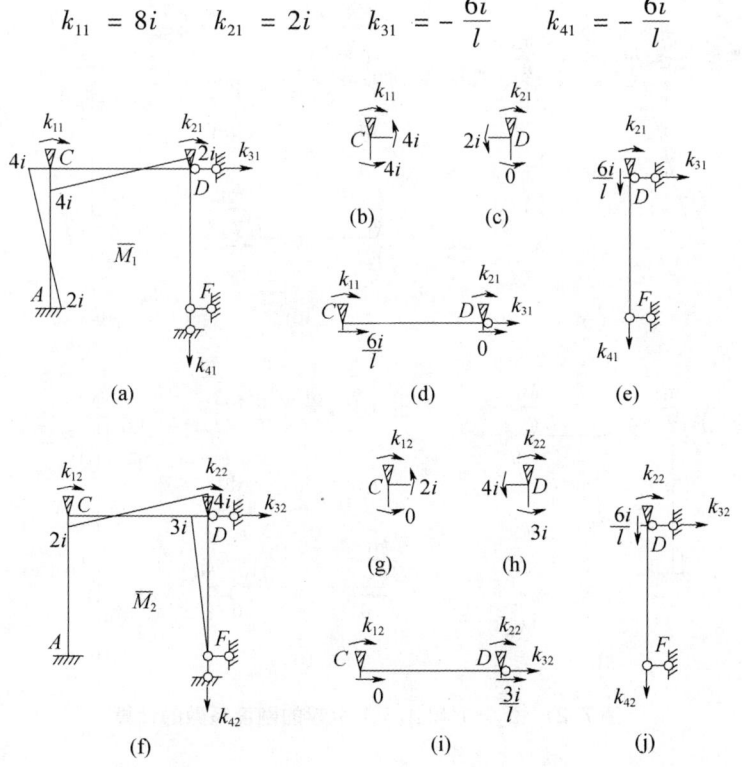

图 7.20 $\Delta_1 = 1$ 和 $\Delta_2 = 1$ 引起的刚度系数的计算

3. $\Delta_2 = 1$ 单独作用在基本结构引起的约束力矩和约束力 k_{12}、k_{22}、k_{32} 和 k_{42} 的计算

先作出 $\overline{M}_2$ 图 [图 7.20（f）]，然后分别利用结点 C、D 的力矩平衡条件 [图 7.20（g）、（h）]、杆件 CD 水平方向力的平衡条件 [图 7.20（i）]、杆件 DF 竖直方向力的平衡条件 [图 7.20（j）]，可以求得各刚度系数为

$$k_{12} = 2i \quad k_{22} = 7i \quad k_{32} = -\frac{3i}{l} \quad k_{42} = -\frac{6i}{l}$$

4. $\Delta_3 = 1$ 单独作用在基本结构引起的约束力矩和约束力 k_{13}、k_{23}、k_{33} 和 k_{43} 的计算

先作出 $\overline{M}_3$ 图 [图 7.21（a）]，然后分别利用结点 C、D 的力矩平衡条件 [图 7.21（b）、（c）]、杆件 CD 水平方向力的平衡条件 [图 7.21（d）]、杆件 DF 竖直方向力的平衡条件 [图 7.21（e）]，可以求得各刚度系数为

$$k_{13} = -\frac{6i}{l} \quad k_{23} = -\frac{3i}{l} \quad k_{33} = \frac{15i}{l^2} \quad k_{43} = 0$$

5. $\Delta_4 = 1$ 单独作用在基本结构引起的约束力矩和约束力 k_{14}、k_{24}、k_{34} 和 k_{44} 的计算

先作出 $\overline{M}_4$ 图 [图 7.21（f）]，然后分别利用结点 C、D 的力矩平衡条件 [图 7.21（g）、（h）]、杆件 CD 水平方向力的平衡条件 [图 7.21（i）]、杆件 DF 竖直方向力的平衡条件 [图 7.21（j）]，可以求得各刚度系数为

$$k_{14} = -\frac{6i}{l} \quad k_{24} = -\frac{6i}{l} \quad k_{34} = 0 \quad k_{44} = \frac{12i}{l^2}$$

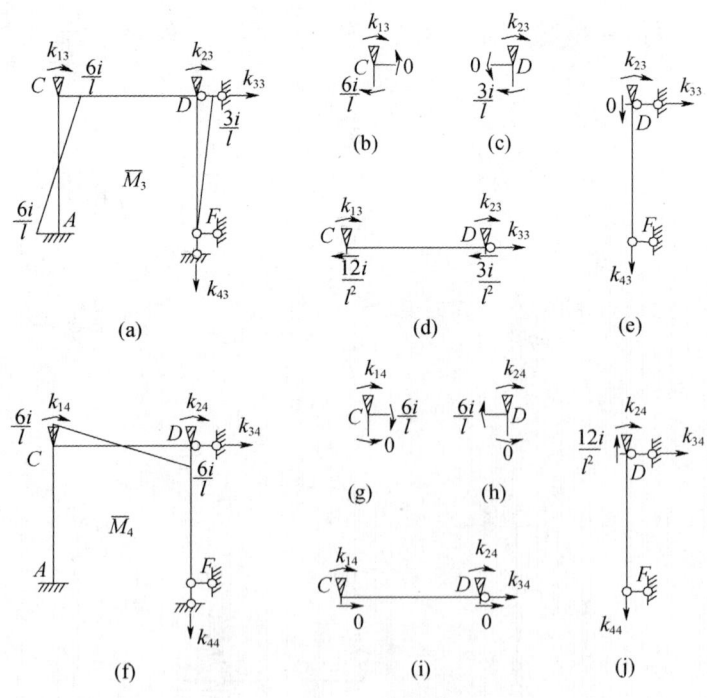

图 7.21 $\Delta_3 = 1$ 和 $\Delta_4 = 1$ 引起的刚度系数的计算

6. 列出基本方程

将以上求得各系数代入（7.13）式中，则位移法基本方程为

$$8i\Delta_1 + 2i\Delta_2 - \frac{6i}{l}\Delta_3 - \frac{6i}{l}\Delta_4 = 0$$

$$2i\Delta_1 + 7i\Delta_2 - \frac{3i}{l}\Delta_3 - \frac{6i}{l}\Delta_4 + \frac{F_P l}{8} = 0$$

$$-\frac{6i}{l}\Delta_1 - \frac{3i}{l}\Delta_2 + \frac{15i}{l^2}\Delta_3 - \frac{F_P}{2} = 0$$

$$-\frac{6i}{l}\Delta_1 - \frac{6i}{l}\Delta_2 + \frac{12i}{l^2}\Delta_4 - \frac{F_P}{2} = 0$$

由此方程组可以求得各结点位移 Δ_1、Δ_2、Δ_3、Δ_4 为：

$$\Delta_1 = \frac{81 F_P l}{160 i} \quad \Delta_2 = \frac{63 F_P l}{160 i} \quad \Delta_3 = \frac{151 F_P l^2}{480 i} \quad \Delta_4 = \frac{236 F_P l^2}{480 i}$$

所得结果为正，表明 Δ_1、Δ_2、Δ_3、Δ_4 的真实方向与 $\overline{M}_1$、$\overline{M}_2$、$\overline{M}_3$ 和 $\overline{M}_4$ 图中所设的结点位移正方向一致。即 Δ_1、Δ_2 为顺时针转向，Δ_3 向右，Δ_4 向下。

最后，根据叠加公式 $M = \overline{M}_1 \Delta_1 + \overline{M}_2 \Delta_2 + \overline{M}_3 \Delta_3 + \overline{M}_4 \Delta_4 + M_P$，可以得到原结构的弯矩图，如图 7.13 中所示。

三、直接平衡法和基本体系方法的对比

直接平衡法先把原结构拆开成一组单跨的超静定梁，分别考虑每一根杆件在荷载和杆端位移的共同作用下引起的杆端弯矩。然后，再把各杆件拼合成原结构：通过考虑变形的协调条件，可以得出各杆端位移与结点位移之间的关系；通过考虑和原结构中相同的平衡条件，可以得出位移法的基本方程。直接平衡法直观，便于理解；但是当杆件根数比较多时，整个求解过程比较凌乱，另外平衡方程中各系数物理意义不明确。

基本体系方法通过在结点位移处施加附加刚臂和附加支杆也把体系变成了互不相干的单跨超静定梁的组合，其整体性好，变形协调条件在得到基本体系时统一考虑。尤为重要的是，基本方程中各系数获得了明确的物理意义。

与直接平衡法相比，基本体系方法求解过程清楚，不容易出错，方便检验。由于基本体系方法各系数的物理意义明确的特点，使得我们在后面的矩阵位移法中能从各杆件在整体坐标系中的单元刚度矩阵通过单元集成的方法形成体系的整体刚度矩阵。

还需注意，如果在位移法基本体系中我们同时放松所有的结点，令各结点同时产生位移，则在弯矩图中各杆端弯矩同时包括所有的结点位移的贡献，实际上这就相当于回到了直接平衡法的思路中，看不出各个系数的物理意义了。基本体系方法中，正是由于我们一次只考虑一个因素对附加约束的影响，才能够获得基本方程中各个系数的明确的物理意义。

四、位移法典型方程

对于具有 n（$n \geqslant 3$）个结点位移的一般情形，位移法基本方程可以参照（7.13）式写为如下形式：

$$\left.\begin{array}{c}k_{11}\Delta_1 + k_{12}\Delta_2 + \cdots + k_{1n}\Delta_n + F_{1P} = 0 \\ k_{21}\Delta_1 + k_{22}\Delta_2 + \cdots + k_{2n}\Delta_n + F_{2P} = 0 \\ \vdots \\ k_{n1}\Delta_1 + k_{n2}\Delta_2 + \cdots + k_{nn}\Delta_n + F_{nP} = 0\end{array}\right\} \quad (7.14)$$

与力法的典型方程相对应，这个方程组称为位移法的典型方程。

(7.14) 式中，自由项 F_{iP} 和刚度系数 k_{ij} 分别是基本结构在荷载或者单位结点位移作用下在各附加约束上引起的约束力，可利用静力平衡方程得出。F_{iP} 和 k_{ij} 符号中的两个下标，第一个表示附加约束力的方向，第二个表示附加约束力产生的原因。例如：自由项 F_{iP} 表示基本结构中由荷载单独作用产生的沿附加约束 Δ_i 方向的约束力；刚度系数 k_{ij} 表示基本结构中由结点位移 $\Delta_j = 1$ 单独作用产生的沿附加约束 Δ_i 方向的约束力。

处于主对角线上的各刚度系数 k_{ii}，称为主系数，恒大于零。其他系数称为副系数，其值可大于、小于或等于零；根据反力互等定理，有 $k_{ij} = k_{ji}$。

思考题

1. 位移法是否能用来求解静定结构？
2. 位移法的基本未知量是什么？为什么支座处的位移不当作位移法的基本未知量？
3. 固端弯矩的固端是指固定端吗？固端弯矩的固端如何理解？
4. 位移法中杆端弯矩的符号约定是什么？采用新的杆端弯矩符号约定的便利之处在哪里？
5. 有侧移刚架和无侧移刚架处理方法不同的地方在哪里？有几点不同？
6. 位移法中的变形协调条件是如何得到保证的？
7. 位移法中物理方面的考虑体现在哪里？
8. 位移法的基本体系是如何得到的？基本结构是什么？基本方程又是如何得到的？
9. 位移法基本体系得到的基本方程和直接平衡法得到的基本方程是否相同？基本体系方法和直接平衡法的不同之处在哪里？
10. 如何理解位移法中的叠加原理？叠加原理成立的条件是什么？

习题

7.1 用位移法计算题 7.1 图中所示各静定刚架的弯矩图。

7.2 试对题 7.2 图（a）中所示体系作几何构成分析。确定题 7.2 图（b）、（c）中各结构用位移法计算时的基本未知量数目，各杆 EI = 常数，忽略由轴向应变引起的位移。

7.3 确定题 7.3 图中各结构用位移法计算时的基本未知量数目，各杆 EI = 常数，忽略由轴向应变引起的位移。

7.4 确定题 7.4 图中各结构用位移法计算时的基本未知量数目，各杆 EI = 常数，

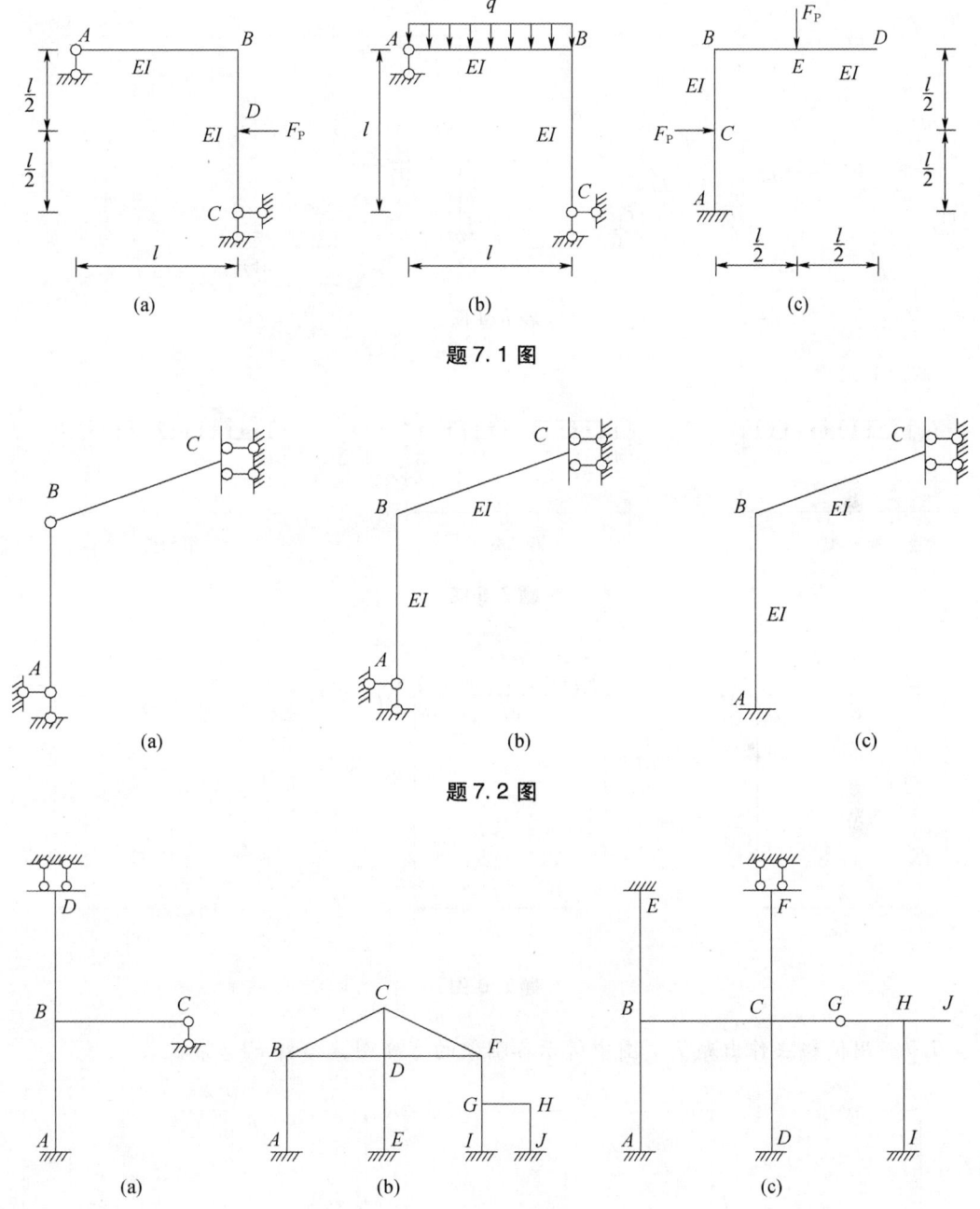

题 7.1 图

题 7.2 图

题 7.3 图

忽略由轴向应变引起的位移。

7.5 已知图中第一类固端弯矩为 $-M_{AB}^F = M_{BA}^F = \dfrac{1}{12}ql^2$，利用位移法的思路，试解：(a) 根据第一类固端弯矩的结果导出该图中对应的第二类固端弯矩。(b) 根据第一类固端弯矩的结果导出该图中对应的第三类固端弯矩。

7.6 用位移法作出题 7.6 图中所示各刚架的弯矩图，各杆 EI = 常数。

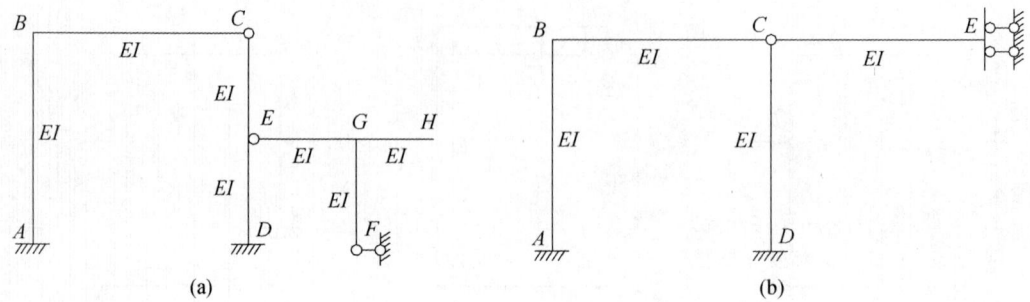

题 7.4 图

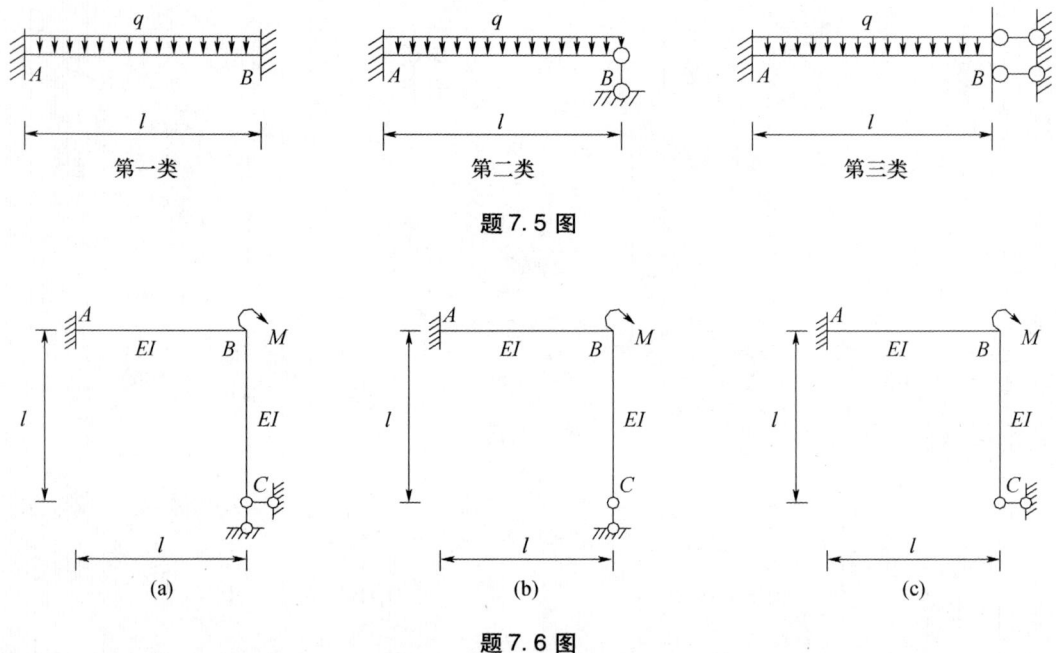

题 7.5 图

题 7.6 图

7.7 用位移法作出题 7.7 图中所示各刚架的弯矩图,各杆 $EI=$ 常数。

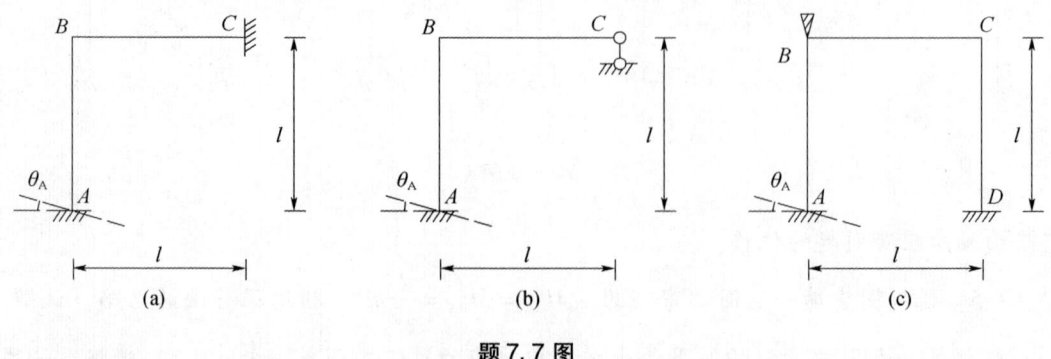

题 7.7 图

7.8 利用位移法作图示刚架的弯矩图,各杆 EI 如图所示。

7.9 图示刚架，已知 $\theta_B = 2/i$（顺时针），水平侧移 $\Delta_{BD} = 4/i$（向右），$i = EI/l$，$l = 4\text{m}$，试求 F_P、q 值并作弯矩图。

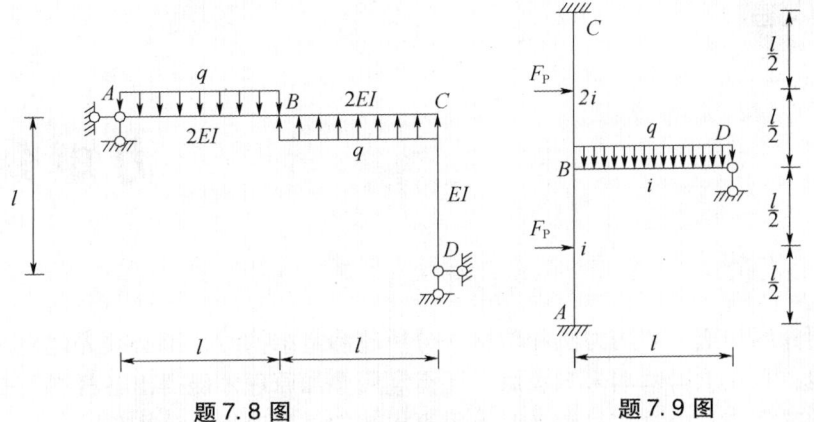

题 7.8 图　　　　　　题 7.9 图

习题解答

7.1 （a）中，$M_{BA} = 0.5F_P l$，下端受拉；（b）中，$M_{BA} = 0$；（c）中，$M_{BD} = 0.5F_P l$，上端受拉。

7.2 （a）中，没有多余约束的几何不变体系；（b）中，2个；（c）中，2个。

7.3 （a）中，2个；（b）中，8个；（c）中，5个。

7.4 （a）中，2个；（b）中，1个。

7.5 参见固端弯矩表。

7.6 （a）中，$M_{BA} = 4M/7$，上端受拉；$M_{BC} = 3M/7$，左端受拉。

（b）中，$M_{BA} = M$，上端受拉；$M_{BC} = 0$。

（c）中，$M_{BA} = 0.25M$，上端受拉；$M_{BC} = 0.75M$，左端受拉。

7.7 （a）中，$M_{BA} = i\theta_A$，左端受拉；$M_{AB} = 3.5i\theta_A$，右端受拉；$M_{BC} = -i\theta_A$，上端受拉。

(b) 中，$M_{BA} = 0.75i\theta_A$，右端受拉；$M_{AB} = 0.75i\theta_A$，右端受拉；$M_{BC} = 0.75i\theta_A$，下端受拉。

(c) 中，$M_{BA} = 2/13 \cdot i\theta_A$，左端受拉；$M_{AB} = 28/13 \cdot i\theta_A$，右端受拉；$M_{BC} = 6/13 \cdot i\theta_A$，下端受拉。$M_{CB} = 12/13 \cdot i\theta_A$，上端受拉；$M_{CD} = -12/13 \cdot i\theta_A$，右端受拉；$M_{DC} = -18/13 \cdot i\theta_A$，左端受拉。

7.8 $M_{CA} = M_{CD} = ql^2/32$，内侧受拉。

7.9 $q = 18\text{kN/m}$、$F_P = 12\text{kN}$。$M_{BA} = 8\text{kN} \cdot \text{m}$，左端受拉；$M_{BC} = 22\text{kN} \cdot \text{m}$，右端受拉；$M_{BD} = 30\text{kN} \cdot \text{m}$，上端受拉。

第八章

力矩分配法

从前面介绍知道，利用力法和位移法分析超静定结构时，都必须先建立和求解联立基本方程组；且在求得基本未知量后，还需利用叠加原理才能得出各杆端弯矩值来。当超静定次数或者结点位移数目较多时，手算求解的过程变得十分烦琐。

力矩分配法是基于位移法的一种适合手算的渐近的计算方法，对于超静定杆件结构，每一次只需重复单结点的力矩的分配和传递，逐个放松结点，通过两到三轮的计算就可以得到精度符合工程上要求的各杆端弯矩近似解，在循环的过程中不需要先求出结点的位移。力矩分配法由于其物理概念明确易掌握、循环收敛快、无须建立和求解联立基本方程和直接获得杆端弯矩的这些特点，因而在工程中获得了广泛的应用。

力矩分配法适合连续梁和无侧移刚架；无剪力分配法适合一类特殊的有侧移刚架——刚架中所有有侧移的杆件都是剪力静定杆件，其余杆件都是无相对线位移的杆件；对于带有剪力静不定杆件的一般有侧移刚架，可以根据本章提出的有侧移刚架的直接力矩分配法计算得到。

第一节 力矩分配法的基本概念

力矩分配法的理论基础是位移法，通过引入转动刚度、分配系数和传递系数三个概念之后，使得该法成为独立于位移法的一种新的解法。下面通过图8.1（a）中所示的结构来说明。

一、用位移法求解结点力偶矩荷载作用下的单结点刚架

图8.1（a）中所示结构中只有一个刚结点A，荷载为作用在刚结点A上的力偶矩M，下面先用位移法求解结点力偶矩荷载M作用下汇交于A点各杆近端杆端弯矩表达式。

利用位移法基本体系的方法进行求解：图8.1（b）中的$F_{1P} = -M$，图8.1（c）中的$k_{11} = 4i_{AB} + i_{AC} + 3i_{AD}$，代入位移法基本方程$k_{11}\theta_A + F_{1P} = 0$，得转角$\theta_A$为

$$\theta_A = \frac{M}{4i_{AB} + i_{AC} + 3i_{AD}} \tag{a}$$

图8.1（a）的弯矩图M等于图8.1（b）的弯矩图M_P和图8.1（c）的弯矩图$\overline{M}_1\theta_A$

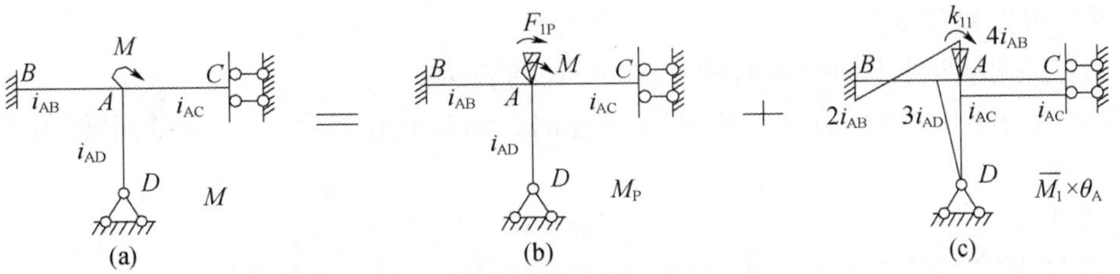

图 8.1 利用位移法基本体系方法求结点力偶矩荷载作用下的近端弯矩表达式

的和,即 $M = M_P + \overline{M}_1 \times \theta_A$。又注意到图 8.1(b)的弯矩图 M_P 为零,故 $M = \overline{M}_1 \times \theta_A$。从而,汇交于结点 A 的各杆近端弯矩为

$$M_{AB} = 4i_{AB}\theta_A = \frac{4i_{AB}}{4i_{AB} + i_{AC} + 3i_{AD}} \times M \tag{b}$$

$$M_{AC} = i_{AC}\theta_A = \frac{i_{AC}}{4i_{AB} + i_{AC} + 3i_{AD}} \times M \tag{c}$$

$$M_{AD} = 3i_{AD}\theta_A = \frac{3i_{AD}}{4i_{AB} + i_{AC} + 3i_{AD}} \times M \tag{d}$$

可以看到,各近端弯矩 M_{AB}、M_{AC}、M_{AD} 等于作用在结点 A 上的力偶矩 M 乘以某个分配系数。其中,分配系数的分母为由于单位转角 $\theta_A = 1$ 引起的汇交于 A 点的各根杆件的近端弯矩的和,分子为单位转角 $\theta_A = 1$ 引起的该杆本身的近端杆端弯矩。

二、引入转动刚度、分配系数、传递系数使力矩分配法成为一种独立的新方法

以上从位移法获得了各近端杆端弯矩分配系数的表达式,但之前必须先作出单位转角时的弯矩 $\overline{M}_1$ 图和求得 θ_A 的表达式。为了使得求分配系数时不再依赖于 $\overline{M}_1$ 图和 θ_A 的表达式,在力矩分配法中引入了转动刚度 S_{AB} 的概念。

1. 转动刚度 S_{AB}

(1)转动刚度 S_{AB} 的定义

所谓转动刚度 S_{AB},表示 AB 杆件 A 端对转动的抵抗能力;它在数值上等于为了使得 A 端产生单位顺时针转角需要在该端施加的力偶矩的数值。例如图 8.2(a)中,当施加在 A 端的顺时针力偶矩逐渐加大时,A 端的顺时针转角也逐渐加大;当施加的力偶矩等于 S_{AB} 时,$\theta_A = 1$。

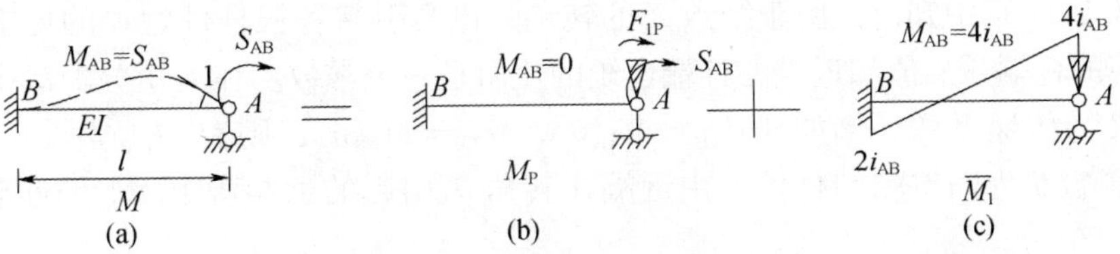

图 8.2 转动刚度的定义和求法

注意到转动刚度 S_{AB} 就是 $\theta_A = 1$ 时在 A 端产生的杆端弯矩 M_{AB} 值。关于这一点可以说明如下:首先在图 8.2(a)中 S_{AB} 为转动刚度,在其作用下 A 端有单位顺时针转角,此时有 $M_{AB} = S_{AB}$。其次又根据位移法基本体系的方法有 $M = M_P + \overline{M}_1 \times \theta_A$,再考虑到此时有 $M_P = 0$ 和 $\theta_A = 1$,故根据转角位移方程可知图 8.2(c)中 A 端的杆端弯矩为 $M_{AB} = $

$4i_{AB}$,于是可以得出 $S_{AB}=4i_{AB}$。

（2）远端为四种不同支座时转动刚度 S_{AB} 的表达式

当 B 端为图 8.3 中所示的四种不同支座时，由转角位移方程可以得到转动刚度 S_{AB} 的表达式如下：

远端固支	$S_{AB}=4i$	(8.1)
远端铰支	$S_{AB}=3i$	(8.2)
远端滑动	$S_{AB}=i$	(8.3)
远端自由	$S_{AB}=0$	(8.4)

式中 $i=EI/l$，为杆件的线刚度。

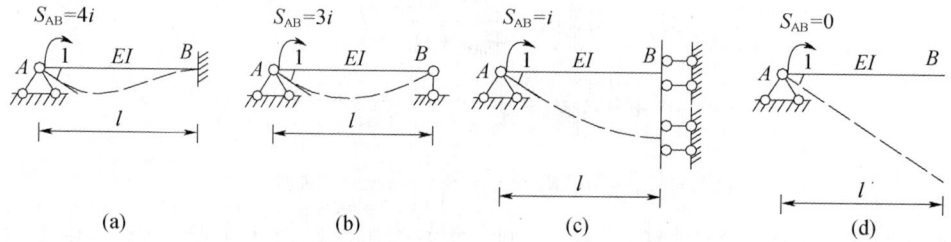

图 8.3　远端为四种不同支座的转动刚度

2. 分配系数

有了转动刚度的定义后，则图 8.1（c）中汇交于 A 点，各杆近端杆端弯矩表达式，即（b）、（c）、（d）三式可以统一写为

$$M_{Aj}=\mu_{Aj}\times M \tag{8.5}$$

$$\mu_{Aj}=\frac{S_{Aj}}{S_{AB}+S_{AC}+S_{AD}}=\frac{S_{Aj}}{\sum_A S} \quad (j=B,C,D) \tag{8.6}$$

式中 μ_{Aj} 为杆 Aj（$j=B$，C 或 D）的分配系数。某杆的分配系数 μ_{Aj} 等于该杆的转动刚度除以汇交于 A 点的各根杆件的转动刚度的和。

同一结点上，各分配系数的和为 1，即有

$$\sum_A \mu_{Aj}=\mu_{AB}+\mu_{AC}+\mu_{AD}=\frac{S_{AB}+S_{AC}+S_{AD}}{S_{AB}+S_{AC}+S_{AD}}=1 \tag{8.7}$$

3. 传递系数

从图 8.1（c）中知道：由于结点 A 的转动，也会引起各根杆件远端的杆端弯矩，并且各杆远端的杆端弯矩值和近端的杆端弯矩的比值是一个常数。在力矩分配法中把这个比例系数定义为传递系数。例如，$M_{AB}=4i_{AB}\theta_A$，$M_{BA}=2i_{AB}\theta_A$，则有 $M_{BA}/M_{AB}=C_{AB}=1/2$，表示对于远端 B 为固定端的杆件，由近端 A 转角 θ_A 引起的远端弯矩 M_{BA} 是近端弯矩 M_{AB} 值的一半。

对于等截面杆件，传递系数随远端的支承情况不同而不同，具体如下：

远端固支	$C=1/2$	(8.8)
远端铰支	$C=0$	(8.9)
远端滑动	$C=-1$	(8.10)

引入传递系数后，则远端杆端弯矩值可以由近端弯矩值乘以传递系数直接得到，即

$$M_{BA} = C_{AB} M_{AB} \tag{8.11}$$

4. 总结

引入转动刚度、分配系数和传递系数之后，对于图 8.1（a）中所示的力偶矩 M 作用在单刚结点 A 上一类无结点线位移的结构，直接把 M 乘以各杆的分配系数就得到了各近端弯矩值，然后把各近端弯矩值乘以传递系数就获得了各杆远端弯矩值。

故力矩分配法的重要特点是可以通过简单的分配和传递来直接获得杆端弯矩，而不再像位移法基本体系中一样必须先作出结点有单位转角的弯矩 $\overline{M}_1$ 图和求出结点转角值才能得到杆端弯矩值。

力矩分配法来源于位移法，但是又独立于位移法。它的独立性通过这些新引进的术语得到了充分的体现。在理解该种方法的时候，我们要注意它与位移法的联系，更要理解引入这些新的术语的原因在于使得该方法能够自成体系，摆脱位移法的影响。

5. 一般荷载作用下单结点问题的力矩分配法的步骤

对于一般荷载作用下的无结点线位移的单刚结点结构，可由力矩分配法通过一次力矩的分配和传递就可以获得精确解。下面结合图 8.4（a）中所示的结构来说明力矩分配法的步骤。

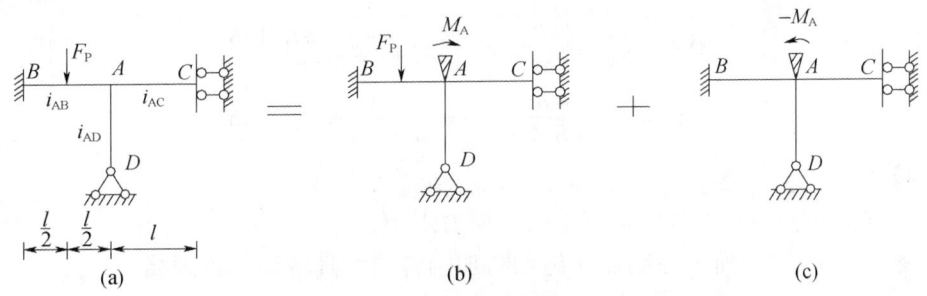

图 8.4　一般荷载作用下单结点问题的力矩分配法

（1）第一步：锁住结点 A。

当我们用力矩分配法求解图 8.4（a）时，第一步和位移法基本体系方法一样，也是先在结点 A 上施加附加刚臂约束其转动，利用结点 A 力矩的平衡条件，求出其上的约束力矩 M_A，如图 8.4（b）中所示。只需注意，在位移法基本体系中是用 F_{1P} 表示附加刚臂上的约束力矩，而在力矩分配法中用 M_A 表示。

（2）第二步：放松结点 A 约束。

然后放松结点 A 约束，必须注意力矩分配法中的放松约束与位移法基本体系中的放松约束有不同的意义。在位移法基本体系中，我们说放松约束，是强调基本结构中结点 A 发生了和实际结构结点 A 相同的转角，从而会在结点 A 的附加刚臂中引起新的约束力矩。而在力矩分配法中，我们说放松约束，是强调结点 A 点的受力情况和实际结构结点 A 相同。此时是在结点 A 上施加一个和约束力矩 M_A 反向的力偶矩 $-M_A$，如图 8.4（c）中所示。

（3）第三步：叠加得到一般荷载作用下的各杆端弯矩值及作弯矩图。

根据叠加原理，图 8.4（a）的各杆端弯矩等于图 8.4（b）的各固端弯矩和图 8.4（c）的各杆端弯矩的和。图 8.4（b）中由于在结点 A 施加附加刚臂约束了其转角，故各根杆件已拆开为 A 端固定，另一端 B、C、D 按照实际支承情况的单跨的超静定梁的组合，各杆固端弯矩可查表得到。而图 8.4（c）中只需直接把 $-M_A$ 分配给各杆的近端，传递到远端即可得到各杆端弯矩值。再利用分段叠加法即可得到原结构的弯矩图。因图 8.4（b）、（c）中都为精确的杆端弯矩值，故一般荷载作用下单结点问题的力矩分配法得到的弯矩图为原问题精确的弯矩图。

因用力矩的分配和传递得到图 8.4（c）的各杆端弯矩是本方法成立的关键，故把这种方法叫做力矩分配法。

6. 举例

[**例 8-1**] 试用力矩分配法计算图 8.4（a）中所示刚架并作弯矩图，设 $F_P = 200\text{kN}$，$l = 4\text{m}$，$i_{AB} = i_{AC} = i_{AD} = i$。

解：(1) 计算各杆的转动刚度和分配系数。

各杆转动刚度为
$$S_{AB} = 4i_{AB} = 4i \quad S_{AC} = i_{AC} = i \quad S_{AD} = 3i_{AD} = 3i$$

各杆分配系数为
$$\mu_{AB} = \frac{S_{AB}}{S_{AB} + S_{AC} + S_{AD}} = \frac{4i}{4i + i + 3i} = 0.5$$

$$\mu_{AC} = \frac{S_{AC}}{S_{AB} + S_{AC} + S_{AD}} = \frac{i}{4i + i + 3i} = 0.125$$

$$\mu_{AD} = \frac{S_{AD}}{S_{AB} + S_{AC} + S_{AD}} = \frac{3i}{4i + i + 3i} = 0.375$$

校核：
$$\mu_{AB} + \mu_{AC} + \mu_{AD} = 1$$

(2) 锁住结点 A，求各固端弯矩及约束力矩 M_A。

如图 8.5（a）中所示在结点 A 施加附加刚臂约束其转动，各固端弯矩为
$$M^F_{BA} = -\frac{1}{8}F_P l = -\frac{200\text{kN} \times 4\text{m}}{8} = -100\text{kN} \cdot \text{m}$$

$$M^F_{AB} = \frac{1}{8}F_P l = \frac{200\text{kN} \times 4\text{m}}{8} = 100\text{kN} \cdot \text{m}$$

顺时针转者为正，写在各杆端的下方。

由图 8.5（b）中所示结点 A 的力矩平衡条件，求得约束力矩 $M_A = 100\text{kN} \cdot \text{m}$，顺时针转向。

(3) 放松结点 A，计算各分配和传递杆端弯矩。

放松结点 A，即在结点 A 上施加一个逆时针的外力偶矩 $100\text{kN} \cdot \text{m}$，如图 8.5（c）中所示。各分配杆端弯矩为
$$M_{AB} = \mu_{AB} \times (-M_A) = 0.5 \times (-100) = -50\text{kN} \cdot \text{m}$$
$$M_{AC} = \mu_{AC} \times (-M_A) = 0.125 \times (-100) = -12.5\text{kN} \cdot \text{m}$$
$$M_{AD} = \mu_{AD} \times (-M_A) = 0.375 \times (-100) = -37.5\text{kN} \cdot \text{m}$$

分配力矩下面画一短横线，表示结点 A 已经放松，达到平衡。

各传递杆端弯矩为
$$M_{BA} = C_{AB} \times M_{AB} = 0.5 \times (-50) = -25\text{kN} \cdot \text{m}$$
$$M_{CA} = C_{AC} \times M_{AC} = -1 \times (-12.5) = 12.5\text{kN} \cdot \text{m}$$

$$M_{DA} = C_{AD} \times M_{AD} = 0 \times (-37.5) = 0 \text{kN} \cdot \text{m}$$

用箭头表示力矩的传递方向，如图 8.5（c）中所示。

（4）叠加得到各杆端弯矩的最终值，并作出弯矩图。

叠加（2）、（3）两步中各杆端弯矩值，即为该杆端弯矩的最终值。再利用分段叠加法，作出原结构的弯矩图如图 8.5（e）中所示。

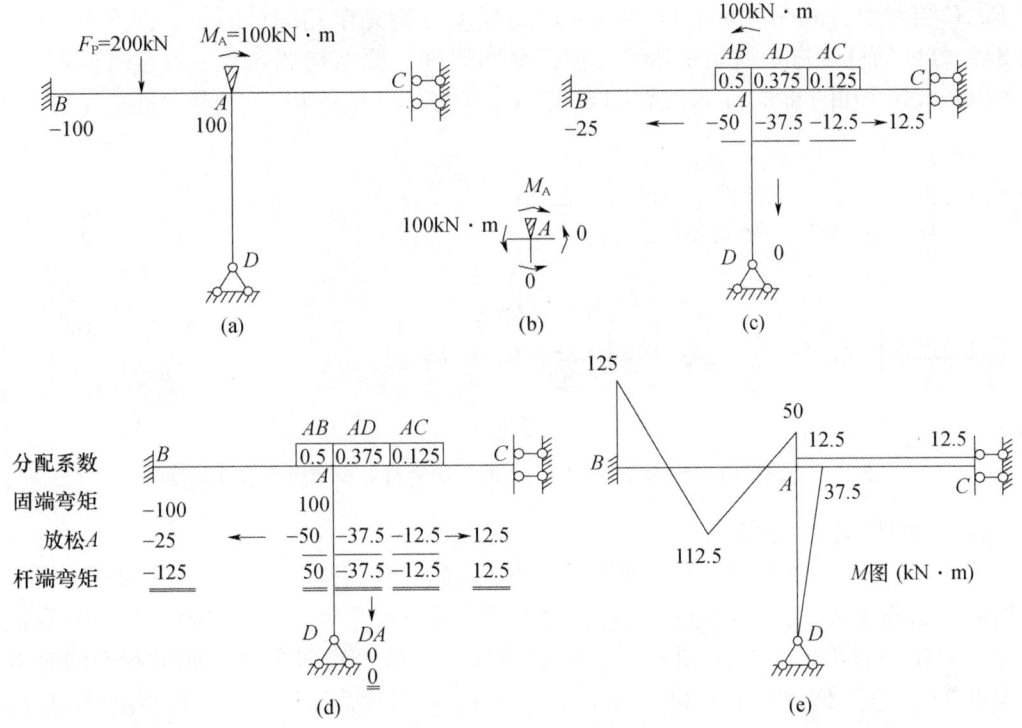

图 8.5　力矩分配法举例

实际演算时，为了简洁起见，可以将以上各步骤汇集在一个图中，按照图 8.4（d）中所示的演算格式进行。在最终各杆端弯矩下面画双横线，表示计算完成。

第二节　用力矩分配法计算多结点连续梁和刚架

本节用力矩分配法计算无侧移的多结点的连续梁和刚架。与力矩分配法得到单结点问题的精确解不同，对于多结点问题，力矩分配法得到的是各杆端弯矩的渐近解。我们下面用图 8.6（a）中所示的两结点连续梁对此进行说明。

一、用图形表示两结点连续梁力矩分配的渐近过程

1. 约束力矩施加在结点 B、C 处附加刚臂上和直接施加在结点 B、C 上两者完全等效

当用力矩分配法求解图 8.6（a）时，也包括先锁住和后放松结点 B、C。当锁住结

点 B、C 时，会在结点 B、C 处附加刚臂上产生约束力矩 M_B、M_C，如图 8.6（b）中所示；当放松结点 B、C 时，就是在结点 B、C 处附加刚臂上施加与约束力矩 M_B、M_C 等值反向的外力矩，如图 8.6（c）中所示。注意到，由于附加刚臂可以视为是由抗弯刚度 $EI \to \infty$、长度 $l \to 0$ 的刚臂通过滑动支座与基础相连，如图 8.6（e）中结点 C 处滑动支座所示。因此施加在 B、C 处附加刚臂上的约束力矩 M_B、M_C 就等于把 M_B、M_C 直接施加在 B、C 结点上，故图 8.6（b）和（e）的杆端弯矩完全相同；同理，图 8.6（c）和图 8.6（f）的杆端弯矩值完全相等。根据叠加原理，原结构图 8.6（a）各杆端弯矩等于图 8.6（b）和图 8.6（c）或者图 8.6（f）各杆端弯矩的和。

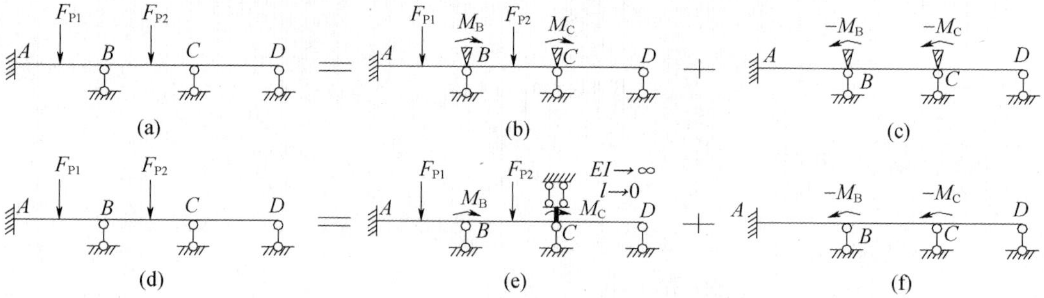

图 8.6　约束力矩施加在结点 B、C 处附加刚臂上和施加在结点上等效

2. 一次只放松一个结点

图 8.6（b）中由于附加刚臂使得结点 B、C 的转角为零，结构被分解为互不影响的三根单跨超静定梁，各杆端弯矩就是荷载作用下的固端弯矩，可以查固端弯矩表直接得到。关键在于图 8.6（c）或图 8.6（f）的杆端弯矩能否直接求得。如果我们同时放松结点 B、C，也就是如图 8.6（f）所示在结点 B、C 同时施加与约束力矩 M_B、M_C 反向的外力矩，此时位移法的基本方程为

$$\left. \begin{array}{r} k_{11}\theta_B + k_{12}\theta_C + M_B = 0 \\ k_{21}\theta_B + k_{22}\theta_C + M_C = 0 \end{array} \right\} \quad (a)$$

式中 k_{ij}（i、$j = 1$，2）为位移法基本体系的刚度系数。

我们不得不建立联立方程组，还要先求出转角 θ_B、θ_C，然后才能得到此时的各杆端弯矩。这样，就失去了力矩分配法不用解联立方程组和直接获得杆端弯矩的优点。

为了避免求解联立方程，一次只放松一个结点 B，结点 C 仍然锁定，如图 8.7 所示。

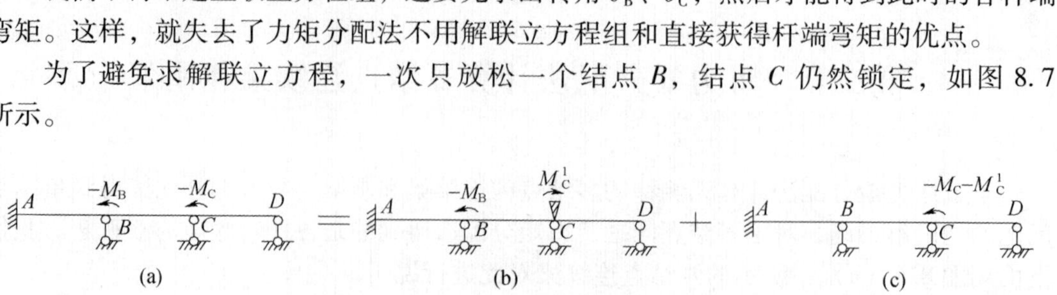

图 8.7　先放松结点 B，结点 C 仍然锁定

图 8.7（b）各杆端弯矩可以利用单结点的力矩分配法直接得到。但图 8.7（c）中尽管只在结点 C 存在外力矩 $-M_C - M_C^1$，如果我们同时放松结点 B、C，此时位移法的基本方程为

$$\left.\begin{array}{l}k_{11}\theta_B + k_{12}\theta_C = 0\\ k_{21}\theta_B + k_{22}\theta_C + M_C + M_C^1 = 0\end{array}\right\} \quad (b)$$

同样，我们不得不从联立方程组先求出转角 θ_B、θ_C，然后才能得到此时的各杆端弯矩。故下面我们只放松结点 C，与此同时，结点 B 仍然锁定，如图 8.8 中所示。

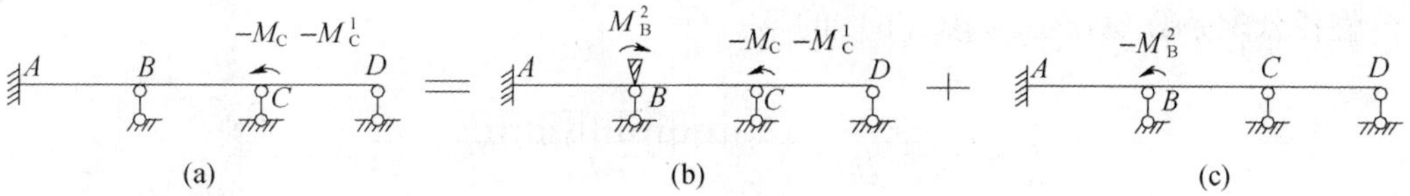

图 8.8 放松结点 C，结点 B 仍然锁定

3. 循环一轮后渐近解与真实解的误差

把图 8.6（f）换成图 8.7（b）、（c），再把图 8.7（c）换成图 8.8（b）、（c），于是得到了图 8.9。图 8.9（b）、（c）、（d）三种情形的各杆端弯矩值我们都已经求出：图 8.9（b）利用单跨超静定梁的固端弯矩得出，图 8.9（c）和（d）利用单结点的力矩分配和传递得出。图 8.9（e）的杆端弯矩在第一轮循环后尚未求出，它就是循环一轮后渐近解与真实解的误差。

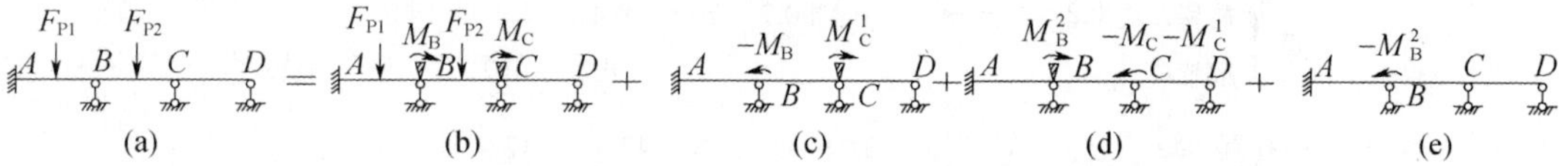

图 8.9 循环一轮后渐近解与真实解的误差

从图 8.9 中可以看出：力矩分配法只能得到多结点问题的渐近解；力矩分配法通过一次放松一个结点的方式逐步逼近精确解；还可以看出，经过一轮循环后，得到的渐近解与精确解的差异在哪里。

下面通过例题说明力矩分配法计算多结点结构的步骤和演算格式。

二、多结点力矩分配法举例

[例 8-2] 试用力矩分配法计算图 8.10（a）中所示连续梁，并作出弯矩图。

解：（1）计算各杆的转动刚度和各结点的分配系数。

令 $i = EI/6$，各杆转动刚度为

$$S_{BA} = 4i_{BA} = 8i \quad S_{BC} = S_{CB} = 4i_{BC} = 12i \quad S_{CD} = 4i_{CD} = 16i$$

结点 B 分配系数为

$$\mu_{BA} = \frac{S_{BA}}{S_{BA} + S_{BC}} = \frac{8i}{8i + 12i} = 0.4$$

$$\mu_{BC} = \frac{S_{BC}}{S_{BA} + S_{BC}} = \frac{12i}{8i + 12i} = 0.6$$

校核：
$$\mu_{BA} + \mu_{BC} = 1$$

结点 C 分配系数为

$$\mu_{CB} = \frac{S_{CB}}{S_{CB}+S_{CD}} = \frac{12i}{12i+16i} = 0.429$$

$$\mu_{CD} = \frac{S_{CD}}{S_{CB}+S_{CD}} = \frac{16i}{12i+16i} = 0.571$$

校核：
$$\mu_{CB} + \mu_{CD} = 1$$

将各分配系数写在图 8.10（b）的第一行。

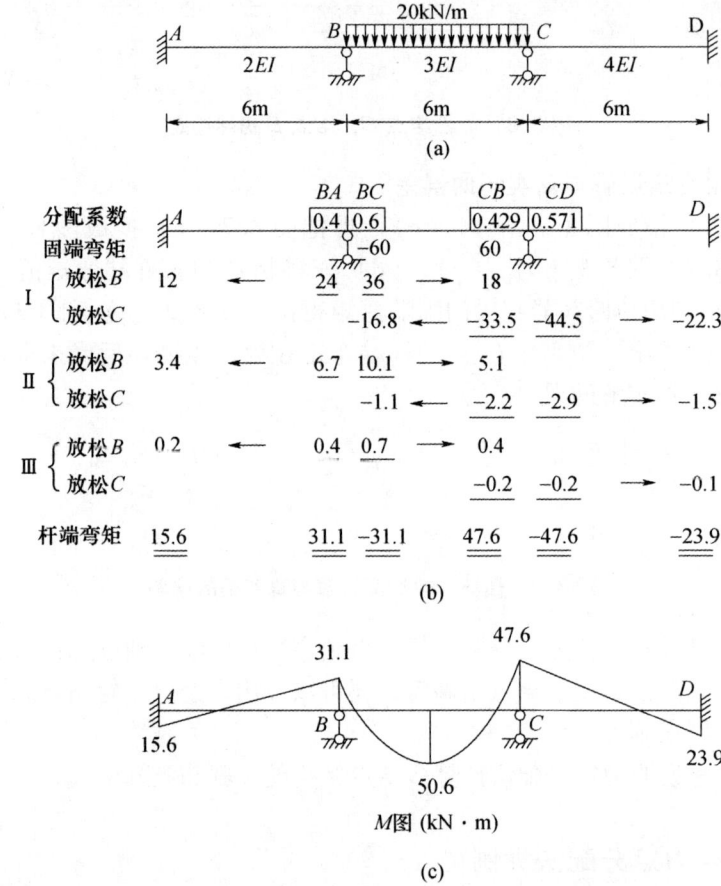

图 8.10 用力矩分配法计算两结点连续梁

（2）锁住结点 B、C，求各固端弯矩。

$$M_{BC}^F = -\frac{1}{12}ql^2 = -\frac{20 \times 36}{12} = -60\text{kN} \cdot \text{m}$$

$$M_{CB}^F = \frac{1}{12}ql^2 = \frac{20 \times 36}{12} = 60\text{kN} \cdot \text{m}$$

将各固端弯矩写在图 8.10（b）的第二行。

（3）只放松结点 B，如图 8.10（b）的第三行所示，按单结点计算各分配和传递杆端弯矩。

此时结点 B 为力矩分配法第一轮第一个结点，其上的约束力矩为汇交于 B 点的各固端弯矩的和，即 $-60\text{kN} \cdot \text{m}$。放松结点 B，即在结点 B 上施加一个顺时针的外力偶矩

60kN·m，各分配杆端弯矩为

$$M_{BA} = 0.4 \times 60 = 24 \text{kN} \cdot \text{m} \qquad M_{BC} = 0.6 \times 60 = 36 \text{kN} \cdot \text{m}$$

分配力矩下面画一短横线，表示结点 B 已经放松，达到平衡。

各传递杆端弯矩为

$$M_{AB} = 0.5 \times 24 = 12 \text{kN} \cdot \text{m} \qquad M_{CB} = 0.5 \times 36 = 18 \text{kN} \cdot \text{m}$$

用箭头表示力矩的传递方向。

（4）只放松结点 C，如图 8.10（b）的第四行所示，按单结点计算各分配和传递杆端弯矩。

此时结点 C 为力矩分配法第一轮第二个结点，其上的约束力矩为汇交于 B 点的各固端弯矩再加上放松结点 B 时的传递弯矩的和，即 78kN·m。放松结点 C 时各分配杆端弯矩为

$$M_{CB} = 0.429 \times (-78) = -33.5 \text{kN} \cdot \text{m} \qquad M_{CD} = 0.571 \times (-78) = -44.5 \text{kN} \cdot \text{m}$$

分配力矩下面画一短横线，表示结点 C 已经放松，达到平衡。

各传递杆端弯矩为

$$M_{BC} = 0.5 \times (-33.5) = -16.8 \text{kN} \cdot \text{m} \qquad M_{DC} = 0.5 \times (-44.5) = -22.3 \text{kN} \cdot \text{m}$$

用箭头表示力矩的传递方向。

至此完成了力矩分配法的第一轮循环，结点 B 上的约束力矩为 -16.8kN·m。

（5）进行第二轮循环，如图 8.10（b）的第五、六两行所示。

第二轮循环完成后，结点 B 上的约束力矩只为 -1.1kN·m。

（6）进行第三轮循环，如图 8.10（b）的第七、八两行所示。

放松结点 C 时，$M_{CB} = -0.2$kN·m。如果再传给结点 B，结点 B 上的约束力矩仅仅为 -0.1kN·m。与力矩分配法开始前结点 B 上的约束力矩 -60kN·m 相比，已经足够小。故第三轮循环后，计算可以停止，并且放松结点 C 时的分配弯矩不再传给结点 B。

（7）求得各杆端弯矩值，如图 8.10（b）的第九行所示。

将每一列的固端弯矩，各次分配弯矩和传递弯矩相加，得到各杆端弯矩值。

（8）作原结构的弯矩图。

利用分段叠加法，作出原结构的弯矩图，如图 8.10（c）中所示。

注意到，尽管本例中结构形式对称，但由于刚度不对称，故不能利用半刚架法计算。另外可以看到，由于右边部分的刚度比左边部分大，故右边部分的内力值一定大于左边部分。

[**例 8-3**] 试用力矩分配法计算图 8.11（a）中所示刚架，并作出弯矩图。

解：（1）计算各杆的转动刚度和各结点的分配系数。

令 $i = EI/6$，各杆转动刚度为

$$S_{BA} = 4i_{BA} = 4i \quad S_{BC} = S_{CB} = 4i_{BC} = 8i \quad S_{CD} = 4i_{CD} = 8i \quad S_{CE} = 4i_{CE} = 4i$$

结点 B 分配系数为

$$\mu_{BA} = \frac{S_{BA}}{S_{BA} + S_{BC}} = \frac{4i}{4i + 8i} = 0.333 \qquad \mu_{BC} = \frac{S_{BC}}{S_{BA} + S_{BC}} = \frac{8i}{4i + 8i} = 0.667$$

结点 C 分配系数为

$$\mu_{CB} = \frac{S_{CB}}{S_{CB} + S_{CD} + S_{CE}} = \frac{8i}{8i + 8i + 4i} = 0.4 = \mu_{CD} \qquad \mu_{CE} = 0.2$$

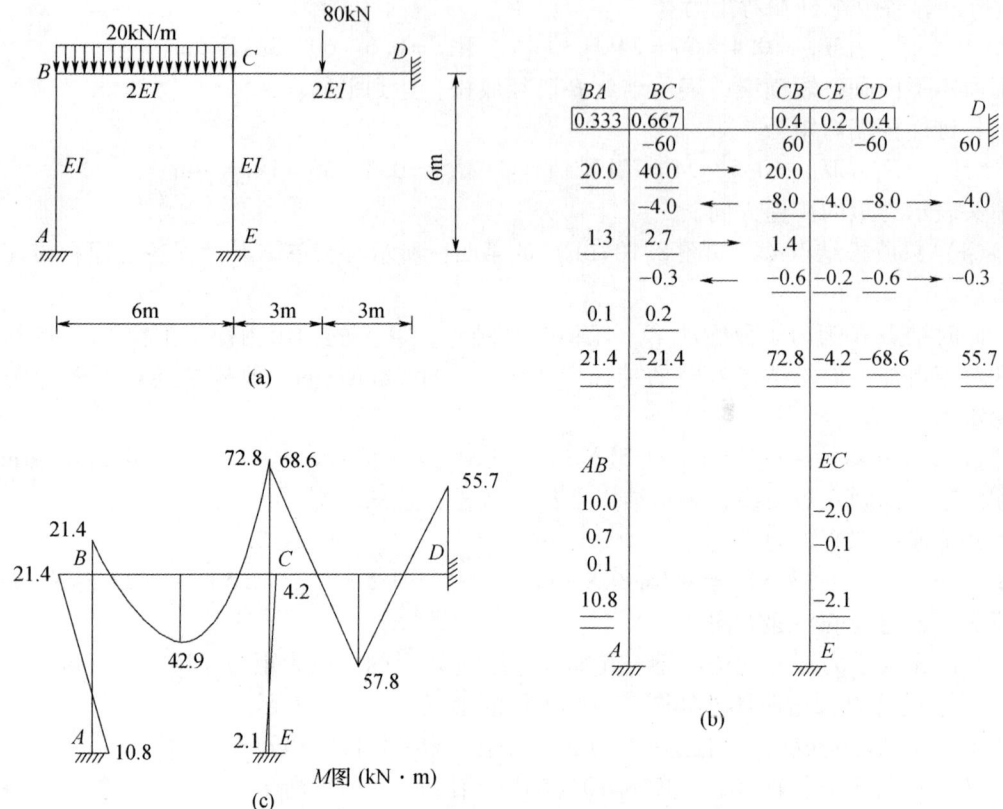

图 8.11 用力矩分配法计算两结点刚架

（2）锁住结点 B、C，求各固端弯矩。

$$M_{BC}^F = -\frac{1}{12}ql^2 = -\frac{20 \times 36}{12} = -60 \text{kN} \cdot \text{m} \qquad M_{CB}^F = \frac{1}{12}ql^2 = \frac{20 \times 36}{12} = 60 \text{kN} \cdot \text{m}$$

$$M_{CD}^F = -\frac{1}{8}F_Pl = -\frac{80 \times 6}{8} = -60 \text{kN} \cdot \text{m} \qquad M_{DC}^F = \frac{1}{8}F_Pl = \frac{80 \times 6}{8} = 60 \text{kN} \cdot \text{m}$$

（3）力矩的分配和传递过程。

按照结点 B、C 次序分配和传递两轮，如图 8.11（b）中所示。放松结点的次序可以任取，并不影响最后的计算结果。但为了减少计算过程，一般先放松约束力矩较大的结点。将每一列的固端弯矩，各次分配弯矩和传递弯矩相加，得到最终各杆端弯矩值。

（4）作原结构的弯矩图。

利用分段叠加法，作出原结构的弯矩图，如图 8.11（c）中所示。

第三节 无剪力分配法

力矩分配法通过重复单结点的力矩的分配和传递可以获得连续梁和无侧移刚架的渐近解。力矩分配法不能直接用于一般的有侧移的刚架。但是对于一类特殊的有侧移的刚架,可以用和力矩分配法相类似的无剪力分配法进行计算。

一、无剪力分配法的成立条件

无剪力分配法的成立条件:刚架中有垂直于杆轴相对线位移的杆件其剪力都是静定的,其余杆件都是无相对线位移的杆件。

所谓杆件的剪力静定,是指只需根据静力平衡条件就可以直接求出荷载作用下杆件各截面的剪力,无须考虑变形协调条件。如图 8.12(a)中所示两层单跨的刚架,横梁 CD、BE 均为无垂直于杆轴的线位移的杆件,立柱 CB、BA 均为有垂直于杆轴的线位移的杆件,其上的剪力都是静定的。在图示荷载作用下,立柱上的剪力如图 8.12(b)中所示。显然,当没有水平方向或者剪力方向的荷载作用时,这些立柱上的剪力全部是零。

图 8.12(c)中立柱 BA、CE 均为有垂直于杆轴的线位移的杆件,其上的剪力是静不定的,对于有静不定杆件的刚架不能用无剪力分配法计算。

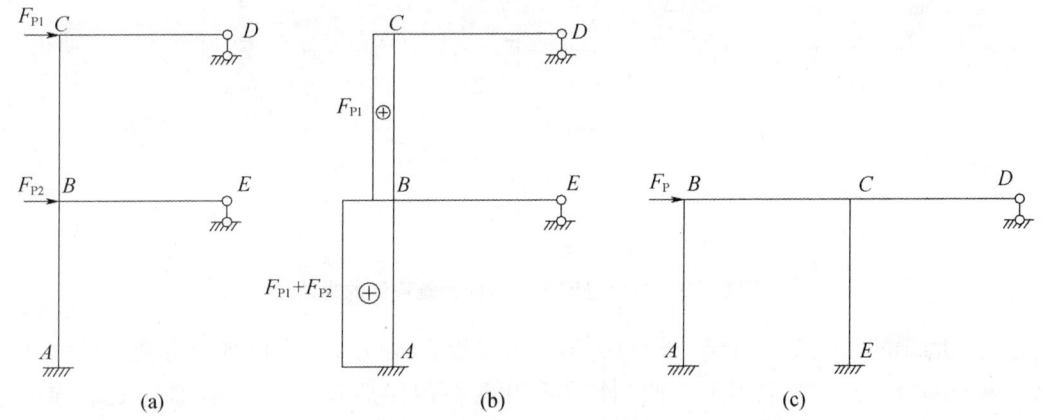

图 8.12 剪力静定和剪力静不定杆件

二、剪力静定杆件固端弯矩的确定

和在力矩分配法中一样,无剪力分配法中第一步也是在结点处施加附加刚臂锁住结点,利用无侧移杆件和各剪力静定杆件固端弯矩公式,求得结点附加刚臂上的约束力矩。下面以图 8.13(a)中所示三层单跨的刚架为例来说明如何求得各剪力静定杆件的固端弯矩公式。为简单起见,设各柱的抗弯刚度 EI 相同。首先要注意,结点 D、C、B 处的附加刚臂只约束结点的角位移,并不约束结点的线位移,如图 8.13(b)中所示。结合图 8.13(c)中所示的剪力图,可知,结点 B 相对于固定支座 A 的位移为 $\Delta_1+\Delta_2+\Delta_3$;结点 C 相对于结点 B 的位移为 $\Delta_2+\Delta_3$;结点 D 相对于结点 C 的位移为 Δ_3。Δ_1、Δ_2、Δ_3 分别表示 F_{P1} 引起的 BA 杆件垂直于杆轴的线位移、F_{P2} 引起的 CB、BA 杆件垂直于杆轴的线位移、F_{P3} 引起的 DC、CB、BA 杆件垂直于杆轴的线位移。

直接从图 8.13(b)中求各剪力静定杆件的固端弯矩还有点看不清楚。但根据位移法的思路,图 8.13(b)中各剪力静定杆件其杆端弯矩(也就是我们要求的固端弯矩,

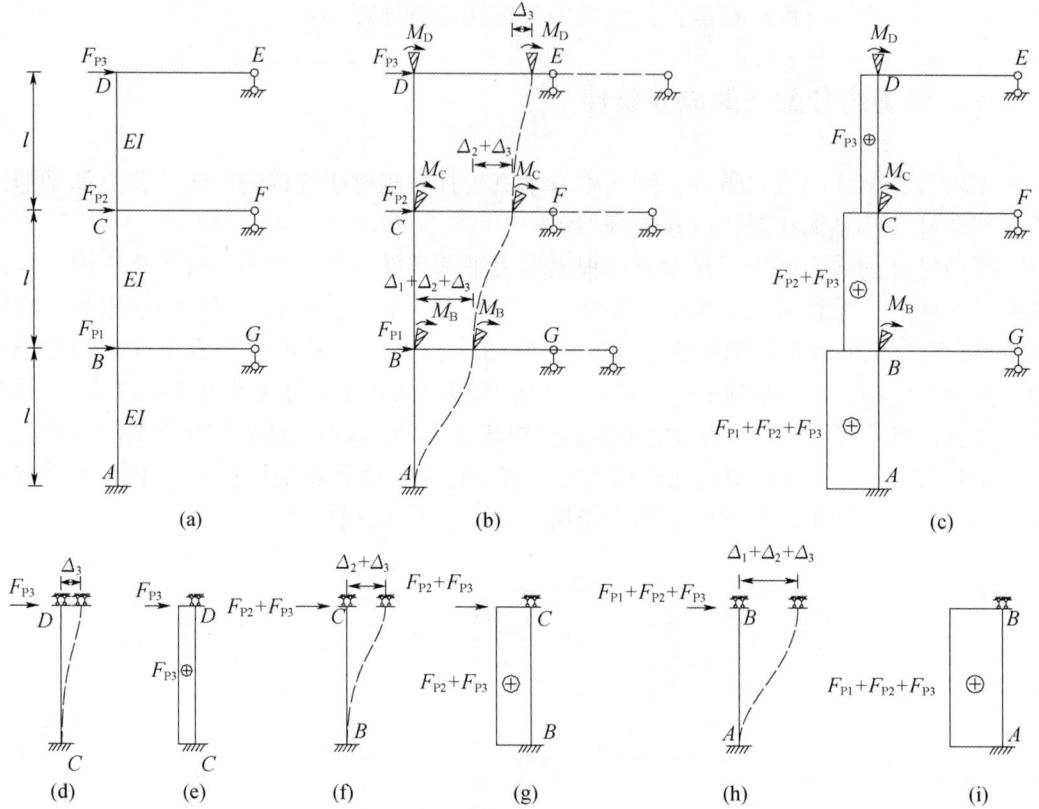

图 8.13 剪力静定各杆件的固端弯矩的求法

注意现在固端的意思是指各结点转角为零，但可以有线位移）可以视为由两部分叠加构成：第一部分是杆件两端固定（两端转角和相对线位移都为零），由荷载引起的固端弯矩；第二部分是各杆件两端的相对线位移引起的杆端弯矩。因为各剪力静定杆件的荷载作用在杆端，故第一部分由荷载引起的固端弯矩为零。从而我们要求的各剪力静定杆件的固端弯矩就等于上面的第二部分杆端弯矩，完全取决于杆件两端的相对线位移。由此知道，各剪力静定杆件的固端弯矩等于具有相同剪力分布的一端固定另一端滑动支座的单跨超静定梁的杆端弯矩。例如，图 8.13（b）中 DC 杆件的固端弯矩与图 8.13（d）中所示的 D 端滑动支承，C 端固定的单跨超静定梁杆端弯矩相同。这是因为从图 8.13（c）、(e) 知，两者剪力图相同，从而两者两端相对线位移都是 Δ_3 缘故。同理，CB 杆件的固端弯矩与图 8.13（f）中所示的 CB 单跨超静定梁的杆端弯矩相同，因为两者剪力图 8.13（c）、(g) 相同，从而两者两端相对线位移都是 $\Delta_2 + \Delta_3$；BA 杆件的固端弯矩与图 8.13（h）中所示的 BA 单跨超静定梁的杆端弯矩相同，因为两者剪力图 8.13（c）、(i) 相同，从而两者两端相对线位移都是 $\Delta_1 + \Delta_2 + \Delta_3$。

同样，对于刚架中任意的剪力静定的杆件，计算其固端弯矩时，只需要先根据静力条件求出该杆的剪力。然后该杆件的固端弯矩与具有相同的剪力分布（把杆端剪力当成外荷载施加在该端）的一端滑动，另一端固定的单跨超静定梁的固端弯矩的情况完全一样，而后者可以通过固端弯矩表直接查出。

然后，根据各结点处的力矩平衡条件，就可以求得各附加刚臂上的约束力矩值。

三、转动刚度和传递系数的确定

无剪力分配法中第二步也是逐次放松每个结点,就是在每个结点处施加一个和约束力矩方向相反的力矩。为了像在力矩分配法中一样,把该力矩直接分配给各杆的近端和传递给远端,我们需要先确定各剪力静定杆件的转动刚度和传递系数。下面以单独放松图 8.13(b)中结点 C 为例进行说明,在下面的推导中,将杆件 BC 的线刚度改用 i_{BC} 表示,长度改用 l_{BC} 表示。

如图 8.14(a)中所示,BC 杆件转动刚度为放松结点 C 使其产生单位顺时针转角 $\theta_C = 1$ 时,在近端引起的杆端弯矩 M_{CB} 值。由转角位移方程,并且注意此时结点 B 仍然锁住 $\theta_B = 0$,有

$$\left. \begin{array}{l} M_{BC} = 4i_{BC}\theta_B + 2i_{BC}\theta_C - 6i_{BC}\dfrac{\Delta}{l_{BC}} = 2i_{BC}\theta_C - 6i_{BC}\dfrac{\Delta}{l_{BC}} \\ M_{CB} = 2i_{BC}\theta_B + 4i_{BC}\theta_C - 6i_{BC}\dfrac{\Delta}{l_{BC}} = 4i_{BC}\theta_C - 6i_{BC}\dfrac{\Delta}{l_{BC}} \end{array} \right\} \quad (a)$$

其中 Δ 为 B、C 两端垂直于杆件的相对位移。

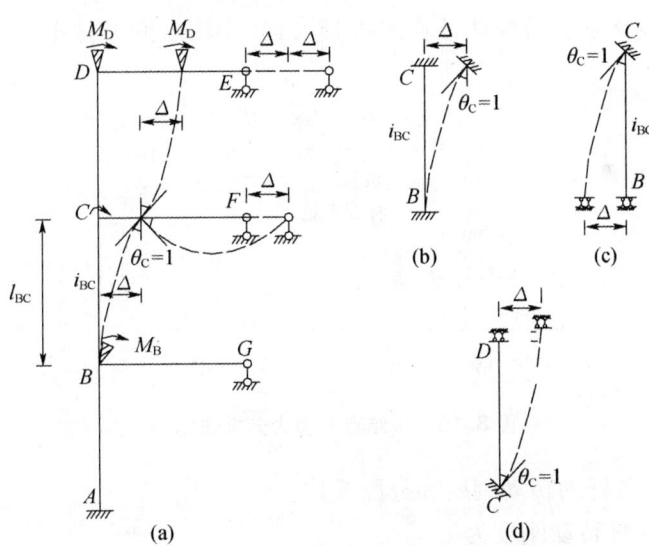

图 8.14 剪力静定杆件的转动刚度和传递系数

考虑到 BC 杆件中的剪力为零,则可以得到转角 θ_C 和位移 Δ 之间的关系为

$$\Delta = \frac{\theta_C l_{BC}}{2} \quad (b)$$

将上式和 $\theta_C = 1$ 代入(a)式,则有

$$\left. \begin{array}{l} M_{CB} = i_{BC} \\ M_{BC} = -i_{BC} \end{array} \right\} \quad (c)$$

故 BC 杆件转动刚度为

$$S_{CB} = i_{BC} \quad (8.12)$$

BC 杆件传递系数为

$$C_{CB} = -1 \tag{8.13}$$

注意到尽管图 8.14（a）中单位顺时针转角 θ_C 和垂直于杆件的相对位移 Δ 都发生在 BC 杆件的 C 端，如图 8.14（b）中所示。与图 8.14（c）中 θ_C 发生在 BC 杆件的 C 端，Δ 发生在 B 端并不完全一样。但是，由于 BC 杆件中的剪力为零，故两种情形中 θ_C 和 Δ 之间的关系相同，从而两种情形的转动刚度和传递系数也完全一样。同理，CD 杆件（与杆件 BC 长度相等，故 C、D 两点相对侧移也用 Δ 表示）转动刚度 S_{CD} 与图 8.14（d）中所示的 C 端固支，D 端滑动支承的杆端弯矩 M_{CD} 相等，为 $S_{CD} = i_{CD}$，传递系数等于 -1。故由上面分析可知：

无剪力分配法中各剪力静定杆件的转动刚度都等于其线刚度，而传递系数都为 -1。

因为在放松结点的约束时，对于有垂直于杆轴线位移的各杆件，其分配的杆端弯矩均是在杆件的剪力为零的前提下获得的，故把此法命名为无剪力分配法。与力矩分配法类似，无剪力分配法也无须解联立方程组先求出结点的转角和线位移，就可以直接获得杆端弯矩。

四、举例

[**例 8-4**] 试用无剪力分配法计算图 8.15（a）中所示刚架并作弯矩图。

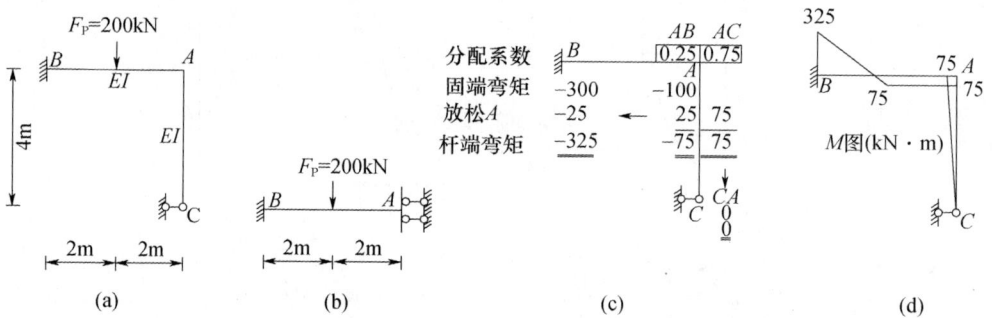

图 8.15 单结点无剪力分配法举例

解：（1）计算各杆的转动刚度和分配系数。

令 $i = EI/4$，各杆转动刚度为

$$S_{AB} = i_{AB} = i \qquad S_{AC} = 3i_{AC} = 3i$$

各杆分配系数为

$$\mu_{AB} = \frac{S_{AB}}{S_{AB} + S_{AC}} = \frac{i}{i + 3i} = 0.25$$

$$\mu_{AC} = \frac{S_{AC}}{S_{AB} + S_{AC}} = \frac{3i}{i + 3i} = 0.75$$

校核：

$$\mu_{AB} + \mu_{AC} = 1$$

（2）锁住结点 A，求各固端弯矩。

AB 杆件的固端弯矩与图 8.15（b）中所示 B 端固支、A 端滑动支承的单跨超静定梁相同，固端弯矩为

$$M_{AB}^F = -\frac{1}{8}F_P l = -\frac{200\text{kN} \times 4\text{m}}{8} = -100\text{kN} \cdot \text{m}$$

$$M_{BA}^F = -\frac{3}{8}F_P l = -\frac{3 \times 200\text{kN} \times 4\text{m}}{8} = -300\text{kN} \cdot \text{m}$$

顺时针转者为正，写在各杆端的下方。

（3）无剪力分配法中力矩的分配和传递过程。

力矩的分配和传递过程如图8.15（c）中所示。将每一列的固端弯矩，分配弯矩和传递弯矩相加，得到最终各杆端弯矩值。

（4）作原结构的弯矩图

利用分段叠加法，作出原结构的弯矩图，如图8.15（d）中所示。

［例8-5］试用无剪力分配法计算图8.16（a）中所示刚架并作弯矩图。

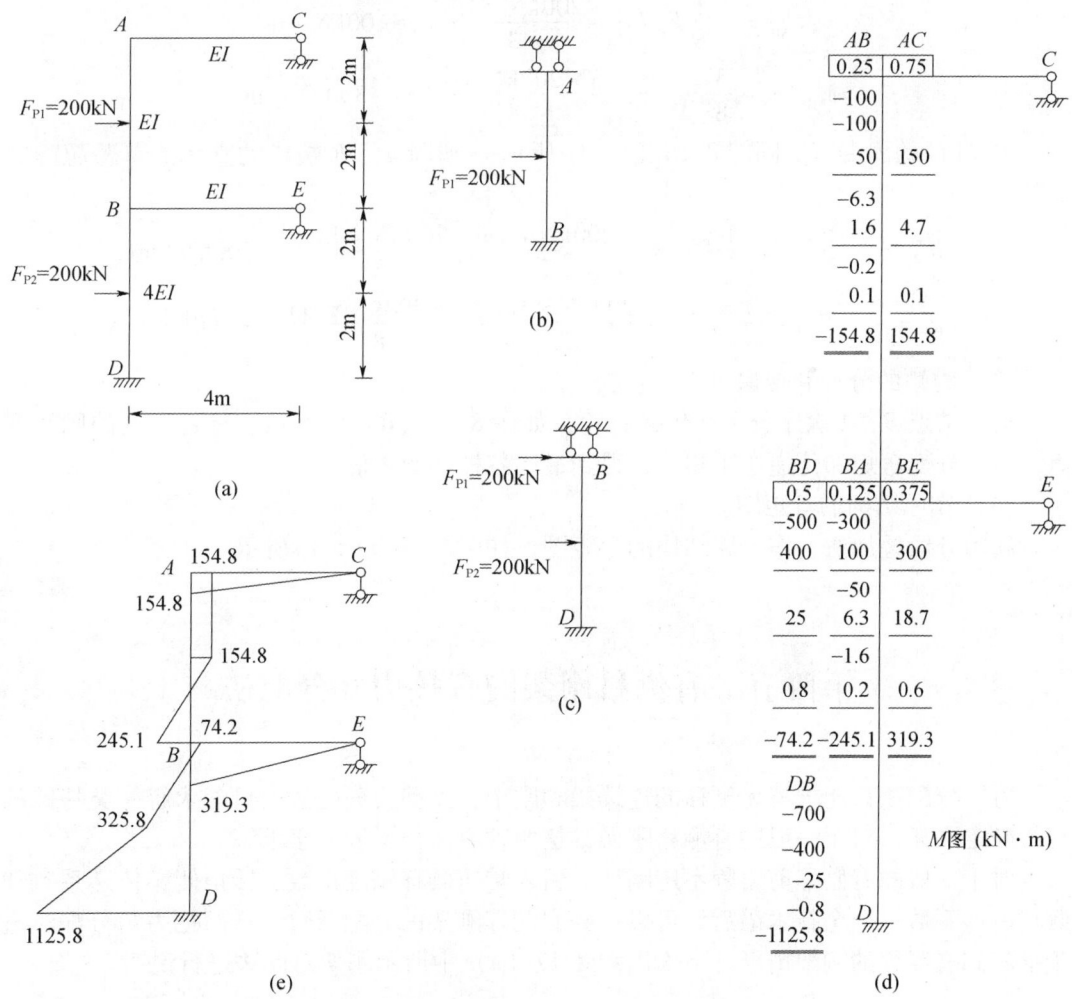

图8.16 多结点无剪力分配法举例

解：（1）计算各杆的转动刚度和分配系数。

令 $i = EI/4$，各杆转动刚度为

$$S_{AB} = i_{AB} = i \quad S_{AC} = 3i_{AC} = 3i \quad S_{BA} = i_{AB} = i \quad S_{BE} = 3i_{BE} = 3i \quad S_{BD} = i_{BD} = 4i$$

结点 A 分配系数为

$$\mu_{AB} = \frac{S_{AB}}{S_{AB} + S_{AC}} = \frac{i}{i + 3i} = 0.25 \qquad \mu_{AC} = \frac{S_{AC}}{S_{AB} + S_{AC}} = \frac{3i}{i + 3i} = 0.75$$

结点 B 分配系数为

$$\mu_{BA} = \frac{S_{BA}}{S_{BA} + S_{BE} + S_{BD}} = \frac{i}{i + 3i + 4i} = 0.125$$

$$\mu_{BE} = \frac{S_{BE}}{S_{BA} + S_{BE} + S_{BD}} = \frac{3i}{i + 3i + 4i} = 0.375 \qquad \mu_{BD} = \frac{S_{BD}}{S_{BA} + S_{BE} + S_{BD}} = 0.5$$

（2）锁住结点 A、B，求各固端弯矩。

AB 杆件的固端弯矩同图 8.16（b）中所示 B 端固支、A 端滑动支承的单跨超静定梁，为

$$M_{AB}^F = -\frac{1}{8} F_{P1} l = -\frac{200 \text{kN} \times 4\text{m}}{8} = -100 \text{kN} \cdot \text{m}$$

$$M_{BA}^F = -\frac{3}{8} F_{P1} l = -\frac{3 \times 200 \text{kN} \times 4\text{m}}{8} = -300 \text{kN} \cdot \text{m}$$

BD 杆件的固端弯矩同图 8.16（c）中所示 D 端固支、B 端滑动支承的单跨超静定梁，为

$$M_{BD}^F = -\frac{1}{2} F_{P1} l - \frac{1}{8} F_{P2} l = -\frac{200 \text{kN} \times 4\text{m}}{2} - \frac{200 \text{kN} \times 4\text{m}}{8} = -500 \text{kN} \cdot \text{m}$$

$$M_{DB}^F = -\frac{1}{2} F_{P1} l - \frac{3}{8} F_{P2} l = -\frac{200 \text{kN} \times 4\text{m}}{2} - \frac{3 \times 200 \text{kN} \times 4\text{m}}{8} = -700 \text{kN} \cdot \text{m}$$

（3）力矩的分配和传递过程。

按照结点 B、A 次序分配和传递三轮，如图 8.16（d）中所示。将每一列的固端弯矩、各次分配弯矩和传递弯矩相加，得到最终各杆端弯矩值。

（4）作原结构的弯矩图。

利用分段叠加法，作出原结构的弯矩图，如图 8.16（e）中所示。

第四节 有侧移刚架的直接力矩分配法

力矩分配法只能求解无侧移的连续梁和刚架；无剪力分配法也只能求解一类特殊的剪力静定刚架，对于一般的有侧移刚架，这两种方法都不能直接求解。

对于一般的有侧移剪力静不定刚架，引入转角侧移刚度系数、转角侧移传递系数和侧移传递系数三个全新术语后，可以得到有侧移刚架的分配系数，从而把力矩分配法直接推广到有侧移的刚架情形。下面以图 8.17（a）中所示刚架对此法进行说明。

一、一般刚架的直接力矩分配法

1. 剪力静不定刚架的约束力矩

为了用直接力矩分配法求解图 8.17（a）所示的剪力静不定的一般刚架，首先在刚

结点 B、D 处施加附加刚臂，如图 8.17（b）中所示，附加刚臂只约束结点的角位移，并不约束结点的线位移。图 8.17（a）的弯矩图等于图 8.17（b）和图 8.17（c）弯矩图的和。

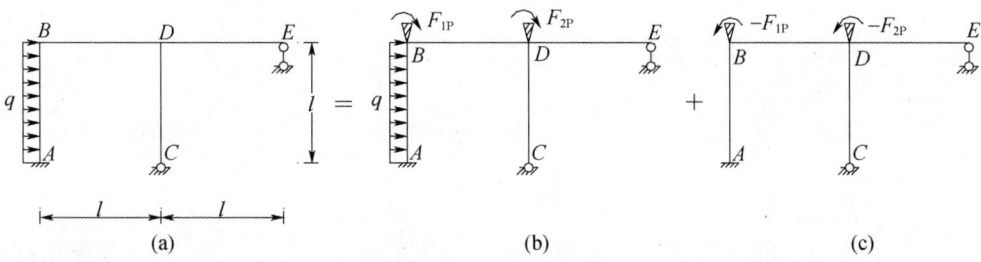

图 8.17 一般刚架的直接力矩分配法

图 8.17（b）中附加刚臂中的约束力矩可以如图 8.18 中所示分成两部分求出。其中图 8.18（b）表示 E 端为铰支座无水平位移时单独由荷载在附加刚臂中引起的约束力矩 F_{1P}^1、F_{2P}^1 部分，可直接根据固端弯矩表查得；图 8.18（c）表示单独由水平位移 Δ 在附加刚臂中引起的约束力矩 F_{1P}^2、F_{2P}^2 部分，需先求出 Δ 值后才能计算得出。

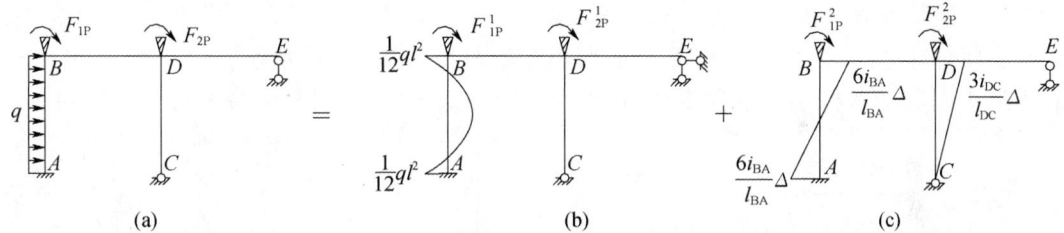

图 8.18 剪力静不定刚架的约束力矩

取图 8.18（a）中横梁 BDE 为隔离体如图 8.19（a）中所示，利用水平方向力的平衡条件得

$$\Delta = \frac{\frac{1}{2}ql}{\frac{12i_{AB}}{l_{AB}^2} + \frac{3i_{CD}}{l_{CD}^2}} = \frac{\frac{1}{2}ql}{k_{CD} + k_{AB}} \tag{a}$$

其中 $k_{AB} = 12i_{AB}/l_{AB}^2$，$k_{CD} = 3i_{CD}/l_{CD}^2$ 为杆件 AB、CD 的侧移刚度系数，表示由杆件两端垂直于杆轴的单位相对线位移引起的杆件剪力，如图 8.19（b）、（c）中所示。

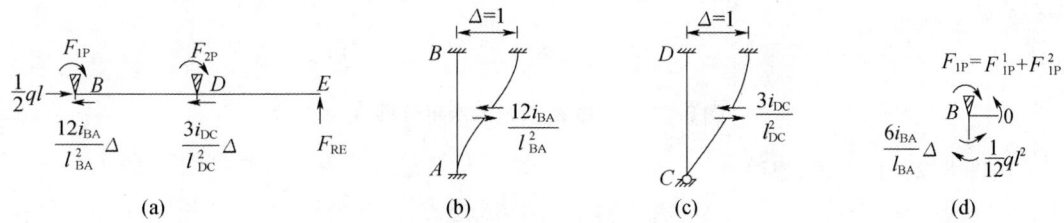

图 8.19 约束力矩的求法

利用水平位移 Δ，可以求得图 8.18（c）所示的附加刚臂中的约束力矩 F_{1P}^2、F_{2P}^2 为

$$F_{1P}^2 = -\frac{6i_{AB}}{l_{AB}}\Delta = -\frac{\dfrac{12i_{AB}}{l_{AB}^2}}{\dfrac{12i_{AB}}{l_{AB}^2}+\dfrac{3i_{CD}}{l_{CD}^2}}\times\frac{1}{2}ql\times\frac{l_{AB}}{2} = -\frac{k_{AB}}{k_{AB}+k_{CD}}\frac{1}{2}ql\times\frac{l_{AB}}{2} \qquad (b)$$

$$F_{2P}^2 = -\frac{3i_{DC}}{l_{DC}}\Delta = -\frac{\dfrac{3i_{DC}}{l_{DC}^2}}{\dfrac{12i_{AB}}{l_{AB}^2}+\dfrac{3i_{CD}}{l_{CD}^2}}\times\frac{1}{2}ql\times l_{DC} = -\frac{k_{CD}}{k_{AB}+k_{CD}}\frac{1}{2}ql\times l_{DC} \qquad (c)$$

实际上是把荷载引起的杆端剪力 $\dfrac{1}{2}ql$ 按照剪力分配系数 $\dfrac{k_{AB}}{k_{AB}+k_{CD}}$、$\dfrac{k_{CD}}{k_{AB}+k_{CD}}$ 分配给柱 AB、CD，然后乘以各柱反弯点（弯矩等于零的点）至各杆近端的距离。

然后把图 8.18（b）、（c）附加刚臂中约束力矩 1、2 部分相加就得到图 8.18（a）的约束力矩 F_{1P}、F_{2P}。例如根据图 8.19（d）所示结点 B 的力矩的平衡条件可以求得结点 B 附加刚臂上约束力矩 F_{1P}。

2. 转动侧移刚度系数（也可称转角侧移刚度系数）

现在来看如何求得图 8.17（c）的弯矩图。为了避免解联立方程，一次只放松一个结点，比如结点 B，如图 8.20（a）中所示（为了一般性起见，在图中把 $-F_{1P}$ 改为 M，并换成顺时针方向）。放松结点 B 时的弯矩图如图 8.20（a）中所示，等于图 8.20（b）由转角 θ_B 引起的各杆端弯矩与图 8.20（c）中由水平位移 Δ 引起的各杆端弯矩的和。

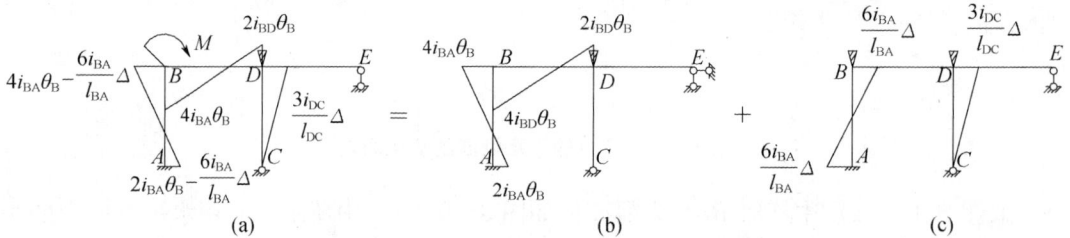

图 8.20 放松结点 B 的转动刚度和传递系数

如图 8.21 中取 BDE 为隔离体，利用水平方向力的平衡条件求得 θ_B 与水平位移 Δ 的关系为

$$\Delta = 6i_{BA}\frac{\theta_B}{l_{BA}}\frac{1}{k_{CD}+k_{AB}} \qquad (d)$$

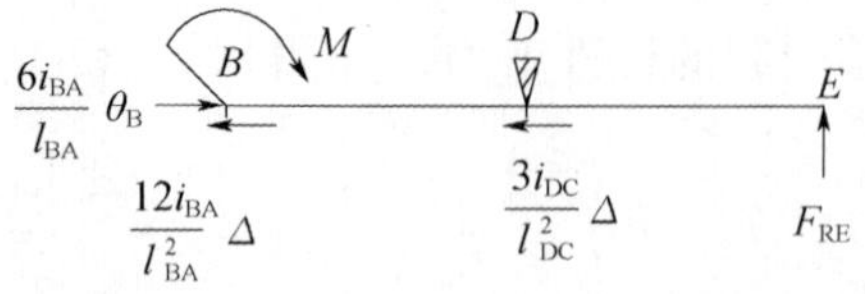

图 8.21 求由 θ_B 引起的水平位移 Δ

由图 8.20（a）中知道

$$M_{BA} = 4i_{BA}\theta_B - 6i_{BA}\Delta/l_{BA} \qquad (e)$$

把图 8.20（a）中 θ_B 为单位顺时针转角引起的杆端弯矩 M_{BA} 值定义为杆件 BA 的转

动侧移刚度,并且用符号 $S_{BA}^{\theta_B \Delta}$ 表示。把 $\theta_B = 1$ 和公式（d）代入公式（e）后得到转动侧移刚度的表达式为

$$S_{BA}^{\theta_B \Delta} = M_{BA}\big|_{\theta_B=1} = 4i_{BA} - \frac{k_{AB}}{k_{AB}+k_{CD}} \frac{6i_{BA}}{l_{BA}} \times \frac{l_{BA}}{2} = 4i_{BA} - 3i_{BA}\frac{k_{AB}}{k_{AB}+k_{CD}} \tag{8.14}$$

其中,前一部分 $4i_{BA}$ 是由刚结点的单位顺时针转角 $\theta_B = 1$ 引起;后一部分 $-3i_{BA}\frac{k_{AB}}{k_{AB}+k_{CD}}$ 由单位转角 θ_B 导致的水平侧移 Δ 引起,实际上是把 $\theta_B = 1$ 引起的杆端剪力 $6i_{BA}/l_{BA}$ 按照剪力分配系数 $\frac{k_{AB}}{k_{AB}+k_{CD}}$ 分配给柱 AB,然后乘以柱反弯点至杆近端 B 的距离 $l_{BA}/2$。如果图 8.17（a）中 E 端为无水平位移的铰支座,则只有前一部分 $4i_{BA}$,就是我们熟知的远端为固定端的转动刚度。如果图 8.17（a）中无 CD 杆件,则 $M_{BA} = i_{BA}$,就是无剪力分配法的转动刚度。

有了转动侧移刚度的定义之后,当我们放松剪力静不定的各结点时,就可以直接计算出分配系数。

3. 转动侧移传递系数（也可称转角侧移传递系数）

由图 8.20（a）中还知道,杆件 BA 的远端 A 也有杆端弯矩 M_{AB},同样来自于 $\theta_B = 1$ 及其引起的水平侧移 Δ。我们把 BA 杆件的远端杆端弯矩 M_{AB} 和近端杆端弯矩 M_{BA} 的比值定义为转角侧移传递系数,并且用符号 $C_{BA}^{\theta_B \Delta}$ 表示,则有

$$C_{BA}^{\theta_B \Delta} = \frac{(M_{AB})\big|_{\theta_B=1}}{(M_{BA})\big|_{\theta_B=1}} = \frac{2i_{BA} - \frac{k_{AB}}{k_{AB}+k_{CD}} \frac{6i_{BA}}{l_{BA}} \times \frac{l_{BA}}{2}}{4i_{BA} - \frac{k_{AB}}{k_{AB}+k_{CD}} \frac{6i_{BA}}{l_{BA}} \times \frac{l_{BA}}{2}} = \frac{2i_{BA} - 3i_{BA}\frac{k_{BA}}{k_{BA}+k_{DC}}}{4i_{BA} - 3i_{BA}\frac{k_{BA}}{k_{BA}+k_{DC}}} \tag{8.15}$$

4. 侧移传递系数

由图 8.20（a）中还可知道,与刚结点 B 不相汇的杆件 DC 的 D 端也有非零的弯矩。把 $\theta_B = 1$ 引起的杆端弯矩 M_{DC} 和近端杆端弯矩 M_{BA} 的比值定义为侧移传递系数,并且用符号 C_{BD}^{Δ} 表示,则有

$$C_{BD}^{\Delta} = \frac{(M_{DC})\big|_{\theta_B=1}}{(M_{BA})\big|_{\theta_B=1}} = \frac{-3i_{DC}\frac{\Delta}{l_{DC}}}{4i_{BA} - 6i_{BA}\frac{\Delta}{l_{BA}}} = \frac{-\frac{k_{DC}}{k_{BA}+k_{DC}} \frac{6i_{BA}}{l_{BA}} \times l_{DC}}{4i_{BA} - 3i_{BA}\frac{k_{BA}}{k_{BA}+k_{DC}}} \tag{8.16}$$

其中,$(M_{DC})\big|_{\theta_B=1}$ 实际上是把 $\theta_B = 1$ 引起的杆端剪力 $6i_{BA}/l_{BA}$ 按照剪力分配系数 $\frac{k_{CD}}{k_{AB}+k_{CD}}$ 分配给柱 CD,然后乘以柱反弯点至杆端 D 的距离 l_{DC}。

二、直接力矩分配法的步骤

对于一般的有侧移剪力静不定刚架,采用直接力矩分配法计算时步骤如下:

1. 第一步:锁住各结点,求约束力矩

首先在每一个刚结点处施加只约束转动的附加刚臂,利用各结点处力矩平衡条件,

求出各附加刚臂上的约束力矩。

2. 第二步：计算放松各结点时各杆的转动刚度、转动侧移刚度系数 $S_{BA}^{\theta_B\Delta}$、传递系数、转动侧移传递系数 $C_{BA}^{\theta_B\Delta}$ 和侧移传递系数 C_{BD}^{Δ}。

类似（8.14）式、（8.15）式、（8.16）式，可得到 $S_{BA}^{\theta_B\Delta}$、$C_{BA}^{\theta_B\Delta}$ 和 C_{BD}^{Δ}。

3. 第三步：逐个结点放松，求得各分配力矩和三类传递力矩；循环二、三轮后就可以求得符合工程要求的近似解。

直接力矩分配法与力矩分配法的不同之处在于：直接力矩分配法中计算分配系数的时候，要用到转动侧移刚度系数 $S_{BA}^{\theta_B\Delta}$；计算远端杆端弯矩时，要用到转动侧移传递系数 $C_{BA}^{\theta_B\Delta}$；计算受侧移影响的其他杆件的近端和远端杆端弯矩时，要用到侧移传递系数 C_{BD}^{Δ}。

4. 第四步：叠加得到各杆端弯矩值及作弯矩图

将各固端弯矩、各分配弯矩和各传递弯矩相加，得到最终的各杆端弯矩值，然后利用分段叠加法，就可以作出原结构的弯矩图。

同力矩分配法中一样，直接力矩分配法无须依赖于位移法和先求得各结点转角值，而是可以直接得到杆端弯矩值。下面通过例题说明直接力矩分配法的步骤和演算格式。

三、直接力矩分配法举例

[**例8-6**] 试用直接力矩分配法求图8.22（a）所示刚架的弯矩图。设各杆 EI 为常数。

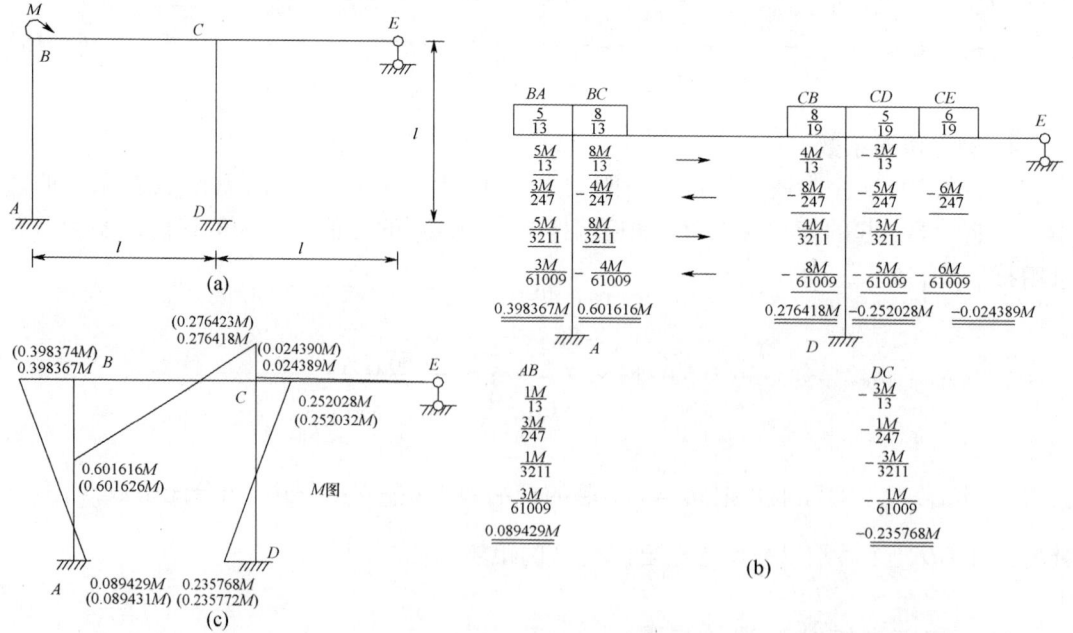

图 8.22 直接力矩分配法举例1

解：（1）求结点 B、C 的分配系数、转角侧移传递系数和侧移传递系数。

令 $i = EI/l$，AB、CD 杆件的侧移刚度系数为 $k_{BA} = k_{CD} = 12i/l^2$，则 BA 杆件转动侧移刚度系数由（8.14）式知为

$$S_{BA}^{\theta_B\Delta} = 4i_{BA} - \frac{3i_{BA}k_{BA}}{k_{BA}+k_{CD}} = 4i - 1.5i = 2.5i \quad S_{BC} = 4i$$

故 B 点的分配系数为

$$\mu_{BA} = \frac{S_{BA}^{\theta_B\Delta}}{S_{BA}^{\theta_B\Delta} + S_{BC}} = \frac{2.5}{6.5} = \frac{5}{13}$$

$$\mu_{BC} = \frac{S_{BC}}{S_{BA}^{\theta_B\Delta} + S_{BC}} = \frac{4}{6.5} = \frac{8}{13}$$

BA 杆件转角侧移传递系数由（8.15）式知

$$C_{BA}^{\theta_B\Delta} = \frac{2i - 1.5i}{4i - 1.5i} = 0.2$$

类似（8.16）式，注意到 CD 杆件由侧移引起的反弯点位置在杆中，得侧移传递系数为

$$C_{BC}^{\Delta} = C_{BD}^{\Delta} = \frac{-1.5i}{2.5i} = -\frac{3}{5}$$

再来考虑结点 C，汇交于结点 C 的三根杆件的转动侧移刚度或者转动刚度为

$$S_{CD}^{\theta_C\Delta} = 2.5i、S_{CB} = 4i、S_{CE} = 3i$$

故汇交于结点 C 的三根杆件的分配系数为

$$\mu_{CD} = \frac{S_{CD}^{\theta_C\Delta}}{S_{CB} + S_{CD}^{\theta_C\Delta} + S_{CE}} = \frac{2.5}{9.5} = \frac{5}{19} \quad \mu_{CB} = \frac{8}{19} \quad \mu_{CE} = \frac{6}{19}$$

CD 杆件转角侧移传递系数由（8.15）式知为 $C_{CD}^{\theta_C\Delta} = 0.2$

类似（8.16）式，求得侧移传递系数为 $C_{CB}^{\Delta} = C_{CA}^{\Delta} = -3/5$。

（2）放松结点 B，此时结点 C 仍锁住，BCE 有水平位移。杆件 BA 和 BC 的 B 端各有分配力矩为 5M/13 和 8M/13，杆件 CB 的传递力矩为 4M/13，杆件 AB 的转角侧移传递力矩为

$$\frac{5}{13}M \times C_{BA}^{\theta_B\Delta} = \frac{5}{13}M \times 0.2 = \frac{1}{13}M$$

经过分配与传递，结点 B 已经平衡，可在分配力矩的数字下面画一横线，表示横线以上的结点力矩总和已等于零，如图 8.22（b）中所示。除此以外，CD 杆件的 C 和 D 两端此时都有侧移传递弯矩为 5M/13 × （-3/5）= -3M/13。

（3）重新锁住结点 B，并放松结点 C。此时结点 C 的约束力矩为 4M/13 - 3M/13 = M/13。

放松结点 C，等于在结点 C 新加一力偶 -M/13，杆件 CB、CD、CE 三杆的分配力矩为

$$M_{CB}^1 = -\frac{1}{13}M \times \mu_{CB} = -\frac{1}{13}M \times \frac{8}{19} = -\frac{8M}{247}$$

$$M_{CD}^1 = -\frac{1}{13}M \times \frac{5}{19} = -\frac{5M}{247}$$

$$M_{CE}^1 = -\frac{1}{13}M \times \frac{6}{19} = -\frac{6M}{247}$$

杆件 BC 的传递力矩为 -4M/247，杆件 DC 的转角侧移传递力矩为 -5M/247 × 0.2 = -M/247。

除此以外，BA 杆件的 B 和 A 两端此时都有侧移传递弯矩为 $-5M/247 \times (-3/5) = 3M/247$。

经过分配与传递，结点 C 已经平衡，可在分配力矩的数字下面画一横线，表示横线以上的结点力矩总和已等于零。以上完成了直接力矩分配法的第一个循环。

（4）进行第二个循环。计算过程如图 8.22（b）中所示。

（5）将固端弯矩、历次的分配力矩、传递力矩、转角侧移传递弯矩和侧移传递弯矩相加，即得最后的杆端弯矩。比如

$$M_{BA} = \left(\frac{5}{13} + \frac{3}{247} + \frac{5}{3211} + \frac{3}{61009}\right)M = 0.398367M$$

同样可以求得其他杆端弯矩值，然后作出弯矩图如图 8.22（c）中所示，圆括号内为根据位移法求得的各杆端弯矩的精确解。可见，循环两轮之后，直接力矩分配法得到的近似解已经非常逼近真实解，完全符合工程实际的要求。

［例 8-7］试用直接力矩分配法求图 8.23（a）所示两层刚架的弯矩图。设各杆 EI 为常数，$F_{P1} = F_{P2} = F_{P3} = F_{P4} = F_{P5} = F_{P6} = 200\text{kN}$，$l_{AB} = l_{CD} = l_{BF} = l_{CG} = l = 4\text{m}$。

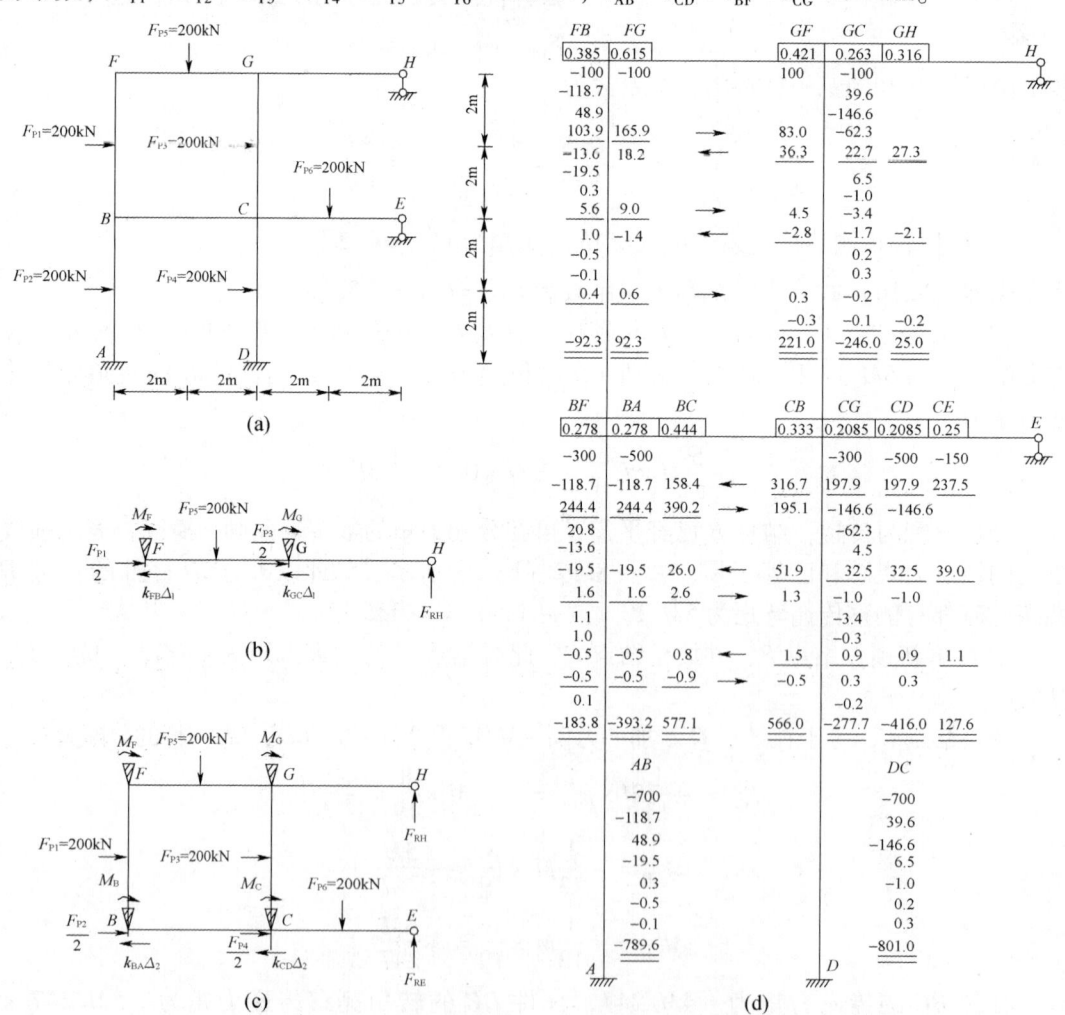

图 8.23　直接力矩分配法求两层刚架的弯矩图

解：令 $i = EI/l$，则 BA、CD、BF、CG 杆件的侧移刚度系数均为

$$k_{BA} = k_{CD} = k_{BF} = k_{CG} = \frac{12i}{l^2}$$

（1）锁住结点 B、C、F、G，求固端弯矩，固端弯矩规定对杆端顺时针转者为正。

①FG 杆两端水平位移相等，F、G 两端均可视为固定端，荷载 F_{P5} 引起的固端弯矩为

$$M_{FG}^F = -\frac{1}{8}F_{P5}l = -\frac{200\text{kN} \times 4\text{m}}{8} = -100\text{kN} \cdot \text{m} \qquad M_{GF}^F = \frac{1}{8}F_{P5}l = 100\text{kN} \cdot \text{m}$$

②CE 杆件两端水平线位移相等，C 端可视为固定端，荷载 F_{P6} 引起的固端弯矩为

$$M_{CE}^F = -\frac{3}{16}F_{P6}l = -\frac{3 \times 200\text{kN} \times 4\text{m}}{16} = -150\text{kN} \cdot \text{m}$$

③其余四根杆件 BA、CD、BF、CG 在荷载作用下都有侧移，计算次序从顶层开始，逐层向下计算。先来计算 BF 杆件的固端弯矩，其固端弯矩由两部分构成（如图 8.18 中所示）：第一部分为 B、F 两端视为固定端时，由 F_{P1} 引起的固端弯矩；第二部分，由 F_{P1}、F_{P3} 引起的顶层的水平相对位移 Δ_1 引起的固端弯矩，故 BF 杆件的固端弯矩为

$$M_{FB}^F = M_{FB}^{F1} + M_{FB}^{F2} = \frac{F_{P1}l}{8} - \frac{k_{BF}}{k_{BF} + k_{CG}} \frac{F_{P1} + F_{P3}}{2} \frac{l_{BF}}{2} = \frac{200 \times 4}{8} - \frac{1}{2} \frac{400}{2} \frac{4}{2} = -100\text{kN} \cdot \text{m}$$

$$M_{BF}^F = M_{BF}^{F1} + M_{BF}^{F2} = -\frac{F_{P1}l}{8} - \frac{k_{BF}}{k_{BF} + k_{CG}} \frac{F_{P1} + F_{P3}}{2} \frac{l_{BF}}{2} = -\frac{200 \times 4}{8} - \frac{1}{2} \frac{400}{2} \frac{4}{2} = -300\text{kN} \cdot \text{m}$$

其中，$\frac{k_{BF}}{k_{BF} + k_{CG}}$ 为杆件 BF 的剪力分配系数；$\frac{F_{P1} + F_{P3}}{2}$ 为由荷载 F_{P1}、F_{P3} 引起的作用在 FGH 杆件上的杆端剪力和，如图 8.23（b）中所示；$l_{BF}/2$ 为杆件 BF 反弯点至近端 F 的距离。可以看到，利用剪力分配系数，可以直接得出由顶层水平相对位移 Δ_1 引起的第二部分固端弯矩值，而无须先求得 Δ_1 的值。

④同理，杆件 CG 固端弯矩为

$$M_{GC}^F = M_{GC}^{F1} + M_{GC}^{F2} = \frac{F_{P3}l}{8} - \frac{k_{CG}}{k_{BF} + k_{CG}} \frac{F_{P1} + F_{P3}}{2} \frac{l_{CG}}{2} = \frac{200 \times 4}{8} - \frac{1}{2} \frac{400}{2} \frac{4}{2} = -100\text{kN} \cdot \text{m}$$

$$M_{CG}^F = M_{CG}^{F1} + M_{CG}^{F2} = -\frac{F_{P3}l}{8} - \frac{k_{CG}}{k_{BF} + k_{CG}} \frac{F_{P1} + F_{P3}}{2} \frac{l_{CG}}{2} = -300\text{kN} \cdot \text{m}$$

⑤同理，AB 杆件的固端弯矩为

$$M_{BA}^F = M_{BA}^{F1} + M_{BA}^{F2} = \frac{1}{8}F_{P2}l - \frac{k_{BA}}{k_{BA} + k_{CD}}\left(F_{P1} + F_{P3} + \frac{F_{P2} + F_{P4}}{2}\right)\frac{l_{BA}}{2}$$

$$= \frac{200\text{kN} \times 4\text{m}}{8} - \frac{1}{2} \times 600\text{kN} \times \frac{4\text{m}}{2} = -500\text{kN} \cdot \text{m}$$

$$M_{AB}^F = M_{AB}^{F1} + M_{AB}^{F2} = -\frac{1}{8}F_{P2}l - \frac{k_{BA}}{k_{BA} + k_{CD}}\left(F_{P1} + F_{P3} + \frac{F_{P2} + F_{P4}}{2}\right)\frac{l_{BA}}{2}$$

$$= -\frac{200\text{kN} \times 4\text{m}}{8} - \frac{1}{2} \times 600\text{kN} \times \frac{4\text{m}}{2} = -700\text{kN} \cdot \text{m}$$

其中，$\dfrac{k_{BA}}{k_{BA}+k_{CD}}$ 为杆件 AB 的剪力分配系数；$F_{P1}+F_{P3}+\dfrac{F_{P2}+F_{P4}}{2}$ 为取第二层横梁 BCE 以上部分为隔离体时，作用在其上的顶层的水平荷载和由第二层荷载 F_{P2}、F_{P4} 引起的杆端剪力和，如图 8.23（c）中所示；$l_{BA}/2$ 为杆件 AB 反弯点至近端 B 的距离。同样可以看到，利用剪力分配系数，可以直接得出由第二层水平相对位移 Δ_2 引起的第二部分固端弯矩值，而无须先求得 Δ_2 的值。

⑥最后，CD 杆件的固端弯矩为

$$M_{CD}^{F} = M_{CD}^{F1} + M_{CD}^{F2} = \frac{1}{8}F_{P4}l - \frac{k_{CD}}{k_{BA}+k_{CD}}\left(F_{P1}+F_{P3}+\frac{F_{P2}+F_{P4}}{2}\right)\frac{l_{CD}}{2}$$

$$= \frac{200\text{kN}\times 4\text{m}}{8} - \frac{1}{2}\times 600\text{kN}\times\frac{4\text{m}}{2} = -500\text{kN}\cdot\text{m}$$

$$M_{DC}^{F} = M_{DC}^{F1} + M_{DC}^{F2} = -\frac{1}{8}F_{P4}l - \frac{k_{CD}}{k_{BA}+k_{CD}}\left(F_{P1}+F_{P3}+\frac{F_{P2}+F_{P4}}{2}\right)\frac{l_{CD}}{2}$$

$$= -\frac{200\text{kN}\times 4\text{m}}{8} - \frac{1}{2}\times 600\text{kN}\times\frac{4\text{m}}{2} = -700\text{kN}\cdot\text{m}$$

（2）求各结点的转动侧移刚度系数、分配系数、转角侧移传递系数和侧移传递系数。

①结点 C 的转动侧移刚度系数、分配系数、转角侧移传递系数和侧移传递系数。

CB 杆件的转动刚度为 $S_{CB}=4i_{CB}=4i$，CE 杆件的转动刚度为 $S_{CE}=3i_{CE}=3i$。

类似（8.14）式，可得 CD、CG 杆件的转动侧移刚度系数 $S_{CD}^{\theta_C\Delta_{CD}}$、$S_{CG}^{\theta_C\Delta_{CG}}$ 分别为

$$S_{CD}^{\theta_C\Delta_{CD}} = M_{CD}|_{\theta_C=1} = 4i_{CD} - \frac{k_{CD}}{k_{AB}+k_{CD}}\frac{6i_{CD}}{l_{CD}}\times\frac{l_{CD}}{2} = 4i_{CD} - \frac{1}{2}3i_{CD} = 2.5i_{CD} = 2.5i$$

$$S_{CG}^{\theta_C\Delta_{CG}} = M_{CG}|_{\theta_C=1} = 4i_{CG} - \frac{k_{CG}}{k_{BF}+k_{CG}}\frac{6i_{CG}}{l_{CG}}\times\frac{l_{CG}}{2} = 4i_{CG} - \frac{1}{2}3i_{CG} = 2.5i_{CG} = 2.5i$$

结点 C 的分配系数为

$$\mu_{CB} = \frac{S_{CB}}{S_{CB}+S_{CE}+S_{CD}^{\theta_C\Delta_{CD}}+S_{CG}^{\theta_C\Delta_{CG}}} = \frac{4i}{4i+3i+2.5i+2.5i} = \frac{4}{12} = 0.333$$

$$\mu_{CE} = \frac{S_{CE}}{S_{CB}+S_{CE}+S_{CD}^{\theta_C\Delta_{CD}}+S_{CG}^{\theta_C\Delta_{CG}}} = \frac{3i}{4i+3i+2.5i+2.5i} = \frac{3}{12} = 0.25$$

$$\mu_{CD} = \frac{S_{CD}^{\theta_C\Delta_{CD}}}{S_{CB}+S_{CE}+S_{CD}^{\theta_C\Delta_{CD}}+S_{CG}^{\theta_C\Delta_{CG}}} = \frac{2.5i}{4i+3i+2.5i+2.5i} = \frac{2.5}{12} = 0.2085 = \mu_{CG}$$

类似（8.15）式，可得 CD、CG 杆件的转角侧移传递系数 $C_{CD}^{\theta_C\Delta_{CD}}$、$C_{CG}^{\theta_C\Delta_{CG}}$ 为

$$C_{CD}^{\theta_C\Delta_{CD}} = \frac{(M_{DC})|_{\theta_C=1}}{(M_{CD})|_{\theta_C=1}} = \frac{2i_{CD} - \dfrac{k_{CD}}{k_{AB}+k_{CD}}\dfrac{6i_{CD}}{l_{CD}}\times\dfrac{l_{CD}}{2}}{4i_{CD} - \dfrac{k_{CD}}{k_{AB}+k_{CD}}\dfrac{6i_{CD}}{l_{CD}}\times\dfrac{l_{CD}}{2}} = \frac{0.5i_{CD}}{2.5i_{CD}} = 0.2$$

$$C_{CG}^{\theta_C \Delta_{CG}} = \frac{(M_{GC})|_{\theta_C=1}}{(M_{CG})|_{\theta_C=1}} = \frac{2i_{CG} - \dfrac{k_{CG}}{k_{BF}+k_{CG}} \dfrac{6i_{CG}}{l_{CG}} \times \dfrac{l_{CG}}{2}}{4i_{CG} - \dfrac{k_{CG}}{k_{BF}+k_{CG}} \dfrac{6i_{CG}}{l_{CG}} \times \dfrac{l_{CG}}{2}} = \frac{0.5i_{CG}}{2.5i_{CG}} = 0.2$$

类似（8.16）式，可得结点 C 的侧移传递系数 $C_{CB}^{\Delta_{CD}}$、$C_{CA}^{\Delta_{CD}}$、$C_{CB}^{\Delta_{CG}}$、$C_{CF}^{\Delta_{CG}}$ 为

$$C_{CB}^{\Delta_{CD}} = \frac{(M_{BA})|_{\theta_C=1}}{(M_{CD})|_{\theta_C=1}} = \frac{-\dfrac{k_{AB}}{k_{AB}+k_{CD}} \dfrac{6i_{CD}}{l_{CD}} \times \dfrac{l_{BA}}{2}}{4i_{CD} - \dfrac{k_{CD}}{k_{AB}+k_{CD}} \dfrac{6i_{CD}}{l_{CD}} \times \dfrac{l_{CD}}{2}} = \frac{-1.5i_{CD}}{2.5i_{CD}} = -0.6 = C_{CA}^{\Delta_{CD}}$$

$$C_{CB}^{\Delta_{CG}} = \frac{(M_{BF})|_{\theta_C=1}}{(M_{CG})|_{\theta_C=1}} = \frac{-\dfrac{k_{BF}}{k_{BF}+k_{CG}} \dfrac{6i_{CG}}{l_{CG}} \times \dfrac{l_{BF}}{2}}{4i_{CG} - \dfrac{k_{CG}}{k_{BF}+k_{CG}} \dfrac{6i_{CG}}{l_{CG}} \times \dfrac{l_{CG}}{2}} = \frac{-1.5i_{CG}}{2.5i_{CG}} = -0.6 = C_{CF}^{\Delta_{CG}}$$

② 结点 B 的转动侧移刚度系数、分配系数、转角侧移传递系数和侧移传递系数。
BC 杆件的转动刚度为 $S_{BC} = 4i_{BC} = 4i$。

类似（8.14）式，可得 BA、BF 杆件的转动侧移刚度系数 $S_{BA}^{\theta_B \Delta_{BA}}$、$S_{BF}^{\theta_B \Delta_{BF}}$ 分别为

$$S_{BA}^{\theta_B \Delta_{BA}} = M_{BA}|_{\theta_B=1} = 4i_{BA} - \frac{k_{AB}}{k_{AB}+k_{CD}} \frac{6i_{BA}}{l_{BA}} \times \frac{l_{BA}}{2} = 4i_{BA} - \frac{1}{2} 3i_{BA} = 2.5i_{BA} = 2.5i$$

$$S_{BF}^{\theta_B \Delta_{BF}} = M_{BF}|_{\theta_B=1} = 4i_{BF} - \frac{k_{BF}}{k_{BF}+k_{CG}} \frac{6i_{BF}}{l_{BF}} \times \frac{l_{BF}}{2} = 4i_{BF} - \frac{1}{2} 3i_{BF} = 2.5i_{BF} = 2.5i$$

结点 B 的分配系数为

$$\mu_{BA} = \frac{S_{BA}^{\theta_B \Delta_{BA}}}{S_{BC} + S_{BA}^{\theta_B \Delta_{BA}} + S_{BF}^{\theta_B \Delta_{BF}}} = \frac{2.5i}{4i + 2.5i + 2.5i} = \frac{2.5}{9} = 0.278 = \mu_{BF}$$

$$\mu_{BC} = \frac{S_{BC}}{S_{BC} + S_{BA}^{\theta_B \Delta_{BA}} + S_{BF}^{\theta_B \Delta_{BF}}} = \frac{4i}{4i + 2.5i + 2.5i} = \frac{4}{9} = 0.444$$

类似（8.15）式，可得 BA、BF 杆件的转角侧移传递系数 $C_{BA}^{\theta_B \Delta_{BA}}$、$C_{BF}^{\theta_B \Delta_{BF}}$ 为

$$C_{BA}^{\theta_B \Delta_{BA}} = \frac{(M_{AB})|_{\theta_B=1}}{(M_{BA})|_{\theta_B=1}} = \frac{2i_{BA} - \dfrac{k_{AB}}{k_{AB}+k_{CD}} \dfrac{6i_{BA}}{l_{BA}} \times \dfrac{l_{BA}}{2}}{4i_{BA} - \dfrac{k_{AB}}{k_{AB}+k_{CD}} \dfrac{6i_{BA}}{l_{BA}} \times \dfrac{l_{BA}}{2}} = \frac{0.5i_{BA}}{2.5i_{BA}} = 0.2$$

$$C_{BF}^{\theta_B \Delta_{BF}} = \frac{(M_{FB})|_{\theta_B=1}}{(M_{BF})|_{\theta_B=1}} = \frac{2i_{BF} - \dfrac{k_{BF}}{k_{BF}+k_{CG}} \dfrac{6i_{BF}}{l_{BF}} \times \dfrac{l_{BF}}{2}}{4i_{BF} - \dfrac{k_{BF}}{k_{BF}+k_{CG}} \dfrac{6i_{BF}}{l_{BF}} \times \dfrac{l_{BF}}{2}} = \frac{0.5i_{BF}}{2.5i_{BF}} = 0.2$$

类似（8.16）式，可得结点 B 的侧移传递系数 $C_{BC}^{\Delta_{BA}}$、$C_{BD}^{\Delta_{BA}}$、$C_{BC}^{\Delta_{BF}}$、$C_{BG}^{\Delta_{BF}}$ 为

$$C_{BC}^{\Delta_{BA}} = \frac{(M_{CD})|_{\theta_B=1}}{(M_{BA})|_{\theta_B=1}} = \frac{-\dfrac{k_{CD}}{k_{AB}+k_{CD}} \dfrac{6i_{BA}}{l_{BA}} \times \dfrac{l_{CD}}{2}}{4i_{BA} - \dfrac{k_{AB}}{k_{AB}+k_{CD}} \dfrac{6i_{BA}}{l_{BA}} \times \dfrac{l_{BA}}{2}} = \frac{-1.5i_{BA}}{2.5i_{BA}} = -0.6 = C_{BD}^{\Delta_{BA}}$$

$$C_{BC}^{\Delta_{BF}} = \frac{(M_{CG})\big|_{\theta_B=1}}{(M_{BF})\big|_{\theta_B=1}} = \frac{-\dfrac{k_{CG}}{k_{BF}+k_{CG}}\dfrac{6i_{BF}}{l_{BF}}\times\dfrac{l_{GC}}{2}}{4i_{BF}-\dfrac{k_{BF}}{k_{BF}+k_{CG}}\dfrac{6i_{BF}}{l_{BF}}\times\dfrac{l_{BF}}{2}} = \frac{-1.5i_{BF}}{2.5i_{BF}} = -0.6 = C_{BG}^{\Delta_{BF}}$$

③结点 G 的转动侧移刚度系数、分配系数、转角侧移传递系数和侧移传递系数。

$$S_{GF}=4i_{GF}=4i,\quad S_{GH}=3i_{GH}=3i,\quad S_{GC}^{\theta_G\Delta_{GC}}=S_{CG}^{\theta_C\Delta_{CG}}=2.5i$$

结点 G 的分配系数为

$$\mu_{GF}=\frac{S_{GF}}{S_{GF}+S_{GH}+S_{GC}^{\theta_G\Delta_{GC}}}=\frac{4i}{4i+3i+2.5i}=\frac{4}{9.5}=0.421$$

$$\mu_{GH}=\frac{S_{GH}}{S_{GF}+S_{GH}+S_{GC}^{\theta_G\Delta_{GC}}}=\frac{3i}{4i+3i+2.5i}=\frac{3}{9.5}=0.316$$

$$\mu_{GC}=\frac{S_{GC}^{\theta_G\Delta_{GC}}}{S_{GF}+S_{GH}+S_{GC}^{\theta_G\Delta_{GC}}}=\frac{2.5i}{4i+3i+2.5i}=\frac{2.5}{9.5}=0.263$$

GC 杆件的转角侧移传递系数为 $C_{GC}^{\theta_G\Delta_{GC}}=C_{CG}^{\theta_C\Delta_{CG}}=0.2$。

结点 G 的侧移传递系数 $C_{GF}^{\Delta_{GC}}$、$C_{GB}^{\Delta_{GC}}$ 为

$$C_{GF}^{\Delta_{GC}} = \frac{(M_{FB})\big|_{\theta_G=1}}{(M_{GC})\big|_{\theta_G=1}} = \frac{-\dfrac{k_{FB}}{k_{FB}+k_{GC}}\dfrac{6i_{GC}}{l_{GC}}\times\dfrac{l_{BF}}{2}}{4i_{GC}-\dfrac{k_{GC}}{k_{FB}+k_{GC}}\dfrac{6i_{GC}}{l_{GC}}\times\dfrac{l_{GC}}{2}} = \frac{-1.5i_{GC}}{2.5i_{GC}} = -0.6 = C_{GB}^{\Delta_{GC}}$$

④结点 F 的转动侧移刚度系数、分配系数、转角侧移传递系数和侧移传递系数。

$$S_{FG}=4i_{FG}=4i,\quad S_{FB}^{\theta_F\Delta_{FB}}=S_{BF}^{\theta_B\Delta_{BF}}=2.5i$$

结点 F 的分配系数为

$$\mu_{FB}=\frac{S_{FB}^{\theta_F\Delta_{FB}}}{S_{FG}+S_{FB}^{\theta_F\Delta_{FB}}}=\frac{2.5i}{4i+2.5i}=0.385 \quad \mu_{FG}=\frac{S_{FG}}{S_{FG}+S_{FB}^{\theta_F\Delta_{FB}}}=\frac{4i}{4i+2.5i}=0.615$$

FB 杆件的转角侧移传递系数为 $C_{FB}^{\theta_F\Delta_{FB}}=C_{BF}^{\theta_B\Delta_{BF}}=0.2$。

类似（8.16）式，可得结点 F 的侧移传递系数 $C_{FG}^{\Delta_{FB}}$、$C_{FC}^{\Delta_{FB}}$ 为

$$C_{FG}^{\Delta_{FB}} = \frac{(M_{GC})\big|_{\theta_F=1}}{(M_{FB})\big|_{\theta_F=1}} = \frac{-\dfrac{k_{GC}}{k_{FB}+k_{GC}}\dfrac{6i_{FB}}{l_{FB}}\times\dfrac{l_{GC}}{2}}{4i_{FB}-\dfrac{k_{FB}}{k_{FB}+k_{GC}}\dfrac{6i_{FB}}{l_{FB}}\times\dfrac{l_{FB}}{2}} = \frac{-1.5i_{FB}}{2.5i_{FB}} = -0.6 = C_{FC}^{\Delta_{FB}}$$

（3）直接力矩分配和传递的过程。

直接力矩分配和传递的过程如图 8.23（d）中所示：首先将分配系数和荷载引起的固端弯矩写在对应的杆端下面；按照结点 C、B、F、G 次序分配和传递三轮，求得各分配力矩和传递力矩；将每一列的固端弯矩，各次分配弯矩和传递弯矩相加，得到最终各杆端弯矩值。

①放松结点 C，因其上约束力矩值 $-950\text{kN}\cdot\text{m}$ 最大。由结点 C 的分配系数，可得

四个分配弯矩为
$$M_{CB} = 0.333 \times 950 = 316.7 \text{kN} \cdot \text{m}$$
$$M_{CE} = 0.25 \times 950 = 237.5 \text{kN} \cdot \text{m}$$
$$M_{CG} = M_{CD} = 0.2085 \times 950 = 197.9 \text{kN} \cdot \text{m}$$

传递弯矩 $M_{EC} = 0$,其余三个传递和转角侧移传递弯矩为
$$M_{BC} = C_{CB} \times M_{CB} = 0.5 \times 316.7 = 158.4 \text{kN} \cdot \text{m}$$
$$M_{DC} = C_{CD}^{\theta_C \Delta_{CD}} \times M_{CD} = 0.2 \times 197.9 = 39.6 \text{kN} \cdot \text{m}$$
$$M_{GC} = C_{CG}^{\theta_C \Delta_{CG}} \times M_{CG} = 0.2 \times 197.9 = 39.6 \text{kN} \cdot \text{m}$$

四个侧移传递弯矩为
$$M_{BA} = M_{AB} = C_{CB}^{\Delta_{CD}} \times M_{CD} = -0.6 \times 197.9 = -118.7 \text{kN} \cdot \text{m}$$
$$M_{BF} = M_{FB} = C_{CB}^{\Delta_{CG}} \times M_{CG} = -0.6 \times 197.9 = -118.7 \text{kN} \cdot \text{m}$$

经过分配与传递,结点 C 已经平衡,可在分配力矩的数字下面画一横线,表示横线以上的结点力矩总和已等于零,如图 8.23(d)中所示。

②放松结点 B,其上约束力矩值为固端弯矩再加上放松结点 C 的传递弯矩和侧移传递弯矩的和,为 $-300 - 500 - 118.7 - 118.7 + 158.4 = -879.0 \text{kN} \cdot \text{m}$。由结点 B 的分配系数,可得三个分配弯矩为
$$M_{BC} = 0.444 \times 879.0 = 390.2 \text{kN} \cdot \text{m}$$
$$M_{BF} = M_{BA} = 0.278 \times 879.0 = 244.4 \text{kN} \cdot \text{m}$$

三个传递和转角侧移传递弯矩为
$$M_{CB} = C_{BC} \times M_{BC} = 0.5 \times 390.2 = 195.1 \text{kN} \cdot \text{m}$$
$$M_{AB} = C_{BA}^{\theta_B \Delta_{BA}} \times M_{BA} = 0.2 \times 244.4 = 48.9 \text{kN} \cdot \text{m}$$
$$M_{FB} = C_{BF}^{\theta_B \Delta_{BF}} \times M_{BF} = 0.2 \times 244.4 = 48.9 \text{kN} \cdot \text{m}$$

四个侧移传递弯矩为
$$M_{CD} = M_{DC} = C_{BC}^{\Delta_{BA}} \times M_{BA} = -0.6 \times 244.4 = -146.6 \text{kN} \cdot \text{m}$$
$$M_{CG} = M_{GC} = C_{BC}^{\Delta_{BF}} \times M_{BF} = -0.6 \times 244.4 = -146.6 \text{kN} \cdot \text{m}$$

经过分配与传递,结点 B 已经平衡,可在分配力矩的数字下面画一横线,表示横线以上的结点力矩总和已等于零,如图 8.23(d)中所示。

③由于结点 F 上约束力矩比结点 G 上约束力矩大,故先放松结点 F。结点 F 上约束力矩值为固端弯矩再加上放松结点 C、B 的传递弯矩、侧移传递弯矩和转角侧移传递弯矩的和,为 $-100 - 100 - 118.7 + 48.9 = -269.8 \text{kN} \cdot \text{m}$。由结点 F 的分配系数,可得两个分配弯矩为
$$M_{FB} = 0.385 \times 269.8 = 103.9 \text{kN} \cdot \text{m}$$
$$M_{FG} = 0.615 \times 269.8 = 165.9 \text{kN} \cdot \text{m}$$

两个传递和转角侧移传递弯矩为
$$M_{GF} = C_{FG} \times M_{FG} = 0.5 \times 165.9 = 83.0 \text{kN} \cdot \text{m}$$
$$M_{BF} = C_{FB}^{\theta_F \Delta_{FB}} \times M_{FB} = 0.2 \times 103.9 = 20.8 \text{kN} \cdot \text{m}$$

两个侧移传递弯矩为

$$M_{GC} = M_{CG} = C_{FG}^{\Delta FB} \times M_{FB} = -0.6 \times 103.9 = -62.3 \text{kN} \cdot \text{m}$$

经过分配与传递，结点 F 已经平衡，可在分配力矩的数字下面画一横线，表示横线以上的结点力矩总和已等于零，如图 8.23（d）中所示。

④放松结点 G，其上约束力矩值为固端弯矩再加上放松结点 C、B、F 的传递弯矩、转角侧移传递弯矩和侧移传递弯矩的和，为 $100 - 100 + 39.6 - 146.6 + 83 - 62.3 = -86.3 \text{kN} \cdot \text{m}$。由结点 G 的分配系数，可得三个分配弯矩为

$$M_{GF} = 0.421 \times 86.3 = 36.3 \text{kN} \cdot \text{m}$$
$$M_{GH} = 0.316 \times 86.3 = 27.3 \text{kN} \cdot \text{m}$$
$$M_{GC} = 0.263 \times 86.3 = 22.7 \text{kN} \cdot \text{m}$$

两个传递和转角侧移传递弯矩为

$$M_{FG} = C_{GF} \times M_{GF} = 0.5 \times 36.3 = 18.2 \text{kN} \cdot \text{m}$$
$$M_{CG} = C_{GC}^{\theta_G \Delta GC} \times M_{GC} = 0.2 \times 22.7 = 4.5 \text{kN} \cdot \text{m}$$

两个侧移传递弯矩为

$$M_{FB} = M_{BF} = C_{GF}^{\Delta GC} \times M_{GC} = -0.6 \times 22.7 = -13.6 \text{kN} \cdot \text{m}$$

经过分配与传递，结点 G 已经平衡，可在分配力矩的数字下面画一横线，表示横线以上的结点力矩总和已等于零，如图 8.23（d）中所示。

至此，完成了第一次循环。除了最后放松的结点 G 上不平衡力矩为零外，结点 C 上剩余的不平衡力矩为 $195.1 - 146.6 - 146.6 - 62.3 + 4.5 = -155.9 \text{kN} \cdot \text{m}$；结点 B 上剩余的不平衡力矩为 $20.8 - 13.6 = 7.2 \text{kN} \cdot \text{m}$；结点 F 上剩余的不平衡力矩为 $18.2 - 13.6 = 4.6 \text{kN} \cdot \text{m}$。

⑤按照结点 C、B、F、G 次序放松第二轮，如图 8.23（d）中所示。

按照 C、B、F、G 放松第二轮循环后，结点 C 上剩余的不平衡力矩为 $1.3 - 1.0 - 1.0 - 3.4 - 0.3 = -4.4 \text{kN} \cdot \text{m}$；结点 B 上剩余的不平衡力矩为 $1.1 + 1.0 = 2.1 \text{kN} \cdot \text{m}$；结点 F 上剩余的不平衡力矩为 $1.0 - 1.4 = -0.4 \text{kN} \cdot \text{m}$。结点 C、B、F 上不平衡力矩仍然偏大，再放松一轮。

⑥按照结点 C、B、F、G 次序放松第三轮，如图 8.23（d）中所示。

按照 C、B、F、G 放松至结点 G 时，结点 G 上不平衡力矩为 $0.2 + 0.3 - 0.2 + 0.3 = 0.6 \text{kN} \cdot \text{m}$；结点 C 上不平衡力矩为 $-0.5 + 0.3 + 0.3 - 0.2 = -0.1 \text{kN} \cdot \text{m}$；结点 B 上不平衡力矩为 $0.1 \text{kN} \cdot \text{m}$；结点 F 上不平衡力矩为零。各结点上不平衡力矩已经足够小，故将结点 G 上不平衡力矩 $0.6 \text{kN} \cdot \text{m}$ 分配后，不再计算各传递、转角侧移传递弯矩和侧移传递弯矩，计算至此结束。

（4）将固端弯矩、历次的分配力矩、传递力矩、转角侧移传递弯矩和侧移传递弯矩相加，即得最后的杆端弯矩，如图 8.23（d）中所示。

（5）将固端弯矩、历次的分配力矩、传递力矩、转角侧移传递弯矩和侧移传递弯矩相加，即得最后的杆端弯矩，然后作出弯矩图如图 8.24（a）中所示；根据位移法求得的精确的弯矩图如图 8.24（b）中所示。可见，循环三轮之后，直接力矩分配法得到的近似解已经非常逼近真实解，完全符合工程实际的要求。

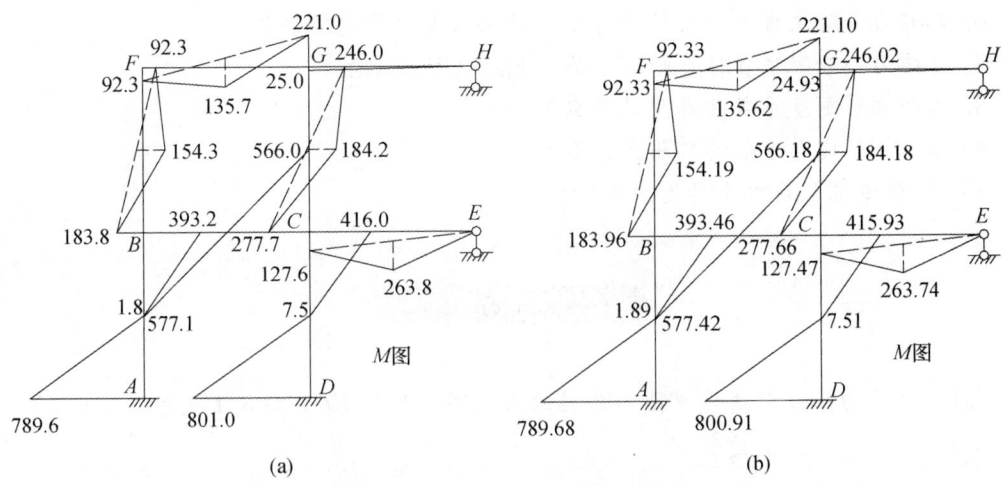

图 8.24 直接力矩分配法求两层刚架的弯矩图

四、直接力矩分配法总结

当引入转动侧移刚度系数之后，可以直接求得放松结点时的分配系数，将结点上不平衡力矩反号进行分配，即可得到汇交于结点各杆的近端杆端弯矩。对于横梁杆件，只需利用传统的传递系数即可得到远端的杆端弯矩；对于汇交于该结点的各柱，利用转角侧移传递系数即可求得远端的杆端弯矩；对于同层或相邻层的其他各柱，利用侧移传递系数即可求得杆端弯矩。

在计算附加刚臂上约束力矩、转动侧移刚度系数、转角侧移传递系数、侧移传递系数时，只需要将荷载或放松结点产生单位转角时引起的杆端剪力利用剪力分配法直接分配给各柱，然后乘以各柱反弯点到杆端的距离即可直接求出，全部过程无须求得侧移值。利用已有的转角位移方程和固端弯矩表就可以完成。

从例题看到，直接力矩分配法可以利用力矩的分配和传递直接得到有剪力静不定杆件的一般有侧移刚架的弯矩图，就像传统力矩分配法可以直接得到无侧移刚架的弯矩图一样。或者说，直接力矩分配法把力矩分配法从无侧移刚架和无剪力分配法从剪力静定刚架推广至剪力静不定刚架。直接力矩分配法收敛速度很快，一般经过二、三轮的循环就可以得到满足工程实际要求的解。

思考题

1. 用图形表示例 8-2 中第一、二、三轮计算后得到的近似解和精确解相差的是什么？
2. 为什么例 8-2 中刚度大的右边部分的内力值一定大于刚度小的左边部分？
3. 为什么力矩分配法不能直接计算有侧移的刚架？
4. 能否用力矩分配法和无剪力分配法计算静定结构？
5. 为什么习题 8.2（c）中放松结点 B 时可以按单结点进行力矩分配？

6. 无剪力分配法成立的条件是什么？什么是剪力静定的杆件？
7. 直接力矩分配法在什么情形下能得到结构的精确解？
8. 转动侧移刚度系数的作用是什么？
9. 转动侧移传递系数的作用是什么？
10. 侧移传递系数的作用是什么？

习题

8.1 试用力矩分配法计算图示各梁的弯矩图，各杆 EI 如题 8.1 图所示。

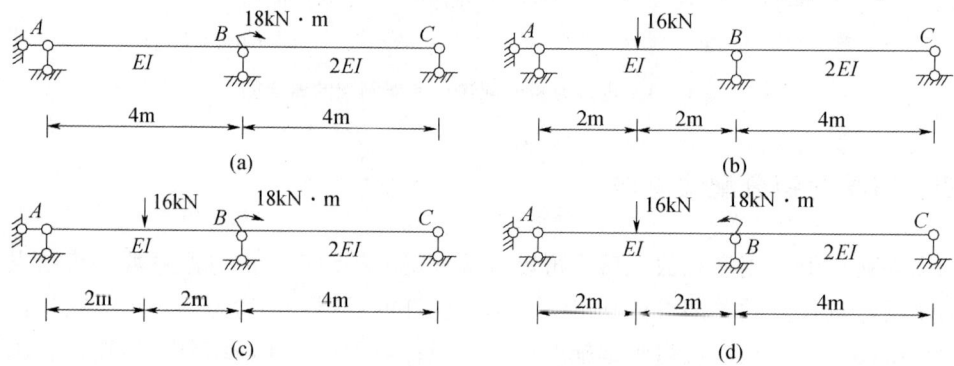

题 8.1 图

8.2 试用三种不同的力矩分配过程计算题 8.2 图（a）所示带悬臂的等截面连续梁的弯矩图，各杆 EI = 常数。(a) 试按照两结点 B、C 通过多次先锁后松循环计算得出；(b) 试按照题 8.2 图（b）所示单结点 B 通过一次计算得出；(c) 试先按照两个结点 B、C 放松结点 C 一次，放松结点 B 时按单结点进行，共通过两次计算得出。

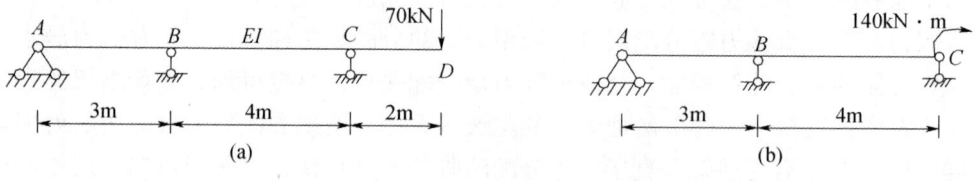

题 8.2 图

8.3 试用力矩分配法计算图示各刚架的弯矩图，各杆 EI = 常数。

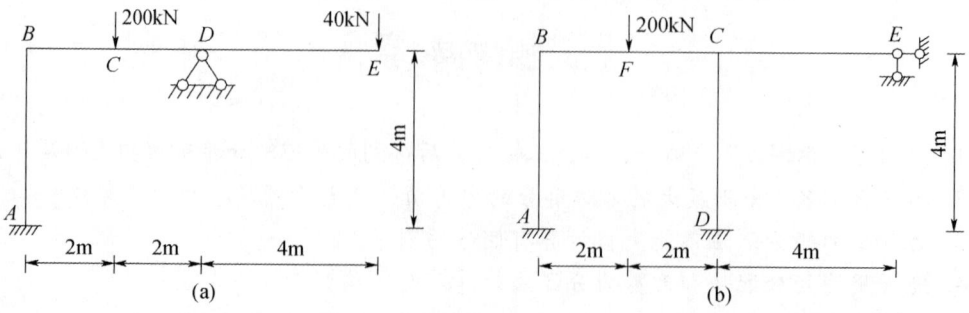

题 8.3 图

8.4 用力矩分配法或无剪力分配法计算图中所示各静定刚架的弯矩图，各杆 EI = 常数。

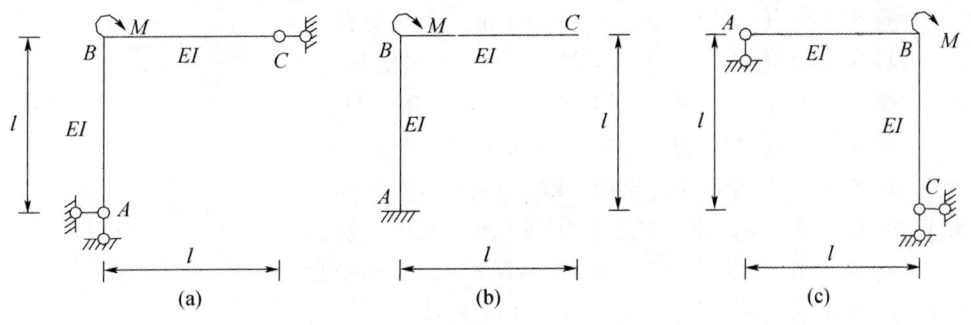

题 8.4 图

8.5 用力矩分配法或无剪力分配法计算图中各超静定刚架的弯矩图，各杆 EI = 常数。

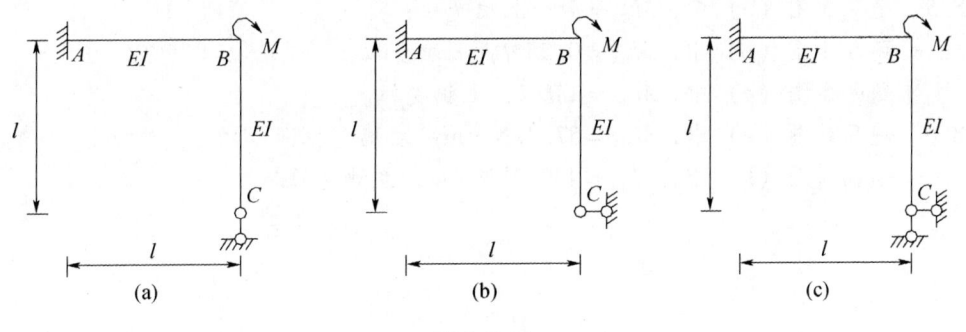

题 8.5 图

8.6 试用直接力矩分配法计算图示各刚架的弯矩图，各杆 EI = 常数。

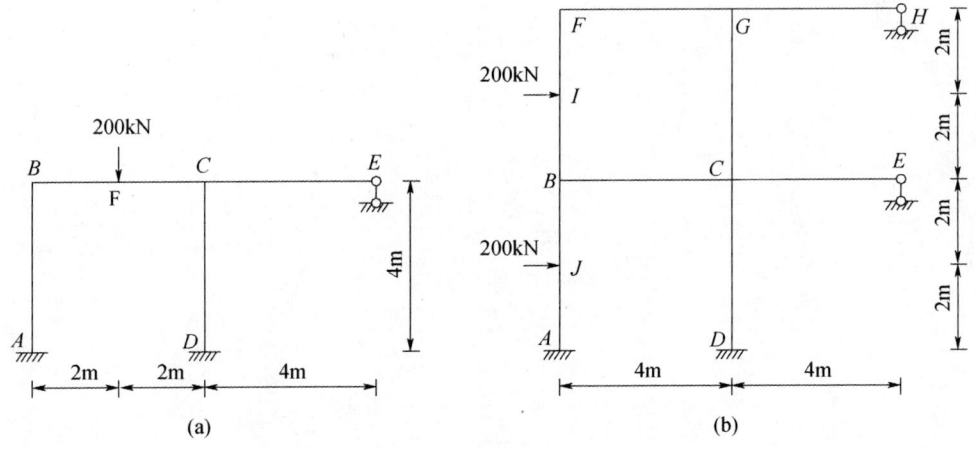

题 8.6 图

习题答案

8.1 题 8.1 图（a）中，$M_{BA} = 6 \text{kN} \cdot \text{m}$，上端受拉；

题 8.1 图 (b) 中，$M_{BA}=8\text{kN}\cdot\text{m}$，上端受拉；

题 8.1 图 (c) 中，$M_{BA}=14\text{kN}\cdot\text{m}$，上端受拉；

题 8.1 图 (d) 中，$M_{BA}=2\text{kN}\cdot\text{m}$，上端受拉。

8.2 题 8.2 (a) 中，$M_{BA}=40.0\text{kN}\cdot\text{m}$，下端受拉；

题 8.2 (b) 中，$M_{BA}=40.0\text{kN}\cdot\text{m}$，下端受拉；

题 8.2 (c) 中，$M_{BA}=40.0\text{kN}\cdot\text{m}$，下端受拉。

8.3 题 8.3 图 (a) 中，$M_{BA}=40\text{kN}\cdot\text{m}$，左端受拉；

题 8.3 图 (b) 中，$M_{CD}=47.6\text{kN}\cdot\text{m}$，右端受拉。

8.4 题 8.4 图 (a) 中，$M_{BA}=M$，左端受拉；

题 8.4 图 (b) 中，$M_{BA}=M$，左端受拉；

题 8.4 图 (c) 中，$M_{BA}=M$，上端受拉。

8.5 题 8.5 图 (a) 中，$M_{BA}=M$，上端受拉；

题 8.5 图 (b) 中，$M_{BA}=0.25M$，上端受拉；

题 8.5 图 (c) 中，$M_{BA}=4M/7$，上端受拉。

8.6 题 8.6 图 (a) 中，$M_{BA}=57.8\text{kN}\cdot\text{m}$，左端受拉；

题 8.6 图 (b) 中，$M_{AB}=430.5\text{kN}\cdot\text{m}$，左端受拉。

第九章

矩阵位移法

前面介绍的力法、位移法和力矩分配法都是基于手算的计算方法。当基本未知量的个数比较多时，手算工作量将极其繁重。随着计算机的普及，基于电算的结构矩阵分析方法得到了空前发展。与力法、位移法相对应，结构矩阵分析方法也有矩阵力法和矩阵位移法。矩阵位移法由于易于实现计算过程的程序化而得到广泛运用。本章只对矩阵位移法进行讨论。

矩阵位移法是以位移法作为理论基础、以矩阵运算作为数学工具、以计算机作为计算工具的适合电算的计算方法。矩阵位移法是应用更广泛的电算方法——有限元法的雏形。本章将采用有限元法中的一些术语和提法。例如，任一等截面杆件叫做一个单元；各杆件拼合成原结构称为单元集成等。

矩阵位移法的基本思路和位移法相同：先把结构在各结点处拆开为若干个单元，有限元法中称此过程为结构的离散化。通过单元分析，得到单元的杆端力和杆端位移的关系，即单元刚度矩阵。然后，利用变形协调条件和平衡条件，再将这些离散的单元组合为原结构，有限元法中称此过程为整体分析。通过整体分析，由各单元刚度矩阵经单元集成的方法得到整体刚度矩阵，并得到求解各结点位移的基本方程。这样，通过一拆一搭，就把一个复杂结构的计算问题转化为简单单元的分析和集成问题。

考虑到程序化和通用性的需要，在具体作法上，矩阵位移法与位移法有许多不同之处，典型几处如下：一是在确定独立结点位移时，矩阵位移法中称此为结点位移编码，支座处不为零的位移也进行编码。二是在进行单元分析时，所考虑的单元为一般单元：不仅考虑曲率引起的位移，也考虑轴向应变引起的位移；引入局部坐标系，从而使得结构中所有同类型单元在局部坐标系中的单元刚度矩阵完全相同；引入整体坐标系，通过坐标转换矩阵，就可以由统一的公式从局部坐标系中的单元刚度矩阵直接得到整体坐标系中的单元刚度矩阵。三是在整体分析时，引入单元定位向量，从而得到各单元的单元贡献矩阵，再把全部单元贡献矩阵相加就得到了整体刚度矩阵；引入等效结点荷载的定义，通过单元集成的方法得到结构的等效结点荷载列阵等。

第一节　整体坐标系、结构离散化、局部坐标系及各自对应编码

下面通过图9.1（a）中所示的结构来说明矩阵位移法中的整体坐标系、结构的离

散化、局部坐标系及各自对应的编码之间的关系。

一、整体坐标系和结点及结点位移编码

1. 整体坐标系

所谓整体坐标系，即事先选定的 x、y 坐标系，并规定从 x 轴转到 y 轴的方向为杆端转角的正方向，例如，图 9.1（b）中所示的整体坐标系。

2. 结点编码

对于图 9.1（a）中所示结构，尽管可以用不同的字母 A、B、C、D、E 表示不同的结点。但是，计算机只能识别数字，故在矩阵位移法求解时，用数字 1、2、3、4、5 表示不同的结点，包括支座处，如图 9.1（b）中所示。这些数字就是结点编码。引入整体坐标系后，还可以将各结点和不同的坐标值之间一一对应起来。结点编码能够使得计算机程序的读入、引用和处理简便通用，但并不影响后面的理解。

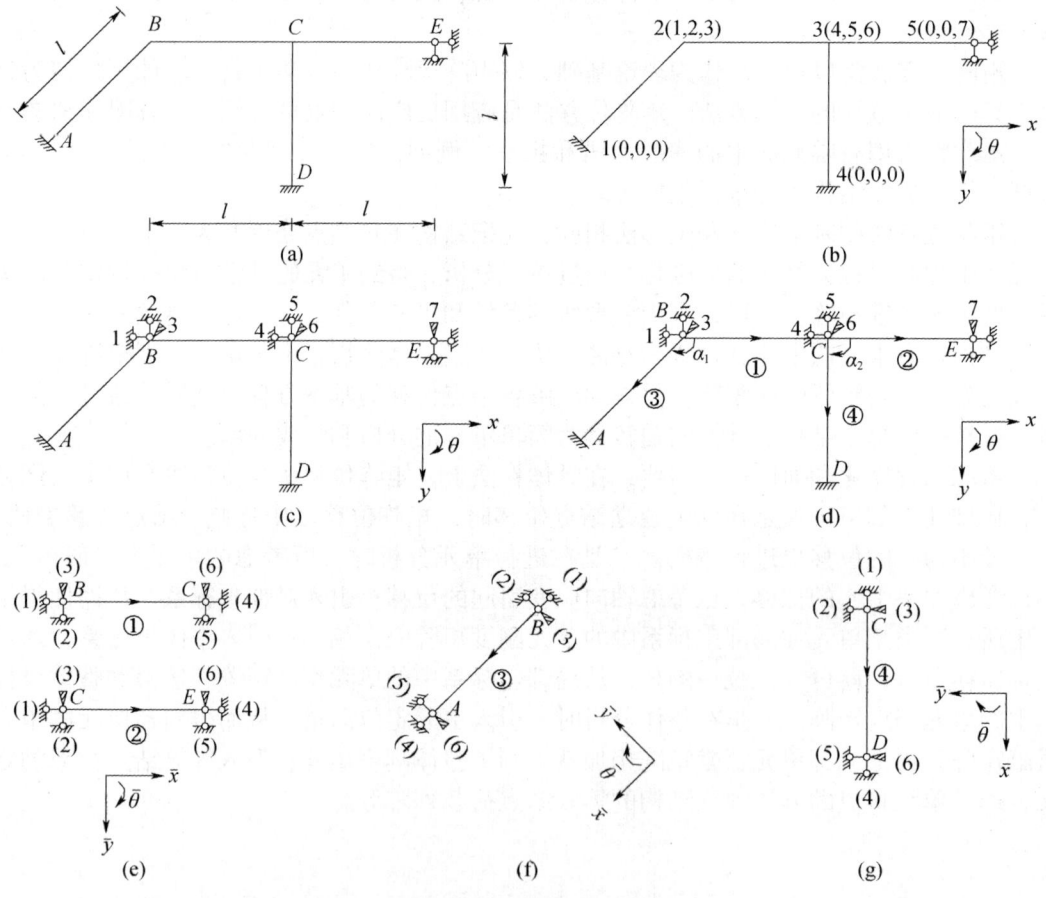

图 9.1　整体坐标系、局部坐标系以及离散化

3. 结点位移编码

与位移法中不同的是，矩阵位移法中除了考虑曲率引起的位移外，还考虑由轴向应

变引起的位移，这样每个结点处都有两个独立的结点线位移。例如，结点 2 处有三个独立的结点位移 u_2、v_2、θ_2，在结点编码 2 后的圆括号内用编码 1、2、3 表示；同样，结点编码 3 后的圆括号内编码 4、5、6 表示独立的结点位移 u_3、v_3、θ_3；在先处理法中，结点处已知为零的位移分量用 0 码表示，例如，结点编码 5 后的圆括号内编码 0、0、7 表示该点独立的结点位移是 θ_5，其余两个线位移 u_5、v_5 已知为零，不再独立；同样，结点 1、4 处三个位移分量都为零，用 0 码表示，如图 9.1（b）中所示。这些结点编码后圆括号内的数字就是结点位移编码。

与位移法基本体系中相同，所谓结点位移编码就是在每一个非零的结点位移处，包括非零的支座位移处，施加一个相应的附加约束，然后给每一个附加约束编一个号码，这样得到的一组附加约束和结点位移编号之间的一一对应关系就是结点位移编码，如图 9.1（c）中的 7 个附加约束和对应的编码所示。在此基础之上，结点位移编码也可以简单理解为非零的结点位移和编号之间的一一对应关系。还要注意到，整体坐标系的方向确定了位移法基本体系中附加支杆的方向。当取整体坐标系如图 9.1（c）中所示，则施加在结点 B、C 的附加支杆 1、2 和 4、5 的方向分别沿着整体坐标系的 x、y 的方向。整体坐标系不同，结点上施加的附加支杆的方向就不同，从而结构的整体刚度矩阵也不相同。结点位移编码也称为总码。

结点位移编码确定了整体刚度矩阵的形式，有 n 个结点位移编码，整体刚度矩阵就是 $n \times n$ 阶方阵，如图 9.1（a）中所示结构的整体刚度矩阵为 7×7 阶方阵。这一点与位移法相同。

二、结构的离散化和单元编码

结构的离散化和单元编码就是将结构在结点处拆开为不同的单元，并且对每个单元编上不同的号码。例如，图 9.1（a）中所示结构离散化为图 9.1（d）中所示的①、②、③、④共 4 个单元。

在位移法中只需将原结构拆开成杆件，但在矩阵位移法中还需进一步给每根杆件进行编号，原因在于矩阵位移法中是用单元集成的方式得到整体刚度矩阵。

三、局部坐标系和局部编码

类似于位移法中的转角位移方程，在矩阵位移法中单元分析的任务就是要得到杆端力和两个杆端位移之间的关系。对于一般杆单元，由于考虑轴向应变引起的位移，每个杆端各有三个杆端位移，两个杆端共有六个杆端位移。考虑到结构中可能有倾斜角度不同的单元，例如，图 9.1（d）中所示的①、③、④三个单元倾角各不相同。为了使得各单元能用统一的公式计算单元刚度矩阵，为此引入局部坐标系如下。

1. 局部坐标系

所谓局部坐标系，即事先选定的 $\bar{x}$、$\bar{y}$ 坐标系，并规定从 $\bar{x}$ 轴转到 $\bar{y}$ 轴的方向为杆端转角的正方向，例如，图 9.1（e）、（f）、（g）中所示的三个局部坐标系。

关于局部坐标要注意：一是局部坐标系是与单元对应的，局部坐标系的 $\bar{x}$ 轴沿着杆轴的方向，$\bar{x}$ 轴的正方向用轴向箭头指明。二是局部坐标系从 $\bar{x}$ 轴转到 $\bar{y}$ 轴的转向与整体坐标系从 x 轴转到 y 轴的方向转向必须一致，比如都是顺时针转向或逆时针转向。

2. 局部编码

所谓局部编码，即任一单元在局部坐标系中两端的附加约束和编号之间的一一对应关系。对于梁式杆单元，编号（1）、（4）的附加支杆的方向沿着单元杆轴 $\bar{x}$ 的方向；编号（2）、（5）的附加支杆的方向沿着 $\bar{y}$ 轴的方向；编号（3）、（6）的附加刚臂分别施加在单元的始端和末端。如图 9.1（e）、（f）、（g）中的局部编码所示。

局部坐标系和局部编码是矩阵位移法中特有的，是为了能用统一的公式建立单元刚度矩阵才引入的。局部编码还有一种情形，参见本章第三节的相关部分。

第二节　局部坐标系中的单元刚度矩阵

下面我们先来推导局部坐标系中一般杆单元杆端力和杆端位移之间的刚度方程，并由此得到一般杆单元在局部坐标系中的单元刚度矩阵。考虑图 9.2 中所示的一般单元 ⓔ，其始端为 1、末端为 2，局部坐标系的 $\bar{x}$ 轴从始端 1 指向末端 2，杆长为 l，横截面面积为 A，截面惯性矩为 I，弹性模量为 E，如图 9.2 所示。

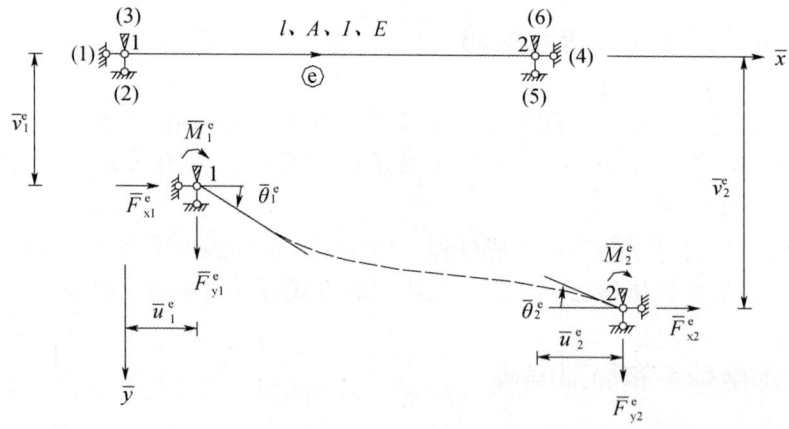

图 9.2　局部坐标系中一般杆单元的杆端力和杆端位移

一、一般杆单元杆端力和杆端位移列向量及各分量正负号规定

一般杆单元各端都有沿着 $\bar{x}$、$\bar{y}$ 轴方向的两个线位移和转角，分别用 $\bar{u}_1^e$、$\bar{v}_1^e$、$\bar{\theta}_1^e$ 和 $\bar{u}_2^e$、$\bar{v}_2^e$、$\bar{\theta}_2^e$ 表示。相应地，两端的三个杆端力各用 $\bar{F}_{x1}^e$、$\bar{F}_{y1}^e$、$\bar{M}_1^e$ 和 $\bar{F}_{x2}^e$、$\bar{F}_{y2}^e$、$\bar{M}_2^e$ 表示。

1. 局部坐标系中一般杆单元杆端位移和杆端力列向量

将ⓔ单元的六个杆端位移和杆端力分量按照局部码（1）、（2）、（3）、（4）、（5）、（6）的顺序排列，得到

$$\overline{\boldsymbol{\Delta}}^e = \begin{Bmatrix} \overline{u}_1 \\ \overline{v}_1 \\ \overline{\theta}_1 \\ \overline{u}_2 \\ \overline{v}_2 \\ \overline{\theta}_2 \end{Bmatrix}^e = \begin{Bmatrix} \overline{\Delta}_{(1)} \\ \overline{\Delta}_{(2)} \\ \overline{\Delta}_{(3)} \\ \overline{\Delta}_{(4)} \\ \overline{\Delta}_{(5)} \\ \overline{\Delta}_{(6)} \end{Bmatrix}^e \qquad \overline{\boldsymbol{F}}^e = \begin{Bmatrix} \overline{F}_{x1} \\ \overline{F}_{y1} \\ \overline{M}_1 \\ \overline{F}_{x2} \\ \overline{F}_{y2} \\ \overline{M}_2 \end{Bmatrix}^e = \begin{Bmatrix} \overline{F}_{(1)} \\ \overline{F}_{(2)} \\ \overline{F}_{(3)} \\ \overline{F}_{(4)} \\ \overline{F}_{(5)} \\ \overline{F}_{(6)} \end{Bmatrix}^e \qquad (9.1)$$

式中，$\overline{\boldsymbol{\Delta}}^e$、$\overline{\boldsymbol{F}}^e$ 分别称为一般杆单元杆端位移列向量和杆端力列向量。

2. 杆端位移列向量和杆端力列向量中各分量的正负号规定

杆端位移列向量 $\overline{\boldsymbol{\Delta}}^e$、杆端力列向量 $\overline{\boldsymbol{F}}^e$ 中各分量沿着相应局部坐标系的正向为正，负向为负。

二、一般杆单元的单元刚度方程

根据位移法基本体系的做法，可以如图9.2中所示，在单元两端施加六个附加约束，从而使得 $\overline{\boldsymbol{\Delta}}^e$ 为任意指定的，单元刚度方程就是要找到已知的 $\overline{\boldsymbol{\Delta}}^e$ 和由此产生的 $\overline{\boldsymbol{F}}^e$ 之间的关系。

忽略轴向受力状态和弯曲受力状态之间的相互影响，分别推导各自的刚度方程，然后再合并，就得到一般杆单元的单元刚度方程。

首先，由给定杆端轴向位移 $\overline{u}_1^e$、$\overline{u}_2^e$，根据胡克定律，可以得到杆端力 $\overline{F}_{x1}^e$、$\overline{F}_{x2}^e$ 为

$$\left. \begin{aligned} \overline{F}_{x1}^e &= \frac{EA}{l}(\overline{u}_1^e - \overline{u}_2^e) \\ \overline{F}_{x2}^e &= -\frac{EA}{l}(\overline{u}_1^e - \overline{u}_2^e) \end{aligned} \right\} \qquad (9.2)$$

其次，由垂直于杆轴的横向位移 $\overline{v}_1^e$、$\overline{v}_2^e$ 和杆端转角 $\overline{\theta}_1^e$、$\overline{\theta}_2^e$，利用转角位移方程（7.5）式，并注意采用本章的杆端力的符号记法和正负号规定，得到杆端力 $\overline{F}_{y1}^e$、$\overline{F}_{y2}^e$ 和 $\overline{M}_1^e$、$\overline{M}_2^e$ 为

$$\left. \begin{aligned} \overline{F}_{y1}^e &= \frac{6EI}{l^2}(\overline{\theta}_1^e + \overline{\theta}_2^e) + \frac{12EI}{l^3}(\overline{v}_1^e - \overline{v}_2^e) \\ \overline{F}_{y2}^e &= -\frac{6EI}{l^2}(\overline{\theta}_1^e + \overline{\theta}_2^e) - \frac{12EI}{l^3}(\overline{v}_1^e - \overline{v}_2^e) \\ \overline{M}_1^e &= \frac{4EI}{l}\overline{\theta}_1^e + \frac{2EI}{l}\overline{\theta}_2^e + \frac{6EI}{l^2}(\overline{v}_1^e - \overline{v}_2^e) \\ \overline{M}_2^e &= \frac{2EI}{l}\overline{\theta}_1^e + \frac{4EI}{l}\overline{\theta}_2^e + \frac{6EI}{l^2}(\overline{v}_1^e - \overline{v}_2^e) \end{aligned} \right\} \qquad (9.3)$$

将（9.2）式和（9.3）式合并在一起，写为矩阵形式，则为

$$\begin{bmatrix} \overline{F}_{x1} \\ \overline{F}_{y1} \\ \overline{M}_1 \\ \overline{F}_{x2} \\ \overline{F}_{y2} \\ \overline{M}_2 \end{bmatrix}^e = \begin{bmatrix} \dfrac{EA}{l} & 0 & 0 & -\dfrac{EA}{l} & 0 & 0 \\ 0 & \dfrac{12EI}{l^3} & \dfrac{6EI}{l^2} & 0 & -\dfrac{12EI}{l^3} & \dfrac{6EI}{l^2} \\ 0 & \dfrac{6EI}{l^2} & \dfrac{4EI}{l} & 0 & -\dfrac{6EI}{l^2} & \dfrac{2EI}{l} \\ -\dfrac{EA}{l} & 0 & 0 & \dfrac{EA}{l} & 0 & 0 \\ 0 & -\dfrac{12EI}{l^3} & -\dfrac{6EI}{l^2} & 0 & \dfrac{12EI}{l^3} & -\dfrac{6EI}{l^2} \\ 0 & \dfrac{6EI}{l^2} & \dfrac{2EI}{l} & 0 & -\dfrac{6EI}{l^2} & \dfrac{4EI}{l} \end{bmatrix}^e \begin{bmatrix} \overline{u}_1 \\ \overline{v}_1 \\ \overline{\theta}_1 \\ \overline{u}_2 \\ \overline{v}_2 \\ \overline{\theta}_2 \end{bmatrix}^e \quad (9.4)$$

这就是局部坐标系中的单元刚度方程。

三、一般杆单元的单元刚度矩阵

（9.4）式可以记为

$$\overline{\boldsymbol{F}}^e = \overline{\boldsymbol{k}}^e \overline{\boldsymbol{\Delta}}^e \quad (9.5)$$

其中

$$\overline{\boldsymbol{k}}^e = \begin{array}{c} \\ (1)\ 支杆 \\ (2)\ 支杆 \\ (3)\ 刚臂 \\ (4)\ 支杆 \\ (5)\ 支杆 \\ (6)\ 刚臂 \end{array} \begin{matrix} (1) & (2) & (3) & (4) & (5) & (6) \\ \overline{u}_1^e=1 & \overline{v}_1^e=1 & \overline{\theta}_1^e=1 & \overline{u}_2^e=1 & \overline{v}_2^e=1 & \overline{\theta}_2^e=1 \end{matrix} \begin{bmatrix} \dfrac{EA}{l} & 0 & 0 & -\dfrac{EA}{l} & 0 & 0 \\ 0 & \dfrac{12EI}{l^3} & \dfrac{6EI}{l^2} & 0 & -\dfrac{12EI}{l^3} & \dfrac{6EI}{l^2} \\ 0 & \dfrac{6EI}{l^2} & \dfrac{4EI}{l} & 0 & -\dfrac{6EI}{l^2} & \dfrac{2EI}{l} \\ -\dfrac{EA}{l} & 0 & 0 & \dfrac{EA}{l} & 0 & 0 \\ 0 & -\dfrac{12EI}{l^3} & -\dfrac{6EI}{l^2} & 0 & \dfrac{12EI}{l^3} & -\dfrac{6EI}{l^2} \\ 0 & \dfrac{6EI}{l^2} & \dfrac{2EI}{l} & 0 & -\dfrac{6EI}{l^2} & \dfrac{4EI}{l} \end{bmatrix}^e \quad (9.6)$$

式中，$\overline{\boldsymbol{k}}^e$ 称为一般单元在局部坐标系中的单元刚度矩阵。

四、单元刚度矩阵的性质

1. 单元刚度系数的物理意义

$\overline{\boldsymbol{k}}^e$ 中的每个元素称为单元刚度系数，每一个系数都具有明确的物理意义。第（i）行第（j）列系数 $\overline{k}^e_{(i)(j)}$ 代表第（j）个杆端位移分量 $\overline{\Delta}^e_{(j)}=1$（其他杆端位移分量都为零）引起的第($i$)个杆端附加约束上的约束力 $\bar{F}^e_{(i)}$。进一步知道，第(i)行 $\bar{k}^e_{(i)(1)} \sim \bar{k}^e_{(i)(6)}$ 六个系数表示由六个单位杆端位移 $\bar{\Delta}^e_{(1)} \sim \bar{\Delta}^e_{(6)} = 1$ 引起的第(i)个杆端附加约束上的约束力 $\bar{F}^e_{(i)}$；第(j)列 $\bar{k}^e_{(1)(j)} \sim \bar{k}^e_{(6)(j)}$ 六个系数表示由同一个杆端位移 $\bar{\Delta}^e_{(j)} = 1$ 引起的六个附加约束上的约束力。

2. $\bar{k}^e$ 是对称矩阵

由反力互等定理，有

$$\bar{k}^e_{(i)(j)} = \bar{k}^e_{(j)(i)} \tag{9.7}$$

故 $\bar{k}^e$ 为对称矩阵。

3. $\bar{k}^e$ 是奇异矩阵

直接计算 $\bar{k}^e$ 的行列式，有

$$|\bar{k}^e| = 0 \tag{9.8}$$

故 $\bar{k}^e$ 为奇异矩阵。

从而 $\bar{k}^e$ 不存在逆矩阵，也就是可以从给定的 $\bar{\Delta}^e$ 通过刚度方程（9.5）式得到唯一的 $\bar{F}^e$。但是，反过来，给定 $\bar{F}^e$，并不能由方程（9.5）式反求得 $\bar{\Delta}^e$。这是因为，对于反问题的力学模型是一根自由杆件（两端无任何约束），如图9.3所示。在杆端沿局部坐标系的方向施加任意的六个杆端力，如果这六个

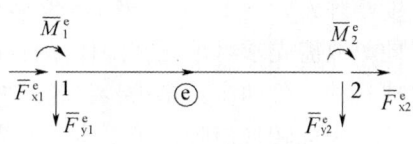

图9.3 反问题力学模型

力不能满足平衡条件，则无解；如果六个力满足平衡条件，由于杆件的刚体位移未确定，也不能得到 $\bar{\Delta}^e$。

五、特殊单元的刚度矩阵

（9.6）式为一般单元的单元刚度矩阵 $\bar{k}^e$，单元两端有六个任意指定的杆端位移分量。在结构中还有一些特殊单元，单元的某些位移分量值已知为零，而不需再任意指定。各种特殊单元的单元刚度矩阵无须另行推导，可以根据单元刚度矩阵的物理意义从一般单元的 $\bar{k}^e$ 中删掉位移已知为零的行和列的系数直接得到。

例如，在计算各跨为等截面连续梁时，常常忽略轴向应变引起的位移。取每跨为单元，如图9.4所示。注意到单元两端的线位移 $\bar{u}^e_1 = \bar{v}^e_1 = \bar{u}^e_2 = \bar{v}^e_2 = 0$，只有 $\bar{\theta}^e_1$ 和 $\bar{\theta}^e_2$ 可以任意指定。则连续梁的单元刚度矩阵可以从一般单元的 $\bar{k}^e$ 中删掉第1、2、4、5行和列后直接得到

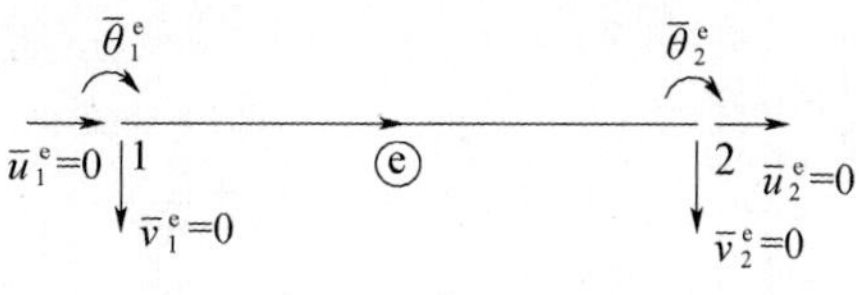

图9.4 连续梁单元

$$\bar{k}^e = \begin{bmatrix} \dfrac{4EI}{l} & \dfrac{2EI}{l} \\ \dfrac{2EI}{l} & \dfrac{4EI}{l} \end{bmatrix}^e \tag{9.9}$$

这是由于 $\bar{u}^e_1 = \bar{v}^e_1 = \bar{u}^e_2 = \bar{v}^e_2 = 0$，故可以删掉（9.6）式 $\bar{k}^e$ 的第1、2、4、5列中各系数；另外，连续梁单元中只在单元两端各施加了一个附加刚臂，并没有施加附加支杆，

故可以删掉（9.6）式 $\bar{\boldsymbol{k}}^e$ 的第1、2、4、5行中各系数。

采用同样的方法，可以得到其他各种特殊单元的单元刚度矩阵。

而在结构矩阵分析中，利用一般单元的刚度矩阵 $\bar{\boldsymbol{k}}^e$，通过计算程序就可以自动生成各种特殊单元的单元刚度矩阵。

第三节 整体坐标系中的单元刚度矩阵

前面我们得到了单元在局部坐标系中的单元刚度矩阵 $\bar{\boldsymbol{k}}^e$，对于所有的杆单元，都为（9.6）式的形式，代入各单元具体的物理参数 l、A、I、E 值就可求得。不过，在后面利用单元集成法得到结构的整体刚度矩阵时，用到的是各单元在整体坐标系中的单元刚度矩阵 $\boldsymbol{k}^e$。这是因为与结点位移总码对应的各附加支杆的方向都是沿整体坐标系的方向。故需先求得单元在整体坐标系中的单元刚度矩阵 $\boldsymbol{k}^e$。下面利用坐标转换的方法来达成目的。分两步：第一步，通过两种坐标系单元杆端力或杆端位移之间的转换式，得到单元坐标转换矩阵；第二步，利用矩阵运算，得到由 $\bar{\boldsymbol{k}}^e$ 计算 $\boldsymbol{k}^e$ 的一般公式。

一、单元坐标转换矩阵 $\boldsymbol{T}$

图9.5（a）中所示单元ⓔ，其局部坐标系为 $O\bar{x}\bar{y}$，整体坐标系为 Oxy，由 x 轴到 $\bar{x}$ 轴的夹角为 α，以顺时针转向为正。

局部坐标系中的杆端位移用 $\bar{u}_1^e$、$\bar{v}_1^e$、$\bar{\theta}_1^e$ 和 $\bar{u}_2^e$、$\bar{v}_2^e$、$\bar{\theta}_2^e$ 表示，如图9.5（a）所示；整体坐标系中的杆端位移用 u_1^e、v_1^e、θ_1^e 和 u_2^e、v_2^e、θ_2^e 表示，如图9.5（b）所示。两者之间的关系为

$$\left.\begin{aligned}\bar{u}_1^e &= u_1^e\cos\alpha + v_1^e\sin\alpha \\ \bar{v}_1^e &= -u_1^e\sin\alpha + v_1^e\cos\alpha \\ \bar{\theta}_1^e &= \theta_1^e \\ \bar{u}_2^e &= u_2^e\cos\alpha + v_2^e\sin\alpha \\ \bar{v}_2^e &= -u_2^e\sin\alpha + v_2^e\cos\alpha \\ \bar{\theta}_2^e &= \theta_2^e\end{aligned}\right\} \tag{9.10}$$

写成矩阵形式为

$$\begin{Bmatrix}\bar{u}_1 \\ \bar{v}_1 \\ \bar{\theta}_1 \\ \bar{u}_2 \\ \bar{v}_2 \\ \bar{\theta}_2\end{Bmatrix}^e = \begin{bmatrix}\cos\alpha & \sin\alpha & 0 & 0 & 0 & 0 \\ -\sin\alpha & \cos\alpha & 0 & 0 & 0 & 0 \\ 0 & 0 & 1 & 0 & 0 & 0 \\ 0 & 0 & 0 & \cos\alpha & \sin\alpha & 0 \\ 0 & 0 & 0 & -\sin\alpha & \cos\alpha & 0 \\ 0 & 0 & 0 & 0 & 0 & 1\end{bmatrix}^e \begin{Bmatrix}u_1 \\ v_1 \\ \theta_1 \\ u_2 \\ v_2 \\ \theta_2\end{Bmatrix}^e \tag{9.11}$$

或者简记为

$$\overline{\pmb{\Delta}}^e = \pmb{T}\pmb{\Delta}^e \tag{9.12}$$

式中，$\pmb{T}$ 为单元坐标转换矩阵

$$\pmb{T} = \begin{bmatrix} \cos\alpha & \sin\alpha & 0 & 0 & 0 & 0 \\ -\sin\alpha & \cos\alpha & 0 & 0 & 0 & 0 \\ 0 & 0 & 1 & 0 & 0 & 0 \\ 0 & 0 & 0 & \cos\alpha & \sin\alpha & 0 \\ 0 & 0 & 0 & -\sin\alpha & \cos\alpha & 0 \\ 0 & 0 & 0 & 0 & 0 & 1 \end{bmatrix} \tag{9.13}$$

同理，可以得到两种坐标系中杆端力之间的关系为

$$\overline{\pmb{F}}^e = \pmb{T}\pmb{F}^e \tag{9.14}$$

式中，$\overline{\pmb{F}}^e$、$\pmb{F}^e$ 分别为单元ⓔ在局部坐标系和整体坐标系中的杆端力列向量。

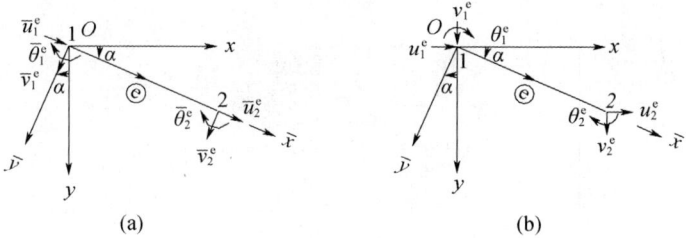

图 9.5 两种坐标系中杆端位移之间的转换式

二、单元坐标转换矩阵 $\pmb{T}$ 为正交矩阵

（1）正交矩阵的定义及特性

若一方阵 $\pmb{A}$ 每一行（列）的各个元素平方之和等于 1，而所有的两个不同行（列）的对应元素乘积之和均为零，则称该矩阵 $\pmb{A}$ 为正交矩阵。正交矩阵的逆矩阵等于其转置矩阵。

（2）单元坐标转换矩阵 $\pmb{T}$ 为正交矩阵

容易证明，单元坐标转换矩阵 $\pmb{T}$ 为正交矩阵，故其逆矩阵等于其转置矩阵，即

$$\pmb{T}^{-1} = \pmb{T}^{\mathrm{T}} \tag{9.15}$$

或

$$\pmb{T}\pmb{T}^{\mathrm{T}} = \pmb{T}^{\mathrm{T}}\pmb{T} = \pmb{I} \tag{9.16}$$

式中，$\pmb{I}$ 为与 $\pmb{T}$ 同阶的单位矩阵。

三、利用矩阵运算，得到由 $\overline{\pmb{k}}^e$ 计算 $\pmb{k}^e$ 的一般公式

第二节中我们已经得到了单元ⓔ局部坐标系中的单元刚度方程为

$$\overline{\pmb{F}}^e = \overline{\pmb{k}}^e \overline{\pmb{\Delta}}^e \tag{9.5}$$

将（9.12）、（9.14）两式代入，得

$$\pmb{T}\pmb{F}^e = \overline{\pmb{k}}^e \pmb{T}\pmb{\Delta}^e$$

方程两边前乘 T^{-1}，即 T^T 得

$$T^T T F^e = T^T \bar{k}^e T \Delta^e$$

引入（9.16）式，并将上式记为

$$F^e = k^e \Delta^e \tag{9.17}$$

式中 k^e 为

$$k^e = T^T \bar{k}^e T \tag{9.18}$$

这就是直接从ⓔ单元局部坐标系中单刚 $\bar{k}^e$ 得到整体坐标系中的单刚 k^e 的公式。

四、举例

[**例9-1**] 试求图9.6（a）所示刚架中各单元在整体坐标系中的刚度矩阵 k^e。各单元的 E、A、I 均为常数。

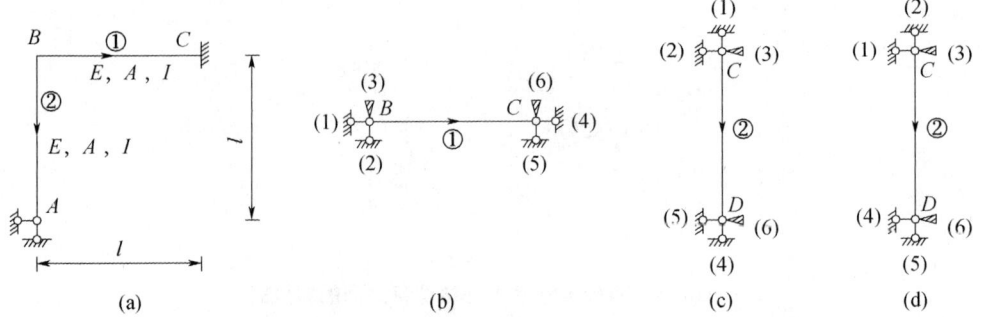

图9.6 求整体坐标系中的 k^e

解：（1）局部坐标系中的单元刚度矩阵 $\bar{k}^e$。

单元①、②局部坐标 $\bar{x}$ 的正方向如图中箭头方向所示。由于单元①、②的 E、A、I 全部相等，故 $\bar{k}^1$ 与 $\bar{k}^2$ 相等，为

$$\bar{k}^1 = \bar{k}^2 = \begin{bmatrix} \frac{EA}{l} & 0 & 0 & -\frac{EA}{l} & 0 & 0 \\ 0 & \frac{12EI}{l^3} & \frac{6EI}{l^2} & 0 & -\frac{12EI}{l^3} & \frac{6EI}{l^2} \\ 0 & \frac{6EI}{l^2} & \frac{4EI}{l} & 0 & -\frac{6EI}{l^2} & \frac{2EI}{l} \\ -\frac{EA}{l} & 0 & 0 & \frac{EA}{l} & 0 & 0 \\ 0 & -\frac{12EI}{l^3} & -\frac{6EI}{l^2} & 0 & \frac{12EI}{l^3} & -\frac{6EI}{l^2} \\ 0 & \frac{6EI}{l^2} & \frac{2EI}{l} & 0 & -\frac{6EI}{l^2} & \frac{4EI}{l} \end{bmatrix}^e$$

（2）整体坐标系中的单元刚度矩阵 k^e。

单元1：$\alpha = 0°$，$T = I$，I 为单位矩阵，故

$$k^1 = \bar{k}^1$$

单元2：$\alpha = 90°$，单元坐标转换矩阵为

$$T = \begin{bmatrix} \cos\alpha & \sin\alpha & 0 & 0 & 0 & 0 \\ -\sin\alpha & \cos\alpha & 0 & 0 & 0 & 0 \\ 0 & 0 & 1 & 0 & 0 & 0 \\ 0 & 0 & 0 & \cos\alpha & \sin\alpha & 0 \\ 0 & 0 & 0 & -\sin\alpha & \cos\alpha & 0 \\ 0 & 0 & 0 & 0 & 0 & 1 \end{bmatrix} = \begin{bmatrix} 0 & 1 & 0 & 0 & 0 & 0 \\ -1 & 0 & 0 & 0 & 0 & 0 \\ 0 & 0 & 1 & 0 & 0 & 0 \\ 0 & 0 & 0 & 0 & 1 & 0 \\ 0 & 0 & 0 & -1 & 0 & 0 \\ 0 & 0 & 0 & 0 & 0 & 1 \end{bmatrix}$$

代入 (9.18) 式, 得

$$k^2 = T^T \bar{k}^2 T = \begin{bmatrix} \dfrac{12EI}{l^3} & 0 & -\dfrac{6EI}{l^2} & -\dfrac{12EI}{l^3} & 0 & -\dfrac{6EI}{l^2} \\ 0 & \dfrac{EA}{l} & 0 & 0 & -\dfrac{EA}{l} & 0 \\ -\dfrac{6EI}{l^2} & 0 & \dfrac{4EI}{l} & \dfrac{6EI}{l^2} & 0 & \dfrac{2EI}{l} \\ -\dfrac{12EI}{l^3} & 0 & \dfrac{6EI}{l^2} & \dfrac{12EI}{l^3} & 0 & \dfrac{6EI}{l^2} \\ 0 & -\dfrac{EA}{l} & 0 & 0 & \dfrac{EA}{l} & 0 \\ -\dfrac{6EI}{l^2} & 0 & \dfrac{2EI}{l} & \dfrac{6EI}{l^2} & 0 & \dfrac{4EI}{l} \end{bmatrix}$$

五、整体坐标系中单元刚度矩阵 k^e 的性质

整体坐标系中的单元刚度矩阵 k^e 与局部坐标系中 $\bar{k}^e$ 同阶, 具有类似的性质。

(1) k^e 中第 (i) 行第 (j) 列系数 $k^e_{(i)(j)}$ 代表第 (j) 个杆端位移分量 $\Delta^e_{(j)} = 1$ (其他杆端位移分量都为零) 引起的第 (i) 个杆端附加约束上的约束力 $F^e_{(i)}$。

要注意, 当单元的局部坐标系和整体坐标系两者一致时, 则单元在两种坐标系中的局部码编号次序完全相同, 如图 9.6 (b) 单元①的局部码编码所示。但两者不一致时, 则单元在两种坐标系中的局部码编号次序不相同。图 9.6 (c) 为单元②在局部坐标系中局部码编号, 编号 (1)、(4) 的附加支杆的方向沿着局部坐标系 $\bar{x}$ 的方向; 图 9.6 (d) 为单元②在整体坐标系中局部码编号, 编号 (1)、(4) 的附加支杆的方向沿着整体坐标系 x 的方向。还需注意到, 局部编码是与单元相对应的, 既可以针对局部坐标系, 也可以针对整体坐标系; 而总码是与结构中全部非零结点位移相对应, 只针对整体坐标系。

(2) k^e 是对称矩阵。

(3) 一般单元的 k^e 是奇异矩阵。

第四节 单元集成法形成连续梁的整体刚度矩阵

位移法通过一拆一搭的方式, 将复杂结构的计算转化为杆件单元的分析和组装的问

题。矩阵位移法中同样如此。前面通过单元分析，得到了各单元在整体坐标系中的单元刚度矩阵。下面我们还需要将各单元在结点处组合起来，以形成结构的整体刚度矩阵，这个过程称为整体分析。完整的整体分析包括形成结构的整体刚度矩阵和等效结点荷载列阵两部分内容。本节和第五节介绍如何用单元集成法形成连续梁和刚架的整体刚度矩阵，第六节介绍用单元集成法形成结构的等效结点荷载列阵。

下面以图9.7（a）所示的连续梁为例，说明如何利用单元集成法形成整体刚度矩阵。为了便于理解单元集成法的要点，我们先来按照传统位移法方式形成整体刚度矩阵。

一、传统位移法形成整体刚度矩阵 K

先在各结点处施加附加刚臂得到基本体系，如图9.7（b）所示。注意矩阵位移法中铰支座 A 和支杆 C 处的转角都当成基本未知量，故基本未知量个数一共为3个，如图中总码1、2、3所示。

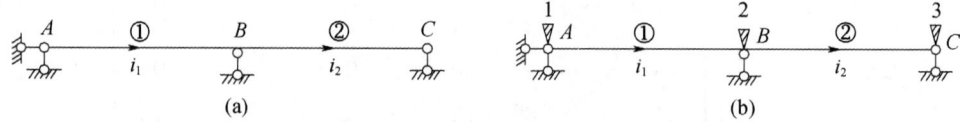

图9.7 传统位移法求连续梁的整体刚度矩阵

根据传统位移法形成整体刚度矩阵 K 时，是通过先放松结点 A 产生 $\Delta_1 = 1$ 的单位顺时针转角，结点 B、C 锁住，作出弯矩图，然后根据各结点力矩平衡条件计算得到第一列的三个刚度系数；然后放松结点 B 产生 $\Delta_2 = 1$ 的单位顺时针转角，结点 A、C 锁住，作出弯矩图，根据各结点力矩平衡条件计算得到第二列的三个刚度系数；最后放松结点 C 产生 $\Delta_3 = 1$ 的单位顺时针转角，结点 A、B 锁住，作出弯矩图，根据各结点力矩平衡条件计算得到第三列的三个刚度系数。整体刚度矩阵 K 为 3×3 阶方阵，为

$$K = \begin{array}{c} 1\ 刚臂 \\ 2\ 刚臂 \\ 3\ 刚臂 \end{array} \begin{matrix} \overset{1}{\Delta_1=1} & \overset{2}{\Delta_2=1} & \overset{3}{\Delta_3=1} \end{matrix} \begin{bmatrix} 4i_1 & 2i_1 & 0 \\ 2i_1 & 4i_1+4i_2 & 2i_2 \\ 0 & 2i_2 & 4i_2 \end{bmatrix} \quad (9.19)$$

传统位移法通过逐个放松结点的方式形成整体刚度矩阵，尽管物理意义明确，但必须先作出各弯矩图，利用平衡条件才能求得各列刚度系数，在结构矩阵分析中不便于照此方法编程形成整体刚度矩阵。

二、单元集成法形成整体刚度矩阵 K

在结构矩阵分析中是利用单元集成法形成结构的整体刚度矩阵的。所谓单元集成法，就是整体刚度矩阵 K 是通过逐个单元考虑其对整体刚度矩阵的贡献并且相加得到。

1. 单元集成法中各单元对整体刚度矩阵贡献的力学模型

下面先来考虑单元①对整体刚度矩阵贡献的力学模型。为了消去单元②的影响，可

以在基本体系中取 $i_2=0$，如图 9.8（a）所示。首先注意到，尽管单元②也有结点位移 $\Delta_2=1$ 或者 $\Delta_3=1$，但是不会在附加约束 2、3 上引起约束力矩来，故此时各附加约束上的约束力矩就全来源于单元①的贡献。另外，从图 9.8（a）还可以看到，单元①的结点位移 $\Delta_1=1$ 或者 $\Delta_2=1$，只会引起附加约束 1、2 上的约束力矩，不会引起附加约束 3 上的约束力矩。为了更简练起见，可以把 $i_2=0$ 的单元②去掉，从而得到单元①对整体刚度矩阵贡献的力学模型如图 9.8（b）所示。这个模型和单元①计算整体坐标系中的单元刚度矩阵的模型图 9.8（c）完全一致。

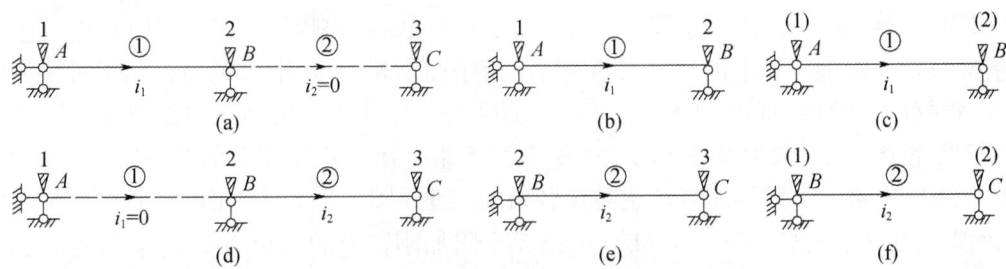

图 9.8 单元集成法求连续梁的整体刚度矩阵

同理，在考虑单元②对整体刚度矩阵贡献的力学模型时，为了消去单元①的影响，可以在基本体系中取 $i_1=0$，如图 9.8（d）所示。为了更简练起见，可以把 $i_1=0$ 的单元①去掉，从而得到单元②对整体刚度矩阵贡献的力学模型如图 9.8（e）所示。这个模型和单元②计算整体坐标系中的单元刚度矩阵的模型图 9.8（f）完全一致。

2. 单元定位向量

注意到图 9.8（c）、（f）中两端附加刚臂是按照局部码编号的，都分别为（1）、（2），而图 9.8（b）、（e）中两端附加刚臂是按照整体码编号的，分别为 1、2 和 2、3，两者之间的对应关系为

单元①、②局部码编号→单元①、②整体码编号　　单元①、②定位向量为

$$(1)\to1 \quad (1)\to2$$
$$(2)\to2 \quad (2)\to3 \qquad \lambda^{①}=\begin{Bmatrix}1\\2\end{Bmatrix} \quad \lambda^{②}=\begin{Bmatrix}2\\3\end{Bmatrix}$$

单元定位向量，记为 λ^{e}，就是由该单元结点位移总码构成的列向量，它表明了该单元局部码编号和整体码编号之间的对应关系。整体码编号也称为总码，连续梁中任意 ⓔ 单元其单元定位向量 λ^{e} 为

单元ⓔ局部码编号→单元ⓔ整体码编号（总码）　　单元ⓔ定位向量为

$$(i)\to\lambda_i$$
$$(j)\to\lambda_j \qquad \lambda^{e}=\begin{Bmatrix}\lambda_i\\\lambda_j\end{Bmatrix}$$

3. 利用单元定位向量 $\boldsymbol{\lambda}^{e}$ 通过换码重排座将各 k^e 中元素安排在 K 的相应位置

利用单元集成法形成结构的整体刚度矩阵 K 时，包括以下的步骤：

（1）将 K 置零。

在考虑各单元的贡献前，先将 K 置零，此时

$$K=\begin{bmatrix}0&0&0\\0&0&0\\0&0&0\end{bmatrix} \qquad (9.20)$$

(2) 利用单元定位向量 $\lambda^{①}$ 通过换码重排座将 k^1 中各元素安排在 K 的相应位置。

图 9.8（c）中所示单元①在整体坐标系下的单元刚度矩阵 k^1 为

$$k^1 = \begin{matrix}(1)\\(2)\end{matrix}\begin{bmatrix}\overset{(1)}{4i_1} & \overset{(2)}{2i_1}\\2i_1 & 4i_1\end{bmatrix} \quad (9.21)$$

利用单元定位向量 $\lambda^{①}$ 通过换码重排座，就可以将 k^1 的各刚度系数安排在 K 的相应位置。

只需注意到 k^1 中的刚度系数 $k^1_{(i)(j)}$ 代表第 (j) 个附加刚臂产生单位转角 $\Delta^1_{(j)}=1$ 引起的第 (i) 个附加刚臂上的约束力矩 $F^1_{(i)}$。由于图 9.8（b）中所示的单元①对整体刚度矩阵贡献的力学模型和图 9.8（c）中所示单元①计算整体坐标系中的单元刚度矩阵 k^1 的模型完全一致，故图 9.8（c）中第 (j) 个附加刚臂产生单位转角 $\Delta^1_{(j)}=1$ 相当于图 9.8（b）中第 λ_j 个附加刚臂产生单位转角 $\Delta_{\lambda_j}=1$；图 9.8（c）中第 (i) 个附加刚臂上的约束力矩 $F^1_{(i)}$ 相当于图 9.8（b）中第 λ_i 个附加刚臂上的约束力矩 F_{λ_i}。如此，就可以将 $k^1_{(i)(j)}$ 通过换码 $(i) \to \lambda_i$；$(j) \to \lambda_j$ 重新排列在 $K_{\lambda_i\lambda_j}$ 位置处。

利用单元定位向量 $\lambda^{①}$ 通过换码重排座将 k^1 中各元素安排在 K 的相应位置过程如下所示

$$k^1 = \begin{matrix}\\1\leftarrow(1)\\ \\2\leftarrow(2)\end{matrix}\begin{bmatrix}\overset{1}{\underset{\uparrow}{(1)}} & \overset{2}{\underset{\uparrow}{(2)}}\\ 4i_1 & 2i_1 \\ 2i_1 & 4i_1\end{bmatrix}$$

$$K = \begin{matrix}1\\2\\3\end{matrix}\begin{bmatrix}\overset{1}{0+4i_1} & \overset{2}{0+2i_1} & \overset{3}{0}\\ 0+2i_1 & 0+4i_1 & 0\\ 0 & 0 & 0\end{bmatrix}$$

以上通过边定位边累加的方式得到了考虑单元①后的 K。

(3) 利用单元定位向量 $\lambda^{②}$ 通过换码重排座将 k^2 中各元素安排在 K 的相应位置。

同理，将 k^2 中元素在 K 中按照单元定位向量 $\lambda^{②}$ 定位并累加的过程如下所示

$$k^2 = \begin{matrix}\\2\leftarrow(1)\\ \\3\leftarrow(2)\end{matrix}\begin{bmatrix}\overset{2}{\underset{\uparrow}{(1)}} & \overset{3}{\underset{\uparrow}{(2)}}\\ 4i_2 & 2i_2 \\ 2i_2 & 4i_2\end{bmatrix}$$

$$K = \begin{matrix}1\\2\\3\end{matrix}\begin{bmatrix}\overset{1}{0+4i_1} & \overset{2}{0+2i_1} & \overset{3}{0}\\ 0+2i_1 & 0+4i_1+4i_2 & 0+2i_2\\ 0 & 0+2i_2 & 0+4i_2\end{bmatrix}$$

当所有的单元①、②对整体刚度矩阵的贡献都通过单元定位向量采用边定位边累加的方式考虑完毕后，得到的 K 即为结构的整体刚度矩阵。与（9.19）式中采用传统位移法形成的整体刚度矩阵 K 完全相同。

三、单元集成法形成整体刚度矩阵 K 举例

[**例 9-2**] 试求图 9.9（a）所示连续梁的整体刚度矩阵 K。

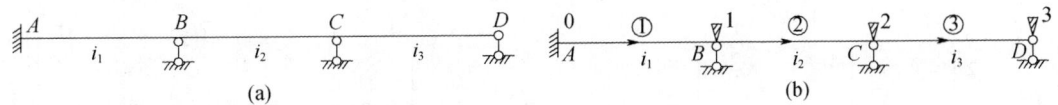

图 9.9　求连续梁的整体刚度矩阵 K

解：（1）结点位移分量的总码、单元编码和局部坐标系的取法。

规定：凡是已知为零的结点位移分量，其总码均编为零。结点位移分量的总码如图 9.9（b）中所示，结点 B、C、D 处的转角 Δ_1、Δ_2、Δ_3，其总码分别为 1、2、3；单元编码①、②、③及用箭头表示的各单元局部坐标系的取法亦如图中所示。

（2）各单元定位向量为

$$\lambda^① = \begin{Bmatrix} 0 \\ 1 \end{Bmatrix} \qquad \lambda^② = \begin{Bmatrix} 1 \\ 2 \end{Bmatrix} \qquad \lambda^③ = \begin{Bmatrix} 2 \\ 3 \end{Bmatrix}$$

（3）单元集成形成 K 的过程。

先将 K 置零，按照单元①、②、③的次序进行集成，集成的过程及相应的阶段结果和最终的 K 如下所示。

①单元①的集成过程如下所示

$$k^1 = \begin{array}{c} \\ 0 \leftarrow (1) \\ 1 \leftarrow (2) \end{array} \begin{array}{c} \overset{0}{\uparrow} \quad \overset{1}{\uparrow} \\ (1) \quad (2) \\ \begin{bmatrix} 4i_1 & 2i_1 \\ 2i_1 & 4i_1 \end{bmatrix} \end{array} \qquad K = \begin{array}{c} 1 \\ 2 \\ 3 \end{array} \begin{bmatrix} 0+4i_1 & 0 & 0 \\ 0 & 0 & 0 \\ 0 & 0 & 0 \end{bmatrix}$$

注意总码为零，表示该结点处转角已知为零，按照矩阵位移法求解时，不需要在该结点处施加附加刚臂，故可以去掉 k^1 中和总码零对应的行和列的元素。

②单元②的集成过程如下所示

$$k^2 = \begin{array}{c} \\ 1 \leftarrow (1) \\ 2 \leftarrow (2) \end{array} \begin{array}{c} \overset{1}{\uparrow} \quad \overset{2}{\uparrow} \\ (1) \quad (2) \\ \begin{bmatrix} 4i_2 & 2i_2 \\ 2i_2 & 4i_2 \end{bmatrix} \end{array} \qquad K = \begin{array}{c} 1 \\ 2 \\ 3 \end{array} \begin{bmatrix} 4i_1+4i_2 & 0+2i_2 & 0 \\ 0+2i_2 & 0+4i_2 & 0 \\ 0 & 0 & 0 \end{bmatrix}$$

为了整洁起见，不再用箭头表示定位的过程，读者可仿照单元①的集成过程完成。

③ 单元③的集成过程及整体刚度矩阵 K 如下所示

$$k^3 = \begin{array}{c} \\ 2 \leftarrow (1) \\ 3 \leftarrow (2) \end{array} \begin{array}{c} \overset{2}{\underset{(1)}{\uparrow}} \quad \overset{3}{\underset{(2)}{\uparrow}} \\ \begin{bmatrix} 4i_3 & 2i_3 \\ 2i_3 & 4i_3 \end{bmatrix} \end{array} \qquad K = \begin{array}{c} 1 \\ 2 \\ 3 \end{array} \begin{array}{ccc} 1 & 2 & 3 \\ \begin{bmatrix} 4i_1 + 4i_2 & 2i_2 & 0 \\ 2i_2 & 4i_2 + 4i_3 & 2i_3 \\ 0 & 2i_3 & 4i_3 \end{bmatrix} \end{array}$$

与采用传统位移法形成的整体刚度矩阵 K 相同，读者可自行进行检验。

四、整体刚度矩阵 K 的性质

（1） K 中第 i 行第 j 列系数 K_{ij} 代表第 j 个结点位移分量 $\Delta_j = 1$（其他结点位移分量都为零）引起的第 i 个结点附加约束上的约束力 F_i。

（2） K 是对称矩阵。

（3） 按照本节计算得到的连续梁的 K，是可逆矩阵。

因为此时反问题是，在连续梁各结点上作用有结点力偶矩荷载，来求各结点位移值。显然，对于任意给定的一组结点荷载，都有且只有唯一的一组结点位移与之对应，故 K 是可逆矩阵。

第五节 单元集成法形成刚架的整体刚度矩阵

本节继续介绍如何用单元集成法形成刚架的整体刚度矩阵。基本思路和连续梁相同，但情况比连续梁要复杂一些，具体为：刚架中每个刚结点的位移分量除了转角，还有两个方向的线位移；刚架中各杆的方向不同，需要特别注意各 k^e 中局部编码的次序；刚架中还存在铰结点，需要采用不同的总码来处理。

下面以图 9.10（a）所示的刚架为例，对刚架以上不同特点进行说明，整体坐标系如图 9.10（b）所示。

一、每个刚结点处有三个总码

与连续梁每个结点处只有一个转角只用一个总码不同，在刚架的每个刚结点处一般既有转角还有两个方向的线位移，要用三个不同的总码表示。例如，图 9.10（a）中刚结点 B 处的三个位移分量分别为 u_B、v_B、θ_B，它们的总码为 1、2、3，如图 9.10（c）所示。

规定：凡是已知为零的结点位移分量，其总码均编为 0。例如，图 9.10（a）中固定端 D 处的三个位移分量 u_D、v_D、θ_D 都为零，它们的总码均为 0、0、0；铰支座 A 处 u_A、v_A 都为零，它们的总码均为 0、0，转角 θ_A 不为零，用总码 8 表示，如图 9.10（c）中所示。

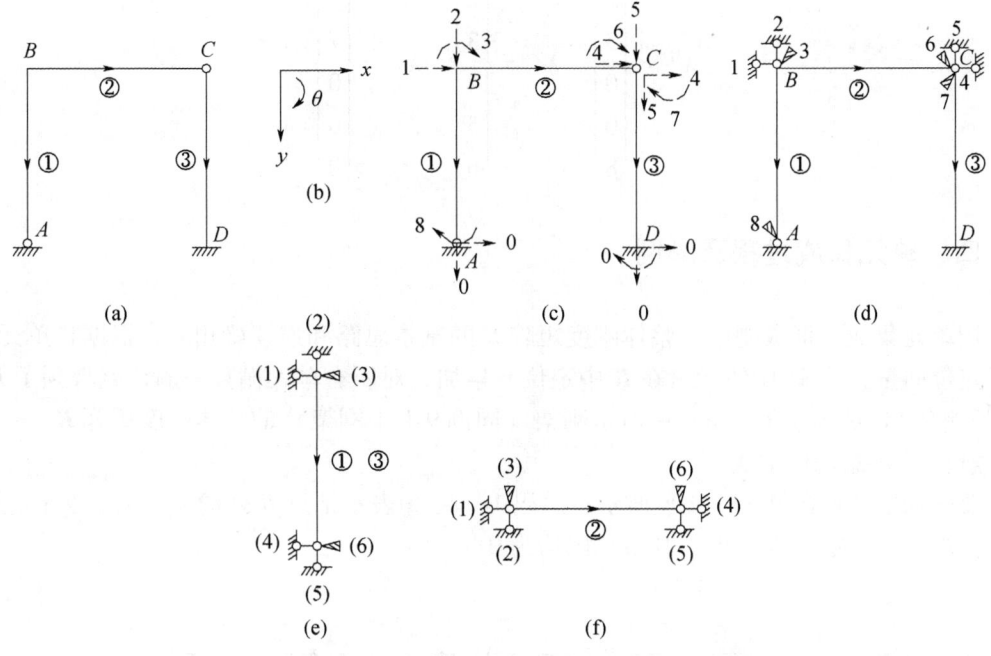

图 9.10　总码及铰结点的处理

二、铰结点处不同转角用不同总码表示

除了刚结点以外，在刚架中还可能有铰结点，如图 9.10（a）中的铰结点 C。该铰结点 C 处有两根杆件 BC、CD 相汇，两根杆件 C 端的线位移相同，采用同码 4、5 表示，两根杆件 C 端的角位移不相同，采用不同的总码 6、7 表示，如图 9.10（c）所示。

图 9.10（a）所示结构的总码如图 9.10（c）所示。

总码表示的是结点位移的情况，有一个总码编号，就表示该结点处有一种结点位移。不同单元共用同一套总码，比如图 9.10（c）中铰结点 C 处②、③两个单元的 C 端都用了 4、5 的总码，只是表示这两个单元 C 端的线位移都相同。必须注意到的是，每一个不同的总码编号实际上就是对应了位移法基本体系中的一个不同的附加约束。图 9.10（c）中各编号总码对应的附加约束的情况如图 9.10（d）所示。

三、非水平方向单元的局部码次序及单元定位向量

刚架中由于各杆的方向不同，在单元集成时需要特别注意各 k^e 中局部编码的次序：各单元局部码编号（1）、（4）的附加支杆都是沿着整体坐标系 x 的方向；编号（2）、

（5）的附加支杆都是沿着整体坐标系 y 的方向。单元①、③的局部码如图 9.10（e）中所示；单元②的局部码如图 9.10（f）中所示。

于是单元①、②、③的定位向量为

$$\lambda^① = \begin{Bmatrix} 1 \\ 2 \\ 3 \\ 0 \\ 0 \\ 8 \end{Bmatrix} \quad \lambda^② = \begin{Bmatrix} 1 \\ 2 \\ 3 \\ 4 \\ 5 \\ 6 \end{Bmatrix} \quad \lambda^③ = \begin{Bmatrix} 4 \\ 5 \\ 7 \\ 0 \\ 0 \\ 0 \end{Bmatrix}$$

四、单元集成过程及举例

用单元集成法形成刚架的整体刚度矩阵 K 的基本思路和连续梁相同：根据各单元的单元定位向量，将 k^e 中的元素在 K 中定位并累加，对所有单元循环一遍，就得到了 K。

[例 9-3] 试求 9.11（a）中所示刚架（同例 9-1 中刚架）的整体刚度矩阵 K。

解：（1）总码的取法。

总码的取法如图 9.11（b）所示：总码 1、2、3 表示结点 B 处的 u_B、v_B、θ_B；总码 4 表示铰支座 A 处的转角 θ_A；其余总码均为 0。

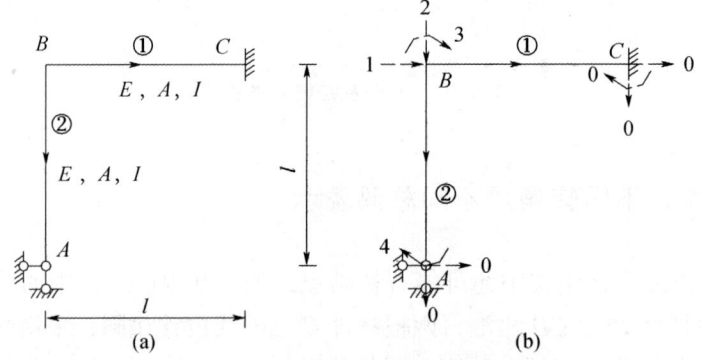

图 9.11　求刚架的整体刚度矩阵 K

（2）单元①、②定位向量如下。

$$\lambda^① = \begin{Bmatrix} 1 \\ 2 \\ 3 \\ 0 \\ 0 \\ 0 \end{Bmatrix} \quad \lambda^② = \begin{Bmatrix} 1 \\ 2 \\ 3 \\ 0 \\ 0 \\ 4 \end{Bmatrix}$$

（3）单元集成形成 K 的过程。

先将 K 置零，按照单元①、②的次序进行集成，集成的过程及相应的阶段结果和最终的 K 如下所示。

①先将 K 置零

$$K = \begin{bmatrix} 0 & 0 & 0 & 0 \\ 0 & 0 & 0 & 0 \\ 0 & 0 & 0 & 0 \\ 0 & 0 & 0 & 0 \end{bmatrix}$$

②单元①的集成过程

$$k^1 = \begin{array}{c} 1 \\ 2 \\ 3 \\ 0 \\ 0 \\ 0 \end{array} \begin{bmatrix} \overset{1}{\dfrac{EA}{l}} & \overset{2}{0} & \overset{3}{0} & \overset{0}{-\dfrac{EA}{l}} & \overset{0}{0} & \overset{0}{0} \\ 0 & \dfrac{12EI}{l^3} & \dfrac{6EI}{l^2} & 0 & -\dfrac{12EI}{l^3} & \dfrac{6EI}{l^2} \\ 0 & \dfrac{6EI}{l^2} & \dfrac{4EI}{l} & 0 & -\dfrac{6EI}{l^2} & \dfrac{2EI}{l} \\ -\dfrac{EA}{l} & 0 & 0 & \dfrac{EA}{l} & 0 & 0 \\ 0 & -\dfrac{12EI}{l^3} & -\dfrac{6EI}{l^2} & 0 & \dfrac{12EI}{l^3} & -\dfrac{6EI}{l^2} \\ 0 & \dfrac{6EI}{l^2} & \dfrac{2EI}{l} & 0 & -\dfrac{6EI}{l^2} & \dfrac{4EI}{l} \end{bmatrix}$$

单元①集成后的 K

$$K = \begin{bmatrix} \dfrac{EA}{l} & 0 & 0 & 0 \\ 0 & \dfrac{12EI}{l^3} & \dfrac{6EI}{l^2} & 0 \\ 0 & \dfrac{6EI}{l^2} & \dfrac{4EI}{l} & 0 \\ 0 & 0 & 0 & 0 \end{bmatrix}$$

③单元②的集成过程

$$k^2 = \begin{array}{c} 1 \\ 2 \\ 3 \\ 0 \\ 0 \\ 4 \end{array} \begin{bmatrix} \overset{1}{\dfrac{12EI}{l^3}} & \overset{2}{0} & \overset{3}{-\dfrac{6EI}{l^2}} & \overset{0}{-\dfrac{12EI}{l^3}} & \overset{0}{0} & \overset{4}{-\dfrac{6EI}{l^2}} \\ 0 & \dfrac{EA}{l} & 0 & 0 & -\dfrac{EA}{l} & 0 \\ -\dfrac{6EI}{l^2} & 0 & \dfrac{4EI}{l} & \dfrac{6EI}{l^2} & 0 & \dfrac{2EI}{l} \\ -\dfrac{12EI}{l^3} & 0 & \dfrac{6EI}{l^2} & \dfrac{12EI}{l^3} & 0 & \dfrac{6EI}{l^2} \\ 0 & -\dfrac{EA}{l} & 0 & 0 & \dfrac{EA}{l} & 0 \\ -\dfrac{6EI}{l^2} & 0 & \dfrac{2EI}{l} & \dfrac{6EI}{l^2} & 0 & \dfrac{4EI}{l} \end{bmatrix}$$

单元②集成后最终的 K

$$K = \begin{bmatrix} \dfrac{EA}{l} + \dfrac{12EI}{l^3} & 0 & -\dfrac{6EI}{l^2} & -\dfrac{6EI}{l^2} \\ 0 & \dfrac{12EI}{l^3} + \dfrac{EA}{l} & \dfrac{6EI}{l^2} & 0 \\ -\dfrac{6EI}{l^2} & \dfrac{6EI}{l^2} & \dfrac{4EI}{l} + \dfrac{4EI}{l} & \dfrac{2EI}{l} \\ -\dfrac{6EI}{l^2} & 0 & \dfrac{2EI}{l} & \dfrac{4EI}{l} \end{bmatrix}$$

第六节 单元集成法形成等效结点荷载向量

整体分析的第二部分内容是形成结构的等效结点荷载向量。本节首先介绍什么是等效结点荷载，然后讨论如何通过单元集成法形成结构的等效结点荷载向量。

下面以图 9.12（a）中的单结点刚架为例说明等效结点荷载的概念，为简单起见，与传统位移法中相同，只取结点转角 θ_B 为基本未知量，忽略轴向应变引起的位移 u_B、v_B。

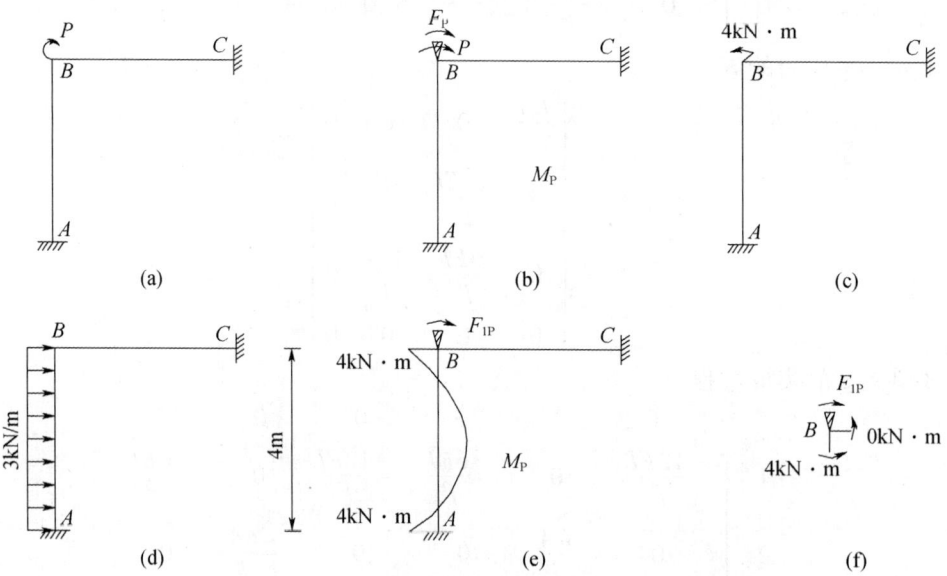

图 9.12 等效结点荷载向量的概念

一、等效结点荷载向量的概念

1. 结点荷载

结点荷载是指荷载的作用位置恰好在结点上，图 9.12（a）中荷载 P 即为结点荷载。

2. 结点荷载 P 作用下位移法的基本方程

根据图 9.12（b）结点 B 力矩的平衡，可知由结点荷载 P 引起的约束上的约束力 F_P 为

$$P + F_P = 0 \tag{9.22}$$

从而有

$$F_P = -P \tag{9.23}$$

根据位移法基本体系的思路，可知此时位移法的基本方程首先可以写为

$$K\Delta + F_P = 0 \tag{9.24}$$

方程仍然表示附加约束上总的约束力为零。将 F_P 移到方程右边，代入（9.23）式，改写为

$$K\Delta = P \tag{9.25}$$

方程可以解释为由结点荷载 P 引起的结点位移。注意 P 本身带有符号，以沿着整体坐标系的正向为正，图中 P 为顺时针转向，故为正。

3. 一般荷载

一般荷载是指荷载的作用位置不是在结点上，而是在跨间或者为分布荷载的荷载。图 9.12（d）中荷载即为一般荷载。

4. 刚架在一般荷载作用下位移法的基本方程

此时位移法的基本方程同（9.24）式，该方程仍然表示附加约束上总的约束力为零。将 F_P 移到方程右边，有

$$K\Delta = -F_P \tag{9.26}$$

5. 等效结点荷载

所谓等效结点荷载就是与原一般荷载具有相同结点位移的结点荷载。对比（9.26）式和（9.25）式可知，结点荷载 P 和一般荷载之间的关系为

$$P = -F_P \tag{9.27}$$

显然，只需将一般荷载在附加约束上引起的约束力向量 F_P 反号就得到了等效结点荷载 P。

图 9.12（d）中一般荷载的等效结点荷载如图 9.12（c）所示。根据图 9.12（e）、（f）可以求得 $F_{1P} = 4\text{kN} \cdot \text{m}$。因 Δ 等于 1，故 $-F_P$ 此种情况下为单个数，即 $-F_{1P} = -4\text{kN} \cdot \text{m}$。施加在结点 B 上结点荷载为 $-F_{1P} = -4\text{kN} \cdot \text{m}$。

二、单元集成法形成等效结点荷载向量的步骤及举例

1. 求局部坐标系中各单元的杆端力向量 $\overline{F}_P^e$

在各单元每端施加三个附加约束，使两端固定。计算在给定荷载作用下引起的六个固端约束力，并按照规定的次序排列得到各单元的杆端力向量 $\overline{F}_P^e$ 为

$$\overline{F}_P^e = (\overline{F}_{xP1} \quad \overline{F}_{yP1} \quad \overline{M}_{P1} \quad \overline{F}_{xP2} \quad \overline{F}_{yP2} \quad \overline{M}_{P2})^T \tag{9.28}$$

表 9-1 给出了几种典型荷载作用下的固端约束力，需注意正负号的约定规则。

2. 求局部坐标系中各单元的等效结点荷载向量 $\overline{P}^e$

将各单元的杆端力向量 $\overline{F}_P^e$ 反号，即得各单元的等效结点荷载向量 $\overline{P}^e$

$$\overline{P}^e = -\overline{F}_P^e \tag{9.29}$$

3. 求整体坐标系中各单元的等效结点荷载向量 P^e

根据（9.14）式，有 $\overline{P}^e = TP^e$，两边前乘 T^T，得

$$P^e = T^T \overline{P}^e \tag{9.30}$$

4. 利用单元集成法求结构的等效结点荷载向量 P

根据各单元的单元定位向量，将 P^e 中的元素在 P 中定位并累加，对所有单元循环一遍，就得到了 P。

表 9-1 局部坐标系中几种典型荷载作用下的单元固端约束力

序号	荷载简图	杆端力	始端 1	末端 2
1	(均布荷载 q，区间 a，全长 l)	$\overline{F}_{xP}$	0	0
		$\overline{F}_{yP}$	$-qa\left(1 - \dfrac{a^2}{l^2} + \dfrac{a^3}{2l^3}\right)$	$-q\dfrac{a^3}{l^2}\left(1 - \dfrac{a}{2l}\right)$
		$\overline{M}_P$	$-\dfrac{qa^2}{12}\left(6 - 8\dfrac{a}{l} + 3\dfrac{a^2}{l^2}\right)$	$\dfrac{qa^3}{12l}\left(4 - 3\dfrac{a}{l}\right)$
2	(集中力 F_P，位置 a，b)	$\overline{F}_{xP}$	0	0
		$\overline{F}_{yP}$	$-F_P\dfrac{b^2}{l^2}\left(1 + 2\dfrac{a}{l}\right)$	$-F_P\dfrac{a^2}{l^2}\left(1 + 2\dfrac{b}{l}\right)$
		$\overline{M}_P$	$-F_P\dfrac{ab^2}{l^2}$	$F_P\dfrac{a^2 b}{l^2}$
3	(集中力偶 M)	$\overline{F}_{xP}$	0	0
		$\overline{F}_{yP}$	$\dfrac{6Mab}{l^3}$	$-\dfrac{6Mab}{l^3}$
		$\overline{M}_P$	$M\dfrac{b}{l}\left(2 - 3\dfrac{b}{l}\right)$	$M\dfrac{a}{l}\left(2 - 3\dfrac{a}{l}\right)$
4	(三角形分布荷载 q)	$\overline{F}_{xP}$	0	0
		$\overline{F}_{yP}$	$-\dfrac{qa}{4}\left(2 - 3\dfrac{a^2}{l^2} + 1.6\dfrac{a^3}{l^3}\right)$	$-\dfrac{qa^3}{4l^2}\left(3 - 1.6\dfrac{a}{l}\right)$
		$\overline{M}_P$	$-\dfrac{qa^2}{6}\left(2 - 3\dfrac{a}{l} + 1.2\dfrac{a^2}{l^2}\right)$	$\dfrac{qa^3}{4l}\left(1 - 0.8\dfrac{a}{l}\right)$
5	(轴向分布荷载 p)	$\overline{F}_{xP}$	$-pa\left(1 - 0.5\dfrac{a}{l}\right)$	$-0.5p\dfrac{a^2}{l}$
		$\overline{F}_{yP}$	0	0
		$\overline{M}_P$	0	0
6	(轴向集中力 F_P)	$\overline{F}_{xP}$	$-F_P\dfrac{b}{l}$	$-F_P\dfrac{a}{l}$
		$\overline{F}_{yP}$	0	0
		$\overline{M}_P$	0	0

[**例 9-4**] 试求图 9.13（a）所示刚架（同例 9-3 中刚架）在图示给定荷载作用下的等效结点荷载向量 $\boldsymbol{P}$。

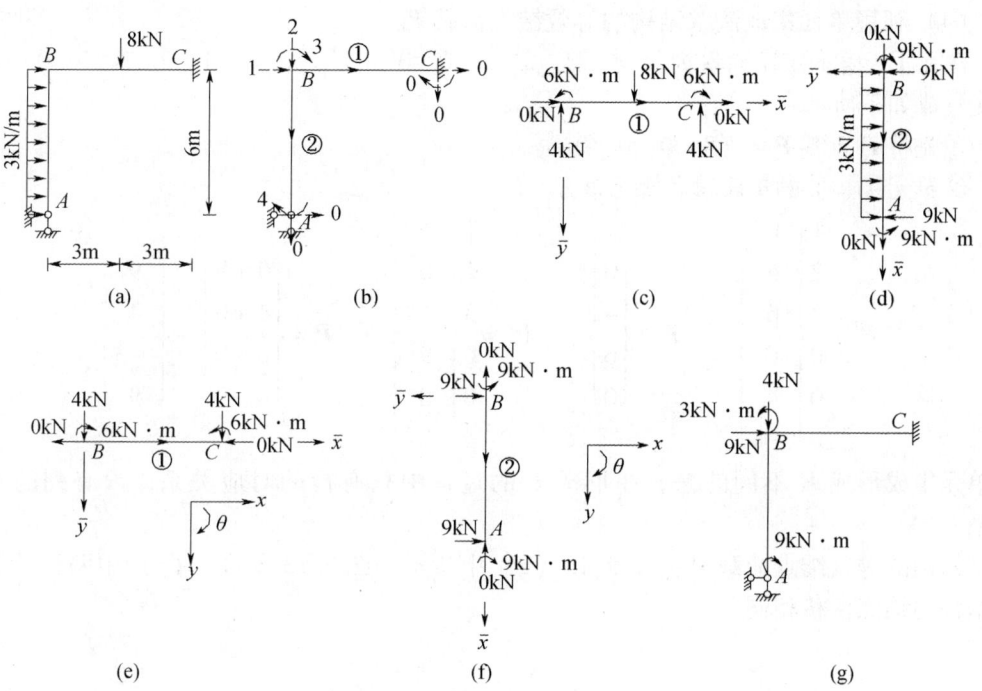

图 9.13 求等效结点荷载向量 $\boldsymbol{P}$

解：总码、单元及局部坐标系的取法如图 9.13（b）所示，同例 9-3，故单元①、②定位向量也与例 9-3 相同。

（1）求局部坐标系中各单元的杆端力向量 $\overline{\boldsymbol{F}}_P^e$。

根据表 9-1 中第一、二行，可求得单元①、②在局部坐标系中的杆端力向量如图 9.13（c）、（d）所示，为

$$\overline{\boldsymbol{F}}_P^1 = (0 \ -4 \ -6 \ 0 \ -4 \ 6)^T \qquad \overline{\boldsymbol{F}}_P^2 = (0 \ 9 \ 9 \ 0 \ 9 \ -9)^T$$

（2）求局部坐标系中各单元的等效结点荷载向量 $\overline{\boldsymbol{P}}^e$。

根据（9.29）式，将各单元的杆端力向量 $\overline{\boldsymbol{F}}_P^e$ 反号，即得各单元的等效结点荷载向量 $\overline{\boldsymbol{P}}^e$

$$\overline{\boldsymbol{P}}^1 = (0 \ 4 \ 6 \ 0 \ 4 \ -6)^T \qquad \overline{\boldsymbol{P}}^2 = (0 \ -9 \ -9 \ 0 \ -9 \ 9)^T$$

（3）求整体坐标系中各单元的等效结点荷载向量 $\boldsymbol{P}^e$。

对于一般的斜杆单元，需用（9.30）式 $\boldsymbol{P}^e = \boldsymbol{T}^T \overline{\boldsymbol{P}}^e$ 来计算 $\boldsymbol{P}^e$。但考虑到单元①、②局部坐标和整体坐标要么完全一致，要么互相垂直的特点，故可以根据物理意义由 $\overline{\boldsymbol{P}}^e$ 直接得到 $\boldsymbol{P}^e$ 如下：注意到 $\overline{\boldsymbol{P}}^e$ 的排序是按照局部坐标系排列的，如第一个量沿着局部坐标系 $\overline{x}$ 的方向，各结点荷载与局部坐标系正方向一致者为正；而 $\boldsymbol{P}^e$ 的排序是按照整体坐标系排列的，如第一个量沿着整体坐标系 x 的方向，各结点荷载与整体坐标系正方向一致者为正。故只需将 $\overline{\boldsymbol{P}}^e$ 中各元素调整为按照整体坐标系次序排列，并且采用整体坐标系中的符号约定即得 $\boldsymbol{P}^e$ 为

$$\boldsymbol{P}^1 = (0\ 4\ 6\ 0\ 4\ -6)^T \quad \boldsymbol{P}^2 = (9\ 0\ -9\ 9\ 0\ 9)^T$$

如图 9.13（e）、（f）所示。

（4）利用单元集成法求结构的等效结点荷载 $\boldsymbol{P}$。

单元①、②的定位向量为 $\boldsymbol{\lambda}^1 = (1\ 2\ 3\ 0\ 0\ 0)^T$、$\boldsymbol{\lambda}^2 = (1\ 2\ 3\ 0\ 0\ 4)^T$，单元集成如下所示：

①先将 $\boldsymbol{P}$ 置零 $\boldsymbol{P} = (0\ 0\ 0\ 0)^T$

②单元①、②的集成过程如下所示

$$\boldsymbol{P}^1 = \begin{matrix}1\\2\\3\\0\\0\\0\end{matrix}\begin{Bmatrix}0\\4\\6\\0\\4\\-6\end{Bmatrix} \quad \boldsymbol{P} = \begin{Bmatrix}0\\4\\6\\0\end{Bmatrix} \quad \boldsymbol{P}^2 = \begin{matrix}1\\2\\3\\0\\0\\4\end{matrix}\begin{Bmatrix}9\\0\\-9\\9\\0\\9\end{Bmatrix} \quad \boldsymbol{P} = \begin{Bmatrix}0+9\\4+0\\6-9\\0+9\end{Bmatrix} = \begin{Bmatrix}9\\4\\-3\\9\end{Bmatrix}$$

与单元集成形成 $\boldsymbol{K}$ 不同的是，在形成 $\boldsymbol{P}$ 的过程中只有行的对应关系，没有列的对应关系。

结构的等效结点荷载 $\boldsymbol{P}$ 如图 9.13（g）中所示，图 9.13（a）、（g）中两种荷载引起结构的结点位移相同。

第七节　矩阵位移法的计算步骤和算例

下面以平面刚架为例，说明矩阵位移法的计算步骤。

一、矩阵位移法的计算步骤

（1）选定整体坐标系和各单元局部坐标系，进行总体编码、单元编号和局部编码。

（2）根据（9.6）式，形成局部坐标系中的各单元刚度矩阵 $\bar{\boldsymbol{k}}^e$。

（3）根据（9.18）式，形成整体坐标系中的各单元刚度矩阵 $\boldsymbol{k}^e$。

（4）用单元集成法形成结构的整体刚度矩阵 $\boldsymbol{K}$。

（5）对于一般荷载，先求局部坐标系中各单元的杆端力向量 $\bar{\boldsymbol{F}}_P^e$；根据（9.29）式，形成局部坐标系中各单元的等效结点荷载向量 $\bar{\boldsymbol{P}}^e$；根据（9.30）式，形成整体坐标系中各单元的等效结点荷载向量 $\boldsymbol{P}^e$；利用单元集成法求得结构的等效结点荷载向量 $\boldsymbol{P}$。

（6）解方程 $\boldsymbol{K}\boldsymbol{\Delta} = \boldsymbol{P}$，求得结点位移向量 $\boldsymbol{\Delta}$。

（7）利用（9.31）式，求各单元在局部坐标系中的杆端力向量 $\bar{\boldsymbol{F}}^e$。

各杆最终的杆端力向量 $\bar{\boldsymbol{F}}^e$ 由两部分组成：第一部分是荷载引起的固端约束力向量 $\bar{\boldsymbol{F}}_P^e$；第二部分为结点位移 $\bar{\boldsymbol{\Delta}}^e$ 引起的杆端力向量可由（9.5）式计算得到，两部分叠加得

$$\bar{\boldsymbol{F}}^e = \bar{\boldsymbol{k}}^e \bar{\boldsymbol{\Delta}}^e + \bar{\boldsymbol{F}}_P^e \tag{9.31}$$

二、矩阵位移法算例

[例 9-5] 试求图 9.14（a）所示刚架的内力，各杆为 $b \times h = 0.5\text{m} \times 1\text{m}$ 的矩形截面，各杆 E 相同，为计算方便，取 $E=1$。

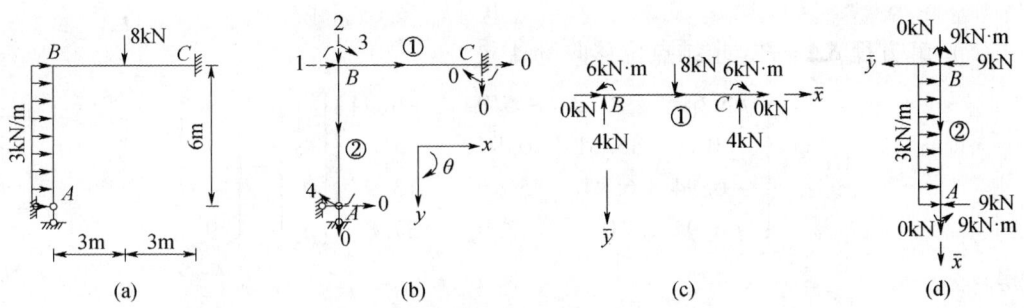

图 9.14 矩阵位移法求刚架的内力

解：计算各杆刚度矩阵所需参数如下：

$A = 0.5\text{m}^2 \qquad I = \dfrac{1}{24}\text{m}^4 \qquad l = 6\text{m} \qquad \dfrac{EA}{l} = 83.3 \times 10^{-3}$

$\dfrac{2EI}{l} = 13.9 \times 10^{-3} \qquad \dfrac{4EI}{l} = 27.8 \times 10^{-3} \qquad \dfrac{6EI}{l^2} = 6.94 \times 10^{-3} \qquad \dfrac{12EI}{l^3} = 2.31 \times 10^{-3}$

（1）总码、单元及局部坐标系的取法如图 9.14（b）所示，与例 9-3、例 9-4 完全相同，单元①、②定位向量也与例 9-3、例 9-4 相同。

（2）形成局部坐标系中的单元刚度矩阵 $\bar{\boldsymbol{k}}^e$。

根据（9.6）式，得 $\bar{\boldsymbol{k}}^1$ 与 $\bar{\boldsymbol{k}}^2$ 相等，为

$$\bar{\boldsymbol{k}}^1 = \bar{\boldsymbol{k}}^2 = 10^{-3} \times \begin{bmatrix} 83.3 & 0 & 0 & -83.3 & 0 & 0 \\ 0 & 2.31 & 6.94 & 0 & -2.31 & 6.94 \\ 0 & 6.94 & 27.8 & 0 & -6.94 & 13.9 \\ -83.3 & 0 & 0 & 83.3 & 0 & 0 \\ 0 & -2.31 & -6.94 & 0 & 2.31 & -6.94 \\ 0 & 6.94 & 13.9 & 0 & -6.94 & 27.8 \end{bmatrix}$$

（3）形成整体坐标系中的 $\boldsymbol{k}^e$ 及用单元集成法形成 $\boldsymbol{K}$。

形成整体坐标系中的单元刚度矩阵 $\boldsymbol{k}^e$ 及用单元集成法形成结构的整体刚度矩阵 $\boldsymbol{K}$ 的过程同例 9-3 完全相同，$\boldsymbol{K}$ 为

$$\boldsymbol{K} = \begin{bmatrix} \dfrac{EA}{l} + \dfrac{12EI}{l^3} & 0 & -\dfrac{6EI}{l^2} & -\dfrac{6EI}{l^2} \\ 0 & \dfrac{12EI}{l^3} + \dfrac{EA}{l} & \dfrac{6EI}{l^2} & 0 \\ -\dfrac{6EI}{l^2} & \dfrac{6EI}{l^2} & \dfrac{4EI}{l} + \dfrac{4EI}{l} & \dfrac{2EI}{l} \\ -\dfrac{6EI}{l^2} & 0 & \dfrac{2EI}{l} & \dfrac{4EI}{l} \end{bmatrix} = 10^{-3} \times \begin{bmatrix} 85.61 & 0 & -6.94 & -6.94 \\ 0 & 85.61 & 6.94 & 0 \\ -6.94 & 6.94 & 55.6 & 13.9 \\ -6.94 & 0 & 13.9 & 27.8 \end{bmatrix}$$

(4) 单元集成法求结构的等效结点荷载 P。

单元集成法求结构的等效结点荷载 P 的过程及结果与例 9-4 完全相同，P 为

$$P = \begin{Bmatrix} 9 \\ 4 \\ -3 \\ 9 \end{Bmatrix}$$

(5) 解方程 $K\Delta = P$，求结点位移向量 Δ。

$$10^{-3} \times \begin{bmatrix} 85.61 & 0 & -6.94 & -6.94 \\ 0 & 85.61 & 6.94 & 0 \\ -6.94 & 6.94 & 55.6 & 13.9 \\ -6.94 & 0 & 13.9 & 27.8 \end{bmatrix} \begin{Bmatrix} u_B \\ v_B \\ \theta_B \\ \theta_A \end{Bmatrix} = \begin{Bmatrix} 9 \\ 4 \\ -3 \\ 9 \end{Bmatrix}$$

求得

$$\begin{Bmatrix} u_B \\ v_B \\ \theta_B \\ \theta_A \end{Bmatrix} = \begin{Bmatrix} 127.76 \\ 59.17 \\ -153.49 \\ 432.38 \end{Bmatrix}$$

(6) 求单元①、②在局部坐标系中的杆端力向量 $\overline{F}^e$。

$$\overline{F}^1 = \overline{k}^1 \overline{\Delta}^1 + \overline{F}_P^1$$

$$= 10^{-3} \times \begin{bmatrix} 83.3 & 0 & 0 & -83.3 & 0 & 0 \\ 0 & 2.31 & 6.94 & 0 & -2.31 & 6.94 \\ 0 & 6.94 & 27.8 & 0 & -6.94 & 13.9 \\ -83.3 & 0 & 0 & 83.3 & 0 & 0 \\ 0 & -2.31 & -6.94 & 0 & 2.31 & -6.94 \\ 0 & 6.94 & 13.9 & 0 & -6.94 & 27.8 \end{bmatrix} \begin{Bmatrix} 127.76 \\ 59.17 \\ -153.49 \\ 0 \\ 0 \\ 0 \end{Bmatrix} + \begin{Bmatrix} 0 \\ -4 \\ -6 \\ 0 \\ -4 \\ 6 \end{Bmatrix}$$

$$= \begin{Bmatrix} 10.64 \\ -4.93 \\ -9.86 \\ -10.64 \\ -3.07 \\ 4.28 \end{Bmatrix}$$

其中，$\overline{F}_P^1 = (0 \quad -4 \quad -6 \quad 0 \quad -4 \quad 6)^T$，如图 9.14 (c) 所示。

$$\overline{F}^2 = \overline{k}^2 \overline{\Delta}^2 + \overline{F}_P^2$$

$$= 10^{-3} \times \begin{bmatrix} 83.3 & 0 & 0 & -83.3 & 0 & 0 \\ 0 & 2.31 & 6.94 & 0 & -2.31 & 6.94 \\ 0 & 6.94 & 27.8 & 0 & -6.94 & 13.9 \\ -83.3 & 0 & 0 & 83.3 & 0 & 0 \\ 0 & -2.31 & -6.94 & 0 & 2.31 & -6.94 \\ 0 & 6.94 & 13.9 & 0 & -6.94 & 27.8 \end{bmatrix} \begin{Bmatrix} 59.17 \\ -127.76 \\ -153.49 \\ 0 \\ 0 \\ 432.38 \end{Bmatrix} + \begin{Bmatrix} 0 \\ 9 \\ 9 \\ 0 \\ 9 \\ -9 \end{Bmatrix}$$

$$= \begin{Bmatrix} 4.93 \\ 10.64 \\ 9.86 \\ -4.93 \\ 7.36 \\ 0.00 \end{Bmatrix}$$

其中，$\overline{\boldsymbol{F}}_P^2 = (0 \ 9 \ 9 \ 0 \ 9 \ -9)^T$，如图 9.14（d）所示。

（7）根据杆端力向量，绘制内力图（图 9.15）。

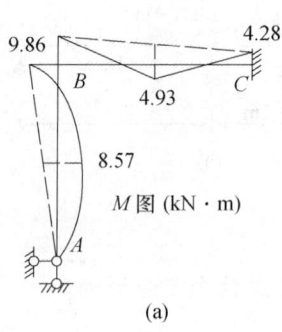
(a)

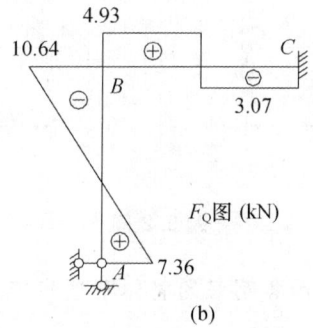
(b)

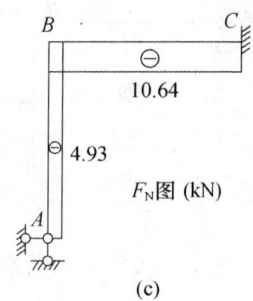
(c)

图 9.15 刚架的内力图

思考题

1. 为什么矩阵位移法中要引入局部坐标系？
2. 矩阵位移法中通过单元集成法得到的整体刚度矩阵与位移法基本体系中刚度矩阵是否完全相同？
3. 什么是局部编码？
4. 试列举整体编码和局部编码的两点不同之处。
5. 对于第三节例 9-1 中得到的竖直单元 2 在整体坐标系中的单元刚度矩阵，能否根据物理意义，利用一般单元在局部坐标系的单元刚度矩阵进行检验？
6. 什么是单元定位向量？
7. 对刚架是如何利用单元定位向量进行换码重排座的？
8. 改变整体坐标系的方向对整体刚度矩阵有无影响？
9. 改变杆件局部坐标系的方向对整体刚度矩阵有无影响？
10. 单元刚度矩阵中 0 码对应行的各系数为什么在整体刚度矩阵中没有位置？

习题

9.1 试用单元集成法求图示伸臂梁和连续梁的整体刚度矩阵 $\boldsymbol{K}$。

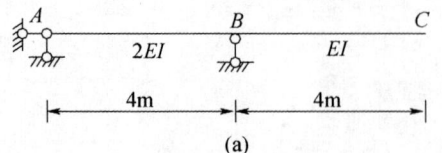
(a)

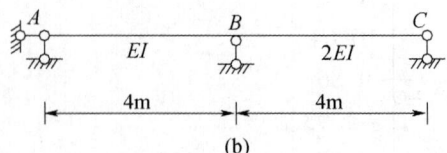
(b)

题 9.1 图

9.2 试用矩阵位移法计算图示各连续梁,并画出弯矩图。

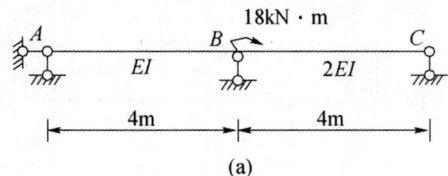
(a)

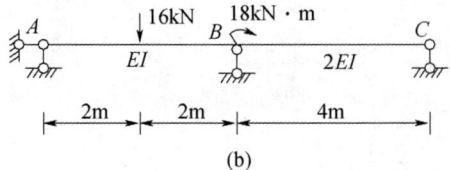
(b)

题 9.2 图

9.3 试用单元集成法求图示各刚架的整体刚度矩阵 K,考虑轴向变形影响。

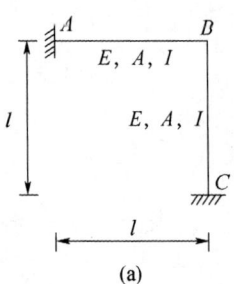
(a)

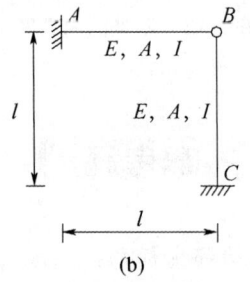
(b)

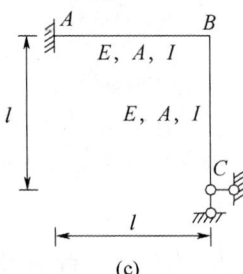
(c)

题 9.3 图

9.4 试用单元集成法求图示各刚架的等效结点荷载列阵 P,考虑轴向变形影响。

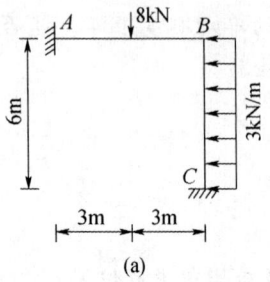
(a)

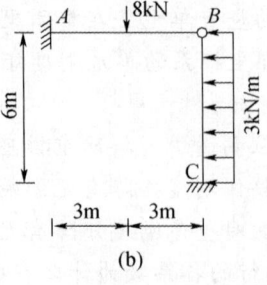
(b)

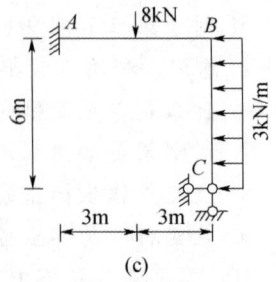
(c)

题 9.4 图

9.5 试用矩阵位移法计算图示各刚架,并画出弯矩图,各杆 EI = 常数,忽略轴向变形。

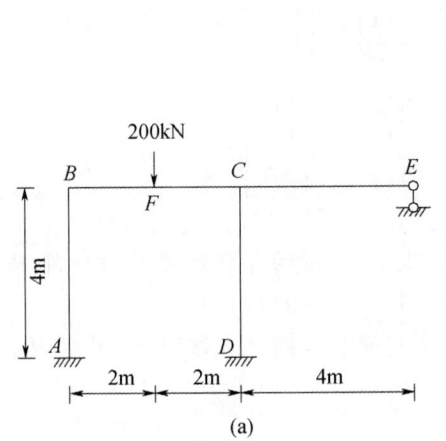
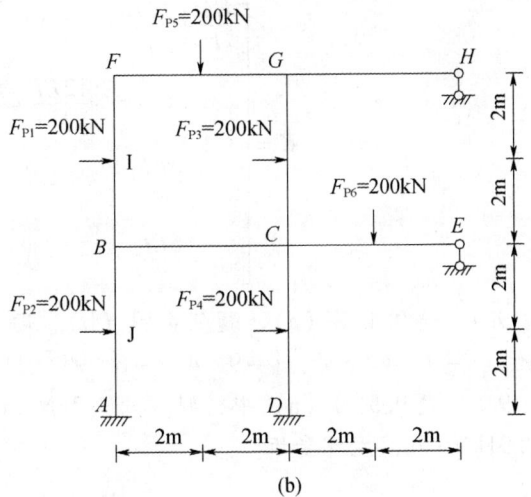

题 9.5 图

习题答案

9.1 题 9.1 图（a）、题 9.1 图（b）中的整体刚度矩阵 K 分别为

$$K = \frac{EI}{4}\begin{bmatrix} 8 & 4 & 0 & 0 \\ 4 & 12 & -1.5 & 2 \\ 0 & -1.5 & 0.75 & -1.5 \\ 0 & 2 & -1.5 & 4 \end{bmatrix} \quad K = \frac{EI}{4}\begin{bmatrix} 4 & 2 & 0 \\ 2 & 12 & 4 \\ 0 & 4 & 8 \end{bmatrix}$$

9.2 题 9.2 图（a）中，$M_{BA} = 6\text{kN} \cdot \text{m}$，上端受拉；题 9.2 图（b）中，$M_{BA} = 14\text{kN} \cdot \text{m}$，上端受拉。

9.3 题 9.3 图（a）、题 9.3 图（b）、题 9.3 图（c）中的整体刚度矩阵 K 分别为

$$K = \begin{bmatrix} \dfrac{EA}{l} + \dfrac{12EI}{l^3} & 0 & -\dfrac{6EI}{l^2} \\ 0 & \dfrac{12EI}{l^3} + \dfrac{EA}{l} & -\dfrac{6EI}{l^2} \\ -\dfrac{6EI}{l^2} & -\dfrac{6EI}{l^2} & \dfrac{8EI}{l} \end{bmatrix}$$

$$K = \begin{bmatrix} \dfrac{EA}{l} + \dfrac{12EI}{l^3} & 0 & 0 & -\dfrac{6EI}{l^2} \\ 0 & \dfrac{12EI}{l^3} + \dfrac{EA}{l} & -\dfrac{6EI}{l^2} & 0 \\ 0 & -\dfrac{6EI}{l^2} & \dfrac{4EI}{l} & 0 \\ -\dfrac{6EI}{l^2} & 0 & 0 & \dfrac{4EI}{l} \end{bmatrix}$$

$$\boldsymbol{K} = \begin{bmatrix} \dfrac{EA}{l}+\dfrac{12EI}{l^3} & 0 & -\dfrac{6EI}{l^2} & -\dfrac{6EI}{l^2} \\ 0 & \dfrac{12EI}{l^3}+\dfrac{EA}{l} & -\dfrac{6EI}{l^2} & 0 \\ -\dfrac{6EI}{l^2} & -\dfrac{6EI}{l^2} & \dfrac{8EI}{l} & \dfrac{2EI}{l} \\ -\dfrac{6EI}{l^2} & 0 & \dfrac{2EI}{l} & \dfrac{4EI}{l} \end{bmatrix}$$

9.4 题9.4图（a）、题9.4图（b）、题9.4图（c）中的等效结点荷载列阵 $\boldsymbol{P}$ 分别为：$\{-9\ \ 4\ \ 3\}^T$、$\{-9\ \ 4\ \ -6\ \ 9\}^T$、$\{-9\ \ 4\ \ 3\ \ -9\}^T$。

9.5 题9.5图（a）中，$M_{BA}=57.7\text{kN}\cdot\text{m}$，左端受拉；题9.5图（b）中，$M_{DC}=800.91\text{kN}\cdot\text{m}$，左端受拉。

第十章

结构动力计算

前面讨论了结构的静力计算问题，即结构在静力荷载作用下的内力和位移的计算问题。所谓静力荷载，是指荷载缓慢施加到结构上，引起结构的加速度比较小，因而可以忽略惯性力的影响。静力荷载作用下结构的内力和位移只有唯一值。本章讨论结构在动力荷载作用下的计算问题。所谓动力荷载，是指荷载随时间迅速变化，使结构产生显著的加速度，因而惯性力的影响必须考虑的一类荷载。常见的动力荷载有机器运转时传给结构的偏心荷载、地震作用和爆炸荷载等。动力计算的基本特点包括两方面：一是结构的内力和位移不再只有唯一值，而是值随时间改变；二是动力荷载引起结构的加速度比较大，必须考虑惯性力对结构的影响。动力计算中，一般采用集中质量法，将结构的质量集中到一个或几个质点处。

由此可知，动力问题与静力问题相比较而言，多了一个任务：就是要把各质点处动位移的表达式求出来。为此，首先要建立各质点体系的运动微分方程。根据动力学的达朗贝尔原理，如果把任意时刻质点质量和加速度乘积的负值当作惯性力施加在质点上，则质点可以视为处于瞬时的平衡。建立各质点体系运动微分方程的途径有两条：刚度法和柔度法，两种方法得到体系的运动微分方程是完全相同的。其次，要从体系的运动微分方程中求出动位移的表达式。也就是要利用常微分方程理论的相关知识求出动位移表达式。求解过程中根据体系运动微分方程右边是否等于零将质点振动分为自由振动和强迫振动两类。第一类自由振动是由初始条件引起的，通过求解自由振动微分方程，可以得到结构的动力特性：体系的自振频率、周期和振型等。这些动力特性是在自由振动过程中体现出来的，是结构固有的，与外荷载和初始条件无关。第二类强迫振动体系的运动微分方程右边不等于零。当引入黏滞阻尼力后，也即考虑引起结构中的能量衰减因素之后，可以看到，强迫振动位移表达式中由初始条件引起的自由振动部分将随时间衰减到零，而由周期性变化的外荷载部分引起的稳态动位移也是周期性变化的。最后通过对单自由度体系强迫振动稳态振动的分析表明：由于动力荷载随时间变化，使得动力问题中结构的位移和内力与对应的静荷载作用时比较，都存在一个动力的放大倍数。动力放大倍数不仅与动力荷载的具体形式有关，也与结构的动力特性有关。

对动力荷载沿着质点振动方向施加的单自由度体系，通过引入动力放大倍数，就可以把动力问题转化为相应的静力计算问题来处理。对于动力荷载不沿质点振动方向的单自由度体系和多自由度体系，必须先求得稳态振动的振幅，然后确定施加在结构上的惯性力的幅值，再按照静力问题的求解方法获得动内力的幅值图。

总之，在结构动力计算中，首先要确定结构在动力荷载作用下可能出现的最大内力,作为强度设计时的依据。其次,还需求出结构在动力荷载作用下的最大位移、速度和加速度,使其不超过规范规定的允许值,以避免或减轻结构振动对人体健康、工艺过程和建筑物造成有害的影响。

第一节　动力荷载的类型和体系的振动自由度

工程中作用在结构上常见的动力荷载,按其变化规律主要有以下几类。

一、动力荷载的分类

1. 周期荷载

周期荷载随时间呈现周期性变化。当荷载随时间按正弦函数或者按照余弦函数规律变化时称为简谐荷载,如图 10.1（a）所示,它是工程中最常见的动力荷载。例如,具有偏心质量的机器运转时,传到结构上的偏心力就是简谐荷载。

2. 冲击荷载

这类荷载在很短的时间内,荷载急剧增大或急剧减小,如图 10.1（b）、（c）所示。例如,爆炸对建筑物的冲击、打桩机工作时产生的冲击都是冲击荷载的例子。因为在冲击荷载作用下,结构很快达到最大反应值,阻尼吸收的能量很小,所以阻尼对这类荷载的动力反应的影响比较小。

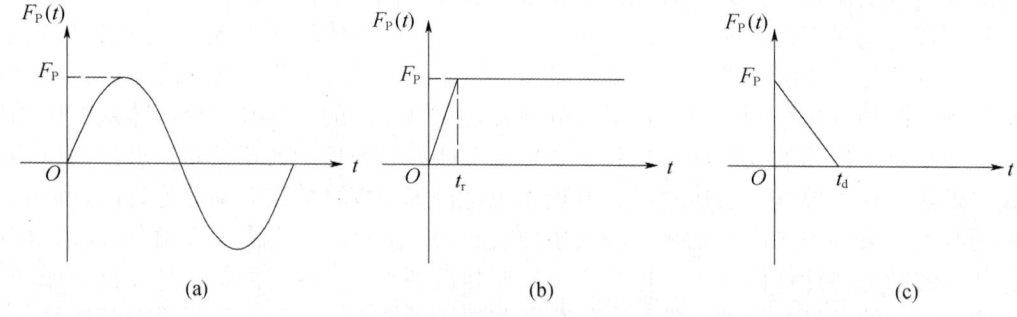

图 10.1　简谐荷载和冲击荷载

3. 随机荷载

前面两类荷载都属于确定性荷载,任一时刻的荷载值都是能事先确定的。随机荷载随时间变化的规律不能用时间的函数表示出来,在未来某一时刻的数值无法事先确定。例如,地震荷载和风荷载就属于此类荷载。对于随机荷载作用下的分析,需要用概率论和数理统计的方法进行。本章只考虑前两种动力荷载的影响。

二、集中质量法确定体系的振动自由度

与静力计算一样,在结构动力计算时也必须先选取一个合理的计算简图,两者选取的原则基本一致。但在动力问题中由于要考虑惯性力的影响,而惯性力与质量有关。故

在动力问题计算简图中多了一项关于质量分布的考虑。

在动力计算中,把确定任一时刻体系中全部质量位置所需的独立几何参数的数目称为体系的振动自由度。

严格说来,实际结构的质量都是连续分布的,都具有无穷多个自由度,各点处的动位移是坐标和时间的二维函数,必须用偏微分方程来进行处理。这样数学上处理很困难,也往往并无必要。因此在动力计算时,一般采用集中质量法、广义坐标法和有限元法将无穷多个自由度的实际结构简化为有限自由度问题来进行处理。本章只介绍集中质量法,后面两种方法可以参考有关书籍。

集中质量法通过把质量集中到几个质点上,从而把质量连续分布的实际结构简化为有限自由度的体系,使得数学上处理起来,不用对付偏微分方程,只需处理常微分方程的问题,从而大大简化了数学上求解的过程,获得的结果经过实践的检验,完全可以满足工程实际的要求。

下面介绍集中质量法的几个关键点。

1. 质量集中点的选择

对于均质等截面直杆,可以将杆件划分为若干段,并将各段的质量通过平均分配集中至该段的两端。分段越多,集中质量的数目越多,计算结果越精确,但计算工作量越大。例如,图 10.2(a)中所示的跨度为 l,分布质量集度为 $\overline{m}$ 的均质等截面直杆,当将杆件当成 1、2 个振动自由度时,可将质量如图 10.2(b)、(c)中所示集中。因为在动力计算时,忽略杆件轴向应变引起的位移,故图 10.2(b)、(c)中体系的振动自由度个数分别为 1 个和 2 个。

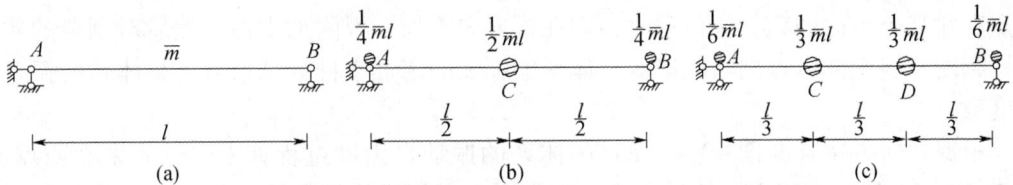

图 10.2 均质等截面直杆质量集中点的选择

又比如图 10.3(a)中所示的两层刚架,当考虑水平力引起的侧向振动时,其振动自由度可如下确定:首先注意到其楼面沿竖向的振动比较小,可以略去不计;再将各柱质量集中至柱的两侧;又由于忽略各杆件轴向应变引起的位移,故楼面各点的水平位移都相等。从而可得体系的振动自由度数目为 2,如图 10.3(b)所示。

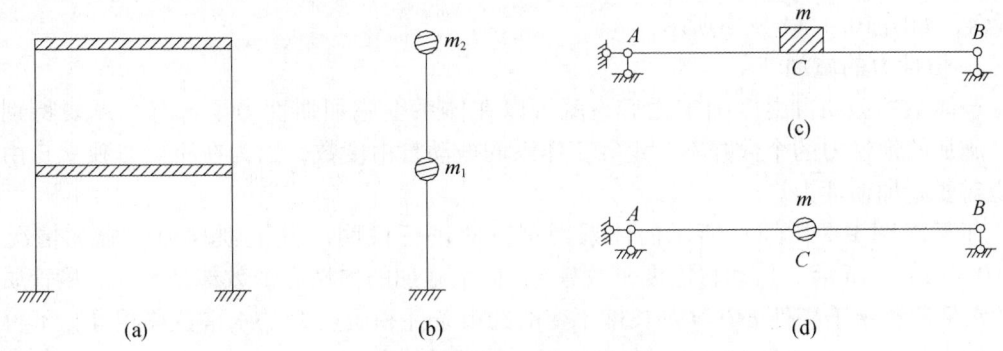

图 10.3 集中质量法举例

再比如图 10.3（c）所示的简支梁，当跨中重物的质量 m 远大于梁的质量时，则可以略去梁的质量，并将重物简化为一个质点，如图 10.3（d）所示，振动自由度数目为 1。

2. 体系振动自由度确定的几何方法

质量集中后，对于简单情形，比如图 10.2、图 10.3 所示情形，可以直接得到体系的振动自由度的数目。如果质量集中后的情形比较复杂，则还需要采用几何方法辅助得到体系的振动自由度的数目。例如，图 10.4（a）中质量集中后共有三个质点，其振动自由度可用几何方法确定如下：若各质点之间无任何约束，则每个质点在平面上各有两个独立的线位移；由于各质点都位于结构上，并且动力计算时，忽略各杆轴向应变引起的位移，故在判断振动自由度时，必须满足各杆长度不变的几何约束条件。

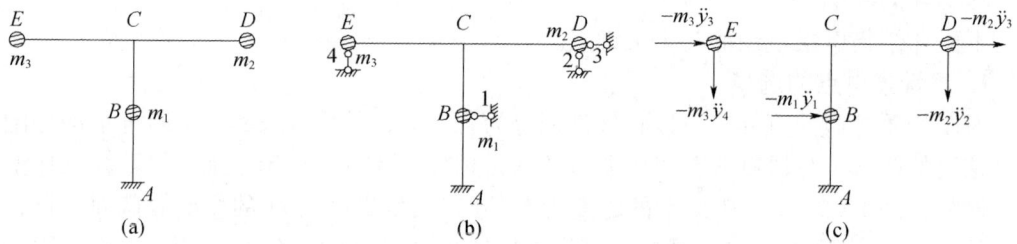

图 10.4　采用几何方法判断体系的振动自由度个数和施加惯性力

根据以上思路，可得体系振动自由度确定的几何方法如下：逐个质点进行判断，当质点存在某个方向的独立线位移时，则在该方向施加一根附加支杆；然后对剩余的质点同样判断，当全部质点判断完毕后，体系中施加的附加支杆的总根数就是体系的振动自由度数。

根据几何方法判断图 10.4（a）的体系的振动自由度过程如下：首先来看质点 B，由于 AB 杆件的长度不变，故质点 B 只有水平方向的线位移是独立的，需在质点 B 的水平方向施加一根附加支杆 1，使得质点 B 固定。然后，再来考虑质点 D，由于杆件 BC 和 CD 杆件都可以弯曲，故质点 D 的竖向线位移和水平方向的线位移都是独立的，需在质点 D 的竖向和水平方向施加两根附加支杆 2 和 3，使得质点 D 固定。最后考虑质点 E，由于杆件 EC 可以弯曲，故质点 E 的竖向线位移是独立的，还需在 E 点的竖直方向施加支杆 4。一共施加了四根附加支杆，使得各质点全部固定，故体系的振动自由度个数为 4，如图 10.4（b）中所示。

3. 惯性力的施加

当体系的振动自由度确定之后，就可以在体系上施加惯性力了。有一点要特别注意：施加的惯性力的个数并不一定等于体系的振动自由度数，因为在质点非独立自由度处也需要施加惯性力。

还是以图 10.4（a）所示的体系为例对此进行说明。其上惯性力的施加情况如图 10.4（c）所示。振动自由度个数是 4，但是施加的惯性力个数却是 5 个。尽管质点 E 的水平位移由于杆件 EC、CD 长度不变的约束条件和质点 D 的水平位移相等，不再是独立的，但沿着质点 E 的水平方向也需要施加惯性力。

第二节 单自由度体系的自由振动

单自由度体系的振动自由度的个数是1个，它是动力问题中的最简单情形。很多实际结构的动力问题都可以按照单自由度体系进行计算，或初步估算。单自由度体系的动力分析是多自由度体系动力分析的基础。按照单自由度体系在振动过程中是否受到外部干扰力的作用，可分为自由振动和强迫振动。本节讨论单自由度体系的自由振动。

一、自由振动微分方程的建立

为了确定惯性力，必须先建立质点的运动微分方程。建立方程的途径有刚度法和柔度法。刚度法就是考虑振动任意时刻，质点上力的平衡条件，从而建立起方程。柔度法，即根据任意时刻，质点处的动位移等于把此时的惯性力当作静荷载引起的质点处的静位移，从而建立方程。下面以图 10.5（a）所示的单自由度体系为例对两种方法进行说明。

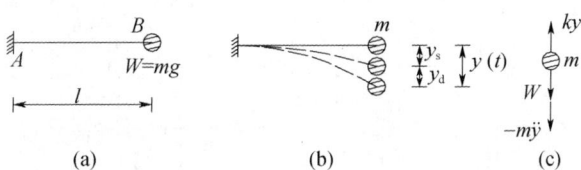

图 10.5 刚度法建立单自由度体系的运动微分方程

1. 刚度法

（1）动力位移是从静平衡位置开始算起。

任意时刻 t，如图 10.5（b）所示，设质点位移 $y(t)$ 向下为正。作用在质点上的力共有三个：第一个是重力 W，其方向总是向下；第二个是弹性力 $-ky$，其方向总是与位移的方向相反；第三个是惯性力 $-m\ddot{y}$，其方向与加速度的方向相反，如图 10.5（c）所示。根据达朗贝尔原理，由质点上力的平衡，可以得到质点的运动微分方程为

$$-m\ddot{y} + W = ky \tag{10.1}$$

式中，$W = mg$；k 为体系的刚度系数。移项后，可得

$$m\ddot{y} + ky = W \tag{10.2}$$

将质点位移 $y(t)$ 如图 10.5（b）所示分解为 y_s 和 y_d 的和，则有

$$y = y_s + y_d \tag{10.3}$$

式中，y_s 为在重力 W 作用下的静位移，它是固定值，不随时间改变；y_d 为动力位移，随时间不同而改变，是时间的函数，如图 10.5（b）所示。

在（10.2）式中，代入惯性力为零，得

$$W = ky_s \tag{10.4}$$

将（10.3）式、（10.4）式代入（10.2）式中，得

$$m\ddot{y}_d + ky_d = 0 \tag{10.5}$$

由此可知，对于质点重力方向与质点振动方向一致的动力问题，只要取静平衡位置作为动位移的起点，则重力不会出现在质点的运动微分方程中，从而使得方程的形式更加简洁，并且使得后续的微分方程的求解过程也相应得到简化。

今后，为了运动微分方程的形式简单起见，我们将（10.5）式中的 y_d 换成 y，这样（10.5）式可以改写为

$$m\ddot{y} + ky = 0 \tag{10.6}$$

只是需要注意，此时的 y 实际上只是质点的动力位移，并非质点的全部位移。

（2）刚度系数 k 的解释

以上从质点力的平衡的角度建立了质点的运动微分方程，这种推导方法叫做刚度法。利用刚度法时必须先求出体系的刚度系数 k。

对于弹簧，k 表示在弹簧的一端施加力 k 时引起的弹簧的伸长为 1。对于图 10.5（a）所示的单自由度体系，可以同样如此理解：沿着质点的振动方向施加力 k 时，引起的质点处的位移为 1，如图 10.6（a）所示。不过，对刚度系数 k 的更一般解释为：通过在质点处沿着振动方向施加一根附加支杆，然后，拖动该支杆产生单位位移，在该支杆上引起的附加约束力就是刚度系数 k，如图 10.6（b）所示。显然，图 10.6（a）、(b) 给出的刚度系数 k 相等。

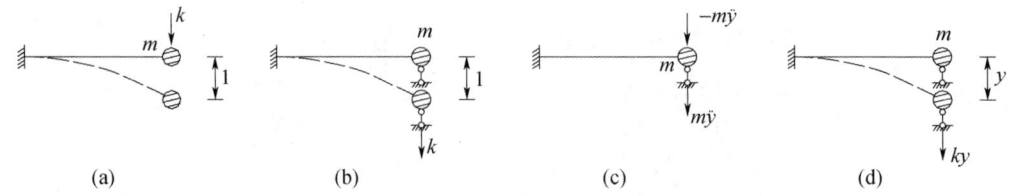

图 10.6 刚度系数 k 的解释

根据图 10.6（b）所示刚度系数 k 的解释，质点的运动微分方程（10.6）式也随之获得了一种新的解释：图 10.6（c）表示在振动的任意瞬时惯性力在附加支杆上产生的约束力为 $m\ddot{y}$；图 10.6（d）表示拖动支杆产生此时的实际位移 y 时在附加支杆上产生的约束力。因为附加支杆并不存在，故其上总的约束力为零，这就是方程（10.6）式。也就是附加支杆上总的约束力等于零等于质点满足力的平衡条件。

如此一来，刚度法中的刚度系数和位移法基本体系中刚度系数就一致了。唯一需要注意的是，此时的附加支杆的方向是沿着质点的振动方向施加，而不是在结点位移处施加。

2. 柔度法

还可以利用位移协调来建立质点的运动微分方程。即根据任意时刻，质点处的动位移等于把此时的惯性力当作静荷载引起的质点处的静位移，从而建立起质点的运动微分方程。

对于图 10.5（a）所示体系，惯性力如图 10.7（a）所示，则有

$$y = (-m\ddot{y})\delta \tag{10.7}$$

式中，δ 为体系的柔度系数，表示在质点上沿着振动方向施加单位力引起的质点处的静

位移，如图 10.7（b）所示。对比图 10.6（a）可知，刚度系数 k 和柔度系数 δ 之间互为倒数，即

$$\delta = \frac{1}{k} \tag{10.8}$$

从而可知刚度法和柔度法得到的质点运动微分方程是完全相同的。

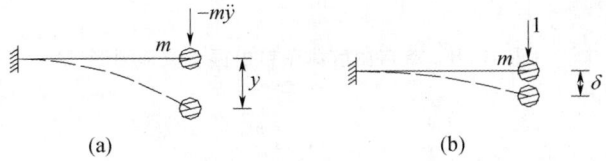

图 10.7　柔度法建立质点的运动微分方程

二、自由振动微分方程的解

（10.6）式可以改写为

$$\ddot{y} + \omega^2 y = 0 \tag{10.9}$$

其中

$$\omega = \sqrt{\frac{k}{m}} \tag{10.10}$$

此时，ω 只是为了求解微分方程方便，引进来的一个参数，暂时还看不清其物理意义。

根据常微分方程理论，齐次方程（10.9）式的通解为

$$y(t) = C_1 \sin\omega t + C_2 \cos\omega t \tag{10.11}$$

式中，系数 C_1 和 C_2 可由初始条件确定。设在初始时刻 $t = 0$ 质点初始位移和初始速度分别为 y_0、v_0，即

$$y(0) = y_0, \quad \dot{y}(0) = v_0 \tag{10.12}$$

即可求得

$$C_1 = \frac{v_0}{\omega}, \quad C_2 = y_0 \tag{10.13}$$

代入方程（10.11）式，得

$$y(t) = y_0 \cos\omega t + \frac{v_0}{\omega} \sin\omega t \tag{10.14}$$

可见振动由两部分组成：由初始位移 y_0 引起的按照 $y_0 \cos\omega t$ 规律振动部分，如图 10.8（a）中所示；由初始速度 v_0 引起的按照 $\frac{v_0}{\omega} \sin\omega t$ 规律振动部分，如图 10.8（b）中所示。（10.14）式是全部单自由度体系自由振动位移的一般表达式。对于不同的结构和初始条件，参数 ω、y_0、v_0 的值不同。

利用三角函数公式，可将方程（10.14）式改写为

$$y(t) = a\sin(\omega t + \alpha) \tag{10.15}$$

式中

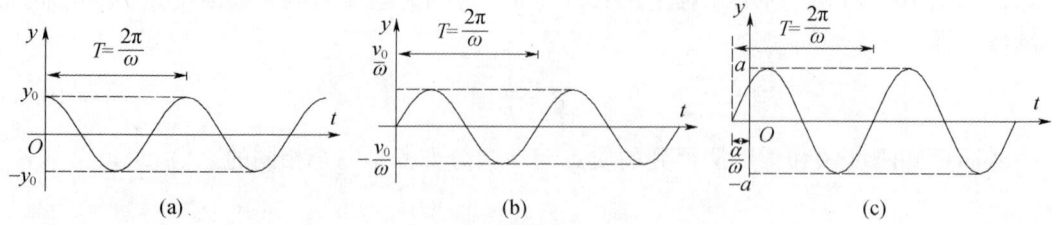

图 10.8 单自由度体系自由振动位移图形

$$a = \sqrt{y_0^2 + \frac{v_0^2}{\omega^2}} \tag{10.16a}$$

$$\alpha = \tan^{-1}\frac{y_0\omega}{v_0} \tag{10.16b}$$

其图形如图 10.8（c）所示。参数 a 为振幅；α 为初始相位角。

三、结构的动力特性——周期 T 和自振圆频率 ω

单自由度体系自由振动位移是一个周期函数，其周期 T 为

$$T = \frac{2\pi}{\omega} \tag{10.17}$$

由（10.15）式验证有 $y(t+T) = y(t)$。也就是每过时间 T 后，质点的位移重复前一个时间 T 段的情况，因此 T 称为结构的自振周期。从图 10.8（c）也可验证这一点。

自振周期 T 的倒数称为频率，用 f 表示，即

$$f = \frac{1}{T} \tag{10.18}$$

式中，频率 f 为单位时间内的振动次数，其单位为 Hz 或者 s^{-1}。

由（10.17）式得

$$\omega = \frac{2\pi}{T} = 2\pi f \tag{10.19}$$

式中，ω 称为体系的自振圆频率，反映了质点在单位时间内转动的弧度数，或者 2π 个单位时间内的振动次数。

从（10.10）式和（10.8）式，可以得到计算自振圆频率 ω 的几个公式如下：

$$\omega = \sqrt{\frac{k}{m}} = \frac{1}{\sqrt{m\delta}} = \sqrt{\frac{g}{W\delta}} = \sqrt{\frac{g}{\Delta_{st}}} \tag{10.20}$$

代入（10.17）式，有

$$T = 2\pi\sqrt{\frac{m}{k}} = 2\pi\sqrt{m\delta} = 2\pi\sqrt{\frac{W\delta}{g}} = 2\pi\sqrt{\frac{\Delta_{st}}{g}} \tag{10.21}$$

式中，$W = mg$ 为质点的重力；$W\delta = \Delta_{st}$ 为 W 施加在质点振动方向引起的静位移。

从上面的分析可知，结构的自振周期 T 和自振圆频率 ω 只与质点的质量 m 和结构的刚度系数 k 有关，与外界的干扰无关；初始条件 y_0、v_0 不同只会影响振幅 a 和初始相位角 α，不会影响 T 和 ω；T 和 ω 是在自由振动过程中体现出来的结构动力特性：两个

外表看似不相同的结构，如果 T 和 ω 相近，则它们的动力性能相近；两个外表看似相同的结构，如果 T 和 ω 相差很大，则它们的动力性能相差很大。

[**例 10-1**] 试求图 10.9（a）中所示等截面简支梁的自振圆频率 ω。忽略梁本身的质量。

解： 对于静定梁结构，计算柔度系数 δ 比刚度系数 k 简单。为计算柔度系数 δ，在质点处沿振动方向施加单位荷载，并作出弯矩图 $\overline{M}$ 如图 10.9（b）所示。根据图乘法，得

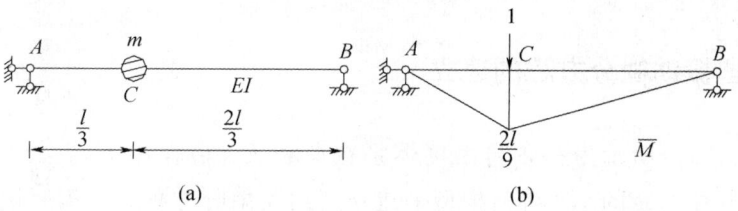

图 10.9　柔度法求 ω

$$\delta = \frac{1}{EI}\left(\frac{1}{2}\cdot\frac{l}{3}\cdot\frac{2l}{9}\cdot\frac{2}{3}\cdot\frac{2l}{9} + \frac{1}{2}\cdot\frac{2l}{3}\cdot\frac{2l}{9}\cdot\frac{2}{3}\cdot\frac{2l}{9}\right) = \frac{4l^3}{243EI}$$

由（10.20）式，得

$$\omega = \frac{1}{\sqrt{m\delta}} = \sqrt{\frac{243EI}{4ml^3}}$$

[**例 10-2**] 试求图 10.10（a）所示两跨刚架的水平自振圆频率 ω。横梁抗弯刚度 $EI\to\infty$，各柱抗弯刚度为 EI。各跨梁的质量为 m，忽略柱的质量。

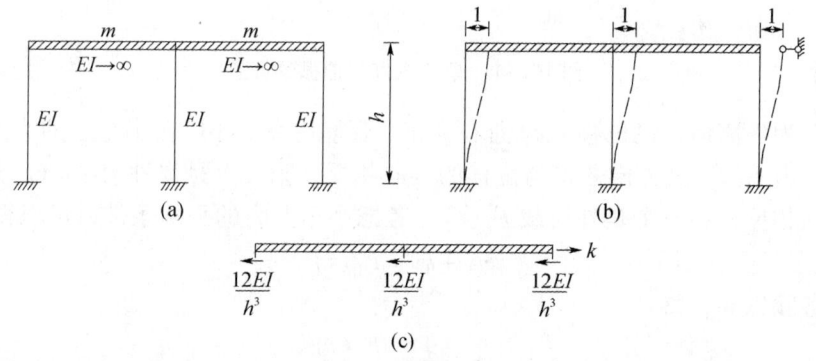

图 10.10　刚度法求 ω

解： 由于横梁抗弯刚度 $EI\to\infty$，故各柱端转角为零；又由于忽略杆件的轴向应变引起的位移，从而梁上各点水平方向的位移都相等，故这个问题是单自由度问题。

对于刚架结构，一般刚度系数 k 比计算柔度系数 δ 简单。

在质点处沿振动方向施加附加支杆，并拖动支杆产生单位位移，如图 10.10（b）所示。取横梁为隔离体如图 10.10（c）所示，各柱的侧移刚度系数为 $\frac{12EI}{h^3}$，考虑水平方向的力的平衡，则 $k = 3\times\frac{12EI}{h^3} = \frac{36EI}{h^3}$。由（10.20）式，得

$$\omega = \sqrt{\frac{k}{m}} = \sqrt{\frac{36EI}{2mh^3}} = \sqrt{\frac{18EI}{mh^3}}$$

第三节 单自由度体系的强迫振动

强迫振动又称为受迫振动，是结构在外部干扰力 $F_P(t)$ 作用下产生的振动。

一、强迫振动微分方程的建立

图 10.11（a）所示为一单自由度体系在荷载 $F_P(t)$ 作用下的强迫振动，可以用图 10.11（b）中所示的小车弹簧模型来建立其运动微分方程。小车质量与质点质量相同为 m，弹簧刚度系数与体系的刚度系数相同为 k，在小车上作用有与质点上相同的外荷载 $F_P(t)$。

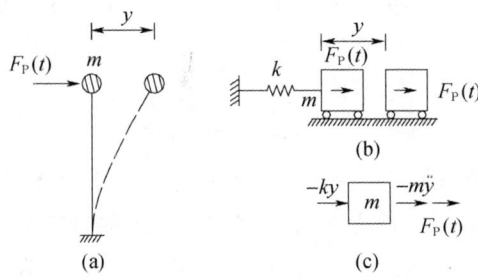

图 10.11 单自由度强迫振动模型

取小车为隔离体，设位移 $y(t)$ 向右为正。任意时刻 t 作用在小车上的力共三个：第一个是弹性力 $-ky$，其方向总是与位移的方向相反；第二个是惯性力 $-m\ddot{y}$，其方向与加速度的方向相反；第三个是外荷载 $F_P(t)$。考虑小车上力的平衡条件，可以得到

$$m\ddot{y} + ky = F_P(t) \tag{10.22}$$

两边各除以 m，得

$$\ddot{y} + \omega^2 y = \frac{F_P(t)}{m} \tag{10.23}$$

式中，ω 仍然是 $\sqrt{\dfrac{k}{m}}$。这就是单自由度体系强迫振动的运动微分方程。

下面讨论荷载 $F_P(t)$ 为几种常见动力荷载时结构的振动情况。

二、$F_P(t)$ 为简谐荷载时结构的动力反应

1. 简谐荷载作用下结构动位移的表达式

设结构上承受的简谐荷载如下：

$$F_P(t) = F\sin\theta t \tag{10.24}$$

式中，θ 为简谐荷载的圆频率；F 为荷载最大值，称为幅值。

将简谐荷载（10.24）式代入（10.23）式，得

$$\ddot{y} + \omega^2 y = \frac{F}{m}\sin\theta t \tag{10.25}$$

这是二阶常系数非齐次微分方程，其通解为齐次部分的通解再加上非齐次部分的一个特解。下面来求特解，设特解为

$$y(t) = A\sin\theta t \tag{10.26}$$

代入到（10.25）式中，得

$$(-\theta^2 + \omega^2)A\sin\theta t = \frac{F}{m}\sin\theta t \tag{10.27}$$

由此得

$$A = \frac{F}{m(\omega^2 - \theta^2)} \tag{10.28}$$

因此特解为

$$y(t) = \frac{F}{m(\omega^2 - \theta^2)}\sin\theta t \tag{10.29}$$

齐次部分的通解为（10.11）式，与（10.29）式相加，得（10.25）式通解为

$$y(t) = C_1\sin\omega t + C_2\cos\omega t + \frac{F}{m(\omega^2 - \theta^2)}\sin\theta t \tag{10.30}$$

设在初始时刻 $t=0$ 质点初始位移和初始速度均为零，则可求得系数 C_1 和 C_2 为

$$C_1 = -\frac{F\theta}{m(\omega^2 - \theta^2)\omega} \tag{10.31a}$$

$$C_2 = 0 \tag{10.31b}$$

将 C_1 和 C_2 代入（10.30）式，得

$$y(t) = -\frac{F\theta}{m(\omega^2 - \theta^2)\omega}\sin\omega t + \frac{F}{m(\omega^2 - \theta^2)}\sin\theta t \tag{10.32}$$

可以看出，质点振动是由两部分组成：第一部分按照自振圆频率 ω 振动；第二部分按照简谐荷载的圆频率 θ 振动。由于在实际振动过程中存在阻尼力（参见下节），因此按照自振圆频率 ω 振动的第一部分将会逐渐衰减到零，最后只余下按简谐荷载的圆频率 θ 振动的第二部分。我们把振动开始时两种振动同时存在的阶段称为过渡阶段；把后来只按简谐荷载圆频率 θ 振动的阶段称为平稳阶段，其振幅和频率是恒定的。由于过渡阶段存在的时间较短，因此以下主要讨论平稳阶段的振动。

2. 简谐荷载作用下的动力系数

平稳阶段的振动可以改写为

$$y(t) = \frac{F}{m(\omega^2 - \theta^2)}\sin\theta t = \frac{F}{m\omega^2\left(1 - \frac{\theta^2}{\omega^2}\right)}\sin\theta t \tag{10.33}$$

引入

$$y_{st} = \frac{F}{m\omega^2} = \frac{F}{k} = F\delta \tag{10.34}$$

故 y_{st} 为简谐荷载幅值作用下静位移。将 y_{st} 代入（10.33）式，得

$$y(t) = y_{st} \frac{1}{\left(1 - \frac{\theta^2}{\omega^2}\right)} \sin\theta t \tag{10.35}$$

最大位移（即振幅）为

$$[y(t)]_{max} = y_{st} \frac{1}{\left(1 - \frac{\theta^2}{\omega^2}\right)} \tag{10.36}$$

最大动位移 $[y(t)]_{max}$ 与静位移 y_{st} 的比值称为动力系数，以 β 表示，即

$$\beta = \frac{[y(t)]_{max}}{y_{st}} = \frac{1}{1 - \frac{\theta^2}{\omega^2}} \tag{10.37}$$

由此可知，动力系数 β 是频率比 $\frac{\theta}{\omega}$ 的函数，其函数图形如图 10.12 所示：横坐标为 $\frac{\theta}{\omega}$，纵坐标为 β 的绝对值（当 $\frac{\theta}{\omega}$ 大于 1 时，动力系数 β 为负值）。

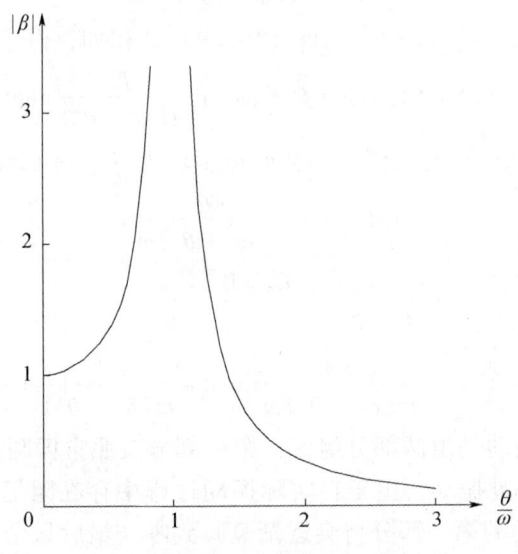

图 10.12　动力系数 β 图形

从图 10.12 中可知简谐荷载作用下稳态振动的特性如下：

（1）当 $\frac{\theta}{\omega} \to 0$，动力系数 $\beta \to 1$。这说明尽管简谐荷载随时间变化，但与结构的自振圆频率比较，其变化缓慢，动力作用不明显，因而可当成静荷载处理。

（2）当 $0 < \frac{\theta}{\omega} < 1$，动力系数 $\beta > 1$，又 β 随 $\frac{\theta}{\omega}$ 的增加而增大。

（3）当 $\frac{\theta}{\omega} \to 1$，动力系数 $|\beta| \to \infty$。这表明当荷载圆频率 θ 接近结构自振圆频率 ω 时，振幅将趋于无穷大，这种现象称为共振。实际结构由于存在阻尼，共振时振幅不会趋于无穷大，但动力系数也很大，因而在结构中引起很大的内力和位移。故在结构设计时，应尽量避免共振现象的发生。

(4) 当 $\frac{\theta}{\omega} > 1$，$\beta$ 的绝对值随 $\frac{\theta}{\omega}$ 的增加而减小。

以上分析了在简谐荷载作用下稳态振动幅值随频率比 $\frac{\theta}{\omega}$ 的变化情况。对于结构的内力，也可类似进行分析。下面用例题对此进行说明。

[**例 10-3**] 已知图 10.13（a）所示简支梁其自振圆频率为 ω，当简谐荷载的圆频率 θ 为：（a）$\frac{\theta}{\omega} = \frac{\sqrt{2}}{2}$；（b）$\frac{\theta}{\omega} = \frac{\sqrt{6}}{2}$ 时，试求结构的位移放大倍数和内力放大倍数。

解：（1）求结构的位移放大倍数 β。当 $\frac{\theta}{\omega} = \frac{\sqrt{2}}{2}$ 时，根据（10.37）式，可得

$$\beta = \frac{1}{1 - \frac{\theta^2}{\omega^2}} = \frac{1}{1 - \left(\frac{\sqrt{2}}{2}\right)^2} = 2 \tag{a}$$

同理，当 $\frac{\theta}{\omega} = \frac{\sqrt{6}}{2}$ 时，根据（10.37）式，可得

$$\beta = \frac{1}{1 - \frac{\theta^2}{\omega^2}} = \frac{1}{1 - \left(\frac{\sqrt{6}}{2}\right)^2} = -2$$

取绝对值，则 $\beta = 2$。故两种情形下结构的位移放大倍数 β 同为 2。

（2）求结构的内力放大倍数。单自由度体系中，当动力荷载沿着质点振动方向施加时，则结构的内力的动力放大倍数和质点位移的动力放大倍数 β 相同，也等于 2。

（3）位移和内力放大倍数成因的有关说明。

在幅值 F 作用下引起的质点处静位移为 y_{st}，如图 10.13（b）中所示；在简谐荷载 $F\sin\theta t$ 作用下引起质点的稳态振动的振幅为 $A = y_{st}\beta = F\delta\beta$（$\delta$ 为柔度系数），如图 10.13（c）所示。

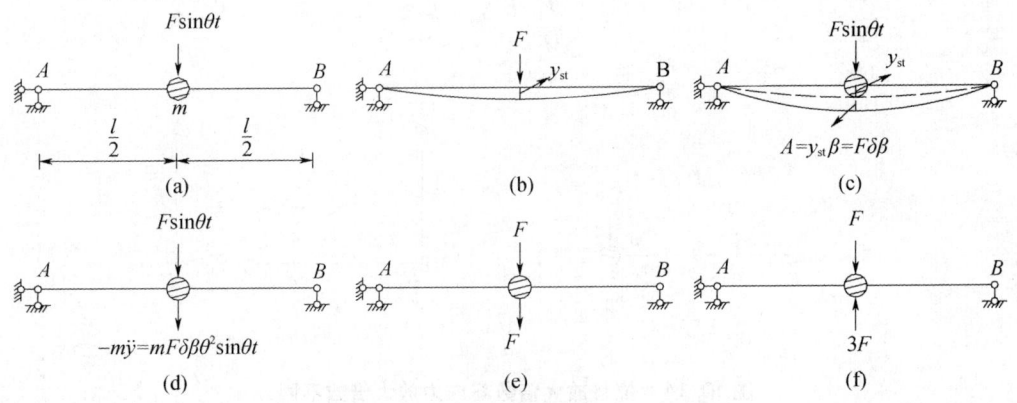

图 10.13 位移放大倍数与内力放大倍数相同

下面说明 β 来源于惯性力。在任意瞬时，加上惯性力之后，就可以当成瞬时的静力问题来处理，如图 10.13（d）所示。稳态振动的位移表达式由（10.35）式可知为 $y(t) = y_{st}\beta\sin\theta t = F\delta\beta\sin\theta t$，则惯性力为

$$-m\ddot{y} = mF\delta\beta\theta^2\sin\theta t$$

当 $\sin\theta t = 1$ 时，惯性力幅值为

$$mF\delta\beta\theta^2 = F\beta m\delta\theta^2 = F\beta\frac{m}{k}\theta^2 = F\beta\frac{\theta^2}{\omega^2} \quad (b)$$

根据上式，可知当（a）$\dfrac{\theta}{\omega} = \dfrac{\sqrt{2}}{2}$，（b）$\dfrac{\theta}{\omega} = \dfrac{\sqrt{6}}{2}$ 时，惯性力幅值分别为

$$F\beta\frac{\theta^2}{\omega^2} = F \times 2 \times \frac{2}{4} = F, \quad F\beta\frac{\theta^2}{\omega^2} = F \times 2 \times \frac{6}{4} = 3F$$

分别如图 10.13（e）、（f）所示。注意图 10.13（f）中稳态振动和简谐荷载之间相位角相差 180°。

由于惯性力和动力荷载的方向完全一致，从而可以对它们进行代数相加，两种情况下作用在质点上的最大荷载都为 $2F$，故质点的位移动力系数和各点内力动力系数相同，都为 2。

[**例 10-4**] 已知图 10.14（a）所示悬臂梁其自振圆频率为 ω，当简谐荷载的圆频率 θ 为 $\dfrac{\theta}{\omega} = \dfrac{\sqrt{2}}{2}$ 时，试求质点位移的放大倍数和动弯矩幅值图。杆件 $EI =$ 常数。

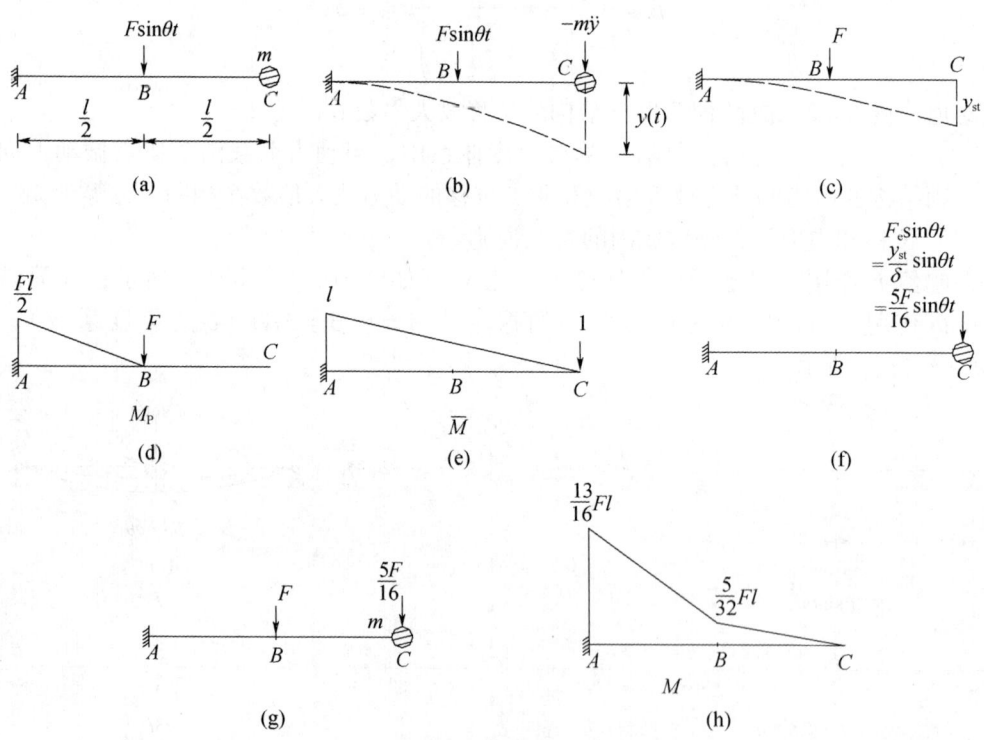

图 10.14 位移放大倍数与内力放大倍数不同

解：(1) 求质点位移的放大倍数 β。

①建立质点运动微分方程。根据柔度法，质点任一时刻位移等于简谐荷载和惯性力共同作用引起的质点处的静位移，如图 10.14（b）所示，则

$$y = (-m\ddot{y})\delta + y_{st}\sin\theta t$$

各项除以柔度系数 δ，并注意到 $\delta = 1/k$ 并移项得

$$m\ddot{y} + ky = \frac{y_{st}}{\delta}\sin\theta t \tag{c}$$

这就是质点运动微分方程。其中 y_{st} 为简谐荷载幅值 F 作用下引起的质点处静位移，如图 10.14（c）中所示；δ 为柔度系数。利用图 10.14（d）、(e) 的 M_P、$\overline{M}$ 图乘可得 y_{st}；利用 $\overline{M}$ 和自身图乘可得 δ 如下：

$$y_{st} = \frac{1}{EI}\frac{1}{2} \cdot \frac{l}{2} \cdot \frac{Fl}{2} \cdot \frac{5}{6}l = \frac{5Fl^3}{48EI} \tag{d}$$

$$\delta = \frac{1}{EI}\frac{1}{2} \cdot l \cdot l \cdot \frac{2}{3}l = \frac{l^3}{3EI} \tag{e}$$

②求作用在质点上的等效简谐荷载幅值 F_e。比较上面质点运动微分方程（c）式和（10.25）式，可知（c）式右边 y_{st}/δ 相当于（10.25）式简谐荷载幅值 F，用 F_e 表示，如图 10.14（f）所示。将（d）、(e) 式中求得的 y_{st}、δ 代入得

$$F_e = \frac{y_{st}}{\delta} = \frac{5}{16}F$$

F_e 就是作用在质点上的等效简谐荷载幅值。即简谐荷载没在质点振动方向引起的质点运动微分方程（c）式的稳态振动与图 10.14（f）所示简谐荷载沿着质点振动方向的稳态振动完全相同。从而可以把后者中稳态振动的有关质点位移放大倍数的公式直接应用到前者。

③求质点位移放大倍数 β。质点位移放大倍数 β 仍由（10.37）式计算，计算过程与例 10-3（a）式相同，$\beta = 2$。

（2）求动弯矩幅值图。

尽管图 10.14（a）的稳态振动振幅和质点的位移放大倍数 β 可以如上利用如图 10.14（f）所示的作用在质点上的等效简谐荷载 $F_e\sin\theta t$ 求得。但图 10.14（a）的动弯矩幅值，并不等于图 10.14（f）在 F_e 作用下引起的静弯矩图乘以动力放大倍数 β。当简谐荷载与质点振动方向不相同时，结构内力没有统一的动力放大倍数。为确定动弯矩幅值图，需按如下步骤进行：

①先确定任一时刻作用在结构上的惯性力。此时质点稳态振动与图 10.14（f）中稳态振动相同，根据（10.35）式可知为 $y(t) = F_e\delta\beta\sin\theta t$，则质点上惯性力为

$$-m\ddot{y} = mF_e\delta\beta\theta^2\sin\theta t$$

②把简谐荷载和惯性力幅值施加在结构上。由于稳态振动时简谐荷载和惯性力都按照 $\sin\theta t$ 变化，当 $\sin\theta t = 1$，同时达到幅值。惯性力幅值为

$$mF_e\delta\beta\theta^2 = F_e\beta m\delta\theta^2 = F_e\beta\frac{m}{k}\theta^2 = F_e\beta\frac{\theta^2}{\omega^2} \tag{f}$$

根据（f）式，可知当 $\frac{\theta}{\omega} = \frac{\sqrt{2}}{2}$ 时，惯性力幅值为

$$F_e\beta\frac{\theta^2}{\omega^2} = F_e \times 2 \times \frac{2}{4} = F_e = \frac{5}{16}F$$

把简谐荷载和惯性力幅值施加在结构上，如图 10.14（g）所示。

③作出把简谐荷载和惯性力幅值施加在结构上的弯矩图就是动弯矩幅值图，如图 10.14（h）所示。对比图 10.14（d）、(h) 可知，A 点弯矩放大倍数为 1.625，不

同于 B 点弯矩放大倍数，也与质点位移放大倍数 2 不同。

三、一般动力荷载作用下时结构的动力反应

现在考虑沿质点振动方向作用的荷载为一般动力荷载 $F_P(t)$ 作用时结构的动力反应，如图 10.15（a）所示。首先要求得 $F_P(t)$ 作用下质点的动位移。下面利用杜哈梅积分公式来完成此任务，该公式把求 $F_P(t)$ 作用下质点位移表达式的问题转化为由一系列瞬时冲量引起的自由振动的叠加。于是，对于各种动力荷载，如突加荷载等，都可利用该公式求得质点的动位移表达式，再与动荷载幅值引起的静位移相比较，就能得出位移的放大倍数。

1. 瞬时冲量引起的动力反应

设质点在 $t=0$ 时刻处于静止，然后有瞬时冲量 S 作用。例如，图 10.15（b）中所示时间 Δt 内作用荷载 F_P，其瞬时冲量为 $S=F_P\Delta t$。根据动量定理可知：由于该冲量的作用，质点获得了初始速度 $v_0=S/m$，但初始位移仍然是零。由（10.14）式，得

$$y(t) = \frac{S}{m\omega}\sin\omega t \tag{10.38}$$

（10.38）式为 $t=0$ 时作用的瞬时冲量 S 引起的质点的动位移。

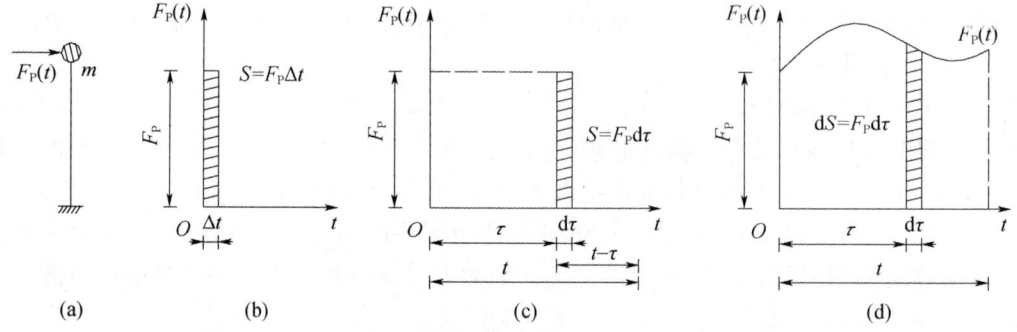

图 10.15 瞬时冲量及一般动荷载 $F_P(t)$ 引起的动位移

如果在 $t=\tau$ 时刻作用瞬时冲量 S，如图 10.15（c）所示，则在以后任一 t（$t>\tau$）时刻质点的动位移为

$$y(t) = \frac{S}{m\omega}\sin\omega(t-\tau) \tag{10.39}$$

为了获得图 10.15（d）中所示的一般动荷载 $F_P(t)$ 作用下的质点动位移的表达式，可以把整个加载的过程视为由一系列瞬时冲量构成。例如，在 $t=\tau$ 时刻荷载值为 $F_P(\tau)$，此荷载在 $d\tau$ 时间微分段内产生的冲量为 $dS=F_P(\tau)d\tau$。根据（10.39）式，此微分冲量引起质点在以后任一时刻 t（$t>\tau$）的动位移为

$$dy(t) = \frac{F_P(\tau)d\tau}{m\omega}\sin\omega(t-\tau) \tag{10.40}$$

将 t 时刻以前所有的微分冲量引起的质点动位移叠加，即对（10.40）式进行积分，得质点的动位移为

$$y(t) = \frac{1}{m\omega}\int_0^t F_\mathrm{P}(\tau)\sin\omega(t-\tau)\mathrm{d}\tau \tag{10.41}$$

(10.41) 式称为杜哈梅（Duhamel）积分。它是初始处于静止的单自由度体系在任意动荷载 $F_\mathrm{P}(t)$ 作用下引起的动位移计算公式。如果体系的初始位移 y_0 和初始速度 v_0 不为零，则体系总的动力位移为

$$y(t) = \frac{v_0}{\omega}\sin\omega t + y_0\cos\omega t + \frac{1}{m\omega}\int_0^t F_\mathrm{P}(\tau)\sin\omega(t-\tau)\mathrm{d}\tau \tag{10.42}$$

2. 利用杜哈梅积分公式考虑突加荷载作用时的动力反应

对于各种动力荷载，都可以利用（10.42）式求得质点的动位移表达式，再与动荷载幅值引起的静位移相比较，就能得出位移的放大倍数。下面以突加荷载为例说明。

设体系原处于静止状态，在 $t=0$ 时刻，突然加上荷载 F_P0，并一直作用在结构上，突加荷载其表达式为

$$F_\mathrm{P}(t) = \begin{cases} 0 & t<0 \\ F_\mathrm{P0} & t>0 \end{cases} \tag{10.43}$$

突加荷载 $F_\mathrm{P}(t)$ 如图 10.16（a）所示。

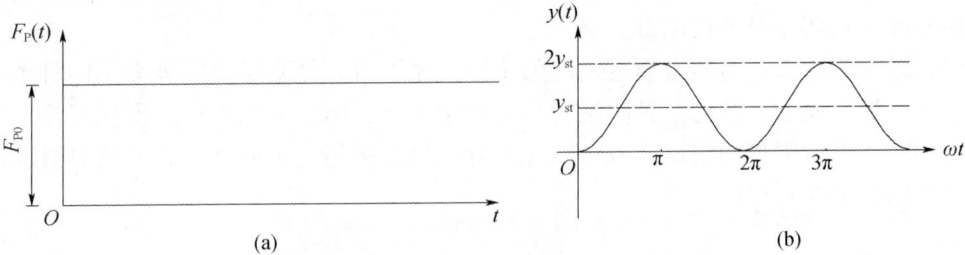

图 10.16　突加荷载及其引起的动力位移

将突加荷载 $F_\mathrm{P}(t)$ 表达式代入杜哈梅积分（10.41）式，可得质点的动位移为

$$\begin{aligned}
y(t) &= \frac{1}{m\omega}\int_0^t F_\mathrm{P0}\sin\omega(t-\tau)\mathrm{d}\tau \\
&= \frac{F_\mathrm{P0}}{m\omega}\int_0^t \sin\omega(t-\tau)\mathrm{d}\tau \\
&= \frac{F_\mathrm{P0}}{m\omega^2}\cos\omega(t-\tau)\Big|_0^t \\
&= \frac{F_\mathrm{P0}}{m\omega^2}(1-\cos\omega t) \\
&= y_\mathrm{st}(1-\cos\omega t)
\end{aligned} \tag{10.44}$$

式中，$y_\mathrm{st} = \dfrac{F_\mathrm{P0}}{m\omega^2} = F_\mathrm{P0}\delta$ 表示在静力荷载 F_P0 作用下产生的静位移。

根据上面 $y(t)$ 表达式，可作出动位移如图 10.16（b）所示。可以看到，质点是围绕其静力平衡位置 $y=y_\mathrm{st}$ 做简谐运动，其位移放大倍数为

$$\beta = \frac{[y(t)]_\max}{y_\mathrm{st}} = 2 \tag{10.45}$$

由此知道，突加荷载所引起的最大位移比相应的静位移增大一倍。

第四节 阻尼对振动的影响

前面两节通过对单自由度体系动力问题的分析,得到了很多关于动力特性方面的结果:如自由振动时的圆频率是体系固有的;在简谐荷载作用下有可能出现共振现象等。这些结果大体上反映了实际结构的振动规律。但是,也有两点与实际情况明显不吻合:一是自由振动时振幅永不衰减;二是共振时动力放大倍数趋于无穷大。究其原因,在于前两节建立的质点的运动微分方程里面,还有其他重要的因素没有考虑到。为了进一步了解结构的振动规律,就要研究阻尼。

阻尼的引入是为了反映结构振动过程中能量会不断发生损耗这一现象的。实际结构中引起能量损耗的原因多种多样,例如振动过程中结构与支承之间的摩擦、材料之间的内摩擦以及周围介质的阻力等。在阻尼理论中,通过引入阻尼力来反映以上全部因素对能量的损耗作用。阻尼力的方向恒与速度相反,在任意的时间微段,阻尼力总是与位移的方向相反,从而总是消耗能量。

根据阻尼力的大小与质点速度之间的不同关系,可以把阻尼力区分为不同种类。其中应用较广泛又便于计算的一种阻尼力是黏滞阻尼力:阻尼力与质点速度成正比,方向与速度相反。其他类型的阻尼力也可以化为等效黏滞阻尼力来处理。以下只对黏滞阻尼力对振动的影响进行讨论。

一、具有阻尼的单自由度体系振动模型

具有阻尼的单自由度体系振动模型如图10.17(a)所示:体系的质量为 m,承受动荷载 $F_P(t)$ 的作用。体系的弹性性质用刚度系数为 k 的弹簧表示,体系的阻尼性质用图中所示的阻尼减振器表示,根据黏滞阻尼理论,阻尼力为

$$R(t) = -c\dot{y} \tag{10.46}$$

式中,c 为阻尼常数。

取质量 m 为隔离体,如图10.17(b)所示,任一时刻 t 作用在其上的力共四个:弹性力 $-ky$、惯性力 $-m\ddot{y}$、阻尼力 $-c\dot{y}$ 及外荷载 $F_P(t)$。考虑质量 m 上力的平衡条件,可以得到

$$m\ddot{y} + c\dot{y} + ky = F_P(t) \tag{10.47}$$

这就是具有阻尼的单自由度体系振动微分方程。

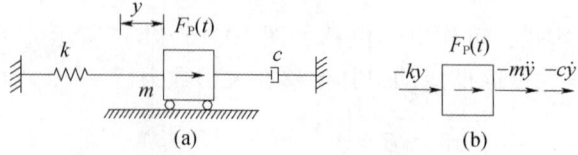

图10.17 有阻尼体系振动模型

下面分别讨论单自由度体系有阻尼的自由振动和强迫振动。

二、有阻尼单自由度体系的自由振动

令（10.47）式右边 $F_P(t)=0$，即得有阻尼的单自由度体系运动微分方程，可改写为

$$\ddot{y} + 2\xi\omega\dot{y} + \omega^2 y = 0 \tag{10.48}$$

其中

$$\omega = \sqrt{\frac{k}{m}}, \quad \xi = \frac{c}{2m\omega} \tag{10.49}$$

根据常微分方程的理论，可以设微分方程（10.48）式的解为如下形式：

$$y(t) = Ce^{\lambda t}$$

代入（10.48）式，令方程左边 $e^{\lambda t}$ 的系数为零，得到关于 λ 的特征方程为

$$\lambda^2 + 2\xi\omega\lambda + \omega^2 = 0 \tag{10.50}$$

其解为

$$\lambda = \omega(-\xi \pm \sqrt{\xi^2 - 1}) \tag{10.51}$$

根据 $\xi<1$、$\xi=1$、$\xi>1$ 分成三种情况，其对应的运动各不相同，下面分别讨论。

（1）$\xi<1$ 的情况（即低阻尼情况）。令

$$\omega_r = \omega\sqrt{1-\xi^2} \tag{10.52}$$

则

$$\lambda = -\xi\omega \pm i\omega_r \tag{10.53}$$

此时，微分（10.48）式的解为

$$y(t) = e^{-\xi\omega t}(C_1 \cos\omega_r t + C_2 \sin\omega_r t) \tag{10.54}$$

再引入 $t=0$ 时刻的初始条件，可以得到

$$y(t) = e^{-\xi\omega t}\left(y_0 \cos\omega_r t + \frac{v_0 + \xi\omega y_0}{\omega_r} \sin\omega_r t\right) \tag{10.55}$$

上式也可以写成

$$y(t) = e^{-\xi\omega t} A \sin(\omega_r t + \alpha) \tag{10.56}$$

其中

$$A = \sqrt{y_0^2 + \frac{(v_0 + \xi\omega y_0)^2}{\omega_r^2}}$$

$$\alpha = \tan^{-1}\frac{y_0 \omega_r}{v_0 + \xi\omega y_0}$$

低阻尼体系自由振动图形如图 10.18 中所示。

图形表明，此时位移图中振幅值不再为常量，而是随时间衰减；另外质点在相邻两次达到振幅时其间所需时间间隔都相同，又体现出波动性。

对比图 10.18 与无阻尼自由振动位移图 10.8（c）可以看出阻尼对自振频率和振幅影响。

①阻尼对自振频率的影响。从（10.56）式知有阻尼体系的自振圆频率为 ω_r，其和无阻尼自振圆频率 ω 之间的关系如（10.52）式所示。由此可知，阻尼使得体系的自振

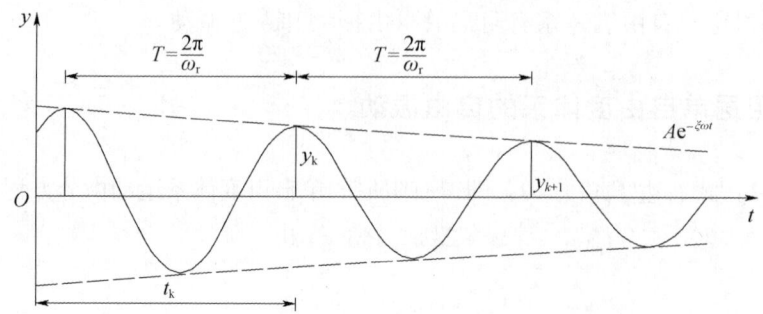

图 10.18 低阻尼自由振动图形

圆频率减小，并且 ξ 越大，体系的自振频率 ω_r 越小。通常情况下，ξ 值不大。如 $\xi<0.2$，则 $0.98<\omega_r/\omega<1$，两者的值很接近。因此，在 $\xi<0.2$ 的情形下，可以忽略阻尼对自振圆频率 ω_r 的影响。

②阻尼对振幅的影响。从（10.56）式知，振幅为 $Ae^{-\xi\omega t}$，不再为常量，而是随时间衰减。还可以看出，经过一个周期 $T=2\pi/\omega_r$ 后，相邻的两个振幅 y_{k+1} 与 y_k 的比值为

$$\frac{y_{k+1}}{y_k}=\frac{e^{-\xi\omega(t_k+T)}}{e^{-\xi\omega t_k}}=e^{-\xi\omega T} \tag{10.57}$$

由此可见，ξ 值越大，衰减速度越快。从（10.57）式，可得

$$\ln\frac{y_k}{y_{k+1}}=\xi\omega T=\xi\omega\frac{2\pi}{\omega_r} \tag{10.58}$$

故

$$\xi=\frac{1}{2\pi}\frac{\omega_r}{\omega}\ln\frac{y_k}{y_{k+1}} \tag{10.59}$$

如果 $\xi<0.2$，则 $\omega_r/\omega\approx 1$，于是有

$$\xi\approx\frac{1}{2\pi}\ln\frac{y_k}{y_{k+1}} \tag{10.60}$$

其中，$\ln\dfrac{y_k}{y_{k+1}}$ 称为振幅的对数递减率。同理，当 $\xi<0.2$ 时，可以得到 ξ 与间隔 n 个周期的振幅 y_{k+n} 与 y_k 的关系为

$$\xi\approx\frac{1}{2\pi n}\ln\frac{y_k}{y_{k+n}} \tag{10.61}$$

（2）$\xi=1$ 的情况（临界阻尼情况）。此时，由（10.51）式得 $\lambda=-\omega$，λ 为重根。故微分方程（10.48）式的解为

$$y(t)=e^{-\omega t}(C_1+C_2 t)$$

再引入 $t=0$ 时刻的初始条件，得到

$$y(t)=e^{-\omega t}[y_0(1+\omega t)+v_0 t] \tag{10.62}$$

其位移曲线如图 10.19 所示。这条曲线仍有衰减性，但是不再具有图 10.18 中的波动性，因为体系从初始位置出发，逐渐回到静平衡位置后不再振动。

由以上分析可知，当 ξ 由小增大到 1 时，体系的自由振动位移由振动转变为不再振动。故把 $\xi=1$ 时对应的阻尼常数定义为临界阻尼常数，用 c_r 表示。由（10.49）式可知

$$c_r = 2m\omega \quad (10.63)$$

由（10.49）式和上式得

$$\xi = \frac{c}{c_r} \quad (10.64)$$

参数 ξ 表示阻尼常数 c 和临界阻尼常数 c_r 的比值，称为阻尼比。

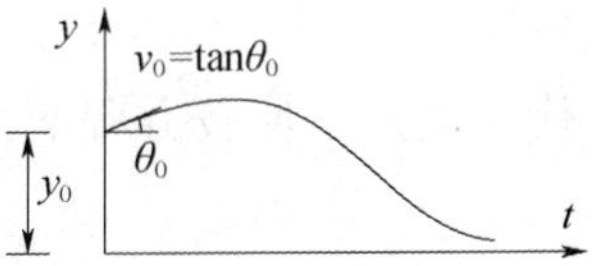

图 10.19 临界阻尼情况位移图

（3）对于 $\xi > 1$ 的情况，由于实际问题中很少遇到，故不作讨论。

综合可知，对于小阻尼的情况，体系自由振动理论解如图 10.18 所示。但要注意到体系的阻尼常数 c 不能像弹性系数 k 和质点的质量 m 那样可以通过实验直接测出，因为实际结构中引起能量损耗的原因多种多样。若是实测的体系自由振动位移图形与理论分析位移情况相互吻合，则说明所做的黏滞阻尼的假设是正确的。根据实测的位移幅值计算出振幅的对数递减率，由（10.60）式或（10.61）式就可以得出体系的阻尼比 ξ 值。然后根据（10.49）式，就可以反推出阻尼常数 c 值。

由黏滞阻尼假设和阻尼常数的获得可以知道理论分析与实验或实测之间的互相依赖关系：黏滞阻尼理论假设的正确性依赖于据此假设所求得的理论解与实测结果的一致性来保证；如何设计试验，试验中测哪些量又是完全依赖于理论分析结果的指导作用。

[**例 10-5**] 试确定实测的相邻两个振幅 y_{k+1} 与 y_k 的比值下限，使得有 $\omega = \omega_r$。

解：由（10.52）式、（10.57）式有

$$\frac{y_{k+1}}{y_k} = e^{-\xi\omega T} = e^{-\xi\omega\frac{2\pi}{\omega_r}} = e^{-\xi\omega\frac{2\pi}{\omega\sqrt{1-\xi^2}}} = e^{-\frac{\xi}{\sqrt{1-\xi^2}}2\pi}$$

当 $\xi = 0.2$ 时，则有

$$\frac{y_{k+1}}{y_k} = e^{-\frac{0.2}{\sqrt{0.96}}2\pi} = 0.278$$

由（10.57）式可知，ξ 越大，体系的振幅衰减越快。故只要实测的相邻的两个振幅 y_{k+1} 与 y_k 的比值大于 0.278，则表明体系的 $\xi < 0.2$，从而可以忽略阻尼对自振频率的影响，有 $\omega = \omega_r$。

三、有阻尼单自由度体系的强迫振动

为了考虑有阻尼（$\xi < 1$）的单自由度体系在一般动力荷载 $F_p(t)$ 作用下结构的动力反应，必须先求得质点动位移的表达式。简谐荷载 $F\sin\theta t$ 作用下可直接求解；不能直接求解时，可以利用杜哈梅积分给出，就像无阻尼体系强迫振动中那样。

1. 简谐荷载 $F\sin\theta t$ 作用下结构的动力反应

（1）简谐荷载 $F\sin\theta t$ 作用下结构的平稳振动表达式。

令（10.47）式右边 $F_p(t) = F\sin\theta t$，即为简谐荷载作用下有阻尼的单自由度体系质点运动微分方程，可改写为

$$\ddot{y} + 2\xi\omega\dot{y} + \omega^2 y = \frac{F}{m}\sin\theta t \quad (10.65)$$

首先求方程的特解。设特解为

$$y = A\sin\theta t + B\cos\theta t \tag{10.66}$$

代入上式，比较方程两边 $\sin\theta t$、$\cos\theta t$ 的系数，可得

$$A = \frac{F}{m}\frac{\omega^2 - \theta^2}{(\omega^2 - \theta^2)^2 + 4\xi^2\omega^2\theta^2} \quad B = \frac{F}{m}\frac{-2\xi\omega\theta}{(\omega^2 - \theta^2)^2 + 4\xi^2\omega^2\theta^2} \tag{10.67}$$

其次，叠加齐次部分的通解（10.54）式，得到（10.65）式的全解为

$$y(t) = e^{-\xi\omega t}(C_1\cos\omega_r t + C_2\sin\omega_r t) + (A\sin\theta t + B\cos\theta t) \tag{10.68}$$

式中，两个常数 C_1 和 C_2 由初始条件确定。

可以看出，质点振动是由两部分组成：第一部分按照有阻尼自振圆频率 ω_r 振动；第二部分按照简谐荷载的圆频率 θ 振动。第一部分由于阻尼的作用会随着时间逐渐衰减到零。第二部分由于受到简谐荷载的周期作用而不衰减，这部分振动称为平稳振动。

下面讨论平稳振动。任意时刻的位移由（10.66）式、（10.67）式给出，并可以改写为

$$y(t) = y_p\sin(\theta t - \alpha) \tag{10.69}$$

其中

$$y_p = \sqrt{A^2 + B^2} = y_{st}\left[\left(1 - \frac{\theta^2}{\omega^2}\right)^2 + 4\xi^2\frac{\theta^2}{\omega^2}\right]^{-\frac{1}{2}} \tag{10.70}$$

$$\alpha = \arctan\left(-\frac{B}{A}\right) = \arctan\frac{2\xi\dfrac{\theta}{\omega}}{1 - \dfrac{\theta^2}{\omega^2}} \tag{10.71}$$

（2）简谐荷载 $F\sin\theta t$ 作用下结构的动力系数。

（10.70）式中，y_p 表示振幅；y_{st} 表示简谐荷载 $F\sin\theta t$ 幅值 F 引起的静位移。故动力系数 β 为

$$\beta = \frac{y_p}{y_{st}} = \left[\left(1 - \frac{\theta^2}{\omega^2}\right)^2 + 4\xi^2\frac{\theta^2}{\omega^2}\right]^{-\frac{1}{2}} \tag{10.72}$$

由此可知，动力系数 β 不仅与频率比 $\dfrac{\theta}{\omega}$ 有关，还与阻尼比 ξ 有关。对于不同的 ξ 值，可画出 β 与 $\dfrac{\theta}{\omega}$ 的关系曲线如图 10.20 所示。

结合上面的讨论和图 10.20，可知有阻尼体系在简谐荷载作用下动力系数的特性如下：

第一，随着阻尼比 ξ（$0 \leqslant \xi \leqslant 1$）值的增大，$\beta$ 与 $\dfrac{\theta}{\omega}$ 之间对应的关系曲线逐渐趋于平缓。特别是在 $\dfrac{\theta}{\omega} = 1$ 附近，动力系数 β 的峰值下降最为显著。

第二，阻尼比 ξ 值对共振时 $\left(\dfrac{\theta}{\omega} = 1\right)$ 动力系数 β 影响巨大。由（10.72）式知，共振时的动力系数 β 为

$$\beta = \frac{1}{2\xi} \tag{10.73}$$

对于无阻尼体系，当令（10.73）式中 $\xi = 0$，则得到动力系数 $\beta \to \infty$ 的结论。反之，对于有阻尼体系，由于 ξ 不为零；则共振时动力系数 β 变为一个有限值。由此可知，为了研究共振时的动力反应，必须要考虑阻尼。

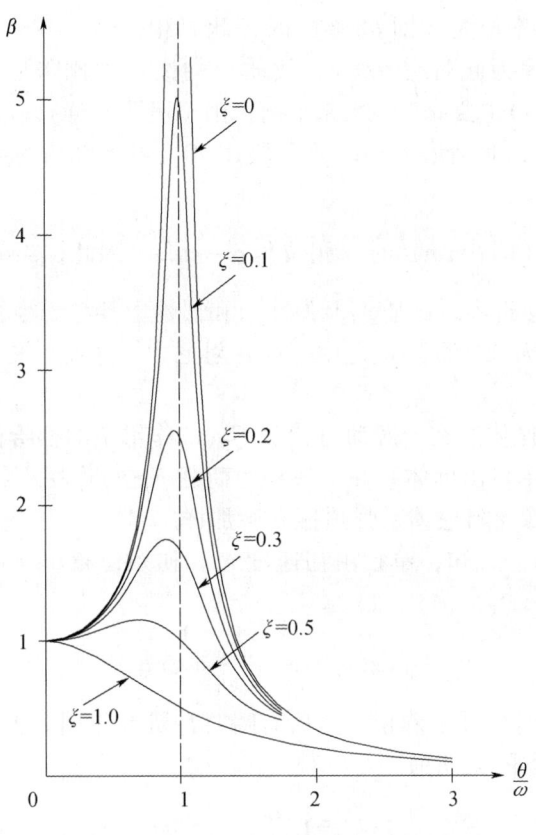

图 10.20 有阻尼动力系数 β 图形

第三，对于有阻尼体系，严格说来，最大的动力系数 β_{max} 并非在共振 $\frac{\theta}{\omega}=1$ 处，而是在其附近。该值可如下求得：将（10.72）式对参数 $\frac{\theta}{\omega}$ 求导数，令其等于零，可得 β_{max} 对应的频率比 $\left(\frac{\theta}{\omega}\right)_{\beta_{max}} = \sqrt{1-2\xi^2}$，再将该值代回到（10.72）式可求得

$$\beta_{max} = \frac{1}{2\xi\sqrt{1-2\xi^2}}$$

由于通常情况下 ξ 值都很小，可近似取 $\left(\frac{\theta}{\omega}\right)_{\beta_{max}} \approx 1$，$\beta_{max} \approx \beta\big|_{\frac{\theta}{\omega}=1} = \frac{1}{2\xi}$。

第四，从（10.69）式看到，有阻尼体系的平稳振动 $y(t)$ 比简谐荷载 $F_P(t)=F\sin\theta t$ 滞后了一个相位角 α，α 由（10.71）式求出。下面针对三种特殊情形下相位角 α 的取值和质点的受力特点进行说明：

情形 1. 当 $\frac{\theta}{\omega}\to 0$（即 $\theta\ll\omega$）时，此时相位角 $\alpha\to 0$，说明 $y(t)$ 和 $F_P(t)$ 基本同相。可结合质点上受力平衡说明如下：因为此时有 $\theta\ll\omega$，故质点的弹性力比阻尼力和惯性力都大很多，质点上的简谐荷载 $F_P(t)$ 主要靠弹性力来平衡。弹性力方向与 $y(t)$ 的方向相反，故 $y(t)$ 和 $F_P(t)$ 基本同相。另外，从图 10.20 可知此时有动力系数 $\beta\to 1$，因而可当成静荷载处理。

情形2. 当荷载频率很大（即 $\theta \gg \omega$）时，此时相位角 $\alpha \to \pi$，说明 $y(t)$ 和 $F_P(t)$ 基本反相。说明如下：因为此时有 $\theta \gg \omega$，故质点的惯性力比阻尼力和弹性力都大很多，质点上的简谐荷载 $F_P(t)$ 主要靠惯性力来平衡。由于惯性力与 $y(t)$ 是同相位的，故 $y(t)$ 和 $F_P(t)$ 基本反相。另外，此情形下有动力系数 $\beta \to 0$，可解释为荷载变化太快，质点来不及反应。

情形3. 当 $\dfrac{\theta}{\omega} \to 1$（即 $\theta \approx \omega$）时，相位角 $\alpha \to \pi/2$。因此，当荷载 $F_P(t)$ 最大时，质点位移和加速度反而接近零，故质点上弹性力和惯性力都趋于零，这样质点上的简谐荷载 $F_P(t)$ 主要靠阻尼力来平衡。正是由于存在阻尼力，才使得图 10.20 中共振时的各动力系数 β 为有限值。

2. 有阻尼单自由度体系在一般动力荷载 $F_P(t)$ 作用下的杜哈梅积分

有阻尼（$\xi<1$）单自由度体系在一般动力荷载 $F_P(t)$ 作用下结构的动位移可以利用杜哈梅积分给出，就像无阻尼体系强迫振动中那样。

首先，由（10.55）式知，单独由初速度 v_0（初始位移 $y_0=0$）引起体系的自由振动为

$$y(t) = e^{-\xi\omega t}\frac{v_0}{\omega_r}\sin\omega_r t \tag{10.74}$$

设质点在 $t=0$ 零时刻处于静止，然后有瞬时冲量 S 作用。类似（10.38）式，可知该瞬时冲量 S 引起质点的振动为

$$y(t) = e^{-\xi\omega t}\frac{S}{m\omega_r}\sin\omega_r t \tag{10.75}$$

与无阻尼时相同，可以把一般动荷载 $F_P(t)$ 整个加载的过程视为由一系列瞬时冲量构成。在由 $t=\tau$ 到 $t=\tau+d\tau$ 时段内，荷载的微分冲量为 $dS = F_P(\tau)d\tau$。类似（10.40）式，可知该微分冲量引起如下的动力反应

$$dy(t) = \frac{F_P(\tau)d\tau}{m\omega_r}e^{-\xi\omega(t-\tau)}\sin\omega_r(t-\tau) \tag{10.76}$$

然后对上式进行积分，得总反应如下

$$y(t) = \int_0^t \frac{F_P(\tau)}{m\omega_r}e^{-\xi\omega(t-\tau)}\sin\omega_r(t-\tau)d\tau \tag{10.77}$$

如果体系的初始位移 y_0 和初始速度 v_0 不为零，则总位移为

$$y(t) = e^{-\xi\omega t}\left(y_0\cos\omega_r t + \frac{v_0+\xi\omega y_0}{\omega_r}\sin\omega_r t\right) + \int_0^t \frac{F_P(\tau)d\tau}{m\omega_r}e^{-\xi\omega(t-\tau)}\sin\omega_r(t-\tau)d\tau \tag{10.78}$$

有阻尼的杜哈梅积分公式适用于计算地震作用时的动力反应。

第五节　两个自由度体系的自由振动

在实际工程中，很多问题可以简化为单自由度体系计算，但也有一些结构的动力问

题不宜简化为单自由度体系进行计算,比如多层楼房的侧向振动问题、不等高排架的振动等,都应按照多自由度体系来进行计算。两个自由度体系是多自由度体系的最简单情况,能清楚地反映多自由度体系的特征。本节我们只对两个自由度问题的自由振动进行介绍。和单自由度体系的自由振动相似,可以用刚度法或者柔度法建立两个自由度问题的运动微分方程。刚度法通过考虑振动任意时刻各质点上力的平衡条件,从而建立方程,要用到体系的刚度系数。柔度法根据任意时刻各质点处的动位移等于把此时的惯性力当作静荷载施加在质点上引起的质点处的静位移,从而建立方程,要用到体系的柔度系数。对自由振动运动微分方程的求解,得到了体系的自振周期和主振型两个动力特性。

一、刚度法

1. 用刚度法建立体系的质点运动微分方程

下面以图 10.21(a)所示的体系为例说明刚度法。因忽略轴向应变引起的位移,从而杆件的长度在振动过程中保持不变。故图中两个质点自由振动过程中的水平位移都为零,只有竖向位移 y_1 和 y_2,如图 10.21(b)所示,体系的自由度个数为 2。

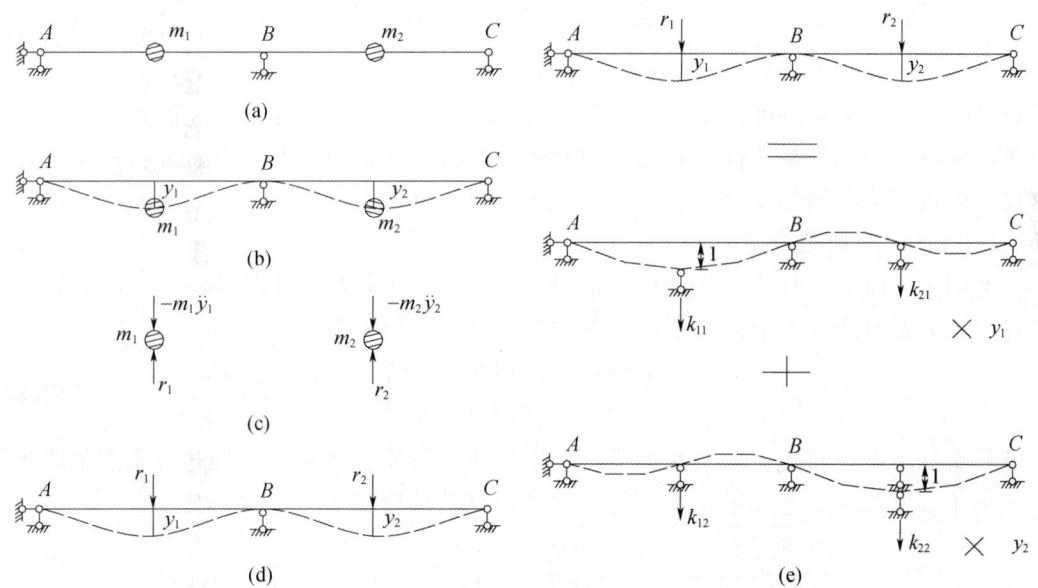

图 10.21 刚度法建立两个自由度体系自由振动的运动微分方程

如图 10.21(c)所示,作用在各质点上的力共有两个。一个是惯性力,$-m_1\ddot{y}_1$ 和 $-m_2\ddot{y}_2$,其大小与加速度成正比,方向与加速度的方向相反;第二个是弹性力 r_1 和 r_2,其方向总是与位移的方向相反,大小与位移成正比。考虑各质点上力的平衡,可以得到

$$\left.\begin{aligned} -m_1\ddot{y}_1 - r_1 &= 0 \\ -m_2\ddot{y}_2 - r_2 &= 0 \end{aligned}\right\} \tag{10.79}$$

式中,r_1 和 r_2 为质点上受到的弹性力。注意到基本未知量和可用方程的个数均为两个,

所以必须把弹性力 r_1 和 r_2 用基本未知量 y_1 和 y_2 表示出来。为此，必须考虑杆件上的受力情况。

此时杆件上的受力情况为弹性力，如图 10.21 (d) 所示。它们和质点上受到的弹性力为作用力和反作用力的关系，大小相等而方向相反。以质点 1 处杆件上的弹性力为例，质点 y_1 向下，故质点 1 上受到的弹性力方向向上，从而杆件上质点 1 处的弹性力方向为向下，与 y_1 方向相同。同理，杆件上质点 2 处的弹性力的方向与质点 y_2 方向相同，为向下。故此时杆件可以视为在质点 1、2 处施加了弹性力 r_1 和 r_2，引起质点 1、2 处的位移为 y_1 和 y_2。

注意到叠加原理成立，从而可以把弹性力 r_1 和 r_2 用基本未知量 y_1 和 y_2 表示出来。为此，如图 10.21 (e) 中所示，分别在质点的振动方向各施加一根附加支杆，规定向下的位移和力为正。刚度系数 k_{ij} ($i,j=1,2$) 表示拖动编号是 j 的附加支杆沿着选定的位移的正方向产生单位位移，在附加支杆 i 产生的力。于是，可以将弹性力表示为刚度系数的组合为

$$\left. \begin{array}{l} r_1 = k_{11}y_1 + k_{12}y_2 \\ r_2 = k_{21}y_1 + k_{22}y_2 \end{array} \right\} \quad (10.80)$$

将 (10.80) 式代入 (10.79) 式，整理得

$$\left. \begin{array}{l} m_1\ddot{y}_1 + k_{11}y_1 + k_{12}y_2 = 0 \\ m_2\ddot{y}_2 + k_{21}y_1 + k_{22}y_2 = 0 \end{array} \right\} \quad (10.81)$$

这就是两自由度体系刚度法得到的体系自由振动的运动微分方程。此方程表示任意振动时刻各质点上力的平衡条件。当然，如前面单自由度体系中刚度法中的解释一样，此方程也可以理解为各附加支杆不起作用，其上总的约束力为零。

2. 自振周期和主振型

下面来求微分方程组 (10.81) 式的解。与单自由度体系自由振动一样，也假设两个自由度体系自由振动为简谐振动，即设 (10.81) 式的解为

$$\left. \begin{array}{l} y_1(t) = Y_1\sin(\omega t + \alpha) \\ y_2(t) = Y_2\sin(\omega t + \alpha) \end{array} \right\} \quad (10.82)$$

此解具有如下两个特点：一是两个质点位移都随时间简谐变化；二是两个质点的频率 ω 和相位角 α 都相同，于是有两质点任意振动时刻的位移比为

$$\frac{y_1(t)}{y_2(t)} = \frac{Y_1}{Y_2} \quad (10.83)$$

由于振幅 Y_1 和 Y_2 都为与时间无关的常数，故两个质点的位移比值在振动过程中保持为一个常数。这样一种振动时各质点间位移比值保持为一个常数对应的结构位移形状叫做主振型。

将 (10.82) 式代入 (10.81) 式，并消去公因子 $\sin(\omega t + \alpha)$，得

$$\left. \begin{array}{l} (k_{11} - \omega^2 m_1)Y_1 + k_{12}Y_2 = 0 \\ k_{21}Y_1 + (k_{22} - \omega^2 m_2)Y_2 = 0 \end{array} \right\} \quad (10.84)$$

上式为 Y_1、Y_2 的齐次方程，$Y_1 = Y_2 = 0$ 虽然是方程的根，但对应各质点无振幅，保持静止。为求得 Y_1、Y_2 的非零解，必须使得 Y_1、Y_2 前系数行列式为零，即有

$$D = \begin{vmatrix} k_{11} - \omega^2 m_1 & k_{12} \\ k_{21} & k_{22} - \omega^2 m_2 \end{vmatrix} \quad (10.85)$$

上式称为频率方程或特征方程，由它可以求得频率 ω。将频率方程展开，得

$$D = (k_{11} - \omega^2 m_1)(k_{22} - \omega^2 m_2) - k_{12}k_{21} = 0 \quad (10.86)$$

这是 ω^2 的二次方程，整理后求得 ω^2 的两个根为

$$\omega^2 = \frac{1}{2}\left(\frac{k_{11}}{m_1} + \frac{k_{22}}{m_2}\right) \pm \sqrt{\left[\frac{1}{2}\left(\frac{k_{11}}{m_1} + \frac{k_{22}}{m_2}\right)\right]^2 - \frac{k_{11}k_{22} - k_{12}k_{21}}{m_1 m_2}} \quad (10.87)$$

可以证明 ω^2 的两个根都是正的。用 ω_1 表示其中最小的圆频率，称为第一圆频率或基本圆频率。另一个圆频率 ω_2 称为第二圆频率。

求得圆频率 ω_1、ω_2 后，可以如下再来确定各自对应的主振型：首先将 ω_1 代入 (10.84) 式中，由于行列式 $D = 0$，方程组中的两个方程是线性相关的，实际上只有一个方程是独立的。由 (10.84) 式中的任意一个方程可以求出比值 Y_1/Y_2，该比值确定的振动形式就是与 ω_1 对应的振型，称为第一振型或基本振型。例如，由 (10.84) 式第一式可得

$$\frac{Y_{11}}{Y_{21}} = -\frac{k_{12}}{k_{11} - \omega_1^2 m_1} \quad (10.88)$$

式中，Y_{11}、Y_{21} 分别表示第一振型中质点 1、2 处振幅。

同样，将 ω_2 代入 (10.84) 式第一式，可求得 Y_1/Y_2 的另一个比值，称为第二振型，为

$$\frac{Y_{12}}{Y_{22}} = -\frac{k_{12}}{k_{11} - \omega_2^2 m_1} \quad (10.89)$$

式中，Y_{12}、Y_{22} 分别表示第二振型中质点 1、2 处振幅。

上面求得的两个振型如图 10.22 (a)、(b) 所示。

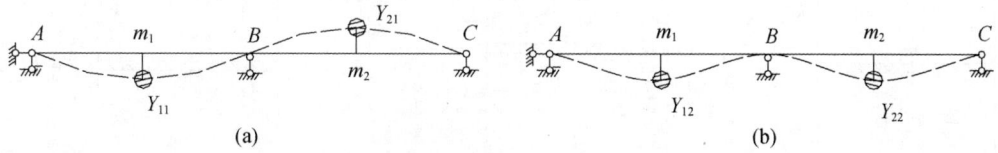

图 10.22　第一、二主振型

3. 两个自由度体系自由振动的一般解

两个自由度体系按照某个主振型进行自由振动时，由于两个质点之间的振幅的比值保持不变，因此两个自由度体系实际上就像一个单自由度体系那样在振动。两个自由度体系能够按照某个主振型自由振动的条件为：初始位移和初始速度应当与此主振型相对应。

一般情形下，两个自由度体系的自由振动可视为是两种频率及其主振型的组合振动，即

$$\left.\begin{aligned} y_1(t) &= A_1 Y_{11}\sin(\omega_1 t + \alpha_1) + A_2 Y_{12}\sin(\omega_2 t + \alpha_2) \\ y_2(t) &= A_1 Y_{21}\sin(\omega_1 t + \alpha_1) + A_2 Y_{22}\sin(\omega_2 t + \alpha_2) \end{aligned}\right\} \quad (10.90)$$

这就是微分方程 (10.81) 式的全解。其中两对常数 A_1、α_1 和 A_2、α_2 由初始条件确定。

[**例10-6**] 图10.23（a）所示两层刚架，横梁均为无限刚性，质量集中在各楼层上，第一、二层的质量为 $m_1 = 2m$、$m_2 = m$。层间侧移刚度（即层间产生单位相对水平位移时在该层各柱中引起的剪力和，或者所需施加的力，如图10.23（b）所示）为 $k_1 = k_2 = k$。试确定刚架水平振动时体系的自振频率和主振型。

解： 由图10.23（c）、（d），求得结构的刚度系数为

$$k_{11} = 2k, \quad k_{12} = -k, \quad k_{21} = -k, \quad k_{22} = k$$

将各刚度系数和质量 $m_1 = 2m$、$m_2 = m$ 代入（10.86）式，并展开得频率方程为

$$D = (2k - 2\omega^2 m)(k - \omega^2 m) - k^2 = 2\omega^4 m^2 - 4k\omega^2 m + k^2$$

由此求得

$$\omega_1^2 = 0.293 \frac{k}{m}, \quad \omega_2^2 = 1.707 \frac{k}{m}$$

可得两个频率为

$$\omega_1 = 0.541 \sqrt{\frac{k}{m}}, \quad \omega_2 = 1.307 \sqrt{\frac{k}{m}}$$

下面求主振型：由（10.88）式得第一主振型为

$$\frac{Y_{11}}{Y_{21}} = -\frac{k_{12}}{k_{11} - \omega_1^2 m_1} = \frac{k}{2k - 0.293k \times 2} = \frac{0.707}{1}$$

由（10.89）式得第二主振型为

$$\frac{Y_{12}}{Y_{22}} = -\frac{k_{12}}{k_{11} - \omega_2^2 m_1} = \frac{k}{2k - 1.707k \times 2} = -\frac{0.707}{1}$$

两个主振型如图10.23（e）、（f）所示。

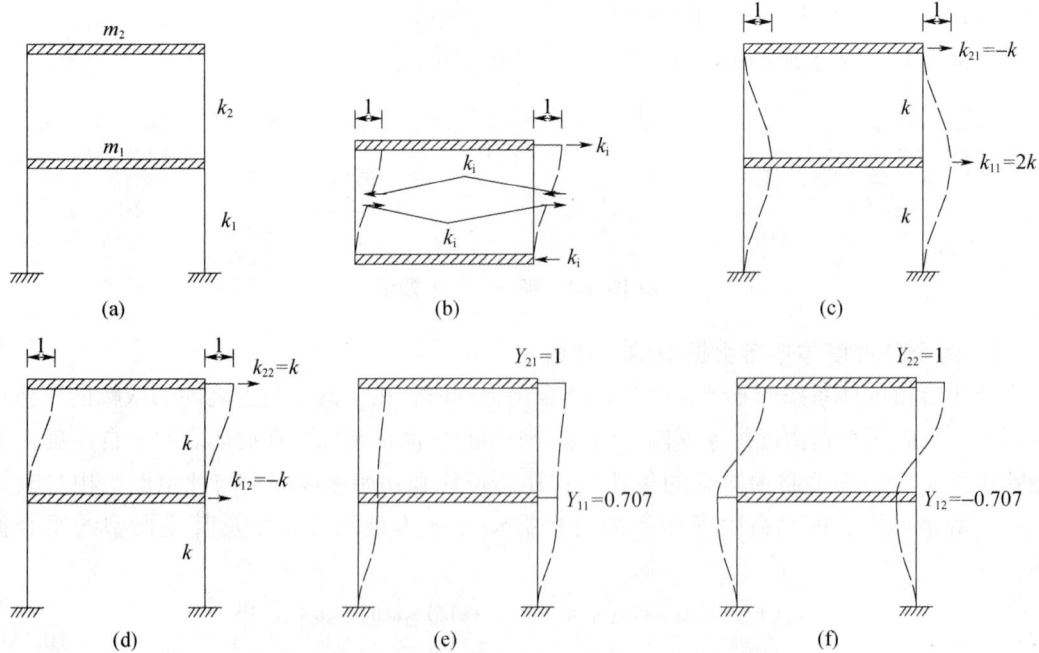

图10.23 用刚度法确定体系的自振频率和主振型

二、柔度法

1. 用柔度法建立体系的质点运动微分方程

下面仍然以图 10.21（a）所示的体系为例说明柔度法。设任意时刻，自由振动的位移如图 10.24（a）所示，该位移可视为是由图 10.24（b）所示惯性力引起的质点处的静位移。根据任意时刻，质点处的动位移等于把此时的惯性力当作静荷载引起的质点处的静位移，从而建立起质点的运动微分方程为

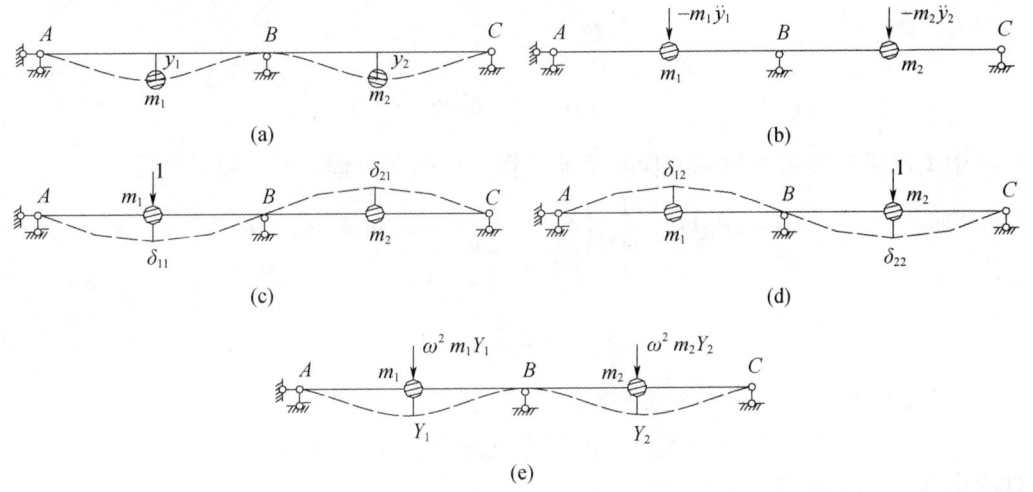

图 10.24 柔度法建立两个自由度体系的质点运动微分方程

$$\left.\begin{array}{l} y_1(t) = -m_1\ddot{y}_1\delta_{11} - m_2\ddot{y}_2\delta_{12} \\ y_2(t) = -m_1\ddot{y}_1\delta_{21} - m_2\ddot{y}_2\delta_{22} \end{array}\right\} \quad (10.91)$$

式中，δ_{11}、δ_{21} 和 δ_{12}、δ_{22} 为体系的柔度系数，分别是在质点振动方向施加单位力引起的质点沿振动方向的静位移，如图 10.24（c）、（d）所示。注意与图 10.21 中刚度系数向下为正方向相对应，此处柔度系数亦规定向下为正方向。

2. 自振周期和主振型

下面来求微分方程组（10.91）式的解，仍然设解为（10.82）式的形式

$$\left.\begin{array}{l} y_1(t) = Y_1\sin(\omega t + \alpha) \\ y_2(t) = Y_2\sin(\omega t + \alpha) \end{array}\right\} \quad (10.82)$$

即假设两个自由度体系按照某一主振型像单自由度体系那样作自由振动，Y_1 和 Y_2 为两质点的振幅。由（10.82）式知两个质点上的惯性力为：

$$\left.\begin{array}{l} -m_1\ddot{y}_1 = m_1Y_1\omega^2\sin(\omega t + \alpha) \\ -m_2\ddot{y}_2 = m_2Y_2\omega^2\sin(\omega t + \alpha) \end{array}\right\} \quad (a)$$

由此知道，两个质点上惯性力的幅值为 $m_1Y_1\omega^2$ 和 $m_2Y_2\omega^2$。

将（10.82）式和（a）式代入（10.91）式，并消去公因子 $\sin(\omega t + \alpha)$，得

$$\left.\begin{array}{l} Y_1 = (m_1Y_1\omega^2)\delta_{11} + (m_2Y_2\omega^2)\delta_{12} \\ Y_2 = (m_1Y_1\omega^2)\delta_{21} + (m_2Y_2\omega^2)\delta_{22} \end{array}\right\} \quad (10.92)$$

上式表明：主振型的位移幅值 Y_1 和 Y_2 就是此主振型惯性力幅值 $m_1 Y_1 \omega^2$ 和 $m_2 Y_2 \omega^2$ 作用下引起的静位移，如图 10.24（e）所示。

（10.92）式还可以改写为：

$$\left.\begin{aligned} Y_1\left(\delta_{11} m_1 - \frac{1}{\omega^2}\right) + \delta_{12} m_2 Y_2 &= 0 \\ \delta_{21} m_1 Y_1 + \left(\delta_{22} m_2 - \frac{1}{\omega^2}\right) Y_2 &= 0 \end{aligned}\right\} \tag{b}$$

为求得 Y_1、Y_2 的非零解，必须使得 Y_1、Y_2 前系数行列式为零，即有

$$D = \begin{vmatrix} \delta_{11} m_1 - \dfrac{1}{\omega^2} & \delta_{12} m_2 \\ \delta_{21} m_1 & \delta_{22} m_2 - \dfrac{1}{\omega^2} \end{vmatrix} \tag{10.93}$$

这就是用柔度系数表示的频率方程或特征方程。将频率方程展开，得

$$D = \left(\delta_{11} m_1 - \frac{1}{\omega^2}\right)\left(\delta_{22} m_2 - \frac{1}{\omega^2}\right) - \delta_{12} m_2 \delta_{21} m_1 = 0 \tag{c}$$

令

$$\lambda = \frac{1}{\omega^2} \tag{d}$$

则（c）式转化为一个关于 λ 的二次方程

$$\lambda^2 - (\delta_{11} m_1 + \delta_{22} m_2)\lambda + (\delta_{11}\delta_{22} m_1 m_2 - \delta_{12}\delta_{21} m_1 m_2) = 0 \tag{e}$$

由此求得 λ 的两个根为

$$\lambda_{1,2} = \frac{(\delta_{11} m_1 + \delta_{22} m_2) \pm \sqrt{(\delta_{11} m_1 + \delta_{22} m_2)^2 - 4(\delta_{11}\delta_{22} m_1 m_2 - \delta_{12}\delta_{21} m_1 m_2)}}{2}$$

$$\tag{10.94}$$

于是求得两个圆频率为

$$\omega_1 = \frac{1}{\sqrt{\lambda_1}}, \quad \omega_2 = \frac{1}{\sqrt{\lambda_2}}$$

下面再来确定主振型：将 ω_1 代入（b）式第一式得第一主振型为

$$\frac{Y_{11}}{Y_{21}} = -\frac{\delta_{12} m_2}{\delta_{11} m_1 - \dfrac{1}{\omega_1^2}} \tag{10.95a}$$

同样，将 ω_2 代入（b）式第一式得第二主振型为

$$\frac{Y_{12}}{Y_{22}} = -\frac{\delta_{12} m_2}{\delta_{11} m_1 - \dfrac{1}{\omega_2^2}} \tag{10.95b}$$

[**例 10-7**] 试求图 10.25（a）所示刚架的自振频率和主振型。

解：尽管只有一个质点，但由于质点水平方向和竖向位移之间互相独立，故本问题为两个自由度的体系。取质点的竖向位移为动力自由度 1、水平位移为动力自由度 2。作出 $\overline{M}_1$、$\overline{M}_2$ 图如图 10.25（b）、（c）所示，图乘得柔度系数为：

$$\delta_{11} = \frac{4l^3}{3EI}, \quad \delta_{12} = \delta_{21} = \frac{l^3}{2EI}, \quad \delta_{22} = \frac{l^3}{3EI}$$

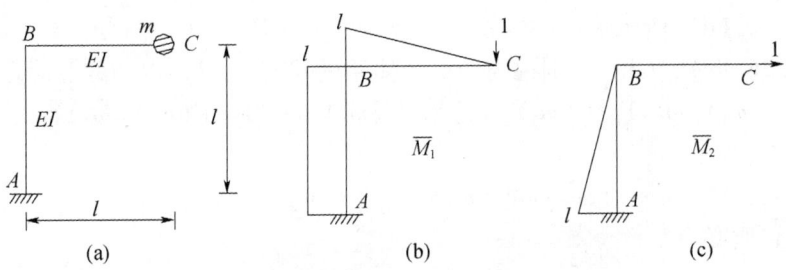

图 10.25 用柔度法确定体系的自振频率和主振型

将各柔度系数和质量 $m_1 = m$、$m_2 = m$ 代入（10.94）式，得

$$\lambda_1 = 1.540 \frac{ml^3}{EI}, \quad \lambda_2 = 0.126 \frac{ml^3}{EI}$$

由此求得两个频率为

$$\omega_1 = \frac{1}{\sqrt{\lambda_1}} = 0.806 \sqrt{\frac{EI}{ml^3}}, \quad \omega_2 = \frac{1}{\sqrt{\lambda_2}} = 2.817 \sqrt{\frac{EI}{ml^3}}$$

下面求主振型：由（10.95a）式得第一主振型为

$$\frac{Y_{11}}{Y_{21}} = -\frac{\delta_{12} m_2}{\delta_{11} m_1 - \frac{1}{\omega_1^2}} = \frac{2.427}{1}$$

由（10.95b）式得第二主振型为

$$\frac{Y_{12}}{Y_{22}} = -\frac{\delta_{12} m_2}{\delta_{11} m_1 - \frac{1}{\omega_2^2}} = -\frac{0.414}{1}$$

两主振型如图 10.26（a）、（b）所示。

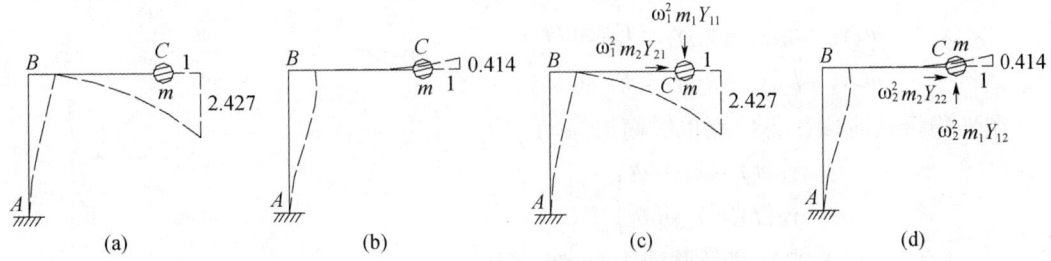

图 10.26 两个自由度主振型的正交性

三、主振型的正交性

两个自由度的动力体系，其第一、二主振型之间存在正交性，这是两个自由度体系的重要动力特性。下面以例 10-7 中的两个主振型为例对此进行说明。

图 10.26（a）中第一主振型的幅值为 $Y_{11} = 2.427$、$Y_{21} = 1$，由（10.92）式知，它们恰好等于质点上惯性力的幅值 $m_1 Y_{11} \omega_1^2$ 和 $m_2 Y_{21} \omega_1^2$ 作用在质点振动方向引起的静位移，如图 10.26（c）所示。同理，图 10.26（b）中第二主振型的幅值 $Y_{12} = -0.414$、$Y_{22} = 1$，恰好等于质点上惯性力的幅值 $m_1 Y_{12} \omega_2^2$ 和 $m_2 Y_{22} \omega_2^2$ 作用在质点振动方向引起的静位

移，如图 10.26（d）所示。

把图 10.26（c）、（d）分别视为同一个体系的状态 1、2，由功的互等定理有
$$(m_1 Y_{11}\omega_1^2)Y_{12} + (m_2 Y_{21}\omega_1^2)Y_{22} = (m_1 Y_{12}\omega_2^2)Y_{11} + (m_2 Y_{22}\omega_2^2)Y_{21}$$
整理后得
$$(\omega_1^2 - \omega_2^2)(m_1 Y_{11} Y_{12} + m_2 Y_{21} Y_{22}) = 0$$
如果 $\omega_1 \neq \omega_2$，则必有
$$m_1 Y_{11} Y_{12} + m_2 Y_{21} Y_{22} = 0 \tag{10.96}$$

这就是两个主振型之间关于质量矩阵存在的正交关系。可以利用该正交关系检验计算得到的振型是否正确。

第六节 两个自由度体系在简谐荷载作用下的强迫振动

两个自由度体系在简谐荷载作用下强迫振动的稳态解是与简谐荷载的圆频率相同的简谐振动，两个质点处的振幅可以根据刚度法或柔度法求得。然后，可以求得作用在两个质点上的惯性力的幅值；整个结构动内力幅值的计算可以在两个质点的惯性力幅值和简谐荷载幅值共同作用下按照静力分析方法计算得出。

一、根据刚度法求得稳态受迫振动部分的振幅

下面以图 10.27 所示两个自由度体系为例，说明如何根据刚度法求得简谐荷载作用下稳态受迫振动部分的振幅。在简谐荷载作用下的振动方程为

$$\left.\begin{aligned} m_1 \ddot{y}_1 + k_{11} y_1 + k_{12} y_2 &= F_{P1} \sin\theta t \\ m_2 \ddot{y}_2 + k_{21} y_1 + k_{22} y_2 &= F_{P2} \sin\theta t \end{aligned}\right\} \tag{10.97}$$

在平稳振动阶段，各质点也做简谐振动
$$\left.\begin{aligned} y_1(t) &= Y_1 \sin\theta t \\ y_2(t) &= Y_2 \sin\theta t \end{aligned}\right\} \tag{a}$$

将（a）式代入（10.97）式，并消去 $\sin\theta t$，得
$$\left.\begin{aligned} (k_{11} - \theta^2 m_1) Y_1 + k_{12} Y_2 &= F_{P1} \\ k_{21} Y_1 + (k_{22} - \theta^2 m_2) Y_2 &= F_{P2} \end{aligned}\right\} \tag{b}$$

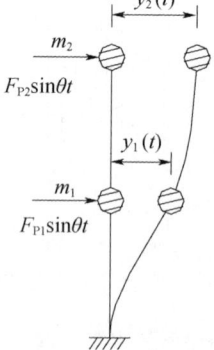

图 10.27 刚度法求稳态振幅

由此求得稳态受迫振动部分的振幅为：
$$Y_1 = \frac{D_1}{D_0}, \quad Y_2 = \frac{D_2}{D_0} \tag{10.98}$$
式中
$$\left.\begin{aligned} D_0 &= (k_{11} - \theta^2 m_1)(k_{22} - \theta^2 m_2) - k_{12} k_{21} \\ D_1 &= (k_{22} - \theta^2 m_2) F_{P1} - k_{12} F_{P2} \\ D_2 &= -k_{21} F_{P1} + (k_{11} - \theta^2 m_1) F_{P2} \end{aligned}\right\} \tag{10.99}$$

注意到（10.98）式中分母 D_0 与（10.86）式求自振频率的行列式 D 形式完全相同，只是将自振频率 ω 换成了简谐荷载的圆频率 θ。因此，如果 θ 与 ω_1 或 ω_2 相等时，则有 $D_0=0$，当 D_1、D_2 不全为零时，则位移振幅 Y_1、Y_2 将趋于无穷大，这时即出现共振现象。

二、根据柔度法求得稳态受迫振动部分的振幅

当简谐荷载没有作用在质点振动方向时，利用柔度法建立运动方程比刚度法简单。例如，图 10.28（a）所示两个自由度体系，在任意时刻 t，质点 1、2 的位移 $y_1(t)$、$y_2(t)$ 等于体系在惯性力 $-m_1\ddot{y}_1$、$-m_2\ddot{y}_2$ 和简谐荷载 $F_P\sin\theta t$ 共同作用下的位移，即

$$\left.\begin{array}{l} y_1 = -m_1\ddot{y}_1\delta_{11} - m_2\ddot{y}_2\delta_{12} + \Delta_{1P}\sin\theta t \\ y_2 = -m_1\ddot{y}_1\delta_{21} - m_2\ddot{y}_2\delta_{22} + \Delta_{2P}\sin\theta t \end{array}\right\} \tag{10.100}$$

式中，Δ_{1P}、Δ_{2P} 为简谐荷载幅值 F_P 在质点 1、2 处产生的静位移，如图 10.28（c）所示。

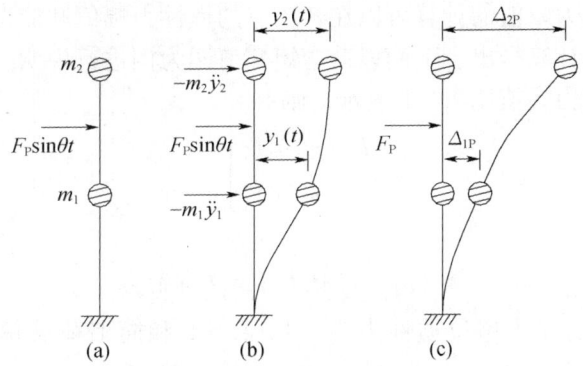

图 10.28 根据柔度法求稳态振幅

设平稳振动阶段各质点的解仍然为

$$\left.\begin{array}{l} y_1(t) = Y_1\sin\theta t \\ y_2(t) = Y_2\sin\theta t \end{array}\right\} \tag{a}$$

将（a）式代入（10.100）式，并消去 $\sin\theta t$，整理后得

$$\left.\begin{array}{l} (m_1\theta^2\delta_{11}-1)Y_1 + m_2\theta^2\delta_{12}Y_2 + \Delta_{1P} = 0 \\ m_1\theta^2\delta_{21}Y_1 + (m_2\theta^2\delta_{22}-1)Y_2 + \Delta_{2P} = 0 \end{array}\right\} \tag{10.101}$$

由此求得稳态受迫振动部分的振幅为

$$Y_1 = \frac{D_1}{D_0}, \quad Y_2 = \frac{D_2}{D_0} \tag{10.102}$$

式中

$$D_0 = \begin{vmatrix} m_1\theta^2\delta_{11}-1 & m_2\theta^2\delta_{12} \\ m_1\theta^2\delta_{21} & m_2\theta^2\delta_{22}-1 \end{vmatrix}$$

$$D_1 = \begin{vmatrix} -\Delta_{1P} & m_2\theta^2\delta_{12} \\ -\Delta_{2P} & m_2\theta^2\delta_{22}-1 \end{vmatrix}, \quad D_2 = \begin{vmatrix} m_1\theta^2\delta_{11}-1 & -\Delta_{1P} \\ m_1\theta^2\delta_{21} & -\Delta_{2P} \end{vmatrix} \tag{10.103}$$

注意到（10.102）式中分母 D_0 与（10.93）式求自振频率的行列式 D 形式完全相同，只是将自振频率 ω 换成了简谐荷载的圆频率 θ。因此，如果 θ 与 ω_1 或 ω_2 相等时，则有 $D_0=0$，当 D_1、D_2 不全为零时，则位移振幅 Y_1、Y_2 将趋于无穷大，即出现共振现象。

三、动内力幅值的计算

在求得位移幅值 Y_1、Y_2 之后，则得到质点的位移和惯性力分别为

$$\left.\begin{aligned}y_1(t)&=Y_1\sin\theta t\\y_2(t)&=Y_2\sin\theta t\end{aligned}\right\} \tag{a}$$

$$\left.\begin{aligned}-m_1\ddot{y}_1&=m_1\theta^2 Y_1\sin\theta t\\-m_2\ddot{y}_2&=m_2\theta^2 Y_2\sin\theta t\end{aligned}\right\} \tag{c}$$

可以看到位移、惯性力和简谐荷载，当 $\sin\theta t=1$，同时达到幅值。显然，此时动内力也达到幅值。动内力幅值的计算可以在各质点的惯性力幅值和简谐荷载幅值共同作用下按照静力分析方法计算得出。下面以动弯矩幅值图为例进行说明。

设各质点的惯性力幅值用 I_1、I_2 表示，则有

$$\left.\begin{aligned}I_1&=m_1\theta^2 Y_1\\I_2&=m_2\theta^2 Y_2\end{aligned}\right\} \tag{10.104}$$

则动弯矩幅值图为

$$M(t)_{\max}=\overline{M}_1 I_1+\overline{M}_2 I_2+M_P \tag{10.105}$$

式中，$\overline{M}_1$、$\overline{M}_2$、M_P 分别为单位惯性力 $I_1=1$、$I_2=1$ 和简谐荷载幅值引起的结构的弯矩图。

[**例10-8**] 试求图 10.29（a）所示体系的动位移幅值和动弯矩幅值图，$\theta=0.5\omega_1$。

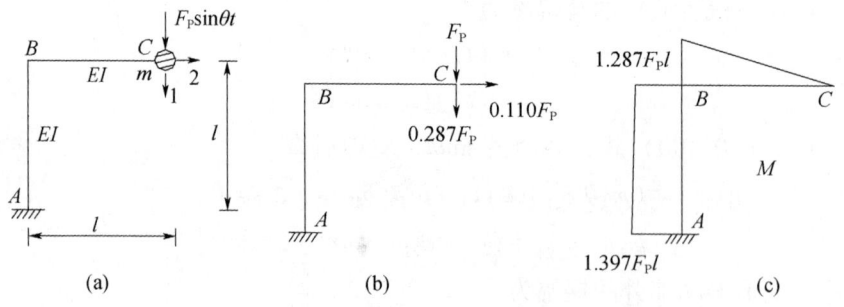

图 10.29 求位移幅值和动弯矩幅值图

解：（1）例10-7 中已求得柔度系数和基本频率 ω_1 为：

$$\delta_{11}=\frac{4l^3}{3EI},\ \delta_{12}=\delta_{21}=\frac{l^3}{2EI},\ \delta_{22}=\frac{l^3}{3EI},\ \omega_1=0.806\sqrt{\frac{EI}{ml^3}}$$

于是有

$$\theta=0.5\omega_1=0.403\sqrt{\frac{EI}{ml^3}}$$

(2) 作 M_P 图，与例 10-7 中 $\overline{M}_1$、$\overline{M}_2$ 图乘，得

$$\Delta_{1P} = \frac{4F_P l^3}{3EI} \qquad \Delta_{2P} = \frac{F_P l^3}{2EI}$$

(3) 计算 D_0、D_1 和 D_2：

$$m_1 \theta^2 = m_2 \theta^2 = 0.162 \frac{EI}{l^3}$$

$$D_0 = \begin{vmatrix} m_1\theta^2\delta_{11} - 1 & m_2\theta^2\delta_{12} \\ m_1\theta^2\delta_{21} & m_2\theta^2\delta_{22} - 1 \end{vmatrix} = \begin{vmatrix} 0.216 - 1 & 0.081 \\ 0.081 & 0.054 - 1 \end{vmatrix} = \begin{vmatrix} -0.784 & 0.081 \\ 0.081 & -0.946 \end{vmatrix} = 0.735$$

$$D_1 = \begin{vmatrix} -\Delta_{1P} & m_2\theta^2\delta_{12} \\ -\Delta_{2P} & m_2\theta^2\delta_{22} - 1 \end{vmatrix} = \begin{vmatrix} -\dfrac{4F_P l^3}{3EI} & 0.081 \\ -\dfrac{F_P l^3}{2EI} & -0.946 \end{vmatrix} = 1.302 \frac{F_P l^3}{EI}$$

$$D_2 = \begin{vmatrix} m_1\theta^2\delta_{11} - 1 & -\Delta_{1P} \\ m_1\theta^2\delta_{21} & -\Delta_{2P} \end{vmatrix} = \begin{vmatrix} -0.784 & -\dfrac{4F_P l^3}{3EI} \\ 0.081 & -\dfrac{F_P l^3}{2EI} \end{vmatrix} = 0.500 \frac{F_P l^3}{EI}$$

(4) 计算位移幅值：

$$Y_1 = \frac{D_1}{D_0} = \frac{1.302}{0.735} \frac{F_P l^3}{EI} = 1.771 \frac{F_P l^3}{EI}$$

$$Y_2 = \frac{D_2}{D_0} = \frac{0.500}{0.735} \frac{F_P l^3}{EI} = 0.680 \frac{F_P l^3}{EI}$$

(5) 计算惯性力幅值 I_1、I_2：

$$I_1 = m_1\theta^2 Y_1 = 0.162 \frac{EI}{l^3} \times 1.771 \frac{F_P l^3}{EI} = 0.287 F_P$$

$$I_2 = m_2\theta^2 Y_2 = 0.162 \frac{EI}{l^3} \times 0.680 \frac{F_P l^3}{EI} = 0.110 F_P$$

(6) 作动弯矩幅值图。

将惯性力幅值 I_1、I_2 和简谐荷载幅值当作静荷载，加在结构上，如图 10.29（b）所示，得到的弯矩图即为动弯矩幅值图，如图 10.29（c）所示。

思考题

1. 动力计算与静力计算的主要区别是什么？
2. 动力自由度与几何构成分析中体系的自由度之间的区别是什么？
3. 体系的动力自由度的个数是否一定等于体系中质点的个数？
4. 什么是动力系数？其大小与哪些因素有关？
5. 什么是临界阻尼常数和阻尼比？阻尼常数对结构的自振频率是否有影响？
6. 能否在实验中直接测得单自由度体系的阻尼常数 c？

7. 什么是两个自由度体系的振型？为什么振型是体系固有的动力特性？
8. 两个自由度体系按照某个主振型自由振动的条件是什么？
9. 为什么对称结构的振型一定是对称的或者反对称的？
10. 两个自由度体系各点的位移动力系数是否都相等？同一点位移和内力的动力系数是否相等？

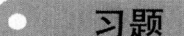

10.1 试求图示各梁的柔度系数和自振圆频率 ω，忽略梁本身的质量。

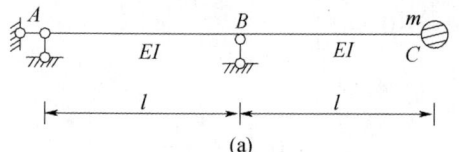 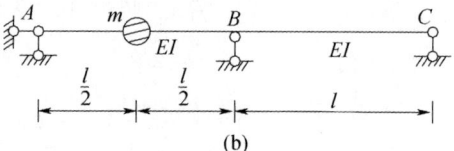

题 10.1 图

10.2 试求图示各结构的刚度系数和自振圆频率 ω。

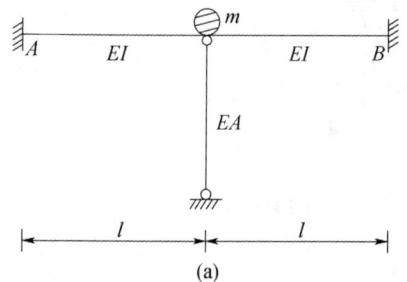 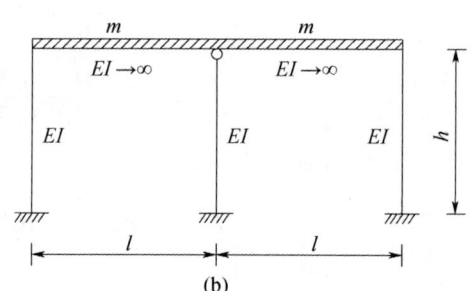

题 10.2 图

10.3 某单自由度结构自由振动经过 12 个周期后，振幅降为原来的 10%，试求阻尼比 ξ。

10.4 图示体系，$W=9\text{kN}$，梁中点竖向柔度 $\delta=3\times10^{-5}\text{m/kN}$，简谐荷载为 $F_\text{P}\sin\theta t$，其幅值 $F_\text{P}=2\text{kN}$，$\theta=0.8\omega$。求跨中振幅及最大挠度，并画出动力弯矩幅值图。

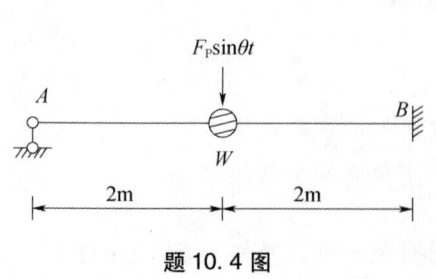 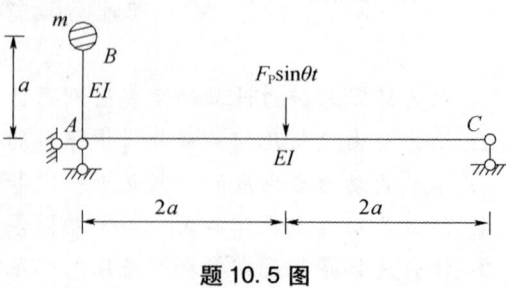

题 10.4 图   题 10.5 图

10.5 图示体系，已知 $\theta=0.5\omega$，各杆 $EI=$ 常数，不计杆件自重。求振幅并作出动力弯矩幅值图。

10.6 试求图示各结构的自振频率和主振型。

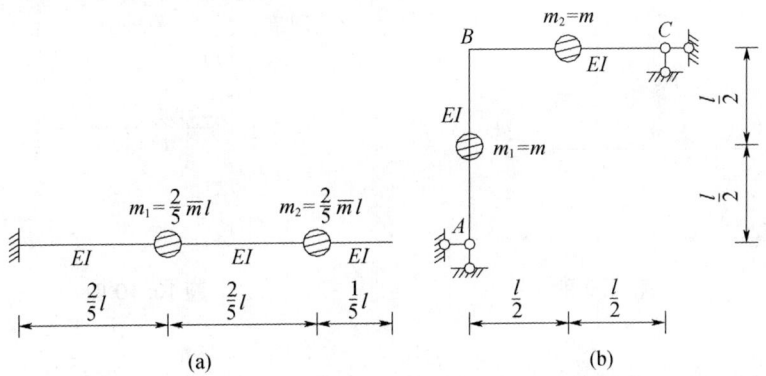

题 10.6 图

10.7 试求图示各刚架的自振频率和主振型。横梁为无限刚性，体系的质量全部集中在横梁上，各柱的抗弯刚度和线刚度分别如图（a）、（b）所示。

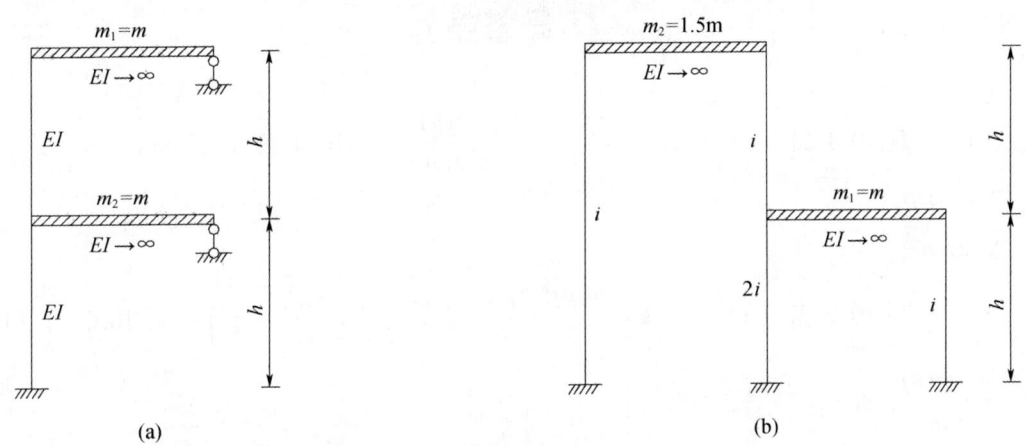

题 10.7 图

10.8 试求图示各结构的自振频率。

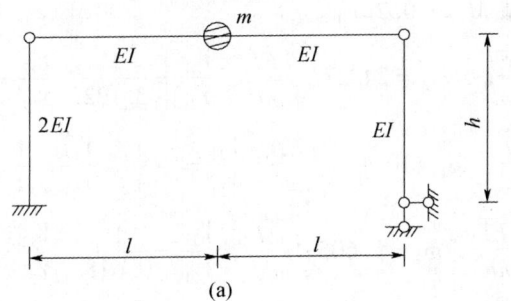 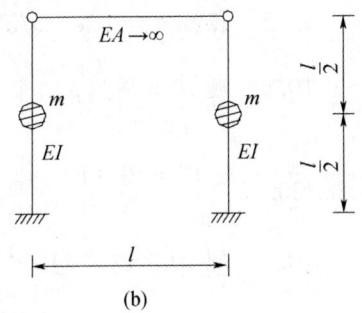

题 10.8 图

10.9 求图示体系质点1、2处的动位移幅值和动力弯矩幅值图。已知：$m_1 = m_2 = m$，$EI = $ 常数，$\theta = 0.75\omega_1$。

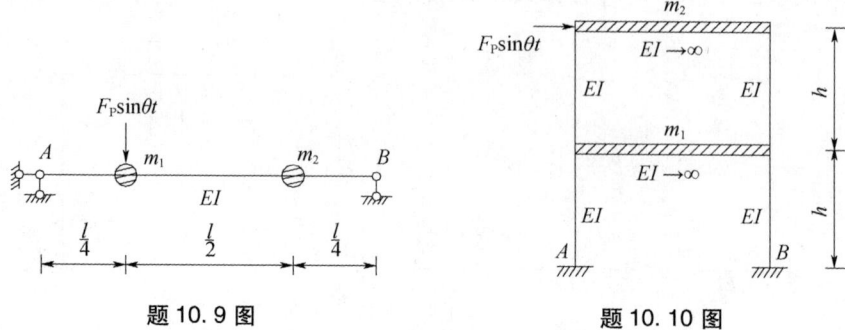

题10.9图　　　　题10.10图

10.10 图示刚架在二层楼面作用有简谐荷载 $F_P\sin\theta t$，$\theta = 4\sqrt{\dfrac{EI}{mh^3}}$，$m_1 = m_2 = m$，计算第一、二层楼面处振幅值、惯性力幅值和柱底端截面弯矩幅值。

习题答案

10.1 题10.1图（a）中，$\delta = \dfrac{2l^3}{3EI}$，$\omega = \sqrt{\dfrac{3EI}{2ml^3}}$；题10.1图（b）中，$\delta = \dfrac{23l^3}{1536EI}$，$\omega = \sqrt{\dfrac{1536EI}{23ml^3}}$。

10.2 题10.2图（a）中，$k = \dfrac{24EI}{l^3} + \dfrac{EA}{h}$，$\omega = \sqrt{\dfrac{1}{m}\left(\dfrac{24EI}{l^3} + \dfrac{EA}{h}\right)}$；题10.2图（b）中，$k = \dfrac{27EI}{h^3}$，$\omega = \sqrt{\dfrac{27EI}{2mh^3}}$。

10.3 $\xi = 0.0305$。

10.4 振幅 $A = 0.167\text{mm}$，最大挠度为 0.437mm，固定端动力弯矩幅值 $M_{BA} = 4.167\text{kN}\cdot\text{m}$。

10.5 振幅 $A = 4a^3 F_P/3EI$，动力弯矩幅值 $M_{AB} = 0.2aF_P$。

10.6 题10.6图（a）中，$\omega_1 = 3.649\sqrt{\dfrac{EI}{ml^4}}$，$\omega_2 = 24.277\sqrt{\dfrac{EI}{ml^4}}$，$\dfrac{Y_{11}}{Y_{21}} = \dfrac{1}{3.122}$，$\dfrac{Y_{12}}{Y_{22}} = -\dfrac{1}{0.3205}$；题10.6图（b）中，$\omega_1 = 6.928\sqrt{\dfrac{EI}{ml^3}}$，$\omega_2 = 10.474\sqrt{\dfrac{EI}{ml^3}}$，$\dfrac{Y_{11}}{Y_{21}} = -\dfrac{1}{1}$，$\dfrac{Y_{12}}{Y_{22}} = \dfrac{1}{1}$。

10.7 题10.7图（a）中，$\omega_1 = 2.141\sqrt{\dfrac{EI}{mh^3}}$，$\omega_2 = 5.605\sqrt{\dfrac{EI}{mh^3}}$，$\dfrac{Y_{11}}{Y_{21}} = \dfrac{1}{0.618}$，$\dfrac{Y_{12}}{Y_{22}} = -\dfrac{1}{1.618}$；题10.7图（b）中，$\omega_1 = 2.761\sqrt{\dfrac{i}{mh^2}}$，$\omega_2 = 7.098\sqrt{\dfrac{i}{mh^2}}$，$\dfrac{Y_{11}}{Y_{21}} = \dfrac{1}{3.365}$，$\dfrac{Y_{12}}{Y_{22}} = $

$-\dfrac{1}{0.198}$。

10.8 题 10.8 图（a）中，$\omega_1 = \sqrt{\dfrac{6EI}{ml^3}}$，$\omega_2 = \sqrt{\dfrac{6EI}{mh^3}}$；题 10.8 图（b）中，$\omega_1 = \sqrt{\dfrac{24EI}{ml^3}}$，$\omega_2 = \sqrt{\dfrac{768EI}{7ml^3}}$。

10.9 质点 1 振幅为 $Y_1 = 0.0252\dfrac{F_\text{P}l^3}{EI}$、质点 2 振幅为 $Y_2 = 0.0224\dfrac{F_\text{P}l^3}{EI}$；质点 1 处动弯矩幅值为 $0.353F_\text{P}l$。

10.10 楼层一振幅为 $Y_1 = -0.075\dfrac{F_\text{P}h^3}{EI}$、楼层二振幅为 $Y_2 = -0.1\dfrac{F_\text{P}h^3}{EI}$；楼层一惯性力幅值为 $-1.2F_\text{P}$、楼层二惯性力幅值为 $-1.6F_\text{P}$；柱底 A 截面弯矩幅值为 $M_A = 0.45F_\text{P}h$。

第十一章

结构弹性稳定计算

在结构设计中，为保证结构能安全有效地承受荷载，除了进行强度和刚度计算外，还需要进行稳定性验算。注意到，强度计算和稳定计算是两类截然不同的问题。从材料力学知道，对于轴心受压短柱试验，其破坏形式为强度破坏，破坏时，横截面上的应力达到了材料的极限应力；而对于细长轴心受压杆件，其破坏是由于稳定性丧失导致的。当施加的轴心压力荷载 F_P 值达到临界荷载 F_{Pcr} 时，这时初始的竖直平衡状态不能保持稳定，会出现新的弯曲的平衡状态。对于细长杆件弹性稳定问题，此时，杆件横截面上的最大应力——临界应力小于材料的比例极限应力，当然更小于材料的极限应力。

强度破坏是由于工作应力达到材料的极限应力；而弹性稳定破坏时，截面的临界应力小于材料的比例极限应力。稳定破坏的原因在于荷载达到了临界荷载值 F_{Pcr}，从而使得原来稳定的初始竖直平衡状态变为了不稳定。由此可知，确保稳定性的关键在于求得杆件的临界荷载 F_{Pcr} 的值，并确保工作荷载要小于该值。

以上是压杆稳定的相关内容，其相关结果可以直接应用到桁架中的受压杆件的稳定性分析中。但对于可能承受轴向荷载的其他实际结构，例如，刚架、拱和组合杆同样会有稳定问题，不能直接把压杆稳定分析的有关结论直接拿过来使用。这样，我们就必须先想办法解决这些结构的稳定问题，并推得这些结构的临界荷载 F_{Pcr} 的表达式。

解决一个稳定问题的完整步骤首先是要找出轴向荷载 F_P 与某个特征位移量 Δ 之间的关系式。这个式子中，一边是 F_P，一边是 Δ，故要得到这个式子，必须在新的平衡位置处，即 Δ 非零处，利用静力平衡条件或者总势能驻值原理才能得到。由此可知，在稳定问题的 F_P-Δ 关系式中，综合了平衡关系、几何关系和物理关系，属于位移解法。与强度问题中平衡关系是在初始的位形处（也即 $\Delta=0$ 处）考虑不同，稳定问题的平衡条件是在 Δ 非零处建立，也即位移发生后的新位置处建立，故叠加原理在稳定问题中不再成立。然后，要作出 F_P-Δ 曲线图形，只有按照大挠度理论，才能得到 F_P-Δ 之间的精确的关系；接着要对新的平衡位置的稳定性进行判断；最后，要给出临界荷载 F_{Pcr} 的值。

根据 F_P-Δ 曲线的特点，将稳定问题分为分支点失稳和极值点失稳两类。对于完善体系的分支点失稳问题，存在一个初始的竖直平衡状态，杆件只受压。当轴向荷载 F_P 小于临界荷载 F_{Pcr} 时，初始平衡状态是稳定的；当轴向荷载 F_P 大于 F_{Pcr} 时，初始平衡状态是不稳定的；当轴向荷载 F_P 等于 F_{Pcr} 时，初始平衡状态处于由稳定平衡过渡到不稳定平衡的临界状态，还会出现压弯共存的新的平衡状态，据此特征可以求出临界荷载值 F_{Pcr} 来。

对于非完善体系的极值点失稳问题，一开始，杆件就处于压弯共存的平衡形式。当 F_P 小于 F_{Pcr} 时，平衡状态是稳定的；极值点后，平衡状态是不稳定的；随着 F_P 逐渐增大，Δ 的增加越来越快，在 F_P-Δ 曲线的极值点处，平衡状态处于由稳定向不稳定的转变状态，该点切线与基线平行，对应的轴向荷载 F_P 等于临界荷载 F_{Pcr}。

由于要得到大挠度理论下的 F_P-Δ 曲线的解析表达式不易，使得按照极值点失稳来计算临界荷载很难进行下去。工程上，常常是针对分支点失稳问题，利用线性化方法获得临界荷载。

按照线性化方法求解分支点失稳问题的临界荷载时，有静力法和利用总势能驻值原理两种方法。静力法求得临界荷载的精确值。总势能驻值原理既可以求精确值，也能用来求临界荷载的近似值。

第一节　稳定分析的一个简例

通过图 11.1 所示的一个单自由度体系的具体例子来看稳定问题分析的主要内容。该图中 AB 为刚性杆，下端弹性固定，其转动刚度系数为 k，杆件上作用了一个力矩 M_0。

一、稳定问题要在位移发生后的新位置处建立力的平衡方程

图 11.1 中，在竖向荷载 F_P 和力矩 M_0 的共同作用下，刚性杆 AB 会产生图中所示的转角。在此转角产生后的位置处建立力的平衡方程。稳定问题的特点是平衡方程都是在位移产生后的位置处建立。而我们在前面章节结构力学的内力分析的时候，平衡方程均是在变形发生前的位置处建立。这是稳定问题分析和以前内力分析最显著的不同的特点。

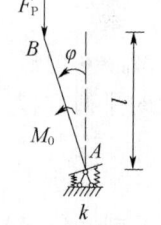

图 11.1　单自由度体系的例子

取刚性杆 AB 为隔离体，利用 $\sum m_A = 0$，就可以建立平衡方程如下

$$F_P l \sin\varphi - k\varphi + M_0 = 0 \tag{11.1}$$

二、稳定问题要求出平衡方程所有的解，有可能出现多解现象，作出 F_P-φ 曲线

下面求平衡方程（11.1）的解，这是稳定问题中关键的一步，也常常是难度很大的一步。我们分两种情形来求平衡方程（11.1）的解。

1. $M_0 = 0$ 情形

此时平衡方程（11.1）变为

$$F_P l \sin\varphi - k\varphi = 0 \tag{11.2}$$

从方程（11.2）可以求得

$$\varphi = \frac{F_P}{k/l}\sin\varphi \tag{11.3}$$

从得到的转角 φ 与荷载 F_P 的关系式可以看出，此时转角与荷载之间的关系不再是线性关系，而是非线性的关系，所以稳定问题中叠加原理不再成立。

为了得到荷载与转角的关系曲线 F_P-φ 图，我们引进来一个参数

$$\lambda = \frac{F_P}{k/l} \tag{11.4}$$

从而方程（11.3）可以改写为

$$\varphi = \lambda\sin\varphi \tag{11.5}$$

由图 11.2 可知，当参数 $\lambda \le 1$ 时，方程（11.5）只有零解。从图 11.3 中看到，当参数 $\lambda > 1$ 时，方程有对称非零解：如 $\varphi = \pm\pi/2$ 时，可以通过方程（11.5）求得 $\lambda = 1.57$；$\varphi = \pm\pi/6$ 时，求得 $\lambda = 1.05$ 等。从而可以得到荷载与转角的 F_P-φ 的关系曲线，如图 11.6 所示。与图 11.1 相对应，将 φ 大于零的部分画在坐标轴左边。

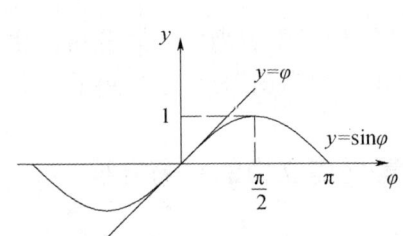

图 11.2 $\lambda \le 1$ 时只有零解

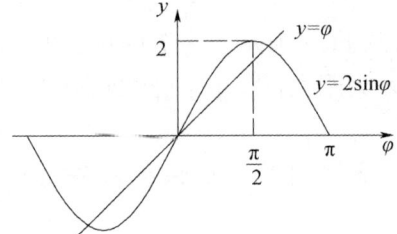

图 11.3 $\lambda > 1$ 时有对称非零解

2. $M_0 \ne 0$ 情形

此时平衡方程（11.1）各项同时除以转动刚度系数 k，则有

$$\lambda\sin\varphi - \varphi + \frac{M_0}{k} = 0 \tag{11.6}$$

式中，λ 同（11.4）式，新引进参数 φ_0 如下式所示

$$\varphi_0 = \frac{M_0}{k} \tag{11.7}$$

式中，φ_0 为力矩 M_0 所引起的杆件的初始转角。

则方程（11.6）可以改写为

$$\lambda\sin\varphi - \varphi + \varphi_0 = 0 \tag{11.8}$$

从图 11.4 中可以看到，当参数 $\lambda \le 1$ 时，方程（11.8）只有一个解；从图 11.5 中可以看到，当参数 $\lambda > 1$ 时，方程有三个非零解。

下面我们只考虑 $\varphi_0 = 0.05$ 的这一种情况，对于任意的参数 $\lambda \le 1$ 时，从图 11.4 中可以看到，此时方程（11.8）只有一个解。该解可以利用试算法如下得出。如对 $\lambda = 1.0$，此时方程

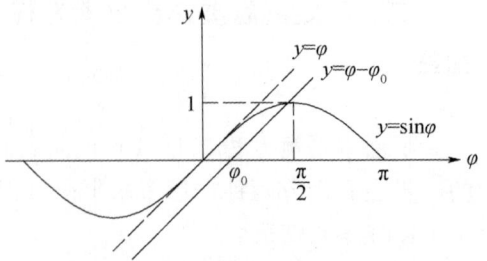

图 11.4 $\lambda \le 1$ 时，方程（11.8）只有一个解

(11.8) 为

$$\sin\varphi - \varphi + 0.05 = 0 \tag{11.9}$$

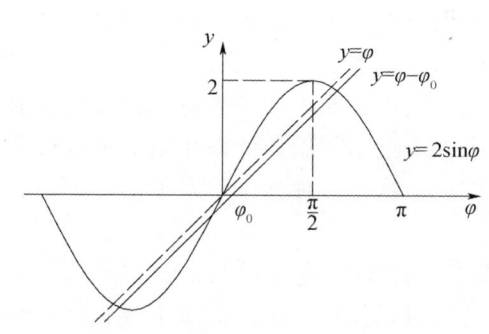

图 11.5 $\lambda > 1$ 时，方程 (11.8) 有三个非零解

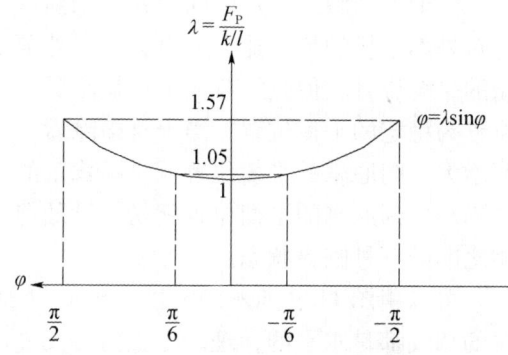

图 11.6 $M_0 = 0$ 时荷载与转角的关系曲线

对于 $\varphi = 0.65$，此时方程 (11.9) 为 $\sin 0.65 - 0.65 + 0.05 = 0.605 - 0.60 \approx 0$。

故对于 $\lambda = 1.0$，$\varphi = 0.65$。同理，对于 $\lambda = 0.5$，$\varphi = 0.09$；对于 $\lambda = 0.2$，$\varphi = 0.06$。

当参数 $\lambda > 1$ 时，从图 11.5 中可以看到，方程有三个非零解。这三个解同样可以利用试算法如下得出。如对 $\lambda = 1.214$，可以求得 $\varphi = 1.16$、$\varphi = -0.25$ 和 $\varphi = -0.90$。

$\lambda = 1.214$ 时的三个平衡解如图 11.8 所示。同理，对于 $\lambda = 1.52$，可以求得 $\varphi = \pi/2$、$\varphi = -0.1$ 和 $\varphi = -1.46$。据以上的分析结论，可以得到荷载与转角 F_P-φ 的关系曲线，如图 11.7 所示。

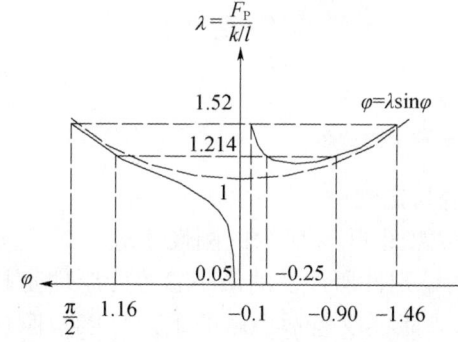

图 11.7 $M_0 \neq 0$ 时荷载与转角的关系曲线

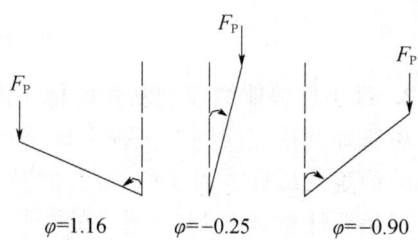

图 11.8 $\lambda = 1.214$ 时的三个解

三、稳定问题要对各个解的稳定性进行判断

从上面的分析知道，$\lambda = 1.214$ 时，体系共有三个解。现在就有一个问题，哪一个解在实际中是可以实现的，哪一个解在实际中是不能实现的？比如对第二个解，尽管我们可以试图通过人为的施加干扰来实现这个解。但是，人为的干扰只能无限接近这个解，不可能等于精确解。如果第二个解是稳定的，那么在人为的干扰撤除后，第二个解就可以实现；反之，则只能是理论上的，实际上得不到。因为干扰撤除后，越来越偏离

这个理论上的解。

1. 稳定平衡、不稳定平衡和随遇平衡三种平衡状态

所谓平衡解的稳定性问题就是平衡解是否具有抵抗干扰的能力。如果一个平衡解具有对外部干扰的抵抗能力，也就是在外部干扰作用下偏离了原始的平衡位置，来到一个新的平衡位置，但是一旦当干扰撤除后，体系能回到原来的平衡位置，则称原来的平衡位置为稳定的平衡位置；当干扰撤除后，体系不仅回不到原来的平衡位置，反而位移不断增大，则原来的平衡位置就是不稳定的；如果在干扰撤除后，体系在新的平衡位置保持不动，则原来的平衡位置就是一种随遇平衡位置，这是一种介于稳定平衡和不稳定平衡之间的一种临界状态。

可以用图 11.9 所示的刚性小球的三种平衡状态来对此进行说明，图中小球所处位置的切线都是水平的，理论上重力和支承反力之间可以保持平衡，故三个位置都是小球的可能平衡位置。图 11.9（a）中的小球的平衡状态是稳定的，当在干扰作用下来到临近位置时，只要干扰撤除，则小球要回到最低点。从能量方面看，在最低点小球的总势能最小，也就是总势能最小的平衡位置其平衡状态是稳定的。图 11.9（c）中的小球的平衡是不稳定的，当在干扰作用下来到邻近的位置时，一旦干扰撤除，则小球不仅回不到最高点，反而位移越来越大。从能量方面看，在最高点，小球的总势能最大，故总势能最大的平衡位置其平衡状态是不稳定的。图 11.9（b）中的小球的平衡状态是随遇平衡的，因为当在干扰作用下来到邻近的平衡位置时，干扰撤除后，则小球停留在新的平衡位置不动。从能量方面看，在新平衡位置和原平衡位置，小球的总势能保持不变，故总势能不变的平衡位置其平衡状态是随遇平衡的。

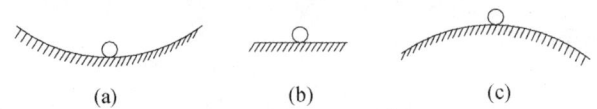

图 11.9　刚性小球的三种平衡状态

2. 最小总势能原理判断弹性稳定问题平衡的稳定性

尽管弹性稳定问题的三种平衡状态的解释不像图 11.9 所示的刚性小球的三个平衡状态的稳定性那样一目了然，但是判断平衡解的稳定性所涉及的最小总势能原理是相同的。只是要注意到图 11.9 所示的刚性小球的总势能仅仅包括小球的重力势能，但在弹性体系的稳定分析中，平衡解处的总势能 E_P 包括变形势能 V_ε 和荷载势能 V_P。

总势能最小原理：与平衡解附近的临近点比较，如果在平衡解处总势能 E_P 取极小值，则该处的平衡是稳定的；如果在平衡解处总势能 E_P 取极大值，则该处的平衡是不稳定的；如果总势能 E_P 保持不变，则该处的平衡是随遇平衡。

3. 总势能驻值原理

在实际演算中，先要写出总势能 E_P 的表达式，然后判断在平衡解处，E_P 是极小、极大还是不变的问题。首先，注意到，在平衡解处有 $\delta E_P = 0$。

这是因为，我们假设在平衡解处体系产生了约束许可的虚位移，假设体系没有热能或者动能的改变，则根据能量守恒定律，外力所做的虚功 δW 等于变形势能的增加 δV_ε，即

$$\delta V_\varepsilon = \delta W$$

再注意到，对于保守系统（体系由位置 1 变到位置 2 时，内力和外力所做的功仅与始、末位置有关，与中间过程无关），外力虚功 δW 等于荷载势能的变分的负值 $-\delta V_P$，即

$$\delta W = -\delta V_P$$

就如同在重力势能中，当重力做正功时，重力势能减少一样。从而，有

$$\delta E_P = \delta(V_\varepsilon + V_P) = 0 \tag{11.10}$$

这就是总势能驻值原理，说明了在平衡解处总势能有驻值。

对总势能驻值原理的理解和把握要注意以下两方面：

第一方面，在总势能驻值原理中，系统是保守系统，外力所做的功与路径无关，只与起点、终点的位置有关；对于保守系统，外力功等于荷载势能的负值；根据能量守恒定律，外力功转化为变形势能。

第二方面，在位移解法中，我们知道真实的位移除了要满足位移边界条件以外，还必须满足用位移表示的静力平衡边界条件和用位移表示的平衡微分方程。现在又看到，实际存在的位移，除了满足位移边界条件以外（虚位移的特性），还满足总势能驻值原理。而且，通过运算，还可以从总势能驻值原理推导出用位移表示的平衡微分方程和用位移表示的静力平衡边界条件（参见本章第四节）。用总势能驻值原理得到的稳定问题的平衡方程和利用静力法得到的平衡方程完全一样，这样，在建立稳定问题平衡方程的时候就多了一种选择。

因为有 $\delta E_P = 0$，故平衡解处总势能 E_P 的极小、极大和不变性质取决于 $\delta^2 E_P$。如果 $\delta^2 E_P$ 大于零，则平衡解处的总势能最小，故平衡解是稳定的。如果 $\delta^2 E_P$ 小于零，则平衡解处的总势能最大，故平衡解是不稳定的。如果 $\delta^2 E_P$ 等于零，则总势能保持不变，故平衡解是随遇平衡的。

4. 利用总势能最小原理判断例题中平衡解的稳定性

对于例题中的情形，取刚性杆竖直位置为计算势能的基准位置，此位置荷载势能和变形势能为零。刚性杆在任意转角处的变形势能 V_ε 和荷载势能 V_P 为

$$V_\varepsilon = \frac{1}{2}k\varphi^2, V_P = -M_0\varphi - F_P l(1 - \cos\varphi)$$

体系的总势能为

$$E_P = V_\varepsilon + V_P = \frac{1}{2}k\varphi^2 - M_0\varphi - F_P l(1 - \cos\varphi)$$

总势能的一阶和二阶变分为

$$\delta E_P = \delta V_\varepsilon + \delta V_P = (k\varphi - M_0 - F_P l\sin\varphi)\delta\varphi = k(\varphi - \varphi_0 - \lambda\sin\varphi)\delta\varphi$$

$$\delta^2 E_P = (k - F_P l\cos\varphi)\delta\varphi^2 = k(1 - \lambda\cos\varphi)\delta\varphi^2$$

由 $\delta E_P = 0$ 可以得出和以前完全相同的平衡方程（11.8）式。

由 $\delta^2 E_P$ 可以考虑平衡位置总势能的极小、极大和不变性质。由于 $\delta^2 E_P$ 表达式中的 k 和 $\delta\varphi^2$ 都大于零，故 $\delta^2 E_P$ 的性质完全取决于 $1 - \lambda\cos\varphi$ 的符号，如下所示：

（1）当 $\lambda < 1$，由于 $1 - \lambda\cos\varphi$ 恒大于零，则 $\delta^2 E_P$ 亦恒大于零，故此时平衡解处总势能都有极小值，从而此时的平衡解都是稳定的。图 11.10 中 $\varphi_0 = 0$ 和 $\varphi_0 = 0.05$ 荷载转角曲线

图中 $\lambda < 1$ 的部分对应的平衡解都属于此种情形。

（2）当 $\lambda = 1$ 时，若 $\varphi = 0$，则 $\delta^2 E_P = 0$，故此时总势能在平衡解处及其附近都相等，从而此时的平衡是随遇平衡。图 11.10 中 $\varphi_0 = 0$ 荷载转角曲线图中 $\lambda = 1$ 的点对应的平衡解属于此种情形。若 $\varphi \neq 0$，由于 $1 - \cos\varphi$ 恒大于零，则 $\delta^2 E_P$ 亦恒大于零，故此时平衡解处总势能有极小值，从而此时的平衡解是稳定的。图 11.10 中 $\varphi_0 = 0.05$ 的荷载转角曲线图中 $\lambda = 1$ 的点对应的平衡解属于此种情形。

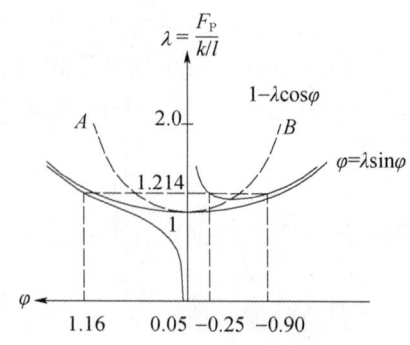

图 11.10 分界线将全区域划分为三部分

（3）如果 $\lambda > 1$，由于 $1 - \lambda\cos\varphi$ 可为正、负或者零，则 $\delta^2 E_P$ 亦可为正、负或者零，视 φ 的情况而定，其分界线由 $1 - \lambda\cos\varphi = 0$ 确定。图 11.10 中的虚线 AB 表示了 $1 - \lambda\cos\varphi = 0$ 的分界线，该分界线将全部的区域划分为如下的三部分。在分界线内部由于 $1 - \lambda\cos\varphi$ 小于零，总势能最大，故位于分界线内部的平衡解都是不稳定的；在分界线外部由于 $1 - \lambda\cos\varphi$ 大于零，总势能最小，故位于分界线外部的平衡解都是稳定的；在分界线上由于 $1 - \lambda\cos\varphi$ 等于零，总势能不变，故位于分界线上的平衡解都是随遇平衡。由此易知，$\lambda = 1.214$ 时的平衡解 $\varphi = 1.16$ 和 $\varphi = -0.90$ 是稳定的，$\varphi = -0.25$ 的平衡解是不稳定的。

四、稳定问题要求得临界荷载 F_{Pcr}——临界荷载就是稳定性发生变化的荷载

临界荷载就是荷载值变化到此处时，解的稳定性发生了变化。例如，对于 $M_0 = 0$ 的情形，根据图 11.6 和（11.4）式可知，当 $F_P = k/l$ 时，体系中出现了两种平衡状态，单纯受压的竖直平衡状态和转角非零的新的平衡状态，原来单纯受压的平衡状态的稳定性发生了改变，由稳定变为了随遇稳定，故体系的临界荷载值为 $F_{Pcr} = k/l$。

通过此例可以看出，完整的稳定性分析内容包括：要建立新位置的平衡方程；要求出所有的解，有可能出现多解现象，要作出 F_P-Δ 曲线；要对各个解的稳定性进行判断，包括屈曲分析和后屈曲分析。所谓屈曲分析，就是求出体系的临界荷载值来，所谓后屈曲分析就是还要考虑荷载大于临界荷载之后的解的稳定性情况，后屈曲分析只有采用大变形的理论才能得到。

第二节 两类稳定问题概述

根据 F_P-Δ 曲线的特点，有两类稳定问题，分别是分支点失稳和极值点失稳。下面我们通过两个简单例子来加深了解。

一、分支点失稳问题

如图 11.11 中所示的简支压杆的完善体系的稳定问题就是分支点的失稳问题。所谓

完善体系是指：杆件为直杆，没有初曲率；荷载 F_P 是中心受压荷载，没有偏心。作出荷载 F_P 和简支梁中点挠度 Δ 之间的关系如图 11.12 中所示。

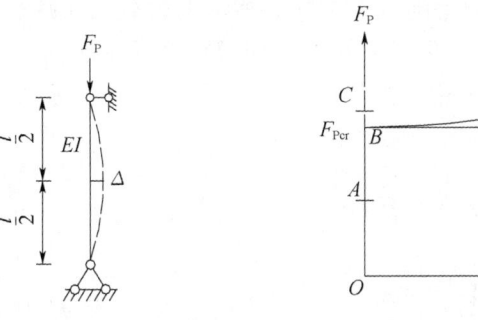

图 11.11　简支压杆完善体系　　　图 11.12　F_P-Δ 曲线图

当荷载 F_P 的值小于体系的临界荷载值 F_{Pcr} 的时候，杆件只是单纯的受压，简支梁中点挠度 Δ 的值为零，杆件处于直线形式的原始平衡状态。此阶段 F_P 和 Δ 之间的关系如图中 OAB 段所示，F_P 和 Δ 之间为一一对应的，稳定性分析表明此阶段平衡解是稳定的。如果杆件在轻微干扰作用下发生了弯曲，偏离了直线的原始平衡状态，则当干扰消失后，压杆又回到原始平衡状态。

当荷载 F_P 的值大于体系的临界荷载值 F_{Pcr} 的时候，F_P 和 Δ 之间不再为一一对应的，而是出现了多解现象，F_P 和 Δ 之间的关系如图中直线段 BC 和曲线段 BD 所示。直线段 BC 仍然表示直线形式的原始平衡状态；曲线段 BD 表示弯曲形式的平衡状态。通过稳定性分析可知，直线段 BC 部分不再稳定，图中用虚线表明这一特点；曲线段 BD 部分为稳定的，图中用实线表明这一特点。图中 C 点的原始平衡状态是不稳定的，如果在轻微干扰作用下发生了弯曲，则当干扰消失后，压杆不会再回到 C 点的原始平衡状态，而是继续弯曲，直到 D 点对应的弯曲平衡状态为止。需要注意的是，曲线段 BD 是根据大挠度理论才得出来的。如果根据小挠度理论，则曲线段 BD 退化为水平直线 BD_1 段。由于 BD_1 段为水平直线，其上对应的平衡状态都是随遇平衡。

直线段 OABC 和曲线段 BD（根据小挠度理论则为直线 BD_1 段）的交点 B 是分支点。分支点 B 的特点有二：一是在分支点 B 出现平衡形势的二重性，既可以出现直线形式的原始平衡状态，也可以出现弯曲形式的平衡状态。二是分支点 B 将直线段 OABC 分成稳定的 OAB 段和不稳定的 BC 段，在分支点 B 原始平衡状态的稳定性发生改变，由稳定转变为不稳定。

二、极值点失稳问题

如图 11.13 所示的简支压杆的非完善体系的稳定问题就是极值点的失稳问题。所谓非完善体系是指：杆件具有初曲率或者荷载 F_P 有偏心，分别如图 11.13（a）、(b) 所示。

非完善体系从一开始，就是弯曲形式平衡状态，不再有分支点失稳中的直线形式的原始平衡状态。按照小挠度理论作出荷载 F_P 和简支梁中点挠度 Δ 之间的关系图如图 11.14 中曲线 OA 所示。当荷载 F_P 的值接近中心压杆的欧拉临界值 F_{Pe} 时，挠度趋于无穷大。根据大挠度理论得到的 F_P 和 Δ 之间的关系图如图 11.14 中曲线 OBC 所示。B 点为极值，将曲线 OBC 分为 OB 和 BC 两段。OB 段随荷载增加挠度也增大，故 OB 段上各平衡状态都是稳定的。BC 段上随挠度增加其相应的荷载反而减小，故 BC 段上各平衡状态都是不稳定的。在极值点 B 点平衡状态的稳定性发生改变，由稳定转变为不稳定。这一类失稳就叫做极值点失稳，极值点对应的荷载 F_{Pcr} 叫做体系的临界荷载。

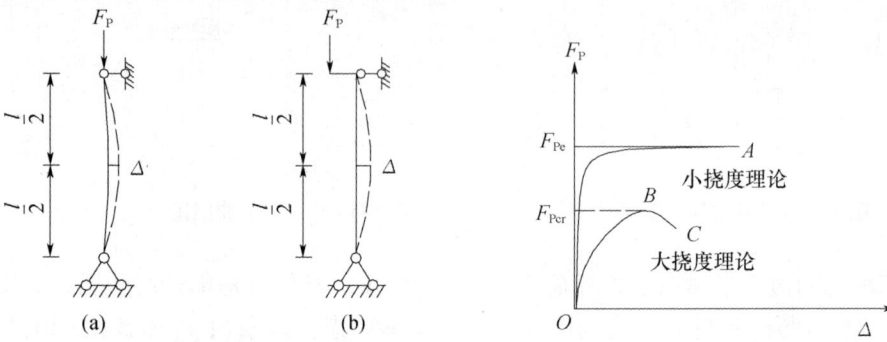

图 11.13　简支压杆的非完善体系　　　　图 11.14　荷载和位移的关系曲线图

三、稳定分析的小挠度理论和大挠度理论

所谓小挠度理论，就是一种线性化的处理方法。常见情形有两种：一是在建立有限自由度体系的稳定问题平衡方程时，对于转角的三角函数项部分，可以利用级数展开只取到线性项，从而使得平衡方程线性化。第二种情况是，对于弹性体，其截面的曲率近似取为等于挠度的二阶导数，这样得到的弹性体的弯曲平衡方程为线性方程，数学上处理起来就比较容易。

所谓大挠度理论，就是一种更加精确的非线性化的处理方法。常见的情形有两种：第一种情况是在建立有限自由度体系的稳定问题平衡方程时，对于一些刚性杆件，需用角度的正弦、余弦或者其他三角函数关系表示杆件的变形后的位置，并且这些角度的三角函数关系在求解时不做线性化处理，这样得到的平衡方程为非线性的，比如平衡方程（11.1）式中所示，求解起来比较困难。第二种情况是，对于弹性体，其截面的曲率精确按照曲率的非线性公式来取，不再采用近似等于挠度的二阶导数的处理方法。比如图 11.12 中的大挠度理论曲线图形就是如此得出的。

小挠度理论其所以重要的原因在于其用比较简单的计算提供了临界荷载的准确值，比如对于图 11.12 所示的分支点失稳问题，根据小挠度理论得到的临界荷载的值与根据大挠度理论得到的值完全相同。

另外，需注意到小挠度理论的局限性。比如对于图 11.12 所示的分支点失稳问题，根据小挠度理论得出临界荷载是随遇稳定的错误结论。还有，对于该图中荷载大于临界荷载的情形根据小挠度理论得不出荷载位移关系图来，必须采用大挠度理论才能得出。从图 11.14 中可以看到，对于极值点失稳，根据小挠度理论得到的解与根据大挠度理论得到临界荷载的值完全不同。

四、根据分支点平衡解的特性求临界荷载 F_{Pcr}

由于杆件存在初偏心、初弯曲等各种原因，实际结构是按照极值点失稳这种形式破坏的，按理说应该按照极值点失稳这种形式来推得临界荷载表达式出来。但是，在考虑了所有初偏心、初弯曲这些因素后，很难得到大挠度理论下的 F_P-Δ 曲线的解析表达式，再通过求极值点，然后求得临界荷载就更加困难。

本章以后章节只介绍对于分支点失稳问题，如何获得临界荷载 F_{Pcr} 的值。因为对于实用来说，这是最重要的问题。在具体运用的时候，极值点失稳也可以化为分支点失稳问题处理，而将其偏心、初曲率等影响用相应的系数来反映。另外，按照分支点失稳求得临界荷载值是按照极值点失稳求得的临界荷载的上限值。

从本章第一节知道，尽管完整地解决一个稳定问题需要先建立新平衡位置的平衡方程、作出 F_P-Δ 曲线、分析各个解的稳定性，最后才确定临界荷载值，很复杂。但在确定分支点失稳问题的临界荷载 F_{Pcr} 时，则可以仅仅根据分支点失稳问题 F_P-Δ 曲线在临界荷载 F_{Pcr} 处有原始竖直平衡状态和压弯共存的弯曲平衡状态同时存在这一个特征，利用小挠度理论就可以求得，相对容易很多。

按照线性化方法求解临界荷载 F_{Pcr} 时，有静力法和利用总势能驻值原理两种方法。静力法是根据临界状态时的静力特征提出的一种方法：临界状态时，轴心受压杆件除了原始的轴心受压状态外，还会出现弯曲的新的平衡状态，也就是会出现两种平衡状态的共存。能量法是根据临界状态时的能量特征提出的一种方法：临界状态时，会出现弯曲的新的平衡状态，体系的能量具有驻值。静力法求得 F_{Pcr} 的精确值；总势能驻值原理既可以求 F_{Pcr} 的精确值，也能用来求 F_{Pcr} 的近似值。

第三节 有限自由度稳定问题临界荷载的两种求法

下面说明如何用静力法和势能驻值原理求得有限自由度体系临界荷载 F_{Pcr} 的值。

一、有限自由度稳定问题自由度个数的确定

计算弹性稳定问题的临界荷载 F_{Pcr} 之前，必须先判断出体系的稳定自由度的个数。分支点失稳问题中，体系发生弹性变形，偏离初始平衡位置，达到新的平衡位置处。在新的平衡位置处确定体系变形状态所需的独立的几何参数的数目，称为稳定自由度。

稳定问题自由度的判断，要区分下面两种情况：

1. 对于由刚性杆和弹簧部件构成的体系

对于由刚性杆和弹簧部件构成的体系，其稳定自由度等于确定体系全部位置所需的独立几何参数的数目。例如，对于图 11.15（a）所示的体系，其自由度的个数为 1 个，为刚性杆的转角 α，如图 11.15（b）所示。尽管荷载 F_P 作用点会有竖向位移 Δ，但此 Δ

可以由刚性杆长度不变的几何约束条件表示为 α 的函数，故不再是独立变量。

对于图 11.15（c）中所示的体系，其自由度的个数为 2 个，为弹性支座处的竖向位移 y_1 和 y_2，如图 11.15（d）中所示。尽管荷载 F_P 作用点会有水平位移 Δ，但此 Δ 可以由各刚性杆长度不变的几何约束条件表示为 y_1、y_2 的组合，故不再是独立变量。

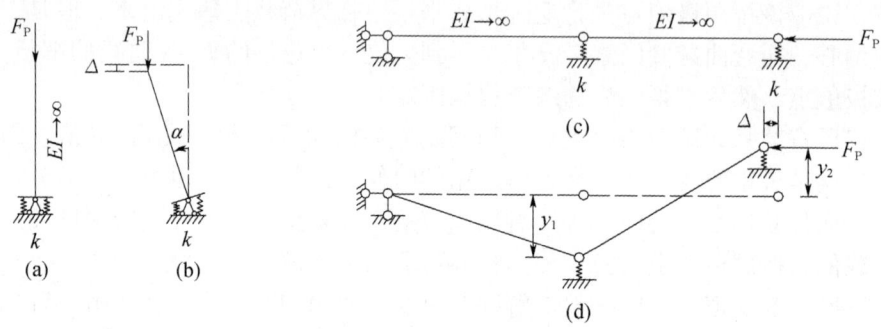

图 11.15　稳定问题自由度的判断

2. 对于由刚性杆和弹性杆件构成的体系

对于由刚性杆和弹性杆件构成的体系，要注意到只有轴向压力荷载 F_P 作用下的杆件才会有稳定问题，故首先要先确定受压杆件的自由度，其余结点的位移如果可以根据平衡条件确定，就不当作稳定问题的自由度，这一点与位移法有所不同。例如，图 11.16（a）所示体系其自由度的个数 1 个，为刚性杆 CD 的转角 θ_C，如图 11.16（b）所示。尽管在新平衡位置处结点 B 处也有转角 θ_B，但根据结点 B 处的力矩平衡条件可以找到它和转角 θ_C 的关系，故 θ_B 不再是独立变量。

有一点需要注意的是：对于由刚性杆和弹簧部件构成的体系，其弹性是由外部的弹簧部件提供的，弹性完全集中在弹簧上；对于由刚性杆和弹性杆件构成的体系，其弹性是由刚性杆之外的其他弹性杆件提供的，弹性分布在各根弹性杆件的内部。

下面通过单自由度和两个自由度的体系来说明静力法和能量法求得 F_{Pcr} 的具体过程。

二、单自由度体系临界荷载 F_{Pcr} 的确定举例

[**例 11-1**] 试求图 11.16（a）所示体系的临界荷载 F_{Pcr}。$i = EI/l$ 为各弹性杆件的线刚度。

解：（1）静力法求 F_{Pcr}。

① 在新平衡位置处建立力的平衡方程

取刚性杆 DC 为隔离体，如图 11.16（c）所示，利用 $\sum m_D = 0$，根据小挠度理论，就可以建立平衡方程如下

$$F_P l \theta_C - k_1 \theta_C - k_2 \theta_C - F_{NCB} l = 0 \qquad (a)$$

式中，F_{NCB} 为 CB 杆 C 端轴力；k_1、k_2 为刚度系数，等于由单位 θ_C 引起的杆端弯矩 M_{CE} 和 M_{CB}；注意两端剪力 F_{QCE} 和 F_{QCB} 本身是 θ_C 的一次项，力臂是 $l\theta_C$，它们对 D 点的力矩是 θ_C 的二次项，为高次小项，在平衡方程中都舍去了，故图中没有画出。

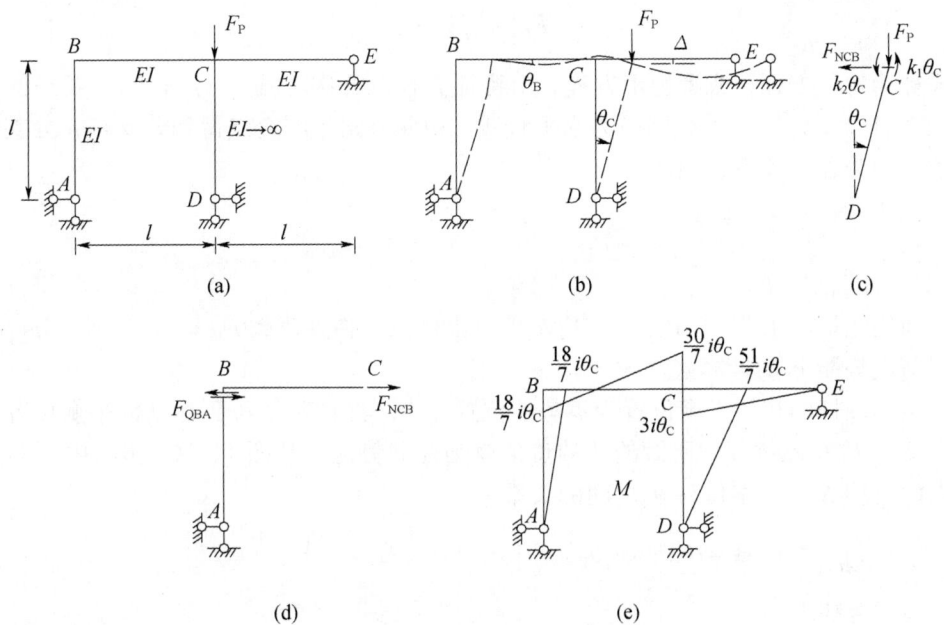

图 11.16 求单自由体系的临界荷载 F_{Pcr}

②刚度系数 k_1、k_2 和轴力 F_{NCB} 的确定

刚度系数 k_1 等于由单位 θ_C 引起的杆端弯矩 M_{CE}，根据转角位移方程，可得 $k_1 = 3i$。

刚度系数 k_2 等于由单位 θ_C 引起的杆端弯矩 M_{CB}，因 BC 杆两端水平线位移相同，可知 $M_{CB} = 4i\theta_C + 2i\theta_B$。利用结点 B 处力矩和等于零可求出 θ_C、θ_B 之间的关系如下：注意到 BA 杆的弦转角与 CD 杆相同，都为 θ_C，故 $M_{BA} = 3i\theta_B - 3i\theta_C$；又 $M_{BC} = 2i\theta_C + 4i\theta_B$；根据 $M_{BA} + M_{BC} = 0$ 得

$$\theta_B = \frac{1}{7}\theta_C \tag{b}$$

可见，新平衡位置处 θ_C、θ_B 之间的关系是固定的，故结点 B 转角 θ_B 不是独立的几何参数。取 $\theta_C = 1$，于是得刚度系数 k_2 等于

$$k_2 = 4i\theta_C + 2i\theta_B = 4i \times 1 + 2i \times \frac{1}{7} = \frac{30}{7}i \tag{c}$$

利用图 11.16（d）所示隔离体，可得轴力 F_{NCB} 为

$$F_{NCB} = F_{QBA} = \frac{M_{BA}}{l} = \frac{18i}{7l}\theta_C \tag{d}$$

根据叠加，可以得到由 θ_C 引起的弯矩图如图 11.16（e）所示。

③临界荷载 F_{Pcr} 的求得。

将 $F_{NCB} = 18i\theta_C/7l$、$k_1 = 3i$、$k_2 = 30i/7$ 代入平衡方程（a）式，得

$$\left(F_P l - 3i - \frac{30}{7}i - \frac{18}{7}i\right)\theta_C = 0 \tag{e}$$

（e）式是关于未知量 θ_C 的齐次方程，有两类解：即零解和非零解。零解 $\theta_C = 0$ 对应刚性杆 DC 轴心受压的原始平衡路径，非零解 θ_C 意味着出现了新的平衡位置。为得到非零解，齐次方程（e）式的系数应等于零，由此得

$$F_P l - \frac{69}{7}i = 0 \tag{f}$$

（f）式称为特征方程，或者稳定方程。由特征方程及齐次方程（e）式知，新平衡位置处 θ_C 可为任意值，第二平衡路径为水平直线。由两条路径的交点得到分支点，分支点相应的荷载即为临界荷载，因此，

$$F_{Pcr} = \frac{69}{7l}i \tag{g}$$

（2）能量法求 F_{Pcr}。

下面用能量法求图 11.16（a）所示单自由体系的临界荷载 F_{Pcr}。

①荷载势能 V_P 的计算式。

规定刚性杆的初始平衡位置为零势能位置。当刚性杆转动 θ_C 到达新的平衡位置，轴向压力荷载 F_P 在此过程中所做的功的负值就为荷载势能。从图 11.16（b）中可知，F_P 作用点的位移 Δ 与基本位移 θ_C 之间的关系为

$$\Delta = l(1 - \cos\theta_C) = l\left(1 - 1 + \frac{1}{2}\theta_C^2 + \cdots\right) \approx \frac{1}{2}\theta_C^2 l \tag{h}$$

因此，荷载势能 V_P 为

$$V_P = -F_P \Delta = -\frac{F_P l}{2}\theta_C^2 \tag{i}$$

②弯曲应变能 V_ε 的计算式。

弯曲应变能 V_ε 为刚性杆转动 θ_C 到达新的平衡位置时，各弹性杆件中存贮的弯曲应变能。各弹性杆弯曲应变能有两种算法：一是等于各弹性杆弯矩在位移过程中所做的功，其式为

$$V_\varepsilon = \frac{1}{2}\int_0^l M d\phi = \frac{1}{2}\int_0^l M \frac{M}{EI}dx = \frac{1}{2}\int_0^l \frac{M^2}{EI}dx \tag{j}$$

式中，l 为各杆长度。各弹性杆弯曲应变能第二种算法等于各杆端力在相应的杆端位移上所做的外力功的和。例如，CE 杆件根据第一种算法，结合图 11.16（e），其弯曲应变能为

$$V_{\varepsilon CE} = \frac{1}{2}\int_0^l \frac{M^2}{EI}dx = \frac{1}{2EI}\left(\frac{1}{2} \cdot 3i\theta_C \cdot l \cdot \frac{2}{3} \cdot 3i\theta_C\right) = \frac{3}{2}i\theta_C^2 \tag{k1}$$

根据第二种算法，CE 杆件弯曲应变能为

$$V_{\varepsilon CE} = \frac{1}{2}(M_{CE} \cdot \theta_C) = \frac{1}{2}(3i\theta_C \cdot \theta_C) = \frac{3}{2}i\theta_C^2 \tag{k2}$$

两种算法结果完全相同。显然，这里根据第二种算法比较简单。总的弯曲应变能 V_ε 为

$$V_\varepsilon = V_{\varepsilon CE} + V_{\varepsilon CB} + V_{\varepsilon BA} = \frac{3}{2}i\theta_C^2 \\ + \frac{1}{2}\left(\frac{30}{7}i\theta_C \cdot \theta_C + \frac{18}{7}i\theta_C \cdot \frac{1}{7}\theta_C\right) + \frac{1}{2}\left(\frac{18}{7l}i\theta_C \cdot l\theta_C - \frac{18}{7}i\theta_C \cdot \frac{1}{7}\theta_C\right) = \frac{69}{14}i\theta_C^2 \tag{l}$$

③体系的总势能 E_P 的计算式。

体系的总势能 E_P 为荷载势能 V_P 和弯曲应变能 V_ε 的和，即

$$E_P = V_P + V_\varepsilon = -\frac{F_P l}{2}\theta_C^2 + \frac{69}{14}i\theta_C^2 \tag{m}$$

④利用总势能驻值原理得到新平衡位置处的平衡方程。

利用总势能驻值原理 $\dfrac{dE_P}{d\theta_C}=0$，得

$$\left(F_P l - \dfrac{69}{7}i\right)\theta_C = 0 \qquad (\text{n})$$

与（e）式完全相同。由此看出，总势能驻值原理等价于用位移表示的平衡方程。能量法求临界荷载余下的过程与上面静力法完全相同，不再赘述。

综合起来，分支点失稳问题临界状态的能量特征是：总势能为驻值，且位移有非零解。能量法即据此求得临界荷载。

三、双自由度体系临界荷载 F_{Pcr} 的确定举例

[**例 11-2**] 试求图 11.17（a）中所示双自由体系的临界荷载 F_{Pcr}，并绘制失稳图形。弹性支座 B、C 处的刚度系数均为 k。

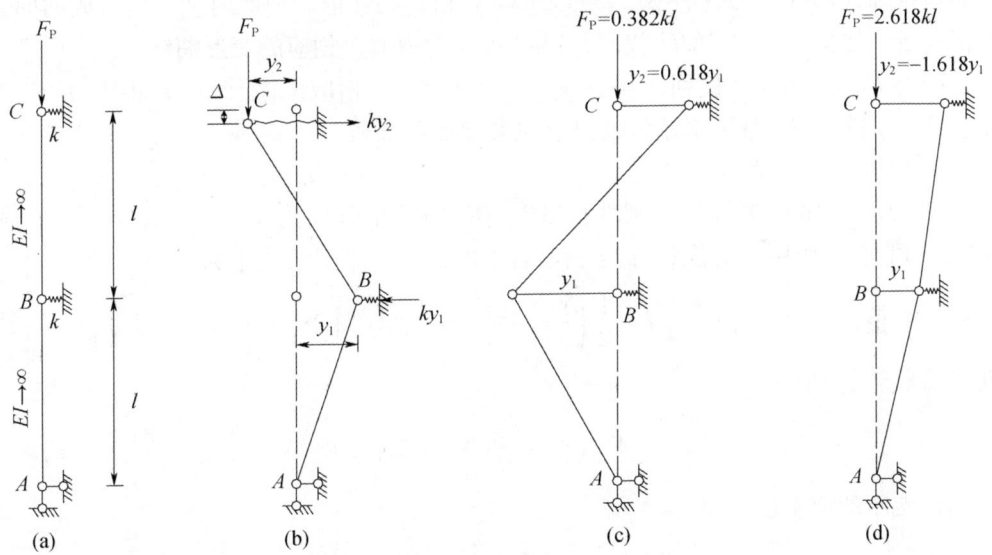

图 11.17 求双自由体系的临界荷载 F_{Pcr}

解：（1）静力法求 F_{Pcr}，并绘制失稳图形。

体系稳定自由度个数 2 个，因为在新平衡位置处，利用弹性支座 B、C 处的水平位移 y_1、y_2，就可以确定体系的位置，如图 11.17（b）所示，弹性支座 B、C 处的支座反力分别为 ky_1 和 ky_2。

分别取刚性杆 BC 和整体为隔离体，由 $\sum m_B = 0$ 和 $\sum m_A = 0$，根据小挠度理论，得

$$\left. \begin{array}{l} F_P(y_1 + y_2) - ky_2 l = 0 \\ F_P y_2 + ky_1 l - ky_2 \cdot 2l = 0 \end{array} \right\}$$

即

$$\left.\begin{array}{r}F_P y_1 + (F_P - kl)y_2 = 0 \\ kly_1 + (F_P - 2kl)y_2 = 0\end{array}\right\} \quad (o)$$

这是关于 y_1、y_2 的齐次方程。零解 $y_1 = y_2 = 0$ 对应初始的平衡。为了得到失稳后新的平衡，即非零的 y_1、y_2，则要求方程组的系数构成的行列式必须等于零，由此得到稳定方程为

$$\begin{vmatrix} F_P & F_P - kl \\ kl & F_P - 2kl \end{vmatrix} = 0 \quad (p)$$

展开后得

$$F_P^2 - 3klF_P + (kl)^2 = 0 \quad (q)$$

由此求得两个特征值为

$$F_{P1} = 0.382kl, \quad F_{P2} = 2.618kl$$

其中的最小特征值为临界荷载，即

$$F_{Pcr} = F_{P1} = 0.382kl$$

将特征值代回 (o) 式任一式，可以求得 y_1 和 y_2 的比值。把此时 y_1、y_2 组成的向量称为特征向量。如将 $F_{P1} = 0.382kl$ 代回，得到 $y_2 = 0.618y_1$，相应的变形曲线如图 11.17 (c) 所示；如将 $F_{P2} = 2.618kl$ 代回，得到 $y_2 = -1.618y_1$，相应的变形曲线如图 11.17 (d) 所示。图 11.17 (c) 为与临界荷载相应的失稳变形形式。

(2) 用能量法求解。

从图 11.17 (b) 中可知，刚性杆 AB、BC 的转角分别为 y_1/l、$(y_1 + y_2)/l$，参考 (h) 式，可得 F_P 作用点的位移 Δ 与稳定自由度 y_1、y_2 之间的关系为

$$\Delta = \frac{1}{2}\left(\frac{y_1}{l}\right)^2 l + \frac{1}{2}\left(\frac{y_1 + y_2}{l}\right)^2 l = \frac{1}{2l}(2y_1^2 + 2y_1 y_2 + y_2^2) \quad (r)$$

因此，荷载势能 V_P 为

$$V_P = -F_P \Delta = -\frac{F_P}{2l}(2y_1^2 + 2y_1 y_2 + y_2^2) \quad (s)$$

弹性支座的应变能 V_ε 为

$$V_\varepsilon = \frac{k}{2}(y_1^2 + y_2^2) \quad (t)$$

体系的总势能 E_P 为荷载势能 V_P 和弹性支座的应变能 V_ε 的和，为

$$E_P = V_P + V_\varepsilon = -\frac{F_P}{2l}(2y_1^2 + 2y_1 y_2 + y_2^2) + \frac{k}{2}(y_1^2 + y_2^2) \quad (u)$$

利用总势能驻值原理 $\dfrac{\partial E_P}{\partial y_1} = 0$、$\dfrac{\partial E_P}{\partial y_2} = 0$，得

$$\left.\begin{array}{r}(kl - 2F_P)y_1 - F_P y_2 = 0 \\ F_P y_1 + (F_P - kl)y_2 = 0\end{array}\right\} \quad (v)$$

此处第二式（表示与广义坐标 y_2 相应的广义力等于零）与 (o) 式中第一式完全相同，等同于取刚性杆 BC 为隔离体，由 $\sum m_B = 0$ 得到的平衡方程。此处第一式（表示与广义坐标 y_1 相应的广义力等于零）尽管与 (o) 式中第二式不相同，但可以由 (o) 式中

上下两式如下线性组合得出：由（o）式中第二式先加减一个 $F_P y_2$，然后再代入（o）式中第一式即可得出

$$kly_1 + (F_P - 2kl)y_2 = kly_1 + 2(F_P - kl)y_2 - F_P y_2 = kly_1 - 2F_P y_1 - F_P y_2$$

于是，由总势能驻值原理得到的平衡方程（v）式与静力法得到的平衡方程（o）式是等效的。

令（v）式 y_1、y_2 前系数构成的行列式等于零，展开后得到的稳定方程与上面静力法得到的稳定方程（q）式完全相同。能量法求临界荷载及绘制失稳图形余下的过程同上。

综合起来，用能量法求 n 个自由度体系临界荷载 F_{Pcr} 的步骤如下：写出势能表达式，利用势能驻值原理，得到平衡方程，再根据新平衡位置处位移有非零解的条件，得到稳定方程，求出所有的特征荷载，最小的那一个就是体系的临界荷载 F_{Pcr} 值。尽管能量法得到的平衡方程和静力法得到的平衡方程形式上可能不完全相同，但两者对应的稳定方程和求得的临界荷载值是完全相同的。

第四节 无限自由度稳定问题临界荷载的两种求法

如果体系中有承受轴向压力荷载 F_P 作用的弹性杆件，而非刚性杆件，则此时体系的稳定自由度为无限的。对于无限自由度体系稳定问题，同样可以根据静力法或者势能驻值原理两种方法求临界荷载 F_{Pcr} 的值。下面以求图 11.18（a）所示的两端铰支的等截面压杆的临界荷载 F_{Pcr} 为例来说明。

一、无限自由度稳定问题临界荷载 F_{Pcr} 的静力法

当轴向荷载达到临界荷载 F_{Pcr} 时，杆件单纯受压的原始平衡形式由稳定转变为不稳定，并会出现图 11.18（b）所示的同时受压受弯的新的平衡方式。因各截面处挠度 $y(x)$ 互相独立，故本问题为无限自由度体系问题。

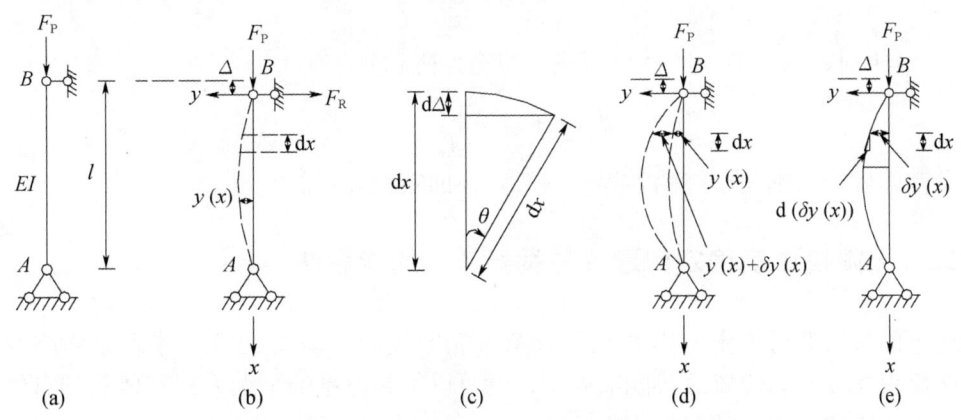

图 11.18 求两端铰支等截面压杆临界荷载 F_{Pcr}

1. 在新平衡位置处建立力的平衡方程

取 AB 杆件整体为隔离体,利用对 A 点的力矩和为零,可以求得 B 点的支杆反力 $F_R = 0$。对于图 11.18(b)中取定的坐标系,从材料力学中任意截面 x 处弯矩和曲率的关系,可得弹性曲线的微分方程为

$$EI \frac{d^2 y}{dx^2} = -M = -F_P y \tag{a}$$

这就是无限自由度体系的平衡方程,为常微分方程,而非有限自由度体系中的代数方程。(a)式中轴向荷载 F_P 取压力为正。还需注意到弹性变形曲线为上凸的曲线,因为其上每一点都在该点切线的下方,故二阶导数小于零,从而方程的右边有负号。

2. 求常微分方程的通解

(a)式可改写为

$$y'' + \alpha^2 y = 0$$

其中,$\alpha^2 = \dfrac{F_P}{EI}$。这是一个二阶常系数线性齐次微分方程。其通解为:

$$y = A\cos\alpha x + B\sin\alpha x$$

式中,常数 A、B 可由边界条件确定。

3. 由常数 A、B 存在非零解的条件,建立特征方程

当 $x = 0$ 时,$y = 0$,可得:$A = 0$。当 $x = l$ 时,$y = 0$,可得:$B\sin\alpha l = 0$。因为在新平衡位置处 $y(x)$ 不恒等于零,故 A、B 不全为零,所以有

$$\sin\alpha l = 0$$

于是

$$\alpha l = n\pi \quad (n = 1, 2, \cdots)$$

由此得

$$\alpha = \sqrt{\frac{F_P}{EI}} = \frac{n\pi}{l} \tag{b}$$

这就是本问题的特征方程。

4. 求临界荷载 F_{Pcr}

由(b)式求得特征荷载为

$$F_P = \frac{n^2 \pi^2 EI}{l^2} \tag{c}$$

当 $n = 1$ 时,得到最小的特征荷载,即临界荷载 F_{Pcr} 为

$$F_{Pcr} = \frac{\pi^2 EI}{l^2} \tag{d}$$

这就是两端铰支、细长压杆的临界荷载公式,即欧拉公式。

二、无限自由度稳定问题临界荷载 F_{Pcr} 的能量法

通过能量法获得平衡方程的过程有章可循,我们只需要先写出体系总势能的表达式,然后根据在平衡位置总势能取驻值,就可以得到体系的平衡方程和体系的自然边界条件,也即用位移表示的应力边界条件。

1. 新平衡位置处体系的总势能 E_P

根据上节弹性杆弯曲应变能（j）式和本节（a）式可知，在新的平衡位置处，体系的形变势能（只计弯曲应变引起的应变能）为

$$V_\varepsilon = \frac{1}{2}\int_0^l \frac{M^2}{EI}dx = \frac{1}{2}\int_0^l \frac{1}{EI}\left(-EI\frac{d^2y}{dx^2}\right)^2 dx = \frac{EI}{2}\int_0^l (y'')^2 dx \tag{e}$$

为了得到 F_P 作用点位移 Δ 与基本位移 $y(x)$ 之间的关系，先来考虑杆件的任意微段 dx 由于转动引起的位移 $d\Delta$。为了清晰起见，把微段 dx 放大如图 11.18（c）所示，则有

$$d\Delta = dx - dx\cos\theta = dx(1-\cos\theta) = dx\left(1 - 1 + \frac{1}{2}\theta^2 + \cdots\right) \approx \frac{1}{2}\theta^2 dx$$

注意到杆件上任意一点的转角 θ 和挠度 $y(x)$ 之间的关系为 $\theta = \dfrac{dy}{dx} = y'$，代入上式得

$$d\Delta = \frac{1}{2}(y')^2 dx$$

从而可得图 11.18（b）中 F_P 作用点位移 Δ 为

$$\Delta = \int_0^l d\Delta = \int_0^l \frac{1}{2}(y')^2 dx \tag{f}$$

规定杆件的原始平衡位置为零势能位置，因此，荷载势能 V_P 为

$$V_P = -F_P\Delta = -F_P\int_0^l \frac{1}{2}(y')^2 dx \tag{g}$$

体系的总势能 E_P 为荷载势能 V_P 和弯曲应变能 V_ε 的和，即

$$E_P = V_P + V_\varepsilon = -F_P\int_0^l \frac{1}{2}(y')^2 dx + \frac{EI}{2}\int_0^l (y'')^2 dx \tag{h}$$

2. 利用总势能驻值原理 $\delta E_P = 0$ 得到新平衡位置处的平衡方程和体系的自然边界条件

由 $\delta E_P = 0$，即对位移取变分，在位移的变分过程中，荷载的大小和方向保持不变，可得

$$\delta E_P = \delta(V_P + V_\varepsilon) = \frac{EI}{2}\delta\int_0^l (y'')^2 dx - F_P\delta\int_0^l \frac{1}{2}(y')^2 dx \tag{i}$$

下面先考虑（i）式右边中的第一项，可改写为

$$\frac{EI}{2}\delta\int_0^l (y'')^2 dx = \frac{EI}{2}\int_0^l \delta(y'')^2 dx = \frac{EI}{2}\int_0^l 2y''\delta(y'')dx = EI\int_0^l y''\delta(y'')dx \tag{i1}$$

注意到变分 δy 为自变量 x 的函数，如图 11.18（d）、（e）所示，为了清晰起见，图中进行了放大，故有

$$d(\delta y) = \delta y' dx = \frac{d\delta y}{dx}dx$$

于是，（i1）式中最后一项可以改写为如下的全微分的形式

$$EI\int_0^l y''\delta(y'')dx = EI\int_0^l y''d(\delta y') = EI\int_0^l d(y''\delta y') - EI\int_0^l y'''\delta y' dx \tag{i2}$$

从而有

$$EI\int_0^l y''\delta(y'')dx = EI(y''\delta y')\Big|_0^l - EI\int_0^l y'''\delta y' dx \tag{i3}$$

同理，可以把（i3）式中最后一项改写为如下的全微分的形式

$$-EI\int_0^l y'''\delta y' \mathrm{d}x = -EI\int_0^l y''' \mathrm{d}(\delta y) = -EI\int_0^l \mathrm{d}(y'''\delta y) + EI\int_0^l y^{(4)}\delta y \mathrm{d}x \tag{i4}$$

$$= -EI(y'''\delta y)\Big|_0^l + EI\int_0^l y^{(4)}\delta y \mathrm{d}x$$

从而（i1）式中最后一项可以改写为如下的全微分的形式

$$EI\int_0^l y''\delta(y'')\mathrm{d}x = EIy''(l)\delta y'(l) - EIy''(0)\delta y'(0) - EIy'''(l)\delta y(l) +$$

$$EIy'''(0)\delta y(0) + EI\int_0^l y^{(4)}\delta y \mathrm{d}x \tag{i5}$$

将上面（i）式右边中的第二项展开，有

$$-F_\mathrm{P}\int_0^l y'\delta(y')\mathrm{d}x = -F_\mathrm{P}\int_0^l y' \mathrm{d}(\delta y) = -F_\mathrm{P}\int_0^l \mathrm{d}(y'\delta y) + F_\mathrm{P}\int_0^l y''\delta y \mathrm{d}x \tag{i6}$$

$$= -F_\mathrm{P} y'(l)\delta y(l) + F_\mathrm{P} y'(0)\delta y(0) + F_\mathrm{P}\int_0^l y''\delta y \mathrm{d}x$$

将（i5）式、（i6）式相加，合并同类项，考虑到简支梁端的 $\delta y(l)$、$\delta y(0)$ 均为零，得

$$\delta E_\mathrm{P} = EIy''(l)\delta y'(l) - EIy''(0)\delta y'(0) + \int_0^l (EIy^{(4)} + F_\mathrm{P} y'')\delta y \mathrm{d}x = 0 \tag{j}$$

（j）式为恒等式，并且考虑到杆端的 $\delta y'(l)$、$\delta y'(0)$ 可为任意值，故有

$$EIy''(l) = 0 \tag{k}$$

$$EIy''(0) = 0 \tag{l}$$

$$EIy^{(4)} + F_\mathrm{P} y'' = 0 \tag{m}$$

（k）式和（l）式表示两个杆端的弯矩值为零，是体系的自然边界条件；（m）式就是新平衡位置处的平衡方程，是用位移表示的平衡方程。

对比能量法得到的平衡方程（m）式和静力法得到的平衡方程（a）式，两者似乎完全不同，但其实它们是完全一样的。只不过，平衡方程（a）式中使用的是任意截面 x 处弯矩和曲率的关系；而（m）式是与广义位移 $y(x)$ 相应的广义力等于零，即任意截面 x 处所取 $\mathrm{d}x$ 微段隔离体上水平力（即 $\mathrm{d}x$ 微段隔离体上剪力）的平衡条件。只需要将（a）式两边对 x 求两次导数，就可以由（a）式得出（m）式来。

由上可知，体系总势能取变分等于零就等价于获得体系用位移表示的平衡方程和体系的自然边界条件，也就是用位移表示的静力边界条件。静力边界条件的得出是所有的全微分项，如 $EI\int_0^l \mathrm{d}(y''\delta y')$ 和 $-EI\int_0^l \mathrm{d}(y'''\delta y)$，在使得 $\delta E_\mathrm{P} = 0$ 时必须满足的条件。但是，对于位移边界条件，我们需要另外再考虑。

3. 微分方程的解

令 $\alpha^2 = \dfrac{F_\mathrm{P}}{EI}$，平衡方程（m）式可改写为

$$y^{(4)} + \alpha^2 y'' = 0$$

这是一个四阶常系数线性齐次微分方程。其通解为：

$$y = A\cos\alpha x + B\sin\alpha x + Cx + D$$

常数 A、B、C、D 可由边界条件确定。

4. 确定常数 A、B、C、D，建立特征方程

从上面的过程可以看出，体系总势能取变分等于零就自动获得体系的自然边界条件，也就是用位移表示的静力边界条件。但是，对于位移边界条件，我们需要另外加上去。总的边界条件为 $x=0$ 时，$y=0$，$y''(0)=0$；当 $x=l$ 时，$y=0$，$y''(l)=0$。

根据 $x=0$ 时，$y=0$，可得：$A+D=0$

根据 $x=0$ 时，$y''(0)=0$，可得：$A=0$

故 $A=D=0$

根据 $x=l$ 时，$y=0$，可得：$B\sin\alpha l+Cl=0$

根据 $x=l$ 时，$y''(l)=0$，可得：$B\alpha^2\sin\alpha l=0$

因为 $y(x)$ 不恒等于零，故 A、B、C、D 不全为零，所以有 $\sin\alpha l=0$。从而 $\alpha l=n\pi$（$n=1$，2，…）

由此得

$$\alpha=\sqrt{\frac{F_P}{EI}}=\frac{n\pi}{l}$$

这就是能量法对应的特征方程，与上面静力法得到的特征方程（b）式完全一样。余下的过程与静力法中相同。

第五节 能量法求无限自由度体系临界荷载的近似解及组合杆的临界荷载

尽管前一节用静力法和能量法得到了两端铰支的轴心受压杆件的临界荷载精确解的表达式。但是，还有很多其他轴心受压的杆件，例如，非等截面的杆件或者边界条件比较复杂的杆件等，由于前者的平衡方程是变系数的微分方程，而后者由稳定方程导出的行列式为高阶行列式不易展开和求解等，再要求得临界荷载的精确解就变得十分困难。此时可以由能量法求得无限自由度体系的临界荷载的近似解。

能量原理获得近似解的途径如下：先设定位移的表达式，使其满足位移边界条件，但其中包括若干个待定系数；写出体系总势能 E_P 的表达式，利用总势能驻值原理，$\delta E_P=0$，得到包含待定系数的齐次方程组；为求得非零的待定系数，令齐次方程的系数行列式等于零，由此求得特征荷载值；取最小的特征荷载即为体系的临界荷载 F_{Pcr} 值。

下面仍然以图 11.18（a）所示的两端铰支的压杆为例，说明由能量法求得无限自由度体系临界荷载近似解的过程。然后再据此求得组合杆临界荷载的表达式。

一、能量法求无限自由度稳定问题临界荷载 F_{Pcr} 近似解的过程

先设压杆的变形曲线为

$$y=\sum_{i=1}^{n}a_i\varphi_i(x) \tag{11.11}$$

式中，$\varphi_i(x)$ 为满足位移边界条件的已知函数；a_i 是若干个待定系数，共有 n 个。这

样,原无限自由度体系问题被近似地看作 n 个自由度的体系。

根据上节弯曲应变能(e)式,并注意到杆件可以是非等截面的,得体系的形变势能 V_ε (只计弯曲应变引起的应变能)为

$$V_\varepsilon = \frac{1}{2}\int_0^l EI(y'')^2 dx = \frac{1}{2}\int_0^l EI\left[\sum_{i=1}^n a_i \varphi''_i(x)\right]^2 dx \tag{11.12}$$

根据上节荷载势能(g)式和本节(11.11)式可知,荷载势能 V_P 为

$$V_P = -F_P \int_0^l \frac{1}{2}(y')^2 dx = -F_P \frac{1}{2}\int_0^l \left[\sum_{i=1}^n a_i \varphi'_i(x)\right]^2 dx \tag{11.13}$$

体系的总势能 E_P 为荷载势能 V_P 和弯曲应变能 V_ε 的和,即

$$E_P = V_P + V_\varepsilon = \frac{1}{2}\int_0^l EI\left[\sum_{i=1}^n a_i \varphi''_i(x)\right]^2 dx - F_P \frac{1}{2}\int_0^l \left[\sum_{i=1}^n a_i \varphi'_i(x)\right]^2 dx \tag{11.14}$$

由总势能驻值原理 $\delta E_P = 0$,即

$$\frac{\partial E_P}{\partial a_i} = 0 \quad (i = 1, 2, \cdots, n) \tag{11.15}$$

得

$$\sum_{j=1}^n a_j \int (EI\varphi''_i \varphi''_j - F_P \varphi'_i \varphi'_j) dx = 0 \quad (i = 1, 2, \cdots, n) \tag{11.16}$$

令

$$K_{ij} = \int EI\varphi''_i \varphi''_j dx \tag{11.17a}$$

$$S_{ij} = F_P \int \varphi'_i \varphi'_j dx \tag{11.17b}$$

则(11.16)式可写为

$$\sum_{j=1}^n (K_{ij} - S_{ij})a_j = 0 \quad (i = 1, 2, \cdots, n) \tag{11.18}$$

其矩阵形式为

$$\left[\begin{pmatrix} K_{11} & K_{12} & \cdots & K_{1n} \\ K_{21} & K_{22} & \cdots & K_{2n} \\ \cdots & \cdots & \cdots & \cdots \\ K_{n1} & K_{n2} & \cdots & K_{nn} \end{pmatrix} - \begin{pmatrix} S_{11} & S_{12} & \cdots & S_{1n} \\ S_{21} & S_{22} & \cdots & S_{2n} \\ \cdots & \cdots & \cdots & \cdots \\ S_{n1} & S_{n2} & \cdots & S_{nn} \end{pmatrix}\right]\begin{pmatrix} a_1 \\ a_2 \\ \cdots \\ a_n \end{pmatrix} = \begin{pmatrix} 0 \\ 0 \\ \cdots \\ 0 \end{pmatrix} \tag{11.19a}$$

可用矩阵符号简记为

$$(\boldsymbol{K} - \boldsymbol{S})\,\boldsymbol{a} = 0 \tag{11.19b}$$

显然,这是关于若干个待定系数 a_i 的齐次方程。存在不全为零 a_i 的条件是其系数构成的行列式为零,即

$$|\boldsymbol{K} - \boldsymbol{S}| = 0 \tag{11.20}$$

这就是近似法对应的稳定方程。它是关于 F_P 的 n 次代数方程,可求得 n 个根,其中最小者即为临界荷载 F_{Pcr}。

以上求得临界荷载的方法称为里茨法,所得的临界荷载近似值是精确解的一个上限。原因在于:通过(11.11)式将无限自由度问题转变为有限自由度问题时,相当于

对原体系施加了某些约束,使得体系抵抗失稳的能力得到提高,因而求得的近似解比精确值要高。或者也可以从数学观点来看,仅从少数可能位移状态中求得的极小值总是大于或等于从全部可能位移中求得的极小值。

二、能量法求无限自由度稳定问题临界荷载 F_{Pcr} 近似解举例

[例 11-3] 试求图 11.19 所示为两端铰支的变截面压杆的临界荷载 F_{Pcr}。已知截面的惯性矩为 $I(x) = I_0 \left[1 + 4\dfrac{x}{l} - 4\left(\dfrac{x}{l}\right)^2 \right]$,关于中间截面为对称分布。杆件 E 为常量。

解:考虑到两端铰支压杆的位移边界条件为:$x = 0$ 时,$y = 0$;当 $x = l$ 时,$y = 0$。故取压杆的变形曲线为如下的三角级数

$$y = a_1 \sin\frac{\pi x}{l} + a_3 \sin\frac{3\pi x}{l} + a_5 \sin\frac{5\pi x}{l} + \cdots \tag{a}$$

容易验证,级数中各项都满足位移边界条件和对称条件。

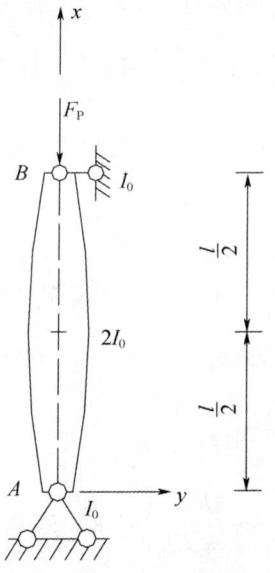

图 11.19 求两端铰支变截面压杆的 F_{Pcr}

(1) 取级数 (a) 式中第一项作为变形曲线,即取

$$y = a_1 \sin\frac{\pi x}{l} \tag{b}$$

这里只有一个待定系数 a_1,即把压杆近似当成一个单自由度体系来计算。

弯曲应变能 V_ε 和荷载势能 V_P 分别为

$$V_\varepsilon = \frac{1}{2} \int_0^l EI(y'')^2 \mathrm{d}x = \frac{EI_0}{2} \int_0^l \left[1 + 4\frac{x}{l} - 4\left(\frac{x}{l}\right)^2 \right] \left(\frac{\pi}{l}\right)^4 \left(a_1 \sin\frac{\pi x}{l}\right)^2 \mathrm{d}x = \frac{EI_0}{2} \frac{\pi^4}{l^3} 0.934 a_1^2$$

$$V_P = -F_P \int_0^l \frac{1}{2}(y')^2 \mathrm{d}x = -F_P \frac{1}{2} \int_0^l a_1^2 \left(\frac{\pi}{l}\right)^2 \left(\cos\frac{\pi x}{l}\right)^2 \mathrm{d}x = -F_P \frac{\pi^2}{4l} a_1^2$$

体系的总势能 E_P 为荷载势能 V_P 和弯曲应变能 V_ε 的和,即

$$E_P = V_P + V_\varepsilon = \frac{EI_0}{2}\frac{\pi^4}{l^3}0.934a_1^2 - F_P\frac{\pi^2}{4l}a_1^2$$

由总势能驻值原理 $\dfrac{dE_P}{da_1}=0$，得

$$\left(EI_0\frac{\pi^4}{l^3}0.934 - F_P\frac{\pi^2}{2l}\right)a_1 = 0$$

由存在不为零 a_1 的条件，即 a_1 前系数等于零，得临界荷载 F_{Pcr} 为

$$F_{Pcr} = 1.868\frac{\pi^2 EI_0}{l^2}$$

这是按单自由度体系求得的结果。

（2）取级数（a）式中前两项作为变形曲线，即取

$$y = a_1\sin\frac{\pi x}{l} + a_3\sin\frac{3\pi x}{l} \tag{c}$$

这里含有两个待定系数 a_1、a_3，即把压杆近似当成两个自由度体系来计算。

弯曲应变能 V_ε 和荷载势能 V_P 分别为

$$V_\varepsilon = \frac{1}{2}\int_0^l EI(y'')^2 dx = \frac{EI_0}{2}\int_0^l\left[1 + 4\frac{x}{l} - 4\left(\frac{x}{l}\right)^2\right]\left(\frac{\pi}{l}\right)^4\left(a_1\sin\frac{\pi x}{l} + 9a_3\sin\frac{3\pi x}{l}\right)^2 dx$$

$$= \frac{EI_0}{2}\frac{\pi^4}{l^3}(0.934a_1^2 + 1.37a_1a_3 + 68.4a_3^2)$$

$$V_P = -F_P\int_0^l\frac{1}{2}(y')^2 dx = -\frac{F_P}{2}\int_0^l\left(\frac{\pi}{l}\right)^2\left(a_1\cos\frac{\pi x}{l} + 3a_3\cos\frac{3\pi x}{l}\right)^2 dx = -F_P\frac{\pi^2}{4l}(a_1^2 + 9a_3^2)$$

体系的总势能 E_P 为荷载势能 V_P 和弯曲应变能 V_ε 的和，即

$$E_P = V_P + V_\varepsilon = \frac{EI_0}{2}\frac{\pi^4}{l^3}(0.934a_1^2 + 1.37a_1a_3 + 68.4a_3^2) - F_P\frac{\pi^2}{4l}(a_1^2 + 9a_3^2)$$

由总势能驻值原理 $\dfrac{\partial E_P}{\partial a_1}=0$、$\dfrac{\partial E_P}{\partial a_3}=0$，得

$$\left.\begin{aligned}\left(1.868 - \frac{F_P l^2}{\pi^2 EI_0}\right)a_1 + 1.37a_3 &= 0 \\ 1.37a_1 + \left(136.8 - 9\frac{F_P l^2}{\pi^2 EI_0}\right)a_3 &= 0\end{aligned}\right\} \tag{d}$$

为了得到非零的 a_1、a_3，令方程组（d）式的系数行列式等于零，得

$$\begin{vmatrix} 1.868 - \dfrac{F_P l^2}{\pi^2 EI_0} & 1.37 \\ 1.37 & 136.8 - 9\dfrac{F_P l^2}{\pi^2 EI_0} \end{vmatrix} = 0$$

展开，得

$$\left(\frac{F_P l^2}{\pi^2 EI_0}\right)^2 - 17.05\left(\frac{F_P l^2}{\pi^2 EI_0}\right) + 28.2 = 0$$

求得最小根，即得到临界荷载 F_{Pcr} 为

$$F_{Pcr} = 1.85 \frac{\pi^2 EI_0}{l^2}$$

这是按两自由度体系求得的结果。

三、能量法求组合杆件稳定问题临界荷载 F_{Pcr} 近似解的计算公式

大型结构中的压杆，如桁架桥梁的上弦杆、厂房的双肢柱、起重机塔身和电视发射塔架等，为了增加杆件的稳定性，常采用组合杆的形式。组合杆由两个型钢及把型钢连接成整体的缀材组成。根据所使用缀材的不同，可以分为缀条式组合杆和缀板式组合杆两种。下面介绍如何根据能量法计算得出组合杆临界荷载 F_{Pcr} 的近似计算公式。

1. 缀条式组合杆的临界荷载 F_{Pcr} 的近似计算公式

如图 11.20（a）所示的缀条式组合杆稳定分析时可以当成桁架来进行，柱肢和缀条之间的连接结点均可以视为铰结点。丧失稳定时，桁架中各杆，包括柱肢和缀条，只引起附加的轴力。

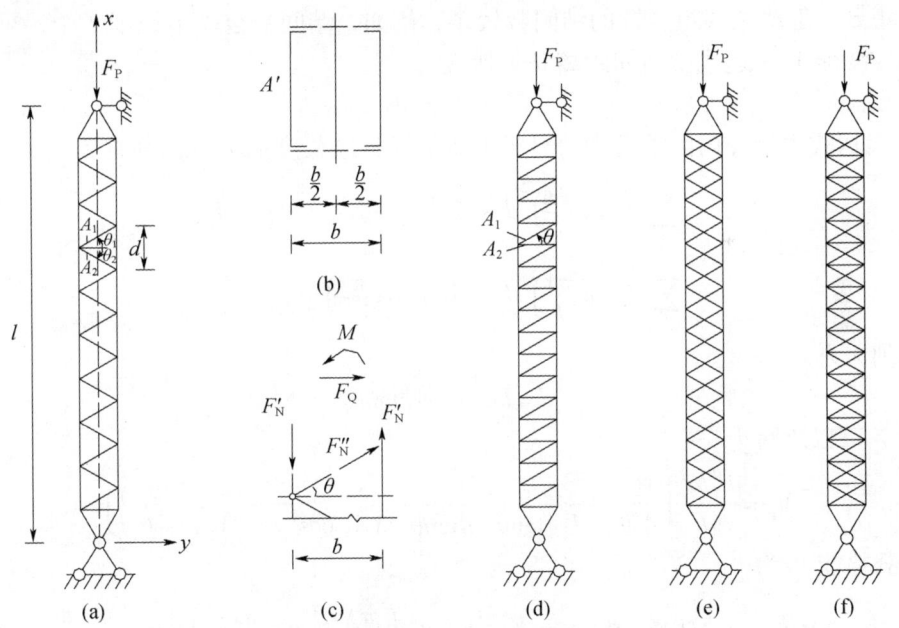

图 11.20 求缀条式组合杆的临界荷载 F_{Pcr}

（1）按照单自由度体系假设失稳时的变形曲线，计算组合杆柱肢和缀条的轴力

假设组合杆失稳时的变形曲线为半波正弦曲线，即取

$$y = a\sin\frac{\pi x}{l}$$

组合杆轴线上任意 x 处的弯矩 M 和剪力 F_Q 分别为

$$M = F_P y = F_P a\sin\frac{\pi x}{l}, \quad F_Q = \frac{dM}{dx} = F_P a \frac{\pi}{l}\cos\frac{\pi x}{l}$$

组合杆柱肢的轴力 F'_N 和缀条的轴力 F''_N 分别为

$$F'_N = \pm \frac{M}{b} = \pm F_P \frac{a}{b}\sin\frac{\pi x}{l}, \quad F''_N = \pm \frac{F_Q}{\cos\theta} = \pm F_P a \frac{\pi}{l\cos\theta}\cos\frac{\pi x}{l}$$

式中，b 为组合杆肢宽；θ 为斜缀杆与水平线的夹角，如图 11.20（c）中所示。

（2）计算桁架的应变能 V_ε、荷载势能 V_P、总势能 E_P，由总势能驻值原理求 F_{Pcr} 表达式

桁架的应变能 V_ε 为

$$V_\varepsilon = \sum \frac{F_N^2 s}{2EA}$$

式中，s 为各杆件长度。将上面柱肢的轴力 F_N' 和缀条的轴力 F_N'' 表达式代入后，得

$$V_\varepsilon = \frac{F_P^2}{2E}\left[\sum_1^{2n}\frac{\left(\frac{a}{b}\sin\frac{\pi x}{l}\right)^2 d}{A'} + \sum_1^n\frac{\left(\frac{a\pi}{l\cos\theta_1}\cos\frac{\pi x}{l}\right)^2 \frac{b}{\cos\theta_1}}{A_1} + \sum_1^n\frac{\left(\frac{a\pi}{l\cos\theta_2}\cos\frac{\pi x}{l}\right)^2 b}{A_2\cos\theta_2}\right]$$

式中，A' 为弦杆的面积；A_1 为上斜缀杆的面积；A_2 为下斜缀杆的面积。若组合杆在两个平面内都有缀条，如图 11.20（b）所示，则计算 A_1 和 A_2 时要加倍。n 为组合杆的结间数，在每个结间，上、下斜杆都只有一根，故总杆数为 n；而每个结间弦杆的根数为 2，故总杆数为 $2n$。

考虑到一般缀条式组合杆的结间数较多，例如，结间数至少不小于 6 个，可将上面桁架的应变能 V_ε 表达式中结间距离 d 近似视为

$$d = \Delta x \approx dx$$

并将 V_ε 表达式中括号内的求总和符号近似改为沿柱肢长度的积分，则有

$$\sum_1^{2n}\left(\sin\frac{\pi x}{l}\right)^2 d \approx 2\int_0^l \left(\sin\frac{\pi x}{l}\right)^2 dx = l$$

$$\sum_1^n\left(\cos\frac{\pi x}{l}\right)^2 d \approx \int_0^l \left(\cos\frac{\pi x}{l}\right)^2 dx = \frac{l}{2} \quad\quad (e)$$

并考虑到关系式

$$d = b\tan\theta_1 + b\tan\theta_2$$

应变能 V_ε 可以改写为

$$V_\varepsilon = \frac{F_P^2 l a^2}{4E}\left[\frac{2}{A'b^2} + \frac{\pi^2}{l^2(\tan\theta_1 + \tan\theta_2)}\left(\frac{1}{A_1\cos^3\theta_1} + \frac{1}{A_2\cos^3\theta_2}\right)\right]$$

荷载势能 V_P 为

$$V_P = -F_P\int_0^l \frac{1}{2}(y')^2 dx = -F_P\frac{1}{2}\int_0^l a^2\left(\frac{\pi}{l}\right)^2\left(\cos\frac{\pi x}{l}\right)^2 dx = -F_P\frac{\pi^2}{4l}a^2$$

桁架的总势能 E_P 为荷载势能 V_P 和桁架的应变能 V_ε 的和，即

$$E_P = \frac{F_P^2 l a^2}{4E}\left[\frac{2}{A'b^2} + \frac{\pi^2}{l^2(\tan\theta_1 + \tan\theta_2)}\left(\frac{1}{A_1\cos^3\theta_1} + \frac{1}{A_2\cos^3\theta_2}\right)\right] - F_P\frac{\pi^2}{4l}a^2$$

由总势能驻值原理 $\dfrac{dE_P}{da} = 0$，得临界荷载 F_{Pcr} 表达式

$$F_{Pcr} = \frac{\pi^2 EI}{l^2}\frac{1}{1 + \dfrac{\pi^2}{2}\left(\dfrac{b^2}{l^2}\right)\dfrac{1}{\tan\theta_1 + \tan\theta_2}\left(\dfrac{A'}{A_1\cos^3\theta_1} + \dfrac{A'}{A_2\cos^3\theta_2}\right)}$$

式中，$I = 2A'\left(\dfrac{b}{2}\right)^2 = \dfrac{A'b^2}{2}$，参见图 11.20（b），为组合截面对截面形心轴的惯性矩。

(3) 几种特殊情形下临界荷载 F_{Pcr} 的统一表达式

①当缀条面积、倾角都相同时，即 $A_1 = A_2 = A$，$\theta_1 = \theta_2 = \theta$，则有

$$F_{Pcr} = \frac{\pi^2 EI}{l^2} \frac{1}{1 + \frac{\pi^2}{2}\left(\frac{b^2}{l^2}\right)\frac{A'}{A\sin\theta\cos^2\theta}} \tag{11.21}$$

②当 $\theta_2 = 0$ 时，如图 11.20 (d) 中所示，则有

$$F_{Pcr} = \frac{\pi^2 EI}{l^2} \frac{1}{1 + \frac{\pi^2}{2}\left(\frac{b^2}{l^2}\right)\left(\frac{A'}{A_1\sin\theta\cos^2\theta} + \frac{A'}{A_2\tan\theta}\right)} \tag{11.22}$$

③对于有交叉缀条的组合杆，如图 11.20 (e)、(f) 所示，临界荷载仍然按照 (11.21) 式和 (11.22) 式计算，但此时缀条面积要加倍，即为两根交叉缀条的面积。

上面三种情形临界荷载 F_{Pcr} 可以写成如下统一表达式，即

$$F_{Pcr} = k_1 \frac{\pi^2 EI}{l^2} \tag{11.23a}$$

式中，$\frac{\pi^2 EI}{l^2}$ 是惯性矩为 I 的实腹杆的临界荷载值；k_1 是组合杆的折减系数，为

$$k_1 = \frac{1}{1 + \frac{\pi^2}{2}\left(\frac{b^2}{l^2}\right)\left(\frac{A'}{A_1\sin\theta\cos^2\theta} + \frac{A'}{A_2\tan\theta}\right)} \tag{11.23b}$$

注意到，(11.21) 式是 (11.22) 式的一个特例，如果在 (11.22) 式中去掉水平腹杆的项，即得到 (11.21) 式。

折减系数 k_1 与缀条和柱肢的截面面积的比值密切相关：当缀条面积相对柱肢面积很小时，即 $A'/A_1 \to \infty$ 和 $A'/A_2 \to \infty$ 时，有 $k_1 \to 0$，$F_{Pcr} \to 0$；当缀条面积相对柱肢面积很大时，即 $A'/A_1 \to 0$ 和 $A'/A_2 \to 0$ 时，有 $k_1 \to 1$，$F_{Pcr} \to \pi^2 EI/l^2$；一般情况下，缀条式组合杆的临界荷载总是小于同样惯性矩的实腹柱的临界荷载。

(4) 组合杆的计算长度 l_0 和长细比 λ 公式

可以将 (11.23a) 式改写为

$$F_{Pcr} = k_1 \frac{\pi^2 EI}{l^2} = \frac{\pi^2 EI}{\frac{l^2}{k_1}} = \frac{\pi^2 EI}{(\mu l)^2} = \frac{\pi^2 EI}{l_0^2} \tag{11.24}$$

式中，μ 是组合杆的长度因数，$l_0 = \mu l$ 是组合杆的计算长度，即

$$l_0 = \mu l = \frac{l}{\sqrt{k_1}} = l\sqrt{1 + \frac{\pi^2}{2}\left(\frac{b^2}{l^2}\right)\left(\frac{A'}{A_1\sin\theta\cos^2\theta} + \frac{A'}{A_2\tan\theta}\right)} \tag{11.25}$$

在工程应用中，考虑到水平缀条的影响比斜缀条要小，可以略去；又考虑到 $\theta = 30° \sim 60°$，可近似取

$$\frac{\pi^2}{\sin\theta\cos^2\theta} \approx 27$$

这样便得到简化的计算组合杆的常细比公式如下：

$$\lambda = \frac{l_0}{b/2} = \sqrt{\left(\frac{l}{b/2}\right)^2 + 27\left(\frac{2A'}{A_1}\right)} = \sqrt{\lambda_0^2 + 27\left(\frac{2A'}{A_1}\right)} \tag{11.26}$$

(11.26) 式为工程实际中常用的缀条式组合杆长细比的近似计算公式。式中，λ_0 是按照两端铰支回转半径为 $r = b/2$ 的实腹杆算得的长细比。

2. 缀板式组合杆的临界荷载 F_{Pcr} 的近似计算公式

由于一般缀板的线刚度大于柱肢的线刚度，柱肢和缀板之间的连接结点可以视为刚结点，缀板式组合杆稳定分析时可以当成单跨多层刚架，并近似认为反弯点在各层中点。下面根据能量法按照单自由度体系推导图 11.21 (a) 所示组合杆的临界荷载的近似计算公式。

（1）缀板式组合杆的两种变形状态及内力。

①作为一根杆件产生的整体变形，仍然取缀板式组合杆失稳时的变形曲线为半波正弦曲线，如图 11.21 (a) 中虚线所示，即取

$$y = a\sin\frac{\pi x}{l}$$

组合杆轴线上任意 x 处的整体弯矩 M 和整体剪力 F_Q 分别为

$$M = F_P y = F_P a\sin\frac{\pi x}{l}$$

$$F_Q = \frac{dM}{dx} = F_P a \frac{\pi}{l}\cos\frac{\pi x}{l}$$

②作为一个刚架在节间还产生局部弯曲变形，这可以看作由整体剪力 F_Q 所引起的附加弯矩 M_Q 造成的，根据反弯点在各层中点，可得 M_Q 在一个节间柱肢和缀板上的分布如图 11.21 (c) 所示。

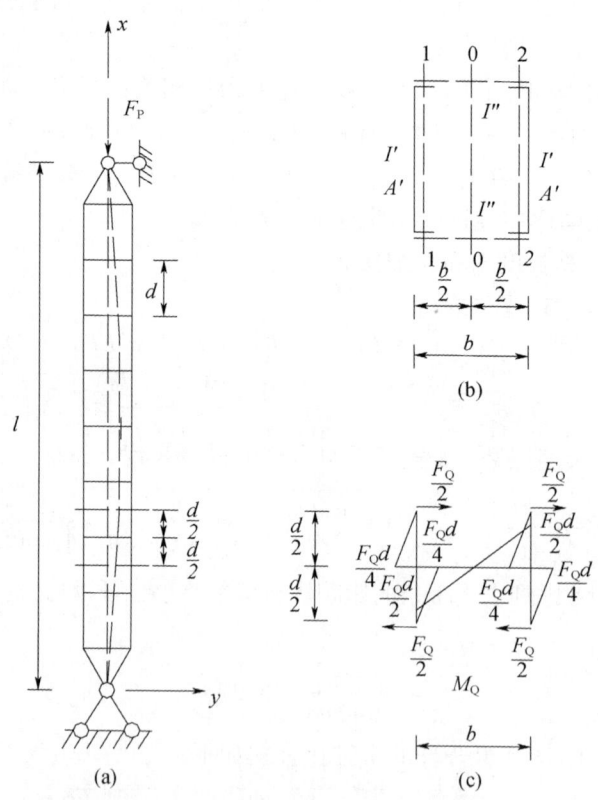

图 11.21 求缀板式组合杆的临界荷载 F_{Pcr}

(2) 计算应变能 V_ε、荷载势能 V_P、总势能 E_P，由总势能驻值原理求 F_{Pcr} 表达式。

相应的，缀板式组合杆的应变能 V_ε 也由两部分组成：$V_\varepsilon = V_{\varepsilon 1} + V_{\varepsilon 2}$。其中 $V_{\varepsilon 1}$ 是杆件整体变形时的应变能；$V_{\varepsilon 2}$ 是在整体剪力 F_Q 作用下所引起的附加弯矩 M_Q 对应的应变能。根据杆件的内力，它们分别为

$$V_{\varepsilon 1} = \frac{1}{2}\int_0^l \frac{M^2}{EI}dx = \frac{1}{2}\int_0^l \frac{1}{EI}\left(F_P a \sin\frac{\pi x}{l}\right)^2 dx = \frac{F_P^2 l a^2}{4EI}$$

式中，$I = 2A'\left(\dfrac{b}{2}\right)^2 = \dfrac{A'b^2}{2}$，参见图 11.21（b），为组合截面对截面形心轴 0-0 的惯性矩。

$$V_{\varepsilon 2} = \frac{1}{2}\left(\sum\int\frac{M_Q^2 dx}{EI'} + \sum\int\frac{M_Q^2 dx}{EI''}\right)$$

$$= \frac{1}{2}\sum\left(\frac{4}{EI'}\frac{F_Q d}{2\cdot 4}\frac{d}{2}\cdot\frac{2}{3}\frac{F_Q d}{4} + \frac{2}{EI''}\frac{F_Q d}{2\cdot 2}\frac{b}{2}\cdot\frac{2}{3}\frac{F_Q d}{2}\right)$$

$$= \frac{1}{2}\left(\frac{d^2}{24EI'} + \frac{bd}{12EI''}\right)F_P^2 a^2 \frac{\pi^2}{l^2}\sum\left(\cos\frac{\pi x}{l}\right)^2 d$$

式中，I' 是单个柱肢对各自形心轴 1-1、或 2-2 的惯性矩，I'' 是缀板的惯性矩，如图 11.21（b）中所示。

考虑到缀板式组合杆的结间数较多，可认为 $d = \Delta x \approx dx$，结合（e）式，可将应变能 $V_{\varepsilon 2}$ 改写为

$$V_{\varepsilon 2} = F_P^2 a^2 \frac{\pi^2}{4l}\left(\frac{d^2}{24EI'} + \frac{bd}{12EI''}\right)$$

荷载势能 V_P 为

$$V_P = -F_P\int_0^l \frac{1}{2}(y')^2 dx = -F_P\frac{1}{2}\int_0^l a^2\left(\frac{\pi}{l}\right)^2\left(\cos\frac{\pi x}{l}\right)^2 dx = -F_P\frac{\pi^2}{4l}a^2$$

组合杆的总势能 E_P 为荷载势能 V_P 和应变能 V_ε 的和，即

$$E_P = \frac{F_P^2 l a^2}{4EI} + F_P^2 a^2 \frac{\pi^2}{4l}\left(\frac{d^2}{24EI'} + \frac{bd}{12EI''}\right) - F_P\frac{\pi^2}{4l}a^2$$

由总势能驻值原理 $\dfrac{dE_P}{da} = 0$，得临界荷载 F_{Pcr} 表达式

$$F_{Pcr} = \frac{\pi^2 EI}{l^2}\frac{1}{1 + \dfrac{\pi^2 EI}{l^2}\left(\dfrac{d^2}{24EI'} + \dfrac{bd}{12EI''}\right)} = k_2\frac{\pi^2 EI}{l^2}$$

式中

$$k_2 = \frac{1}{1 + \dfrac{\pi^2 EI}{l^2}\left(\dfrac{d^2}{24EI'} + \dfrac{bd}{12EI''}\right)} \tag{11.27}$$

(3) 组合杆的计算长度 l_0 和长细比 λ 公式。

缀板式组合杆的计算长度 l_0 为

$$l_0 = \frac{l}{\sqrt{k_2}} = l\sqrt{1 + \frac{\pi^2 EI}{l^2}\left(\frac{d^2}{24EI'} + \frac{bd}{12EI''}\right)} \tag{11.28}$$

如果缀板的线刚度比柱肢的线刚度大得多，则（11.28）式根号内括号中第二项可以

略去不计。仿照（11.26）式，再注意到 $I = \dfrac{A'b^2}{2}$，可得组合杆的计算长细比 λ 公式如下

$$\lambda = \frac{l_0}{b/2} = \sqrt{\left(\frac{l}{b/2}\right)^2 + \frac{2\pi^2}{24}\frac{A'd^2}{I'}} = \sqrt{\lambda_0^2 + 0.83\,(\lambda')^2} \tag{11.29}$$

式中，$\lambda' = \sqrt{\dfrac{A'd^2}{I'_d}} = \sqrt{\dfrac{A'd^2}{A'r_d^2}} = \dfrac{d}{r_d}$，$r_d$ 为单肢对各自形心轴 1-1、或 2-2 的回转半径，故 λ' 是单个柱肢在一个结间 d 内对各自形心轴 1-1、或 2-2 的长细比。

为了简化计算，可用 1 近似地代替 0.83，则计算长细比 λ 为

$$\lambda = \sqrt{\lambda_0^2 + \lambda'^2} \tag{11.30}$$

这就是规范中用以确定缀板式组合压杆换算长细比的公式。

思考题

1. 什么是稳定？
2. 材料力学中的稳定问题研究和结构力学中的稳定研究有何异同？
3. 为什么拉杆中不会出现稳定问题？
4. 稳定问题平衡方程和静力计算平衡方程的区别是什么？
5. 稳定问题中叠加原理是否还成立，为什么？
6. 稳定自由度、动力问题自由度及几何构成分析自由度的区别有哪些？
7. 分支点失稳问题临界状态的静力特征和能量特征各是什么？
8. 分支点失稳和极值点失稳的区别是什么？
9. 稳定问题的解法属于位移解法，对否？为什么？
10. 稳定问题是否有对应的位移法基本体系解法，为什么？

习题

11.1 试用静力法和能量法两种方法确定题 11.1 图所示体系的临界荷载 F_{Pcr} 值。其中 BD 杆为刚性杆，其余杆件为弹性杆。

11.2 试将题 11.2 图所示压杆体系转化为弹性支承压杆，并求临界荷载 F_{Pcr} 值。

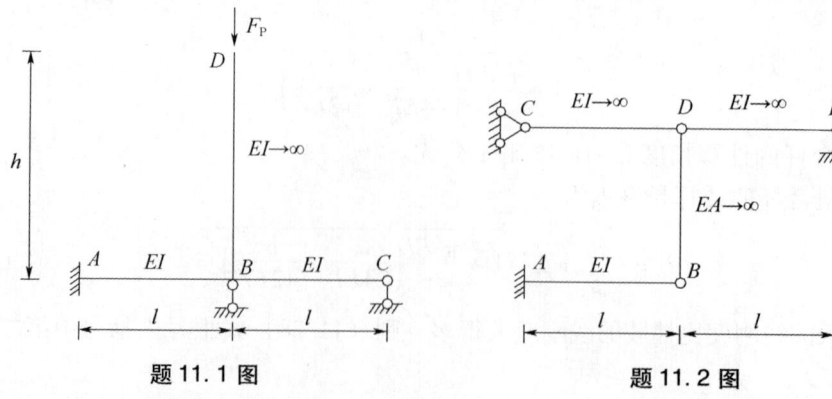

题 11.1 图   题 11.2 图

11.3 试用静力法和能量法建立题 11.3 图所示体系的稳定方程。已知 AC、CB 两杆均为刚性杆，A 处弹簧刚度系数为 k_1，C 处弹性铰相对转动的刚度系数为 k_2。

11.4 试用静力法和能量法写出求题 11.4 图所示体系临界荷载的特征方程。已知 B、C 两处荷载均沿杆轴方向，杆 DEF 为等截面杆，其抗弯刚度为 EI。

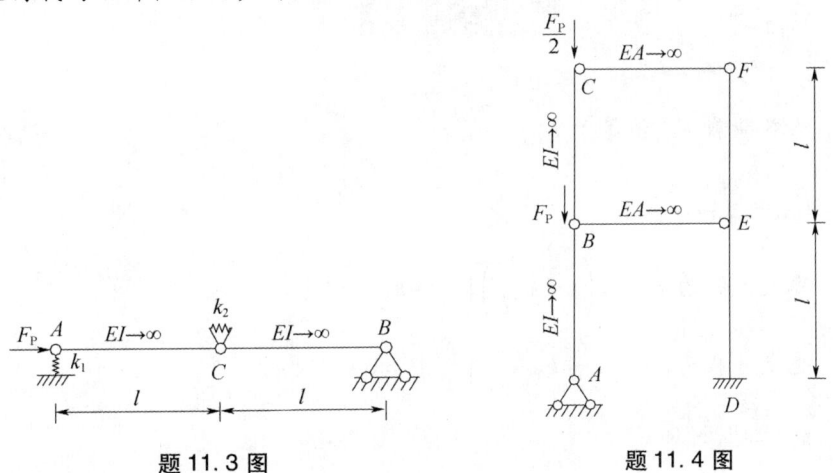

题 11.3 图　　　　　题 11.4 图

11.5 试用静力法求题 11.5 图所示体系的临界荷载 F_{Pcr} 值。

11.6 试用静力法求题 11.6 图所示体系的临界荷载 F_{Pcr} 值。

11.7 试用静力法求题 11.7 图所示体系的临界荷载 F_{Pcr} 值。

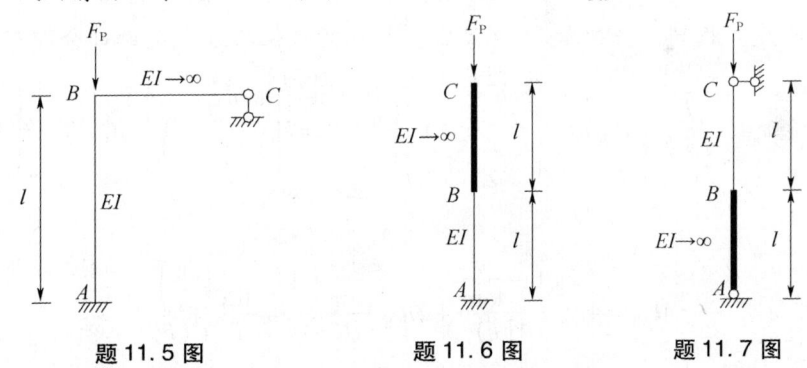

题 11.5 图　　　　　题 11.6 图　　　　　题 11.7 图

11.8 题 11.8 图中，AB 杆抗弯刚度为 EI，两端作用有压力 F_P，且已知两端的转角分别为 θ_A、θ_B。试用能量法建立其平衡方程，并推导出该压杆的刚度方程，即杆端力和杆端位移以及压力 F_P 之间的关系式。

11.9 题 11.9 图中，AB 杆抗弯刚度为 EI，两端作用有压力 F_P，且已知两端的转角和垂直于杆轴的相对线位移分别为 θ_A、θ_B、Δ。试用能量法建立其平衡方程，并推导出该压杆的刚度方程，即杆端力和杆端位移以及压力 F_P 之间的关系式。

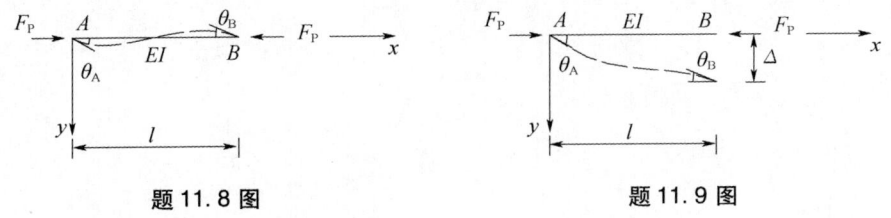

题 11.8 图　　　　　题 11.9 图

11.10 试用能量法求题11.6的临界荷载。假设失稳时压杆弹性部分的曲线为 $y = ax^2/l^2$。

习题答案

11.1 临界荷载 F_{Pcr} 值等于 $F_{Pcr} = \dfrac{7EI}{hl}$。

11.2 $F_{Pcr} = \dfrac{3EI}{2l^2}$。

11.3 稳定方程为 $F_P^2 - 2\left(k_1 l + \dfrac{k_2}{l}\right) F_P + 4k_1 k_2 = 0$。

11.4 稳定方程为 $F_P^2 - 8\dfrac{EI}{l^2} F_P + \dfrac{48}{7}\left(\dfrac{EI}{l^2}\right)^2 = 0$。

11.5 $F_{Pcr} = \dfrac{\pi^2 EI}{l^2}$。

11.6 $F_{Pcr} = \dfrac{0.74 EI}{l^2}$。

11.7 $F_{Pcr} = \dfrac{4.12 EI}{l^2}$。

11.8 刚度方程只需去掉题11.9答案中与相对线位移 Δ 相关的部分即可。

11.9 令 $v = l\sqrt{\dfrac{F_P}{EI}}$ $\quad A(v) = 4\left(\dfrac{\tan\dfrac{v}{2}}{\dfrac{v}{2}} - 1\right)$ $\quad B(v) = 2\left(\dfrac{\tan\dfrac{v}{2}}{\dfrac{v}{2}} - 1\right)$ $\quad C(v) = 3\left[1 - \dfrac{\left(\dfrac{v}{2}\right)}{\tan\dfrac{v}{2}}\right]$,

刚度方程为

$$M_{AB} = 4i\theta_A \dfrac{1 - \dfrac{v}{\tan v}}{A(v)} + 2i\theta_B \dfrac{\dfrac{v}{\sin v} - 1}{B(v)} - \dfrac{6i\Delta}{l}\dfrac{\left(\dfrac{v}{2}\right)^2}{C(v)}$$

$$M_{BA} = 2i\theta_A \dfrac{\dfrac{v}{\sin v} - 1}{B(v)} + 4i\theta_B \dfrac{1 - \dfrac{v}{\tan v}}{A(v)} - \dfrac{6i\Delta}{l}\dfrac{\left(\dfrac{v}{2}\right)^2}{C(v)}$$

$$F_{QBA} = F_{QAB} = -6\dfrac{i\theta_A}{l}\dfrac{\left(\dfrac{v}{2}\right)^2}{C(v)} - 6\dfrac{i\theta_B}{l}\dfrac{\left(\dfrac{v}{2}\right)^2}{C(v)} + \dfrac{12i\Delta}{l^2}\left(\dfrac{v}{2}\right)^2\left[\dfrac{1}{C(v)} - \dfrac{1}{3}\right]$$

11.10 临界荷载 $F_{Pcr} = \dfrac{0.75 EI}{l^2}$。

第十二章

结构的极限荷载

前面各章的计算都是在线弹性范围内进行的，即假定结构材料应力和应变之间为线性关系，荷载卸除后，结构中没有残余变形。在结构弹性设计方法中，采用许用应力法：要求结构中的最大工作应力小于材料的许用应力。许用应力等于材料的极限应力除以安全系数。

弹性设计方法存在一定的不足。对于弹塑性材料构成的结构，尤其是超静定结构，当某个截面的最大工作应力达到材料的屈服应力时，结构并没有破坏。这也意味着，还有一部分材料的承载力可以继续利用，因而弹性设计是不够经济的。

塑性设计方法就是为了克服弹性设计方法的不足提出的。所谓结构的极限荷载，就是考虑到材料的塑性后，整个结构破坏时所能抵抗的最大荷载。相应地，在塑性设计方法中，采用许用荷载法：要求结构中的荷载应小于结构的许用荷载。许用荷载等于结构的极限荷载除以安全系数。

本章介绍利用极限平衡法求梁的极限荷载。当结构中施加的荷载达到极限荷载时，结构处于极限状态。根据极限状态的平衡条件，就可以求出结构的极限荷载值来。

第一节 理想弹塑性材料、极限弯矩、塑性铰和极限状态

本节首先介绍理想弹塑性材料。然后，以具有理想弹塑性材料的静定梁，分析其在不同阶段的受力和变形特点，并引入极限弯矩、塑性铰和极限状态这三个与结构极限荷载计算密切相关的概念。

一、理想弹塑性材料

在塑性分析中，为了简化计算，通常假设材料为理想弹塑性材料，其应力应变之间的关系如图 12.1 所示，由三段构成：

(1) OA 段为弹性段。应力 σ 与应变 ε 之间是单值线性的，其比值为弹性模量 E。

(2) ACB 段为塑性流动阶段。应力达到材料屈服应力 σ_s，材料进入塑性流动状态，即应力不再增加，而应变可以继续增大。

(3) CD 段为卸载弹性段。当应力达到 σ_s 后，如果在 C 点卸载，则应力 σ 与应变 ε

之间关系如图中 CD 段所示，CD//OA。即应力的减小值 $\Delta\sigma$ 与应变的减小值 $\Delta\varepsilon$ 之间成正比，其比值仍为弹性模量 E。

由此看到，材料在加载时是弹塑性的，卸载时是弹性的。还可看到，在经历塑性变形之后，应力应变之间不再存在单值对应关系，同一个应力值可以对应不同的应变值，同一个应变值也可以对应不同的应力值。要得到一个弹塑性问题的解，需要追踪受力变形的全过程。但在计算梁的极限荷载时，并无须考虑弹塑性状态的发展过程，只需要根据极限状态的平衡条件就可以求得极限荷载，因而计算比较简单。

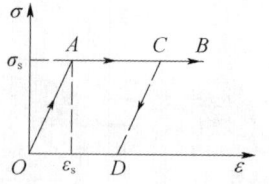

图 12.1　理想弹塑性材料

二、截面的弹性极限弯矩和截面的极限弯矩

截面的弹性极限弯矩和截面的极限弯矩分别表示按照弹性分析和弹塑性分析时截面所能抵抗的最大弯矩。对于理想弹塑性材料构成的杆件，当截面最外侧的纤维达到屈服应力 σ_s 时截面所能抵抗的最大弯矩为弹性极限弯矩。而截面的极限弯矩是在考虑到材料的理想弹塑性性质后，某个截面所能抵抗的最大的弯矩值。下面来推导得出纯弯曲状态下矩形截面和具有一根对称轴的任意截面其截面极限弯矩的计算公式。

1. 矩形截面的弹性极限弯矩和截面的极限弯矩

考虑图 12.2 所示的纯弯曲状态下的矩形截面梁，随着外力偶 M 的增大，梁会经历一个从弹性阶段到弹塑性阶段，最后达到塑性流动阶段的过程。试验表明，无论在哪一个阶段，梁弯曲变形的平面假设都是成立的。各阶段截面的应力分布变化的情况如图 12.3（b）、(c)、(d) 所示。

图 12.2　纯弯曲状态下的矩形截面梁

（1）矩形截面的弹性极限弯矩。

当梁的最外层纤维的应力达到屈服应力 σ_s 时，标志着弹性阶段的结束。此时梁截面上的应力分布如图 12.3（b）所示，坐标 y 处的应力根据比例关系为

$$\sigma(y) = \frac{2y}{h}\sigma_s \tag{a}$$

根据截面的应力分布情况，可以求得截面的弹性极限弯矩（或屈服弯矩）为

$$M_s = \int_{-\frac{h}{2}}^{\frac{h}{2}} \frac{2y}{h}\sigma_s by\mathrm{d}y = \frac{1}{6}bh^2\sigma_s \tag{12.1}$$

（2）弹塑性阶段的弹性核。

随着外力偶 M 的继续增大，根据平衡，截面上由应力构成的弯矩的值必须和梁端作用的外力偶 M 相等，这样就必须有越来越多层外侧的纤维也进入塑性流动状态。相应地，截面上弹性部分的高度就不再是整个高度 h，而是减小的高度 $2y_0$，如图 12.3（c）中所

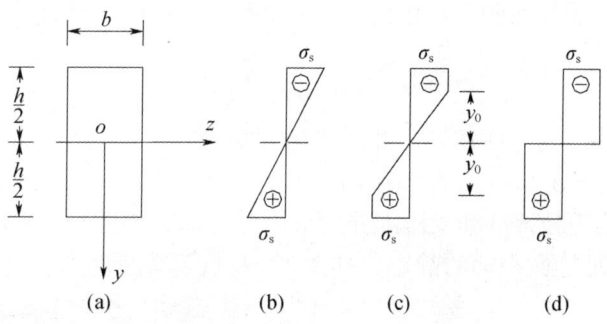

图 12.3 矩形截面梁纯弯曲的三个阶段

示。我们把仍处于弹性阶段的那一部分截面称为弹性核。

（3）矩形截面的极限弯矩。

显然，随着 M 的不断增大，弹性核的高度 $2y_0$ 越来越小。当弹性核的高度 $2y_0$ 减小到趋近于零时，此时截面所能抵抗的弯矩就是截面的极限弯矩。由图 12.3（d）所示梁的应力分布的情况，可以求得极限弯矩为

$$M_u = \int_{-\frac{h}{2}}^{\frac{h}{2}} \sigma_s by \mathrm{d}y = \frac{1}{4}bh^2\sigma_s \tag{12.2}$$

对比（12.1）式和（12.2）式可以看出，矩形截面的极限弯矩是弹性极限弯矩的 1.5 倍。故采用塑性设计方法比弹性设计方法要节约材料。

2. 具有一根对称轴的任意截面其极限弯矩的计算公式

纯弯曲时，具有一根对称轴的任意截面其极限弯矩的计算思路和上面矩形截面极限弯矩的计算思路完全相同。但必须注意到，矩形截面中 z 轴总为截面的形心轴；但对于只具有一根对称轴 y 轴的任意截面，在弹性、弹塑性或塑性流动不同阶段，其中性轴 z 轴位置在不断变化。下面以图 12.4（a）所示 T 形截面梁为例来对此进行说明，各阶段截面的应力分布变化的情况如图 12.4（b）、（c）、（d）所示。

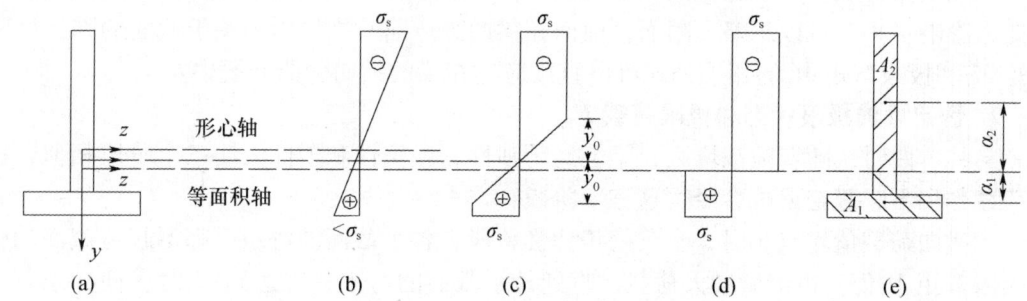

图 12.4 只有一根对称轴截面梁极限弯矩的计算

图 12.4（b）为弹性阶段，应力为直线分布，中性轴 z 轴为截面的形心轴。

图 12.4（c）为弹塑性阶段，随着外力偶 M 的不断增大，中性轴 z 轴位置不断下移。

图 12.4（d）为塑性流动阶段，此时受拉区和受压区各点的应力其值都为屈服应力 σ_s，根据纯弯曲时截面的轴力为零，有

$$\sigma_s A_1 = \sigma_s A_2 \tag{b}$$

式中，A_1、A_2分别为受拉区和受压区的面积，如图12.4（e）所示。

由此得

$$A_1 = A_2 \tag{c}$$

故中性轴 z 轴变为截面的等面积轴。此时极限弯矩为

$$M_u = \sigma_s A_1 \alpha_1 + \sigma_s A_2 \alpha_2 = \sigma_s(A_1\alpha_1 + A_2\alpha_2) = \sigma_s(S_1 + S_2) \tag{12.3}$$

式中，α_1、α_2分别为受拉部分和受压部分的形心到等面积轴的距离；$S_1 = A_1\alpha_1$、$S_2 = A_2\alpha_2$分别为面积 A_1、A_2 对等面积轴的静矩，如图12.4（e）所示。

三、塑性铰

随着截面弯矩不断增大，截面上弹性核高度 y_0 越来越小，该截面对应的曲率越来越大。当弯矩达到极限弯矩 M_u 时，该截面对应的曲率趋向于无穷大。这就意味着在极限弯矩 M_u 值保持不变的情况下，该截面两侧能沿着 M_u 作用的方向产生有限的相对转动，相当于在极限弯矩 M_u 截面出现了一个铰。故我们把截面弯矩达到极限弯矩 M_u 的截面称为塑性铰。

要注意塑性铰与普通铰的三点不同：一是普通铰在不同荷载作用时其位置都是固定的，而塑性铰位置不固定，随荷载不同出现在结构中的不同截面上；二是普通铰不能承受弯矩，而塑性铰上承受了极限弯矩 M_u；三是普通铰是双向铰，铰两侧可以沿两个方向发生相对转动，而塑性铰是单向铰，只能沿弯矩增大的方向发生有限的相对转动，当弯矩减小时，截面恢复其弹性刚度，而不再具有铰的性质。

四、横向荷载作用下梁的极限弯矩和静定梁的极限状态

1. 横向荷载作用下梁的极限弯矩 M_u

梁在横向荷载作用下，截面除了弯矩外，一般还有剪力。通常，剪力对梁截面的承载能力影响很小，可以忽略。因而，前面在梁的纯弯曲时推导出的关于截面的弹性极限弯矩 M_s 和极限弯矩 M_u 的相关公式可以直接应用在梁的横向弯曲问题中。

2. 静定梁的极限状态和极限荷载 F_{Pu}

与纯弯曲时，随着荷载增大，梁会经历弹性、弹塑性和塑性流动三个阶段相似，横向荷载作用下，静定梁也会经历这三个阶段：

当横向荷载值比较小时，全梁处于弹性阶段，各个截面的弯矩值都不超过截面的弹性极限弯矩 M_s 值。再继续增大荷载，直到某个截面的弯矩首先达到 M_s 时，便标志着弹性阶段的结束，此时的荷载称为弹性极限荷载 F_{Ps}。

当横向荷载值大于 F_{Ps} 时，静定梁中会出现塑性区，整个梁处于弹塑性阶段。随着荷载的继续增加，梁各截面上的弯矩也不断增大，梁中的塑性区也逐渐扩大。

最后，当荷载增加到使梁的某个截面达到截面的极限弯矩 M_u 值，形成了一个塑性铰。由于静定梁中并无多余约束，一旦某个截面出现塑性铰，整个梁就变为机构，即使荷载不再增加，梁的挠度也会不断增大。此时，梁上的荷载已经达到极值，不能再继续增大。我们把静定梁中出现一个塑性铰导致整个梁变成机构的这样一种状态叫做梁的极

限状态，对应的荷载叫做梁的极限荷载，用 F_{Pu} 表示。

梁的极限荷载 F_{Pu} 可以仅仅根据极限状态的平衡条件求得，无须考虑弹塑性发展的过程。F_{Pu} 既可以根据极限状态塑性铰截面的弯矩值等于截面的极限弯矩值求得，也可以根据极限状态的虚位移原理求得。在下面的例题中，可以看到如何利用两种方法求 F_{Pu}。

［例 12-1］ 试求图 12.5（a）所示等截面静定梁的极限荷载 F_{Pu}，截面的极限弯矩为 M_u。

解：（1）根据极限状态的塑性铰截面的弯矩值等于截面的极限弯矩值求得 F_{Pu}。

极限状态就是要确定塑性铰的数目和位置。对于等截面简支梁在跨中承受集中荷载的情形，极限状态只会出现一个塑性铰，该塑性铰的位置就在跨中。因为根据平衡条件，可知跨中的弯矩值最大。

极限状态时，梁的弯矩图如图 12.5（b）所示，跨中 C 截面的最大弯矩为 $F_{Pu}l/4$，令其等于截面的极限弯矩 M_u，得

$$\frac{F_{Pu}l}{4} = M_u \tag{d}$$

从而有

$$F_{Pu} = \frac{4M_u}{l} \tag{e}$$

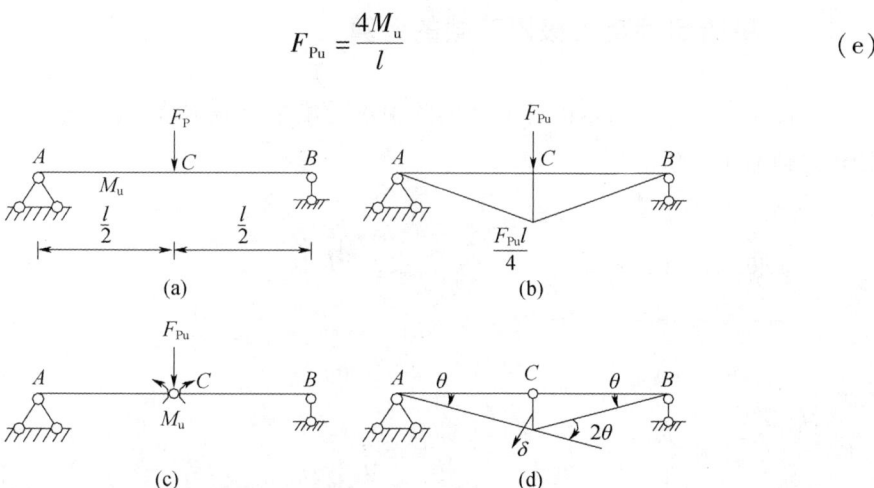

图 12.5　求静定梁的极限荷载 F_{Pu}

顺便说一句，极限状态的平衡条件和静定结构的内力计算完全相同。不过，静定结构的内力计算的时候，常常是已知荷载，要求结构的内力图，如弯矩图。但是，在极限荷载的计算的时候，我们是已知某几个截面的弯矩值（出现塑性铰的截面的弯矩值等于截面的极限弯矩值 M_u），要求此时对应的荷载的值，即极限荷载 F_{Pu} 值。

（2）根据极限状态的虚位移原理求得 F_{Pu}。

由上面的分析可知，若能判断出极限状态塑性铰的位置，求极限荷载的问题可以通过考虑极限状态的平衡条件求出。而平衡条件也可以利用刚体体系虚位移原理求得。为此，我们把极限状态明确表示为如图 12.5（c）所示的机构的平衡条件：图中三铰 A、B、C 共线，在铰 C 两侧作用了图中所示的极限弯矩 M_u，要求需在铰 C 处施加多大的 F_{Pu}，该机构能处于平衡。

令机构产生约束允许的虚位移如图 12.5（d）所示，利用刚体体系的虚位移原理有

$$F_{Pu} \times \delta - M_u \times 2\theta = 0 \tag{f}$$

注意到 $\theta = 2\delta/l$，代入上式，得到 $F_{Pu} = 4M_u/l$，与前面第一种方法得到的计算结果完全相同。

第二节 超静定梁的极限荷载

超静定梁中由于存在多余约束，当梁中出现一个塑性铰后，梁仍是几何不变的，可以继续承受更大的荷载。直到梁中出现足够多数目的塑性铰使得梁变为机构时，才达到梁的极限状态，与此对应的荷载即为超静定梁的极限荷载。与求静定梁极限荷载相同，超静定梁的极限荷载同样可以根据极限状态的平衡条件求得。下面分别讨论单跨超静定和连续梁极限荷载的计算。

一、单跨超静定梁极限荷载的计算

以图 12.6（a）所示的等截面的跨中承受集中荷载 F_P 的梁为例，说明单跨超静定梁的极限荷载 F_{Pu} 的求法。

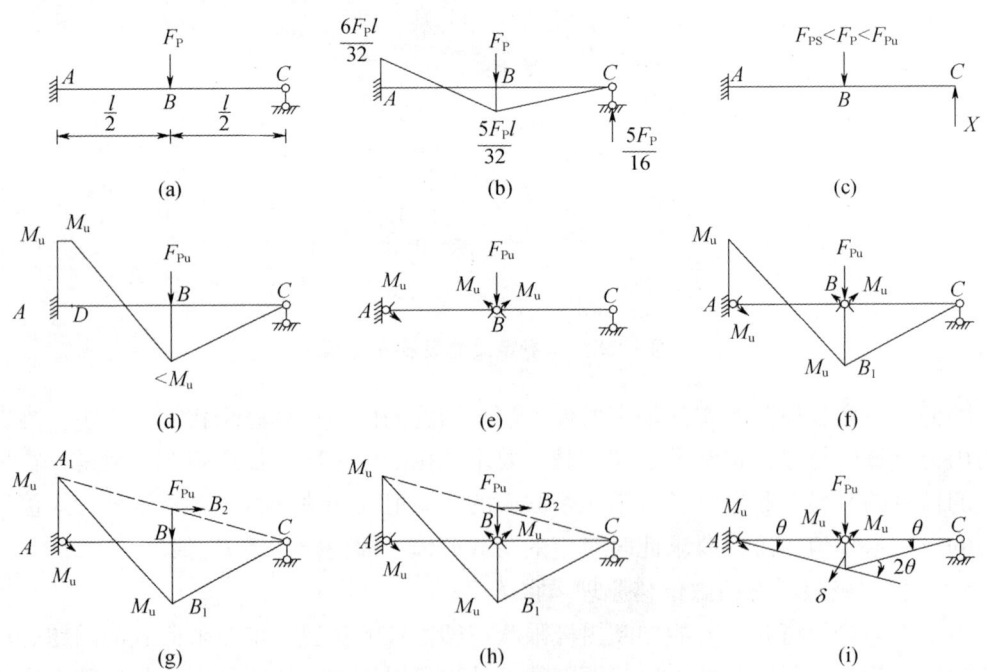

图 12.6 单跨超静定梁的极限荷载的求法

1. 梁的极限状态的确定

随着荷载增大，梁从弹性阶段进入弹塑性阶段，最后达到塑性流动阶段。弄清楚这

三个阶段的静力平衡的特点,能帮助我们确定极限状态。

(1) 梁的弹性极限荷载 F_{Ps}。

弹性阶段的弯矩图分布情况如图 12.6(b)所示,由两段直线组成,A 端的弯矩值为 $6F_Pl/32$,B 点的弯矩值为 $5F_Pl/32$。支杆 C 处的支座反力为 $5F_P/16$。

由 $6F_{Ps}l/32 = M_s$,其中 M_s 为梁截面的弹性极限弯矩值,可得 $F_{Ps} = 16M_s/3l$,F_{Ps} 为结构的弹性极限荷载值。

(2) 梁在弹塑性阶段弯矩图不同于弹性阶段,但仍然由两段构成。

当荷载 F_P 大于 F_{Ps} 后,梁中会出现塑性区。如果需要,我们可以利用图 12.6(c)所示的弹塑性阶段力法的基本体系来考虑此时的弯矩图。需注意到支杆 C 处的支座反力不再为 $5F_P/16$,而是一个不同的 X 值,利用 C 点的位移等于零就可以求得。但要注意到此时出现了塑性区各截面的曲率和截面弯矩之间的关系不再为弹性阶段的线性关系,而是变为了非线性关系。并且,在整个弹塑性阶段支杆 C 处的支座反力 X 值不再是一个常量,而是随着塑性区的不同而不同。故此可知塑性区出现之后,弯矩图的分布不再与弹性阶段的弯矩图的分布情况一致。

尽管梁中出现了塑性区,但由于是小变形,故在计算各截面的弯矩时还是采用变形前的尺寸。根据图 12.6(c)中静力平衡条件,可知图中

$$M_B = X\frac{l}{2},\quad M_A = Xl - \frac{1}{2}F_Pl$$

于是可知,塑性区出来之后直到极限荷载,和弹性阶段一样,梁中弯矩图的分布仍然是由两段直线组成。

(3) 梁的极限状态。

现在,关心的是梁的极限荷载 F_{Pu} 值。只要能先确定极限状态,根据极限状态的平衡条件即可求得 F_{Pu},并无须先确定弹塑性阶段的多余力 X 值。所谓极限状态的确定,就是确定梁变为机构时梁中塑性铰的个数、位置和性质(塑性铰是上端受拉还是下端受拉)。

本问题中极限状态时塑性铰的个数显然是两个。因为梁中出现一个塑性铰后,仍为静定结构,还可以继续承受荷载,直到荷载增大到梁中出现第二个塑性铰,则由于三铰共线,体系才变成了机构。

梁中出现塑性铰的位置和性质可做如下判断:第一个负的塑性铰出现的位置显然在截面 A 处。因为无论在弹性阶段和弹塑性阶段,该截面处的弯矩值都最大,为上端受拉。关键问题是第二个塑性铰出现在哪里?性质如何?观察弹性阶段的弯矩图 12.6(b)可知,截面 A 处附近的弯矩值比截面 B 处弯矩值大,第二个塑性铰的位置会不会出现在截面 A 处附近呢?假如第二个塑性铰出现在截面 A 处附近的 D 截面,此时的弯矩图如图 12.6(d)所示。ADB 段的弯矩图不再是一根直线,而是变为了折线,这显然不符合极限状态梁的弯矩图由两段构成的静力平衡条件,故第二个塑性铰不会出现在截面 A 处附近。再注意到极限状态时,BC 段的弯矩也为一根直线,B 截面的弯矩最大,为下端受拉。故第二个正的塑性铰出现的位置一定在截面 B 处。

由此可以确定梁的极限状态如图 12.6(e)所示。

2. 单跨超静定梁的极限荷载的求法

与静定梁相同,超静定单跨梁的极限荷载同样可以根据第二个塑性铰截面的弯矩值

等于截面的极限弯矩 M_u 值或者根据极限状态的虚位移原理求解得到。

（1）根据极限状态第二个塑性铰截面的弯矩值等于截面的极限弯矩值求得 F_{Pu}。

一方面根据极限状态弯矩图由两段直线构成，且已知 A、B 截面为 M_u，可以作出极限状态的弯矩图如图 12.6（f）所示，从而有 $BB_1 = M_u$；另一方面，极限状态 B 截面弯矩值可以根据如图 12.6（g）所示静定结构利用分段叠加法得到：$BB_2 = M_u/2$，$B_2B_1 = F_{Pu}l/4$，从而有 $BB_1 = B_2B_1 - BB_2 = F_{Pu}l/4 - M_u/2$。根据两种方法 B 截面 BB_1 相等，得到

$$\frac{1}{4}F_{Pu}l - \frac{1}{2}M_u = M_u \tag{a}$$

从而可以直接求得极限荷载为

$$F_{Pu} = \frac{6}{l}M_u$$

当然求解时，为简单起见，也可以把两种情形下的弯矩图画在一起，如图 12.6（h）所示。

（2）根据极限状态的虚位移原理求。

令机构产生约束允许的虚位移如图 12.6（i）所示，利用刚体体系的虚位移原理有

$$F_{Pu} \times \delta - M_u \times \theta - M_u \times 2\theta = 0 \tag{b}$$

注意到 $\theta = 2\delta/l$，代入上式，得到 $F_{Pu} = 6M_u/l$，与前面第一种方法得到的计算结果完全相同。

3. 单跨超静定梁极限荷载计算的特点

从上面的分析过程可以看到，单跨超静定梁的极限荷载只需根据极限状态的平衡条件即可求出。这种求极限荷载的方法，称为极限平衡法。其特点总结如下：

（1）极限荷载的计算无须考虑结构弹塑性变形的发展过程，只需考虑最后的破坏机构。

（2）极限荷载的计算只需考虑极限状态的静力平衡条件，无须考虑变形的协调条件，因而计算比较简单。

（3）极限荷载不受温度变化、支座移动等引起超静定梁自内力的各种非荷载因素的影响。尽管这些因素会影响梁弹性和弹塑性阶段的弯矩图，甚至改变塑性铰形成的先后顺序，但不会改变塑性铰的位置。一旦当梁中形成第一个塑性铰之后，梁已变为静定结构，这些因素的影响自动消失，对梁的极限状态并无影响。从而极限荷载与温度变化、支座移动等因素无关。

[**例 12-2**] 试求图 12.7（a）所示等截面单跨静定梁的极限荷载 q_u，已知截面的极限弯矩为 M_u。

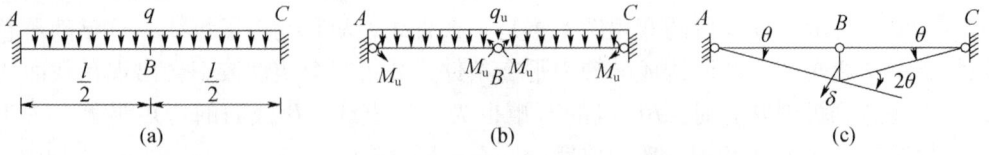

图 12.7　求单跨超静定梁的极限荷载举例

解：（1）极限状态的确定。

图 12.7（a）所示对称结构在对称荷载 q 作用下，左、右两端 A、C 截面处上端受

拉弯矩最大，故两个负的塑性铰出现在 A、C 截面处。由于对称，第三个正的塑性铰一定会在对称 B 截面出现。由于三铰 A、B、C 共线，梁已变为机构，从而可以确定极限状态如图 12.7（b）所示。

（2）根据极限状态的虚位移原理求得极限荷载 q_u。

令机构产生约束允许的虚位移如图 12.7（c）所示，利用刚体体系的虚位移原理有

$$q_u \times \frac{1}{2} \times l \times \delta - M_u \times \theta - M_u \times \theta - M_u \times 2\theta = 0 \qquad (c)$$

注意到 $\theta = 2\delta/l$，代入上式，得到

$$q_u = \frac{16M_u}{l^2}$$

二、连续梁极限荷载的计算

下面考虑连续梁的极限荷载的计算，为此必须先确定梁可能的破坏机构。设梁的各跨为等截面，但各跨截面可以不相等；又设梁上所有的荷载方向都相同，且按比例增大。在此情形下，可以确定：连续梁只可能在各跨单独形成破坏机构，而不可能由几跨之间联合形成破坏机构。

例如，对于图 12.8（a）所示的两跨连续梁，其可能的破坏机构如图 12.8（b）、(c) 所示，分别为第一、二跨单独形成破坏机构。因为在荷载作用下，每跨内的最大负弯矩只可能在各跨的两端出现。对各等截面单跨梁来说，负的塑性铰只可能出现在两端。不可能形成图 12.8（d）中由第一、二跨之间联合形成的破坏机构。这是因为，形成破坏机构时，也必须满足静力平衡条件。而根据静力平衡知道，在集中荷载 F_{P2} 作用点附近的弯矩图，只可能是尖点向下，不可能是尖点向上。

于是，得到确定一个 n 跨连续梁极限荷载的一般方法：只需要先确定 n 个单跨梁破坏机构各自的破坏荷载，取其中的最小值，即为连续梁的极限荷载。

[例 12-3] 试求图 12.9（a）所示两跨连续梁的极限荷载 F_{Pu}，已知截面的极限弯矩为 M_u。

解：（1）AB 跨独自破坏时的破坏荷载。

令机构产生约束允许的虚位移如图 12.9（b）所示，利用刚体体系的虚位移原理有

$$F_{Pu1} \times \delta - M_u \times \theta - M_u \times 2\theta = 0 \qquad (d)$$

注意到 $\theta = 2\delta/l$，代入上式，得到

$$F_{Pu1} = \frac{6}{l}M_u$$

（2）BE 跨独自破坏时的破坏荷载。

令机构产生约束允许的虚位移如图 12.9（c）所示，利用刚体体系的虚位移原理有

$$1.5F_{Pu2} \times \delta - M_u \times \theta - M_u \times \theta - M_u \times 2\theta = 0 \qquad (e)$$

注意到 $\theta = 2\delta/l$，代入上式，得到

$$F_{Pu2} = \frac{16}{3l}M_u$$

（3）连续梁的极限荷载 F_{Pu}

通过比较，可知连续梁的极限荷载 $F_{Pu}=F_{Pu2}$。

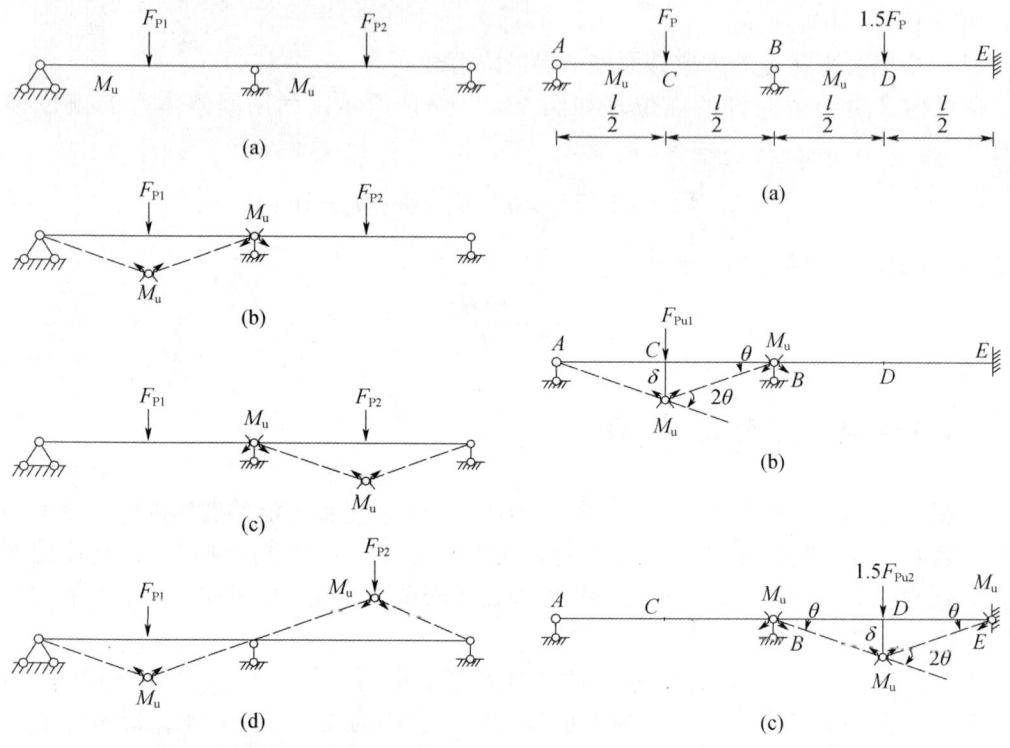

图 12.8　两跨连续梁可能的破坏机构

图 12.9　举例

第三节　比例加载时判断结构极限荷载的四个定理及相关方法

前面两节中确定静定梁和超静定梁的极限荷载时，由于梁上的荷载比较简单，很容易确定极限状态。如果结构和其上作用的荷载比较复杂，此时可能的破坏机构就有许多种可能，有时甚至有无穷多种可能。如何判断出极限状态就成为一个困难的问题。利用本节提出的比例加载时判断结构极限荷载的四个定理，以及据此提出的比较法和试算法，对于不能事先确定极限状态的这类问题，就可以直接计算得到结构的极限荷载并随之确定极限状态。

比例加载是指作用在结构上的所有荷载增加时彼此之间的比例保持不变，并且不出现卸载现象。所有荷载组成一个广义力，各荷载之间共同的荷载参数，一般用 F_P 表示。于是，求极限荷载的问题，便归结为求荷载参数 F_P 的极限值 F_{Pu} 的问题。

一、极限荷载满足的三个条件

从前述梁的极限荷载的计算可知，结构的极限荷载同时满足下面的三个条件：

(1) 平衡条件：在结构的极限受力状态中，结构的整体或者任一隔离体都能保持平衡。

(2) 内力局限条件：在结构的极限受力状态中，结构上任一截面的弯矩值都不超过截面的极限弯矩值，即 $|M| \leqslant M_u$。

(3) 单向机构条件：在结构的极限受力状态中，必有足够数量的截面其弯矩达到截面的极限弯矩值，导致这些截面变为塑性铰，且塑性铰的个数足够使结构变为机构，可以沿着荷载做正功的方向做单向运动。

二、可破坏荷载和可接受荷载

为了定理叙述和证明过程简洁，下面再引入可破坏荷载和可接受荷载两个定义：

(1) 同时满足上面平衡条件和单向机构条件的荷载称为可破坏荷载。即对于任一单向破坏机构，根据平衡条件求得的荷载值称为可破坏荷载，用 F_P^+ 表示。

(2) 同时满足上面平衡条件和内力局限条件的荷载称为可接受荷载。即对于某个荷载值，能够找到某一内力状态与之平衡，且各截面的弯矩值都不超过截面的极限弯矩值，这样的荷载值称为可接受荷载，用 F_P^- 表示。

显然，极限荷载既是可破坏荷载又是可接受荷载。

三、比例加载时判断极限荷载的四个定理

下面给出比例加载时判断结构极限荷载的四个定理及其证明。

(1) 基本定理：结构的可破坏荷载 F_P^+ 恒不小于可接受荷载 F_P^-，即 $F_P^+ \geqslant F_P^-$。

证明：① 首先，对于任一可破坏荷载，根据塑性铰位置及截面的极限弯矩值可以给出可破坏荷载的表达式。

取任一可破坏荷载 F_P^+，对相应的单向机构列出刚体体系虚位移原理，得

$$F_P^+ \times \delta = \sum_{i=1}^{n} |M_{ui}| \times |\theta_i| \tag{a}$$

式中，δ 为与荷载参数 F_P 相应的广义位移，恒为正；n 为塑性铰的个数；M_{ui}、θ_i 分别为第 i 个塑性铰处的截面的极限弯矩和相对转角。因是单向机构，上式右边各塑性铰处的极限弯矩与相应虚位移的乘积恒为正，式中用绝对值符号明确这一点。

② 其次，对于任一可接受荷载，也可以利用和上面塑性铰位置处的弯矩值给出可接受荷载的表达式。

取任一可接受荷载 F_P^-，此时弯矩图已经得到。取荷载作用下的真实的力状态为状态1，仍然取与上面求可破坏荷载时的单向机构为虚位移状态2，利用刚体体系虚位移原理，得

$$F_P^- \times \delta = \sum_{i=1}^{n} M_i^- \times \theta_i \tag{b}$$

式中，δ 意义完全同上，仍然为与荷载参数 F_P 相应的广义位移，恒为正；M_i^- 为真实力状态中与塑性铰相应位置处的弯矩值；θ_i 意义完全同上，仍然为第 i 个塑性铰处截面的

相对转角。

③由于可接受荷载要满足内力局限条件，故有 $M_i^- \leq |M_{ui}|$。代入（a）、（b）式，得

$$F_P^+ \geq F_P^-$$

这样就证明了基本定理。

（2）唯一性定理：结构的极限荷载值是唯一确定的。

证明：设结构存在两种极限状态，对应的极限荷载分别为 F_{Pu1} 和 F_{Pu2}，都既是可破坏荷载，同时又是可接受荷载。

①如果把 F_{Pu1} 视为可破坏荷载，F_{Pu2} 视为可接受荷载，根据基本定理，则有 $F_{Pu1} \geq F_{Pu2}$。
②如果把 F_{Pu2} 视为可破坏荷载，F_{Pu1} 视为可接受荷载，根据基本定理，则有 $F_{Pu2} \geq F_{Pu1}$。
以上两式要同时满足，只能是 $F_{Pu1} = F_{Pu2}$。这样就证明了唯一性定理。

要注意到，某些情形下，结构的极限状态可能不止一种，但无论根据那种极限状态求得的极限荷载的值都是相同的。也就是说，极限荷载值是唯一的，但极限状态不一定唯一。利用下面的定理，可以不用先确定极限状态，直接得到极限荷载的值。

（3）上限定理（又称为极小定理）：可破坏荷载是极限荷载的上限；或者说，极限荷载是所有可破坏荷载值中的极小者。

证明：因为极限荷载 F_{Pu} 为可接受荷载，根据基本定理，则有 $F_{Pu} \leq F_P^+$。证毕。

（4）下限定理（又称为极大定理）：可接受荷载是极限荷载的下限；或者说，极限荷载是所有可接受荷载值中的极大者。

证明：因为极限荷载 F_{Pu} 为可破坏荷载，根据基本定理，则有 $F_{Pu} \geq F_P^-$。证毕。

四、比较法和试算法——基于四个定理确定极限荷载的两种方法

可以利用上限定理来求得结构的极限荷载：如果我们能完备地列出结构各种可能的破坏机构，并求得全部破坏荷载后，其中的极小者就是结构的极限荷载。这样求得极限荷载方法称为比较法。

也可以根据唯一性定理来求得结构的极限荷载：先选择一种破坏机构，由平衡条件求出相应的可破坏荷载，然后检验此荷载下的弯矩图是否满足内力局限性条件；若满足，该可破坏荷载同时又是可接受荷载，即为极限荷载。这样求得极限荷载方法称为试算法。

五、举例

[例12-4] 试求图12.10（a）所示等截面单跨梁的极限荷载 q_u，截面的极限弯矩为 M_u。

解：图12.10（a）所示结构在荷载 q 作用下，左端 A 截面处上端受拉弯矩最大，故第一个负的塑性铰一定出现在 A 截面处。但是，第二个正的塑性铰会出现在何处，直接根据静力平衡条件并不能确定。

下面根据下限定理来求极限荷载。先来求可破坏荷载 q^+ 的表达式。假设第二个塑

性铰出现在距 A 端 x 处，如图 12.10（b）所示。利用刚体体系的虚位移原理有

$$q^+ \times \frac{1}{2} \times l \times \delta = M_u \times (\theta_A + \theta_C)$$

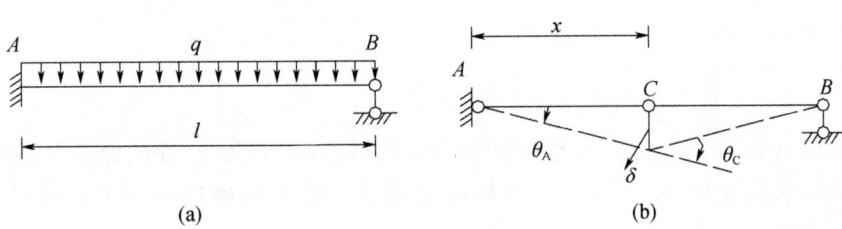

图 12.10 举例

注意到

$$\theta_A = \frac{\delta}{x}, \quad \theta_C = \frac{l\delta}{x(l-x)}$$

代入上式，求得

$$q^+ = \frac{2l-x}{x(l-x)} \times \frac{2M_u}{l}$$

为了求得可破坏荷载 q^+ 极小值，令 $\dfrac{dq^+}{dx}=0$，得

$$x = (2-\sqrt{2}) \cdot l = 0.414 l$$

将 x 值代入 q^+ 表达式，求得极限荷载为

$$q_u = 11.66 \frac{M_u}{l^2}$$

若非下限定理，本例中根本不可能先找出第二个塑性铰的位置，也就是无法事先确定极限状态。利用下限定理可以直接计算得到结构的极限荷载，极限状态也相应随之确定。

[例 12-5] 试求图 12.11（a）所示结构的极限荷载 F_{Pu}，已知截面的极限弯矩为 M_u。

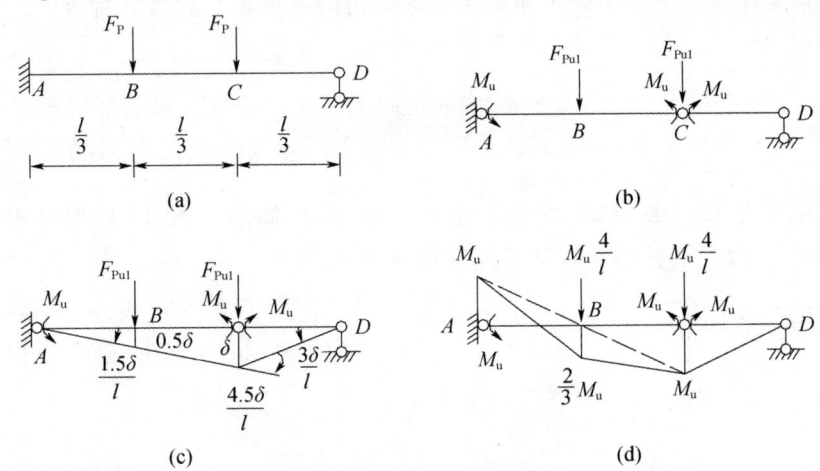

图 12.11 试算法求极限荷载举例

解：通过本例，说明用试算法求极限荷载的过程。

考虑如图 12.11（b）所示的破坏机构，固定端 A 处出现负的塑性铰，截面 C 处出

现正的塑性铰。机构的虚位移图如图 12.11（c）所示，利用刚体体系的虚位移原理有

$$F_{Pu1} \times (0.5\delta + \delta) = \frac{4.5\delta}{l} \times M_u + \frac{1.5\delta}{l} \times M_u$$

求得可破坏荷载 1 为

$$F_{Pu1} = M_u \frac{4}{l}$$

作出可破坏荷载 F_{Pu1} 对应的弯矩图如图 12.11（d）所示，各截面弯矩值都小于或等于截面的极限弯矩值 M_u，满足内力局限性条件。故该可破坏荷载 F_{Pu1} 同时又是可接受荷载，即为极限荷载，故

$$F_{Pu} = F_{Pu1} = M_u \frac{4}{l}$$

思考题

1. 塑性铰与普通铰的区别是什么？
2. 什么是梁的极限状态？
3. 图 12.3（c）中，为什么随着弹性核高度 y_0 越来越小，该截面对应的曲率越来越大？
4. 图 12.4（c）中，为什么随着外力矩 M 的不断增大，中性轴 z 轴不断下移？
5. 为什么图 12.6 中，不会在 B 截面附近出现两个正的塑性铰？
6. 试根据静力平衡条件确定图 12.6 中极限状态时 C 支杆处的支座反力是多少？
7. 试举一例，说明本章第三节（a）式中与荷载参数 F_P 相应的广义位移 δ 的求法。
8. 结构的极限荷载值和极限状态都是唯一的，对否？若不对，试举一例进行说明。
9. 确定结构的极限荷载之前必须先确定极限状态才行，对否？试举一例说明。
10. 试算法时作弯矩图和分段叠加法作弯矩图的道理完全相同。对否？

习题

12.1 试求题 12.1 图（a）对称工字形、图（b）圆形、图（c）圆环形、图（d）T 形截面的极限弯矩 M_u，已知材料的屈服极限为 σ_s。

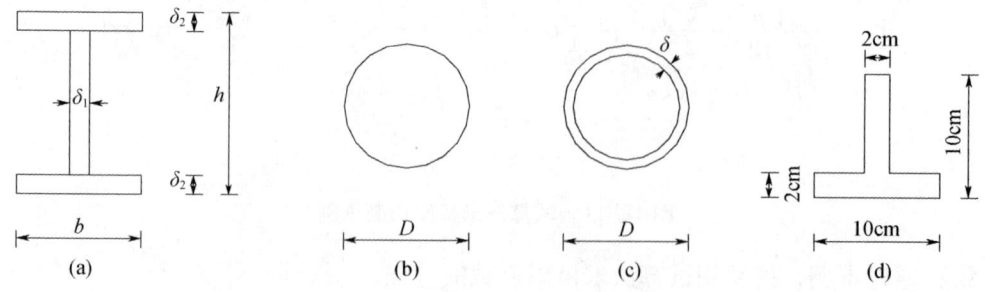

题 12.1 图

12.2 试求题 12.2 图中所示各静定梁的极限荷载。

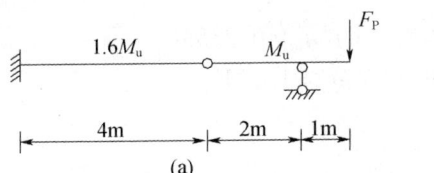 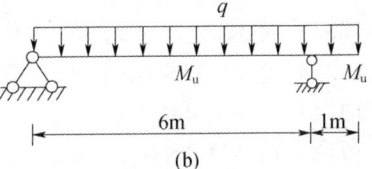

(a)   (b)

题 12.2 图

12.3 试求题 12.3 图中所示各变截面梁的极限荷载。

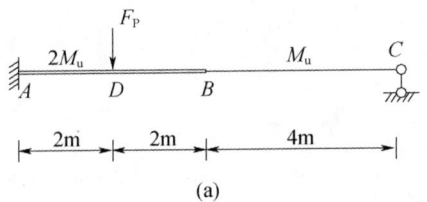 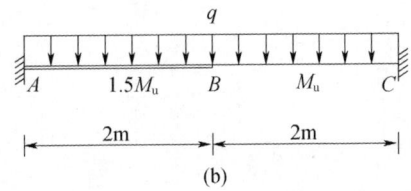

(a)   (b)

题 12.3 图

12.4 试求题 12.4 图中所示等截面梁的极限荷载。

12.5 试求题 12.5 图中所示变截面两跨连续梁的极限荷载。

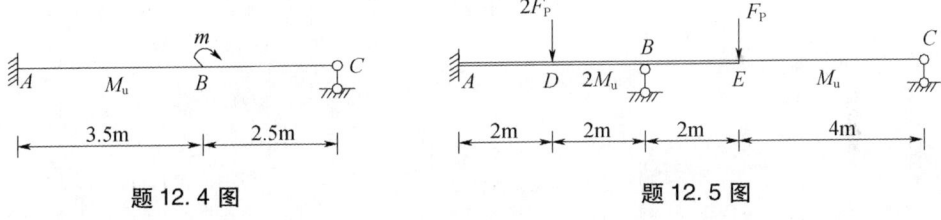

题 12.4 图   题 12.5 图

12.6 试求题 12.6 图中所示变截面三跨连续梁的极限荷载。已知 AB 跨的截面极限弯矩为 $2M_u$,BC、CD 跨的截面极限弯矩为 M_u。

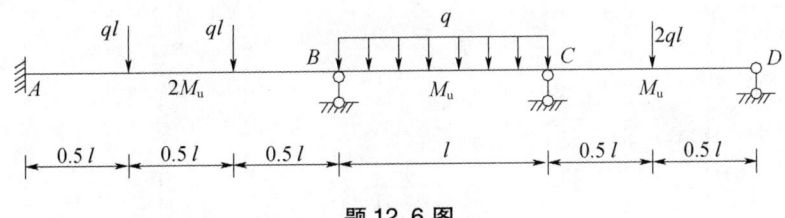

题 12.6 图

习题答案

12.1 题 12.1 图(a) $M_u = \sigma_s \left[b\delta_2(h-\delta_2) + \delta_1 \left(\dfrac{h}{2} - \delta_2 \right)^2 \right]$;题 12.1 图(b) $M_u =$

$\sigma_s \dfrac{D^3}{6}$；题 12.1 图 (c) $M_u = \sigma_s \dfrac{D^3}{6}\left[1 - \left(1 - \dfrac{2\delta}{D}\right)^3\right]$；题 12.1 图 (d) $M_u = 83.6\sigma_s$。

12.2　题 12.2 图 (a) $F_{Pu} = 0.8M_u$；题 12.2 图 (b) $q_u = 0.235M_u$。

12.3　题 12.3 图 (a) $F_{Pu} = 2M_u$；题 12.3 图 (b) $q_u = 1.12M_u$。

12.4　$m_u = 1.4M_u$。

12.5　$F_{Pu} = 1.75M_u$。

12.6　$F_{Pu} = 3M_u/l^2$。

参考文献

[1] 龙驭球,包世华,袁驷. 结构力学Ⅰ:基础教程[M]. 4版. 北京:高等教育出版社,2018.
[2] 龙驭球,包世华,袁驷. 结构力学Ⅱ:专题教程[M]. 4版. 北京:高等教育出版社,2018.
[3] 包世华,熊峰,范小春. 结构力学教程[M]. 武汉:武汉理工大学出版社,2017.
[4] 罗永坤,彭地,蔡婧,等. 结构力学概念分析与解题指导[M]. 成都:西南交通大学出版社,2015.
[5] 杨茀康,李家宝. 结构力学(上册)[M]. 3版. 北京:高等教育出版社,1983.
[6] 杨茀康,李家宝. 结构力学(下册)[M]. 3版. 北京:高等教育出版社,1983.
[7] 李家宝,洪范文. 建筑力学第三分册:结构力学[M]. 4版. 北京:高等教育出版社,2006.
[8] 朱伯钦,周竞欧,许哲明. 结构力学(上册):[M]. 上海:同济大学出版社,1993.
[9] 周竞欧,朱伯钦,许哲明. 结构力学(下册):[M]. 上海:同济大学出版社,1994.
[10] 杨天祥. 结构力学(上册)[M]. 2版. 北京:高等教育出版社,1986.
[11] 郭仁俊. 结构力学[M]. 北京:中国建筑工业出版社,2007.
[12] 雷钟和,江爱川,郝静明. 结构力学解疑[M]. 2版. 北京:清华大学出版社,2008.
[13] 徐新济,冯虹. 结构力学复习与习题分析[M]. 上海:同济大学出版社,1995.
[14] 孙训方,方孝淑,关来泰. 材料力学(Ⅰ)[M]. 5版. 北京:高等教育出版社,2009.
[15] 孙训方,方孝淑,关来泰. 材料力学(Ⅱ)[M]. 5版. 北京:高等教育出版社,2009.
[16] 刘鸿文. 材料力学(上册)[M]. 2版. 北京:高等教育出版社,1982.
[17] 刘鸿文. 材料力学(下册)[M]. 2版. 北京:高等教育出版社,1983.
[18] 徐芝纶. 弹性力学(上册)[M]. 2版. 北京:高等教育出版社,1982.
[19] 徐芝纶. 弹性力学(下册)[M]. 2版. 北京:高等教育出版社,1982.
[20] 徐芝纶. 弹性力学简明教程[M]. 2版. 北京:高等教育出版社,2002.
[21] 虞季森. 建筑力学[M]. 北京:中国建筑工业出版社,1995.
[22] 马献琨. 钢结构[M]. 北京:中国建筑工业出版社,1997.
[23] 吕烈武,沈世钊,沈祖炎,等. 钢结构构件稳定理论[M]. 北京:中国建筑工业出版社,1983.